于润沧　院士

于润沧与部分团队成员

于润沧在与博士后讨论

# 矿业强国之路探索

于润沧　等编著

第十届中国充填采矿技术与
装备大会致辞

北　京

冶金工业出版社

2021

## 内 容 提 要

　　本书主要内容包括现代矿业工程设计理念、矿业发展战略、智能与生态矿业工程、深部矿产资源开发利用及作者参与中国工程院咨询项目等。内容涉及矿业的可持续发展，有一定前瞻性，全面翔实，有实用价值。

　　本书可供政府部门、协会学会、矿山企业、科研院所及高等院校等从事矿业领域相关工作的人士参考使用。

**图书在版编目（CIP）数据**

矿业强国之路探索／于润沧等编著 .—北京：冶金工业出版社，2021.10
ISBN 978-7-5024-8976-2

Ⅰ.①矿… Ⅱ.①于… Ⅲ.①矿业发展—研究—中国 Ⅳ.①F426.1

中国版本图书馆 CIP 数据核字（2021）第 242959 号

矿业强国之路探索

| | | | |
|---|---|---|---|
| 出版发行 | 冶金工业出版社 | 电　话 | （010）64027926 |
| 地　址 | 北京市东城区嵩祝院北巷 39 号 | 邮　编 | 100009 |
| 网　址 | www.mip1953.com | 电子信箱 | service@ mip1953. com |

责任编辑　程志宏　徐银河　美术编辑　彭子赫　版式设计　孙跃红
责任校对　李　娜　责任印制　禹　蕊
北京捷迅佳彩印刷有限公司印刷
2021 年 10 月第 1 版，2021 年 10 月第 1 次印刷
710mm×1000mm　1/16；30.25 印张；1 彩页；594 千字；475 页
**定价 158.00 元**

投稿电话　（010）64027932　投稿信箱　tougao@cnmip. com. cn
营销中心电话　（010）64044283
冶金工业出版社天猫旗舰店　yjgycbs. tmall. com
（本书如有印装质量问题，本社营销中心负责退换）

# 前　言

在我进入耄耋之年后的一段时光里，我接受同仁们的动议，将我多年从事矿业工程设计研究工作发表过的一些论文、会议演讲、书信往来等遴选、整理出版，结果就有了这本《矿业强国之路探索》。它不是单纯的论文集，而是包含一些杂想、杂谈的汇集，但也算是一位矿业人为事业发展奋斗留下的一点印记吧。

我从业65年来一直工作在矿业工程设计研究领域的第一线，大量的矿山工程设计与科研实践以及对国内外项目的考察，不断引发我对中国矿业发展道路的思考，不断加深、完善我对矿业发展战略的认识。我坚定认为，矿山工程设计应立足提高企业竞争力研究所承担项目的技术创新、扩大产能，以资源-经济-环境相协调为依据优化方案，以智能化、生态化建设为原则建立新型设计标准，以实现全生命周期远程技术诊断和技术服务为目标不断拓展工作领域。这样将使工程设计在建设矿业强国的战斗中发挥极重要的作用。

本书将体现这些思考和认识的文章归纳为五个部分：现代矿业工程设计理念；矿业发展战略；智能与生态矿业工程；深部矿产资源开发利用，以及我参与的中国工程院咨询研究项目简介。

为使本文集更具活力，在文集编辑的后期，我诚邀我们的后辈——新一代矿业人热忱加入。他们是我们矿业发展传承的希望所在。

工程设计科研领域与基础科学研究有所不同，它的特点是十分接地气，贴近工程实际，自然相当清楚所承担工程中技术提升和创新的切入点，因此也便于将科研成果直接转化应用，提高企业的生产力和经济效益，成为建设矿业强国和富强中国的前沿。感谢我的同仁，精心整理这本小册子，同时感谢矿业新秀们对本文集的鼎力支持。但愿本文集能对行业有所借鉴和启迪。

　　长江后浪推前浪，江山代有雄才出。我很欣慰，我们新一代青年人已经成为业界栋梁，矿业强国将在这一代人的奋斗中建成。现代矿业、智能生态矿业正在向我们走来，让我们共同努力，为迎接未来而继续更加努力地奋斗吧。

　　最后，我要感谢冶金工业出版社，正是出版社的积极努力，推动了本文集顺利出版。

　　本文集中难免有许多不当之处，希望大家批评指正。

于润沧

2020 年 6 月

# 目　录

## 第3篇　智能与生态矿业工程

## 第4篇　深部矿产资源开发利用

## 第5篇　参与的中国工程院咨询项目简介

# 第 1 篇
## 现代矿业工程设计理念

# 现代矿山工程设计理念诠释
## ——献给中国有色工程设计研究总院建院 65 周年

于润沧

（中国恩菲工程技术有限公司，北京，100038）

**摘　要**：随着科技的发展，古老的矿业正在向智能化方向急速迈进；随着开采深度、难度的增加，矿业也面临愈来愈复杂的技术难题。因此矿业工程设计必须随着形势的发展改进其设计理念、原则、方法和手段。本文概述了现代矿山工程设计理念的主要内涵。

**关键词**：矿业；现代化；工程设计；智能矿山

# Interpretation of Modern Mine Engineering Design Concept

Yu Runcang

（China ENFI Engineering Corporation，Beijing，100038）

**Abstract**：With the development of science and technology，the ancient mining industry is moving rapidly towards the intelligent direction. With the increase of mining depth and difficulty，the mining industry also faces more and more complicated technical problems. Therefore，in the mining engineering design must change the design concept，principle，method and means with the development of the situation. In this paper the main connotation of modern mine engineering design concept was summarized.

**Keywords**：mining industry，modernization，engineering design，intelligent mines

## 1　引言

中国恩菲工程技术有限公司（前身为中国有色工程设计研究总院）已经为中国非煤矿业的发展奋战了 65 年，在不同的经济环境下，先后成功地完成了 400

---

本文原发表于《中国矿山工程》，2018。

多项矿山工程的设计，已经完成的和正在设计的项目，其产能均分别超过我国有色、黄金、黑色矿山总产能的 50%。不可谓没有资历、没有经验，然而在 65 年后的今天，我们却深切地感受到有必要认真探讨"现代矿山工程设计的理念"。为此，提出 4 个方面值得深究的问题。

## 2　提出现代矿山工程设计理念的缘由

首先是矿业技术发展的要求。采矿业是一个非常古老的产业，生产能力长期处于落后状态，采矿业对生态和环境的破坏长期得不到完善的治理。20 世纪中叶之后，随着无轨设备，特别是大型无轨设备的出现，矿山岩石力学研究成果的应用，计算机和信息技术在矿业领域的推广，采矿技术获得了突飞猛进的发展。矿山生产规模在不断扩大，井巷掘进速度在不断提高，井巷支护技术在不断更新，深井和高应力区采矿难题在不断攻克，大水矿床、低品位矿床、矿岩极为破碎的矿床都得到了有效开发利用，智能化采矿示范区已在多国建立，矿产资源开发和环境的矛盾开始得到关注和逐步改善，矿山的劳动生产率不断提高。这一切都促使对采矿工程设计的理念、原则、方法和手段必须做出深刻的调整与改变，成为技术进一步突破性创新的引领者。

其次是在经济全球化的背景下我国矿业面临的挑战。从 20 世纪 90 年代开始，我国已进入工业化、城镇化的高速发展阶段，这种增长的速度需要消耗大量的矿产资源来支持。以有色金属为例，我国有色金属的产量和消费量已多年位居世界第一，堪称矿业大国，然而由于资源占有和禀赋的特点，大宗消费的矿产资源对外依存度不断攀升，有些超过了 50%，有的甚至超过 80%。虽然没有哪一个大国可以完全依靠本国的矿产资源实现工业化、现代化，问题是我国的矿业企业集中度低，体制上存在诸多不适应之处，国际竞争力弱，可持续发展的瓶颈异常突出，因而还绝非矿业强国。采矿工程设计欲想在改变这种局面中发挥其应有的引领作用，也必须随着形势的发展改进其设计理念、原则、方法和手段。

## 3　现代矿山工程设计理念的主要内涵

矿山工程设计的理念随着时代的变迁在发展和调整，问题是发挥引领作用还是跟着时代的脚步费力地奔跑。因此，现代矿山工程设计理念的内涵是一个值得探讨的问题，这里是一些抛砖引玉的看法。

面对一个矿山工程项目，需要进行如下工作。

（1）立足项目和企业的竞争力研究国际大背景下的市场行情。采矿专业设计者不能只关注技术问题，矿业本身是一个经济、技术、环境紧密融合的产业。尤其在经济日益全球化的今天，对一个矿业工程项目，必须研究该项目与该项目业主的竞争能力和市场发展的关系。这是一个矿业工程项目立足的基础。体现该项目竞争能力的因素包括资源的禀赋，项目的生产规模及生产成本，产品供需格局及价格预测，业主的经营思维、筹资能力和适应价格周期变化的资金运作水平。这些因素在市场研究、市场分析中的状态对项目的综合评价至关重要，是现代矿山工程设计必须首先关注的课题。

（2）以企业经济效益为核心确定生产规模和装备水平。在这一命题下，首先要研究的是提高单位可采储量的产能。这不仅是反映矿山经济效益的关键指标，也是衡量矿山现代化水平的重要尺度。过去，一直到 20 世纪八九十年代，在类似的开采条件下，我国的矿山生产规模要比矿业发达国家的低 1/3~1/2，这反映了设计水平、技术水平、装备水平、管理水平的综合差距。从金川二矿区等一些重点大型项目开始，依靠设备大型化、无轨化、液压化，采用高效率的采矿方法，基本克服了这一差距，但还未能形成普遍的情况。所以努力提高单位可采储量的产能，仍然是现代矿山工程设计理念的关键点。它不仅可以有效地提高企业的经济效益，而且对有效利用我国紧缺矿产资源，保障国民经济可持续发展具有重要意义。在此基础上进一步研究矿山技术上可能的最大规模和经济合理的规模，最终根据项目在全球矿业市场中的特点进行取舍。

（3）以资源−经济−环境相协调的方案选择和优化。解决资源−经济−环境相协调问题，须从资源的有效利用、综合利用到提高项目的经济效益，再到不但不破坏生态环境，而且要努力争取优化环境，这些都要依靠先进的理念、先进的工艺技术和不断优化的设计方案。工程设计单位的优势之一就在于通过多专业集成先进技术用于生产，集成科研成果使之转化为现实生产力。因此应当针对每一个项目的特点，均有所创新，包括设计方案创新、建设模式创新、社会协作创新等，特别是在构建生态矿业工程方面，要有突破性的创新。生态工程作为一门新的学科，已有 40 多年的历史，其目的就是解决社会经济发展和生态环境保护相协同的问题，亦即可持续发展问题。生态矿业工程是它的一个分支，其目的是要研究实现无废开采的可能性，研究废料资源化的途径，使矿产资源的开发树立工业过程生态化的理念，做到在矿业项目规划、立项、设计、施工建设、生产、闭坑的全过程将生态环境保护和生态修复、环境治理融为项目的有机组成元素，保证各阶段的资金投入，落实各阶段社会责任，从而体现以人为本，可持续发展。

（4）着力研究缩短基建时间和基建期提前出矿的可能性。投资矿山企业的资金回收期本来就很长，基建时间拖长更会给项目的经济效益带来显著的不利影响。由于种种原因，比如建设方案的变更，比如施工队伍的管理技术水平不适应，比如竖井掘进遭遇水患，比如筹资遇到某种困难等，项目建设长期没有多大进展。许多矿山的实际建设周期都长于设计预定的期限。因此如何依靠先进的技术和技术服务缩短建设周期并且能提前出矿，对于改善企业经济效益甚为重要，深井矿山尤为突出。所以希望对勘探程度一般都不高的第三类型（即直接开采深埋矿床)深井开采，在总体建设方案的基础上，利用探建结合方式提前掘进生产竖井，利用基建期的井巷工程配合坑内钻探加强勘探，开展原岩应力和岩温的测定以及其他必要的科研工作，还可利用基建期的副产矿石进行连选试验。这些措施均可为此类项目顺利建设、顺利生产、尽早达产提供良好的技术保障。

(5)以建设智能矿山为长远目标不断创新和实践。智能化是矿业发展的方向，是实现采矿工作者的梦想——采矿办公室化的途径，是解决矿山生产安全问题、效率问题、效益问题和矿工社会地位问题的密钥。就金属矿山而言，这方面同矿业发达国家相比，大概落后了20年。必须用中国模式、中国速度超越。以比较复杂的地下矿为例，智能化矿山应当包括以下几个方面。

1)全部固定安装设备无人值守，远程监控。这里涵盖按需通风系统、设备预防性维修设施。这方面的内容从技术层面已可在大中型和重点小型矿山普遍推广。至于提升系统的无人值守与现行矿山安全规程的某些抵触，需要规程适应科技的发展进行调整。

2)智能化物流系统。这是指将人员、设备、网络联系起来，实现"人与人""物与物""人与物"之间的协同作业，智能管理的创新应用。主要涉及人员定位与管理系统、有轨与无轨车辆定位自动运行与管理系统、危险品流向与运输监控系统。

3)直接生产过程的自动化与远程监控系统。这是智能矿山最核心的部分，即由中控室的操作人员利用导航系统直接指挥采矿作业面的智能设备自动定位完成回采作业。目前许多矿山都采用了生产作业外包的模式，一般机械化水平都不是很高，根据自动化采矿的要求，对新建矿山、对新开拓的深部水平需要改变作业模式，才有可能实现自动化作业。

4)建立全矿智能化信息平台。通过全矿自动化控制系统融合，实现信息高速公路硬件和软件方面最大程度的协调和统一；保护和控制功能融合化和共享化；实现控制设备厂家、品种、型号、规格数量的最小化；实现使用技术数量方面的最小化；维护习惯方面一致化；维护和预维护大数据化；生产统计数据自动化。

5)以中控室为中心建立矿山信息化管理系统。包括矿区地表及矿床模型可视化信息系统，矿山工程地质、水文地质及岩石力学数据采集、处理、传输、存储、显示与探采工程集成系统，矿山规划与开采方案决策优化系统，矿山环境变化及灾害预警信息系统，矿山生产经营管理及经济活动分析信息系统。上述这些系统需要依靠智能矿山顶层设计统筹安排。

这些系统的建立，不仅可以极大地改善矿山安全状况，极大地提高劳动生产率，确立简化的精准的管理系统，提高设备效率和利用率，提高有效工时利用率，为提高单位可采储量的产能奠定技术基础，也会显著降低生产成本，尽管初期投入会略有增加，但投入回报更高效。

(6) 境外矿山工程设计项目应认真进行风险评估。对于国内矿业企业走出去从事矿产资源开采，周密的风险评估是极为重要的，但由于种种原因，这方面却有太多的教训。应当如何进行风险评估，风险评估包含哪些内容。

1) 资源风险评估：资源的可靠程度（勘探程度，品位分布情况，初期有无可能开采高品位矿段，远景资源的希望）；矿床中含有害杂质情况；有无可选性试验，目前有无条件做可选性试验；有无不利的开采技术条件；预期生产规模的可行性和合理性；基建期的长短，可能影响基建期的因素；勘探过程所提供的地质、水文地质、矿岩岩石力学性质资料深度。

2) 建设条件评估：交通运输状况及价格水平；供电、供水情况；气象条件；地震级别；厂址选择的难易程度；有无泥石流、飓风海啸等影响；周边工业发展状况，有无采矿业，劳动力来源；辅助材料可供性；对生态环境本底的初步了解，根据当地对环境保护的要求，满足环保要求的难易程度。

3) 经济风险评估：市场基本供需状况；金属价格变化周期及预期；项目盈亏平衡点的价格水平，可采储量消耗一半之前收回全部投资的价格水平；利率、汇率变动；通货膨胀及金融危机；企业或项目竞争能力分析（生产规模、产品质量、成本优势，销售渠道，物流控制）。

4) 政策风险评估：矿山所在国政府的财政、税务、货币、外汇、环保、劳工等政策；资源政策的调整；国有化征收。

5) 政治风险评估：政局变化；资源民族主义；贸易保护主义；社区动态、战争或武装冲突；恐怖袭击或绑架；社会动乱；民族、宗教冲突；治安犯罪。

## 4 建立新型设计标准 抓紧创立示范工程

要想引领矿业的发展，工程设计单位应充分发挥其集成推广科研成果的桥梁作用，可将科研成果最大限度地转化为生产力的优势，对技术基本成熟的工艺，如全部固定安装设备无人值守远程监控等，应建立新的设计标准，创造条件大力推广。针对工程项目技术难题确立科研课题，推动技术发展。对于创建智能化生态矿业工程，从项目投标报价开始，争取采用虚拟矿山方案报出，使企业业主对人工智能的应用获得较直观的了解，有利于推动建设示范采区、示范工程。确立现代矿业工程设计理念，引领矿业以中国模式、中国速度突破式创新发展。

# 矿山设计与企业经济效益

于润沧

（中国有色工程设计研究总院，北京，100038）

**摘　要**：本文论述了在社会主义市场经济条件下，矿山设计如何从地质储量、矿山生产规模、基建期及达产期、劳动生产率、综合利用等方面优化设计方案，从而对改善企业经济效益起到重要作用。

**关键词**：矿山设计；矿山经济效益；矿山生产能力

# Mine Design and Economic Benefit of Enterprise

Yu Runcang

（China Non-ferrous Engineering and Research Institute, Beijing, 100038）

**Abstract**：This paper describes the way of optimizing design scheme from aspects of approaching geological reserves, mine production capacity, capital construction period and period for achieving designed capacity, labor productivity and comprehensive utilization, etc. so as to make it play an important role in improving economic benefits of enterprises under conditions of socialist market economy.

**Keywords**：mine design, mine economic benefit, mine production capacity

　　我国从计划经济向社会主义市场经济转轨，经过 8 年奠基，已初战告捷。在这个转轨过程中，社会对矿山设计提出了许多新的挑战，促使矿山设计改变过去一直遵循的若干原则，而进行新的探索，并逐步树立把企业经济效益摆在决定性位置的指导思想。本文试图通过这些年来的探索，提出矿山企业经济效益并不是一成不变的概念，阐述在一定的条件下，通过优化设计方案可以从技术上在诸多方面对改善企业经济效益发挥重要的作用。

---

本文原发表于《恩菲科技论坛》，冶金工业出版社，2003。

# 1 如何对待地质储量

过去我们一直遵循"贫富兼采"的技术方针，但这是不符合市场经济法则的。大家都知道，按照市场经济的原则，边界品位应当随金属的市场价格调整，这就意味着可采储量的数量是变化的。中瑞（典）合作进行金川二矿区扩大生产规模初步设计时，对该矿的贫矿是不是可采储量的问题，我们与外方专家曾发生过激烈的争论，最后我们以国家政策规定要保护贫矿为理由"说服"了对方。这一争论实质上反映了两种经济体制对待地质储量概念的冲突。

从社会主义市场经济的角度，根据我国金属矿产资源的现状，我们应当贯彻"在努力保护贫矿资源的前提下优先开采富矿"的方针。矿山设计可以从以下几个方面提高企业的经济效益。

第一，优先开采富矿，"采富保贫"。金川二矿区富矿赋存在矿体下部中央靠近下盘处，20世纪80年代初，经过很多争论，扩大生产规模初步设计就是按照这一原则进行了设计，用高浓度胶结充填料浆的下向胶结充填采矿法优先开采富矿。实践证明，这条道路是正确的，因为开采1t富矿相当于4~5t贫矿，这不但满足了当时国家对镍的急需，贫矿资源并未遭到破坏，而且企业获得相当可观的经济效益。

第二，改变工业指标。"采富保贫"并不是在任何情况下都能实现的，另一个措施就是改变工业指标。汤丹铜矿是一个著名的大贫矿，按照50年代确定的工业指标，保有铜金属储量115.6万吨，平均地质品位0.87%，氧化率55.3%~81.49%，结合率10.13%~37.38%，选矿难度很大。40多年来，先是由于技术因素，后是经济因素，始终未能大规模开发。根据1995年完成的可行性研究，即使采用最经济的矿块崩落法，内部收益率也只有1.42%，无还贷能力，因而成为"呆矿"。后来，东川矿务局和昆明有色冶金设计研究院共同研究，改变工业指标，重新圈定矿体，使中、东部矿体的平均品位提高到1.15%~1.17%，项目的内部收益率变为15.19%，9.94年可偿还贷款。应当说企业的经济效益有了显著的改善，损失20万吨铜，激活了近百万吨铜的"呆矿"，救活了一个矿山。当然，重新圈定矿体之后，其勘探类型发生变化，需要进行补充探矿或"探建结合"，需要重新做选矿试验。这一设想不知因何未能实现，但其思路是可取的。

第三，为了提高企业经济效益，也有相反的情况。三山岛金矿的设计便是一例。该矿最初按3g/t的边界品位圈定矿体，共圈出两条平行矿脉，脉幅平均厚度只有3m左右，矿山规模确定为750t/d，经济效益不好。后来改用了加拿大莱特公司提出的工业指标，把边界品位降低到2g/t，使矿体成为一个平均厚度为13m的大型矿体，可以采用无轨设备机械化开采，矿山规模扩大到1500t/d，企业效益得到明显改善，矿山抗风险能力大为提高。

　　第四，如果矿床品位分布不均，首采地段应选在高品位区，以缩短还贷年限。不少设计现在都注意到了这一点。冬瓜山铜矿在预可行性研究阶段曾反复研究过这一问题，如果选择易选矿石的高品位地段为首采地段，地质品位可由平均值 1.02% 提高到 1.279%，可供生产 8 年，选矿回收率也有所提高，贷款偿还期可缩短 3.27 年，使企业经济效益得到明显的改善。

## 2　扩大生产规模

　　笔者在另一篇文章中曾经说过，在类似的开采条件下，我国有色金属地下矿山的设计规模一般比矿业发达国家矿山的实际生产能力低 1/3～1/2，即使如此，许多矿山还是长期达不到设计能力。这是由许多因素构成的一个综合差距。矿山生产能力达不到最优化，势必严重影响企业的经济效益。下面以冬瓜山铜矿设计前期所预定的生产规模比较为例（见表 1）。

**表 1　冬瓜山铜矿生产规模比较**

| 指标 | 单位 | 设计规模 | | 备　注 |
| --- | --- | --- | --- | --- |
| | | 10000t/d | 7000t/d | |
| 地质储量 | 万吨 | 7419 | 7419 | D 级储量所占比重大，乘以 0.8 的系数 |
| 开采年限 | a | 23 | 32 | |
| 总投资 | 万元 | 194950 | 178578 | |
| 内部收益率 | % | 15.3 | 12.4 | |
| 贷款偿还年限 | a | 10.4 | 13.0 | |

　　从上面比较不难看出，虽然 7000t/d 方案的总投资少 8.4%（16372 万元），但 10000t/d 方案的优越性是显而易见的。

　　1975 年金川二矿区的国内设计，1 号主矿体的最大生产规模为 5500t/d，后来中瑞（典）联合设计引进了 7 项先进技术，使生产能力提高到 8000t/d。这同样也反映出前面所说的差距。

　　美国《采矿工程手册》1992 年版推荐了泰勒于 1986 年提出的计算矿山最优生产能力的公式：

$$T = \frac{4.88 \times T_r^{0.75}}{D_{yr}}$$

式中　$T$——矿山最优生产能力，st/d；

　　　$T_r$——证实（Proven）和概略（Probable）两级地质储量之和，st，大体相当于我国的 B+C 级储量；

　　　$D_{yr}$——年工作日。

这一公式虽然并未涵盖影响矿山生产能力的诸多因素，但作为经验公式，用于初步确定矿山生产能力还是很适合的。按此公式计算的冬瓜山铜矿和金川二矿区 1 号主矿体的最优生产能力相应为 11578t/d 和 8452t/d，与设计确定的生产能力很接近。我们认为，在应用此公式时，证实和概略两级储量的服务年限最低限度应超过贷款偿还期。

扩大生产规模必须有技术措施来保证，主要是采用先进的、高效率的采矿方法和掘进方法，以及较大型的设备，实现高度机械化和适度的自动化，因而也就有较高的井下工人劳动生产率，当然同时还必须实行科学管理。

## 3 缩短基建期与达产期

基建期与达产期长是我国矿山经济效益差的主要原因之一，同国外相比差距甚大。这里举两个国外有代表性的例子。20 世纪 70 年代建设的爱尔兰塔拉铅锌矿，年设计规模 230 万吨（9500t/d），开采深度 300m，从 1973 年 7 月到 1977 年 4 月扣除中间因故全面停工 13 个月外，实际基建期 32 个月。80 年代建设的澳大利亚奥林匹克坝铜铀矿，年设计规模 150 万吨，开采深度 500m，从 1986 年 3 月到 1988 年 11 月基建期也是 32 个月。

我们基建期长的主要原因，首先是井巷掘进速度低，延长了控制性工程的工期。例如有色金属矿山竖井掘进的月成井速度一般为 40~50m，而国外较先进的水平是月成井 100~150m。其次是资金不能按时到位，不但延长了基建时间，而且往往导致预算超支。从设计上对缩短基建期所能做的贡献是有限的，但仍然可以采取一些措施，例如在选择和优化开拓方案时，除尽可能压缩基建工程量外，要把缩短基建期控制性工程工期作为非常重要的因素来考虑，同时要保证基建期有足够的提升能力。又如改变以三级矿量固定的保有期来确定基建工程量的方法，设计中增加对生产期掘进工作的设计深度，仔细研究开拓、探矿、采准、切割的合理施工期，选择适当的机械化水平，保证各工序的衔接，避免不必要的基建工程量，采用上水平掘进工程量大的采矿方法时，尤其要注意采掘协调问题。在压缩基建工程量的时候也要特别注意竖井的合理一次掘进深度，不要给今后的持续生产带来不利的影响。对于深埋矿床（例如距地表 800~1000m 或更深）的开发，宜采用在总体规划指导下"探建结合"先行的方针，即先以少量的投入施工部分控制性工程，并进行精密探矿，为大规模建设创造条件。这样便可以缩短大规模建设的周期，改善企业的经济效益。澳大利亚的奥林匹克坝铜铀矿和我国的冬瓜山铜矿都是采用此种方法。

缩短达产时间具有更为重要的经济意义，这是不言而喻的。对于基建期长的矿山，在设计中创造条件争取在基建期提前出矿，是缩短达产时间的有效途径。利用生产初期的生产采场开展采矿方法试验，也有利于缩短达产时间。因为通过这样的活动既进行了实地培训，使职工很快掌握工艺技术，又使管理工作者提前得到了锻炼。早出矿的意义不仅仅在于可冲减部分利息，更重要的是可以缩短达产期，为企业创造更好的经济效益。

## 4　按新模式建矿，提高劳动生产率

目前矿山最头疼的问题恐怕就是"人多为患"。多增加一个人，每年的开支最低限度要多 10000~15000 元，对生产成本有直接的影响。企业要提高竞争力，必须提高劳动生产率。新建的矿山，特别是大中型矿山，决不能再走广就业的老路，决不应还把矿山办成劳动密集型企业。提高劳动生产率的途径很多，例如企业不办社会，把生活、服务、后勤乃至辅助生产都剥离出去；实行职能部门和生产指挥部门合一，真正做到每一个人的职责和权力都很分明，不重叠，在二级单位和总部之间实行数字化管理，大幅度减少管理人员，目前矿山生产总成本中，管理费用的比例太大了。除此以外，采用先进的工艺技术，选择较大型的设备，提高机械化乃至条件适合时的自动化水平，自然也是提高劳动生产率的最根本的保证。在新世纪，对于新设计的大型矿山，应当建立一个目标，即劳动生产率达到或接近国际先进水平，中型矿山达到国际一般水平。只有这样，我们的矿业才有希望。

## 5　综合利用

有色金属矿床一般都是多金属共生，或有多种伴生有益组分，因此搞好综合利用是提高企业经济效益的非常重要的途径。对共生或伴生的金属有益组分的回收，设计上一般是比较重视的；对硫的回收，无论是从经济效益还是从环保角度，通常也是比较重视的。需要努力的是在技术上更进一步提高，使这些有益组分的回收率达到更理想的程度。有时候高品位的共生金属或伴生有益组分对企业的经济效益会产生显著的影响，在选择首采地段时应予以注意。这里想要提出的是，矿山设计还应当注意非金属矿物（如滑石、石英等）乃至岩石的综合利用问题，经过加工和深加工，能否作为工业原料或建筑材料加以利用。国外对这方面已越来越多地给予重视。综合利用不仅对企业经济效益具有重要意义，对环境保护的意义也是不容忽视的。

## 6　多种经营

矿山的资源是有限的、不可再生的，因此矿山的寿命也是有限的。随着资源开发而建设起来的城镇，当矿山闭坑时如何生存和发展，这是按新模式办矿所面临的课题，也是矿山设计中应当通过多种经营规划认真思索的问题。这是一个老问题，但又是一个新课题。有些按新模式办矿的企业已做了一些有益的探索，但总的来看，还缺乏经验，矿山设计也还没有把它纳入到工作范围中去，因此有待我们努力去进行探索。实际上这也是同改善企业经济效益密切关联的事情。

总之，在开展矿山设计之初，就应当认真仔细地分析研究，根据项目的特点，看能够采取哪些措施来提高项目的经济效益，并具体体现到设计中去。这是可以办到的，也是应当办到的。而且也只有这样，设计才有创新，才能编制出高质量的设计。

# 采矿业发展知识经济的思考

于润沧

（北京有色冶金设计研究总院，北京，100038）

**摘　要**：文章指出，采矿工业是以自然资源为生产对象的古老产业。面对知识经济浪潮，应从技术创新、管理创新、教育（培训）创新三个方面制定可持续发展的战略方针，向着高度信息化，数控采矿环境，充分利用低品位资源，保持完好的生态环境，大力提高企业综合竞争能力迈进。

**关键词**：知识经济；采矿；自动化；可持续发展

# The Thinking on Development of Knowledge Economy in Mining Industry

Yu Runcang

（Beijing Central Engineering and Research Institute for Non-ferrous Metallurgical Industries，Beijing，100038）

**Abstract**：This paper points out that mining belongs to an ancient industry and its production object is natural resources. Facing the wave of knowledge economy，the strategic principles of sustainable development must be established based on technology innovation，education（training）innovation and management innovation toward highly informationized and numerically controlled mining environment，full utilization of low grads ore resources，preservation of good biological environment and strengthening competitive capability of enterprises.

**Keywords**：knowledge economy，mining，automation，sustainable development

　　"当我们站在世纪之交的历史长河上眺望未来的时候，滚滚而来的知识经济浪潮正把人类推向辉煌的 21 世纪。"[1] 这是《知识经济浪潮》一书中的一段话，它把知识确定为推动经济社会发展的动力。这是知识经济的核心，也将是 21 世纪的特点。

---

本文原发表于《中国工程科学》，2001。

采矿业是以自然资源为生产对象的古老产业，我国的绝大多数矿山还处在劳动密集型阶段，劳动生产率低，经济效益很差，不少矿山由于资源、价格、社会环境等方面的压力，还在终日为生存而苦苦挣扎。面对这种现状，来谈知识经济，对我国采矿业是不是太超前了？然而知识经济是一种不可逆转的历史导向，如果不希望进一步拉大我们与先进国家的差距，就必须认真思考和研究，知识经济对我国采矿业的发展究竟意味着什么，怎样制定出相应的战略对策。

# 1　知识经济时代的矿山[2]

"知识经济是指建立在知识和信息的生产、分配和使用上的经济"（经合组织《以知识为基础的经济》）。在向知识经济发展的过程中，知识将成为比原材料、资本、劳动力、汇率更重要的经济因素，是经济社会的推动力。同工业经济相比，知识经济在经济动力、产业内容、效率标准、生产方式、管理重点、劳动力结构、分配方式等方面都会发生根本变化。对采矿业而言，进入知识经济时代的标志，当是无人矿山或智能矿山的实现，即工人离开矿井，通过信息操作机械设备自动完成采掘作业。这是知识创新的结晶，信息革命发展的必然产物。专家们预测，在21世纪下半叶，至少矿业发达国家的矿业将进入知识经济时代。当然不可能设想，大部分矿山都能在21世纪发展到这种程度，但是无人矿井的出现标志着矿业发展进入了一个崭新的时代，大学采矿系学习的内容也将发生根本的改变，而成为一个崭新的专业。

知识经济产生于20世纪40年代的信息技术革命，特别是80年代兴起的高科技革命。90年代初东西方冷战结束后，国际斗争的重点转移到科学和技术领域，从而使知识经济得以迅猛发展。加拿大已制订出一项预计在2050年实现的远景计划，即对北部边远地区一个矿山，采矿实现机械破碎或切割，选矿厂亦建在地下，从萨德伯里（Sudbury）通过卫星操纵地下所有设备自动作业，成为无人矿井。作为实现长远目标的第一步，1992年，加拿大国际镍公司、鹰桥公司和诺兰达技术中心组成联合研究组，为朴里卡恩（Precarn）联合公司完成了硬岩地下采矿自动化的可行性研究。其基本思路是以无线电通信为基础，实现数控采矿环境。国际镍公司未来25年机器人采矿计划也是实现智能矿山的重要步骤。芬兰采矿工业1992年也宣布了自己的智能矿山技术方案，涉及实时过程控制、资源实时管理、全矿范围信息网、新机械及其自动化等28个专题。瑞典也制订了向矿山自动化进军的"Grounteknik-2000"战略计划。最近的一些资料表明，在这方面已经取得了很大的进展。

由于露天采矿比地下采矿有着甚为优越的条件，因此实现智能矿山的发展更快一些。随着实时矿山测量、全球定位系统的实时导向及遥控、地理信息系统和轻便耐用的先进触屏电脑等的应用，已经可以使在办公室内生成的矿床模型、矿山采剥计划同现场实际操作相联系，形成动态管理的操作系统，这样一来，露天矿生产的办公室化便不再是梦想。

地下采矿智能化的难度虽然大得多，但在 20 世纪 90 年代也取得了喜人的进展。例如从 90 年代初到 1998 年，加拿大国际镍公司同 IBM 公司合作，已经在斯托比（Stobie）矿、克赖顿（Creighton）矿和试验矿山 175 号矿体进行了多项遥控采矿试验，并在 1994 年多伦多 CIM 年会上进行了展示。1999 年 6 月上述三个矿山的遥控采矿试验已集中在萨德伯里地区的一个中央控制室内操作。

通信系统是实现智能矿山的基础。由于 GPS 不能用于地下，国际镍公司与 IBM 公司合作开发了一种基于有线电视和无线电发射技术相结合的地下采矿用通信系统，并在斯托比矿投入使用。这个带宽为 2.4GHz 的功能很强的 CATV 网络与矿山各中段的无线电单元相连结，能够高速传输声音、数据和图像，可以操作移动电话、手持计算机、插在设备插件板上的移动计算机和操纵每台采矿设备运转的多频道视频信号。

地下定位系统可适时使移动设备精确定位。这种功能能满足许多实际用途，包括设备定位、炮孔定位和遥控测量。出矿铲运机的距离控制已使用多年。通过影像馈送实现遥控操作，好像就在铲运机上操作一样，非常简便。钻机的遥控操作难度要大一些，目前主要是依靠安装在每一台钻机上的炮兵用测坐标硬件和环形激光陀螺仪、激光扫描仪来完成设备和炮孔的定位。

然后就是矿山设计、模拟和过程控制。把设计同生产直接联系起来是实现遥控采矿的关键。这首先要求有适合遥控采矿的采矿方法，进而将具体工作任务馈入与网络连接的采矿设备，而反馈则借助基础数据采集系统，存入专用数据库。

为了适应遥控采矿，目前已研制了一些先进的自动化移动设备，如 Tamrock 公司的 Data Solo 自动化钻机已有 3 台在斯托比矿应用了 4 年；诺贝尔公司的 Roc Mec 2000 装药设备，能根据钻机提供的信息把各种乳胶可变能量的炸药装入炮孔内；阿特拉斯·科普柯公司的遥控铲运机也使用多年。

矿山动态模拟系统的重要意义除安全因素外，主要还在于它能优化生产过程，降低生产成本，改善企业的经济效益，提高企业的竞争能力。国际镍公司就是计划利用这些高新技术改造传统产业，使地下开采硫化镍矿的成本降低到澳大利亚露天开采红土型氧化矿的水平。专家们认为，将来在信息获取、传播、储存、分析和调用方面的微小差异，都将对矿山生产的效益产生极大的影响。这将是知识经济时代矿山竞争的焦点。

## 2 我国采矿业发展知识经济的战略思考[3]

我国是一个矿业大国，但同矿业发达国家相比，在许多方面还存在着相当大的差距。面对知识经济浪潮，面对我国的国情和矿山现状，实在让人担忧。知识经济是一种不可逆转的历史导向，市场的法则又是残酷无情的，随着我国加入WTO，随着经济全球化的发展，我们将来将承受巨大的压力。或者勇敢地迎接严峻的挑战，抓住稍纵即逝的机遇，以超常的方式迎头赶上；或者仍然沉溺在只重视资源、资金、优惠政策等生产要素的被动状态，结果以意想不到的速度被淘汰出局。这就是我们研究我国采矿业发展知识经济的背景。它要求我们必须转变观念，既要高瞻远瞩对知识经济有一个整体的把握，又要从实际出发，量力而行，从技术创新、管理创新、教育（培训）创新三个方面制订出赶超的战略对策。知识经济的挑战，要求经济战略和科技战略紧密的配合。

知识经济的核心是知识的不断创新。创新并不意味矿山必须在研究和开发上投入大量的资金，它首先是一种企业的精神，对知识经济萌芽的重视态度，是一种鼓励创新、宽容失败的企业行为方式。这种方式必须渗透到企业上下，转变人们的观念，从而在以下三个方面不断取得进展。

## 2.1　高度重视技术创新

发展知识经济不能理解为仅是指发展高科技，即信息设备业、信息网络业和信息服务业，更为重要的是要用这些高科技去改造传统产业，发展传统产业。智能矿山的出现就是一例，就是技术不断创新的结果。经合组织按照世界经济学家熊彼得的观点，把狭义的技术创新描绘为"把一种设想变成为一种投放到市上的新的或改进的产品的过程，或把一种设想变成可用于工业中的新的或改进了的工艺技术。"因此，高度重视技术创新，抓住机遇，适时将高科技注入矿山，使之成为提高矿山竞争能力的重要手段。在技术创新中要特别注意不断强化核心技术的优势。比如以胶结充填法为主的矿山，它应用胶结充填法解决了许多复杂的技术难题，形成了核心技术的优势，高度重视技术创新就是不能就此止步，而是要不断鼓励和采用在不降低充填体质量的前提下节约水泥的工艺技术和设备，以降低充填成本。而且还有可能形成一种崭新的工艺。今后，知识生产率即把知识转化为产品，转化为技术的效率，将日益成为一个国家、一个行业、一个企业竞争能力的决定因素。人们已经注意到，近来山东的一些民营金矿依赖人才、依赖技术创新求发展的劲头日益强劲，这是很好的苗头。企业技术创新的目的在于提高劳动生产率，提高生产的知识含量，降低成本，增强竞争能力。从长远观点看，合成材料逐步取代部分金属材料，将使每单位国民生产总值消耗金属量呈下降趋势，依靠扩大产量来取胜已经不是一条畅通的道路，加之金属价格的长期疲软和开采品位的日益降低，迫使矿山通过发展高科技找出路，求生存。例如，世界第三大镍生产者鹰桥公司，由于镍价下滑，1996年利润减少了26%。1997年又减少了45%，面对西澳 Murrin Murrin 镍矿和加拿大 Voisey's Bay 镍矿的投产，大量廉价镍金属将进入市场，该公司不得不制订雄心勃勃的降低成本的计划，即从

1995 年的 2 美元/磅镍降低到 1.3 美元/磅，所采取的主要措施就是使操作计算机化，在 9000 人的职工队伍中裁减 2000 人。这样一来，即使镍价比现在还低，仍可保持赢利。

矿山技术创新另一个主要的目的还在于使低品位矿石成为可资利用的资源。我国主要金属矿种资源并不丰富，但仍有大量低品位资源在目前的经济技术条件下无法进入市场，为求得矿业能与整个社会、经济、人口、环境相协调，实现可持续发展，通过技术创新扩大资源可利用范围是非常必要的。

## 2.2　高度重视教育（培训）创新

教育创新是依靠人才和使人才充分发挥作用的机制。职工的价值不仅仅在于他们已经掌握了哪些知识，更重要的是他们要具有不断创造、运用新知识的能力。所以教育是知识经济的中心。世界银行的一项研究表明，世界 64% 的财富是依赖于人力资本。因此许多发达国家都强调要对职工进行"终身教育"。国外一些著名的大公司都在通过培训不断扩大职工掌握的知识量，更新知识内容，提高他们的才能，以求得知识资本给企业带来巨大的利润。比如摩托罗拉公司每年用于职工培训的开支超过 10 亿美元。据美国《采矿工程》杂志报道，最近西亚里达露天矿投入 18.53 万美元（包括培训误工费）对装运操作工人进行为期两个月以安全和提高劳动生产率为主要内容的培训。由于技术娴熟程度的提高，卡车运输的劳动生产率提高了 6%，使运输成本每年节约 190 万美元，可见培训的效果十分显著。我国有些企业也开始日益重视职工的培训和再教育。劳动力受教育状况是衡量一个国家知识经济基础的重要依据之一。美国吉利剃刀公司的总裁说，他把 40% 的时间用在从公司内外物色优秀人才上，他们的目标是吸引最抢手的人才，把知识资本的扩大列入企业发展计划，使人才真正成为企业之魂。但就我们目前的状况而言，由于包括机制在内的多种原因，知识资本的浪费是惊人的。因此完全有理由说，教育创新大有可为。

## 2.3　高度重视管理创新

管理创新是技术创新和教育创新的前提。同矿业发达国家相比，管理一直是我国矿山的薄弱环节。采用同样的设备，却没有应有的效率；开采条件类似的矿山，我们的生产能力一般低 30%~40% 甚至更多，这样损失掉的无疑都是企业的经济效益。如果思路不对，管理落后，原本工艺技术和装备水平非常先进的矿山，也会发生倒退。

知识经济在现实经济活动中有两种发展趋势：信息化和全球化。这种发展趋势必然引起经营管理的重大变革。因此管理创新首先要着眼于全球性知识的竞争，实施现代意识管理。这是经济变革的先决条件和根本保证，现代意识管理就是要突出国际化和知识化的现代意识，认识到企业经济的增长已从依靠资本积累逐步转向依赖于知识的积累与更新。

管理创新的另一项内容是实施智能资本管理，一是吸引优秀人才，二是创造他们能充分发挥作用的机制。知识是唯一在使用中不被消耗，而且通过创新不断增值，能成为全社会共享的资源。因此，智能资本对企业日益重要，1992 年当美国微软公司的市场价值一度超过通用汽车公司时，《纽约时报》就评论说，微软公司唯一的资产是员工的想象力。智能资本包括显性知识和隐性知识两部分。显性知识容易通过计算机进行整理和存储，而隐性知识储存在职工的头脑中，是非常宝贵的智能资本，但很难掌握。实行智能资本管理，就是要建立良好的机制，使隐性知识成为企业的财富。综合使用知识的效率，是经济成功的重要因素。

紧紧把握住技术创新、教育创新、管理创新，就可能培育知识经济的萌芽，企业的面貌就可能发生日新月异的变化，矿山摆脱困境就有了希望，迎接挑战就不会是一句空话，21 世纪对我们便真正是一个辉煌的明天。

## 参 考 文 献

[1] 陶德圣. 知识经济浪潮 [M]. 北京：中国城市出版社，1998：1-31.
[2] Greg Daidm. Telemining system applied to hard rock metal minig at INCO limited [C] //Proceedings of Mining for Tomorrow's World, Dusseldorf, Germany, June 8~10, 1998：121-124.
[3] 于润沧. 硬岩地下采矿发展特点及其前景展望 [J]. 有色金属采矿，1998，86（1）：1-7.

# 用新技术开拓改善矿山经济效益之路

于润沧

（北京有色冶金设计研究院，北京，100038）

**摘　要**：目前我国金属矿山基本上是劳动密集型企业，普遍存在劳动生产率低、效益差等问题。但是，从另一方面看，这种状况反映出存在利用新技术来提高矿山经济效益的巨大潜力，文中通过具体实例阐明了这一问题。

**关键词**：生产能力；劳动生产率；采矿新技术；矿山新模式

# Using New Techniques to Open a Way to Improve Economic Result of Mines

Yu Runcang

（Beijing Central Engineering and Research Institute for Non-ferrous Metallurgical Industries，Beijing，100038）

**Abstract**：Essentially，China's metals mines at present are a labour intensive enterprises，in which there are such problems as low labour productivity and poor economic result. However，on the other hand，this situation refleeted that a great potential exists in using new techniques to improve the economic result of mines. The author takes the concrete examples to illustrate this problem.

**Keywords**：production capacity，labour productivity，new mining techniques，new mine model

我国的金属矿山，目前基本上还是劳动密集型企业，是一个个小社会，普遍存在劳动生产率低、负担重、效益差等问题。但是，从另一方面来看，这种状况表明，利用新技术（新工艺、新设备）来提高矿山的经济效益具有巨大的潜力。与计算机的发展相比，矿山技术的发展诚然是十分缓慢的，但若以十年为一个时间段，仍然可以看到，许多矿山的面貌在日新月异，充分显示出新技术推动矿山

---

本文原发表于《矿业研究与开发》，1996。

发展的重要作用。特别是在激烈的市场竞争中，新技术已成为许多矿山赖以生存的战斗武器，本文将通过一些实例来阐明用新技术可以开拓性地改善矿山经济效益。

# 1　提高矿山生产能力

在类似的地质条件和开采条件下，我国矿山的生产能力比矿业发达国家低 $1/3 \sim 1/2$，这是受许多因素制约的一个综合差距。美国《采矿工程手册》1992 年版推荐了泰勒于 1986 年提出的计算矿山最优生产能力的公式：

$$T = \frac{4.88 \cdot T_{\mathrm{r}}^{0.75}}{D_{\mathrm{yr}}}$$

式中　$T$——矿山最优生产能力，st/d；

　　　$T_{\mathrm{r}}$——证实和可能两级地质储量，st；

　　　$D_{\mathrm{yr}}$——年工作日。

这一公式虽然并未全面反映影响矿山最优生产能力的诸多因素，但作为经验公式已能表明他们的思路框架，以及对于开采强度的概念水平，通过公式计算，也能表明所说的差距。

金川二矿区 1 号主矿体的生产能力，国内设计最大为 5500t/d（富矿）。为了适应国家对镍的亟需，后来通过中瑞（典）联合设计，综合引进了一些先进的工艺和设备：机械化盘区式下向胶结充填采矿法（盘区生产能力 800 ~ 1000t/d）；主运输中段无轨化系统，并以主斜坡道连通地表；从井下圆锥式破碎机、长距离胶带运输机与竖井箕斗联合提升的计算机自动控制系统；配套的井下大型无轨设备（包括双机全液压凿岩台车、6m³ 铲运机、25t 井下汽车等），这使 1 号主矿体的生产能力提高到 8000t/d，增幅 45.5%，消除了与国外的差距（根据上述公式计算 1 号矿体 1000 ~ 1250m 段的最优生产能力为 8452t/d），使二矿区成为具有国际上 20 世纪 80 年代先进水平的现代化矿山。年增加利润 7000 万 ~ 8000 万元，三年内可收回全部引进费用。经济效益的增长是十分显著的。

凡口铅锌矿原设计能力为日出矿 4000t，投产后长期达不到设计规模，后来通过技术改造，采用了无轨设备，采用了大孔采矿法和盘区上向中深孔崩矿的机械化分层充填法，使矿山生产能力逐步提高而达产，极大地改善了企业经济效益。

# 2　提高劳动生产率，降低成本

大家都知道，提高劳动生产率，是国外企业扭亏为盈的最主要措施之一，也是实现按新模式办矿必须解决的问题。提高劳动生产率一方面依靠提高职工的素质，另一方面则依靠采用新技术。针对我国矿山的实际情况，还有一个很重要的方面,那就是把矿山承担的社会职能剥离出去。

安庆铜矿按新模式办矿,是提高劳动生产率的一个典型实例,这个规模为 3500t/d 的采选联合企业,人员不超过 900 人,达到了有色劳动设计规程的标准,在国内有色行业中处于领先水平。该矿在建矿初期便实现了以矿山强化开采为主,多种经营同时起步,矿山生产采用了无轨设备和大孔采矿法等许多新技术,同时组建了三安公司,承担矿山辅助生产、后勤服务和发展多种经营。这个公司共有 600 多人,其中聘用合同工和临时工 470 人。该公司自有资产 314 万元,租赁资产 1000 多万元。1993～1995 年已向安庆铜矿交纳了 240 多万元的资产租赁费,年产值 2000 多万元,利润 200 多万元,有力地帮助和保证了安庆铜矿提高劳动生产率和经济效益。

金川公司采用电耙出矿的普通充填法和大型无轨设备的机械化充填法两种采矿方法。二者的主要指标见表 1。

**表 1　金川公司两种采矿方法的主要指标比较**

| 项 目 | 普通充填法 | 机械化充填法 |
|---|---|---|
| 盘区劳动生产率/吨·(人·日)$^{-1}$ | 2.61 | 14.19 |
| 盘区人员/% | 100 | 33 |
| 盘区人员工资/% | 100 | 200 |
| 回采损失率/% | 4.2 | 4.2 |
| 回采贫化率/% | 4.55 | 3.15 |
| 1994 年采矿成本/元·吨$^{-1}$ | 50.63 | 28.72 |

从表 1 的比较中不难看出,新技术使劳动生产率提高了 5.4 倍,因而带来了十分显著的经济效益。特别值得提出的是,采用无轨设备后,只要发挥了其应有的作用,采矿成本是降低而不是提高。

美国《采矿工程手册》1992 年版还推荐了不同采矿方法的矿山人员计算公式:

(1) 对于普通充填法矿山,$N_{mn} = 6 \times T^{0.7} / W^{0.5}$;

(2) 对于机械化充填法矿山,$N_{mn} = 2.50 \times T^{0.7} / W^{0.5}$;

(3) 对于分段法矿山,$N_{mn} = 0.75 \times T^{0.7}$;

(4) 对于大孔采矿法矿山,$N_{mn} = 0.53 \times T^{0.7}$;

(5) 对于房柱法矿山(硬岩),$N_{mn} = 0.72 \times T^{0.7}$;

(6) 对于普通留矿法矿山,$N_{mn} = 3.20 \times T^{0.7} / W^{0.5}$。

式中　$N_{mn}$——矿山定员;

　　　$T$——矿石日产量,st;

　　　$W$——采场平均宽度,ft。

按以上公式计算的国内金属矿山人数，不仅比我们矿山实际人数少很多，就是比设计指标也少很多。以设计规模为日出矿1万吨的铜陵冬瓜山矿为例，按上述公式计算的人数为358~487人，而我们相当先进的设计指标是795人，这充分反映出我们在提高劳动生产率方面的巨大潜力。

## 3 解决矿山存在的技术难题，使建设和生产顺利进行

依靠新技术解决矿山技术难题，给矿山带来巨大经济效益的实例众多，在此仅举其中几例以说明问题。

金川二矿区在建设过程中，由于地处高应力区，岩石松软、破碎，巷道在掘进中经常坍塌，有时要返修3~5次之多，施工进度严重受阻。后来参照新奥法的经验，采用了"控制爆破，两次支护，先柔后刚，以监测指导二次支护时间"的掘砌新技术，代替传统的砌混凝土块的支护方法，基本上克服了困难，使建设进度有了保障，年掘进速度得到了成倍的增长，减少了返修，降低了成本。

矿块崩落法是成本最低的采矿方法。20世纪60年代以前，这种方法只用于矿岩松软破碎的条件。随着岩石力学的发展和大型无轨设备的推广应用，一些矿岩稳固的厚大矿体也可以采用矿块崩落法了，使一些低品位的矿山获得很大的效益。中条山铜矿峪就是依靠这一新技术使之得以扭亏为盈。

在20世纪50~60年代的时候，充填法还是一种低效率的采矿方法，我国有色行业曾封其为"采矿方法的右派"而限时取消。但曾几何时，由于胶结充填技术的发展和无轨设备、锚索锚杆支护的广泛应用，今天的充填法已演变为高效率的采矿方法，在某些特定的开采条件下也是最优的采矿方法。目前其生产比重已占我国有色地下矿山产量的1/4。

通过这些实例已可以说明，新技术（新工艺、新设备）确实为改善矿山经济效益起了强有力的作用。当然也应当指出，采用新技术要求一定的投入，这是在决策时需要仔细进行经济分析的问题。只要决策正确，采用新技术的效益一般都是十分显著的。

# Mathew 法在采矿方法设计中的应用

## 郭　然　于润沧　张文荣

（北京有色冶金设计研究总院，北京，100038）

**摘　要**：采矿方法和采场结构参数的正确与否是确定经济合理开发地下矿床的关键因素之一。1981 年 Golder 公司以岩体分级为基础建立了岩体质量和采场跨度之间的经验关系。文章简要介绍了 Golder 公司创建的 Mathew 法设计采场结构参数的程序和步骤，并用这种方法初步确定了谦比西矿采场结构参数。

**关键词**：采场结构参数；设计；Mathew 法；铜矿

# The Application of Mathew Method in Mining Method Designing

## Guo Ran　Yu Runcang　Zhang Wenrong

（Beijng Central Engineering and Research Institute for Non−ferrous Metallurgical Industries，Beijing，100038）

**Abstract**：Correctness of the mining method and stope structural parameters is one of the key factors in determining the economically reasonable development of underground deposits. In 1981, Golder Co. eastablished an empirical relationship between the rock mass quality and the stope span on the basis of the rock mass classification. The procedures and steps of designing the stope structural parameters using Golder Co. −developed Mathew method is briefly described and Chambishi Mine's stope structural parameters have been preliminarily determined by the method.

**Keywords**：stope structural parameters，design，Mathew method，copper mine

## 1　Mathew 法

英国 Golder 公司的 Mathew 于 1981 年建立了岩体稳定性指数 $N$ 与采矿暴露面

本文原发表于《金属矿山》，1999。

形状系数 $S$ 之间关系——稳定性图表。Potvin 在分析 175 个采场实际参数的基础上对 Mathew 的稳定性图表进行了修改，于 1988 年提出了修改后的稳定性图表。

　　Mathew 法实质：利用 NGI 岩体分级指标 $Q$ 计算岩体稳定性指数 $N$，综合考虑矿山开拓和采准工程，初步确定采场结构参数并计算采场暴露面形状系数 $S$（或称水力半径），将 $N$ 和 $S$ 值投影到 Potvin 修改后的稳定性图表上即可初步判断采场的总体稳定性；或者是根据岩体稳定性指数 $N$ 在稳定性图表上求出总体稳定的采场形状系数 $S$，在初步选定采场某一结构参数后即可确定其他结构参数。Potvin 修改的稳定性图表见图 1[1]。

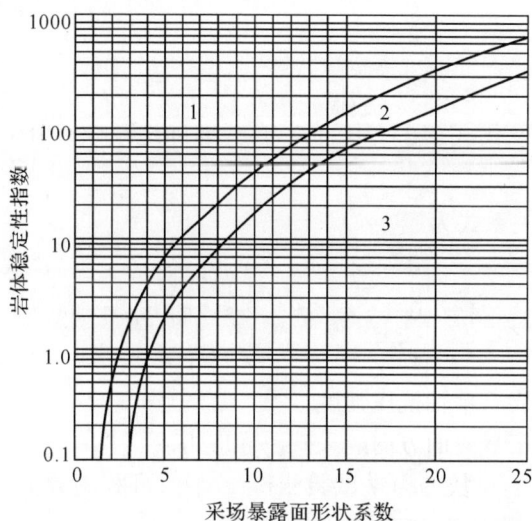

图 1　Potvin 修改的稳定性图表
1—稳定区；2—不稳定区；3—崩落区

## 1.1　稳定性指数

　　稳定性指数 $N$ 的计算式[2]为

$$N = Q'ABC \tag{1}$$

式中　$Q'$——修改的 NGI 岩体质量指数；

　　　$A$——应力系数；

　　　$B$——岩体缺陷方位修正系数；

　　　$C$——设计采场暴露面方位修正系数。

### 1.1.1　修改的 NGI 岩体质量指数

　　Barton 等人在广泛分析岩体质量和地下巷道支护要求等数据的基础上，提出用岩体质量指数 $Q$ 作为岩体稳定性分级的标准。Barton 的 $Q$ 值用下式计算[3]：

$$Q = RJ_rJ_w/(J_nJ_aS_f) \tag{2}$$

式中　R——岩体质量指标（取样完好率）；

　　　$J_n$——节理组数；

　　　$J_r$——节理粗糙度；

　　　$J_a$——节理蚀变、充填及胶结程度；

　　　$J_w$——节理裂隙水折减系数；

　　　$S_f$——应力折减系数。

取 $S_f = 1$，其他参数不变，则由式（2）得到的 Q 值即为修改的 NGI 岩体质量指数 $Q'$。

### 1.1.2　应力系数

用应力系数 A 取代式（2）中的 $S_f$ 能更准确地反映作用在暴露面上应力的作用。

A 与 $\sigma_c/\sigma_1$ 的关系式为

$$A = \begin{cases} 0 & \sigma_c/\sigma_1 < 2 \\ 0.1 \cdot \sigma_c/\sigma_1 & 2 \leqslant \sigma_c/\sigma_1 < 10 \\ 1 & \sigma_c/\sigma_1 \geqslant 10 \end{cases} \tag{3}$$

式中　$\sigma_c$——完整岩石单轴抗压强度；

　　　$\sigma_1$——平行于暴露面方向的采矿诱导应力。

$\sigma_c$ 值可通过岩石试块的力学试验测得，$\sigma_1$ 值可利用数值分析技术求出。当数值分析得出的 $\sigma_1$ 为拉应力时，取 $A = 1$。

### 1.1.3　岩体缺陷方位修正系数[2]

为确定系数 B 值，首先找出连续性最好的主节理方位，利用赤平投影确定主节理组与设计的暴露面夹角，从而可依据表 1 选取 B 值。

表 1　岩体缺陷方位修正系数 B

| 主节理与暴露面所夹锐角 | 90° | 60° | 45° | 20° | 0° |
|---|---|---|---|---|---|
| 修正系数 B | 1.0 | 0.8 | 0.4 | 0.3 | 0.5 |

具体分析暴露面稳定性时，如果主节理组的方位有利于该暴露面的稳定性，则取最不利于稳定的其他节理组进行分析。

### 1.1.4　设计暴露面方位修正系数[2]

Barton 等建议，岩体质量相同的暴露面，竖直边墙的稳定性要比顶板稳定性高 5 倍，他们还建议永久矿山坑硐的开挖支护系数取 1.6。如果局部掉块对于人员不进入的坑硐是允许的话,那么似乎可以认为直立边墙的稳定性是水平顶板的稳定性的 8 倍以上。设水平暴露面修正系数 $C=1$,则对于其他倾角暴露面的 $C$ 值可用下式计算。

$$C = 8 - 6\cos\alpha \qquad (4)$$

式中　$\alpha$——暴露面与水平面的夹角。

### 1.2　采场暴露面形状系数[2]

任何井下坑硐的暴露面均可认为是由两个方向的跨度组成,即认为是一个长方形。形状系数 $S$ 定义为设计暴露面面积与暴露面周长之比,Laubscher 称其为水力半径。暴露面长短跨度之比超过 4∶1 时,形状系数 $S$ 基本保持不变,这时暴露面的稳定性受单向跨度尺寸控制。

### 1.3　采场设计

采场暴露面的稳定性可以通过给出稳定性指数 $N$ 和形状系数 $S$ 之间的关系进行评价。

稳定性图表(见图 1)中的稳定、不稳定和崩落遵循下列定义。

(1)稳定是指暴露面不进行全面支护,只有局部支护用于控制岩块的片落。

(2)不稳定是指暴露面将发生局部崩落,并最终形成稳定拱型。如果通过改变回采顺序或安装锚索可以避免局部崩落的话,可以采用空场采矿法。

(3)崩落是指暴露空间崩落直至空间被崩落块石充满。

## 2　谦比西铜矿采矿设计中的应用

谦比西铜矿(Chambishi Mine)是在赞比亚铜带省探明最早的铜矿床之一。矿床位于卡伏背斜西侧,谦比西-恩卡纳盆地北翼,矿床走向近东西,倾向南。矿体出露地表,地表走向长 1200m,地表下 400m 深时走向长达 2100m;沿走向中央部位,在 400m 以上矿体厚度为 15~20m,向两翼逐渐变薄,400m 以下矿体变薄,平均厚度约有 8~10m;矿体倾角为 40°~80°。地表至 235m 采用露天开采,再往下用地下开采。过去地下采矿方法有:房柱法、机械化空场采矿法、沿走向分段崩落法和分段崩落法。综合过去生产经验教训和矿床深部矿体开采技术条件,初步选择分段空场嗣后充填和分段充填采矿法作为谦比西铜矿深部开采的主要采矿方法。

### 2.1　谦比西矿修改的 NGI 岩体质量指数

根据井下巷道以及钻孔岩芯编录数据,谦比西矿岩体可粗略分为两类:稳定性一般和稳定性较差,其岩体质量指数 $Q'$ 的计算见表 2。

表 2　谦比西矿岩体质量指数 $Q'$ 计算参数

| 区域 | $R$ | $J_n$ | $J_r$ | $J_a$ | $J_w$ | $S_f$ | $Q'$ |
|------|-----|-------|-------|-------|-------|-------|------|
| 稳定性一般 | 63% | 两组节理加零星节理 7.2 | 光滑平面 1.3 | 节理轻微蚀变无充填物 2.1 | 裂隙干燥无水 1.0 | 中等应力状态 1.0 | 5.4 |
| 稳定性较差 | 64% | 四组节理加零星节理 1.3 | 起伏波面 1.2 | 节理被黏土充填 2.3 | 中等裂隙水 0.66 | 中等应力状态 1.0 | 1.7 |

如果可以实现采矿前疏干，则稳定性较差区的岩体质量指数可以从 1.7 提高到 2.6。

## 2.2　谦比西矿采场应力系数

谦比西矿未进行过原岩应力测量工作，因此原岩应力引用了参考文献 [2] Golder 公司计算时采用的数据。对于采场上盘，应力系数 $A=1$，对于采场切割水平（或分层充填采场顶板）$A=0.5$。

## 2.3　谦比西矿岩体缺陷方位修正系数

谦比西矿主节理面倾角为 40°~80°。节理间距 4~11m，节理面光滑平整，蚀变轻微。控制采场上盘和顶板稳定性最重要的因素是岩层的层面。参考表 1 修正系数 $B$ 取值见表 3。

表 3　谦比西矿岩体缺陷方位修正系数

| 暴露面 | 层面倾角/(°) | 暴露面倾角/(°) | $B$ |
|--------|-------------|---------------|-----|
| 采场上盘 | 40 | 40 | 0.5 |
| 采场上盘 | 60 | 60 | 0.5 |
| 采场上盘 | 80 | 80 | 0.5 |
| 采场顶板 | 40 | 水平 | 0.4 |
| 采场顶板 | 60 | 水平 | 0.8 |
| 采场顶板 | 80 | 水平 | 1.0 |

## 2.4　设计暴露方位修正系数

根据式（4）计算系数 $C$ 值，矿体倾角分别为 40°、60° 和 80° 时的 $C$ 值见表 4。

表4 设计暴露面方位修正系数

| 暴露面 | 暴露面倾角/(°) | C |
|---|---|---|
| 采场上盘 | 40 | 2.6 |
| 采场上盘 | 60 | 4.5 |
| 采场上盘 | 80 | 6.8 |
| 采场顶板 | 0 | 1.0 |

## 2.5 稳定性指数

这里仅对在稳定性一般区域（$Q' = 5.4$）采场（矿体倾角系数60°）的稳定性进行讨论。$N$ 值计算结果见表5。

表5 稳定性一般区域采场上盘和顶板暴露面积开头系数计算结果

| 矿体倾角 | A（上盘/顶板） | B（上盘/顶板） | C（上盘/顶板） |
|---|---|---|---|
| 60° | 1.0/0.5 | 0.5/0.8 | 4.5/1.0 |
| $Q'$ | N（上盘/顶板） | 稳定 S（上盘/顶板） | 崩落 S（上盘/顶板） |
| 5.4 | 12.2/2.2 | 6.3/3.3 | 8.8/5.5 |

## 2.6 采场最大跨度设计

将表5计算的采场稳定性指数 $N$ 投到图1上即可确定采场各暴露面的稳定和崩落的形状系数 $S$，其结果见表5相应栏。再根据采场暴露面形状系数 $S$，即可确定采场跨度尺寸。

先确定采场沿走向尺寸，根据确定的采场形状系数 $S$ 即可定出其他结构参数。按表5列出的参数，采场结构参数确定见表6。

表6 采场结构参数确定

| 矿体倾角 | 采场上盘结构参数 | | | | | |
|---|---|---|---|---|---|---|
| | 暴露面形状系数 S | | 稳定采场 | | 需锚索支护采场 | |
| | 稳定 S 系数 | 崩落 S 系数 | 走向长/m | 上盘斜长/m | 走向长/m | 上盘斜长/m |
| 60° | 6.3 | 8.8 | 20 | 34.1 | 20 | 200 |
| 60° | 6.3 | 8.8 | 25 | 25.4 | 25 | 59.5 |
| 60° | 6.3 | 8.8 | 30 | 21.7 | 30 | 42.6 |
| 60° | 6.3 | 8.8 | 150 | 13.8 | 150 | 19.9 |
| 60° | 6.3 | 8.8 | 75 | 15.1 | 75 | 23 |

| 矿体倾角 | 暴露面形状系数 S | | 稳定采场 | | 需锚索支护采场 | |
|---|---|---|---|---|---|---|
| | 稳定 S 系数 | 崩落 S 系数 | 走向长/m | 上盘斜长/m | 走向长/m | 上盘斜长/m |
| 60° | 3.3 | 5.5 | 20 | 9.9 | 20 | 24.4 |
| 60° | 3.3 | 5.5 | 25 | 9.0 | 25 | 19.6 |
| 60° | 3.3 | 5.5 | 30 | 8.5 | 30 | 17.4 |
| 60° | 3.3 | 5.5 | 150 | 6.9 | 150 | 11.9 |
| 60° | 3.3 | 5.5 | 75 | 7.2 | 75 | 12.9 |

采场顶板结构参数

## 2.7   谦比西矿采场结构参数的确定

（1）分段空场嗣后充填采矿法。采场沿走向布置，走向长 25m，分段高 33m，垂直走向采场跨度为矿体厚度（9~10m），按上述分析结果，凿岩硐室跨度限制在 9m 以下（或在中间留少量点柱），并在凿岩硐室和出矿水平层靠上盘处进行少量锚索支护，减少上盘围岩塌落可能造成的贫化。

（2）分段充填采矿法。采场沿走向布置，采场长 150m，分段高度 12m，矿体水平厚度超过 7m 时，要加强切割（或凿岩）层的支护，一般考虑采场横向跨度不超过 8m，否则留上盘矿壁不采，增加采场稳定性。

参 考 文 献

[1] Potvin Y, Hudyma M, Miller H D S. The Stability Graph Method of Open Stope Design. Presented at 90th CIM AGM, Edmonton, 1988.

[2] Golder Associates. Geotechnical Review for Reopening of Chambishi Mine, Zambia Report to ZCCM, 1994.

[3] Hoek E, Brown E T. Underground Excavation in Rock. Institute of Mining and Metallurgy, London, England, 1980.

# Rock Engineering Design Method and Practical Application of Metal Mine in China

Zhu Ruijun　Yu Runcang　Wu Haoyan　Ma Junsheng　Gu Xiuhua

( China ENFI Engineering Corporation, Beijing, 100038)

**Abstract**: The development of Rock mechanics was originated from mining engineering at the very beginning. With the exploration of deeper underground resources, problems related to deep mining rock mechanics are both opportunity and challenge to rock mechanics engineers. The mining rock engineering designing approaches in China can be basically summarized as the qualitative judgment method based on experience and quantitative designing method with the aid of numerical modeling. These two designing methods are introduced in this paper and some representative classic cases are also summarized. The current trends of mining design methods and the future developing directions of mining rock mechanics are proposed as: development of rock mechanics computing cloud platform based on HPC; research on quantitative graphical method with experience; research on visualization of rock numerical calculation; the true three-dimensional design and full life-cycle management of mining with the organic integration of numerical rock mechanics model, ore rock model and MIM (mining information model).

## 1　Introduction

Different from those infrastructure projects like hydropower and railways, rock

---

本文原发表于 53$^{rd}$ US Rock Mechanics/Geomechanics Symposium, New York, NY, USA, 23-26 June 2019.

mechanics puts more focus on the critical relationship between time and space, safety and economy, because of the special excavating destination and function of mining. Mining rock mechanics involves the stability, deformation, fractures and failure of mine rock mass and engineering structures.

Rock mechanics is mainly used to solve time-dependent stability problems of different scales in mining engineering, including stope stability, mining area stability, and mine stability. To be specific, rock mechanics can be used to calculate the stability of permanent underground roadway, to optimize level layout, to optimize mining sequence, to determine and optimize stope structure, to analyze and forecast rock burst, to evaluate the cavability of the orebody and the waste rock, and to calculate the mining-induced surface subsidence et al.

The slope stability problem is of vital importance in open pit mining. For underground mining, problems are generally much more complex as it happens at hundreds of or thousands of meters below. The underground structures have different service life length provided the safety can be ensured during mining. The rock movement and subsidence problem caused by large area mining will also be studied besides the stability of rock structures.

## 2　Qualitative Judgment Method

The mining rock mechanics designing approaches in China ENFI Corp. can be summarized as: qualitative judgment method based on experience and quantitative designing method with the aid of numerical modeling.

Block caving method is one of the most frequently-used mining methods in underground mining. Qualitative judgement method is often used to assess the cavability of orebody. The two experience-based methods are Laubscher's caving chart method and Mathews's stability chart method.

### 2.1　Laubscher's caving chart method

As a characteristic engineering experience-based method, Laubscher's caving chart method (H Laubscher, 1994) is the most widely used one of all the collapse evaluation methods. Laubscher quantized all the collapse factors into MRMR, which can represent the engineering rock mass quality. The collapse chart is divided into 3 areas: stable area, transition area and collapse area.

### 2.2　Mathews's stability chart method

Mathews et al. (K E Mathews, 1981) put forward the Mathews's stability chart method

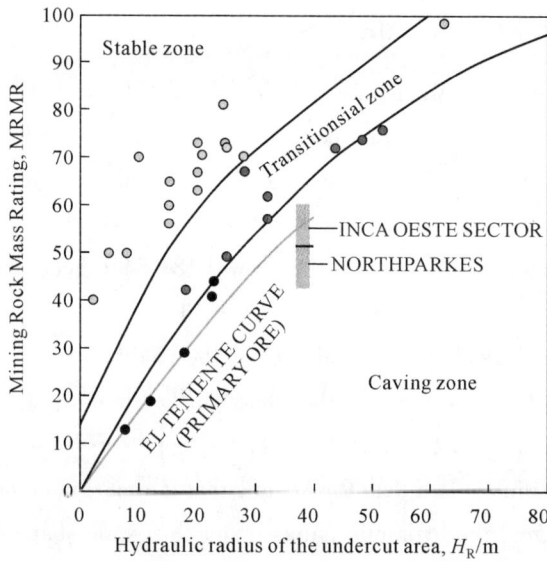

Fig. 1  Laubscher's chart in Tongkuangyu copper mine

in 1981 based on 26 engineering cases from 3 mines. The essence of this method is to construct the association between the stability factor $N$ and stope shape factor.

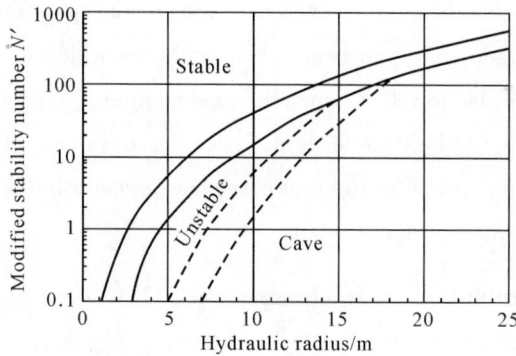

Fig. 2  Mathews's stability chart method

The stability factor:

$$N = \frac{RQD}{J_n} \cdot \frac{J_r}{J_a} A \cdot B \cdot C \qquad (1)$$

Where $N$ is the stability number, $A$ is the rock stress factor, $B$ is the joint orientation factor, $C$ is the gravity adjustment factor, $RQD$ is the rock quality designation, $J_n$ is the joint set number, $J_r$ is the joint roughness number, $J_a$ is the joint alteration number.

The stope shape factor or hydraulic radius:

$$\text{HR or S} = \frac{\text{Area}}{\text{Perimeter}} \tag{2}$$

A typical application of Mathews's stability chart method in China is Ruihai gold mine. The preliminary stope structure parameters were determined by Mathews's stability chart method. Basing on the related rock mechanics data, a primary judgement of the rock mass quality is determined in mining area. On the basis of the Core GSI evaluation method, the GSI factor is 70~80, and the $Q'$ was 18~54.6 according to the equation:

$$\text{GSI} = 9\ln Q' + 44 \tag{3}$$

Where GSI is the geological strength index $Q'$ is the modified rock mass quality.

As shown in Fig. 2, when $N$ is 11, the stope can be stable on the condition that the hydraulic radius is less than 6; when $N$ is 34, the stope can be stable on the condition that the hydraulic radius is less than 9. Assume that the maximum length of the stope is 150m, and width 15m, the hydraulic radius under this stope shape condition is 6.82< 9, the mining area will be stable in a long term without timbering when the rock mass quality is relatively good and be in critical region of stable with or without timbering.

# 3　Numerical Simulations

Numerical simulation has been extensively adopted in rock mechanics study and engineering design. A large quantity of engineering problems which cannot be tackled with traditional theories can be solved by numerical calculations. With the aid of numerical analysis, optimizations can be done for level layout design in case of an increasing fee in subsequent maintaining, which is an exact case showing contributions of rock mechanics designing method to enhance mine benefit.

## 3.1　Numerical simulation in Jinchuan nickel Mine

Jinchuan nickel mine is the largest sulfide copper−nickel deposit in China and the condition of geology and rock mechanics is terrible. It has suffered geological formation movement repeatedly and the faulted structure is extremely well−developed with a criss-cross of faults. The horizontal tectonic stress is high, and the stability of the mine is poor as a result of ore−rock fragmentation. In 1980s, China ENFI introduced numerical simulation method into mining design and simulated Jinchuan 1# mine. Conclusions can be drawn from three levels mining simulation of Jinchuan 1# mine 1150~1250m: adopting no−pillar−cementing method will lead to large−scale of tensile stress which can extend to the ground and may trigger subsidence. As a result, a reserved−panel−pillar downward cemented filling method was adopted as a substitute for protecting the ground. However, the no – pillar – cementing method was used in actual mining, and after 16years, large scale of subsidence appeared as expected. Jinchuan nickel mine is the only one we know large scale subsidence appears although the filling method was adopted. In another words, the effectiveness of filling method in protecting ground need to be specifically studied for large scale of mining.

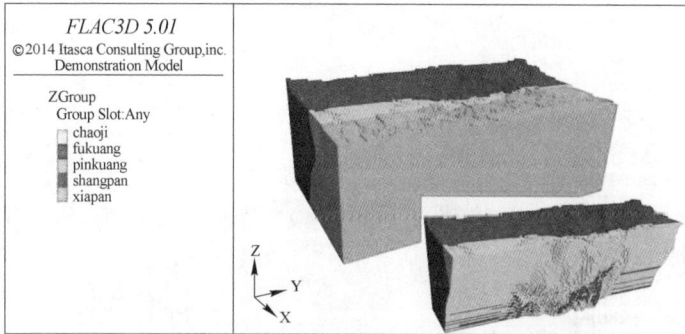

Fig. 3   Numerical simulation in Jinchuan nickel mine.

## 3. 2   Numerical simulation in Ruihai Gold Mine

With the evolution of computer and computer science, three–dimensional numerical calculation method can better simulate the mining activity, which is much closer to the real mining engineering. Numerical simulation was also used to verify stope structure parameters in Ruihai gold mine in Shandong, China. FLAC$^{3D}$ 5. 01 was adopted to simulate the mining process of −1600m level with different structure dimensions and layouts.

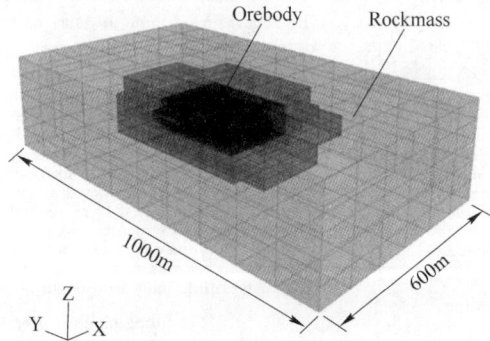

Fig. 4   Numerical simulation in Ruihai gold mine

## 3.3　Open-pit mining simulation cases

Besides underground mining simulations, numerical simulation methods also get widely used in open-pit mining as the slope stability analysis of Fujiawu copper mine.

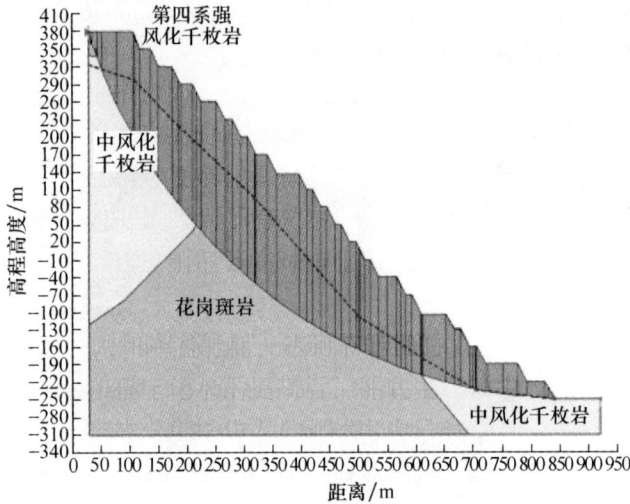

Fig. 5　Slope stability analysis of Fujiawu copper mine

## 4　Typical Mining Cases of China ENFI

In decades of mining design history of China ENFI engineering corporation, quite several typical cases are worth to be recorded. Parts of cases are summarized as follows.

Table 1　Typical mining design cases of China ENFI

| Mining cases | Descriptions |
| --- | --- |
| Jinchuan Nickel Mine | The largest nickel mine in Asia, and has the most complex underground mining conditions |
| Dexing Copper Mine | China's largest open pit mental mine with the largest production scale |
| Pulang Copper Mine | China's largest underground copper mine |
| Tongkuangyu Copper Mine | China's first block caving mine |
| Dongguashan Copper Mine | China's first large scale deep mine |
| Sanshandao Gold Mine | China's first subsea mining project |
| Huize Lead and Zinc Mine | A paste-filling mine with depth over 1000m and length of filling pipeline over 4000m |
| Anqing Copper Mine | The first large diameter and deep-hole-mining mine |
| Laos Dongtai Potash Mine | China's first self-designed and operational underground potash mine |

| Mining cases | Descriptions |
| --- | --- |
| Nanjing Lead-zinc-silver Mine | China's first pollutant-free mine |
| Jinduicheng Molybdenum Mine | China's largest molybdenum mine |
| Yunxixinguan Tin Mine | China's largest tin mine |
| Xikuangshan Antimony Mine | China's largest antimony mine |
| Tibet Zhabuye Lithium Mine | China's largest salt lake-based lithium project |
| Siping Silver Mine | China's largest silver mine |

## 4.1 Pulang copper mine

Pulang copper mine is the largest underground copper mine with high altitude in China. Block caving method was adopted in this mining activity. The mining sequence reflects the ground control of ore removal level.

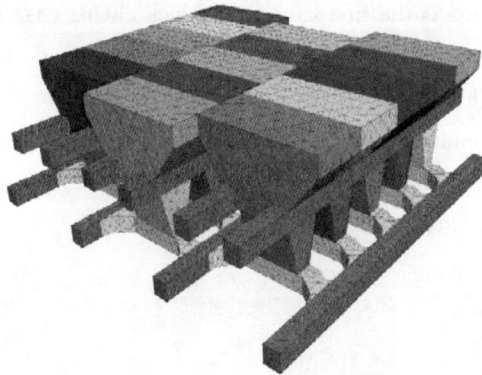

Fig. 6   Numerical simulation model of Pulang copper mine

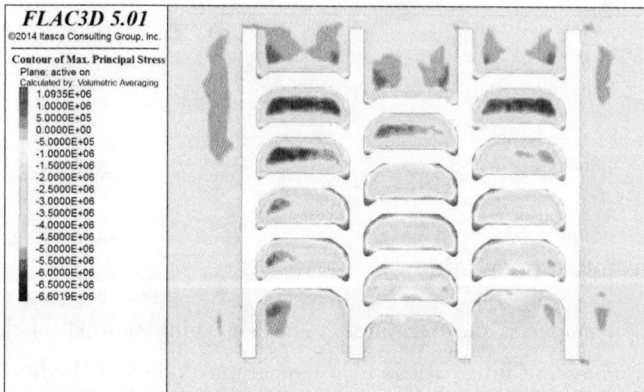

Fig. 7   Maximum principal stress of pulang copper mine

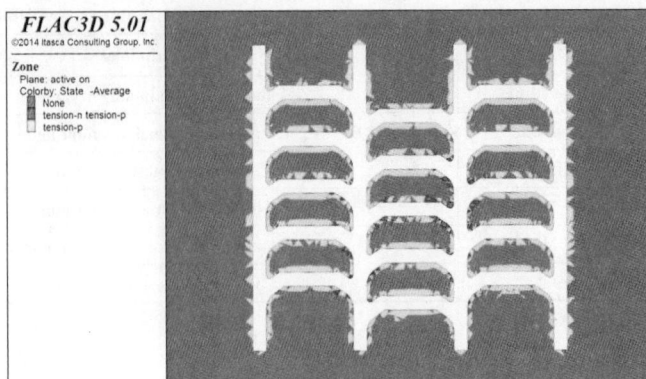

Fig. 8　Plastic zones of pulang copper mine

## 4.2　Tongkuangyu copper mine

Tongkuangyu copper mine is the first successful block caving case in China. The ground pressure problem appears during the Phase II project and leads to large area of failure of bottom structures. The original passive concrete support system was replaced by newly designed support and reinforcement system consisting of long anchor cable, long anchor bolt and shotcrete layer reinforced by wire mesh. The new bottom structure support system properly solved the ground pressure problem.

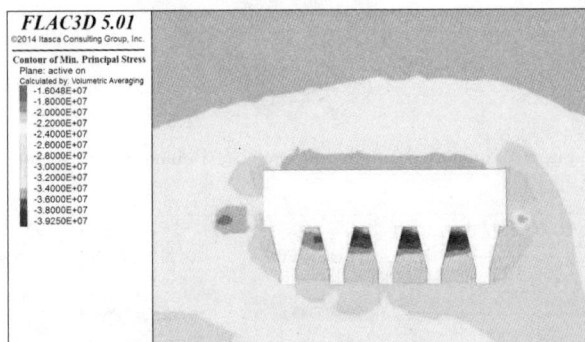

Fig. 9　The maximum stress nephogram of Tongkuangyu copper mine

## 4.3　Dongguashan copper mine

Dongguashan copper mine is the first large scale deep mine and one of the deepest underground metal mines in China. It has high temperature (39℃), high stress (38MPa) and a large probability of rock burst. Open stoping with subsequent backfilling method

was used to control the rock burst problem. In addition, China's first rock burst monitoring system of deep well with high ground pressure was constructed. The objective of non
-waste mining was realized by the cemented full tailings filling technology, and which
also helped control the strata movement. Dongguashan copper mine is a favorable example of deep mining and green mining which can provide plentiful experience to similar
mining project in China or the world.

Fig. 10    Mining and dressing outline of Dongguashan copper mine

## 4.4    Sanshandao gold mine

Sanshandao gold mine is the first subsea non-coal mine in China. There are very limited
experiences which can be referred to. Subsea mining is a considerable complex problem
including geology, mining, ventilation, draining, rock mechanics et al. The sea water
is a threat to deposit mining and safety because it does not have a natural draining condition. As a result, an isolation layer must be set in subsea mining. The thicker the layer

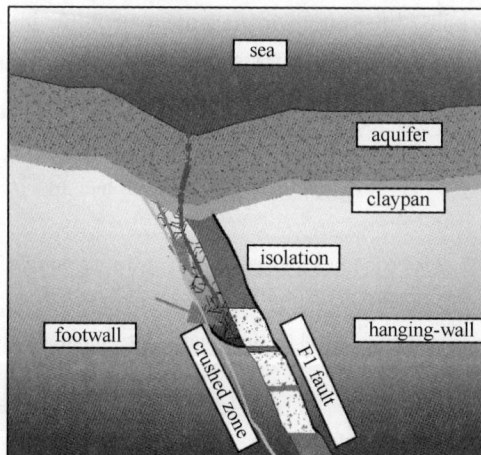

Fig. 11    Mining penetration sketch of Sanshandao gold mine

is, the safer the mining will be, nevertheless, the economic cost will be larger. Safety pillars are necessary to the host rock for the safe exploitation of upper orebody near the seafloor.

# 5   Summaries

With the growing demand of deeper resources, the number of deep underground mines increases, meanwhile, more open – pit mines turn to be underground mines. Mines under 800m are deep mining in China. The deepest metal mine in China is under 1562m and tens of mines are under 1200m. China has been exploited underground resources above 2000m and launched the "deep underground resources exploration" project in the 13th Five – Year National key research plan. In Australia, mines under 1000m are deep mines, the Enterprise mine is under 1650m. Mines under 1500m are deep mines and the deepest mine has reached underground 2800m. The deepest mine all over the world exists in South Africa, which has six deep mines under 3000m according to the data in 2003.

Compared with the other countries, China still has a long way to go in deep mining rock mechanics. High geostress, high temperature, chemical and micro−seismic or rock burst problems constantly come up in deep and difficult mining conditions. A more realistic dynamic simulation of mining process is also needed. Mining rock mechanics can take advantage of the rapidly developed computer science and make a breakthrough in the short run. The future development of mining rock mechanics will be summarized as: rock mechanics basing on HPC (high performance computer) associated with simulation computing cloud platform; experience–based quantified chart method; real three–dimensional design and whole–life–circle management of mine integrated with rock mechanics model, mining ore model and MIM (mine information modeling) .

## References

[1] H Laubscher, D. (1994). Cave mining – The state of the art. *J. South Afr. Inst. Min. Metall.* , 94.

[2] K E Mathews. (1981). *Prediction of stable excavation spans for mining at depths below 1000m in hard rock.*

[3] B. H. G. Brady, E. T. Brown. (2004). Rock mechanics for underground mining (third edition).

# 我国深井黄金矿山采矿设计创新探讨

陈小伟　刘育明　于润沧

（中国恩菲工程技术有限公司，北京，100038）

**摘　要**：本文通过对某黄金矿山的开采技术条件进行深入研究，针对项目存在的深井采矿、海下开采、尾矿处理难度大等关键问题，提出了采用建设高度智能矿山和绿色矿山设计理念，采用大型机械化和智能化采掘设备提高单位储量的产能，因地制宜研究深井开拓系统方案，提出"采废换充"理念解决尾矿堆存难题，为深井黄金矿山设计和建设开发提供新的思路。

**关键词**：无废开采；深井开采；采废换充；采矿设计创新

# Discussion on Innovation in Mining Design of Deep Underground Gold Mines in China

Chen Xiaowei　Liu Yuming　Yu Runcang

（China ENFI Engineering Corporation，Beijing，100038）

**Abstract**：This paper has intensively studied the mining‐technical conditions of a gold mine. For the critical challenges such as deep mining, deep‐sea mining, and difficulty for tailings stockpile that are present in the project, the design concepts of highly intelligent mine and green mine are proposed. The large‐scale mechanized and intelligent mining equipment is used to improve the production capacity of reserve per ton. According to local conditions, the deep mining development system has been studied, and the concept of "Mining waste for filling" has been proposed to solve the problem of tailings stockpile, which provide new ideas for the design and development of deep gold mines.

**Keywords**：wasteless mining, deep mining, mining waste for filling, mine design innovation

---

作者简介：陈小伟（1986—），男，中国恩菲工程技术有限公司采矿高级工程师，主要从事采矿咨询设计和技术研发工作。

随着我国浅部资源逐渐消耗殆尽，很多矿山逐步转入深部开采，黄金矿山尤为突出。中国黄金集团夹皮沟矿业有限公司二道沟矿开拓深度已超过1500m，是中国目前开采深度最深的金属矿山[1,2]，夏甸金矿开采深度超千米，三山岛金矿开拓深度已经超过1200m。随着我国黄金深部找矿力度加大，一批特大型深埋黄金矿床相继被发现，如三山岛金矿西岭矿区、三山岛北部海域金矿、沙岭金矿、水旺庄金矿等，单个矿山的预测金属量超过200t，开采深度多在1500m以上，2000m以深的黄金矿体还在不断被发现[3,4]。

进入深部开采环境，由于高地应力、高地温、高渗透压和大井深的特点带来的岩爆、热害、大提升高度、排水等技术难题，相比浅部矿体开采，技术风险大、开采成本高，必须采用先进的设计创新理念，才能实现深井黄金矿山的安全高效经济开采。

本文旨在通过对某金矿的设计中，引入深井黄金矿山开采设计理念创新，为深井矿山开采提供新的思路和参考。

# 1  矿区概况与开采技术条件

## 1.1  矿区概况

矿区位于莱州市北部，距城区约26km，与新建的莱州港为邻。矿区周边水陆交通极为方便。矿区地处渤海海湾，近岸及海底地形低平，海拔标高-5.80~2.00m，区内地表水发育，主要为渤海海水，分布整个矿区。

## 1.2  矿床地质及资源情况

矿床处于三山岛-仓上断裂带，该断裂带内金矿床是最早发现的破碎带蚀变岩型超大型金矿床，仓上金矿、新立金矿、三山岛金矿、三山岛北部海域金矿均处于该断裂带上，如图1所示。

矿区共发现金矿体48个，均分布在20线至66线之间黄铁绢英岩化（花岗质）碎裂岩带内，主要矿体为深部的Ⅰ-4矿体，标高-950~-1900m，控制走向长约1750m，沿走向两端均未封闭，倾斜最大延深1230m，深部未封闭，主要矿体平均倾角39°，平均矿体厚度10~15m。典型的第30勘探线剖面如图2所示。

根据评审备案的地质勘探报告，设计建立地质资源三维模型进行资源量估算，估算结果为全矿床资源量约1.1亿吨，金金属量约450t，Au平均地质品位约4.2g/t。

## 1.3  矿床开采技术条件

矿体赋存于渤海海面以下，因地表第四系粉质黏土隔水层将地表海水、第四系含水层与矿体隔开，在生产过程中需要重点保护第四系黏土隔水层不受破坏。

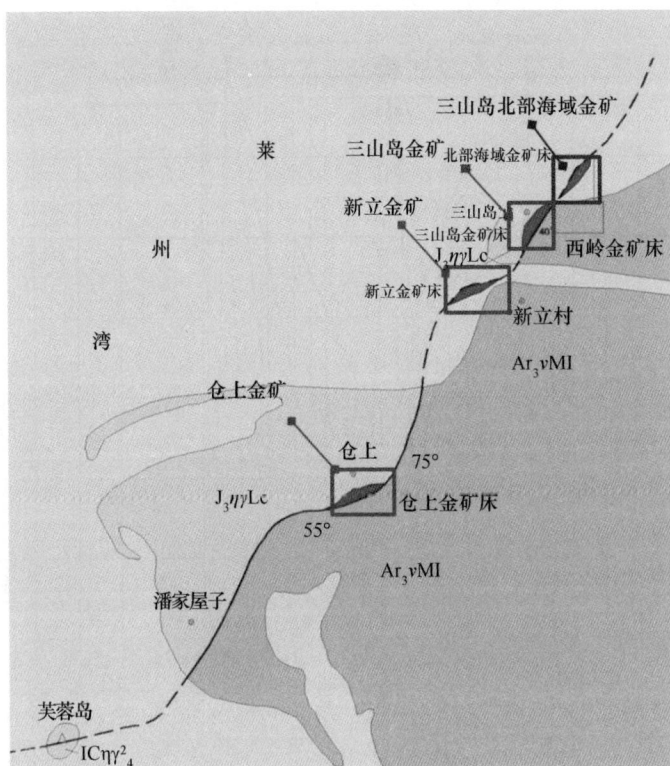

图1　三山岛-仓上断裂带

矿床充水的主要来源是构造裂隙含水层。经预测，矿山正常涌水量约 $7000m^3/d$，最大涌水量 $11000m^3/d$，矿山水文地质条件为中等~复杂类型。

矿床顶板和底板为绢英岩化花岗岩、绢英岩化碎裂岩、黄铁矿绢英岩化花岗碎裂岩等，岩石比较坚硬，工程地质条件良好。矿床工程地质条件取决于岩石构造发育程度，断裂带内局部岩石较破碎，蚀变较强烈、裂隙较发育，岩心较破碎，稳固性相对较差，需要加强支护措施。矿山工程地质条件为中等类型。

该区地温梯度在每100m 1.42~2.14℃，1440m深度岩温为42.6℃，地下温度较高。

## 2　矿区建设条件分析

通过对该金矿开发条件的研究，其建设特点可归纳为：

（1）矿区具备大规模开发的建设条件。该矿床是目前国内发现的最大单体岩金矿床，矿体连续厚大、资源量多、矿石品位高，主要矿体为深部的Ⅰ-4矿体，平均厚度超过30m，矿石品位超过4g/t，资源条件好。且项目周边交通发达，工业基础设施齐全，为矿山大规模开发奠定了很好的基础。

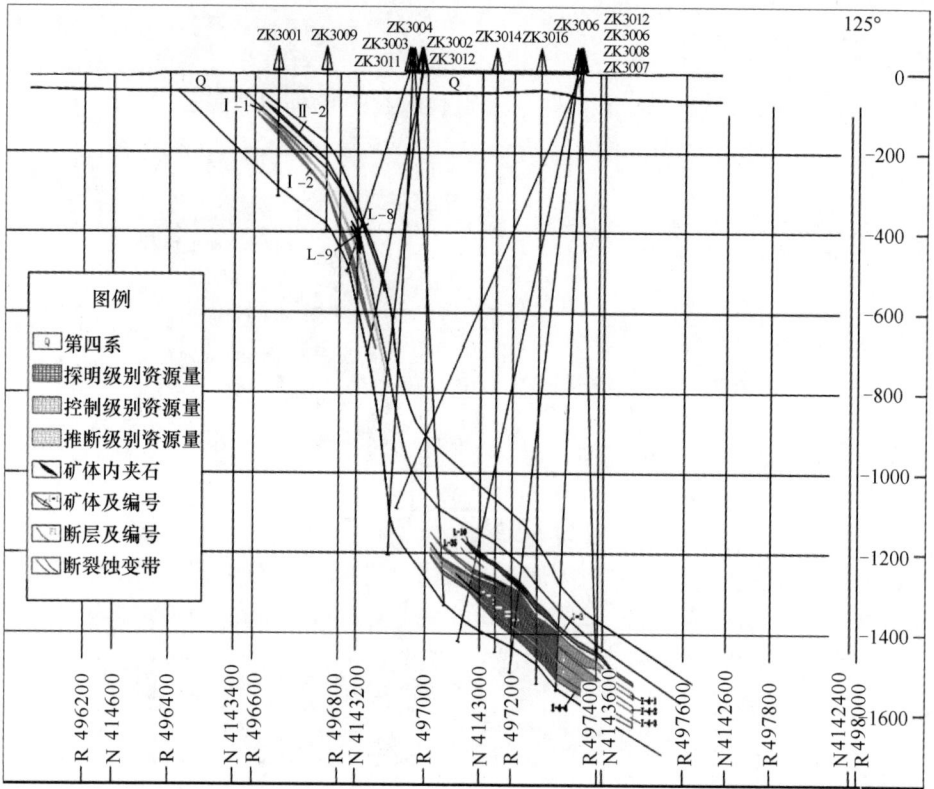

图 2　第 30 勘探线剖面图

（2）矿床开采技术条件复杂。该矿床为特大型深埋矿床，具有深井开采、海下采矿的复杂特点。一期开采深度达到 1500m，由此带来的高地应力、高地温、高井深等问题。矿体位于海域范围，主要工业场地在陆地，距离矿体长度约2km，对矿山建设周期带来较大影响。矿体倾角约 39°，矿体直接顶板为 F1 断裂，上盘矿岩软破，控制矿体损失贫化难度大，这些对矿山安全高效开发带来新的挑战。

（3）尾矿库将成为矿山开发的重要制约因素。黄金矿山矿石品位低，尾矿产率高，用于井下充填仅能够消耗一半左右，其余尾矿必须考虑其他方式处理，常规方法是排至尾矿库堆存。但是该区域周边环境敏感，矿区邻近莱州湾景区，建设尾矿库难度大。尤其是国家新的安全、环保政策的实施，使得矿山周边的尾矿库建设更加困难，将成为制约本项目开发的关键因素。这也是周边区域黄金矿山普遍面临的难题。

（4）建设智能矿山需求强烈。本项目为深井海下开采，面临的岩爆、巷道变形破坏以及井下高温高湿环境对人员伤害等问题，使得井下安全风险更加突出。另外，随着中国人口红利逐渐减小，未来招收井下工人难度很大。通过提升矿山整体智能化水平，大幅减少井下作业人员，对保障矿山安全高效生产是十分必要的。

## 3 主要设计方案

### 3.1 设计原则

矿山企业核心是依靠矿石资源获取经济效益，从设计源头理念上如何实现矿山安全高效低成本开发是保障矿山建设水平的关键。鉴于该矿的开采条件及建设特点，综合分析各方面因素，确定以下设计理念和设计原则：

（1）安全开采原则。设计采用安全开采设计理念，针对项目存在的地表海水覆盖、井下北西向构造、深井地压管理、深井通风等难题，提出具体安全措施，保障开采安全。

（2）智能化开采原则。设计采用建设高度智能化矿山的理念，实现井下所有固定安装设备（水泵、风机、破碎机、振动放矿机等）远程控制、现场无人值守，井下矿石开采运输全过程自动化控制，井下通风、排水、充填实现智能控制，井下生产和安全监测数据、设备运行数据自动上传至矿山信息管理系统，形成矿山全面信息化管理。

（3）无废开采原则。建立矿床精准模型，选取合适采矿方法，从设计源头降低贫化、提高出矿品位和选矿综合回收率，实现源头废物减量化；尽可能提高充填浓度，将尾矿用于井下充填，对剩余尾矿实现多途径消化，如用于建筑材料、胶凝材料、微晶玻璃等，剩余尾矿可通过回采浅部废石，换取空间用于尾矿回填，回采出的废石则作为建材外销，这样真正实现无废无尾开采。

（4）高效开发原则。设计采用大型机械化、智能化采掘设备，创新改变传统上向水平分层充填法采准结构型式，适用智能化设备的运行，优化不同盘区之间采、掘、充各作业工序转换，缩短各作业工序循环时间，保证每次爆破量能够满足铲运机单班连续出矿作业，有效提高采场出矿效率和综合能力，实现单位资源储量的产能最大化。

### 3.2 采矿设计方案

根据矿床开采技术条件以及项目建设条件，主要设计方案如下：

（1）矿山开采规模及采矿方法。设计生产能力为采选 12000t/d（396 万吨/年），采出矿量约 8000 万吨，平均出矿品位 Au 3.9g/t，矿山服务年限 23 年。采矿方法为上向水平分层充填法、上向进路充填法。

（2）矿山开拓运输方案。矿山一期开采深度 1500m，设计采用主井、胶带斜井、副井、辅助斜坡道、浅部辅助井联合开拓，中段采用无人驾驶电机车运输方案,如图 3 所示。其中主井与胶带斜井担负井下矿石接力提升任务。设 1 条通地表辅助斜坡道,作为井下采矿的重要安全出口。设 1 条浅部辅助井担负浅部开采的提升任务,开采废石提升至地表后作为建材外销处理。

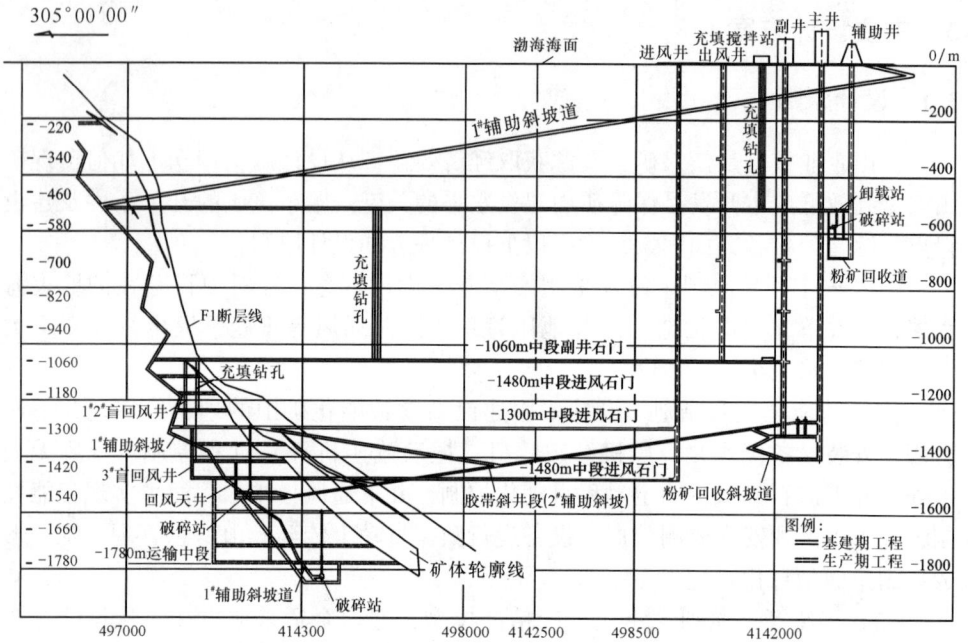

图 3　开拓系统横剖面图

(3) 辅助系统设计方案。井下采用全尾砂膏体充填,实现采场不脱水,充填输送采用分级环管减压,实现满管输送和减少管道磨损;井下通风采用多级机站通风,按照"按需通风"理念,原则上保证有人作业的工作面贯穿风流的风速不小于 1m/s,井下通风机远程控制、变频调节;采用地表集中制冷风和井下局部制冷降温相结合方式,确保井下作业环境温度满足安全规程的要求;井下排水采用两段接力排水,排水总高度 1487m,综合考虑井下涌水量和当地波峰波谷电价因素,确定水仓容积和排水泵能力,降低排水能耗。

(4) 安全监测系统。为确保海下安全开采,经研究论证,在矿体上部留设有 160m 厚的安全保护矿柱。另外,井下设有高精度微震监测系统,监测回采对井巷和采场稳定性影响。微震监测数据通过光纤传输至地表监测控制中心。

# 4　主要技术创新

(1) 创新矿山开拓方式,加快矿山建设。

创新改变传统有轨运输 + 主井提升组合方式,充分利用矿体与竖井之间的 2km 距离,采用长距离胶带斜井 + 主井接力提升,利用胶带斜井的提升高度,减少主井深度约270m，加快项目建设进度，同时延长了主井提升钢丝绳使用寿命，降低主井提升成本。

采用副井、深部2号辅助斜坡道接力运输人员、材料，实现井下人员、材料可通过无轨辅助车辆直接运输至采场，有效提高运输效率。深部斜坡道和长距离胶带斜井平行布置，每隔150m相互贯通，双巷同步施工速度快，也方便胶带机的安装和检修维护。

（2）创新采矿工艺，实现矿床高效开发。

选用大型智能化的采掘装备和辅助设备，如具备智能化功能的10t电动铲运机、单臂和双臂凿岩台车、锚杆台车、锚索台车、喷浆台车等，通过使用大型设备和智能化装置采集数据和分析，能够优化操作过程，缩短各作业工序循环时间，提高采场综合能力，实现单位资源储量的产能最大化。

创新提出了上向分层充填法自动化盘区采准布置方式，实现盘区间凿岩、出矿、充填等作业工序有序转换，盘区内每次爆破量能够满足铲运机单班连续出矿，有效提高了出矿效率和采场综合出矿能力，并实现地表远程操控铲运机作业，大大改善了工人作业环境，实现采矿作业办公室化。如图4所示。

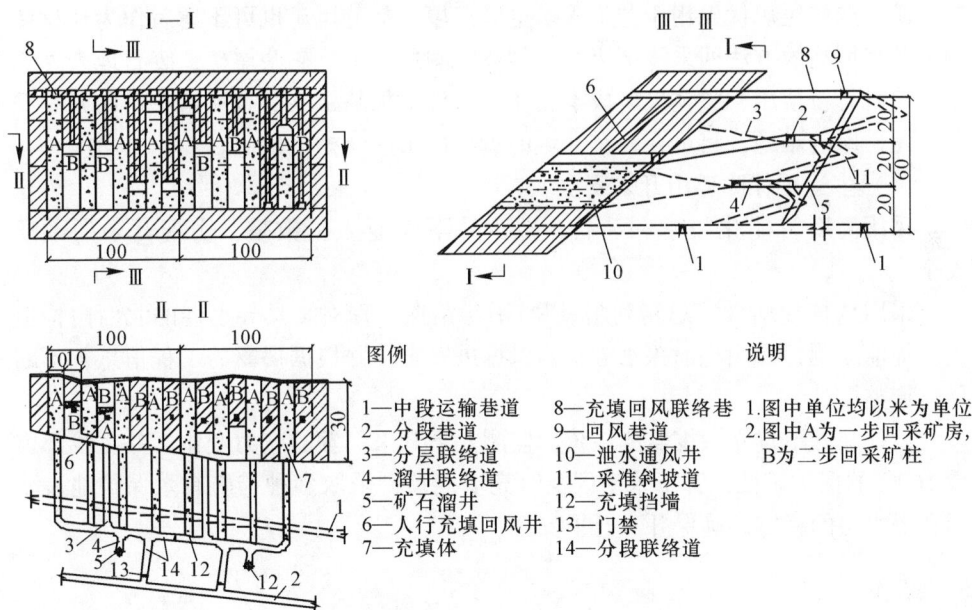

| 图例 | | 说明 |
| --- | --- | --- |
| 1—中段运输巷道 | 8—充填回风联络巷 | 1.图中单位均以米为单位 |
| 2—分段巷道 | 9—回风巷道 | 2.图中A为一步回采矿房， |
| 3—分层联络道 | 10—泄水通风井 | B为二步回采矿柱 |
| 4—溜井联络道 | 11—采准斜坡道 | |
| 5—矿石溜井 | 12—充填挡墙 | |
| 6—人行充填回风井 | 13—门禁 | |
| 7—充填体 | 14—分段联络道 | |

图4 满足自动化出矿的采准系统布设

（3）矿山全面智能化，实现无人或少人开采。

采用建设高度智能化矿山的设计定位，井下所有固定安装设备（通风机、水泵房、振动放矿机等）远程控制、现场无人值守。井下出矿、运输、破碎、提升等矿石物流全过程自动化控制，大幅度减少井下作业人员，提高生产效率。井下生产监测数据、设备运行数据以及矿山安全监测数据自动上传至矿山信息管理系统，形成矿山全面信息化管理。

（4）按照绿色矿山开发理念，实现资源高效利用、节能降耗以及无废开采。

实现矿产资源回收率超 90%，矿石贫化率低于 8%，最大程度回收矿产资源。井下所有风机采用远程控制，根据井下作业环境感知自动调整风机和风门，实现按需供风；井下排水实行电价波谷期集中自动控制排水；采用直接蒸发式热回收技术将回风井排出的热量进行余热回收，用于冬季井口和建筑物采暖。通过这些措施，有效降低能耗和企业成本消耗。

采用理论计算、数值模拟等方法研究井下各种热源放热量，对地表入风温度、入风量等参数对井下放热量影响进行分析，确定合理的通风量，优先通过"加大风量、提高风速"方式降低人体的体感温度，当进入夏季地表温度较高时，采用地表集中制冷风+井下局部制冷降温方式，实现井下作业环境满足安全规程要求。

结合周边砂石骨料市场短缺、新建尾矿库难度大等特点，创新提出多途径消耗尾矿，选矿尾矿优先用于井下采矿空区充填，部分尾矿也可压滤后作为建材使用，并采用高效方法回采浅部废石，创造空间用于消化剩余尾矿，废石地表外销用于建材骨料使用，整体采矿成本相比之前仅增加约 10%，彻底解决矿山开发受制于尾矿库的难题，将可在胶东区域的黄金矿山广泛推广使用。

（5）多途径保障矿山开采安全。

采用高度智能化技术和装备，减少井下作业人员数量，实现开采的本质安全。

采用"探建结合"思路利用竖井+平巷钻探工程对疑具导水性的北西向构造进行提前勘测，采用超前探水方式确保掘进安全。并根据揭露的工程信息，不断优化调整设计。

设计在井下建立微震监测系统，监测井下开采引发的应力变化，并在浅部留设 160m 的保护矿柱，井下采空区及时充填接顶，采取多种措施有效保护地表变形和隔水层的稳定，确保井下开采安全。

## 5 结论

该矿具备深井大规模开采、海下采矿、尾矿库建设难度大等突出难点，设计中提出的先进理念可以为其他深井黄金矿山设计和建设提供新的思路。

（1）对于深井矿山，可结合矿体赋存条件和竖井井筒位置，利用两者之间距离采用胶带斜井或斜井接力提升，缩短竖井深度，加快建设进度。

（2）应按照建设智能化矿山理念，实现矿石采矿、运输、破碎、提升、选矿处理全过程无人值守，减少井下一线作业人员数量，提高开采效率，实现矿山本质安全。

（3）采用按需通风、余热回收等先进节能技术降低开采成本；采用大型机械化和智能化采掘装备提高单位储量的产能，提高劳动生产效率。

（4）采用井下废石开发——尾矿充填一体化解决方案，真正实现矿山无尾无废绿色开采，最大程度保护地表环境，解决矿山生存难题。

通过以上设计源头创新和建设实施，相信一定能够将该矿山建设成为世界一流的深井绿色智能化黄金示范矿山。

## 参 考 文 献

［1］李威，王湖鑫，等 . 三山岛金矿深井采矿卸压孔卸压数值模拟分析 ［J］. 现代矿业，2019，9.

［2］刘冠胜，曹龙 . 深井开采大型黄金矿山制冷降温系统优选 ［J］. 黄金，2019，12.

［3］刘育明 . 超大规模深井开采若干技术解决方案探讨 ［J］. 中国矿山工程，2016，6.

［4］刘焕新，王剑波，等 . 胶东大型黄金矿山深部开采地压控制实践 ［J］. 黄金，2018，9.

# 深井和超大规模开采设计理念探讨

刘育明

（中国恩菲工程技术有限公司，北京，100038）

**摘　要**：千米以深的深井矿山在我国已越来越多，规模在 1000 万吨/年以上的也不少见，本文简述了深井矿山的技术难题，从多个方面探讨深井和超大规模开采的设计理念。

**关键词**：深井开采；超大规模；设计理念

# Discussion of the Design Ideas of Deep Mining and Super-scale Mining

Liu Yuming

（China ENFI Engineering Corporation，Beijing，100038）

**Abstract**：There are more and more deep mines with the mining depth of over 1000m in China. The number of super-scale mines with the designed production rate of over 10Mt/a is large. This paper briefly introduces the major technical difficult issues and discusses the design ideas of deep mining and super-scale mining from several aspects.

**Keywords**：deep mining, super-scale mining, design idea

## 1　引言

我国一批金属矿山正在向 1000m 甚至 1500m 深的深井发展，如冬瓜山铜矿、金川二矿区、会泽铅锌矿、三山岛金矿等，其开采深度已接近或超过 1000m，个别矿山甚至超过 1300m。在建和拟建的一些深井矿山，其开采深度达到 1200～1500m，如辽宁思山岭铁矿、山东瑞海金矿、三山岛金矿西岭矿区等，有的设计

---

作者简介：刘育明（1964—），男，中国恩菲工程技术有限公司，正高级工程师，主要从事采矿咨询设计和技术研发工作。

井筒深度要达到 2000m。截至目前，我国已完成 1500m 以深掘进的井筒有 3～4 条。已经投入运行的千米以深的竖井数量则很多。

当前我国矿山发展的主要方向是建设绿色矿山、智能矿山、深井开采。绿色矿山、智能矿山建设是技术进步和社会发展的要求，时代的选择；而深井开采是客观条件发展的必然趋势。安全、环保、绿色、智能、高效、节能，是进行矿山设计的基本出发点，低成本、高效益是工程项目追求的经济目标。

对于深井开采所指的开采深度，国内外都没有严格的定义。加拿大 Benny Zhang 和 Mitri（2006）将深井分为如下几类[1]：1500～2000m 深为中等开采深度（intermediate mining depth）；2000～2500m 为深井开采（deep mining）；大于 2500m 为非常深的深井开采（very deep mining）。

我国的一些手册将深度大于 800m 的矿山称为深井矿山。原国家安全监管总局 2013 年 8 月提出了"超大规模超深井矿山"概念，是指"年产矿石量超过 1000 万吨或开采深度超过 1200m 的金属地下矿山"。这也说明我国金属矿山真正到了从浅部开采深井开采的时代。于润沧院士将深井矿山归纳为三种类型：第一类：从浅入深的深井矿山，如金川二矿区、三山岛金矿等；第二类：露天转地采的深井矿山，这在我国基本上尚未出现，未来一些特大型的露天矿转地下开采时可能属于此类；第三类：直接开采深埋矿床，如思山岭铁矿、瑞海金矿等。

超大规模矿山在我国也是近些年来出现的新情况，已经建成的规模超千万吨的矿山有普朗铜矿、大红山铁矿，这两个矿主要是采用崩落法开采。在建的或拟建的超大规模矿山则不少，如思山岭铁矿、马城铁矿、司家营铁矿田兴矿区、陈台沟钼矿、岔路口钼矿、沙坪沟钼矿等。

相对来说，国内开展的矿山实践还基本上停留在 1000m 左右深度，而超过 1200m 以上的深井矿山开采实践经验还不足，认识还不深，虽然有个别矿山开采深度超过了 1300m，但主要是规模较小的矿山，一般在 2000 吨/天左右或以下的规模。而国外许多金属矿山其开采深度已远超过 1500m，如南非 Anglogold 金矿开采深度达到 3700m，加拿大的 Kidd Creek、LaRonde 和 Creighton 矿的开采深度在 2000～3000m。

## 2　深井开采的技术难题

众所周知，深井开采最显著的特点是高地应力、高地温、高渗透压（指高压头地下涌水）、大提升高度，这是深井矿山的基本特点。但每一个矿山的条件各不相同，包括工程地质条件、水文地质条件、矿体形态（厚度、倾角）、采矿方法、生产规模等，这些条件和深井开采的基本特点（或称为共性特点）重叠、组合，产生出具体某一个矿山的技术难题。图 1 是深井基本特点和其他要素的组合关系图。

| 深井 | 工程地质条件 | 水文地质条件 | 矿体形态 | 采矿方法 | 生产规模 |
|---|---|---|---|---|---|
| 高地压<br>高地温<br>高渗透压<br>大提升高度 | 稳固<br>中等<br>破碎<br><br>断层多<br>断层少 | 大水矿山<br>濒海矿山<br><br>水文简单 | 近似垂直<br>60°~80°<br>40°~60°<br>30°~40°<br><30°<br>特别厚大<br>一般厚大 | 充填法<br><br>崩落法 | 超大型<br>特大型<br>大型<br>中型<br>小型 |

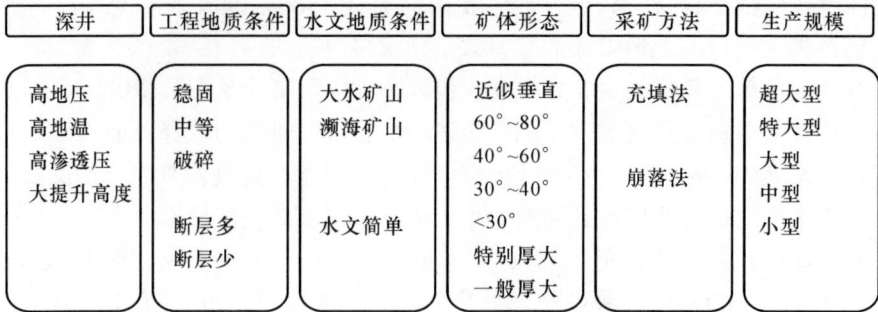

图1 深井基本特点和其他要素的组合关系

这些难题主要有：

（1）1500m以深（特别是大于1700m）的竖井掘进；

（2）大涌水矿山井筒（巷）的治水；

（3）大水矿山特别是破碎矿岩矿山井巷的施工，例如竖井、斜坡道穿过上部含水层，可能需要冻结法施工；

（4）大水矿山的井下排水能力和排水系统；

（5）大水矿山特别是破碎矿岩矿山的开采；

（6）采矿方法工艺及回采顺序（包括高应力底柱、间柱的回采，采场的组织等）；

（7）提升运输系统（深井大载重），即井下物流系统，包括矿石、废石、人员、材料、设备的提升运输；

（8）有效的通风和降温方式及系统；

（9）充填系统，包括超大规模充填料制备系统、如何减少管道磨损、钻孔的最佳深度、如何减压或泄压、采场的充填工艺等；

（10）高应力条件下井巷的支护和加固；

（11）岩爆的监测和防控；

（12）井下的安全保障系统等。

上述难题并不是对每一个深井矿山都一致。各个矿山条件不同，所反映的程度不一样。对于既是深井矿山又是超大规模的矿山，特别是超大面积开采即矿体厚度特别大（200m以上）的矿山，则碰到的技术难题会更多。

## 3 深井和超大规模开采设计理念要点

一个矿山的建设，其设计工作起着至关重要的作用，所设计的技术方案的优劣决定着这个矿山项目的成败，可以说设计工作是对矿山工程项目灵魂的塑造。针对现代矿山工程的设计，于润沧院士提出了现代矿山工程设计理念[2,3]，其主要内涵包括：（1）立足项目和企业的竞争力研究国际大背景下的市场行情；（2）以企业经济效益为核心确定生产规模和装备水平；（3）以资源-经济-环境相协调的方案选择和优化；（4）着力研究缩短基建时间和基建期提前出矿的可能性；（5）以建设智能矿山为长远目标不断创新和实践；（6）境外矿山工程设计项目应认真进行风险评估。于润沧院士提出的设计理念为我国现代矿山的设计指明了方向。

在这里笔者想就深井和超大规模开采设计谈一些具体的思路。在新时期，矿山设计从一开始就要按照绿色矿山、智能矿山建设的要求，结合深井和超大规模开采的技术难题，进行统一规划、系统设计。

## 3.1　地质资源级别要高

探明地质资源是项目建设的首要条件，其目的是避免资源出现严重负变，避免造成重大投资风险。资源负变包括资源量的减少或品位降低。

一段时间以来，国内不少矿山探矿只做到详查阶段（没有做到所要求的勘探程度）就开始设计和建设，亦即将推断的矿量（333级别）按系数打折的方式用于设计和建设，这种情况是矿床没探清就开始施工工程，实际上已出现很多问题，如揭露后的矿体形状变化很大，造成部分工程的浪费并需要补充新的工程，增加投资；资源量减少，造成按设计的生产规模达不了产，或服务年限不够；品位降低，使得预期的经济效益大幅下降，矿山可能长期处于亏损状态。

因此，在矿山开始建设前，应该将资源探明，特别是首采矿段要探明，防止资源发生重大负变，以降低投资风险。

## 3.2　工程和水文地质条件要清楚

工程地质和水文地质直接影响主要工程的布置和开采技术方案，（1）涉及安全问题，（2）涉及施工进度问题，（3）涉及投资问题。要充分探清矿区的断层构造、含水层、软弱岩层等，主要井巷工程应尽量避开这些不利条件。深部涌水对深井矿山建设影响尤其大，一旦深井筒（1000m以深）碰到大的涌水的话，因为高的水压，井筒的治水就变得极为困难，严重的话井筒掘进不下去。井下大涌水对安全构成了很大的威胁，容易造成井下淹井。

建议有条件时深竖井的工勘孔打3个（三角布置），避免水文情况不清。

## 3.3　开采方式和采矿方法选择

要从本质上实现绿色矿山来考虑开采方式和采矿方法，首先就是要少破坏土地，少占用土地，能用地下开采的不用露天开采，能用充填法开采的就不要用崩落法开采。

　　云南普朗铜矿是一个典型的低品位特厚大矿床，是最适合采用露天开采的，但现在建设成了国内第一个超大规模的自然崩落法地下开采矿山，与露天开采相比，自然崩落法开采大幅度减少了地表的破坏和土地的占用。普朗铜矿设计的开采方式经历了一个变化过程，从大露天+地下开采方案，到小露天+地下开采方案，最后采用了全地采方案。实践证明，普朗铜矿采用自然崩落法地下开采是正确的。

　　在采用崩落法和充填法的技术方案上，应充分考虑充填采矿法在开采区的占地、资源综合回收、尾矿库占地和投资、环保等的综合优势。目前国内对充填法开采的优势已经形成了共识。

## 3.4　无废开采和少废开采

　　矿山设计应力求无废开采，至少要做到少废开采。在设计中尽量采用少产生湿尾矿的方案，尽量形成干粗砂，以便干粗砂可以堆到排土场或外卖；细粒级的湿尾砂应全部用于井下充填，力争不建尾矿库（以磁性铁为主的铁矿、铅锌矿等是可以做到的）；废石和剩余的尾矿（干砂）资源化利用，包括作为建筑用的砂石料、砖、陶瓷用料、制造玻璃、改良土壤等等。山东会宝岭铁矿一个年采选300万吨矿石量的铁矿，废石和尾矿全部作为建筑材料外卖了，不仅不需要新建尾矿库，还从废石和尾矿的外卖中得到了收益。

## 3.5　矿山建设和人文景观相结合

　　在矿山的总体布置中，要把矿山建设和人文景观有机地结合起来，地表建筑物外形应尽量与环境相协调，建设花园式矿山、景点式矿山。图2和图3是两个矿山的井塔外观图片。

图2　带有观光功能的三山岛金矿混合井井塔

图 3 带有徽式建筑风格的白象山铁矿主井井塔

## 3.6 用岩石力学理论指导深井开采设计[4]

矿山深部原岩应力大,在 1500m 深时最大主应力一般会达到 50MPa 以上。越往深,应力更大。高的地应力容易引起采场的垮塌、巷道的变形破坏、岩爆,有可能产生严重的安全问题。在考虑采矿方法和回采顺序时,应趋利避害。

根据国际上深井开采的经验,可得出如下启示:

(1) 不同的矿山,矿体的赋存条件、矿岩条件、所处的应力条件、断层和结构面条件等不一样,差别是很大的,在确定采矿方法及参数时要充分考虑这些条件,同时还要考虑充填体的质量。

(2) 应尽量采用人员不需直接进入采场的采矿方法,如大直径深孔空场嗣后充填采矿法、分段空场嗣后充填采矿法等。

(3) 开采顺序主要受高地应力条件影响,应从矿体的中央部位向边界推进,或从一侧向另一侧推进,逐步将诱导应力推向拱脚,如品字形、金字塔形,减少应力集中,降低地应力峰值。

(4) 国际上正在从大规模、多中段采场,向小的、快速采完的单中段发展,更小尺寸的采场减少了岩体不稳定带来的风险。

(5) 尽量不要留底柱,矿柱应尽早回采,避免形成高应力集中区。

（6）超大规模的深井矿山，复杂程度更大，需要从主应力的方向和应力的转移、采场的稳定、系统的完备、生产的组织、成本的控制等综合考虑采矿方法和结构参数及系统的布置。

（7）应进行必要的岩石力学数值模拟工作。

## 3.7　采用大型高效采矿设备

大型高效采矿设备，对于深井和超大规模开采来说至关重要。（1）提高采场生产能力，也就是提高单位开采面积的生产能力，做到强化开采；（2）减少井下作业人数，提高劳动生产率，减少安全风险；（3）能扩大生产规模。

国内矿山已经有了丰富的采用高效大型采矿设备的经验。在国内矿山中，以下大型设备都有应用实例：14t 的电动或柴油铲运机，如冬瓜山铜矿、李楼铁矿、金川二矿区等；30~40t 的坑内卡车；大直径潜孔钻车，如 Simba261/Simba364、冬瓜山铜矿、安庆铜矿、草楼铁矿等；中深孔台车，如 Simba1354，在许多无底柱分段崩落法开采的铁矿应用；单臂和双臂掘进台车；天井钻机，切割槽天井钻机；锚杆台车，锚索台车，喷射混凝土台车，如普朗铜矿应用、材料运输车等。

在国际上，在一些超大型矿山使用的设备都是很大的，如瑞典基律纳铁矿，采用无底柱分段崩落法，采用 25t 的电动铲运机出矿；澳大利亚 Cadia East 矿，采用自然崩落法开采，采用 21t 的柴油铲运机出矿；有不少矿山采用载重 50~60t 的坑内卡车运矿，美国的亨德森钼矿采用载重 72t 的卡车运矿（中段运输）。

## 3.8　采用积极的岩石支护手段

深井开采地应力大，地压问题将十分突出，岩爆、井巷变形垮塌和采场垮塌是地压引起的主要岩石破坏形式，为应对地压危害，除了前面所述的采矿方法和开采顺序外，最重要的手段是进行有效的岩石支护。在支护上，应采用以锚杆（锚索）、钢筋网加喷射混凝土为主的积极支护形式，代替传统的混凝土浇注支护；锚杆应以螺纹钢水泥浆（或树脂）锚杆为主（包括一些新型的吸能锚杆），长度应大于 2.2m；喷射混凝土宜采用湿喷混凝土，宜添加钢纤维。对于深井矿山，从安全出发，不管岩石好坏，巷道（包括人员要进入的采场）都应该采取支护，应以锚杆加挂网为主，或锚网喷，对跨度大的地方应加锚索支护。

金川镍矿地应力大、岩石极为破碎、蠕变性强，采用机械化盘区下向进路式胶结充填采矿法，经过几十年的探索和实践，形成了以半圆拱的巷道形式和两次喷锚网支护为主的岩石支护方式，砂浆锚杆（包括树脂锚杆）、长锚索支护在金川得到了广泛应用。

近些年来，我国矿山经常发生顶板或边帮岩石冒落伤人的事故，究其原因主要是因为岩石没有支护而垮落（冒顶、片帮）造成的，这说明我国许多矿山对支护认识不足，总认为岩石好就可不支护，其实不然。另外支护手段落后，很多矿山仍是采用气腿子凿岩机打眼支护，没有采用锚杆台车等保护性好、效率高的设备来支护，容易造成施工作业人员受伤。

## 3.9　物流系统顺畅，控制性工程要预留扩大能力的余量[4]

深井和超大规模矿山，关键性工程是矿废石的提升（运输）系统、人员材料设备的提升（运输）系统。设计中要使物流系统顺畅，关键的控制性工程要预留扩大能力的余量。

深井超大规模矿山，对矿石是一段提升还是两段提升、竖井提升还是胶带提升要进行详细的技术经济比较。随着开采深度的增加，生产规模的增大，特别是目前出现的开采深度达1500m、规模达到1500万吨/年的超大型深井矿山，给竖井提升带来了很大的挑战：

（1）竖井深度大（达到1500m），给施工带来困难（特别有大涌水时）。目前国内已施工的竖井井深达到1500余米，最大净直径为φ10m。

（2）给提升机选型带来了难度。根据计算，提升机的电机功率将达到10000kW或以上，国际上采用如此大的提升机还没有太多的先例，蒙古OT矿设计最大的提升系统功率为9900kW。

（3）给提升钢丝绳选择和更换带来了难度。必须选择高强度的钢丝绳，同时钢丝绳直径还需加大，因而要更多地依赖国外厂家的产品，并且钢丝绳的寿命较短，造成生产成本加大。

国内目前设计和建设的超大规模矿山中，竖井提升和胶带斜井提升的均有。竖井提升的矿山有思山岭铁矿等。国内目前运行的深井大规模矿石提升井有冬瓜山铜矿的主井、金川二矿区的24行主井、程潮铁矿主井，其井深均在1100多米，提升能力在400万吨/年上下。设计采用胶带斜井提升的矿山有岔路口钼多金属、西鞍山铁矿等。国内目前在运行的典型矿山——铜矿峪铜矿，该矿采用胶带输送机一段提升，提升高度达410m、斜井长3200余米，提升能力达900万吨/年。

规模不够超大的深井矿山，矿石提升将主要以竖井为主。对于主井多绳摩擦提升机提升，提升最大高度在1500m左右合适，不宜过大。

## 3.10　实现料浆临界膏体状态充填

对于超大规模矿山，需要采用大型的浓缩装置，使其一套系统能代替常规的3~4套，并要达到较高的料浆浓度。大型深锥浓密机（如直径30m）是当前的一个较好的选择，目前中国恩菲也正在开发超大型的尾矿浓缩装置和制备设备。对深井开采，充填管道的减压和减少垂直管道磨损是两个大问题，确保满管输送是减少垂直管道磨损的重要手段，在减压方面有开口卸压、增阻降压等多种方式，中国恩菲采用模拟仿真的方法对此做了大量的研究工作。目前国内生产的深锥浓密机、充填输送泵也取得了可喜的成就，已在国内多个矿山推广应用。实现料浆临界膏体状态充填是深井开采的一个重要要求，使充填料浆能自流输送（不需加泵），又能在采场流动。

## 3.11　深井降温[5]

随着矿山开采深度加深，井下热害问题越来越突显。当矿体埋藏深度达到1500m时，原岩温度将达到 36~50℃，甚至更高。据统计显示，超过适合人体温度后，温度每增加 1℃，工人的劳动生产率将降低 7%~10%，重则出现中暑危及生命。另外，统计表明，气温每增加 1℃，井下机电设备故障率增加 1 倍以上。

造成矿井内热环境的热源主要包括：空气压缩热；设备产生的热（如柴油设备、电气设备）；从岩层中产生的地热；裂隙水散发的热；氧化热（如硫化矿）；充填体中水泥固化散热；爆破产生的热；破碎的矿岩散发的热；其他，如灯、人员自身、服务用的水散发的热等。

对深井矿山，要充分认识到热害对人身体的危害、工作效率的损害及对安全风险的提升。因热害而引起安全事故的事情在我国海外矿山已有发生。对于深井降温，应采用综合的通风和降温措施，使之既达到井下作业面环境降温目的，又要使经济上可承受。

这些措施包括：使热源远离通向工作面的进风道；尽可能使用电动设备，控制柴油设备的数量；进风道尽可能保持干燥，应让涌水，特别在进风道中的水，被收集和排走；使工作时的风速最大，确保在作业人员身体上的风速达到要求的最小值以上；使工作面尽量集中，减少风量损失；无轨设备和一些操作硐室尽量使用空调舱；合理安排全年的产量和辅助工作安排，使夏天的产量减少，相应的井下辅助工作也减少；优先采用加大通风量来进行降温，设计中要留有足够风量余地；当采用其他措施不能使工作场所满足规程的要求时，应设置机械制冷降温系统，在 1200~1700m 的深度典型的方式是地表制冷送冷空气到井下的方式和局部降温的方式；矿山应制定针对热害的工作制度和管理制度，编制主通风机、制冷系统等停止工作时的应急预案；对员工进行热害影响和预防措施的培训。

## 3.12　深井热能资源化利用

将井下涌水、风井出风的热能加以利用，用来进行员工洗澡、冬天厂房的保暖、进风风流的预热。井下涌水热能利用已在多个矿山实施。利用回风井风流的热能应用实例还较少，但已有先例。普朗铜矿将回风井风流的热能收集（见图4），用于进风风流的预热（冬天），实现节能 40%。

图 4　普朗铜矿回风井热能收集机房

### 3.13　按智能化矿山进行设计

建设智能化矿山，减少井下作业人数，是实现本质安全的要求。设计一开始就要谋划智能化矿山建设，可以总体规划，分步实施。建设智能化矿山，设计上首先要改变一些矿山现在落后的开采工艺，提高机械化水平，在此基础上进行智能化建设，包括固定设备（水泵、空压机、通风机等）无人值守，远程监控，定期巡守；物流系统自动化（如电机车无人驾驶自动化运输、矿石破碎、运输、提升等自动化）；通风实现智能按需通风；充填系统自动化；供配电融合控制系统；生产工序自动化（如凿岩台车、铲运机等自动化作业、远程操控）；全矿信息化管理（包括地质资源与开采环境数字化）。

在智能化矿山建设方面，目前几乎所有的矿山都有强大的需求。国际上已有上百个自动化作业采区，如 Sandvik 的 AutoMine 等系统已在全球许多矿山应用。国内采矿设备近距离遥控已经普及，远程控制破碎锤作业已在多个矿应用，无人驾驶有轨电机车自动化运输也在多个矿山实现。采矿自动化作业在我国逐步开始实践，视频遥控铲运机已运行。

### 3.14　安全设施设计到位

与浅部开采相比，深井开采特别是深井超大规模开采的安全风险要大得多，一旦发生安全事故，救援难度要大得多，因此设计上要更加重视安全，始终把安全放在首位，安全设施设计要到位。

深井开采特有的安全危害因素主要有岩爆（包括井巷和采场的地压破坏）、热害、高压头大涌水，这些方面在前面均已论述。此外要特别提出重视的方面有：安全出口及安全通道；防火措施，包括消防水管系统、灭火器材、避险设施；防水，包括排水设施及能力、防水门；监测监控，包括微震监测系统、安全监测设施等；运输设备特别是运人车辆，一定要采用合格产品，车辆保养要及时等。要做到本质安全，就要从各个方面把住安全关。

# 4 结语

于润沧院士指出[2]：采矿专业设计者不能只关注技术问题，矿业本身是一个经济、技术、环境紧密融合的产业。深井和超大规模开采是我国非煤矿山发展已经面临的客观现实和要求。在进行深井和超大规模开采设计时，应以建设绿色矿山、智能矿山为目标，结合深井和超大规模矿山的技术特点进行设计，趋利避害，使矿山建设成为生产可靠、投资合适、效益显著、安全程度好、劳动效率高的绿色智能型现代化矿山。

## 参 考 文 献

［1］ Y Zhang, H S Mitri. A simple methodology for mine stope stability analysis, In: International Symposium on Mine Planning & Equipment Selection, MPES 2006 ［C］//Monteral, Canada.

［2］ 于润沧. 现代矿山工程设计理念诠释——献给中国有色工程设计研究总院建院 65 周年 ［J］. 中国矿山工程, 2018, 47 (4).

［3］ 于润沧. 中国矿业现代化的战略思考 ［J］. 中国工程科学, 2012, 14 (3).

［4］ 刘育明. 超大规模深井开采若干技术解决方案探讨 ［J］. 中国矿山工程, 2016, 45 (6).

［5］ 刘育明，张爱民，等. 矿山热应力指标及深井开采热害控制对策 ［C］//中国工程科技论坛，深部矿产资源高效开发与利用. 北京：高等教育出版社, 2017, 11: 255-267.

# 有色工程咨询设计行业发展现状及趋势

马文军　　朱瑞军

（中国恩菲工程技术有限公司，北京，100038）

**摘　要**：在目前整个有色金属行业面临产业转型升级大背景下，有色工程咨询设计行业整体情况及前景如何，作者结合对有色工程咨询设计企业 2018 年经营情况的分析，介绍了对行业存在问题及未来发展趋势的看法。

**关键词**：有色金属；咨询设计；现状；趋势

# Situation and Trend for Non-ferrous Metals Consulting and Engineering Industry

Ma Wenjun　　Zhu Ruijun

（China ENFI Engineering Corp. , Beijing，100038）

**Abstract**：Under the circumstance that non-ferrous industry is facing transformation and upgrading, what about the current situation and future of the consulting and engineering enterprises. Based on the analysis of the operation results of non-ferrous consulting and engineering enterprises in 2018, the writer states his opinions about the existing problems and future trend of the non-ferrous consulting and engineering industry.

**Keywords**：non-ferrous industry, situation, trend, consulting and engineering

有色工程咨询设计企业主要从事有色金属的矿山采选、冶炼及金属加工等业务的工程咨询、工程设计及工程建设等服务。在我国有色金属行业经历长时间快速发展后，我国经济增长由传统的高速增长转向高质量增长、有色金属行业进行转型升级的背景下，给有色金属工程咨询设计企业带来许多挑战，行业企业通过持续不断地推进技术创新，推动管理升级，调整业务结构，提升运营能力，有效应对市场变化带来的各种挑战，取得了较好的发展成果。

---

作者简介：马文军（1974—），男，中国恩菲工程技术有限公司，高级工程师，主要从事矿业经济研究工作。

# 1　有色工程咨询设计特点及现状分析

## 1.1　有色金属行业固定资产投资增速在多年下降后趋稳

我国有色金属行业发展以满足我国经济发展需求为导向，在较长时期内保持了高速增长的态势，随着我国经济发展进入新常态，有色金属行业传统的增长模式已无法满足绿色发展理念的要求。从 2014 年开始，我国有色金属行业固定资产投资增速开始大幅下滑，从两位数据的增长下降至一位数据甚至负增长；有色行业固定资产投资额在 2014 年达到顶峰后，开始连续 3 年持续下降，2017 年到达近 5 年的最低值，2018 年固定资产投资开始触底反弹[1]。

## 1.2　2018 年有色工程咨询设计行业发展总体平稳

尽管受到近年有色金属行业固定资产投资持续下降的不利影响，行业内各工程咨询设计企业通过拓展业务领域，拓宽业务范围，提升经营能力等措施，2018 年行业企业营业收入和利润保持了稳定增长态势。

根据有色金属建设协会统计数据，2018 年参与统计咨询设计企业营业收入共计 258 亿元，比 2017 年增长 36%；利润 13 亿元，比 2017 年增长 18%。从营业收入构成来看：咨询设计收入 30.7 亿元，比 2017 年下滑 38%，总承包收入 136.2 亿元，比 2017 年增长 60%，境外收入 19.6 亿元，比 2017 年下滑 15%[2]。2018 年末从业人员 1.67 万人。参与统计的咨询设计企业中，有 7 家企业营业收入超过 10 亿元，营业收入介于 12 亿~71 亿元之间，其营业收入合计占总营业收入的 89%。

# 2　有色工程咨询设计行业存在问题

（1）有色工程咨询设计业务的传统领域业务面临诸多挑战。随着我国社会经济发展的转型升级，国家产业政策和环保政策的调整，在实现经济与环境协调发展的大目标下，绿色环保被提升至更高层次，有色工程咨询设计业务涉及的矿山与冶金投资项目监管日益审慎，项目决策周期大大延长，一些项目甚至被取消；与此同时，在有色金属行业经历多年高速投资后，在行业投资从规模扩张式投资向质量提升式投资转变的过程中，由于新旧动能转换存在时间差，导致投资增速持续下降，有色工程业务的传统业务市场面临更多的挑战，将给有色工程咨询设计企业在传统工程业务领域无论是业务规模还是业务范围上带来进一步挑战。

（2）国内外有色工程市场竞争加剧。近年来，多数工程咨询设计单位经历了一系列重组，有色工程市场条块化分割日益明显，成为咨询设计项目竞争的隐性壁垒；同时随着工程咨询资质的放开以及国际咨询企业进入国内市场，更多咨询设计企业进入，导致国内有色工程咨询设计行业竞争持续加剧。而从国际工程咨询市场来看，受市场竞争及矿业周期影响，不少工程咨询设计公司不断进行并购重组，逐步实现业务的多元化，从传统的金属矿业服务拓展到油气、市政基础设施等领域。另外，互联网经济对传统的工程咨询服务组织模式正在形成一定的冲击，行业"洗牌"在所难免。

（3）海外资源开发风险增加。海外市场是有色工程咨询设计企业的重要目标市场及潜在业务来源，但在全球矿业复苏条件下，不少国家开始调整矿业相关政策，一些国家矿业政策"民族化"，这些政策的变化使得境外资源开发项目面临着更多的风险及挑战，严重影响项目进展及实施。包括政治环境突变、社区关系冲突、文化理念差异、健康安全环保约束等非商业性因素对项目的影响日趋严重，造成不少项目推进面临很多不确定性，对有色工程咨询设计企业开展海外市场及项目实施带来新的困难和挑战。

## 3 有色工程咨询设计行业发展趋势

当前，经济运行环境稳中有变，受中美贸易争端、产业结构调整与企业转型升级等多重因素影响，行业持续增长与竞争加剧并存，行业仍处于动态、复杂的大变局中。未来，有色工程咨询设计行业发展与机遇并存的局面将长期存在。

（1）从全国工程咨询设计领域来看，行业持续增长，但增长结构面临较大波动，企业普遍面临转型压力。

根据住房和城乡建设部的统计数据，2016~2018年三年中，全国勘察设计企业的营业收入从33338亿元增长到51915亿元，其中工程设计收入从3610亿元增长到4609亿元，工程咨询收入从432亿元增长到657亿元，工程总承包收入从10785亿元增长到26046亿元[3]。从以上数据可以看出，行业总收入在持续增长，但设计收入的比重持续在下降，从2016年约11%降至2018年约9%，总承包收入比重持续增长，从2016年32%增长至50%。尽管收入在增长，但企业总承包业务的利润率并无明显好转，企业转型压力依然巨大。在工业设计领域，除了电子、核工业等领域外，其他传统领域设计收入均下滑，导致目前很多工业院、大型建筑设计院不得不进行转型。

从业务模式上看，咨询设计企业的价值主要不再是设计端，呈现出服务全过程、集成化、一体化、产业化的特征；从商业模式上看，以技术主导的模式面临向以"技术+管理+资本"的综合能力主导的转变；企业呈现两极化趋势，一是以综合化、集成化服务为核心的资源整合，二是精细化、专业化为特色的发展。

（2）有色咨询设计行业波动较明显，企业面临新业务开拓、战略转型、管理变革等方面的挑战。

根据有色金属建设协会的统计，有色咨询设计企业营业收入从2016年的175

亿元增加至 2018 年的 258 亿元，其中工程设计收入（含咨询）从 39 亿元降至 31 亿元，工程总承包收入从 51 亿元猛增至 136 亿元。从收入数据来看，有色行业和全国咨询设计行业变化趋势基本一致，工程设计比重持续下滑，总承包比重持续增长。但从利润指标来看，有色咨询设计企业利润总额从 2016 年的 15.6 亿元降至 2018 年 13 亿元，行业利润率下降明显。

新形势下，有色咨询设计行业需要主动寻求新机遇、迎接新挑战。从我国有色金属行业来看，总体生产维持平稳，2018 年起投资有所恢复，贸易状况基本正常，境外重大项目相继开工运营，资源保障力进一步提升，产业战略调整迈出大步，产业优化布局加快推进。受中美贸易战的影响，全球经济增长面临风险，对包括有色金属在内的大宗商品需求产生负面影响，给有色咨询设计企业发展带来了前所未有的压力，咨询设计企业的发展在业务、战略和管理等方面均面临诸多挑战和不确定性。

（3）供给侧结构性改革及"一带一路"倡议带来新机遇。

过去较长时期内，服务于我国有色金属产能快速增长的需求，有色咨询设计主要依赖于行业的新建工程项目和增量市场，在我国有色金属行业经历长期快速发展后，供给侧结构性改革对有色行业发展提出新要求，我国有色金属行业将从传统的依靠规模扩张转向依靠质量提升。

在固定资产投资领域，投资逐步远离传统产能，更加聚焦铁路、公路等基础设施建设，传统过剩产能面临淘汰和转型升级；国家在混合所有制改革、法人治理结构、市场化经营机制、激励机制以及历史遗留问题等方面提出新要求，不断考验咨询设计企业的市场适应能力，企业技术水平、服务模式和风险管控等方面必须与时俱进；国家大力推行全过程工程咨询，单纯设计业务规模受限，有色咨询设计企业针对行业形势，需要进一步转变观念。我国推动的供给侧结构性改革，推动有色金属行业淘汰落后产能，实现产品的提质降耗，推动了有色咨询设计企业从传统的依靠服务新建项目转向依靠提升既有项目效率、提供全生命周期服务、推动产业绿色化智能化服务转型，寻找新业态下的发展空间和发展机遇。

（4）境外矿业投资和"一带一路"倡议带来新机遇。

随着我国经济实力的提升及"一带一路"倡议的不断深入，推动我国企业海外投资保持持续增长态势，从 2006 年的 212 亿美元，增加到 2018 年的 1430 亿美元。就采矿业投资而言，受矿业周期的影响，各年投资很不均衡，2005 年我国采矿业对外直接投资约 17 亿美元，2013 年达到 248 亿美元，2018 年则降至约 46 亿美元，但截至 2018 年年底我国企业采矿业对外直接投资存量仍高达约 1735 亿美元[4]。

"一带一路"沿线国家矿产资源丰富，是世界矿物原材料的主要供给基地，在全球经济和社会发展中的地位"举足轻重"。公开的数据显示，该区域内储藏的矿产资源有近 200 种，价值超过 250 万亿美元，占全球的 61%，潜力巨大，但开发利用程度相对低，与我国合作互补性比较强，是我国未来境外矿产资源勘探开发和加工合作的重要目标区域。我国对外投资取得了不俗的成绩，但也存在不少问题，要提升现有项目发展质量和未来的项目收益水平，需要秉承"市场化、国际化、专业化"原则运作，需要高水平咨询设计服务的支撑及推动，有色咨询设计企业需要抓住机遇走出国门，利用我国的优势技术服务于"一带一路"沿线国家和地区的有色金属资源开发，为推动我国与资源所在国实现互利共赢提供服务。

## 4  结语

在我国经济新常态的背景下，有色金属行业面临重大转型升级的挑战，有色工程咨询设计企业作为服务我国有色金属产业的智力服务企业，其将继续伴随我国有色金属行业发展前行，不断应对各种挑战、奋力前进，为行业发展提供智力支撑。

## 参 考 文 献

[1] 国家统计局，中国统计年鉴，2008-2017.

[2] 中国有色金属建设协会，统计年报.

[3] 住房与城乡建设部，全国工程勘察设计统计公报，2016-2018.

[4] 商务部，中国对外投资统计公报，2006-2018.

# 一种高效易控的坑内矿石运输网络系统

施士虎[1]　陈慧泉[2]　刘育明[1]　李浩宇[1]　杨志国[1]　付建勋[1]

（1. 中国恩菲工程技术有限公司，北京，100038；
2. 铜陵有色金属集团股份有限公司，铜陵，244000）

**摘　要**：冬瓜山铜矿是我国第一批典型的大型深井矿山，在深部续建工程中，继续安全、高效、创新和绿色开采的理念，设计和研发了一批新工艺和装备。其中，在坑内矿石运输方面，作者开发了一种高效、安全、易控、灵活、低维护和适应无人驾驶有轨运输的分级运输网络系统，相关技术取得发明专利[1]。井底主运输中段减少矿石列车作业数量是最有效和最可靠的减人方式，采用该运输网络系统，冬瓜山铜矿深部 -1000m 主运输中段仅需 1~2 列 10m$^3$ 矿车作业就能完成 10kt/d 矿石运输的任务，而且系统简单易控，为实现井底主运输中段无人或少人的设计目标，保障矿山安全和高效生产奠定了基础，可在类似矿山推广应用。
**关键词**：运输系统；有轨运输；无人驾驶；深井矿山

# An Efficient and Easily-controlled Network System for Underground Ore Transportation

Shi Shihu[1]　Chen Huiquan[2]　Liu Yuming[1]　Li Haoyu[1]
Yang Zhiguo[1]　Fu Jianxun[1]

（1. China ENFI Engineering Corporation, Beijing, 100038；
2. Tongling Non-ferrous Metals Group Co., Ltd, Tongling, 244000）

**Abstract**：Dongguashan Copper Mine is one of the first typical large-scale deep mines in China. In the deep continued construction project, the concept of safe, efficient, innovative and green mining has been continued, and a number of new processes and equipment have been designed or developed. Among them, the author has developed a hierarchical transportation network system with high efficiency, safety, easy control, flexibility, low mainte-

---

作者简介：施士虎（1973—），男，中国恩菲工程技术有限公司，正高级工程师，主要从事矿山设计咨询和研究工作。

nance and adaptability to driverless rail transportation, and relevant technologies have obtained invention patents[1]. It is the most effective and reliable way to reduce the number of worker by reducing the number of ore trains in the main transportation level at the bottom of the mine. By using the transportation network system, the task of 10kt/d ore transportation can be completed by only one or two 10 $m^3$ ore trains in the −1000m main transportation level of Dongguashan copper mine. Moreover, the system is simple and easy to control. It has laid a foundation for achieving the design goal of no or few people in the level of the main transportation, ensuring the safety and efficient production of the mine, which can be popularized and applied in similar mines.

**Keywords**: transportation system, rail transportation, driverless, deep mine

# 1 概况

大型矿山有轨主运输中段一般设置一条环绕矿体的有轨运输巷道，再设置多条装矿有轨运输穿脉巷道与该环形巷道两侧相连，由此形成覆盖采区溜井区域的环形运输网络系统。矿山生产的矿石通过该有轨主运输中段运输至矿山集中破碎站进行破碎后，再通过给矿胶带输送机送给竖井提升系统或主斜井胶带输送机运出地表。有轨主运输中段一般位于矿山底部，往往由多列矿石列车进行运输作业，劳动作业环境较差；一般运距较大，运输能力受关键线路通过能力、矿车和电机车规格及巷道断面大小影响，自动化与智能化条件较差。

冬瓜山铜矿是一座典型的大型深井矿山，在其深部续建工程中，紧密结合矿山特点，按照井底主运输中段无人或少人的设计目标，开发了一种高效、安全和更适应现代化无人驾驶有轨运输的矿石运输网络系统。该系统选用中国恩菲工程技术有限公司及与业主等合作单位研发的无人驾驶有轨运输装备。项目建设和投产后，该新型矿石运输网络系统体现了良好的低投资、低成本、高安全、高运量和生产灵活的优势。

# 2 总体思路

冬瓜山铜矿是一座具有代表性的大规模深井矿山，地压大、高温、高硫、有岩爆倾向[2]，开采条件复杂。深部续建工程主要开采对象为冬瓜山铜矿床北部矿体，井下主运输中段标高为−1000m，矿床北段水文地质条件相对复杂，具有一定的突水可能性。按照安全、高效、创新和绿色开采的理念，针对矿山特点，作者提出井底主运输中段无人或少人的设计目标和设计思路。

（1）研发无人驾驶有轨运输系统已具备条件，且势在必行。

提高矿山信息化、自动化水平，建设智能化矿山是矿山企业转型升级、降本增效和提高竞争力的必由之路。矿山有轨主运输中段一般位于矿山底部，劳动作业环境较差，尤其是深井矿山，传统的生产方式信息化水平落后，生产效率低下。无人驾驶有轨运输系统是实现井下矿石无人运输的关键环节。在冬瓜山深部续建工程方案设计阶段，基于当时国内外技术发展现状，于润沧院士提出研发和应用无人驾驶有轨运输系统已具备条件且势在必行。

（2）有效减少危险作业场所人员数量，降低水害和热害影响。

井底运输中段一般位于矿山底部，此处生产人员受突水事故的影响相对较大，而且人员逃生困难。一个无人或能够快速实现无人的井底主运输中段在不可预见的大规模突水事故中，因能容纳较大体积的水量，对延缓矿井水位上升、为上部各生产中段人员争取撤离时间、降低生产安全风险具有重要作用。冬瓜山铜矿床北段水文地质条件相对复杂，具有一定的突水可能性。井底运输中段不设置或尽可能少设置生产人员，起到了有效减少危险作业场所作业人员数量的作用，中段维修硐室、临时就地控制室等临时作业人员出现频率相对较大的场所设置在方便人员迅速撤离的位置。

（3）减少深井通风和降温能耗，达到节能目的。

机械化、自动化和智能化水平提高后，井底主运输中段尽可能处于无人作业的状态，当有维护维修或少量操作人员到达本中段时，可以进行按需通风和采取局部降温措施。故与深部其他生产中段不同，冬瓜山铜矿井底主运输中段没有规划采用冷风制冷，可以到达节能、降低投资和成本的目的。

## 3　工艺系统

地下矿山传统的有轨主运输中段环形车场的布置方式，通用性较强。仔细分析后发现其运输距离较大，拐弯较多，列车与列车、列车与人员相互影响较大；不容易实现无人有轨运输；在大规模或超大规模地下矿山运输中，受其运输能力限制，不得不依靠增加运输列车数量和采用大载重的矿车（甚至进口 $20m^3$ 的大型矿车），由此带来了运输线路紧张和运输巷道断面的增加而使得投资大幅增加。可见传统的工艺技术，难以实现井底主运输中段无人或少人的设计目标，难以满足矿山安全、高效和绿色开采的理念。

在本工程中，充分结合矿山矿体形态、大规模生产的特点，通过井下矿石分布式破碎，引入多点受料胶带运输"高速道"作为主干线，与矿石破碎前有轨运输次干线相结合，形成坑内高效、易控、低维护的分级运输网络系统。该系统方案能较好地实现矿山的总体设计目标，系统示意图如图 1 所示，其具备如下特点：

（1）主干线采用胶带输送。可以充分发挥胶带输送机大运量、低成本、自动化水平成熟的优势。胶带输送系统也可多段搭接，灵活布置；可向上提升与上部主井提升系统相接或降低新建主井的提升高度；也可直接将矿石运出地表；如采用上向斜井胶带运输与主井提升系统相接，传统的主井粉矿回收系统可以进一

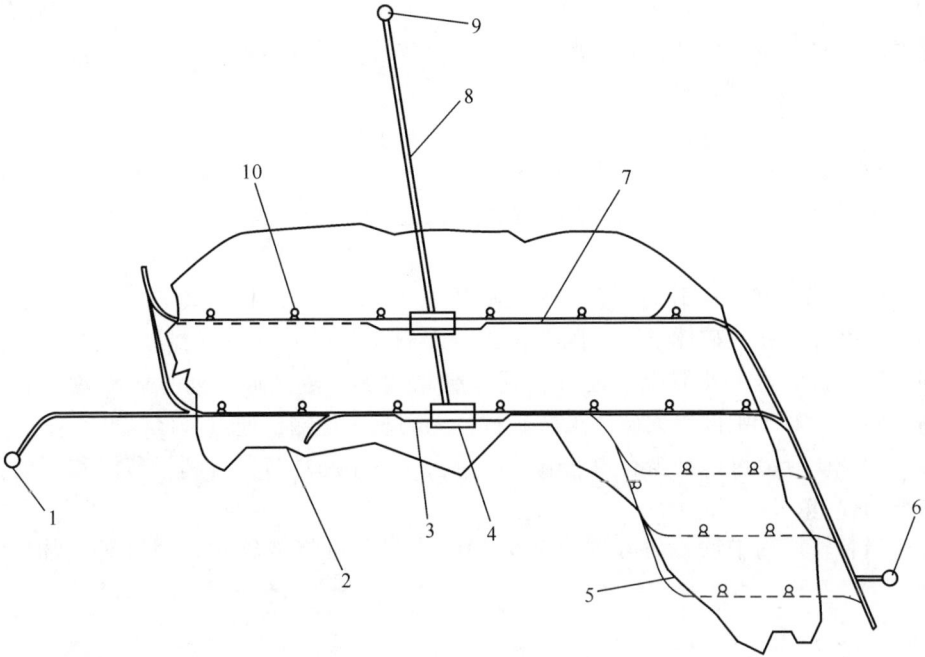

图 1　系统示意图（一）

1—新辅助井；2—厚大矿体；3—卸载站；4—破碎站；5—侧翼矿体；6—回风井；
7—支干线；8—主干线（胶带输送）；9—主井；10—溜井

步优化。

（2）各支干线采用无人驾驶有轨列车独立分区运行。在正常作业条件下，各无人驾驶的有轨列车单独在各条独立的支干线区域内运行，不存在会车避让及堵车的情况，生产管理及操作非常简单，正常作业没有列车相碰撞的可能，确保系统能简单、高效地运输；维护人员临时通过门禁系统进入各支干线区域，该支干线停止运行，不影响其他区域列车的正常生产，从而可杜绝人车混行，确保安全风险可控。

（3）各支干线有轨运输线路尽可能设置成直线、重车下行。重车下行，少拐弯，不经过或少经过道岔，是保障运输装备长期无故障运行，实现本中段基本无人的重要前提。在井下封闭的环境中，直线巷道也有利于无线通信。另外，对于其他如采用同步电缆的双机牵引运输列车，可避免拐弯过大和过频繁而造成同步电缆失效。冬瓜山铜矿深部大部分矿石采用直线有轨线路运输，矿体西翼少量矿石的运输支干线顺矿体形态变化布置，并分支出若干分支穿脉运输巷道。

（4）将传统集中大型破碎站改变为数个分布式破碎站。每个分布式破碎站与一条或其中几条支干线有轨运输线路衔接，使得各支线有轨运距大幅缩小，运输能力和效率大幅提升。一座小型分布式破碎站和与其连接的 1 条或 2 条支干线的运输能力就可达到一座传统中等规模矿山的生产能力。另外，支干线运输能力提升后，能与破碎站能力相匹配，保障了系统各主要装备的高效运行。

破碎站的小型化解决了其大件运输的问题，为分布式布置创造了条件，同时较小的破碎硐室很好地适应了深井高地应力的环境。冬瓜山铜矿上部 -920m 集中破碎硐室周边曾有岩爆现象发生。另外，分布式破碎站还具有生产系统调配灵活的特点，当某套破碎系统发生故障时，其他的破碎系统依然可以进行生产作业。

（5）可直接将破碎站设置在厚大矿体之下。冬瓜山铜矿 -1000m 主运输中段其下部破碎站设在矿体下盘，因此可进一步直接将破碎站设置在厚大矿体之下，列车运距得到进一步降低，还可实现卸载站两侧往返装矿，列车运输效率非常高。此外，对于中部厚大矿体采区矿石，无需装车运输，通过采区溜井直接进入矿石卸载矿仓，可以减少有轨运输的负荷，减少中间环节，有利于节能和自动化水平的提升。

当有轨运输中段设置在厚大矿体的脉内时，可将破碎站移至脉外，如图 2 所示。

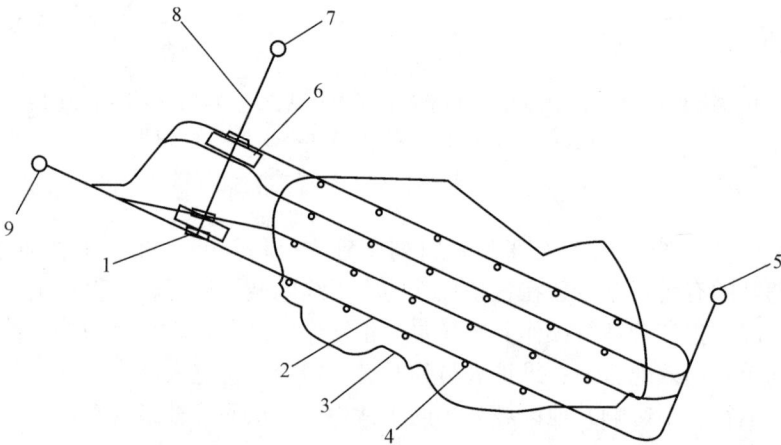

图 2　系统示意图（二）

1—卸载站；2—支干线；3—矿体；4—溜井；5—风井；6—破碎站；
7—主井；8—主干线；9—副井

（6）易于实现无人和智能运输，降低了无人驾驶有轨运输装备研发难度和安全风险。冬瓜山深部续建工程方案的确定在 10 年以前，当时国内尚无成熟的无人驾驶有轨运输控制装备，拟定由设计单位和业主进行研发。本运输系统解决方案能够为有轨运输创造良好的运输工况和简易的运输条件，降低了无人驾驶有轨运输控制装备研发的难度和安全风险，为实现无人驾驶有轨运输的设计目标提供了保障。

## 4　运输装备

根据上述工艺系统方案，除胶带输送机、轨道设施外，系统主要装备由矿车及其驱动装备、矿石装载及卸载装备、无人驾驶有轨电机车控制系统、系统安全保障设施等组成。

（1）矿车。矿车选用中国恩菲工程技术有限公司开发的 $10m^3$ 底侧卸式矿车，该矿车经过冬瓜山铜矿-875m 运输中段长期生产验证，结构合理、耐磨性好、使用寿命长、维修工作量少，能够满足深部-1000m 主运输的使用要求。

（2）列车驱动装备。工程设计需要采用成熟可靠的技术装备，鉴于当时国内无人驾驶电机车控制系统尚处于研发阶段，除采用20t 架线式电机车双机牵引方案外，还考虑了采用钢丝绳牵引的保底方案。本系统方案中的支干线的布置方式较好地兼顾了上述两种驱动方案，可确保各矿石列车能够实现无人驾驶或自动控制运行，确保项目总体目标具备实现的可能。

（3）矿石卸载装备。 $10m^3$ 底侧卸式矿车卸载站相关装备由中国恩菲工程技术有限公司开发，卸载站在以往工程应用中设计为单向进车卸载的方式。冬瓜山铜矿深部-1000m 矿石卸载站位于各支干线中部，实现了双向进车卸载。

（4）无人驾驶有轨电机车控制系统。工艺系统方案确定后，研发的无人驾驶有轨电机车控制系统主要由供配电、有线和无线通信、变频调速无人驾驶电机车控制、信集闭、视频监控及视频装载、远程控制等部分组成。也可将系统安全保障设施归入该控制系统以方便一同实施。

（5）系统安全保障设施。除无人驾驶有轨电机车控制系统具备的各项安全保护功能外，为了有效地控制安全风险，发挥矿石列车独立分区运行的优势，独立于无人驾驶有轨电机车控制系统，设列车越界保护和人员门禁保护功能。列车越界保护是在允许列车运行的边界位置设置行程开关，行程开关常闭触点与相应的接触器线圈串联，当列车故障越界时触动行程开关，触发该支干线紧急停车指令发出，并可靠地断开相关供电线路的分区开关，配合线路上设置的阻车装置或障碍物，可在无人驾驶有轨电机车控制系统完全失效的极端故障条件下使列车可靠地停止在安全风险可控的区域内。和列车越界保护功能类似，人员门禁保护的作用是确保人员不能违规进入某支干线作业区域。

## 5　结论

综上所述，在冬瓜山深部续建工程中提出和采用的新型矿石运输系统，具有高效、安全、易控、灵活、低维护和适应无人驾驶有轨运输的特点，能够在类似的矿山推广应用。数年来，冬瓜山铜矿-1000m 主运输中段的各项优势在建设和生产中得到了验证。

## 参 考 文 献

［1］刘育明，施士虎等．矿山地下运输车场：中国，201110117417.2［P］.2011-10-19.

［2］郭然，于润沧．冬瓜山铜矿岩爆倾向性分析［J］．有色金属，1998，（4）.16-20.

# 第 2 篇
## 矿业发展战略

# 中国矿业现代化的战略思考

于润沧

（中国恩菲工程技术有限公司，北京，100038）

**摘　要**：从掌握资源是矿业企业最基本的竞争力、构建生态矿业工程乃当务之急、信息化建设彻底改变矿山面貌三个方面阐述了我国实现矿业现代化的重要途径和发展战略。

**关键词**：中国矿业；现代化；发展战略

# Strategic Consideration on China's Mining Modernization

Yu Runcang

（China ENFI Engineering Corporation，Beijing，100038）

**Abstract**：The paper explores three important points and development strategies for realization of mining modernization. To control resources is the basic competitive power；constitution of mining－ecology engineering must be enforced for mining enterprises；information building would completely change the mine feature.

**Keywords**：China's mining, modernization, development strategy

## 1　引言

实现现代化是我国 21 世纪发展的目标，也是几代人的追求和梦想。矿业是人类步入文明社会的奠基石，是国民经济发展乃至高新技术产业的重要物质基础。在实现现代化的进程中，无论从保障原材料可持续供应的角度，还是从节能减排的角度，矿业现代化都处于非常突出的地位。对我国而言，实现矿业现代化的标志，最根本的就是要从矿业大国发展为矿业强国，实现资源－经济－环境相

本文原发表于《中国工程科学》，2012。

协调的可持续发展。为此必须：（1）掌控的矿产资源品种和数量能满足国家实现现代化的需求，而不存在不可控的风险和危机；（2）矿产资源开发的生产过程需是安全的；（3）矿产资源的开发不构成对生态环境的破坏，或者有确定的资金和明确的职责能及时完成生态修复与环境治理；（4）基于先进的技术、装备和管理，矿产资源开发的生产成本是有竞争力的。要全面实现这样的转变，任务十分艰巨，需要思维的变革，体制、技术、管理的创新。自然也应当看到有利因素，科技进步和社会发展已使可利用矿产资源的品位显著降低，也使深部隐伏矿以及其他难采矿等开采条件差的资源得以经济开发利用。此外，环保要求的日益严格，成为一种强制性的促进因素。本文主要阐述金属矿业现代化的有关问题，希望对其他矿业也有一定的参考价值。

## 2　掌握资源是矿业企业最基本的竞争力

### 2.1　国家层面的对比

我国毫无疑义地是一个矿业大国，就资源而言，我国是世界上矿产资源种类比较齐全的少数国家之一，目前全球已经发现矿产资源 200 余种，我国迄今已经发现矿产资源 171 种，其中探明储量的有 159 种。在这些矿产资源中，我国基础储量居世界前列的有钨、钼、锑、钛、稀土、石膏、菱镁矿、重晶石、萤石等。从生产和消费角度看，截至 2010 年年底，钢产量已连续 15 年居世界首位，有色金属产量也连续 9 年居世界首位。铁矿石消费量没有直接统计资料，按生铁产量换算，早在 2001 年之前铁矿石消费已居世界第一。主要有色金属的表观消费量，铜从 2001 年开始连续 10 年居世界第一，铝从 2004 年开始连续 7 年居世界第一，锌从 1998 年开始连续 13 年居世界第一，铅从 2005 年开始也连续 6 年居世界第一。这些数据表明，自 20 世纪 90 年代以来，我国工业化进入了高速发展阶段，大宗矿产品的生产和消费均快速增长。这种增长的速度需要消耗大量矿产资源来支持，于是我国的许多大宗消费矿种如铁、铜、铝、镍、钾等都已成为紧缺资源，对外依存度均在 50% 以上，有的甚至高达 70%~80%，而这样巨大的缺口目前主要还是依靠贸易进口来弥补。这种状态表明我国非能源矿产资源的供需关系极为脆弱。要从一个资源大国转变为一个资源强国，还需要艰难地跋涉[1]。

日本是一个比我国资源更为匮乏的国家，几乎全部依靠进口，而工业化需要消耗大量的矿产资源，它是如何实现工业化并发展成为世界第二大经济体的？它在解决矿产资源大量需求方面的经验有无可资借鉴之处？日本从明治维新就开始工业化的初始阶段，1938 年以前已经获得了快速发展，但由于战争的影响，是一种畸形的发展，一、二、三产业对 GDP 的贡献相应为 7.1%、85.9% 和 7.0%。1946~1955 年是战后恢复时期，从 1956 年开始日本的工业化进程加快，经济进入高速增长阶段，在 20 世纪 60 年代，GDP 增长达到 10.12%。20 世纪 70 年代以前，第二产业 GDP 一直保持两位数的增长，而且以中小企业为主，也是吸纳劳动力的主角，极大地推动了工业化的进程，70 年代以后，第三产业超过第二产业并保持稳定增长。在日本工业化的过程中，综合商社的经济体制为其提供矿产资源的保证发挥了决定性的作用。下面以三井财团为例来说明其中的奥秘。

　　日本经济体制的特点是资源和金融的统合。三井物产是日本代表性的综合商社。作为三井财团的核心企业，三井物产的主要股东是金融机构，包括三井住友银行、中央三井信托银行、三井生命保险等；此外，三井物产还与外部大金融机构存在交叉持股关系，正是在这样雄厚且独立的商社金融支持下，三井物产才成为日本资源战略的关键执行者，高度完善了原料供应渠道。1960 年前后，三井物产便开始在墨西哥、智利、加拿大、澳大利亚参与铜矿开发，并独立进行资源勘查，向矿业公司推荐优质矿源，共同开发。2001 年，三井物产从 CMM 公司买进该公司 60%具有表决权的股份，加上之前已经拥有的 40%的股份，三井物产彻底并购了 CMM。之后三井物产将一半的 CMM 股份卖给巴西当时的淡水河谷，帮助淡水河谷成功控制 CMM 公司。此后，三井物产继续扩展和深化与淡水河谷的合作关系并签署了战略联盟协议。2003 年，三井物产出资 8.3 亿美元收购了 Valepar 公司 1960.7 万普通股，成为 Valepar 的第三大股东。而 Valepar 是淡水河谷的控股公司，此次收购的股份相当于淡水河谷总股份的 5.05%或普通股的 7.84%。由此三井物产派遣业务主管进入淡水河谷的行政委员会，事实上成为公司的经营决策者。这也是淡水河谷在世界性的铁矿石贸易中总能和日方顺利达成一致的缘故。三井物产不仅在巴西布局，它的钢铁/金属原材料本部在全球共有 17 个子公司，包括澳大利亚的三井铁矿石发展有限公司、印度的 Sesa Goa 有限公司、澳大利亚的三井伊藤忠铁矿有限公司、美国的原材料发展有限公司、巴西的三井物产金属销售株式会社等。同时，三井物产在澳大利亚、巴西、印度、智利等国还设立了三井贸易有限公司，以及其他分布在各地的 12 个相关联公司，构建了一个钢铁原材料的全球交易网络，直接或间接拥有大量当地铁矿石企业的权益。三井物产拥有权益比例的铁矿石控股产量已跃居世界第四位。日本钢铁行业和海运行业的重要企业，以及造船企业，都是相互交叉持股的利益共同体，从而奠定了合作趋同的基础，促使三井物产、新日铁、商船三井、丰田汽车以及其他众多的成员企业，围绕着如何获取全球钢铁产业链的主导权精耕细作，较好地解决了矿产资源可持续供应问题。日本的经验告诉我们，企业联合成利益共同体，在金融机构的主导下，力争掌握产业链的主导权比争取定价话语权更为重要[2]。

## 2.2　企业层面的对比

　　矿产资源是矿业企业生存和发展的命脉。前面简述过我国大宗消费的矿产资源的短缺情况，就企业而言，相互之间有些差异，但总体看来，资源的自给率是很低的。与国外矿业巨头对比，就不难看出我国矿业企业竞争力弱的基本所在。

### 2.2.1　Vale 矿产品产量和生产矿山的矿石储量

淡水河谷（Vale）是铁矿石生产巨头，目前年产铁矿石超过 3 亿吨，球团矿近 5000 万吨。生产矿山（不包括在建的、拟建的和勘探的矿山）保有的高品位探明和控制两级储量在 160 亿吨以上，资源的保障程度很高，该公司除生产铁矿石外，还从事煤、镍、铜、铝等多种矿产品的生产，详见表 1 和表 2。

表 1　Vale 2010 年矿产品产量

| 矿产品种类 | 产量 |
| --- | --- |
| 铁矿石/亿吨 | 3.078 |
| 球团矿/万吨 | 4899 |
| 煤/万吨 | 689 |
| 镍/万吨 | 17.9 |
| 铜/万吨 | 20.7 |
| 铝矾土/万吨 | 1433 |
| 氧化铝/万吨 | 580 |
| 铝/万吨 | 4.47 |

表 2　2009 年生产矿山矿石储量

| 矿产品种类 | 探明储量/万吨 | 品位/% | 控制储量/万吨 | 品位/% | 储量合计/万吨 | 品位/% |
| --- | --- | --- | --- | --- | --- | --- |
| 铁矿 | 991510 | 58.2 | 610310 | 53.8 | 1601820 | 56.5 |
| 锰矿 | 5250 | 38.2 | 2140 | 37.0 | 7390 | 37.9 |
| 镍矿 | 33900 | 1.64 | 15710 | 1.52 | 49610 | 1.60 |
| 铝土矿 | 15010 | 49.7 | 6430 | 49.2 | 21430 | 49.6 |
| | 23050 | 48.5 | 5820 | 49.3 | 28870 | 48.7 |
| 铜矿 | 73110 | 0.90 | 52680 | 0.80 | 125790 | 0.86 |
| 钴矿 | 19260 | 0.09 | 7370 | 0.05 | 30070 | 0.08 |
| 贵金属矿 | 77020 | 0.43g/t | 50660 | 0.42g/t | 124540 | 0.42g/t |
| 煤矿 | 53120 | — | 55610 | — | 108730 | — |
| 磷矿 | 23710 | 17.3$P_2O_5$ | 190 | 15.9$P_2O_5$ | 2390 | 17.2$P_2O_5$ |

### 2.2.2　Rio Tinto Group 的矿产品产量和生产矿山的矿石储量

力拓集团（Rio Tinto Group）是铁矿石生产三巨头之一，虽然 2010 年的铁矿石产量不到 2 亿吨，但储产比很高，生产矿山（不包括在建矿山、拟建矿山、勘探项目的资源储量）的高品位探明和控制储量在 37 亿吨以上，而且有色金属的产量还占很大份额，见表 3 和表 4。

### 表3　2010年矿产品产量

| 矿产品种类 | 产量 |
|---|---|
| 铁矿石/万吨 | 18463 |
| 精矿含铜/万吨 | 67.8 |
| 精铜及阴极铜/万吨 | 39.28 |
| 钼精矿含量/吨 | 12900 |
| 铀/万磅 $U_3O_8$ | 1138 |
| 精矿含金/万盎司 | 77.2 |
| 金/万盎司 | 59.6 |
| 精矿含银/万盎司 | 686.2 |
| 银/万盎司 | 473.2 |
| 铝矾土/万吨 | 3344 |
| 氧化铝/万吨 | 908.9 |
| 铝/万吨 | 379 |

注：1 盎司 = 28.3495g，1 磅 = 0.4536kg。

### 表4　2010年生产矿山矿石储量

| 矿产品种类 | 探明储量/万吨 | 品位/% | 控制储量/万吨 | 品位/% | 储量合计/万吨 | 品位/% | 金属量 |
|---|---|---|---|---|---|---|---|
| 铁矿 | 201600 | >60 | 125800 | >60 | 327400 | >60 | — |
| 铜矿 | 294000 | 0.84 | 498100 | 0.73 | 793200 | 0.77 | 6107 万吨 |
| 铜矿含金 | — | — | — | — | — | — | 235.6 吨 |
| 铜矿含银 | — | — | — | — | — | — | |
| 铝土矿 | 81500 | 51.9$Al_2O_3$ | 117800 | 52.9$Al_2O_3$ | 199300 | 52.5 $Al_2O_3$ | — |
| 金刚石 | 2400 | 1.7 克拉/吨 | 8000 | 2.36 克拉/吨 | 10400 | 2.2 克拉/吨 | — |

注：1 克拉 = 0.2g。

#### 2.2.3　BHP Billiton Ltd. 的矿产品产量和生产矿山的矿石储量

必和必拓公司（BHP Billiton Ltd.）亦为铁矿石生产三巨头之一，2010 年生产铁矿石 1 亿多吨，生产矿山的储产比达 30，亦均为高品位矿石，其铝和镍的生产也都占有很重要的地位，见表 5 和表 6。

**表 5　2010 年矿产品产量**

| 产品种类 | 产量 |
| --- | --- |
| 氧化铝/万吨 | 384.1 |
| 铝/万吨 | 124.1 |
| 阴极铜和精矿含铜/万吨 | 107.52 |
| 镍/万吨 | 17.62 |
| 铁矿石/亿吨 | 1.25 |
| 冶金煤/万吨 | 3738.1 |
| 锰矿石/万吨 | 612.4 |

**表 6　生产矿山矿石储量**

| 矿产品种类 | 年份 | 探明储量/万吨 | 品位/% | 控制储量/万吨 | 品位/% | 储量合计/万吨 | 品位/% |
| --- | --- | --- | --- | --- | --- | --- | --- |
| 铁矿 | 2008 | 194800 | 56.5 | 168100 | 59.3 | 362900 | 57.8 |
| 铝土矿 | 2010 | 27900 | 32.9 | 5900 | 30.4 | 33800 | 32.5 |
| 铜矿 | 2010 | 196700 | 0.83 | 296600 | 0.62 | 493300 | 0.73 |
| 铜铀矿 | 2010 | 18200 | Cu：1.97，$U_3O_8$：0.59g/t | 41600 | Cu：1.78，$U_3O_8$：0.58g/t | 59800 | Cu：1.84，$U_3O_8$：0.59kg/t |
| 铜锌矿 | 2010 | 10400 | Cu：1.05，Zn：0.65 | 57200 | Cu：1.05，Zn：0.61 | 66700 | Cu：1.05，Zn：0.63 |
| 银铅锌矿 | 2010 | 2300 | Ag：297g/t，Pb：7.5，Zn：3.7 | 450 | Ag：210g/t，Pb：5.5，Zn：3.6 | 2750 | Ag：283g/t，Pb：7.2，Zn：3.7 |

### 2.2.4　Xstrata 的矿产品产量和生产矿山的矿石储量

斯特拉达（Xstrata）公司是矿业界的后起之秀，而且发展很快，在几经成功并购之后，已经成长为矿业巨头，其生产以铜、镍、铅锌为主，生产矿山（亦不包括在建的、拟建的、勘探的在内）的储产比相应为 33、20 和 8，详见表 7 和表 8。

**表 7　2010 年矿产品产量**

| 矿产品种类 | 产量 |
| --- | --- |
| 铜矿石/万吨 | 6055 |
| 铜精矿含铜/万吨 | 73 |
| 阴极铜/万吨 | 71.5 |
| 阳极铜/万吨 | 68.7 |

续表7

| 矿产品种类 | 产量 |
|---|---|
| 铜精矿含金/盎司 | 271000 |
| 镍矿石/万吨 | 443.2 |
| 镍精矿含镍/万吨 | 14.6 |
| 冰镍-铜（锍）/万吨 | 13.1 |
| 精矿含铜/万吨 | 2.9 |
| 铅锌矿石/万吨 | 1951.3 |
| 精矿含锌/万吨 | 128.7 |
| 精矿含铜/万吨 | 1.8 |
| 铅块含铅/万吨 | 14 |

表8　2009年生产矿山储量

| 矿产品种类 | 探明储量 | 控制储量 | 储量合计 |
|---|---|---|---|
| 铜矿/万吨 | 121900 | 282800 | 204700 |
| 镍矿/万吨 | 5500 | 4100 | 9600 |
| 铅锌矿/万吨 | 8200 | 8200 | 16400 |

从发展前景来看，2010年上述矿业巨头的可研和预可研项目的投入亦相当可观，详见表9。

表9　2010年预可研和可研项目的投入

| 公司 | 矿种 | 项目名称 | 地点 | 费用/亿美元 |
|---|---|---|---|---|
| Vale | 铁矿 | Serra Sul | 巴西 | 112.97 |
| | | Apolo | 巴西 | 25.09 |
| | 铜矿 | Salobo | 巴西 | 18.08 |
| Rio Tinto | 铁矿 | Simandou | 几内亚 | 60.00 |
| | 铜矿 | La Granja | 秘鲁 | 25.00 |
| BHP Billiton | 镍矿 | Pujada | 菲律宾 | 20.00（概念研究） |
| Xstrata | 铜矿 | Tampakan | 菲律宾 | 52.00 |
| | | La bambas | 秘鲁 | 42.00 |
| | | Frieda River | 巴布亚新几内亚 | 25.00 |
| | | El Pachon | 阿根廷 | 19.00 |

上述列表还未涉及资源量和正在勘探的项目，但已可看出，这些矿业巨头按目前的产量资源的保障程度是非常高的，而且都不局限于一种矿种。有了这样的

基础，他们便可以"呼风唤雨"，便可以操纵市场价格，除此之外，他们还掌握着海运的主导权，这就是矿业企业的基本竞争力。通过以上的对比不难看出，矿业强国需要有竞争力强的矿业企业，面临工业化对矿产资源强劲的需求，矿业企业做大容易，真正做强就比较困难，如果不解决基本竞争力问题，即使进入几百强，在国际竞争面前仍然是虚弱的。

## 2.3　实施全球矿产资源战略

我们的矿业企业如何提高自己的国际竞争力？首先，从观念上要十分明确，作为矿业企业，其基本竞争力是掌握资源，尤其是优质资源，在资源不落实的局面下，仅仅依靠强化冶金产能，把产业做大是无法持续的，也难以参与国际竞争。近几年不少企业在这方面已经开始有了一些可喜的转变。

其次，纵观发达国家的工业化历史，没有哪一个国家是完全依靠自己的资源实现工业化的，因此实施全球矿产资源战略就成为自然的趋势。近十年来，我国企业"走出去"进行金属矿产资源勘查、开发逐渐步入发展的快车道，取得明显的业绩。在境外勘查方面，山东地矿局、华北地勘局、河南地矿局等 57 个地勘单位 2001~2008 年在南美、澳大利亚、非洲及中国周边国家共执行勘查项目 159 项，涉及铝土矿、铁矿、铀矿、铜矿、多金属矿、金矿、铅锌矿等诸多矿种。在参股、并购、买矿方面，自从 1987 年中钢集团公司与澳大利亚哈默斯利铁矿有限公司合资开发恰那铁矿迈出第一步之后，经过 20 多年来三个不同的发展阶段，到目前为止，在铁矿方面，包括在建的矿山已拥有境外铁矿石产能约 1 亿吨/年，以及相应的资源储量。在铜矿方面，从 1998 年收购谦比西铜矿开始，先后已有 10 多笔铜矿交易，因无确切数据，估计已拥有铜金属资源量 3500 万~4000万吨，此外，还有五矿集团与波兰、智利、保加利亚签署的长期供货合同。在铝土矿、镍矿、铅锌矿、金矿方面也有一定的进展。与此同时也积累了不少宝贵的经验教训。

实施全球矿产资源战略分国内和国外两个方面。

国内主要是加大勘探投入。国家层面重点在新区找矿，根据创新的成矿理论，已提出 803 个成矿找矿的预测区，并优选出了 214 个矿产勘查区，列入国土资源部及各省的勘查规划与计划中。到 2004 年底，有 45 个靶区已取得较好的验证结果，共发现矿床（矿产地）110 处，有的已转入商业性勘查阶段。但是矿产勘查工作还是以找大型的几百米深的隐伏矿床为主，因此需加强对国土范围内系统的深部地壳、上地幔的调查。国内目前还缺乏深部隐伏矿体精确定位的技术方法，同时低成本的深部勘查仪器设备的欠缺也限制了大范围地开展深部钻探。企业层面重点是在生产矿山深部和周边探寻新的资源。我国大部分矿山还在 500~800m 以上生产，一些矿山的实例表明，深部找矿的前景是乐观的。但是从目前掌握的资料看，紧缺资源的对外依存度很难有根本性改变。

国外发展最重要的是投资方式取向和国际化人才的获得。国际并购是企业迅速壮大，增强竞争力，同时获得优势资源、先进技术、国际化人才和先进管理经验的捷径，也是利用并购的企业进一步发展的良策。在国际金融危机期间，为国际并购提供了良好的机遇，其难度主要在于获得东道国的理解和后期的整合。2009年以来，我国企业参与境外矿产资源并购的力度明显加大，参与固体矿产资源并购谈判签约的已有二十余起。少参股多包销是矿产资源极度匮乏的日本实现工业化的经典战略。这种投资取向投入少、风险小、企业有利，国家收益更大、非常有助于解决资源紧缺的燃眉之急。日本虽然资源对外依存度极高，但是日本的资本早就渗入到了世界各地的矿产资源地和跨国矿业公司，在很大程度上可以对冲掉进口矿产品特别是在高价位时进口矿产品的代价，优势显而易见。我国在少参股多包销方面也有一些成功的范例，如金川公司2004年投资500万美元与澳大利亚Sally Malay公司共同开发Sally Malay镍矿，并包销该矿全部产品，每年可购得8万吨镍精矿。金川公司2007年还出资3850万澳元，收购了Allegiance Mining NT 10.4%股份，并签署了Avebury矿的产品包销权。但由于我国央企总有通过控股或全资做大做强的指导思想，这方面的范例为数还不多。此外就是正常的获取探矿权或采矿权。从草根勘查开始，虽然属于风险勘探，但投入少，有可能获得较好的资源，也有的采取合资勘探模式，将来一旦投入生产则包销产品。风险勘探周期较长，从勘探、建设到生产出产品，一般需要5~10年时间，适合于长远投资。采矿权有3种类型，一种是新建矿山，一种是停产矿山复产，另一种是正在生产的矿山，各有特点。

不论采取哪一种投资取向，开始都需要对项目进行非常认真的风险评估，提出抵御风险的对策，这一点是目前我国企业做得较差的，在普遍缺乏国际化人才的情况下，问题尤为突出。不同的投资取向，风险评估的内容也不一样，对于矿业企业，最主要的风险评估包括以下几个方面。

（1）资源风险评估主要涉及：资源的可靠程度（勘探程度，品位分布情况，初期有无可能开采高品位矿段，远景资源的希望）；矿床中含有害杂质情况；目前有无条件做可选性试验；有无不利的开采技术条件，预期生产规模的可行性和合理性；基建期的长短；勘探过程所提供的地质、水文地质、矿岩岩石力学性质资料深度。

（2）建设条件评估主要涉及：交通运输状况及价格水平；供电、供水情况；气象条件；地震级别；厂址选择的难易程度；有无泥石流、飓风海啸等影响；周边工业发展状况，有无采矿业，劳动力来源；辅助材料可供性；对生态环境本底的初步了解，根据当地对环境保护的要求，满足环保要求的难易程度。

（3）经济风险评估主要涉及：市场基本供需状况；金属价格变化周期及预

期；项目盈亏平衡点的价格水平，可采储量消耗掉一半之前收回全部投资的价格水平；利率、汇率变动；通货膨胀及金融危机；企业竞争能力（生产规模、产品质量、成本优势，销售渠道，物流控制）。

（4）政策风险评估主要涉及：东道国政府的财政、货币、外汇、税收、环保、劳工、资源政策的调整；国有化征收。

（5）政治风险评估主要涉及：政局变化；战争或武装冲突；恐怖袭击或绑架；社会动乱；民族、宗教冲突；治安犯罪。

改革开放 30 多年来，中国企业"走出去"也摸索到了一些宝贵的经验。中国企业能够在陌生的国度立足并获得发展，除了这些企业员工能吃苦、敢拼搏，更重要的是，这些企业在不断地寻找"本土化"钥匙，依据我国境外投资体现互利双赢、共同发展的方针，把自身的发展同当地社会经济发展紧密结合在一起，休戚与共。"本土化"进程中产权形式可以多样化，独资企业"本土化"，可能需要更长的时间；合资是企业"本土化"的楔子，能够在较短时间内有效地融入当地经济社会，整合当地生产要素，便于抵御风险，迅速组织生产，实现企业良性运营。

许多进入中国的跨国公司，基本奉行员工逐步"本土化"的政策。我们目前还非常缺乏国际化人才，因此在高管层吸纳国外的优秀职业经理人才，在当地逐步推行管理层"本土化"，应当是迅速提高我国企业国际化水平的捷径，值得我们思考、研究。

# 3　构建生态矿业工程

## 3.1　对采矿业发展的反思

国家的工业化高速发展阶段，矿产品的消费与 GDP 增长的正相关性非常高。随着矿产品生产和消费量的迅猛增加，我国的经济得以持续高速发展，同时也使一些经济不发达地区得以依靠矿产资源的开发利用实现脱贫致富。然而由于缺乏工业过程生态化的理念，缺乏现代生态经济的思想，同时也受局部经济利益的驱动，导致生态系统恶化和环境严重破坏。矿产资源开发带来诸多生态和环境问题，包括植被和地貌景观破坏、耕地减少、地质灾害等。由于矿山开采，每年占用和破坏土地数十万公顷，产生固体废料上百亿吨，有的企业甚至将未经处理的废水排入江河湖海，造成区域性的重金属污染，加之诸多老矿山环境问题历史欠账，又缺乏治理资金，尽管国家对环境保护极端重视，将其定为基本国策，从 20 世纪 80 年代开始制定了许多保护生态环境的法律法规、目标及对策措施；不少部门也做出诸多努力，已有无废矿山、花园式矿山以及复垦植被的示范性工程存在，但从全局来看，仍处于局部改善、整体恶化的发展态势。据资料报道，截至 2005 年年底，全国矿山开采共引发地质灾害 12379 起，死亡 4251 人，地面塌陷面积约 35.22 万公顷, 造成直接损失 161.6 亿元。因此构建生态矿业工程对实现可持续发展具有非常重要的现实意义, 是矿业现代化必须解决的问题。

生态工程这一新的科学概念从提出到现在只有 40 多年的历史, 其目的就是解决社会经济发展和生态环境保护相协同的问题, 亦即可持续发展问题。生态矿业工程是它的一个分支, 是建立在生态平衡环境友好基础上的。生态系统包括生物和环境两个方面, 自然界的生态系统依靠自身的调节保持着动态的平衡, 当外来干扰因素超过一定限度时, 生态系统自我调节功能便会受到损害, 导致生态失衡, 乃至生态破坏, 同时也危及人类的正常生活, 甚至带来灾难。

生态矿业工程就是当人类开发矿产资源引起自然生态平衡遭受破坏时要建立人为的生态平衡, 也就是人类有意识地、理性地同时依靠法律、政策法规安排能满足人类对矿产资源需求和生态、环境系统承载能力的工程部署与实施, 达到可持续发展的目标。这也是科学发展观在矿业工程中的具体体现。强调 "有意识地" "理性地" 是要求人们树立工业过程生态化的理念, 做到在矿业项目规划、立项、设计、施工建设、生产、闭坑的全过程, 将生态环境保护和环境治理、生态修复融为项目的有机组成元素, 保证各阶段的资金投入, 落实各阶段的社会责任。强调 "法律和政策法规" 是要求通过制定和严格执行法律和政策法规明确各阶段的社会责任, 并使环保行动从非经济行为变为经济行为, 从末端治理变为源头控制, 真正做到有效监督和严格奖惩, 真正做到经济发展与生态平衡相协调。生态采矿工程的理论框架如图 1 所示。

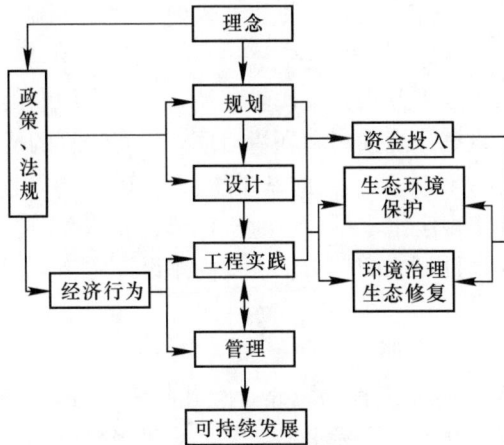

图 1　生态矿业工程的理论框架图

矿产资源开发之前的生态环境本底调查是构建生态矿业工程的基础, 这项工作必须委托有资质的单位和有资质的专家学者来完成。其内容主要包括: 环境空气质量现状评价, 地表水环境质量现状调查与评价, 地下水现状监测与分析, 生态系统类型及特征调查，植物区系级特点调查分析，野生动物资源及水生生物调查与分类评价，土壤环境质量现状调查等。

在此基础上，分析研究矿产资源开发可能诱发的对上述生态和环境状况的干扰与破坏，从而首先制订从源头上控制干扰和破坏的技术路线与措施，这样很可能会导致基建投资的增加，但与生态破坏、环境污染的成本相比，应该说是合理的；在确实无法从源头上控制时，要尽早落实、及时进行环境治理和生态修复的技术方案并计算出不同阶段所需资金，根据具体情况分别纳入基建投资的环保基金或记入生产成本[3]。

## 3.2　生态矿业工程的发展模式

根据我国生态系统的现状，构建生态矿业工程可分为几种类型：

（1）新建矿山。首先要研究建设无废开采的可能性，即立足于循环经济模式、强化资源综合利用（包括非金属矿物）及废料资源化，做到不建尾矿库，不设废石场，无外排不达标废水等。对于金属品位高尾矿产率低的地下开采矿山，如铁矿、铅锌矿等有可能实现。地处南京栖霞山风景区的南京铅锌银矿已成为这方面的示范工程。该矿从一开始就走了一条清洁生产之路，不需设尾矿库和废石场，在生产过程中，除最大限度地提高选矿回收率以降低尾矿产率外，采用尾矿充填采空区，并将多余的尾矿经浓缩脱水后外销，用作水泥辅料，掘进废石同样也用于充填采空区，废水实现了100%回用于选矿生产。并且一直通过科技创新，不断完善、提高其工艺技术水平，达到了"既采矿又保护风景区"的目的。

在进行露天开采与地下开采方案比较和地下开采采用崩落法与充填法方案比较时，都要计算造成生态环境损失和环境治理、生态修复的成本，选择真正符合资源-经济-环境相协调的方案。在此基础上探寻废料资源化的途径，尽可能做到减少废料排出，并实现废水零排放。对于排出的固体废料，应尽早、及时进行复垦治理。有采空区内排可能的矿山，应按内排设计实施，同样需尽早、及时进行复垦治理。

（2）对于生产矿山。参照国外的经验，生产矿山可以通过编制和实施闭坑规划（设计）体现生态矿业工程的思路。近几年来国外对矿山闭坑规划的重视程度日益增强，每年举办一次国际学术会议，从政府制定法规、条例，矿山严格履行，矿业破坏生态环境的问题有望逐步好转。下面举一矿山实际案例加以说明。

Antamina 是秘鲁的一座露天铜矿，由必和必拓公司、斯特拉达、泰克、三菱合资经营，各方所占股份比例相应为 33.75%、33.75%、22.5%、10%。日产矿石 70000t。地处 4100～4700m 标高处。2001 年 4 月开始生产，目前预计开采到

2024年。2003年秘鲁议会通过了矿山闭坑条例，同时建立了公共听证会制度，要求矿山闭坑设计达到预可研的深度。Antamina委托能源矿业部认定Klohn Crippen Berger公司完成闭坑规划。

闭坑规划依据政府相应的法律、法规、条例，包括闭坑目标、闭坑参数、闭坑规划的实施、预算和财务保证等内容。

矿山闭坑规划的目标：满足秘鲁有关法规、条例的要求；满足环评的要求和承诺；履行与第三方的承诺，闭坑设计应使长期维护工作量最少；与Antamina合作者环境目标一致，遵守健康源泉标准，无力稳定性应尽可能与潜在风险评估一致；强制性的腐蚀控制，强制性的地球化学稳定性控制，以减少酸性水的形成；土地与水和矿用相协调。

矿山闭坑规划参数：应与法律要求、技术实践和Antamina合作者的政策一致。矿山停止生产后，所有设施必须拆除和取消，全部设施、设备的回收价值为零。对废石场进行外形修整并恢复植被。对尾矿库防治土壤侵蚀、空气污染和酸性水产生。物理稳定性：尾矿库的安全系数在静态条件下为1.5，在地震条件下为1.15。废石场库的安全系数在静态条件下为1.3，在地震条件下为1.1。露天矿的安全系数在静态条件下为1.3，在地震条件下为1.1。地球化学稳定性：废水排放及受体按照秘鲁水标准和Antamina环评以及毒理学研究；露天矿按本底研究的对比；尾矿库蓄水按废水排放质量。水文稳定性：按200年一遇设计。恢复植被：按所用土壤类型。复垦：水生环境的复垦按受体条件，废石场恢复植被。社会责任：按Antamina的社会责任计划。后闭坑阶段参数：地表和地下水监测，第一次雨季后的维护，邻近社区的社会监测，对水和土壤的环境评价。

闭坑规划分4个阶段实施：临时闭坑，因某种原因需临时停产，日后将恢复；逐步闭坑，在最终闭坑之前，生产的同时实施部分闭坑设计；最终闭坑，采矿公司停止其一切生产活动；后闭坑阶段，最终闭坑后的维护和监测活动。各阶段都有许多不同的内容和要求[4]。

闭坑费用的来源一般有两种可能，其一是从产品销售收入中按一定比例提作专用基金，再则是刚开始生产的矿山用部分矿石价值资产和矿石储量抵押贷款，随着生产的发展，以部分产品形成的基金取代。Antamina的逐步闭坑的环境治理从2021年露天矿结束开始，最终复垦从2025年开始到2029年止，后闭坑阶段计划需20多年。逐步闭坑活动需要全部闭坑费用的45%，最终闭坑活动38%，后闭坑活动16%，所有各项承诺均列入预算[4]。

历史上已闭坑的遗弃矿山则应由政府出资治理，据前几年的调查资料，全国需部署矿山地质环境治理工程212个，治理矿山15678个，其中近期应开展治理的7080个。如有可能，也可按照谁出资谁受益的原则部分通过社会融资解决。加拿大各省在处理此类问题方面都有可资借鉴的法规和经验。

从上述案例可知，通过实施闭坑规划解决生产矿山生态修复环境治理问题，效果是好的，但首先需要政府立法并制订实施细则条例，重要的是解决财务保证和有效监督。

## 4　信息化建设彻底改变矿山面貌

党中央对"十二五"规划的建议就提出了"全面提高信息化水平"的战略决策，从其重要意义和推动的难易程度衡量，信息化建设是一把手工程，矿山信息化建设的目的就是构建数字化矿山。

到目前为止，关于数字化矿山还没有一个确切的公认的定义。数字化矿山涵盖由初级到高级的三个层次：矿山数字化信息管控一体化系统，虚拟矿山（数字矿山）与远程遥控和自动化采矿。

数字化矿山具有如下特征：矿山作为一个劳动对象不断变化的生产企业，信息隐蔽、难以预测，很难进行精确的量测与控制。因此从信息采集、传输、处理、集成、显示到应用于生产过程自动控制，涉及领域非常广泛，需要多学科交叉、创新，积累。应当认识到，数字化矿山是矿业发展的目标和方向，而不是一项具体的工程。

矿山数字化信息管控一体化系统包括 8 个子系统，即矿区地表及矿床模型三维可视化信息系统，矿山工程地质、矿区水文地质、岩石力学研究、数据采集、处理、传输、存储、显示与探采工程集成系统，矿山规划与开采方案决策优化系统，矿山主要固定安装设备运转状态信息及自控系统，生产环节工业电视监控与调度系统，矿山环境变化及灾害预警信息系统，下井人员及移动设备定位、跟踪安全系统，矿山生产经营管理及经济活动分析信息系统。这些系统可以有选择性地建立，也可以统一规划分步实施。

矿山数字化信息管控一体化系统实施的效果可以实现决策最优化、管理科学化、生产高效化、安全增强化。

在上述信息系统的基础上，增加实时动态响应和更广泛的集成，运用多媒体、模拟、仿真、虚拟技术使真实矿山整体及其相关现象实现数字化再现，便成为虚拟矿山（数字矿山）。在这个人工环境中使人具有身临其境的感觉。通过它可以直观地了解矿山系统所涉及的动态信息，以及多源信息之间的关联，从而为生产经营管理决策、开展科学研究等创造更有利的条件。

数字化矿山的最高层次是远程遥控和自动化采矿。人们坐在距离采矿场遥远的地面控制室内，依靠地面、井下通信系统，实时自动定位、导航技术操纵智能化采掘设备完成采矿作业，即采矿办公室化。远程遥控和自动化采矿的理论框架如图 2 所示。

远程遥控和自动化采矿目前的技术进展情况，总体来看，矿业发达的国家如

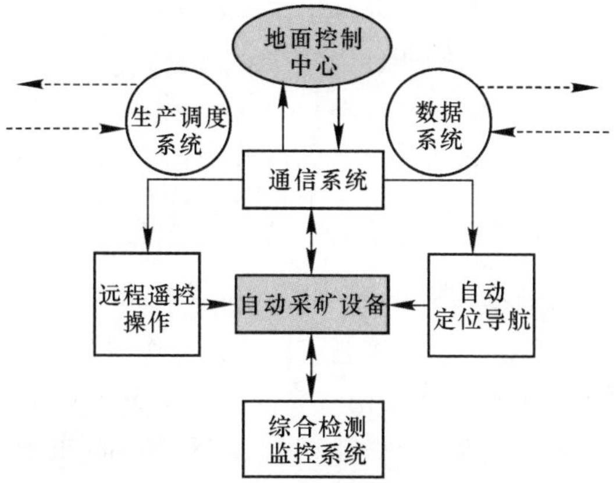

图2　远程遥控和自动化采矿的理论框架

加拿大、瑞典、芬兰、智利、南非、印度尼西亚、澳大利亚等为此不懈努力，已奋斗了20多年，获得了丰硕的成果。目前我国尚属空白。

在凿岩方面，从地面遥控的自动化凿岩（包括掘进工作面凿岩和深孔采矿凿岩）已经实现，并且在试验矿山生产中得到应用。可以连续自动完成掘进工作面一个循环的炮孔或深孔采矿工作面一排扇形炮孔的凿岩。凿岩精度得到提高，工时利用显著增加，操作人员大幅减少，但设备移动就位和维修仍需工人下井直接干预。

LHD和运输设备自动化发展较快，应用也较普遍。司机在地面控制室内操控，远程遥控铲装，自动行驶、卸载、再返回指定装矿点，单人操纵多台设备，随时切换运行模式，生产区封闭，实行交通管制。自动化LHD和运输设备车载导航、通信、视频、安全及远程操控系统（包括摄像头、矿山局域网天线、激光扫描器、模式显示灯、视频箱和ACS箱、矿山局域网和InfraFREE导航计算机）。

地下通信系统已很完善，以工业以太环网和由电视网络主干、无线电传送器和漏泄同轴电缆及光纤组成的地下矿山通信网，在实验矿山生产中应用多年。

关于自动化装药和爆破，加拿大的采矿自动化计划预定研制电子雷管和起爆系统与可重复泵送、可变密度、可变能量的散状乳化炸药系统，根据凿岩时提供的岩石性质数据，能在不同炮孔装填不同密度、不同装药结构的炸药。这一项目遇到不少困难，但研究工作仍待继续进行。芬兰的智能矿山计划也有类似的设想。

撬毛和支护虽然也是危险性较大的作业，但有关这些作业自动化信息的报道很少。

目前已有七八个国家建立了远程遥控和自动化采矿的示范采区，一直正常生产，并且积累了丰富的经验。由于这是矿业发展的宏伟目标，所以异常引人瞩目。其中以采用自然崩落法的矿山以其生产工艺相对比较简单成为自动化采矿发展较快也能连续生产的矿山。例如：

（1）智利 E1 Teniente 铜矿。这是目前世界上生产规模最大的地下矿山，日出矿 137000t。其 Pipa Norte 采区实现了自动化出矿。控制室设在地表距生产区约 15km 处，由两名工人操纵 3 台 17.5t 0010C 型智能化 LHD 在自然崩落法盘区 15 条出矿巷道 188 个装矿点中出矿，日出矿 10000t。首先遥控 LHD 装载，然后切换到自动模式，LHD 自动运行到矿溜井卸载，之后再自动运行到下一个指定的装矿点。如溜井上有不合格大块，控制室内遥控操作溜井口的液压碎石机将其破碎。这一采区从 2004 年开始采用山德维克（Sandvik）公司的 AutoMine 系统实现自动化出矿，现在正在建设另一自动化采区 Diablo Regimiento，计划日出矿 28000t。

（2）南非 Finsch 金刚石矿，这也是采用自然崩落法和山德维克公司 AutoMine 系统的地下矿山，生产规模为年出矿 350 万吨。该矿采用 5.4m³ Toro 007 型人工操作的铲运机装矿、6 辆 50t Toro 50D 型全自动化卡车运输的生产系统。铲运机装完矿后，在 5 个卸矿点之一直接将矿石卸入卡车。

（3）印度尼西亚 Grasberg 深部矿带，由 P. T. Freeport Indonesia 经营，采用自然崩落法采矿，放矿柱高度达 350~500m，Elphinstone LHD 15 台，Elphinstone 和 Toro 型卡车 6 辆，采用 Modular Mining Inc. 的 Intellimine 调度系统。

此外，瑞典 LKAB 所属基鲁纳铁矿采用分段崩落法，是应用自动化技术最早的矿山。早在 1970 年，其主运输水平的电机车运输就实现了从坑内控制室遥控装载和无人驾驶自动运行与卸载。1995 年凿岩台车 Simba 469 W 投入使用。该台车由 775m 水平的控制中心遥控，一排扇形孔的 8~10 个炮孔由台车自动凿岩，最深的炮孔为 50m，凿岩完成后由人工移位。目前已在生产中应用了 5 台 Atlas Copco Simba 469 W 和 2 台 Tanmrock DataSolo 1069 智能台车。1999 年实现出矿 LHD Toro2500Es 半自动化作业，除铲斗装载遥控操作外，运行和卸载均进入自动运行状态。

加拿大原国际镍公司系发展远程遥控和自动化采矿技术的先行者，早在 20 世纪 80 年代，就创立了"连续采矿系统"在铜崖北矿进行试验。1996 年又实施为期 5 年的采矿自动化计划（MAP），投资 2700 万美元，在铜崖北矿 175 矿体和福如德-斯托比矿进行试验。到 2000 年 11 月，除遥控装药技术外，MAP 的技术目标均已达到。福如德-斯托比镍矿从 1996 年开始采用自动化采矿，已持续十多年。该矿采用两种采矿方法：VRM（即大孔采矿）法和分段崩落法，采用 2 台 ST8B LHD（Robo Scoops）、3 台 Tamrock DataSolo 1000 LHD、1 台 Wagner 40t 卡车均由地面控制室操作，日出矿 10000t。

山德维克公司近期开发的车载 AutoMine-Lite 系统用于小区域的视频和无线

电遥控，能较灵活地用于自然崩落法以外的采矿方法，面包车可移动到不同的采区或采场封闭区域附近，接通控制线路后，便可操纵智能设备运转，作为自动化采矿的初级补充方案，易于推广应用。

自动化采矿的经济和社会效益：（1）彻底解决矿山生产的安全问题；（2）极大地提高劳动生产率，降低生产成本，使企业在金属市场不景气情况下仍处于竞争优势地位；（3）降低能耗，提高设备工时利用率；（4）由于劳动生产率的提高，能耗的大量降低，生产成本的下降，对我国大量贫矿的开采极为有利；（5）有利于更准确地控制放矿；（6）实现自动化采矿，将带动相关产业链的发展，也会使矿工的社会地位发生根本性的转变。

如果以整体矿山实现远程遥控和自动化采矿为目标，目前所达到的水平仍处在婴幼期。许多矿山面临开采深度增加、开采条件恶化、矿石品位降低、市场价格波动和安全标准提高等困境，远程遥控和自动化采矿技术对摆脱这种困境能发挥重要作用，在今后 20 多年里，这些技术必将逐步发展成熟，并将矿业带入一个全新的领域[5]。

## 5　结语

我们应当为明天采矿远景的实现未雨绸缪。我国在这方面已落后发达国家最少十多年，借鉴国外先进技术，在有可能引进技术的情况下，采取引进-消化-吸收-再创新的技术路线，要比重复别人已经走过的路去研发速度快，效果好。我国的金属矿山数量达十多万个，从具体国情出发，要求不可千篇一律，实现矿业现代化建立矿业强国的主力是重点的大中型矿山。

建设远程遥控和自动化采矿体系初期投入较大，一般是从建立示范采区起步，它不是着眼于眼前的利益，它是服务于矿业的长远发展，着眼于建设矿业强国，着眼于实现采矿办公室化的理想，成就有远见卓识的企业领导人富国强民的抱负。

### 参 考 文 献

[1] 国土资源部信息中心. 2008—2009 世界矿产资源年评 [M]. 北京：地质出版社，2010.
[2] 白彝民. 瞄准日本财团-发现中国的对手与榜样 [M]. 北京：中国经济出版社，2010.
[3] 于润沧，唐建，刘育明. 构建生态矿业工程 [J]. 中国矿业 2008, 17 (增刊)：21-23.
[4] Mendoza A. Antamina closure plan：a top-level practice [C] //Proceedings of the Fifth International Conference on Mine Closure, Chile, 2010.
[5] 于润沧. 采矿工程师手册 [M]. 北京：冶金工业出版社，2009.

# 立足创新思维　发展金属矿业强国

## ——访中国工程院院士于润沧

　　实现现代化是我国 21 世纪发展的目标之一。无论从保障原材料可持续供应的角度，还是从创建生态文明的角度来看，矿业现代化都处于非常突出的地位。实现矿业现代化，就是要使我国从一个矿业大国发展成为一个矿业强国，做到资源、经济、环境相协调的可持续发展。

　　那么，对我国金属矿山来说，又该如何来实现矿业强国呢？中国矿业报记者近日专访了中国工程院院士于润沧。

　　于润沧是著名的采矿专家，中国有色金属矿山开采工程设计新领域的主要开拓者之一。40 多年来，他承担、审定、指导矿山工程设计和科研项目 50 余项，解决了许多复杂矿山开采的技术难题，为我国矿山的科技进步作出了重大贡献。

　　在他看来，要实现我国从矿业大国向矿业强国的转变，矿山企业必须立足于创新思维，掌握优质资源，满足国家实现现代化的需求，消除不可控的风险和危机；矿产资源的开发生产过程是安全的；不构成对生态环境的破坏；基于先进的生产技术、装备和管理，生产成本具有竞争力；在信息化建设上有跨越式发展的思维和胆识，能实现稳步前进。

　　**记者**：我国是一个金属矿业大国，多项金属产量位居世界第一，请您谈谈我国金属矿业目前的现状。

　　**于润沧**：从资源条件看，我国是世界上矿产资源品种比较齐全的少数国家之一。目前全球发现的 200 余种矿产资源中，我国有 172 种，其中探明储量的有 159 种。从生产和消费角度看，截至 2012 年年底，全国钢产量和消费量已连续 17 年居世界首位，有色金属产量也连续 11 年居世界首位。主要有色金属的表观消费量，锌从 1998 年开始连续 14 年居世界第一，铜从 2001 年开始连续 11 年居世界第一，铝从 2004 年开始连续 8 年居世界第一，铅从 2005 年开始连续 7 年居世界第一。

　　然而，我国还远不是矿业强国。我国工业化进入高速发展阶段以来，大宗矿产品的消费急剧增长，供需关系失衡，铁、铜、铝、镍、铅、锌等对外依存度不

---

　　本文原为《中国矿业报》记者 2013 年的访谈，作者王琼杰。

断攀升，除铅锌的对外依存度为30%～40%外，其余均超过50%，有的甚至高达70%以上。这样大的缺口主要依靠现货贸易来弥补，风险很大。

我国金属矿山的生产装备和管理水平，除极少数先进矿山外，与发达国家差距很大，劳动生产率也很低，信息化建设在典型矿山有所进展，但远程遥控和自动化采矿仍属空白。

此外，我国的金属矿山已开始进入深井开采领域，特别是直接开采深埋矿床的第Ⅲ类型深井开采将遇到诸多技术难题：资源勘探程度低，通常是以推断资源量为主，伴有少部分控制资源量；许多水文地质、岩石力学、工程地质的信息都是未知的；面临矿岩稳固高应力条件下的岩爆威胁；通风降温防治热害的难度增加，投入加大，成本增加；竖井掘进施工面面临挑战，提升钢丝绳的寿命大为缩短，建立安全出口甚为困难；尚无适应超大规模的充填设施，有时可用的充填料又是极细的全尾砂。诸多的技术挑战无疑会威胁金属矿山的生产安全。

**记者：**当前全球金属矿山的技术创新状况如何，将呈现什么发展趋势？

**于润沧：**近半个世纪以来，全球矿山工程的技术创新使矿山面貌发生了巨变。出现了生产规模为日产矿石近14万吨的超大型地下矿山、开采深度达1000m的露天矿山、采深4500m的深井开采矿山、数千米的长距离矿浆管道输送工程、无废开采的矿山、深海采矿的矿山等。

我国适合露天开采的矿床，仍具有生产能力大、损失率和贫化率小、作业条件好、生产成本低、基建期短的优势，其技术创新将主要在优化开采境界和分期（分区）开采技术、深化边坡研究、提高自动化水平等方面获得新的突破；地下开采面临开采深度日益增加、矿石品位不断降低的局面，技术创新总体上将围绕资源高效利用、生产过程优化、提高劳动生产率、实施设备预防性维修、环境控制、降低能耗等方面推进，以期实现资源–经济–环境的可持续发展。

据不完全统计，我国的金属矿山约有1万多座，其中少数为大型重点矿山，工艺技术与装备水平均比较先进，应强化资源保障和信息化建设水平，向自动化采矿方向迈进；另有为数众多的中型矿山，可根据资源条件，以扩大矿山产能为目标，提高机械化、自动化水平，使其中相当数量的矿山也能成为矿业现代化的骨干；至于大量的小型矿山，应当通过兼并重组、股份制改造，确保其安全生产与资源的高效回收，同样依靠技术创新，迈上一个新台阶。

**记者：**金属矿山应如何进行信息化建设？

**于润沧：**矿山信息化建设的目的就是构建"数字化"矿山。数字化矿山目前还没有一个确切的定义。我的理解是数字化矿山应该涵盖由初级到高级的3个层次，即矿山数字化信息管理系统、虚拟矿山（数字矿山）、远程遥控和自动化采矿。

矿山数字化信息管理系统包括 8 个子系统：矿区地表及矿床模型三维可视化信息系统；矿山工程地质、水文地质及岩石力学数据采集、处理、传输、存储、显示与探采工程分布集成系统；矿山规划与开采方案决策优化系统；矿山固定安装设备运转无人值守及自动监控系统；下井人员定位跟踪安全系统；生产环节工业电视监控与调度系统；矿山环境变化及灾害预警信息系统；矿山经营管理及经济活动分析信息系统。其中一些子系统已经在我国的部分金属矿山得到了应用。

在上述信息的基础上，增加实时动态响应和更广泛的集成，运用多媒体、模拟、仿真、虚拟技术使真实矿山整体及其相关现象实现数字化再现，便构成虚拟矿山。虚拟矿山应用技术对科研和生产管理具有重要意义。

远程遥控和自动化采矿，是指人们在距离采矿场较远的地面控制室内，依靠地面、井下通信系统和实时自动定位、导航技术，操纵智能化采掘设备，完成采矿作业，即采矿办公室化。矿业发达的国家如加拿大、瑞典、智利、南非、印度尼西亚、澳大利亚等国已建立了试验采区、示范工程。目前我国的远程遥控和自动化采矿技术基本上还是空白，这个系统工程需要多部门、多学科合作，需要设备制造厂家的努力，需要有综合系统设计。

**记者**：矿产资源是矿山企业的基础。我国的金属矿山该如何提高资源保障程度？

**于润沧**：大型跨国矿业公司之所以能"呼风唤雨"，左右市场价格，一个非常重要的原因，就是他们掌控着大量资源，尤其是优质资源。

从企业层面看，如淡水河谷 2009 年保有资源储量和 2010 年的产量之比，铁矿石（品位为 56.5%）为 52∶1，铜矿石 6077∶1，镍矿石 2771∶1，这还不包括 2010 年投入 138 亿美元的铁矿可研和预可研项目，以及勘探项目。力拓、必和必拓等其他企业的情况类似。这些企业凭借这样的基本竞争力掌控着市场。

从国家层面看，日本是一个矿产资源比我国更为匮乏的国家。它之所以在二战后不太长的时间内发展成为世界第二大经济体，是因为其资源与金融融合的经济体制、少参股多包销的境外投资取向、重视中小企业发展的方针起了关键性作用。

遗憾的是，长期以来，我国的矿山企业尤其是大型联合企业，不重视资源保障，资源的自给率很低。要解决这个问题，必须实施包括国内外两个方面的全球矿产资源战略。

在国内，创新成矿理论，增加勘探投入。加强国内资源的勘探，特别是对紧缺资源保持必要的资源产地储备和矿山产能储备，以保障国家的经济安全，提升企业的基本竞争力；去国外发展，重要的是投资方式的选择。少参股多包销的战略，具有投入小、风险小、收益大、受市场波动影响小，与大股东利益分享、风险共担等优势，有助于解决企业资源紧缺的燃眉之急。不论采取哪种投资方式，一定要在投资之前认真进行资源、建设条件、市场、东道国政策、政治等方面的风险评估，贯彻好互利双赢的方针。

目前，我国矿企"走出去"，既面临国外的种种壁垒，也有自身不重视风险评估和忽略共同发展的原因。据有关资料介绍，自 1995 年以来，我国矿企已斥资约 560 亿美元用于海外并购，但没有达到预期效果。其中对境外铁矿石投资已累计超过 100 亿美元，目前中方控制的国外铁矿进口的矿石，仅占进口铁矿石总量的 2.7% 左右，难以缓解供需矛盾。

**记者：**党的十八大报告对推进中国特色社会主义事业作出"五位一体"的总体布局，我国金属矿山该如何来落实这一规划？

**于润沧：**"生态工程"这一科学概念提出已有 40 多年的历史，"生态矿业工程"是它的一个分支，目的在于解决社会经济发展和生态环境保护协同的问题。我国的金属矿山必须立足于构建生态矿业工程。生态矿业工程要求企业在矿业项目规划、立项、设计、施工建设、生产、闭坑的全过程中，将生态环境保护和环境治理、生态修复融入项目，保证各阶段的资金投入，落实各阶段的社会责任，因此必须要有明确细致的法律法规来进行监管。

构建生态矿业工程的途径是，对每一个新建的矿业项目，首先要研究实现无废开采的可能性，立足于强化资源综合利用（包括非金属矿物）、发展循环经济及废物资源化，做到不建尾矿库、不设废石场、无外排不达标废水，实现无废开采。其次，无论采取哪种回采工艺，都要计算造成生态环境破坏和环境治理、生态修复的成本，选择真正符合资源-经济-环境相协调的开采方案，尽早进行复垦治理。此外，新建矿山在编制可行性研究方案的同时，还要制定闭坑规划。构建生态矿业工程，不仅需要立法，更需要金融和财税方面的有力支持。

# 有色金属工业战略转型探讨

于润沧

（中国恩菲工程技术有限公司，北京，100038）

就规模而言，我国毫无疑问是有色金属工业大国。但是，大宗消费产品资源原料的对外依存度的不断攀升以及很多高端合金材料还需依赖进口，我国距离有色金属工业强国这一目标还相当遥远。当前，企业必须转型，提升企业的竞争力，实现可持续发展，缩短与发达国家的差距，从而迈向有色金属工业强国。

"深化产业结构战略性调整，是实现尊重经济规律、有质量、有效益、可持续发展的关键。"有色金属工业正面临艰巨的结构转型的历史性任务。

我国有色金属工业的基本结构模式是从原苏联套用过来的，改革开放以来虽然经过了市场经济的不断洗礼，但有许多本质的东西还没有改变。有色金属工业的生产原料是矿产资源，所以它本质上是矿业工业，然而这并非是业内的共识，长期以来，"重冶轻矿"的观念仍居主导地位，其影响是深远的。

不可否认，新中国成立后的前 30 年，有色金属工业奠定了工业化的基础，改革开放以来的 30 多年，它获得了突飞猛进的高速发展，十种有色金属的产量从 1977 年的 82 万吨增加到 2013 年的 4029 万吨，有色金属产量和消费量已连续 12 年居于世界首位。然而同时，这也带来了铜、铝、镍、铅、锌等大宗消费产品资源原料的对外依存度的不断攀升（2013 年铜矿对外依存度已高达 81.7%，镍矿 70%，铝土矿 74%），至于很多高端合金材料也还需依靠进口，高速发展带来的产业、产品结构性矛盾日益凸显。从规模角度来讲，我国毫无疑问是有色金属工业大国，但我们距离有色金属工业强国这一目标还相当遥远。企业转型，就要提升企业的竞争力，实现可持续发展，缩短与发达国家的差距，迈向有色金属工业强国。有色金属工业转型的主要任务是否可概括为以下各方面，供探讨。

## 1　提高矿产资源的保障度

近几年，我国地质勘探的投入显著增加，勘探成果也甚为喜人，加之走出去的企业也获得了不少权益资源储量，然而这些对于降低矿产资源对外依存度的效果还未显现。资源尤其是优质资源的保障度是矿业企业的基础竞争力，试看大型

---

本文原发表于《中国有色金属》，2014。

矿业跨国公司的"储采比"就很能说明问题。例如：

淡水河谷（Vale）2009 年底保有探明与控制储量和 2010 年产量之比（下同），铁矿石（品位：56.5%）为 52∶1；铜矿石（品位：0.86%）为 6077∶1；镍矿石（品位：1.6%）为 2771∶1；铝土矿（$Al_2O_3$：49.6%）为 21189∶1。

力拓（Rio Tinto），铁矿石（品位：大于 60%）为 17.7∶1；铜矿石（品位：0.77%）为 11699∶1；铝土矿（$Al_2O_3$：52.5%）为 59.6∶1。

必和必拓（BHP Billiton），铁矿石（品位：57.8%）为 29∶1；铜矿石（品位：0.73%）为阴极铜与精矿含铜量 4588∶1；铝土矿（$Al_2O_3$：32.5%）为氧化铝 88∶1。

斯特拉达（Xstrata），铜矿石为 2804∶1；镍矿石为 26.7∶1；铅锌矿石为 8.4∶1。

此外，以上四家矿业跨国公司 2010 年还为预可研、可研项目分别投入 156 亿美元、85 亿美元、20 亿美元、138 亿美元。他们凭借这一资源竞争力的优势和海运控制权，任意"呼风唤雨"，操纵国际市场定价的话语权。随着矿业形势的变化，这些矿业巨头也会实时调整他们的业务范围，但其核心产业的优势是不会改变的。我们要想成为有色金属矿业强国，扭转这种局面，必须调整产业结构，实施包括国内国外两个方面的全球矿产资源战略。在国内，创新成矿理论，强化地质勘探，特别是生产矿山的边深部探矿；在国外，优化投资取向，认真进行项目风险评估，努力执行好互利双赢、共同发展的方针，选择好职业经理人，有效地扩大矿产资源的保障度和企业的国际竞争力。

## 2 化解过度的过剩产能

有色金属工业的长期高速发展，在原料自给、产能匹配、自主研发等方面严重不协调，使其转型升级面临极大的困难。电解铝的绝对产能过剩便是一个重要方面。目前电解铝产能利用率为 71.9%，另据高盛测算，中国约有 50% 铝产能处在亏损状态。造成这种状态的原因是多方面的，GDP 观念的膨胀、投资热的驱动、不公平的电价体制、经营理念的落后等，都盲目地推动了产能的无序扩张，使电解铝行业陷入了多年屡次调整屡次过剩的怪圈。看起来要扭转这种局面，颇需费时日，而且退出的企业不可避免地要经受阵痛。说到底，化解产能过剩，只能依靠市场的决定性作用，政府则应在政策上抚慰企业的阵痛，引导其转型的方向和路径。创新驱动发展的研发工作绝不能重复他国已经出现的问题，而是要在前人技术成果的基础上，闯出更适合本国实际情况的新路。

## 3 承担生态环境文明建设的重任

矿产资源的开发与加工，不可避免地会造成生态与环境的严重破坏，会带来令人难以忍受的多种污染。虽然政府已颁布了控制的法律、法规和政策，不少企业也做出了很大努力，出现了无废矿山、花园式矿山，不幸的是目前仍处于局部改善，整体恶化的状态。值得注意的是，新探明的矿产资源多处于生态环境非常脆弱的西部地区，如果仍然按照老办法进行运作，若干年后的后果将是不堪设想的。

在党的十八届三中全会关于全面深化改革的决定中，对加快生态文明制度建设提出了创新的更加严格地规定，如划定生态保护红线，实行生态补偿制度，建立生态环境损害责任终身追究制，建立吸引社会资本投入生态环境保护的市场化机制等。希望这些规定能够严格执行。对于生态环境非常脆弱的西部地区的矿产资源开发，还有必要在财税政策上给予优惠，使其能够承受更高的保护生态环境的成本。另外，也应当建立在编制矿山工程项目可行性研究的同时，编制闭坑规划，明确源头治理的措施，生态修复与环境治理的进度、资金投入以及责任人。现在国际上每年都要举行一次闭坑规划的学术会议，可见对此的关注程度。

## 4　实现创新驱动发展　强化信息化建设

矿山信息化建设，将成为 21 世纪矿业发展的重要内容。矿山信息化建设的终极目标是实现远程遥控和自动化采矿，人们坐在数十千米以外的地面控制室内，依靠空间技术、井下通信技术、实时自动定位技术、导航技术操纵井下的智能设备完成采矿作业，即采矿办公室化。目前世界上已有八九个矿业发达的国家建立了自动化作业采区，并已运转了十多年，而我国这样一个矿业大国，直到目前，此方面还是空白。为了解决井下作业安全问题（特别是深井开采日益增多）、实现节能环保目标，提高劳动生产率，提升企业竞争力，实现远程遥控和自动化采矿对行业发展具有极重要的现实意义。

强化信息化建设只能依靠创新驱动发展，而创新驱动发展需要一支规模宏大、富有创新精神、敢于承担风险的人才队伍。对企业来讲，高水平的、国际化的职业经理更为关键。要加快形成这样一支人才队伍，重点须在引进、培养、用好上下功夫。创新驱动发展的研发工作绝不能重复他国已经出现的问题，而是要在前人技术成果的基础上，闯出更适合本国实际情况的新路。只有这样，才能有效地推动有色金属工业的转型升级。

# 中国金属矿业技术发展的亮点和面临的挑战

## ——矿业可持续发展的两面

于润沧

（中国恩菲工程技术有限公司，北京，100038）

**摘　要**：中国金属矿业有着悠久的历史，但直到近 30 多年，随着现代工业化的推动，才获得蓬勃的发展。本文围绕矿业的可持续发展，叙述了我国若干技术发展的亮点，包括采矿方法的创新、建设无废矿山、尝试海底采矿、复垦技术得到了推广应用等，同时着重指出面临的诸多挑战，需要我们去奋力拼搏，从矿业大国迈向矿业强国，为可持续发展增添有力的支撑。

**关键词**：金属矿业；技术创新；可持续发展

# The Technology Development Spots and Facing Challenges of Chinese Metal Mining

**Abstract**: The metal mining industry in China has a long history, but it has not been boomed with drive of industrial modernization only until the past thirty years. With sustainable development of mining industry as the theme, the paper highlights technological development spots in China, including innovation of mining methods, construction of the wasteless mines, trial of mining under the sea and wide application of the rehabilitation technology, etc. Meanwhile, the paper emphasizes on many challenges we are faced with. Thus, we need strive for successful heading from a mining giant towards a mining power to provide strong support for sustainable development.

**Keywords**: metal mining, technical innovation, sustainable development

　　我国是一个矿产资源相对丰富，品种比较齐全的国家，目前全球已经发现矿产资源 200 余种，中国迄今已有 171 种，其中有探明储量的 159 种。中国金属矿业具有悠久的历史，早在公元前 700 多年，中国已进入青铜时代。但直到近 30 多年，随着经济的快速发展和现代工业化的推进，金属矿业才获得蓬勃的发展，金属产量和消费量已连续十多年位居世界第一，堪称矿业大国。在这一过程中，技术发展出现了许多亮点。

---

本文为中国工程院院士大会期间举办的 2014 国际工程科技大会上的演讲。

# 1　采矿方法的创新

甘肃金川镍矿（二矿区）矿体规模厚大（水平面积超过 10 万平方米），原岩应力高，矿岩十分破碎，具有很强的蠕变性，是一个全球罕见的典型的难采矿床，只能采用下向充填采矿法开采。在引进瑞典 Garpenberg 矿的经验再创新的基础上，史无前例地对整个矿体采用机械化进路式下向分层充填法开采，盘区内进路式采场按一个分层垂直矿体走向一个分层沿矿体走向布置，并且在 5m×4m 的进路中，应用了双机液压凿岩台车、斗容 6m³ 铲运机等大型无轨设备，以及高浓度胶结充填工艺，使盘区的生产能力从以前的 60~80t/d 提高到了 800~1000t/d，实现了将低效率的下向充填法提升为高效率的采矿方法的技术创新。

# 2　创建了无废矿山

20 世纪 80 年代初，在南京栖霞山风景区近旁要建设一座年产 20 万吨矿石的铅锌银矿，为满足保护生态环境的要求，不能建废石场、尾矿库，不能有不合格废水排放，为此采取了废石不出坑，与粗粒级尾矿共同作为充填料充入采空区，细粒级尾矿资源化处理的技术，实现了无废开采。为构建生态矿业工程提供了示范。这样的技术同样应用于云南会泽铅锌矿二期扩产工程，不仅无需扩建尾矿库，而且可将老尾矿库逐步消灭。针对具体项目的尾矿资源化研究，是从源头上解决矿产资源开发破坏生态环境最重要的途径。

# 3　尝试了海底采矿

海底采矿无疑具有极大的技术难度。早在 20 世纪 70 年代，广东阳江地区的钨矿开采有的作业面已延伸到了海底，当地的采矿作业 90 年代基本结束。

山东新立金矿的海底采矿是通过正式设计的作业。该矿区位于渤海边，西、北两侧被海水覆盖，矿体受三山岛断裂构造控制，分布于 16~63 勘探线间，两端未封闭，47 线以西进入渤海。层状中厚矿体倾角 40°~45°，上部位于渤海中，向陆地倾斜。位于矿体直接顶板的主断裂面有 10~20m 厚的黑色断层泥，具有良好的隔水作用，矿岩又较稳固，为开采提供了一定的抗风险能力。生产采用尾砂分层充填法，-105m 以上矿体留作保安矿柱，以保护地表村庄及密布的水体。该矿一直安全生产至今。

新设计的瑞海金矿是一个更为复杂的项目。矿区位于莱州市北部，矿床完全位于海底，地表为渤海海面，水深 2.00~8.00m，海底地形由岸边向海中倾斜。矿区地震活动较为频繁，自 1368 年至今发生地震 24 次，其中破坏性地震有两次，分别为 8.5 级和 7.4 级。为了保护地表安全，防止海水倒灌，根据岩石力学研究结果，设计暂定-160m 水平以上矿体留作保安矿柱；优先开采 48 线以西矿体厚大，矿石品位较高的深部矿体。要保证地表不塌陷，海水不倒灌，综合考虑矿床赋存条件，并结合周边类似矿山现有成熟的开采技术，设计采用充填法开采。矿区生产能力为 10000t/d。

## 4 长距离管道输送

云南会泽铅锌矿输送距离长达 4km 的膏体充填系统。1994 年在金川镍矿建成了第一套膏体充填系统，1999 年，在铜绿山铜矿建成了第二套全尾砂膏体充填系统。2006 年，又在会泽铅锌矿新建了第三套膏体泵送充填系统，采用深锥高效浓密机进行全尾砂脱水，底流浓度为 71% ~ 75%，输送采用 GEHO 柱塞泵，最大泵送能力为 60m³/h，最大工作压力为 12MPa。由于输送管路长达 4000m，最大垂高 967m，除地面泵站外，分别在坑内 2053m 中段和 1751m 中段建设了两个接力泵站。应当说这是一套相当先进的深井长距离膏体充填系统。

大红山铁矿精矿长距离管道输送。这是 PSI 公司于 2003 年为我国设计的第二条精矿输送管线。铁精矿输送量 230 万吨/年（浓度 65%，输送能力 226.7m³/h），管路总长度 170.7km，起终点高程 667m（大红山）至 1890m（安宁昆钢），沿线主要跨越 35 处，2405m，通过隧道 25 个，15.4km，共设 3 个泵站，配备 9 台主泵，装机总容量 11505kW，综合电耗 19.9kW·h/t，总用水量 1638m³/d，该项工程投资约 7.6 亿元，税后投资回收期 6.85 年，单位输送成本每千米 0.21 元/吨。2009 年大红山又研究了扩能技改方案，将输送能力提高到 350 万吨/年。经多方案比较，对新增输送量仍以现有精矿管道，只增加两处加压泵站，并在现有泵站各增加一台主泵，同时将输送浓度提高到 70%，将流速增加到接近 2.5m/s。

## 5 安全避险"六大系统"

为加强地下矿山安全工作，国家安全监管总局规定所有地下矿山必须建立安全避险"六大系统"，即采掘工作面监测监控系统：包括一氧化碳传感器、风速传感器、地压监测监控系统、提升人员的提升系统的视频监控系统、监测监控系统要具有数据显示、传输、存储、处理、打印、声光报警、控制等功能；紧急避险系统：紧急避险系统要求在每个中段至少设置一个避灾硐室或救生舱；独头巷道掘进时，应每掘进 500m 设置一个避灾硐室或救生舱。避灾硐室应能有效防止有毒有害气体和井下涌水进入，并配备满足当班作业人员 1 周所需的饮水、食品，配备自救器、有毒有害气体检测仪器、急救药品和照明设备，以及直通地面调度室的电话，安装供风、供水管路并设置阀门。井下人员定位系统；压风自救系统；供水施救系统；通信联络系统。

对安全避险"六大系统"有专门人员进行管理维护，根据井下采掘系统的变化情况，及时补充完善安全避险"六大系统"。

## 6　一些大型深凹露天矿采用汽车–可移动式破碎站–胶带机半连续运输工艺

这种运输方式既能发挥汽车运输的灵活性，又能发挥胶带运输能力大、爬坡能力强、运营成本低的优势，同时配以连续作业的高效排土机，可获得最佳的经济效益。如首钢水厂铁矿在采场内布置三套系统，年运矿石 1100 万吨，岩石 3500 万～3900 万吨，汽车爬升高度降低了 100～200m，平均运距显著缩短，年创经济效益 5700 万元。其他如白云鄂博西矿、太钢袁家村铁矿等都采用了这一工艺。

## 7　露天矿卡车自动调度系统

1998 年江西德兴铜矿引进了 Modular Mining System 公司的卡车调度系统，该系统依靠定位/检测系统，实时跟踪设备并采集设备的相关信息，通过无线数据传输到中央计算机，计算机动态地根据设备状态、电铲作业条件、卸载点情况等相关因素对设备采取最佳运输管理，及时向有关人员/设备发送信息及各种指令，以保证整个生产系统始终处于优化和高效的运行中。德兴应用该系统后，电铲效率提高 4%～8%，电动轮汽车综合效率提高 30%以上。"十五"期间，在首钢水厂铁矿自主开发建立了基于 GPS 定位系统的生产设备自动调度和管理信息系统，实现了生产调度的自动化。该系统包括生产功能、安全功能、系统维护功能、数据统计与查询、扩展功能等诸多功能，对提高生产效率、降低安全事故、提升管理与决策的科学性发挥了重要的作用。

## 8　露天矿爆破设计参数与牙轮钻机 GPS 定位穿孔相结合的系统

也是在首钢水厂铁矿，根据 Surpec 软件提供的地形和地质数据、爆破分区条件及爆破工艺要求，在爆破模拟系统中确定爆破设计各种参数，自动生成爆破设计文件，并将其传至牙轮钻 GPS 定位穿孔系统，开始穿孔作业。这一系统提高了穿孔精度，实现了管理精细化。

## 9　复垦技术得到了推广应用

矿产资源开发带来的土地破坏、废弃物堆放、尾矿水渗流污染等严重问题，日益引起各方面的关注，国务院 1988 年颁布了《土地复垦规定》，2011 年又颁布了《土地复垦条例》，相关部门还制定了《国家土地复垦技术标准》《土地复垦方案编制规程–通则》。从政府制定的政策法规，到科研设计单位和相关企业开展的治理工作，以及有色行业实施的中国–澳大利亚矿山复垦国际合作项目，创建了一批典型的复垦示范工程，如铜陵狮子山铜矿水木冲尾矿库边坡无土复垦植被稳定技术；铜陵有色公司杨山冲和五公里尾矿库无土植被控制粉尘技术；中条山毛家湾尾矿库复垦农作物种植技术；孝义铝土矿排土场和平果铝土矿排土场复垦技术；具有110多年开采历史的大冶铁矿，按4个试验小区，分别采取不同树种，不同栽植方式，逐步改良土壤，逐年植树造林。绿化面积达253hm$^2$，产生了显著的社会效益、生态效益与经济效益。这些示范工程对复垦技术的推广应用发挥了重要的推动作用。

这些技术发展亮点的扩展，对提高矿山产能，改善生态环境状况实现可持续发展具有重要的意义。

中国虽然是一个矿业大国，然而还不是矿业强国，在走向矿业强国的道路上仍面临诸多挑战。

（1）一些大宗消费的矿产资源的保障程度仍然偏低。

尽管没有哪一个国家完全依靠自己的矿产资源能够实现工业化，尽管从全球角度来看，这些大宗消费矿产资源的供需大体还是平衡的，但中国主要大型矿业企业的资源自给率与那些跨国公司相比，存在极大差距，这不仅反映了企业基础竞争力的悬殊，对国家经济安全的保障也十分不利。这是成为矿业强国必须要解决的问题。面对矿产资源保障程度偏低的挑战，应当制定包括国内外两个方面的全球矿产资源战略的顶层设计，国内进一步加大勘探投入，赋予西部矿产资源开发更多的优惠政策，以使脆弱的生态环境得到有效地保护；境外严格遵循互利双赢、共同发展方针，优化投资方式取向和经营方略，认真做好风险评估，实实在在地扩大有效权益资源量。

（2）超大规模（矿石年产量1000万~3000万吨）深井采矿的考验。

深井开采有三种类型，第一种是开采逐渐加深到深井开采，第二种是深凹露天转入地下开采，第三种是直接开采深埋矿床。第三种类型一般勘探程度较低，从设计到初期生产，会遇到因信息缺失带来的诸多风险，目前中国金属矿业正面临大量第三类型深井项目开采这样的挑战。众所周知，深井开采会遇到岩爆和地热的威胁，超大规模深井开采还会遇到高速提升的技术问题，为适应环保要求，现在又增加了国际上尚无先例的超大规模深井开采采用充填法的技术难点。我们初步摸索到的一点经验是：在总体规划的前提下，采用"探建结合"的方法，提前施工将来可用于生产的2~3条竖井及必要的平巷工程，加强探矿，进一步摸清地质构造、岩温和水文的有关情况，也可利用竖井工程钻孔进行原岩应力的测定，与此同时，开展必要的科研工作。这种"探矿–科研–设计相结合"的做法不但有利于规避风险，也可缩短基建时间，改善企业的经济效益。

（3）构建生态矿业工程的必要性。

构建生态矿业工程在于解决社会经济发展和生态环境保护协同的问题，要求按照法律法规在矿业项目规划、立项、设计、施工建设、生产、闭坑的全过程，将生态环境保护和环境治理、生态修复融为项目的有机组成元素，保证各阶段的资金投入，落实各阶段的社会责任。由于矿山开采，每年占用和破坏土地数十万公顷，产生固体废料上百亿吨，有的企业甚至将未经处理的废水排放，造成区域性的重金属污染。加之诸多老矿山环境问题历史欠账，又缺乏治理资金，虽然不少部门也做出诸多努力，但从全局来看，仍处于局部改善、整体恶化的发展态势。我国矿山的土地复垦率还只有 12% 左右，远低于矿业发达国家的水平。因此构建生态矿业工程乃当务之急。构建生态矿业工程的基础：1）细致的生态环境本底调查；2）矿产资源开发可能诱发的生态环境问题；3）从源头上控制的技术路线与措施；4）环境治理和生态修复的技术方案；5）分阶段预算和财务保证。

（4）亟待强化的信息化建设。

信息化建设的发展，将彻底改变矿山的面貌。

矿山信息化建设的目标：构建综合信息化管理平台；实现固定安装设备的无人值守和远程自动监控定期巡检；实现生产过程的远程遥控和自动运行；达到"采矿办公室化"。

综合信息化管理平台包括若干子系统，即矿区地表及矿床模型三维可视化信息系统，矿山工程地质、矿区水文地质、岩石力学研究、数据采集、处理、传输、存储、显示与探采工程集成系统，矿山规划与开采方案决策优化系统，矿山环境变化及灾害预警信息系统，下井人员及移动设备定位、跟踪安全系统，矿山生产经营管理及经济活动分析信息系统。

固定安装设备的无人值守和远程自动监控针对地下中央变电所和采区变电所；地下中央水泵房、排泥系统；有毒有害气体检测及地下通风系统；地下压风系统、供水系统；主井装载卸载及提升系统、副井提升系统；以及地下破碎系统。

远程遥控和自动化采矿是指人们坐在距离采矿场遥远的地面控制室内，依靠地面、井下通信系统，实时自动定位、导航技术操纵智能化采掘设备完成采矿作业。

据不完全统计，中国的金属矿山大抵有一万多座。其中，现代化矿山约有数十座，有相当数量的传统装备水平的中等水平矿山，但绝大多数是装备水平落后的小型矿山。信息化建设在这三类矿山有着截然不同的要求。行业重点矿山在综合信息化管理平台建设方面已经有了一定的进展，有些也开展了固定安装设备的远程自动监控，但远程遥控和自动化采矿目前在我国仍属空白。可见信息化建设任重道远。而作为一个矿业强国，这是必须要实现的。特别是自动化采矿具有显著的经济和社会效益。

　　1）极大改善矿山生产的安全状况；

　　2）降低能耗，提高设备工时利用率；

　　3）大幅度提高劳动生产率，降低生产成本，使企业在金属市场不景气情况下仍处于竞争优势地位；

　　4）采用自然崩落法时，有利于更准确地控制放矿；

　　5）实现自动化采矿，将带动相关产业链的发展；也会使矿工的社会地位发生根本性的转变。

# 对《有色金属工业发展规划 （2016~2020）》的论证意见

15 日收到文件，来不及仔细研究，初步阅读了两遍，感到总体编制得不错，目标明确，支撑得力，转变突出。为了实现在 2020 年我国有色金属工业迈入世界强国行列，我想主要对矿业领域的资源保障、两化深度融合、生态环境保护谈几点看法和建议。

（1）我国有色工业体制，是从前苏联移植过来的，同西方矿业发达国家相比，有一个很大的特点，就是"重冶轻矿"，对新材料的研发重视和投入不够。这也许对"冶炼产能过剩"起到了一定的推动作用。举一个例子：中国恩菲是一个 1953 年就成立了的有色工业工程设计、科研单位，我们曾经遇到过这样的事情。业主找我们设计冶炼厂，我们问，资源在哪里，他说这你们不用管，我们自己解决。这并不是非常极端的例子。主要反映了这种体制下人们的惯性思维。改革开放以来，有了一些改进，但对国企而言，基本轮廓未变。审视一下西方大的跨国矿业公司，他们对储产比，尤其是优质资源的占有量非常重视，它体现着矿业企业的基础竞争力。因此我建议，有必要将大宗消费矿产资源的储产比作为一项基本指标列入"十三五规划"，以期提升矿业企业的竞争力。

（2）资源保障是一个很关键也很棘手的问题。正如文件所讲，2015 年铜、铝、镍重要大宗消费矿产原料的对外依存度已分别达到 73%、45%、86%，近几年这些指标是在不断攀升的。这种状态对于国家经济安全是很不利的。日本是一个矿产资源极为贫乏的国家，它在成为世界第二大经济体时，矿产资源供应并不紧张，它所采用的金融机构主宰、企业运作的体制和瞄准具有优质资源企业少参股多包销产品的机制，为它的现代化建设发挥了极为重要的作用。虽然目前的国际金融形势有了很大的变化，我们也不是要硬搬日本的经验，而是建议需要在"十三五规划"中对矿产资源的供应体制机制作一些深入研究和创新，这是形成资源保障的基础。

近几年有色地质勘探投入都在增加，也有可喜的收获，但是要立足国内来解决大宗消费矿产资源供应是不现实的，因此必须在"十三五规划"中提出制定全球矿产资源战略的顶层设计，形成资源保障的路线，规范企业走出去风险评估和政策引领，以及国际化人才的培养。

（3）关于两化融合、远程遥控和自动化采矿是当今世界矿业发展的战略趋势，所谓自动化采矿，就是人们坐在距离井下采矿场数十千米以外的地面控制室内，依靠地面、井下通信系统，实时自动定位、导航技术，操纵智能化采掘设备完成采矿作业，所有固定安装设备均无人值守，实现远程监控，井下实现按需通风，设备实现预防性维修，即所谓"采矿办公室化"。它带来的好处是基本解决安全问题，尤其对深井、大水矿床、矿岩极不稳固矿床等十分难采矿床的开采，可大幅度提高设备效率和工时利用率，显著降低能耗，降低生产成本，提升企业竞争力。国外为此已奋斗了 20 多年，已有八九个国家建立起示范矿山或示范采区，目前我国还是空白。"十三五"期间我国应当安排建立几个自动化采矿的示范工程。提升我国矿业在全球的技术影响力。为了申请支持建立示范工程，2014年 8 月我曾经给苗部长写过一封信，可能部长没有收到，不知可否，后来没有下文。

（4）关于生态环境的保护。矿产资源开发带来诸多突出的生态和环境问题，尽管国家对环境保护极为重视，不少部门也做出诸多努力，已有无废矿山、花园式矿山以及复垦植被的示范性工程存在，但从全局来看，仍处于局部改善、整体恶化的发展态势。加之我国新增矿产资源多在生态环境十分脆弱的西部地区，生态环境保护任务十分艰巨。建议通过法律法规要求每一个矿山都要制定闭坑设计（规划）。对于新建矿山，必须在编制可行性研究的同时，编制闭坑设计（规划），在规划、立项、设计、施工建设、生产、闭坑的全过程，将生态环境保护和环境治理、生态修复融为项目的有机组成元素，保证各阶段的资金投入，落实各阶段的社会责任和有效监督。新建矿山首先要立足于循环经济、强化资源综合利用（包括非金属矿物）及废料资源化，做到不建尾矿库、不设废石场、无外排不达标废水等，研究建设无废开采的可能性。正在生产的矿山，也要制定闭坑设计（规划），政府可归还部分税金作为治理环境修复生态的专用基金。从国外的经验看，闭坑费用的来源一般有两种可能，其一是从产品销售收入中按一定比例提留专用基金，再则是刚开始生产的矿山用部分矿石价值资产和矿石储量抵押贷款，随着生产的发展，以部分产品形成的基金取代。

（5）我国作为一个矿业大国，而且要向矿业强国迈进，"十三五"期间应当筹划制定矿业法，矿产资源法是不能取代矿业法的。

以上这些管窥之见，仅供参考。

# 矿产资源强国战略之管见

于润沧　唐　建

（中国恩菲工程技术有限公司，北京，100038）

**摘　要**：矿产资源是国家经济发展的物质基础，也是国家安全的重要保障。中国的大宗金属矿产资源总量较丰富，但高品质的储量少，人均占有量低。在工业化高速发展阶段，大宗金属资源需求量激增，铁矿石、铜、铝等资源对外依存度较高。中国矿业企业与国际矿业巨头相比，竞争力不强，资源占有水平不高。中国矿山企业"走出去"大规模开发利用海外优质资源将是必然趋势。抓住"一带一路"建设倡议的机遇，实行互利共赢的方针，多渠道保障资源可持续供应，以示范工程引导生态环境友好、作业安全舒适的现代化矿业开发，将是中国矿业由大变强的重要途径。

**关键词**：矿产资源；大宗金属；资源可持续供应；全球矿产资源利用；矿业强国

中国是世界上矿产资源品种比较齐全的少数国家之一。目前全球发现的 200 余种矿产资源中，我国有 172 种，具有查明资源储量的矿产 161 种。从生产和消费角度看，中国已成为全球大宗金属产消大国。截至 2014 年底，全国钢产量和消费量已连续 19 年居世界首位，有色金属产量也连续 13 年居世界首位。主要有色金属消费量，锌从 1998 年开始连续 16 年居世界第一、铜从 2001 年开始连续 13 年居世界第一、铝从 2004 年开始连续 10 年居世界第一、铅从 2005 年开始连续 9 年居世界第一。受经济发展周期阶段性特征的影响，中国大宗金属矿产资源需求增速在此期间逐步进入峰值期。峰值期间，需求增速下滑，经济结构调整，转型升级，经济发展进入新常态，但矿产资源需求量规模依然巨大。

## 1　矿产资源的战略地位

矿产资源是人类赖以生存和社会进步的物质基础，是国家安全和经济发展的重要保障。没有矿产资源持续稳定的供应，就没有现代经济与社会的发展。

人类经历了石器时代、青铜时代、铁器时代等，一直发展到现在的知识经济时代，矿产资源一直是人类生存和发展的重要物质基础，它为人类提供了 95% 以上的能源、80% 以上的工业原料和 70% 以上的农业生产资料。它不但影响工农业

本文原发表于《中国有色金属学会第十届学术年会论文集》，2016。

生产、高新技术发展、航空航天、国防建设等各行各业的正常运行，而且也与国家安全息息相关。

## 2 我国大宗矿产资源的供应消费格局

### 2.1 我国资源禀赋评述

我国矿产资源有 5 大特色：（1）品种丰富、总量较大，但人均拥有量远低于世界平均水平；（2）用量较少的矿产资源丰富，大宗消费的矿产资源储量不足；（3）贫矿多、富矿少，共、伴生矿多，开发利用难度大，成本较高；（4）中小矿床多、大型超大型矿床少，矿山规模偏小；（5）区域资源分布不均。

我国基础储量居世界第一、第二位的金属矿产有钨、钼、锑、钛、稀土；许多大宗消费矿种如铁、铜、铝、镍、金等占世界总储量的比例均小于 5%，且资源保障年限远低于世界水平。主要金属矿产已探明人均储量不足世界人均值的 1/4。铜和铝的人均储量分别只有世界平均水平的 1/6 和 1/9。

我国铁矿平均品位不足 30%，比目前铁矿石供应大国平均水平低 30% 以上，可直接入炉炼铁、炼钢的富铁矿资源储量仅占全国铁矿资源储量的 2.7%。占铜矿 45.5% 的斑岩型铜矿平均品位一般为 0.5%，智利铜矿出矿品位为 0.94%（2013 年），铝土矿几乎全系为难溶出的一水硬铝石。

铁矿、铜矿多元素共生的复合矿石较多，矿体复杂，利用难度大。重庆及晋北等地区铝土矿需要浮选脱硅，利用成本高。选矿工艺流程复杂，精矿生产成本较高。

与世界相比，我国已经发现的矿床规模偏小，大型超大型矿床少，客观上增加了集约化大规模高效矿山开发的难度。以铜矿为例，我国迄今发现矿产地 900 个，其中大型矿床仅占 2.7%，中型矿床 8.9%，小型矿床多达 88.4%，我国目前铜矿产量不及智利埃斯康迪塔铜矿 2005 年年产量的 2 倍（117 万吨铜，含 13.9 万盎司金，590 万盎司银），2005/2006 财年。

暂难利用的铁矿、铜矿等，限制了国内大宗资源的供给。其暂难利用的因素包括：难采、难选，多组分难以综合利用；矿石品位低、矿体厚度薄；矿山开采技术条件和水文地质条件复杂；矿区基础设施不完善、交通不便；矿体分散难以规划；开采经济指标不合理；矿产地属自然环境保护区等。

矿产资源分布不均也在一定程度上限制了供给。我国镍矿资源的第一个特点是储量分布高度集中，仅甘肃金川镍矿，其储量就占全国总储量的 63.9%，新疆喀拉通克、黄山和黄山东三个铜镍矿的储量也占到全国总保有储量的 12.2%。储量高度集中，而且埋藏深，不能露采，因此对扩大产量，提高经济效益带来了影响。我国氧化镍矿较少，而且品位较低，与国外氧化镍矿储量大、品位高的一些国家，如新喀里多尼亚、印度尼西亚相比，缺乏竞争力。

## 2.2　消费峰值及对外依存度

从 20 世纪 90 年代开始,我国逐步进入工业化、城镇化的高速发展阶段,2014 年创造的 GDP 总量相当于 60 年前 GDP 总量的 314 倍。这种 GDP 增长速度需要消耗大量矿产资源来支持。基于我国许多大宗矿产资源的禀赋特点,大宗消费矿种如铁、铜、铝、镍等都已成为紧缺资源,对外依存度均在 50% 以上,有的甚至高达 70%~80%。预计未来十年内对外依存度会小幅波动,总体变化不大。2014 年我国的粗钢消费为 7.38 亿吨,精铜消费 872 万吨,原铝消费 2805 万吨,镍消费量 93 万吨,较上年分别增长 -3.4%、6.3%、12.0% 和 6.8%;占全球消费量的比重分别为 6.2%(钢材)、38.9%、51.1% 和 48%。

"十二五"末期以来,我国经济逐渐进入"新常态",GDP 增长趋缓,以钢铁为代表的大宗金属消费开始减速。根据发达国家的发展规律,人均 GDP 与人均大宗金属消费量之间存在"S"规律,即农业社会人均资源消费呈低缓增长趋势,工业化发展阶段呈快速增长趋势,之后随着经济结构的转变、社会财富积累水平不断提高和基础设施日趋完善,资源的人均需求陆续达到顶点,不再增长,保持一段时间后,趋于下降。目前,中国人均 GDP 已超过 8000 美元,铁、铜、铝等消费强度位于峰值区,需求增速开始减缓。有研究表明,我国钢铁消费量已"见顶",到达峰值区,为 7 亿~8 亿吨;精铜消费峰值期在 2023~2028 年,消费量 1350 万~1650 万吨;铝消费峰值期在 2018~2023 年,消费量 3000 万~3300 万吨;镍消费峰值期在 2020~2025 年,消费量 130 万~150 万吨。

## 3　矿业企业的基础竞争力

### 3.1　基本观点

以矿产资源为基本生产资料的企业均属于矿业企业。矿业企业的基础竞争力,在于占有矿产资源,尤其是优质资源的数量与能力。我国受"重冶轻矿"传统观念的影响,企业看中的是直接体现经济价值的冶金产品,这种类似"无米之炊"的经营理念,导致了冶炼产能的过剩,刺激了大宗消费矿产对外依存度的不断攀升。这种发展模式是不可持续的。在市场价格持续低迷的环境下,很多企业将面临难以生存的窘境。

### 3.2　国内外企业对比

以铁矿石市场"三大巨头"为例,通过研究他们的资源拥有量以及品质,研究他们的储(量)产(量)比,就不难理解他们何以具有很强的竞争力,及为什么可以在市场上"呼风唤雨"。必和必拓(BHP Billiton)仅在本土的纽曼、扬迪和戈德沃斯这三个矿区的总探明储量就约为 29 亿吨,铁矿石的年产量为

1亿吨。此外，这个公司还有开采煤、铜、铝、镍、铀、石油、液化天然气、镁、钻石的业务，拥有 Antamina、EScondida、Olympic Dam 等多家露天、地下铜矿和镍、铀矿控股或参股股份，以及澳大利亚本土多个煤矿，还有本土、墨西哥、美国的油气和加拿大的钾盐矿。力拓（Rio Tinto）不仅是世界三大铁矿石供应商之一，还提供包括铝、铜、钻石、能源产品、黄金、工业矿物等产品。它在几内亚、巴西参股控股铝土矿和氧化铝厂，拥有美国、蒙古、智利、印度尼西亚铜矿山，在本土和南非拥有6个热煤、焦煤矿山。拥有巴西淡水河谷（Vale）本土铁矿，澳大利亚、莫桑比克煤矿，本土、加拿大、印度尼西亚及新喀里多尼亚镍、铜、锰、钾盐、能源等资源。

要加快我国矿业企业走向国际的步伐，需要从观念上转变对矿业企业基础竞争力的理解。紫金矿业集团是我国比较重视占有资源的矿业企业，其特点与纽蒙特矿业公司相似，除拥有国内金铜矿山外，在俄罗斯、吉尔吉斯斯坦、澳大利亚、塔吉克斯坦、刚果（金）、秘鲁等国也有由购、参、控股，合资等方式获得的铜、金等多金属矿山。据称其在全球有色金属企业排名第12位、全球黄金企业排名第3位。

## 4　加强资源储备，保证国家经济安全

在我国经济发展需消费大宗金属的时期，拥有资源对国家经济安全的保障作用十分重要，因此需要通过各种途径保障资源持续供应。

### 4.1　历年的勘探投入与成果

21世纪以来，我国的勘查投入基本呈现逐年增加趋势（见图1）。2003年以后，勘查投入的增速提高。其中能源油气的勘查投入占到总投入的70%~95%，

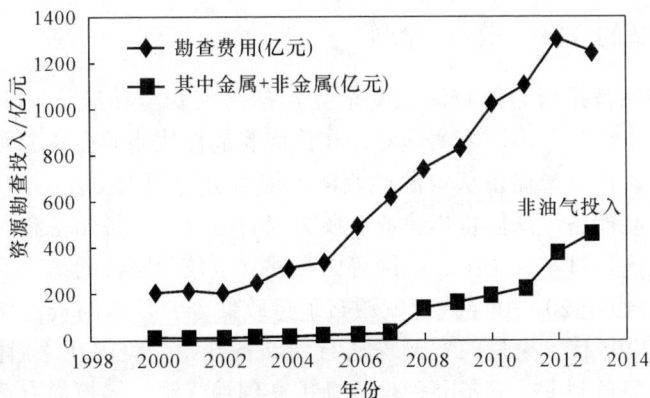

图1　21世纪以来我国资源勘查的投入状况

而金属、非金属资源勘查投入的增长相对滞后，最高增幅出现在 2008 年，增长率达248%。总体上，2013 年以来勘查投入开始下滑。勘查投入的增长与资源市场价格升高相关，2013 年全球矿业处于调整态势，非燃料固体矿产勘查较上年下降了29%。

2011~2013 年我国黑色金属查明资源储量普遍增长，其中钒矿和锰矿增长明显；有色金属多数增长，其中铜、铅锌、钨钼矿增幅超过 10%；贵金属的金矿和银矿增加 30% 左右；多数非金属矿也有所增长（见表 1）。

**表 1　近年我国主要矿产资源查明资源储量与变化**

| 矿产名称 | 单位 | 2010 年 | 2013 年 | 变化/% |
|---|---|---|---|---|
| 石油 | 亿吨 | 31.7 | 33.7 | 6.3 |
| 天然气 | 亿立方米 | 37793.2 | 46428.8 | 22.8 |
| 铁矿 | 矿石/亿吨 | 727 | 798.5 | 9.8 |
| 锰矿 | 矿石/亿吨 | 8.86 | 10.3 | 16.3 |
| 钒矿 | $V_2O_5$/万吨 | 4381.9 | 5713.4 | 30.4 |
| 铜矿 | 金属/万吨 | 8040.7 | 9111.9 | 13.3 |
| 铝土矿 | 矿石/亿吨 | 37.5 | 40.2 | 7.2 |
| 铅矿 | 金属/万吨 | 5509.1 | 6737.2 | 22.3 |
| 锌矿 | 金属/万吨 | 11596.2 | 13737.7 | 18.5 |
| 镍矿 | 金属/万吨 | 938 | 901.1 | −3.9 |
| 金矿 | 金属/吨 | 6864.8 | 8974.7 | 30.7 |
| 银矿 | 金属/万吨 | 17.2 | 22.3 | 29.9 |
| 钾盐 | KCl/亿吨 | 9.3 | 10.1 | 8.6 |

## 4.2　资源储备的分级

矿产资源储备是指为保障国家安全（包括国家安全和经济安全）及在国际上保持独立自主地位，由国家实施对存在供应脆弱性战略矿产资源亟需矿产资源进行的储备。矿产资源储备从资源产业链方面可分为两大类：一类矿产地储备；另一类是矿产品储备。从储备用途或性质方面看可分为经济储备和战略储备。

历史上美国、日本、法国、韩国等国都建立了较为完善的矿产品战略储备制度。美国从 20 世纪 20~30 年代起就颁布了行政命令，日本的资源储备制度可追溯到 20 世纪 70 年代，大量的案例均从石油储备开始。美国在之后的几十年中，不断完善充实储备制度，储备品种也逐渐扩充到铀、钴、钨等稀有金属。日本在随后的一二十年里建设了多个国家石油储备基地。由于资源匮乏，同时还逐步实施了稀有金属和有色金属的储备战略。日本在储备战略中还实施了民间企业储备配合措施，许多品种的储备量定为国家储备与民间储备量的相加，如钒、锰、钴、镍等7种稀有金属，国家储备42天的国内基本消费量，民间储备18天的基本消费量。近年来日本还将稀土、铟、铂等新兴材料金属稳定供应的对策研究纳入国家能源资源战略规划中。美国在"沙漠风暴行动"和10年前卡特里娜飓风来袭的紧急状态下，动用过石油储备。在此期间，美国用20多年发展扶持的"页岩气革命"获得成功，对能源供应产生重大影响。

我国近年来在舟山建立了国家石油储备油库，并适时实施过铜等金属的储备。

与矿产品储备相辅相成的是矿产地储备。美国实施矿产地储备的做法由来已久。美国长期禁止开发国内石油，在中东等地变相建立石油供给体系；美国国内稀土停产，全部依靠进口；大量进口铜铝等金属，少量进行国内开采生产。近年美国铝的年消费量在400万~500万吨，年净进口量在200万吨以上，国内多个铝厂关闭。几十年前日本在全球范围实施勘查资助，选择合适的项目投融资参股获取资源储备。

## 4.3　构建生态矿业工程

生态工程这一新的科学概念从提出到现在也只有40多年的历史，其目的就是解决社会经济发展和生态环境保护相协调的问题，即可持续发展问题。倡导生态矿业工程的理念，就是要做到在矿业项目规划、立项、设计、施工建设、生产、闭坑的全过程，将生态环境保护和环境治理、生态修复融为项目的有机组成元素，保证各阶段的资金投入，落实各阶段的社会责任和责任人（见图2）。

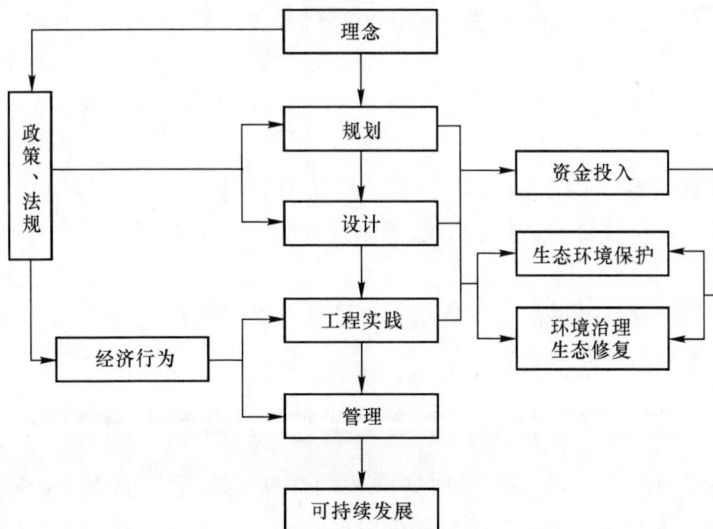

图2　生态矿业工程的理论框架

　　矿产资源开发之前的生态环境本底调查是构建生态矿业工程的基础，其内容主要包括：环境空气质量现状评价；地表水环境质量现状调查与评价；地下水现状监测与分析；生态系统类型及特征调查；植物区系及特点调查分析；野生动物资源及水生生物调查与分类评价；土壤环境质量现状调查；土壤浸湿和水土流失现状调查；土地利用现状调查等生态环境现状总体评价。

　　根据评价，分析开发潜在的破坏因素，制定从源头上控制干扰和破坏的技术路线与措施，计算出不同阶段所需资金，根据具体情况分别纳入基建投资的环保基金或计入生产成本。生态保护和修复的费用应不低于基建投资的 15% ~ 20%，视分类、内容及地域不同有所差异。

## 4.4　2015 年中国渡过 WTO 十五年保护期后对中国矿业的影响

　　2015 年中国渡过 WTO 十五年保护期后，对矿业最根本的影响是：中国必须对外开放各行各业，允许外资进入中国所有行业，包括目前国家控制的矿业、交通、直销等。这对于中国矿业来说是机遇，也是挑战。

　　首先，成本低廉的矿产品免税进入中国。享受低价矿产品的同时，国内矿业企业面临着生存的挑战，如同当下的铁矿石，进口矿价格可能低于国产矿价格。

　　第二，矿业从勘查到建设、生产经营整个产业链都允许国外企业进入、参与，国内企业将与外企同台共舞，使得竞争加剧。同时国际化矿业企业的进入也带来了国际化的经营管理理念、模式，对我国矿业深度融合国际矿业会起到积极的推进作用。

　　第三，更加注重可持续发展。强调可持续发展主要包括以下内容：

　　(1) 实施生态矿业工程，加强环保投入。发达国家的矿业开发中，环境保护和治理是重要环节和内容，设计、建设和运营期间工作内容较多，工作量和历时均较长。

　　(2) 社区关系。除了征地等一次性经济补偿外，关注对当地经济的带动：就业、医疗、文化教育、通信、运输等以及社会公益事业，强调履行企业的社会责任。

　　第四，倡导安全舒适的工作环境，强化矿业企业的信息化建设。远程遥控和自动化采矿将是矿业发展方向。

## 5　响应"一带一路"倡议，制定全球矿产资源利用的顶层设计

　　当前国家做出"一带一路"和支持"两洋铁路"建设的倡议，通过基础设施互联互通、经贸合作和外交关系深度发展，为走出去开发利用海外沿线国家资源提供了重大机遇。

## 5.1　矿业企业"走出去"的概况

近20年来，我国的海外资源开发取得了可喜的进展，为中国的工业化进程和企业国际化作出一定的贡献。获得了铜金属年生产能力72万吨，在建铜矿山项目设计铜金属年生产能力81万吨，海外铝土矿项目投产合计产能280万吨，在建氧化铝设计年生产能力200万吨的成果。海外资源开发推动了当地经济发展，为当地创造了就业机会，带去了福祉和发展活力，大大提升了我国的国际形象。

我国的金属矿山企业走出去始于20世纪80年代末，中钢与澳大利亚恰那铁矿合作经营。90年代首钢收购秘鲁铁矿，中国中冶承建并经营巴基斯坦山达克铜矿，中国有色收购赞比亚谦比西铜矿，五矿与美铝签订长期协约，以平均年生产成本40万吨的氧化铝供应30年。

2008年以后，我国矿业企业开始大规模投资开发海外金属矿产资源项目，至今已投入几百亿美元。但从效果看，成绩并不理想，对海外资源的获取能力比较弱，成功率仅20%左右，至今没有形成对国内资源需求的有效供给，或矿业企业竞争能力的显著提高。

## 5.2　应重视风险管理

我国矿业企业海外资源开发成功范例较少的主要原因在于企业国际化水平不高，对海外开发（投资）项目风险评估不足，缺乏风险防控手段。

我国企业境外资源开发多在发展中国家，经济欠发达地区，面临信息真实性参差不齐，矿业政策继承性差，政局不稳，基础设施、环境保护、社区关系要求高，以及法律、信用风险等问题，因此必须特别重视项目的风险评估和管理。项目并购前，应做详尽的调查，明了要购买的股份或资产的全部情况，以及企业的历史数据和文档、管理人员的背景等。认真进行项目资源风险、市场风险、建设条件风险、管理风险、技术风险、资金风险和政情风险的评估。区别风险的类别，评价风险的等级，按等级及出现概率排序。研究风险防控措施，化解风险的措施以及处理风险的补救措施。对国际经济软法依然应给予必要的关注与应对。为判断并购项目的质量，确定必要性和可行性，可先初步进行前期尽职调查。

## 5.3　严格执行互利双赢共同发展方针

我国的海外资源开发要树立可持续的理念。宗旨之一，应该是互通有无，互利互惠。

"一带一路"倡议，就是依靠中国与有关国家既有的双多边机制，借助既有的、行之有效的区域合作平台，主动地发展与沿线国家的经济合作伙伴关系，共同打造政治互信、经济融合、文化包容的利益共同体、命运共同体。

目前我国产能过剩，外汇资产富余，能源、矿产资源缺乏，对外依存度高，东西部发展不均衡。"一带一路"沿线涵盖 50 多个国家，发展极不平衡，一些发展中国家基础设施相对落后，但拥有丰富的资源，我国一些银行愿意进行海外投资，或者通过亚投行获得资金支持，这是互利双赢的。

## 5.4　适当仿效日本机制

日本是一个资源十分匮乏的国家，20 世纪 80～90 年代，日本以"财团"模式进行资源扩张战略，通过综合商社联合体统领日本企业，对外高度集中统一，在资源国家积极参与资源项目融资、参股、收购活动，对保障矿产资源供应起了关键作用。

参股包销是资源匮乏的日本快速发展的成功经验之一。其风险小，受市场波动影响小，与大股东利益分享、风险共担，对解决资源紧缺的燃眉之急甚为有益。同时，日本虽然资源对外依存度高，但是日本的资本早就渗入了世界各地的矿产资源地，在很大程度上日本可以对冲掉进口矿产特别是在高价位时进口矿产资源的代价，优势显而易见。尽管国际经济环境时过境迁，但如果机制改革适当，机遇仍然存在。20 世纪 80 年代末期，我国与澳大利亚合资开发恰那铁矿，包销全部产品，也起到了缓解我国快速工业化时期铁矿石供应的燃眉之急。

## 6　强化矿业企业的信息化建设

随着大型智能化采掘设备的出现，互联网、通信技术的进展，矿业企业提升信息化建设水平已成为可能。矿业企业特别是地下矿山作业环境较恶劣，强化信息化建设的需求更为迫切。

### 6.1　自动化采矿是矿业发展的方向

远程遥控和自动化采矿开辟了这样的途径，（1）它可以提高劳动生产率，根据发达国家示范采区的资料介绍，劳动生产率大概最少可以提高 90%；（2）可以降低生产成本，改善劳动条件；（3）可以真正实现安全生产，基本达到"采矿办公室化"。

国际上的一些矿业强国，已经在这个领域进行了 20 多年的探索，在加拿大、智利、印度尼西亚、澳大利亚、瑞典、芬兰、南非等国都建立了示范矿山或示范采区，使远程遥控和自动化采矿的发展初具规模。近年来，国际上著名的几家采矿设备公司，不仅成批生产了智能化采掘设备，还开发出智能矿山技术和系统，如 AutoMine 系统、AutoMine-Lite 系统、OptiMine 系统和 MineLan 系统，利用这些技术，这些公司正逐步由原来单一的设备供应商向技术解决方案供应商转变。

## 6.2　用示范工程引领推动我国矿业信息化建设

我国的自动化采矿发展已有一定基础。远程遥控和自动化采矿技术以通信、网络和信息化技术发展为依托。目前我国的通信、网络信息技术的发展水平接近世界水平。"互联网+"、大数据云端等技术迅速发展，"工业化、信息化"两化融合的大潮涌动，将助推远程遥控和采矿自动化的起步。近年来，我国地下矿山以保障人员作业安全为宗旨的"六大系统"建设，使多数矿山建成了井下光纤主干通信网络。视频监测、环境监测等已在许多大中型矿山付诸实施。部分固定安装设备的无人值守远程监控也在某些重点矿山得到应用。微震监测系统在少量深部矿山投运。矿业仿真、模拟技术和软件在业界得到普遍应用。部分国家支持的专项课题研究，取得一定成果，都为自动化采矿奠定了良好基础。

不过，远程遥控和自动化采矿示范工程在我国至今仍为空白。要想在这方面实现零的突破，为打造矿业强国提供技术支撑，重要的是勇于创新的精神，在金属价格持续疲软的环境下，也需要政府在政策与资金上的大力支持。当前的"一带一路"倡议，走出去开发利用海外沿线国家资源将是一种趋势。毋庸置疑，采用先进、安全、高效的开采工艺是实施海外资源开发的基准。在矿业信息化建设上的重大突破，会使我们"走出去"在技术上如虎添翼，也会成就我们的矿业从大变强的中国梦。

# 建设现代深井矿山示范工程

尊敬的董总及招金的各位领导：

旨在为加强双方在"解决复杂条件下矿山开采技术难题"和"提升矿山信息化及自动化建设水平"等方面开展技术合作的招金院士工作站，已经运转了两年多时间。在招金领导的大力支持下，恩菲团队围绕大尹格庄、夏甸、瑞海等金矿项目的智能化建设开展了初步工作，制定了相应的技术创新方案，希望能为"招金"的科技发展和经济效益的大幅度提升规划出蓝图。

在这里我要特别感谢招金领导给我授予的科技合作贡献突出个人奖，我体会这是对我们院士工作团队的殷切期望，我们将会加倍努力。

瑞海金矿项目是一个极具挑战性的工程，为了保证这个海下超深井矿的安全、经济、高效开采，必须以现代矿业设计理念作指导，实现所谓"采矿办公室化"。这就要求我们做到，回采工作采用智能化设备，充填系统实现自动化，全部固定安装设备无人值守远程监控，全矿实现按需通风，有轨、无轨运输系统自动化运作，深部热源有效利用，供配电系统与生产系统高度融合，建立岩体形变及环境安全数据检测系统，全部设备实现预防性维修，全矿实现信息化管理和机器人巡检。这样的矿山将成为世界第一流的矿山。中国工程院最近明确规定，一个院士只能建一个院士工作站。因此希望我们紧密合作，共同奋斗，看能否实现这一宏伟目标，为伟大的中国梦增添少许光彩。谢谢大家。

---

　　本文为于润沧在招金矿业股份有限公司院士工作站续签约仪式上的发言，续签约仪式于 2019 年 8 月 28 日在中国恩菲工程技术有限公司举行。

# 立足新起点为建设矿业强国不懈拼搏

今天招金矿业股份有限公司的院士工作站正式建立了。这对招金和恩菲都是一个加强合作的新起点。招金是一个非常著名的老企业，为我国的矿业发展作出过重要的贡献。招金又是一个有着超前思维的创新型企业，希望在我国矿业信息化、自动化建设方面作出新的突出贡献。我所工作的企业——中国恩菲，也是一个有着60多年历史的科技型企业，在矿业领域创建了多项国内第一、世界领先的业绩，一直引领着我国金属矿业诸多领域的技术发展。我相信招金院士工作站在双方领导的关怀和支持下，在院士团队和招金相应团队的奋力拼搏下，一定会在以"解决复杂条件下矿山开采技术难题"和"提升矿山信息化及自动化建设水平"为核心内容的技术合作方面，做出双方满意的成绩，使瑞海项目成为"中国恩菲矿业信息化协同创新中心"的一项示范工程。在我们面前，困难会是很多的，技术创新的道路也可能是曲折的，但我们有信心勇往直前，精心研究，使这个工作站能够有效促进招金事业发展，能够为我国建设矿业强国大厦发挥一点添砖加瓦的作用。鸿业远图，心坚石穿。

---

本文为于润沧在招金矿业股份有限公司院士工作站建立暨签约仪式上的致辞，建站暨签约仪式于2016年12月5日在中国恩菲工程技术有限公司举行。

# 略论我国有色金属矿山科技发展战略

于润沧　唐　建

（中国有色工程设计研究总院，北京，100038）

**摘　要**：根据我国有色金属矿山的特点，提出了科技发展的基本思路和分层次发展的目标，对建议的重点科研领域做了简要论述并提出了若干重要研究课题。

**关键词**：有色金属矿山；开采技术；科技发展战略

# Scientific and Technological Development Strategy for China's Non-ferrous Metal Mines

Yu Runcang　Tang Jian

（China Non-ferrous Engineering and Research Institute，Beijing，100038）

**Abstract**：In view of the characteristics of China's nonferrous mines, the paper proposes the basic thinking on the development of science and technology and the hierarchically developing objective, describes briefly the proposed main research fields, and puts forward several key research topics.

**Keywords**：nonferrous metal mines, mining technique, developing strategy for science and technology

## 1　我国有色金属矿山的现状及特点

### 1.1　矿山数量及产量

关于有色金属矿山的数量有各种说法，无准确统计，这里采用原国家经贸委和中矿联在《矿产资源合理开发利用和矿业政策研究》中提供的数据（见表1）。从表1可知，生产规模在 5000t/d 以上的大型矿山只有 26 个。

本文原发表于《中国工程科学》，2005。

**表1 主要有色金属矿山数量**

| 矿山名称 | 矿山数量/个 | 大型矿山/个 | 中型矿山/个 | 2002年采矿生产能力/万吨 | 2002年原矿产量/万吨 |
|---|---|---|---|---|---|
| 铜矿山 | 762 | 13 | 40 | 6130 | 5844 |
| 铅锌矿山 | 858 | 3 | 12 | 1665 | 1296 |
| 钨矿山 | 213 | — | 24 | 883 | 462 |
| 锡矿山 | 247 | 3 | 11 | 741 | 611 |
| 钼矿山 | 156 | 2 | 5 | 1473 | 1140 |
| 锑矿山 | 95 | 1 | 9 | 180 | 113 |
| 铝土矿 | 242 | 3 | 4 | 1165 | 1377 |
| 镍矿山 | 35 | 1 | 3 | 497 | 450 |
| 稀土矿山 | 119 | — | 2 | — | 73.4 |
| 其他矿山（金、银等） | — | | | | 242 |
| 合计 | 37692 | 26 | 110 | — | 11609 |

近几年我国国民经济和有色金属工业都在高速发展，但是有色金属采选业占工业总产值的比重却在下降（见表2）。

**表2 采选业产值占全国工业总产值比率[1]**

| 年份 | 全国工业总产值/亿元 | 有色工业总产值/亿元 | 有色采选业总产值/亿元 | 所占比率/% |
|---|---|---|---|---|
| 2000 | 85673.66 | 2294.25 | 402.67 | 0.47 |
| 2001 | 95448.98 | 2456.14 | 419.98 | 0.44 |
| 2002 | 110776.48 | 3238.69 | 463.90 | 0.42 |

注：统计只包括国有及规模以上非国有企业，并按当年不变价计算。

近年来我国有色金属矿山产量基本呈小幅增长，露采所占比重略大于坑采，见表3，但坑采矿山的数量却占了主要地位。

**表3 我国有色金属矿山产量及坑采露采比率[2]**

| 年份 | 出矿量/t | 采矿量/t | 坑采/t | 比率/% | 露采/t | 比率/% |
|---|---|---|---|---|---|---|
| 1995 | 84590000 | 80890000 | 38100000 | 47.15 | 42780000 | 52.85 |
| 1996 | 87529702 | 79793333 | 37263355 | 46.70 | 42529978 | 53.30 |
| 1997 | 94243266 | 86000484 | 39129020 | 45.50 | 46871464 | 54.50 |

续表 3

| 年份 | 出矿量/t | 采矿量/t | 坑采/t | 比率/% | 露采/t | 比率/% |
|------|---------|---------|--------|--------|--------|--------|
| 1998 | 93001532 | 86223807 | 38484268 | 44.63 | 47739539 | 55.37 |
| 1999 | 95994904 | 92028419 | 44423390 | 48.14 | 47605029 | 51.86 |
| 2000 | 105065030 | 95883652 | 45044833 | 46.98 | 50838819 | 53.02 |
| 2001 | 102333364 | 99393476 | 44245692 | 44.50 | 55147784 | 55.50 |
| 2002 | 116097232 | 112851868 | 50290233 | 44.56 | 62561635 | 55.44 |
| 2003 | 126901279 | 123280410 | 55091642 | 44.69 | 68188768 | 55.31 |

## 1.2　有色金属矿山的机械化信息化程度

　　有色金属系统规模以上露天矿目前有 20 多座，主要分布在铜、铝、钼系统，其中在生产规模、装备水平、信息化水平等方面达到国际先进水平的只有德兴铜矿。其生产规模为日产矿石 100000t，排位处于世界前列。所用主要设备如 $\phi$250 45R 牙轮钻机、16.8m$^3$ 和 13m$^3$ 电铲、154t 和 174t 电动轮卡车、PP 型乳化炸药现场混装车等基本上都是现代化的大型设备，卡车–旋回–胶带运输机半连续运输也属于先进的工艺。德兴还采用了 GPS 调度系统和计算机网络管理系统[3]。其他矿山主要采用传统常规设备，生产规模都比较小，日产矿石量超过 10000t 的矿山只有金堆城钼矿和永平铜矿。这些矿山基本上维持在 20 世纪七八十年代的水平。

　　有色金属地下矿山数量远大于露天，在一些大中型重点矿山如金川镍矿、凡口铅锌矿、安庆铜矿等基本上都实现了凿岩液压化，出矿无轨化，提升自动化，而且设备也在向大型化方向发展，如金川二矿区在进路式下向充填采矿法中采用了 6m$^3$ 的铲运机。这些矿山大多也采用了漏泄式通信系统和计算机网络管理系统。技术装备基本达到国际先进水平。在采矿工艺技术方面如大孔采矿法、各种胶结充填技术以及岩石力学应用等，与国外相比并没有多大差距。但是众多一般性矿山装备还相当落后，生产规模与国外条件类似的矿山相比大约小 1/3 ~ 1/2。这是诸多因素形成的综合差距。大量的小型矿山甚至处于较原始的状态，资源浪费和生产安全问题甚为突出。

## 1.3　损失率贫化率劳动生产率指标评价

　　开采损失率、贫化率与露采还是坑采，与矿体形态、采矿方法、矿山生产规模以及生产管理水平等都有直接关系。对于国内正规开采的大中型矿山，这两项指标与国外矿山相比并没有明显的差距，表 4 给出中国有色工业协会信息统计部公布的 2003 年有色金属各系统国有和规模以上矿山这两项指标的数据。

表 4　2003 年有色金属矿山开采损失率贫化率

| 项　目 | 开采方式 | 矿石损失率/% | 矿石贫化率/% |
|---|---|---|---|
| 铜系统 | 坑采 | 9.59 | 11.93 |
| | 露采 | 2.03 | 20.80 |
| 铅锌系统 | 坑采 | 7.99 | 12.53 |
| | 露采 | 2.32 | 6.01 |
| 镍系统 | 坑采 | 2.96 | 4.25 |
| 锡系统 | 坑采 | 8.99 | 7.92 |
| | 露采 | 3.22 | 7.52 |
| 锑系统 | 坑采 | 13.46 | 14.49 |
| 钨系统 | 坑采 | 12.78 | 45.09 |
| 钼系统 | 坑采 | 11.35 | 5.05 |
| | 露采 | 1.64 | 0.73 |

　　至于滥挖乱采造成的资源破坏，当不属于这两项指标讨论的范畴，但在铝、铅锌、锡等行业这个问题是非常突出的。

　　劳动生产率是左右企业经济效益的一项重要指标，尤其对坑采矿山。美国《地下采矿方法》一书根据统计分析推荐不同生产规模、不同采矿方法的矿山劳动生产率[4]见表 5。

表 5　《地下采矿方法》推荐的各种劳动生产率

| 采矿方法 | 生产规模/t·d$^{-1}$ | 矿山劳动生产率/吨·工班$^{-1}$ |
|---|---|---|
| 充填法 | 200~2000 | 4~16 |
| 留矿法 | 200~2000 | 4.76~15.63 |
| 空场嗣后充填 | 800~4000 | 16.67~42.55 |
| VCR 法 | 800~4000 | 10.96~27.78 |
| 分段法 | 800~8000 | 17.02~70.80 |
| 分段崩落法 | 4000~14000 | 29.41~53.23 |
| 自然崩落法 | 20000~45000 | 77.22~96.57 |

　　国内矿山与这些指标相比，是其 1/15~1/8。如目前有色金属矿山劳动生产率最高的安庆铜矿，采用空场嗣后充填采矿法，矿山劳动生产率约为 4 吨/(工班)。

## 1.4　生态和环境状况评价

有色金属矿山对生态环境的影响主要表现在废石、尾矿等固体废料的堆放占用大量土地；露天坑和地下开采的塌陷区破坏地表植被和景观。1995~2000 年有色金属企业的固体废料（含冶炼废渣）的排放量已接近 4 亿吨。有个别的尾矿库已进行了复垦，有少量的矿山在废料资源化方面也做了卓有成效的工作，像南京铅锌银矿已成为无废矿山，特大型深井矿山——冬瓜山铜矿也正在按无废开采矿山建设，但是从整体上看，由于矿山开采仍然使生态环境状况日趋恶化，特别是一些小型矿山的滥挖乱采和尾矿的任意排放，与矿业发达国家相比存在着很大的差距。

## 1.5　盈利性评价

有色金属矿采选业虽然是一个小行业，但因其产品价值较高，年利润总额在采掘业中排名第三（见表 6）。应当说明的是，金属矿山多数都不是独立企业，产品价格一般系内部价，因此利润并不完全反映真实情况。

表 6　相关行业的利润总额[1]　　　　　　　　　　　　（亿元）

| 行业 | 2000 年 | 2001 年 | 2002 年 |
|---|---|---|---|
| 石油和天然气开采业 | 1148.42 | 978.15 | 912.58 |
| 煤炭采选业 | 0.5 | 41.83 | 84.81 |
| 有色金属矿采选业 | 30.84 | 29.72 | 31.98 |
| 非金属矿采选业 | 10.69 | 13.75 | 15.80 |
| 黑色金属矿采选业 | 6.54 | 9.00 | 10.57 |

# 2　有色金属矿山科技发展战略的基本思路

落实科学发展观，坚持走新型工业化道路，保证战略储备，实现资源-经济-环境协调发展，分层次建立不同水平的发展目标，为实现矿业可持续发展提供技术支撑。这是我国有色金属矿山科技发展应遵循的基本原则。

按照资源增效理论，资源在经济活动中的增效是科技进步的中心环节。要依靠科技进步和市场调节实现合理利用资源，降低生产成本，保护生态环境，同时对不同类型的矿山采用不同的科技战略。

大中型骨干矿山应在以高新技术改造传统产业上有所突破。主要表现在扩大生产规模，缩小综合差距；依靠机械化、自动化、信息化提高劳动生产率，特别是井下工人的劳动生产率，使之接近国际水平；克服无效和错位管理，实现科学管理，进一步提高企业经济效益。

对服务年限较长的一般矿山，逐步扩大无轨和液压设备的应用范围；推广高效率采矿方法和先进的工艺技术，降低成本，以达到国际一般水平为目标推动科技进步。与下游企业实行联合、合并，提高竞争力。对于资源危机型矿山，按照优惠政策吸引资金，加强周边及深部勘探，争取延长矿山寿命。

大量的小型矿山在相当长的时期内仍不可避免地要肩负劳动就业和扶持贫困地区脱贫致富的重任，对这些矿山科技进步应以安全生产、提高资源回采率为主要目标。同时鼓励走股份制联合办矿的道路，以利于发挥科技对生产的推动作用。

# 3　有色金属矿山科技发展重点领域

## 3.1　低品位矿床的经济开采技术

对于地下矿，因地制宜地创造不同采矿方法的变型方案，永远是科研工作的重要课题。鉴于我国大宗金属矿产资源都属于紧缺或劣质资源，为满足 2020 年国家 GDP 翻两番，全面建设小康社会的需求，根据预测，如能按低方案进行调控，从 2005 年到 2020 年的总缺口是：铁矿石 35 亿吨（未含非钢利用），铜金属 4800 万吨，铝金属 6000 万吨。这些都必须依赖进口。但是另一方面，我们还保有大量的铜铁边际经济储量和大量的低品位一水硬铝石资源量未能利用。因此对以下课题开展研究将具有更为重要的意义：低成本自然崩落采矿法和低成本充填采矿法的研究和推广应用；原地溶浸采矿技术的探索；规模化露天开采与下游湿法冶金工艺的集成等。以期与必要的优惠政策相结合能激活部分所谓的"呆矿"。

## 3.2　复杂难采矿床的综合开采技术

复杂难采矿床的综合开采技术主要指深井采矿和大水矿床的开采。深井采矿除地热问题外目前遇到两种情况，一种是高应力区有岩爆倾向的矿床，一种是高应力区岩石软弱破碎有蠕变性的矿床。开采这两种矿床的采矿方法和巷道支护有很大的不同。对于大水矿床能否采用水力提升，甚至是否适于将选矿厂也设在地下。这些都是值得研究的理论和工程相结合的重要课题。

## 3.3　无废开采技术

重点是指消除尾矿库和废石场的综合技术，包括强化有用矿物（含非金属矿物）的综合利用技术、固体废料资源化技术、固体废料充填技术等。原地溶浸采矿也属于无废开采技术。矿山废气废水达标治理比较简单。

## 3.4　矿山生态和环境控制技术

并不是所有矿山都能实现无废开采，对于不能实现无废开采的矿山，应当重点研究其生态和环境的保护及恢复技术，包括尾矿库、废石场适时复垦技术，防止地表塌陷的保护性开采技术、露天坑生态恢复技术，以及尾矿干堆技术等重要课题。

## 3.5　金属矿山数字化技术

数字矿山即矿山的高度自动化、智能化、信息化，实现矿井无人的远程遥控采矿，是用信息技术改造传统产业在矿业上的最高体现，是一个目标，一个方向，是采矿工作者追求的最理想境界。根据我国的现实情况，这需要不同领域、不同学科的专家、学者和技术工人经过很长时间的努力才有可能实现。但目前仍然可以而且也应当分阶段开展许多基础性的研究工作。为满足众多一般性矿山实现无轨化和液压化的需求，应当集中优势资源创立主体采掘设备品牌产品；攻克这些设备的远程遥控技术，矿山信息采集、智能化处理技术，井下多媒体无线传输及通信技术，突发事故预警技术等；以及数字矿山示范工程的研究技术。

## 3.6　矿山安全技术研究

重视矿山安全是落实以人为本理念的重要体现，是技术科学与管理科学相结合的产物。这方面需要研究的重点课题包括：矿山数字化动态实时安全监控系统研究、安全预警系统研究、重大灾害防治技术研究等。

## 参 考 文 献

［1］ http：//www.state.gov.cn.

［2］ 中国有色金属工业协会信息统计部. 1995~2003 年有色金属工业统计资料汇编 ［R］.

［3］ 帅能武. 江铜集团进口设备国产化初探 ［J］. 铜业工程，2004（2）：7-9.

［4］ Hustrulid W A, Bullock R L. Underground Mining Methods ［M］. SME. 2001.

# 论当前地下金属资源开发的科学技术前沿

于润沧

（中国有色工程设计研究总院，北京，100038）

**摘　要**：随着岩石力学的发展、计算机在矿业领域的广泛应用以及多学科交叉的促进，一向作为"技艺"的采矿学已开始进入科学领域。文章对地下金属资源开发的数控采矿环境、实现无废开采、海洋采矿、应对深井开采的岩爆威胁等科技前沿做了初步探讨，阐明其对采矿学科发展的重要意义。

**关键词**：采矿；金属资源；数控采矿环境；无废开采

# Recent Science and Technology Frontier for Exploitation of Underground Metal Resources

Yu Runcang

（China Non-ferrous Engineering and Research Institute，Beijing，100038）

**Abstract**：With the development of rock mechanics，extensive application of computer in mining area and promotion by intersection of multi-course，mining starts entering the science field，being regarded as skill always. This paper discussed the recent science and technology at the frontier for exploitation of underground metal resources：digital control of mining environment，wasteless mining，ocean mining and coping with threat of rockburst in deep mining，that are of great importance to the development of mining course.

**Keywords**：mining，metal resource，digital control of mining environment，wasteless mining

　　地下金属资源开发，以产值计在我国国民经济中虽然属于一个较小的行业，但它对国民经济的发展和国家经济安全的保障却具有极为重要的意义，各行各业，甚至包括高新技术产业的发展，都离不开它的保障和支持。地下资源开发又是一个古老的传统产业。长期以来，在矿产资源开发中，主要是依据经验和类比的方法进行技术方案的决策，因而采矿一直被认为是一种技艺而不属于科学。但

本文原发表于《中国工程科学》，2002。

是随着岩石力学的快速发展，多学科的交叉和信息技术对传统产业的渗透，许多非线性的、不确定性的现象及其发生机理逐步得到科学的解释，其中的诸多科学问题逐步被人们所认知。矿块崩落法应用范围的扩大，便是一个典型的例子。在20 世纪五六十年代以前，这种不需要凿岩爆破而依靠地应力作用采矿的采矿方法，只能用于松软破碎的矿岩；七八十年代，人们依靠岩石力学的研究成就，运用高性能的计算机，已经可以科学地确定矿岩的可崩性，预测矿石崩落块度，选择大型无轨设备，把诞生于 100 多年前的这种古老的采矿方法的应用范围成功地扩大到坚硬稳固的矿岩，初始崩落面积从数十平方米增加到 10000 多平方米。世界上最大的地下矿山——智利的特尼恩特（Teniente）铜矿便经历了这样一个过程。2001 年 11 月我国召开了以"深部高应力下的资源开采与地下工程"为主题的香山科学会议，这是进入 21 世纪的一件大事，它标志着人们开始承认并认真探索地下矿产资源开发中的科学问题。在人们面前总是存在着许多未知的科学技术难题，怎样认识当前地下金属资源开发中的科技前沿，也是一个需要探讨的问题。

## 1　数控采矿环境

人类的每一代都会比上一代更加数字化[1]。数控采矿环境，最终实现矿业信息化，已经成为从 20 世纪 90 年代开始的矿业最高追求。加拿大、瑞典、芬兰等不少矿业发达国家，都在为实现地下金属资源开发这一宏伟目标进行着有组织的科技攻关，并且已经取得了可喜的进展。

由于露天开采比地下开采有着较为优越的条件，因此实现数控采矿环境更容易些，发展也会更快些。随着实时矿山测量、全球定位系统实时导航和遥控、地理信息系统和先进耐用的触屏电脑的应用，可使室内生成的矿床模型和采剥进度计划同现场实际操作联系起来，形成动态管理和操作系统，从而实现露天开采办公室化的梦想。[2]

地下开采智能化的难度要大得多。由于 GPS 不能用于地下，开发实用的通信系统便成为一个关键。加拿大国际镍公司同 IBM 合作研制了一种基于有线电视和无线电发射技术相结合的地下通信系统，并在斯托比（Stobie）矿投入试用。这种带宽为 2.4GHz 的功能很强的 CATV 网络与矿山各中段的无线电单元相结合，可传输操作每台设备的多频道视频信号。加拿大还设定了一个目标，预计 2050 年在北部边远地区建成第一座无人矿井，从萨德伯里（Sudbury）通过卫星操作地下所有设备，包括地下选矿厂的设备自动运行[3]。这将使矿业发生革命性的变化。采矿方法已不再是现在的采矿方法，采矿工艺也不再是现有的采矿工艺，从事矿山生产的已不再是目前的矿工，而是由地质、工艺、机械、计算机软硬件、数学、人工智能等各领域专家组成的专家组。采矿学也将成为由更多学科交叉形成的一门崭新的学科。

　　任何一项新技术的生命，都是建立在更高的经济效益、社会效益和环境效益上的，数控采矿环境也不例外。数控采矿环境的效益主要表现在以下一些方面[4]：第一，采矿人员在虚拟现实工作站操纵地下生产，彻底改变了矿工的安全条件和工作环境；第二，由于作业人员数量锐减，同时免掉了往返作业地点的路程，以及等待排除炮烟和粉尘的时间，工时利用率显著改善，因而劳动生产率得以极大提高，直接为企业创造更高的经济效益；第三，简化开拓系统和通风设施，因取消人行道而缩小巷道断面，从而减少基建期的投入；第四，数控采矿环境将改变采矿方法和采矿工艺，减少环境对采矿的影响和制约，增加矿床的经济价值，使地下开采变得更为有利。

## 2　实现无废和少废开采[5]

　　地下金属资源开发过程所产生的废料——废石、尾矿、酸性水等，对环境造成严重危害。保护生态环境，实现无废或少废开采已成为矿业可持续发展的重大课题，日益为人们所关注。

　　各矿山废料产率不同，其物理化学性能也各有差异，直接影响废料利用和实现无废开采的可行性评估。目前有些中小型矿山，通过技术改造，采用多种手段已经实现了无废或少废开采，如南京铅锌银矿、吴县铜矿、琅琊山铜矿等。日产10000吨矿石的冬瓜山铜矿，从一开始便按照无废开采的原则进行设计，尚属首创，现在正在建设之中。地下金属资源开发实现无废开采的主要难点在于尾矿的处理。有些尾矿可以作为二次资源加以开发利用，但多数情况下是用于采空区充填，全尾矿充填技术就是在这样的需求中发展起来的。然而这里派生出两个问题，一个是那些金属价值不高的矿床，采用充填法开采经济上是不可行的；另一个是那些金属含量很低的矿床，尾矿产率高，难以全部用于充填。因此通过科技创新，攻克上述废料利用的诸多难点，是具有重要意义的。

　　首先是开发无废或少废的回采工艺，原地浸出采矿便是一种。原美国矿业局将其称之为先进采矿系统（AMS）[6]，是一种无废、无污染、低成本的采矿方法。溶浸采矿是集综合采矿、选矿和湿法冶金为一体的矿产资源开发工艺，包括废石堆浸、筑坝堆浸和原地堆浸三种类型。溶浸采矿历史已很悠久，但20世纪70年代以来，堆浸（槽浸）-萃取-电积（SX/EW）技术才有了长足的发展，可浸金属品种不断增加，铜、铀、金、银等浸出法的产量已占很大比重。以铜为例，2000年利用SX/EW法生产的铜已达232万吨，为矿产铜的17.47%，精铜的15.64%，其中智利137.23万吨，居世界第一位，美国56.64万吨，居世界第二位。我国铀矿溶浸采矿量所占比重，1999年已达80%。但原地浸出工艺因受诸多条件制约，发展缓慢。铜的氧化矿原地浸出，已有生产实践，铀的原地爆破浸出也已用于生产，但欲使原地浸出采矿得到更广泛的应用，还需要开展大量的科研工作，诸如矿石破碎工艺（采用核爆破法破碎矿石也许具有诱人的前景）的提高，适用菌种的培育，浸出工艺的改进，提高浸出率的研究，水文地质条件的探索，适用不同金属的高效萃取剂的开发等，要使这一历史悠久的工艺，通过多学科交叉和高新技术的注入，焕发出时代的青春。

其次是强化资源的综合利用。这是提高企业经济效益的同时，减少尾矿产率的重要途径。发达国家对资源综合利用非常重视，有色金属矿床的资源综合利用率达到 76%~90%，有些矿山已经开始重视非金属矿物的综合利用。非金属矿物经过提纯、超细、改性和复合等现代工艺技术加工，可形成高附加值、高技术含量的非金属矿物新材料。相比之下，我国还存在较大的差距，根据对 1845 个矿山的调查统计，资源综合利用率在 70% 以上的矿山，仅占 2%，资源综合利用率在 50% 以上的矿山，还不到 15%，资源综合利用率低于 25% 的矿山，占 75%，可见在这个领域是大有可为的。

此外还应推动废料资源化研究。这也是一个非常重要的领域。根据废料物理化学性质的不同，通过对地理环境和经济效益的评估，目前已有一些矿山将尾矿用作生产水泥、微晶玻璃、制釉面砖、普通砖等的原材料，将废石用作建筑和铺路的材料。

更为重要的一点，作为矿山工程设计技术创新的主要内容，从设计开始就要按照无废开采进行设计。

## 3　海洋采矿[7]

海洋是一个很大的矿产资源宝库。在大陆架上（水深 0~200m）开采砂锡、砂金、钛砂、钒砂、锆英石等矿物已有多年历史，积累了不少经验。近 30 多年来，不少国家已将海洋采矿的重点转向开采深海多金属结核的探索。据估计，目前多金属结核的总储量为 2000~3000Gt，其中工业储量约 21Gt，其 Mn、Ni、Cu、Co 的平均品位分别为 27.5%、1.26%、1.0%、0.25%。一些工业发达国家为了取得深海采矿权，争取作为先驱投资者开展了积极的竞争。1987 年联合国海底筹委会批准苏联、日本、法国、印度四国为先驱投资者，我国也于 1991 年被批准为先驱投资者。先驱投资者有权在国际公海上取得 15 万平方千米的"开辟区"，进行优先开采。但也有一些国家，如美国、德国、英国等不遵守《联合国海洋公约》，而是自己制定临时措施和法规，投入大量的人力物力，进行调查研究、试验和试生产。

深海多金属结核开发涉及海洋地质，海洋气象，潜水机电设备，海水腐蚀，扬矿设施，遥感、遥控、遥测技术，海流和水波作用等诸多复杂的理论、技术和装备，是一项高科技的系统工程，难度很大。上述那些国家都围绕这一课题开展了大量的研究工作并取得了一定的成果。就深海多金属结核开采系统而言，包括若干子系统，首先是地勘系统，要把海底矿产资源探清，要了解结核分布规律、类型、形态、丰度、覆盖率、品位变化、赋存水深、海底地形及伴生沉积物类型和性质等。这方面的关键技术课题包括海底钻探设备、结核遥控取样、利用声学探测海深并绘制海底地形图，利用光学探测确定结核分布特点并计算其丰度，测定海底矿岩物理力学参数等。其次是采矿系统。在众多的开采方案中，目前看好水力管道提升矿石方案。该方案包括集矿装置，负责采集、清洗、破碎多金属结核；水下中间矿仓；潜水电机-泵组及扬矿管道，负责将结核提升到采矿船进入贮仓和分选系统，最终产出精矿送往冶炼厂。深海多金属结核开采要依靠遥感、遥测、遥控技术解决采矿船集矿装置的定位及船向跟踪，集矿系统的运转和自由移动，扬矿管和采矿船连接方式的转换，高压潜水泵及扬矿管道的运行和故障检测及排除，船上计算机的集中控制和图像处理显示等。总之，这是一个数字化程度很高的复杂系统。

深海采矿也面对保护海洋生态平衡和不受生产污染、破坏的问题，如集矿装置周围沉积物重新浮起，在其行走的轨道上大量底栖生物被摧毁；采矿船排放海底沉积物引起海水表层水环境的改变；分选产生的大量废渣，不论在何处堆放，都会对环境造成影响。因此海洋采矿的环境问题同样是必须研究的重要课题。

## 4　深井开采的岩爆威胁

矿井开采深度增加是一种自然趋势，而地应力和地热都是随着开采深度的增加而增长的。高应力引发的岩爆和温度甚至超过人类生理极限的地热，便成为开采深埋硬岩矿床时最严重的灾害．也是对采矿工作者提出的巨大技术挑战。征服地热的努力已经取得了良好的效果，根据不同条件，依靠加大通风量或建设制冷站，通过热交换可使工作面的温度降低到安全规程的要求，保证良好的作业环境。但是岩爆的研究工作难度更大，进展也相对滞后。因此，阐明岩爆发生的机理，对其进行及时的监测、预报和治理，在理论和实践上都具有重要意义。

金属矿山发生岩爆的历史比煤矿短，首次岩爆被认为是 1904 年发生在美国密歇根州亚特兰大铜矿。该矿因岩爆严重破坏，于 1906 年关闭。南非是当今世界上金属矿山受岩爆危害最多的地区，岩爆事故从 1908 年的 7 起上升到 1918 年的 233 起。1975 年一年南非 31 个金矿就发生了 680 起岩爆，造成 73 人丧生。由于南非金矿的开采深度一般都已超过 1500m，最深者近 4000m，几乎无一例外都受岩爆危害，里氏震级最高达 5.1。尽管岩爆的危害已有一个世纪的历史，采矿工作者对其也进行了大量的研究工作，在机理探讨、监测、预报以及防治方面都取得了很多成就，但到目前为止，人们对岩爆的认识，特别是对机理的认识还不深刻，观点也很不一致，因而对岩爆及时准确预报仍然是有待进一步研究解决的技术难题。我国金属矿山开采深度，除个别矿山外目前都在 800～1000m 以内，岩爆问题对我们来说还仅仅是个开端。我国现有金属矿山大多建于 20 世纪五六十年代，目前已开采到中晚期，今后随着开采深度的不断增加，岩爆问题将日益突出，使地下开采面临严峻的挑战。这就要求我们吸取国外的经验，早日做好技术的应对和准备。

## 参 考 文 献

［1］Negroponte N. 数字化生存［M］. 第 3 版. 胡冰，范海燕译. 海口：海南出版社，1997.

［2］于润沧. 采矿业发展知识经济的思考［J］. 中国工程科学，2001，3（1）：41.

［3］Pathak J，Udd J E. Hardrock underground mining in 21st century［A］. Innovitive mine design for the 21st century［C］. Bawden & Archibald（ods），1993 Balkema，Rotterdam，ISBN 90054103256.

［4］Scott A. Shuey Remote Mining Technology［J］. Engineering and Mining Journal，2002，（1）：24-27.

［5］彭怀生，古德生，董鸿嗣. 矿床无废开采的规划与评价［M］. 北京：冶金工业出版社，2001.

［6］李开文. 中国铀矿开采技术特点及发展水平［J］. 中国矿业，2002，（1）：23-27.

［7］童光煦. 高等硬岩采矿学［M］. 北京：冶金工业出版社，1995：262-283.

# 《大红山铁矿开发的综合研究和实践》序言

　　大红山铁矿是一座著名的矿山，其开采条件比较复杂，缓倾斜-倾斜矿体，多矿段，矿体厚度变化很大，且已进入 1200m 的深部开采，矿石品位不是很高，又属于"三下开采"，在当前疲软的矿业市场环境中，它仍能屹立于盈利的企业行列之中，实属不易。个中必然凝结着一些值得关注的重要经验。

　　该矿在 20 世纪末到 21 世纪初的筹建过程中，对生产规模、开采方案、技术装备水平、选矿流程、铁精矿浆管道输送、筹资方式等关键建设方案进行了深入的研究，选取了最优的方案，并建设了 500kt/a 的采选试验工程，为正式工程设计和建设提供了重要的指导依据。

　　规模效益是保证矿山盈利的重要途径之一。过去，在类似开采条件下，我国矿山产能比矿业发达国家低 1/2~1/3。这反映了在设计理念、技术装备水平、工人素质、生产管理方面的综合差距。大红山铁矿在这方面有所突破，20 世纪 90 年代设计 4000kt/a 采选规模，扩产后如今已达到 11000kt/a 的生产能力，是一个很大的飞跃。

　　技术方案的先进性是企业提升竞争力的基石。大红山铁矿矿石的地下长距离多段胶带运输系统、选矿的大型半自磨-球磨系统及微细粒矿物的强磁-离心重选联合回收技术的应用，铁精矿浆长距离管道输送系统，都是很有特点的技术方案，而且管道输送实现了一条线路向三个终点输送两种料浆的复杂运行作业。这些技术方案对降低生产成本发挥着重要的作用。采用高分段（20m、30m）、大间距（20m）、无底柱分段崩落采矿法，大型无轨采掘设备，高中段（一期工程 340m，二期工程 200m）高溜井有轨运输集矿系统，体现着当代先进的技术水平。

　　特别值得一提的是，采用大型无轨采掘设备条件下的合同承包采矿，这在国内也属创举。从国外的经验来看，专业承包采矿有其技术熟练、效率高、管理专业化的特点，它要求承包单位具有熟练的操作和维修工人，如能实现预防性维修管理，则更具高超的水平。大红山铁矿的经验可为推动我国专业承包采矿业的发展提供良好的范例。

　　应当说，大红山采矿在技术上有其独特的难点，分段崩落采矿法是在覆岩下

---

　　本文是于润沧为《大红山铁矿开发的综合研究和实践》一书所写序言，冶金工业出版社，2017。

放矿，而对于缓倾斜-倾斜矿体，形成覆盖岩层往往需要依靠强制放顶，这在经济上是一种负担，在技术上处理不当也会遇到一定的风险。大红山铁矿在这方面做了大量的工作，取得了可贵的经验。多矿（区）段立体式特大规模开采给通风设计和管理也带来很大的难度。大红山铁矿通风巷道长达 250km，总风量超过 1500m³/h，主力风机 35 台，采用四级机站的压抽结合的通风系统，以 ProfiNet 工业以太网通信控制技术进行控制。在实测值与设计值对比上基本接近，万吨矿石供风率达到 1.5 以上，应当说设计成功地应对了挑战。

大红山铁矿在采矿、选矿、管道输送以及管理方面都建立了一定的信息化管理和监控系统，在矿山信息化建设，最终实现"采矿办公室化"方面迈出了坚实的步伐。

本书以较大篇幅系统总结了企业从设计、筹建、建设、一期工程生产到二期工程及扩产等方面的丰富实践经验和理论研究成果，对中国矿业的发展都是很有价值的贡献。

中国工程院院士　于润沧

2016 年 4 月

# 中国有色金属矿山技术发展概况

刘大荣　于润沧

（北京有色冶金设计研究总院，北京，100038）

**摘　要**：文章较全面地介绍了新中国成立以来，有色金属矿山技术发展的概况。列举了大量数字，有力地说明了我国有色金属资源丰富、品种齐全的特点；无论从生产规模还是矿山数目来说，发展速度都是很快的，并从全国一百多个重点有色金属矿山的生产技术现状进行分析，对地下开采矿山的井巷掘进、采矿方法的比重变化、露天开采工艺的发展，及各类型矿山的装备水平、科研和设计工作，作了扼要的综合性评述。

# Outline of the Technical Development of China's Nonferrous Metal Mines

Liu Darong　Yu Runcang

（Beijing Central Engineering and Research Institute for Non-ferrous Metallurgical Industries，Beijing，100038）

**Abstract**：This paper gives an overall description of the technical development of nonferrous metal mining since the establishment of the People's Republic of China. Numerous figures presented show that China is rich in nonferrous metal resources and complete in the range of metals available, with a high rate of expansion in production as well as in the number of operating mines. Based on analysis of the present state of production and technology in more than 100 major nonferrous metal mines, an overview on underground roadway development, change in relative importance of different mining methods, development of open-pit mining technology, equipment levels of different categories of mines, as well as research and design work, is presented.

我国是一个有色金属资源丰富，品种齐全，具有悠久开采和冶炼历史的国家。

---

本文原发表于《有色金属》，1980。

　　新中国成立以来，国家对有色金属资源进行了系统的地质调查和矿产普查勘探。迄今已有 132 种矿产探明了储量，有十余种有色金属资源的储量名列世界前茅。

　　三十年来，国家为发展有色金属工业提供了巨额投资，现已形成了年产一百多万吨金属的综合生产能力。从新中国初期仅有的几十个小矿山，发展到拥有数百个大中小型矿山，矿石产量平均每年以 13% 的速度增长着。与此相适应，培养了一支能承担各种条件下的设计、科研和指导施工、生产的科技队伍。

# 1　富饶的有色金属资源

　　除了早已闻名全世界的云南东川铜矿、个旧锡矿、湖南锡矿山锑矿、贵州汞矿以及江西的钨矿之外，到目前为止，已探明的钨、锡、钼、锑等金属的地质储量均占世界各国保有储量的第一位。其中有的金属占有绝对的优势，如钨（指 $WO_3$）的储量约为世界各国总储量的三倍多，锑的储量约占 1/2。汞、铜、镍、铅、锌等金属的保有储量也居世界重要位置。这些有色金属矿床主要类型为：钨矿以黑钨矿为主，约占储量的 51%，白钨矿占 36%，其他为混合矿，都集中分布于我国南方，以石英脉型和矽卡岩型矿床为主。锡矿以原生矿为主（占 76%），砂锡矿占 24%。钼矿主要为斑岩型，矽卡岩型次之。我国的铜矿分布极为广泛，除上海市外，各省市区均已探明了数量不等的储量。其中，主要分布在华东（占 29%）和西南（占 25%）。矿床以斑岩型和矽卡岩型为主，约占总储量的 57%。其次是层状型和铜镍型。中南区和西南区是我国铅锌矿床集中的地区，约占总储量的 57%。矿床以层状型和热液充填交代型为主，约占 69%，其次为脉状型矿床。

　　近年来加强了地质勘探工作，特别是在老矿山的外围找矿，颇有成效，相信一定会出现新的有色金属矿石基地。

# 2　有色金属矿山生产能力的发展

　　新中国成立初期，矿石年生产能力只有 200 余万吨。生产矿山只有几十个，生产规模很小，开采技术和装备水平也极其落后。当时几乎没有露天开采的矿山。以后，有色金属矿山生产能力发展很快。到 1978 年，我国已发展为拥有 300 多个有色金属矿山，年生产矿石总能力达到 6500 万吨的水平。

　　有色金属矿山以中、小型为主。年产矿石量在 15 万吨以上的矿山中，大约有 2/3 的矿山年生产规模为 15 万~30 万吨。据不完全统计，各级生产能力的矿山按数量所占比重见表 1。

表1　年产15万吨以上的主要有色金属矿山比重　　　　　（%）

| 年生产矿石量/万吨 | Cu | Pb-Zn | Al | Mo | Sb | Sn | Ni | W | Au | 平均 |
|---|---|---|---|---|---|---|---|---|---|---|
| >300 | 3 | — | — | — | — | — | — | — | — | 1 |
| 100~300 | 10 | — | 33 | 33 | — | 14 | 25 | — | 45 | 12 |
| 50~100 | 19 | 6 | — | — | 33 | 8 | — | 10 | — | 11 |
| 30~50 | 10 | 22 | 33 | 67 | 33 | 14 | — | 10 | — | 13 |
| 15~30 | 58 | 72 | 34 | — | 34 | 64 | 75 | 80 | 55 | 63 |
| 合计 | 100 | 100 | 100 | 100 | 100 | 100 | 100 | 100 | 100 | 100 |

我国各种有色金属按生产能力来说，露天开采和地下开采的比重见表2。由表2看出，我国铅、锌、锑、钨、汞等金属几乎全部为地下开采，而铝、锡、金则主要为露天开采，其中锡和金的露天开采则全部为砂矿开采。

表2　露天开采与地下开采比重　　　　　（%）

| 开采方式 | Cu | Pb-Zn | Al | Mo | Sb | Sn | Ni | W | Hg | Au | 平均 |
|---|---|---|---|---|---|---|---|---|---|---|---|
| 露天开采 | 39 | 6 | 95 | 43 | — | 78 | 84 | 1 | — | 85 | 49.6 |
| 地下开采 | 61 | 94 | 5 | 57 | 100 | 22 | 16 | 99 | 100 | 15 | 50.4 |

## 3　地下开采技术

**（1）采矿方法**　全国100多个重点有色金属矿山，以地下开采为主，就矿山数量而言约占85%，但按矿山生产能力计算，其比重为1/2。属于地方经营的数百个中小矿山，绝大多数都是地下开采。所以地下开采仍然居主要地位。这正是与钢铁工业的原料基地显著不同之处。

我国有不少有色金属矿床的开采技术条件比较复杂，给采矿工作带来很多困难。有的矿山矿石具有自燃性，一旦揭露，很易发火。有的矿山是富水矿床，开采之前必须预先疏干。有的矿床属中厚（3~10m）、倾斜（30°~45°），顶盘围岩又不稳固，对回采工艺有很多严格要求。有些矿山开采深度虽然还不很大，然而地压现象已相当严重。此外，薄矿脉（厚度1~3m）和极薄矿脉（厚度小于1m）又占相当的比重，正是这些开采技术条件方面的种种因素，以及我国各个时期的技术装备水平，决定着采矿发展的特点。我国有色金属矿山使用各种采矿方法的比重变化见表3。从表3可以看出，留矿法始终居于领先地位。这是我国有色金属矿山采矿方法的第一个主要特点。留矿法虽然是一种古老的采矿方法，但由于采场结构和工艺技术都比较简单，容易掌握和推广。特别是开采中厚以下的急倾斜脉状矿床，使用更为广泛。其产量约占脉矿总产量的80%以上。中厚以上矿体，多采用深孔留矿法，中厚以下矿脉则全部采用浅孔留矿法。从目前的技术经济条件看，留矿法最理想的应用范围，应当是厚度小于 5m，倾角大于 65°，矿岩稳固，产状稳定，矿石无结块性和自燃性的矿体。

表 3　采矿方法的比重变化情况　　　　　　　　（%）

| 采矿方法 | 年份 | | | | |
|---|---|---|---|---|---|
| | 1955 | 1959 | 1961 | 1971 | 1978 |
| 1. 空场法 | 3.00 | 17.55 | 21.71 | 29.40 | 17.30 |
| 　全面法 | — | 6.05 | 6.50 | 3.30 | 1.60 |
| 　房柱法 | 0.80 | 3.20 | 5.60 | 4.07 | 2.70 |
| 　分段法 | 2.20 | 3.30 | 5.94 | 16.23 | 13.00 |
| 　阶段矿房法 | — | 5.00 | 3.67 | 5.80 | — |
| 2. 留矿法 | 43.40 | 43.40 | 49.00 | 40.00 | 38.40 |
| 3. 充填法 | 42.30 | 21.80 | 7.20 | 4.60 | 11.20 |
| 　干式充填法 | 35.20 | 16.60 | 2.25 | 1.22 | 1.40 |
| 　方框充填 | 7.10 | 5.20 | 4.85 | 0.52 | 1.40 |
| 　尾砂及胶结充填 | — | — | — | 2.86 | 9.8 |
| 4. 崩落法 | | 11.43 | 14.24 | 26.00 | 33.10 |
| 　壁式陷落法 | | 3.20 | — | 0.45 | 0.50 |
| 　分层崩落法 | | 6.94 | 1.76 | 1.54 | 1.70 |
| 　分段崩落法 | | 1.29 | 6.88 | 15.51 | 30.90 |
| 　其中：无底柱分段崩落法 | | — | — | 0.01 | 3.60 |
| 　阶段崩落法 | | — | 5.60 | 8.50 | — |
| 5. 其他 | 11.30 | 5.82 | 7.95 | — | — |

30 年来，很多矿山为了适应矿体的变化，提高回采率和机械化程度，节约坑木，在长期生产实践中创造了十多种留矿法的变形方案，发展了这种采矿方法的优点。

目前中厚以下矿脉，浅孔留矿法的一般技术经济指标是：矿房矿石回采率 85%~95%；贫化率 25% 左右；采场工班效率 8~13t。

采矿方法的第二个主要特点是，电耙出矿的有底柱分段崩落法获得了极为迅速的发展。其产量在六十年代翻了一番，到七十年代差不多又翻了一番。其原因是：第一，五十年代末到六十年代初投产的一批矿山，多数矿岩不稳固，当时的出矿设备主要是电耙，因此必须首先考虑使用它。第二，有些矿山过去采用空场法回采，在回收中段顶底柱后围岩崩落，出现了覆盖岩下放矿的局面。第三，五六十年代，中深孔凿岩爆破技术的发展和推广。

采用这种采矿方法的矿山也创造了不少好的经验。例如，小补偿空间挤压爆破和向相邻松散矿岩挤压爆破技术的运用，不仅减少了切割工程量，而且大大改善了爆破质量，提高了采场出矿能力。与此同时，不少矿山还加大了一次爆破的规模。炸药用量达到 20~30t，崩矿量达到 7 万~8 万吨，给生产管理带来很大的方便。有些矿山按照三强（强掘、强采、强出）的原则组织生产，缩短了作业战线和回采周期，在矿岩破碎、地压大的条件下，争得了生产上的主动权。此外，有些矿山在调整通风系统方面做了许多工作，改善了电耙道的通风效果。

这种采矿方法达到的技术经济指标为：采场（即一条电耙道）的生产能力 180~300t/d，采场工效 15~23 吨/工班，损失率 10%~25%，贫化率 15%~30%。

采矿方法的第三个主要特点是，从干式充填向尾砂充填和胶结充填过渡。五十年代初期，用干式充填法采出的矿石占 1/3。进入七十年代后，金属矿山学习了煤炭系统采用水砂充填的经验，从国外引进尾砂充填和胶结充填技术，后来又引进铲运机，开始把充填法提高到了机械化充填法的水平。

目前，尾砂充填法特别是胶结充填法的应用尚未达到娴熟的程度，然而经过各方面的努力和大规模的试验研究，积累了一定的经验。在高浓度输送的研究和充填料定量给料及自动调节系统的试验方面都取得了可喜的成果。第一个球形底立式砂仓管道输送系统已投入生产。用低标号混凝土作下向分层充填法的充填料也获得成功。此外，对充填接顶和充填体应力分布状态的研究等，都在加快工作的进程。从发展趋势看，充填法也是具有广阔前途的采矿方法。

综上所述，随着有色金属矿山的迅猛发展，采矿工艺技术发生了非常深刻的变化。很多矿山因地制宜地创造了不少好的经验。一些低效率采矿方法逐步淘汰，高效率的采矿方法正在得到推广。使我国有色金属矿山在采矿工艺上逐步形成和发展了自己的特点。

**（2）井巷掘进** 井巷工程的数量及掘进速度，不但直接影响矿山建设的周期，而且影响矿山能否正常地持续生产。新中国成立以来，我国有色金属生产矿山的掘进量，在 1949~1959 年期间平均每年为 681km。1969~1979 年期间增长到年平均 1000km 左右。此外，新建矿山平均每年还有 100~200km 的掘进量。因此 30 年来，巷道总掘进量达到 26000km，其中竖井约为 300km。

据六十个金属矿山的统计，采用竖井开拓和平硐竖井联合开拓的占 65%。目前，最大井深已超过 800m。竖井的支护形式与其断面形状有关，矩型井筒基本上采用木支护，只有个别井筒采用钢筋混凝土支护，圆形井筒多数采用混凝土支护，有的则采用了喷射混凝土锚杆支护。我国有色金属矿山的竖井基本上是用普通方法掘进的，但采用注浆堵水法通过含水的岩溶地层、裂隙岩层、或处理单股高压涌水，也积累了一定的经验。竖井的成井速度，一般只有 30 米/月左右，最高纪录是 120 米/月。目前正在推广配套的机械化掘井设备，其中包括配有 YT-30 型或 YGZ-70 型凿岩机的环型或伞型吊架，$0.4m^3$、$0.6m^3$ 液压靠壁式抓岩机，双筒 25t、40t 稳车，高扬程吊泵、注浆泵，清底机，激光定向，高精度毫秒雷管等 48 项先进技术和装备。这些先进技术和装备推广后，可使一般的成井速度提高到每月 50m 左右。钻进法掘井，现在还处在试验阶段，尚未正式用于生产。

平巷掘进装备大体上分为两种类型。一种是采用气腿式凿岩机，华-1 型或 H-600 型装岩机，0.5m³、0.7m³ 翻斗车，3t 架线式或 2t 蓄电池机车。另一种是采用双机或三机液压凿岩台车，配以蟹爪式、立爪式装岩机，并用斗式列车、梭式矿车或连续转载机转载运输废石。大约有 40% 的重点有色金属矿山具有后一种装备的机械化作业线。由于岩石条件不同，平巷的支护形式是多种多样的，相当一部分巷道无须支护。需要支护的巷道大多采用喷射混凝土、木支架、混凝土砌碹或混凝土预制块支护。有的矿山也少量采用 U 形钢金属支架。目前正在研制采用湿料和可以距控的喷射机具，正在不良岩层中试用喷锚网联合支护，从初步效果来看还是比较好的。可以预料，随着这两项试验工作的发展，不久喷锚支护将成为有色金属矿山最主要的支护方式。由于各矿山岩石条件、装备水平、管理水平不同，平巷掘进速度及工效差别也很大。一般矿山独头巷道掘进的月进尺为 60~100m，较高的在 150m 以上。有色矿山目前的最高纪录是每月 1056.8m。

天井掘进主要采用三种方法：普通法、吊罐法及深孔法。吊罐法使用比较广泛，也具有较高的水平。先进的天井掘进队单工作面的月进尺为 400 多米，多工作面的月进尺可达 1100m 以上。目前有 30 多个金属矿山采用深孔分段爆破法掘进天井，天井高度不等，从 10m 高的采场切割天井到 70~80m 的溜矿井，岩石条件差别也很大。所用的凿岩设备也不相同，有的采用孔径 110mm 的冲击式潜孔钻机，有的用孔径 70mm 独立回转式重型凿岩机。大部分都采用平行中心孔掏槽，连续柱状装药，导爆线或雷管引爆。天井钻机目前尚处在工业试验阶段。

# 4　露天开采技术

我国有色金属露天开采矿山根据矿床的赋存条件具有如下的特点：首先，由于我国一些大型斑岩型低品位矿床过去尚未开采，一些大型挖掘、运输设备正在试制，所以现在的露天矿山生产规模一般较小。目前我国有色金属露天矿山的生产规模一般在每年 100 万~200 万吨矿石量，最高接近 500 万吨。年最大矿岩采剥总量未超过 2500 万吨。其次，有色金属露天矿的总平均剥采比普遍较高，一般在 5~6m³/m³ 以上，最高达 16~18m³/m³。这是因为有的矿床坑内开采条件极其复杂，必须采取露天开采的缘故。如铝土矿床不仅矿岩不稳固，缓倾斜底盘起伏，且地下水很大。露天矿的服务年限也较短，一般在 12~16 年。此外运输方式主要为汽车运输，这和铁矿或煤矿以机车运输为主的方式不同。只有极少数矿山采用机车——汽车联合运输。在装备水平上比铁矿山要差，多采用 1~4m³ 电铲、10~

32t 汽车、潜孔钻机等设备，电铲生产指标较好的可达到 4 万吨/（米³·台·月）；而南芬露天矿（铁矿）现已采用 8m³ 电铲、120t 电动轮汽车和牙轮钻机等大型设备。

目前正在进行一些大型有色露天矿山的设计和建设，在 1985 年以后，将有一些大型有色露天矿山投产，露天开采的比重将进一步增长。

露天深孔爆破，近年来广泛采用大区多排微差爆破、留碴挤压爆破，改善了爆破质量，提高了电铲的装载效率，同时也降低了爆破振动影响；为了保护边坡稳定，应用了预裂爆破，取得了良好的效果。

露天硐室大爆破技术也有了很大的发展，装药量百吨以上的有 60 余次，千吨以上的有 5 次，万吨级的有两次。主要应用于山地露天矿基建剥离，填筑崩落采矿法上部废石垫层和定向堆筑尾矿坝等。实践表明：在适宜的条件下，用大爆破完成剥离或巨大土石方工程，具有速度快、投资省、工效高等优点。

砂矿在我国有色金属露天开采中占有很大比重，约占露天开采量的 53%。其中绝大部分为砂锡和砂金矿床。我国南方砂锡矿的水力开采历史悠久，积累了丰富的生产经验。云南砂锡矿的水枪开采，自流输送，在阶段高度 10~15m、水压 80~100m 的条件下，水枪生产能力高达 150~170 米³/（台·时）。广西砂锡矿水枪开采、砂泵压力输送也取得较好的指标。在冲采困难的条件下，有的矿山采用了压力水预裂或爆破松动的方法，以提高水枪生产能力和降低水耗量。在砾石含量多或不适于水采条件时，则采用电铲挖掘，水力输送或汽车运输的方法。个别砂金矿山采用了采金船开采。

# 5 科研和设计工作

科学技术是推动生产发展的强大动力。过去三十年里，与生产发展相适应，有色金属战线逐步培养了一支相当规模的科技队伍。完成了大量的科研和设计工作，为有色金属工业的发展作出了应有的贡献。

在国际上，近三十年来矿山基础理论研究所获得的进展，开始把过去认为是一种技艺的采矿工程，推向科学的领域。岩石力学研究成果在矿山设计中的应用，就是一个重要的标志。近十多年来，我国岩石力学的研究工作也有了很大的发展。今年六月，中国金属学会召开了全国第一届岩体力学会议，确定了当前研究工作的重点集中在以下几个方面：第一，了解岩石物理力学性质。研究岩石和岩体的分级问题。在岩石力学试验方面，开始在地下工程中进行现场的三维应力、支剪及流变试验。第二，岩体结构的研究，原岩应力量测以及开挖空间应力分布状态的研究。第三，对地下采掘空间形态的监控。此外，用分析方法解决岩石工程问题也日益受到重视。

我国的设计机构基本上是专业化的。目前，仅冶金系统就拥有 23 个设计院，可以承担矿山设计任务。以历史最久的设计院之一为例，它建院二十多年来，共完成了 90 项各种类型的矿山设计（包括援外设计），这些矿山的年生产规模计为 6273 万吨（包括正在建设尚未投产的矿山）。其中有年矿岩量为 2500 万吨的大型露天矿，年产矿石 180 万~230 万吨的大型地下矿山。目前正在编制自己的程序，以便将电子计算机应用于矿山设计和管理工作。

# 赴加美考察报告——矿山部分

金川有色金属公司赴加美考察组

## 引　言

由金川有色金属公司、第八冶金建设公司、国家建委及有色冶金设计研究总院的七名同志组成的技术考察组，应拍克德公司的邀请，于 1979 年 12 月 18 日至 1980 年 2 月 27 日访问了加拿大和美国。在加拿大多伦多期间，用了四十天时间了解了拍克德公司为金川二矿区开发工程编制可行性报告的情况，参观了国际镍公司的克雷通（Creighton）矿，列瓦克西（Levack West）矿，汤姆森（Thompson）矿，斯特拉思康纳矿和杰柯（Geco）铜锌矿等。在美国参观了克莱马克斯（Cilmax）钼矿，亨德森（Henderson）钼矿，桑曼纽尔（San Manuel）铜矿。在参观过程中也顺便看了派普和品托瓦利两个露天矿。

这次考察的重点是矿山，而且主要是根据引进谈判中外商推荐的采矿方法，考察了胶结充填法、VCR 法、矿块崩落、杰柯法对金川工程的适用性，以及有关的先进技术与经验。

在加拿大考察的六个坑内开采的矿山，有五个矿山采用胶结充填法，同时还使用或正在试用 VCR 法，有一个矿山采用杰柯法。在美国参观的三个矿山都是采用盘区式矿块崩落法，但运输方式代表着三种不同的类型。

参观考察需要跑不少地方，但由于时间短促，每一个矿山一般只参观半天，不可能看得很细，因此这份根据现场走马观花的耳闻目睹和收集到的有限资料编写的报告，不仅内容不很完善，而且也难免有谬误之处。

现按采矿方法对参观的矿山的实际情况进行综合阐述于后：

## I. 水平分层机械化胶结充填采矿法

加拿大镍矿开采，地下矿山大多数采用充填法，主要是为了：

（1）控制矿山地压，防止岩石移动。

（2）提高出矿品位和金属回收率。

（3）多中段作业，保证矿山有较高的生产能力。

---

本文原发表于《有色矿山》，1980，于润沧执笔。

（4）减少堆放尾砂量，改善环境污染。

关于其具体回采方法和充填工艺，过去已有较为详细的报道，现根据我们考察的情况，简要综合补充介绍如下：

## 一、采矿方法

我们所参观的矿山，大致有三种情况。一种是 20 世纪 70 年代投产的矿山，机械化程度很高，从凿岩到运输都采用无轨自行设备，斜坡道运输，例如列瓦克西矿；第二种是五六十年代投产的老矿山，目前还有较丰富的资源，采取逐步改造的办法，以提高矿山的效率，即在新的中段（采区）使用无轨设备，在深部用斜坡道运输，而上部的老生产区则尽量使用原有设备，如汤姆森矿等，这种矿山比较多，第三种是老矿山、资源较少，则基本采用过去的设备，不再大量更新。

由于以上原因，水平分层机械化充填采矿法分为有斜坡道的机械化充填采矿法和无斜坡道的机械化充填采矿法。

（1）有斜坡道的机械化充填采矿法。

如图Ⅰ-1 所示为列瓦克西矿，从地表向下掘进的螺旋斜坡道、坡度 20%，深 488m，斜长 2743m。斜坡道规格为 4880mm×4270mm，采用喷锚或锚杆支护，

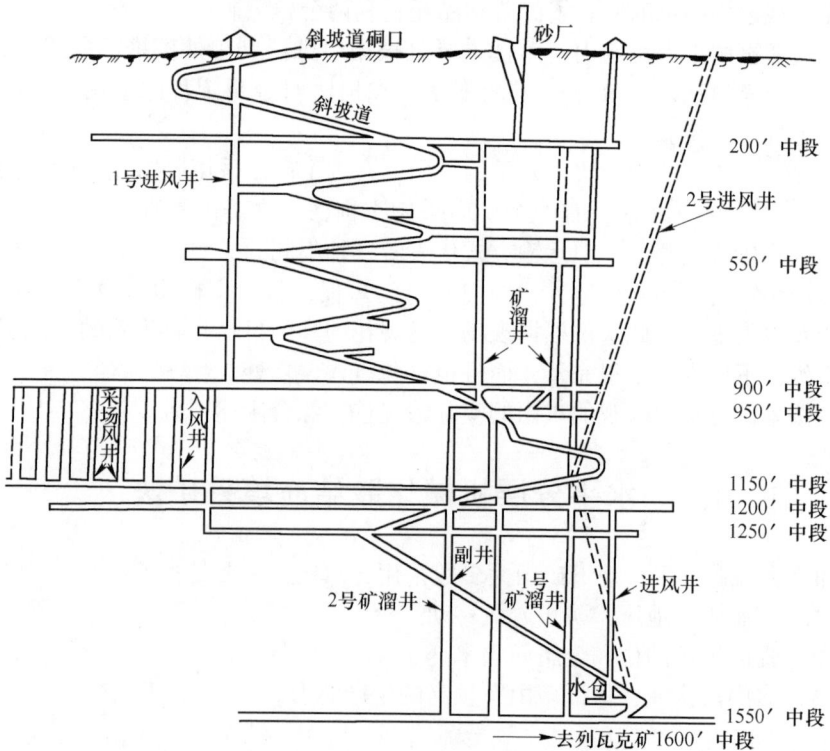

图Ⅰ-1　列瓦克西矿利用斜坡道开采的情况

除了与 200 英尺、550 英尺、900 英尺、1150 英尺、1200 英尺、1250 英尺、1550 英尺（中段名称仍按原样保留英制，下同）主要运输、采矿中段相通外，尚与中段间的一些副中段相通，主要担负运送人员、设备、材料、部分废石和采场出矿。采场出矿是用自卸卡车运到矿溜井，溜放到 1550 中段，再用电机车牵引 12 辆底卸式矿车（每列 225t），拉到列瓦克矿，放到 2650 中段，然后从 2 号竖井提升到地表选厂。

斜坡道采用碎石沙子路面，用压路机压平。清理路面采用 MBU 型平路机。该矿路面维护较好，比较平。斜坡道与各中段联络处有红、绿信号灯，巷道中间有拉线开关，可以一面开车一面开信号灯，以保证来往车辆运行安全。在副中段巷道顶板上装有 φ1.2m 风筒通向各采场，以保证供给足够的风量。

由于各采场均有斜坡道与副中段相通，所以采场内使用的各种台车、铲运机、辅助车辆可自由出入采场，充分发挥设备效率。

该矿共有 15 个采场，除其中两个采用 VCR 法，生产能力为 500t/d 外，其余 13 个均为水平分层机械化充填法，生产能力平均为每个采场 200t/d，总计为 3000~3600t/d。

该矿矿体倾角 25°，厚 100m 左右。上下盘围岩为花岗状片麻岩和花岗角砾岩，比较稳固，矿体中等稳固，层理节理比较明显。采场垂直走向布置，矿房宽 12m，长 150m，矿柱宽 6m。采场一端有通风天井通上部中段，另一端有通道与斜坡道相连，作为运矿、运设备、材料和行人的出入口，所以采场内不再设溜井和人行道。

采场采用上向式双机凿岩台车凿岩，450kg 铵油炸药装药车装药。爆破后爆堆高约 4.5m，最大空顶距 6.5m。采场爆破后采用人工撬顶，撬顶和用金属网锚杆维护顶板都是在爆堆上进行。采用上向式凿岩机打 1.5m 深的孔，将 φ16mm 或 19mm、长 1.7m 的涨壳式锚杆送入孔内，用凿岩机将其固定，同时将 10m 长、1.5m 宽、网孔为 10cm×10cm 的金属网架设在顶板，即用两块木垫板和一块铁垫板将金属网夹住、拉紧固定在锚杆上。以上工作是在金属网下进行的，所以很安全。

采场出矿采用 Cat 966 型前端式装载机装入 20t 井下自卸卡车（JDT-426 型和 MTT-420 型），运行 100~350m 卸入集中矿溜井。

通风采用两台主扇将 142m³/s 的风量通过通风井压入坑内，污风由斜坡道排出。

各种无轨设备的小修在坑内进行，中修和大修则拉到地面综合检修站（有五个检修室）进行。

（2）无斜坡道的机械化充填采矿法。

在一些矿体比较狭窄沿走向布置的采场，或垂直走向布置的盘区式采场，为了减少掘进工程量，采用无斜坡道的机械化充填采矿法。克雷通（Creighton）矿为垂直走向布置的盘区式采场，由六个采场（最多九个）组成一个盘区，采场互相连通，按采、出、充各工序轮流进行，采场使用的一切无轨设备基本上不出采场，也可充分发挥作用（图Ⅰ-2）。汤姆森矿则是沿走向布置的采场，分梯段开采（图Ⅰ-3），采场之间的间柱和顶柱用下向胶结充填法回采。斯特拉思康纳矿以两个矿房为一个单元，中间留小方柱，但回采工艺基本与以上相似。

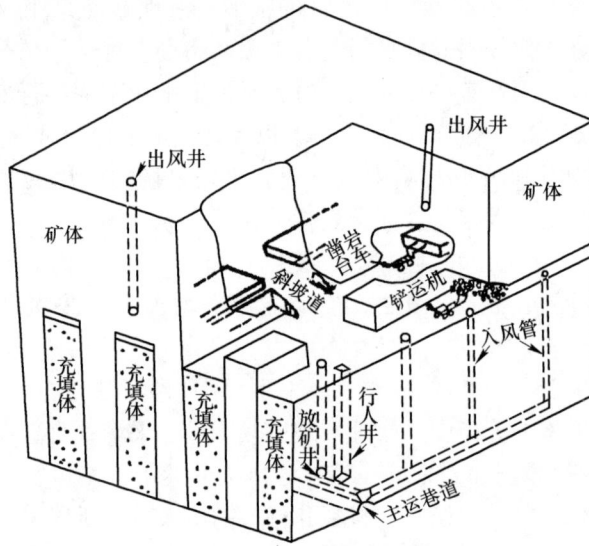

图Ⅰ-2  克雷通矿机械化水平分层胶结充填法

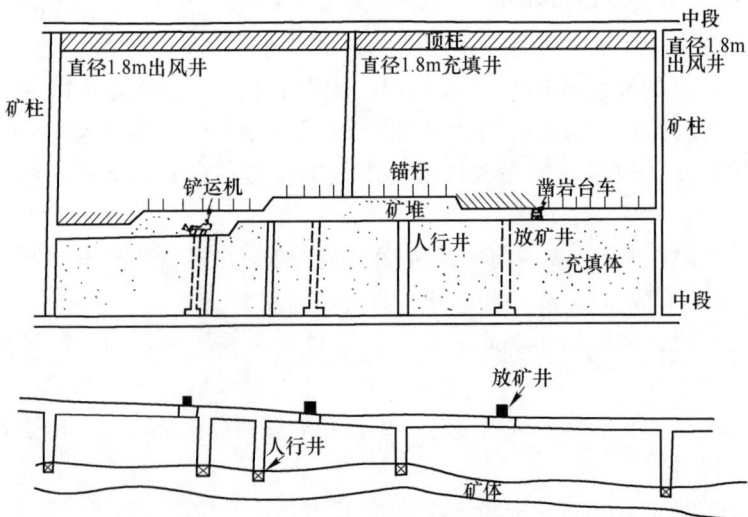

图Ⅰ-3  汤姆森矿机械化水平分层充填采矿法

克雷通矿生产能力 9 号井为 5500t/d, 5 号井为 2600t/d, 共计 8100t/d。其 9 号井从地表下掘深 2175m, 是西半球最深的竖井, 采用 15t 底卸式双箕斗提升矿石和废石, 是该矿主要提升井。

该矿用机械化充填法采矿房, 用下向充填法采矿柱。矿房宽 6.1~7.6m, 矿柱宽 4.9m, 采矿分层高 4.5m, 采场长 45~55m。

在一个盘区六个采场中, 其中一半进行回采和出矿, 一半进行充填（包括准备）工作。充填后充填料离顶板 0.6~1m。

每一个盘区设 2~3 个溜井, 规格为 $\phi 1.8$m, 用加筋板的 $\frac{1}{2}''$ 厚的钢板三块合成、螺栓连接的圆筒作内衬。每次安装时采用铲运机铲斗吊装, 连接安装后应比将来的充填面高出 0.5m 左右。

每个盘区的两翼设有通向上中段的 $\phi 1.5~2.1$m 的通风天井, 每个采场在充填体中埋设 $\phi 0.9$m 波纹钢板制成的通风管, 下部与 30 马力盘区局扇相连。另外每个盘区还有两个人行道, 是用方木垛框支护, 方木框内围金属网和聚乙烯布, 作为充填滤水用。

采场采用双机凿岩台车打水平炮眼, 采高 3.5m, 爆破后人工处理顶板, 然后开始用铲斗容积为 5 立方码的电动铲运机出矿。要求操作人员必须在锚杆金属网下工作。当出矿暴露出一定的工作面后, 就将高×长×宽＝2m×5m×4m 用型钢焊成的雪橇式工作台拉去, 进行顶板处理及安装锚杆金属网。工作完后继续清除剩余矿石, 然后进行第二次凿岩, 待凿岩结束后, 开始充填准备工作。

当这一半盘区出矿结束后, 铲运机和凿岩台车等设备就要向另一半盘区移动, 必须在高差部位垫上废石或矿石, 形成一个斜坡, 以利于设备运行。

电动铲运机在该矿很受欢迎, 由于该矿目前的开采深度已达 2000m, 地温很高, 电动铲运机不仅能减少空气污染, 而且也不增加空气温度, 对通风有利, 另外噪声也比柴油铲运机小, 维修工作较为简便。

汤姆森矿体长 3km, 厚 6m 左右, 沿走向布置的采场长 270m, 高 120m, 宽 6m。采场内有两个通风天井和一个中央充填天井, 采用尾砂胶结充填体作底部结构, 运输平巷设在脉外, 开凿三个溜矿井和五个人行天井, 每层开采高度为 8m。

采场内凿岩是采用上向式凿岩台车打眼, 孔深 3m, 爆破后在矿堆上安装锚杆金属网, 出矿采用 1~2 立方码电动和柴油铲运机, 充填时采用滤水塔滤水。

该矿机械化充填法占 80%, 另有 15% 为下向充填法回采顶柱。下向充填法为进路式回采, 采用方木框支护, 1 立方码铲运机或电耙出矿。充填料的灰砂比为 1:15。

为了提高劳动生产率和改善作业条件, 该矿计划试验 VCR 法, 试验成功后,预计采场出矿能力比机械化充填法将翻一番。

汤姆森矿还使用三台 61R、两台 Altas Copco 的天井钻机，每台钻机由 2~3 人操作。超前孔进尺为 15~21 米/（台·班），扩孔进尺为 5~7.5 米/（台·班），扩孔钻头寿命约为 460~610m。钻孔搬家安装需时 2~3 天，硐室高 6m 左右，每英尺钻进费 300~400 加元。

该矿共有职工 1000 人，生产规模为 5500t/d。上向机械化充填法的劳动生产率为 30 吨/工班，下向机械化充填法 15 吨/工班。

鹰桥矿位于萨德伯里盆地的东部边缘，是一个比较老的矿山。矿体为板状，局部有弯曲，有些地方有小支脉，是角砾岩含矿，长 1600m，厚度最大 30m，平均 5m，倾角 80°，被许多断层切割，比较破碎。矿石品位 Ni 1.5%，Cu 1%，Co 454g/t。围岩为苏长岩和黄绿岩，底盘围岩比较破碎。

该矿（包括鹰桥东矿）共有 40 个中段在开采（其中东矿 16 个），同时工作的采场数 34~40 个。目前各种采矿方法的比重及劳动生产率如下：

| 采矿方法 | % | 采场工人劳动生产率 | 采场内工人数 |
|---|---|---|---|
| 普通充填法（电耙—T4G） | 50 | 18 吨/（人·班） | 2~3 人/班 |
| 机械化充填法 | 40 | 30 吨/（人·班） | 3 人/班 |
| 下向充填法 | 10 | 15 吨/（人·班） | 1~2 人/班 |

机械化充填法采场沿走向布置，长 426.7m，高 53.4m，采场生产分阶段进行，分凿岩爆破、护顶、出矿、充填四个部分，每一部分有独立的通下中段的人行道（方木垛框，并作滤水井用），矿溜井和通风井（内衬 $\phi650mm$ 波纹管）。

采场分层高 2.5m，用双机液压台车进行凿岩。采用金属网锚杆维护顶板及两帮。由于岩石破碎，我们看到下盘有些锚杆前面部分岩石已经滑落，可以看出用涨壳式锚杆操作虽然简单，但不能完全锚固两帮比较破碎的围岩。

采场出矿采用 1~2 立方码柴油或电动铲运机。运入坑内解体为三部分，吊在罐笼下边下井，从溜井进入采场安装。

该矿采场设有通上部中段的通风天井，而是大量采用局部扇风机，目前使用 5 台 125~400 马力主扇和 1~25 马力各种局扇 152 台，另外还有 36 个压气式风管，从竖井进入的新鲜空气，用局扇压入采场，经过采场工作面，而后从人行天井返下中段来集中到回风天井进入上中段的回风道抽出地表。

全矿现有 650 人（包括地面充填、管理人员 100 人），年产量为 70~90 万吨。井下采矿和掘进每周五天，每天二班作业。矿石提升及充填为每周七天，每天三班作业。每天生产能力为 3000~3400t，全员劳动生产率 4.6~5.2 吨/（人·日）。

## 二、充填工艺

考察组参观了克雷通、汤姆森、鹰桥和斯特拉恩康纳等四个充填料制备厂，现综合介绍如下：

（1）这些矿山全部采用尾砂胶结充填。克雷通（9 号矿）的生产规模为 8000t/d，由日处理 26000t 的铜崖选厂供应尾砂；汤姆森矿日出矿 6000t，采用 14000t/d 汤姆森选厂的尾砂，这两个矿山需用的尾砂量不成问题；鹰桥和斯特拉思康纳只用本矿选厂的尾砂，分级后尾砂量不足，需用补充 20%～30%，最多达 50%的地表冲积砂（-65～+200 目）。分级尾砂的粒径除斯特拉思康纳为+325 目外，其余均为+200 目。水泥全部采用散装普通硅酸水泥。

（2）根据不同的要求，采用不同的灰砂比。

| 采场装矿底板 | 1∶8～1∶10 | 厚度约400mm |
| 下向充填 | 1∶15 | |
| 上向大量充填 | 1∶30～1∶32 | 间柱用下向充填法或 VCR 法回采 |

（3）充填料制备厂的储仓（砂仓、水泥仓等）都采用金属结构，全部设备、储仓、管线都布置在室内，其特点是布置非常紧凑，转运环节很短，同时也彻底解决了砂仓、管路防冻问题。各厂房内都设有集中控制室，每班由一人操作。四个矿山充填料制备厂的流程大同小异，鹰桥矿的系统是为斯特拉恩康纳矿的流程进行工业试验而建的，除设备大小不同外，没有什么大的差别。

（4）斯特拉思康纳矿的充填系统。

该矿的充填系统是比较完善的，和选矿厂其他车间一起用一台 PDP-8E 型电子计算机控制。整个制备厂只需一人在中央控制室操作台管理。充填系统示意图见图Ⅰ-4。

选厂尾砂经 10 台（5 台为一个系列）φ300mm 的水力旋流器分级后，每小时产出 145t 粗粒级尾砂，由矿浆分流器分别送往三个各 300t 的平底搅拌储砂仓，仓内装有料位计，用双叶轮（竖叶片）搅拌，功率 100 马力，砂浆浓度可达 70%～75%。充填时，用砂泵将尾砂送入 φ2.44m 的搅拌筒（共 3 台），筒内亦装有料位计。不充填或尾砂过多时，则扬入三个各 3000t 的球形底立式储砂仓，仓底有四个放砂口，放出的尾砂仍可由砂泵送回搅拌砂仓使用。水泥由 450t 的水泥仓经调速星形给料器、风动斜槽、水泥调节仓、调速星形给料器、电子皮带秤进入搅拌筒。补充的地表冲积砂由自卸卡车运来卸入 2700t 的储砂仓，经过振动筛及电子皮带秤加入搅拌筒。加入筒内的上述尾砂、水泥和冲积砂，按要求限度（68%）加入适量的水进行混合搅拌，然后由 8 英寸砂泵使砂浆通过电磁流量计、

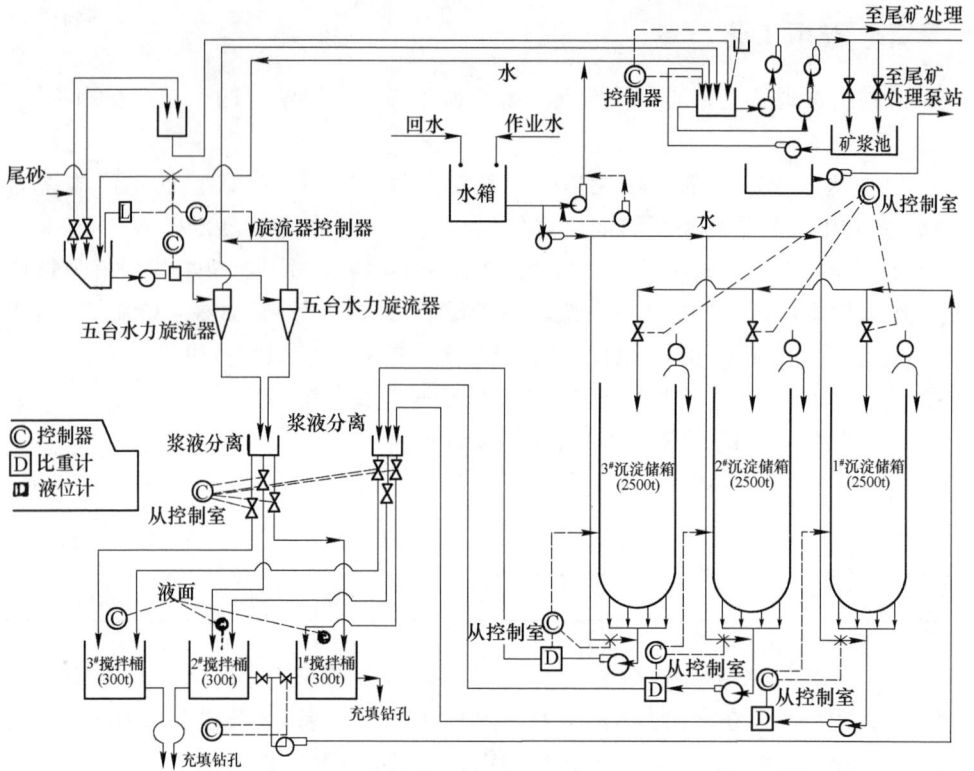

图 I -4　斯特拉思康纳矿充填系统平面布置示意图

γ 浓度计送入钻孔下井。砂浆本来是可以自流输送的，使用这台砂泵的目的，主要是为了控制砂浆流量。

斯特拉思康纳矿的球形底立式储砂仓也是比较典型的，其结构可看 1977 年中国有色金属学会赴加拿大胶结充填法考察组的报告。

鹰桥矿的充填系统与上述大体一样，只是规模较小，进入钻孔靠自流输送，用风动夹管阀控制。

(5) 汤姆森矿的充填系统。

该矿的充填系统示意图如图 I -5 所示。选厂尾砂经过 8 台 φ300mm 水力旋流器分级，底流排入 2300t 的球形底立式砂仓，仓内需经常保持溢流水。仓底有三个放砂口，其中一个是专门为尾砂充填用的，其他两个经过手动闸阀和风动夹管阀，可分别放入两个 φ2.1m 木制搅拌筒进行胶结充填用。这个系统实际是单孔放砂。150t 水泥仓中的水泥，经调速星形给料器、水泥冲击式流量计、风动斜槽进入搅拌筒。在内搅拌好的砂浆通过风动夹管阀、电磁流量计、γ 浓度计，经两个 150mm 和一个 100mm 的钻孔下井。

南区（T-1 井区）是借自重利用管道和钻孔将砂浆分配到各阶段的采场中

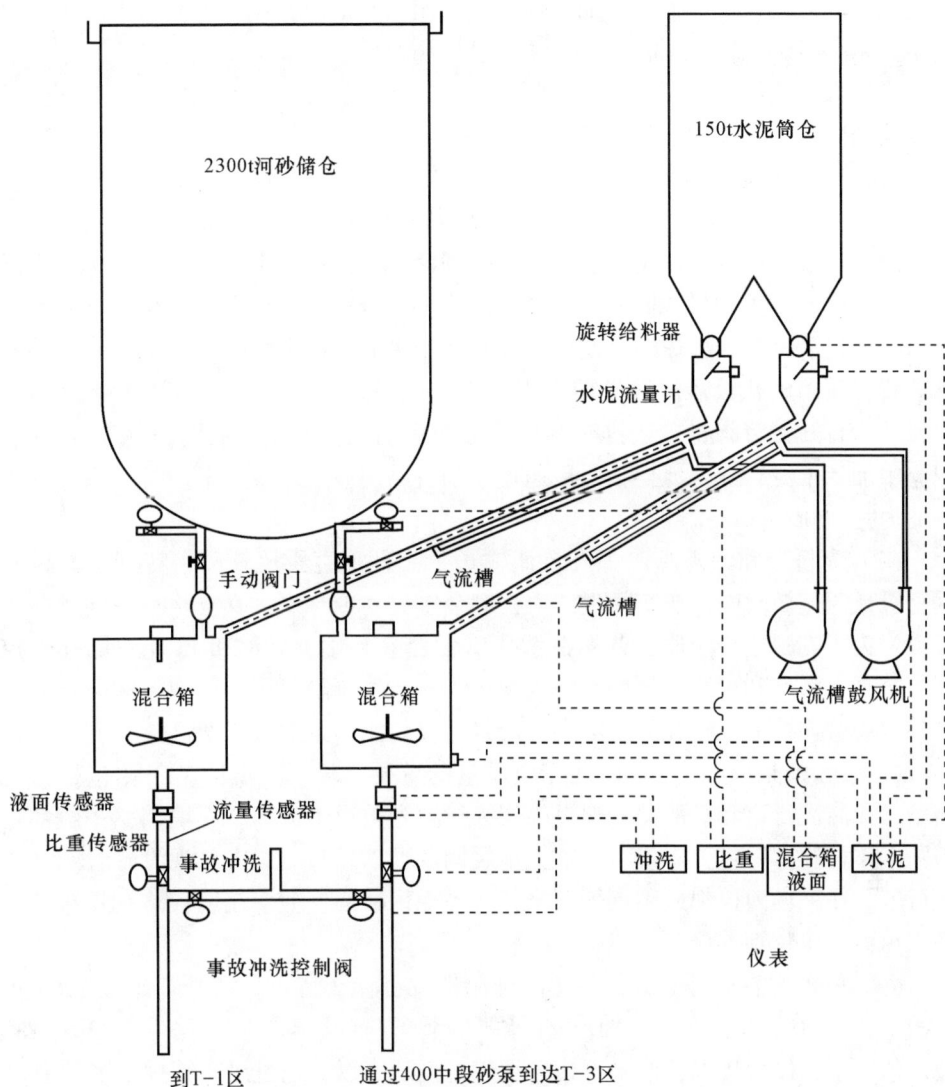

图 I-5 汤姆森矿充填系统示意图

去。北区由于输送距离太远，砂浆不能完全靠自流输送，而是首先在 400 英尺水平自流输送 1030m 进入由六台串联运转的离心式衬胶砂泵组成的加压泵站，再扬送到 T-3 井区各阶段的采场中去。输送砂浆的主充填管为直径 150mm 的厚壁钢管，支管为 φ100mm 的厚壁钢管，输送浓度一般为 60%，流量 227m³/h。

为了改善砂浆离析状况，从 1972 年开始采用了 Alchem 85030 絮凝剂，以液态方式用计量泵加入充填管中，加入量为干料重量的 0.003%。由于絮凝剂有时效性，经测定加入后再输送 450m 左右效果最好，输送距离如超过 1500m 则基本失效，因此便按这一数据选择加入地点。使用絮凝剂后，充填溢流水中的细泥含量由 8% 下降到 0.25%，同时离析状况也大为改善。

汤姆森充填料制备厂也是在控制室内通过计量装置及自动化仪表来监测、控制砂浆的配比、浓度和流量。

（6）克雷通的充填系统。

该矿的充填料制备厂是 1973 年建立起来的。尾砂从铜崖选厂送来，首先用 8 台水力旋流器进行分级。旋流器围绕两个圆筒布置，比较紧凑。溢流汇集到内圆筒排走，底流汇集到外圆筒用砂泵扬至两个各 3000t 的球形底储砂仓，有四个放砂口。但目前该矿未按球形底使用，而是在中央放矿口中增加了一个锥形底的放砂装置，采用单孔放砂。放砂前，先由砂仓底另外两个孔压入高压水使尾砂浆化，然后打开夹管阀将砂浆排至两个搅拌筒中的任何一个，同时再从 200t 的水泥仓中加入水泥，混合搅拌，最后通过三条管路用砂泵送至井下。每个系统的生产能力为 200t/h。

（7）鹰桥矿和汤姆森矿都有自流输送，而且垂直段比较高，特别是鹰桥矿垂直段最深达 2000m，在实际生产中，剩余压头（或称剩余真空状态）问题并不很大。为了克服这个矛盾，首先在钻孔口套管壁上开一个 $\phi10mm$ 左右的孔来控制剩余真空状态和可能产生的水锤现象，其次在每个阶段用一段 20~30m 长的高压补偿胶管连接上下钻孔的耐磨合金套管，以控制砂浆的流速即可。

（8）充填准备工作也是保证充填质量的重要一环。充填准备工作包括修筑挡墙，接高人行道和矿溜井，架设高架人行道和敷设管道等。充填挡墙一般都是用圆木作柱和撑，钉上木板，再铺上金属网和聚乙烯布。这次参观没有看到高架人行道。在采场内也都采用钢管，将其悬吊在顶板锚杆上。充填管路在拐弯处多采用耐磨高压胶管连接。

（9）除汤姆森矿外，其他各矿的排泥都没有什么特色。汤姆森矿从 1969 年开始，在 2000 英尺水平和 4080 英尺水平安装了两台日本三菱公司生产的 H-180 型马尔斯泵，接力排泥，效果不错。泥浆排至地表后，通过尾矿管排至尾矿坝。

# II. VCR 采矿法

VCR（Vertical Crater Retreat）法即垂直下向深孔球形药包爆破后退式采矿法，是 1975 年加拿大工业公司在国际镍公司列瓦克矿创造的一种新的高效率采矿方法，现已成为专利（加拿大专利 No. 1012564）。这种方法最初是用来回采水平分层胶结充填法的矿柱，在两边都是灰砂比 1:30 的充填体的条件下，取得了满意的效果；后来又推广到回采矿房（即第一期采场），也获得成功。由于这种方法具有效果高、成本低、作业安全等突出的优点，已引起世界上不少国家矿业界的重视，许多矿山纷纷进行试验，试图推广应用。我们这次在加拿大参观的六个矿山中，就有五个已经采用或正在试验（见表Ⅱ-1）。但由于这种方法要求顶底盘围岩的稳固性不能太差，凿岩工人要有较高的技术水平，保证钻孔偏斜不超过2%，以及专利的限制，尽管不少矿山积极采用，但所占比重都不很大。

表Ⅱ-1　五个采用 VCR 法矿山的情况

| 矿山名称 | 日出矿量/t | VCR 法所占比重/% | 说　明 |
|---|---|---|---|
| 列瓦克西 | 3800 | 13.9 | 一、二期采场都用，准备扩大使用范围 |
| 斯特拉思康纳 | 8000 | 12.0 | 1973 年 8 月开始使用，用于回采矿壁，已采完五个 |
| 鹰桥 | 3000~3400 | 5.0 | 1978 年开始使用，已采完两个采场 |
| 汤姆森 | 5500 | 正在试验 | 计划采用脉内采准 |
| 杰柯 | 5000 | 正在试验 | 准备用 VCR 法改革杰柯法落矿工艺 |

现将我们在参观过程中看到和了解到的一些情况综述如下：

## 一、采场布置及采准工作

采场有垂直走向和沿走向布置两种，视矿体厚度而定。采场宽 6~15m，高 50~70m，底部结构及拉底层的高度 12~15m，一般控制钻孔深度不超过 50m。采场底部的出矿巷道按所用设备确定其规格；采场顶部基本上按采场宽度全部拉开成为凿岩硐室，高度 4~4.5m。一般都采用锚杆金属网支护。拉底通常都采用深孔。有的矿山为了避免围岩在大量放矿过程中发生片冒，采用预应力锚索加固（参看图Ⅱ-1）。

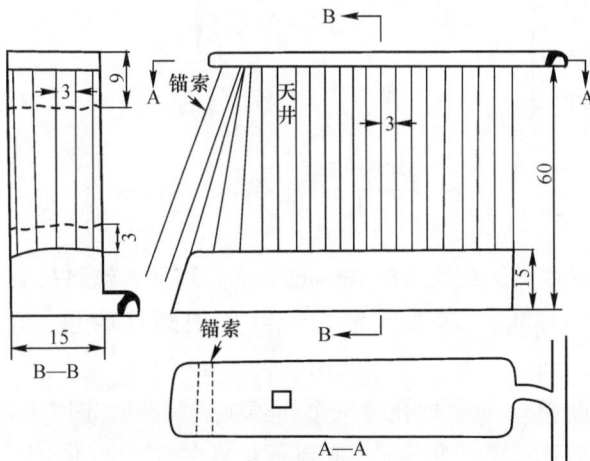

图Ⅱ-1　VCR 法采场布置图

## 二、凿岩爆破

凿岩采用潜孔钻机。我们在参观中看到的系 Atlas Copco 和 Ingersoll-Rand 两公司的钻机，均为履带式。后者非工作状态的外形尺寸为：长×宽×高 = 3315mm×1397mm×2223mm，工作时高 3454mm。钻杆用合金制，重量较轻。钻头直径为 6 和 $6\frac{1}{2}$ 英寸。这种潜孔钻机要求工作风压为 10.5 巴，因此必须在采场附近安设移动式高压空压机，或使用增压器提高原压风管的风压。斯特拉思康纳矿就是采用后一种办法，使用 G-D 公司的增压器。

钻孔布置为 3m×3m，从凿岩硐室一直打穿拉底层的顶板。所有钻孔一次钻完后再进行爆破工作。孔口用塑料管保护。每次爆破前必须用测绳进行炮孔深度的测量，根据孔深编制爆破设计。

装药前先堵塞孔底，方法是将尼龙绳一端系上一根小木棍，长约 300mm，在距木棍高 1.2m 处穿一块方木板，100mm×100mm×200mm，并在木块下将尼龙绳打一个结，以防止木块落下去（见图 Ⅱ-2）。然后再把木棍、木块用尼龙绳从炮孔吊下，待木棍下到孔底后拉紧，将尼龙绳上端固定在两帮金属网上。

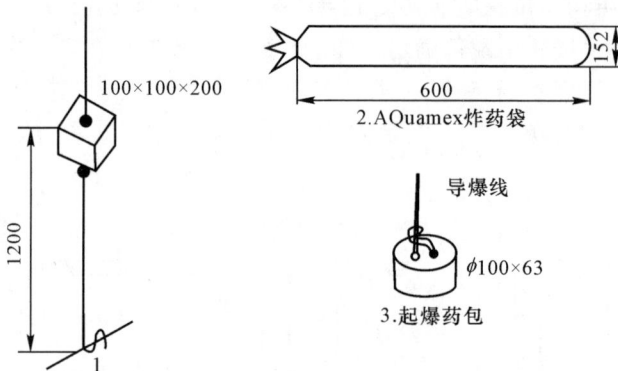

图 Ⅱ-2　爆破材料

所用炸药为加拿大工业公司的 Aquamex 浆状炸药，塑料袋装，袋长 600mm，直径 152mm，重 11.3kg。起爆药包为粉红色硬圆柱药包，直径 100mm，高 63mm，中间有两个小孔，供穿导爆线用（见图 Ⅱ-2）。

每次爆破高度 3m，每个炮孔装三个炸药袋。装药时先用小刀将药袋沿长轴方向划破，送入炮孔，靠自重落下。起爆药包装在第二个药袋中。炸药装完后再倒入 1.2m 高的砂子填塞炮孔。最后将导爆线连在母线上，用微差雷管起爆（见图 Ⅱ-3）。

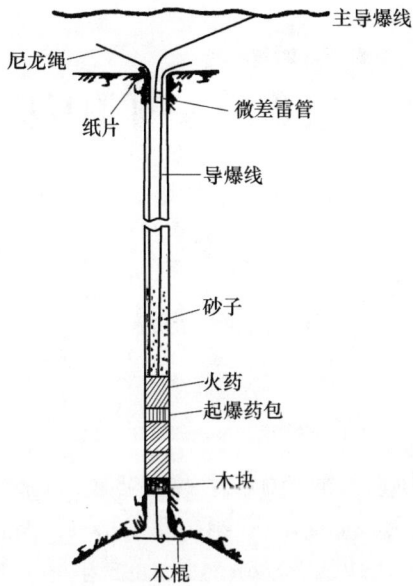

图Ⅱ-3 装药方法

为了保证安全，最后一次爆破高度 7.5~10m。

每次爆破后出矿 30%，以造成下次爆破的补偿空间，待整个采场全部爆完后，便可以大量出矿。矿石出完后进行嗣后一次充填。充填料一般采用灰砂比为 1∶30 的水泥尾砂浆。为保证下部中段回采的安全，采场下部充填体的强度应当高一些。

# 赴加美考察报告——矿山部分（续）

金川有色金属公司赴加美考察组

## Ⅲ. 矿块崩落法

### 一、概况

参观了三个采用矿块崩落法的矿山：埃麦克斯（Amax）公司的克莱马克斯（Climax）钼矿、亨德森（Henderson）钼矿和马格马（Magma）铜公司的桑曼纽尔（San Manuel）铜矿。矿块崩落法虽然是 1895 年诞生的老采矿方法，但由于使用条件非常严格，到目前为止，据不完全统计，也只有六七个国家的近 20 个矿山使用了此法，而其中有些矿山，如加拿大国际镍公司的克雷通（Creighton）3 号矿等已停止使用。采用此法历史最悠久、经验最丰富的是美国，参观的三个矿山也正是美国最大的三个矿块崩落法矿山。下面首先介绍三个矿山的一般概况，然后着重介绍采矿方法。三个矿山都属于盘区式崩落。

（1）桑曼纽尔铜矿位于亚利桑那州，距图桑（Tuson）较近。1956 年投产，第一期规模 30000t/a，第二期 62500t/a，1973 年已达第二期设计能力。20 多年来，平均下降速度约为 16m。采用竖井开拓。

该矿有桑曼纽尔和卡拉马朱两个矿休。目前只开采桑曼纽尔矿体，段高 91.4m（300 英尺），已开拓的阶段有 1475、1775、2075、2375、2675（阶段名称仍用英制，下同。桑曼纽尔矿和克莱马克斯矿的阶段标高是以地面为零的相对标高，而亨德森矿是采用按海拔计算的绝对标高）水平。上部三个阶段已采完，目前在 2375 和 2675 水平生产。卡拉马朱矿体也已在 2950、3440、3740 水平进行了开拓，并在 3530 水平建立了水泵站，但尚未采矿。

中段运输采用 23t 架线式电机车，牵引 15 辆 12.5t 的矿车。矿石卸入四个提升井的井底矿仓，然后以底卸式箕斗提到地表卸入地表矿仓，再用圆盘给料机送入圆锥破碎机破碎。初碎后的矿石经皮带运输机运到 10000t 的碎矿仓，再用 1600 马力、123t 柴油−电力机车牵引 30 辆 125t 底卸式矿车，运行 9.6km 运往选厂，卸入 20000t 的矿仓。

为了供给坑内足够的新鲜空气，由 4 号井和 1 号井进风 224m³/s，从 5 号井进风 186m³/s，其他口漏风 48.6m³/s。主扇按在每一阶段格筛水平靠近风井的地方。空气经通风天井下到运输水平，由生产井排出。辅助生产中段装有三台 $\phi$1524mm、200 马力的风机，其中一台备用。主要生产中段装有三台 $\phi$1829、450 马力的高速风机。辅助通风则用大流量低负压低速风机和风门相配合。独头巷道通风采用 10 或 20 马力高速高负压风机。

全矿职工 1900 人，其中 300 人负责开拓采准工作。

（2）克莱马克斯钼矿位于科罗拉多州，丹佛市西南 149km、里德维尔（Leadville）东北 20.8km 处。矿山入口处 3450m，是一个地势比较高的矿山。该地冬季多雪，年平均降雪量达 6.9m。

该矿包括一个露天矿和一个坑内矿。由于冬季多雪给露天矿带来许多困难，直到 1973 年露天矿才投产，日出矿 18000~20000t，日矿岩量 100000t（该数字与《世界采矿》刊登数字有出入，该杂志数字约 70000t/d—编者）。坑内矿历史较久。1972 年初保有地质储量 4.5 亿吨，预计 64% 用矿块崩落法回采，平均品位 0.313%，36% 为露天开采，平均品位 0.299%。目前的生产能力为 30000t/d。

坑内矿已采完了菲力浦森（Phillipson）阶段，目前正在斯塔克（storke）阶段和 600 英尺阶段采矿，900 水平正在开拓。该矿各阶段分别设有初碎及中碎，破碎后的矿石经皮带运输机（600 水平以下为皮带斜井）运往选厂细碎。斯塔克阶段设计能力为 26000t/d，600 英尺阶段为 24000t/d（目前实际生产 9000~10000t/d）。运矿采用 30t、19t 或 17t 电机车牵引 10t 矿车。斯塔克水平有 13 列运矿车，600 水平有 8 列。600 水平的运输采用电子计算机调度。

矿山辅助提升依靠 5 号和 4 号竖井。5 号井直径 7m、混凝土衬砌，深 204m，主要服务于 600 水平。井筒内装有两套单层单罐笼，大罐每次可装 80 人，5 码³ 铲运机可解体为两部分在罐笼内下井。采用 4 根木罐道。用 800 马力 $\phi$4.6m 双筒卷扬机提升。小罐笼每次可乘 6 人，用 $\phi$1100×4 绳摩擦式提升机。4 号盲竖井直径 5.8m，井深 230m，从斯塔克水平通到 600 和 900 水平。井筒内装一单罐笼及 4t 双箕斗。罐笼提升采用 600 马力 $\phi$2.4m 单筒提升机；箕斗提升采用 250 马力 $\phi$2.13m 双筒提升机，提升废石。

7 号竖井直径 8.84m，深 113m，为主要进风井，可供风 613m³/s，用两台 1250 马力扇风机将加热到 7℃ 的空气压入 600 水平，经过专门的进风平巷进入 629 水平去分配。部分新鲜空气经天井通向斯塔克阶段。600 英尺阶段的废风经三个回风天井抽出地表：21 号回风天井采用 500 马力扇风机，排出 151m³/s；8 号回风天井采用 1000 马力扇风机，排出 283m³/s；破碎站回风天井排出 92m³/s。斯塔克阶段同样有三台扇风机通过三个口排风：313 天井，150 马力扇风机，137m³/s；315 通风巷道，300 马力扇风机，189m³/s；318 通风巷道，200 马力扇风机，94m³/s。在 7 号竖井中还敷设压风管和高压（13800 伏）电缆。

全矿 1600 人，其中女工 100 人。600 阶段有 700 人，其中采准 200 人，采矿

175 人，维修 250 人，管理 75 人。

（3）亨德森钼矿位于科罗拉多州中部，距丹佛市 80km，康替南特尔（Continental）分水岭以东。由于环境保护的要求，选厂建于分水岭的西边，距矿山 24km。选矿厂与矿山之间有一条自动化铁路相连，铁路穿过 15.4km 长的隧道。

亨德森矿是 1964 年尤拉德（Urad）矿探矿时发现的。1965～1966 年进行勘探、评价及设计。1967 年 8 月打井，1976 年下半年投产。开始崩落前共掘进巷道 34747m。包括选矿厂及自动化铁路，共花投资四亿美元（一说五亿），投产时生产能力为 2000t/d，1977 年 20000t/d，1979 年达到设计能力 30000t/d，计划到 1986 年将产量增加到 35000t/d。

亨德森矿利用竖井和通往选厂的平硐开拓。地面标高 3139m（10300 英尺）。1 号竖井直径 7m，用不小于 300mm 厚的混凝土衬砌，井深 744m，通向 8100 水平。1 号竖井由波莱士—勃罗斯（Boyles Bros）钻井公司施工，1967 年 8 月开工，1969 年 7 月完成。这是一个回风井，装有两台直径为 3m，功率 1200 马力的扇风机，排风量 849m³/s。井筒内还装有排水管道和事故罐笼。2 号竖井距矿体 700 多米，直径 8.5m，混凝土衬砌，井深 945m，与 8100 及 7500 主运输水平相连。2 号竖井系由哈里森韦斯特恩（Harrison Western）公司施工，是人员材料提升井。井筒内装有三个罐笼：一为单层单罐笼，7315mm×2743mm，其一侧为直边，另一侧为六边形的一半，目的在于更好地利用井筒断面，每罐可乘 100 人或载物 20t；另一个罐笼为双层，每次可乘 114 人；第三个为小型检查罐，可乘 4 人。两个大罐均采用 900 马力双筒卷扬机提升。3 号竖井直径 7m，深 698m，混凝土衬砌，1974 年建成。这是一个进风井，装有与 1 号竖井相同的扇风机。在选厂至矿山的中央还掘了一条回风井——4 号竖井，直径 4.27m，深 483m，装有两台 500 马力扇风机，排风量 103m³/s。

连接 7500 主要运输水平与选矿厂的平硐为双轨巷道，马蹄形断面，高 4623mm，宽 5029mm，坡度为 3%，轨距 1067mm，这是美国最长的一条隧道，1971 年 1 月 10 日开工，1975 年 7 月 15 日贯通。平硐从东西两端同时掘进，西边由德拉沃（Dravo）公司承包，东边由矿山自己施工。巷道贯通的时候，垂直误差 127mm，水平误差 25mm。在这样差的施工条件下，误差这样小，他们很引以自豪。

从矿山至选厂的铁路运输为电子计算机控制的自动化运输系统。全线有 6 列无人驾驶列车，每隔 175 分钟发出一列。每列车由三台 50t 电机车（中间一台，首尾各一台）牵引 22 辆 17.7t 底卸式矿车。1.5 小时往返一趟。

该矿为了自行设备运行方便，从 8100 水平到 7700、7500 水平掘进了斜坡道，喷射混凝土支护，碎石路面，坡度 20% 左右。

全矿 1000 人（不包括选厂），其中管理人员 100 人，女矿工 47 人。

以上三个矿山采用同样工作制度，每日三班，每周七天，年工作 354 天，但职工仍每周工作 40 小时，因此采用轮休制。

## 二、开采技术条件及可崩性

由于矿块崩落法对使用条件要求严格，因而此次参观是想对上述三个矿山的开采技术条件和可崩性建立一个直观的印象，以便能与金川的情况进行对比。

目前，确定矿岩可崩性的方法有几种，一种是根据"岩石质量指标"（即 RQD，长度等于和大于 4 英寸的金刚石钻机岩芯的累计长度占岩芯总长度的百分数）和"断裂频率曲线"（测量具有一定断裂间距，如小于 15mm、15～60mm、60～122mm 等的岩心长度绘制而得）。这种方法是基于岩石断裂间距与崩落难易程度有直接关系。二次破碎单位炸药消耗量是衡量矿岩可崩性的另一个指标，因为二次破碎工作量与矿石崩落块度有一定的关系。埃麦克斯分公司克莱马克斯钼矿公司还根据生产矿山的典型矿块制定了"可崩性指数"，以便熟练的矿山工作人员可以根据经验类比对新区的矿岩可崩性作出估计。"可崩性指数"共分 10 级，"10"是最难崩落的一级。美国地质测量局 R. U. King 将岩石可崩性分为如下几类：

| | | |
|---|---|---|
| Ⅰ | 很强的岩石 | 不崩落 |
| Ⅱ | 中等强度的岩石 | 要求拉底面积大于 3700m² 才能崩落 |
| Ⅲ | 中等程度的弱岩石 | 要求拉底面积为 2000m² 左右就可以崩落 |
| Ⅳ | 很弱的岩石 | 拉底面积达到 2.5m² 即可崩落 |

下面主要从矿体规模、巷道支护、拉底面积、矿石崩落块度及二次破碎炸药单耗等方面介绍所了解到的情况及直观印象。

（1）桑曼纽尔矿体是大型浸染矿床，含铜品位只有 0.7%。矿体呈圆柱形，横断面为椭圆形矿环，长轴 2440m，短轴 760～1524m，矿环厚度 30～300m，矿环中心为钾长石黑云母化的二长斑岩无矿带（图Ⅲ-Ⅰ）。圆柱形矿床生成后被桑曼纽尔正断层分割为两部分，即成为桑曼纽尔矿体和卡拉马朱矿体。桑曼纽尔矿床生成于兰拉迈特（Lanramite）二长斑岩侵入前寒武纪的石英二长斑岩。这两种火成岩便组成矿体的主要围岩。

桑曼纽尔矿的矿岩很破碎，断裂组相当密，因此所有巷道都必须支护。马头门采用 H 型钢金属支架及木背板。石门和平巷一般都采用 400mm 的方木棚子及木背板。穿脉巷道采用 450mm 厚的混凝土衬砌。格筛巷道通常先用锚杆金属网作临时支护，然后再砌 800～1000mm 厚的混凝土。

桑曼纽尔矿的拉底平巷也必须用木支架维护。只要用爆破法将 4.6m×5.3m 范围内的矿柱炸掉，矿石即开始崩落。崩落矿石块度很小，最大块一般只 600～800mm，因此二次爆破炸药消耗量也较低，0.08kg/t。

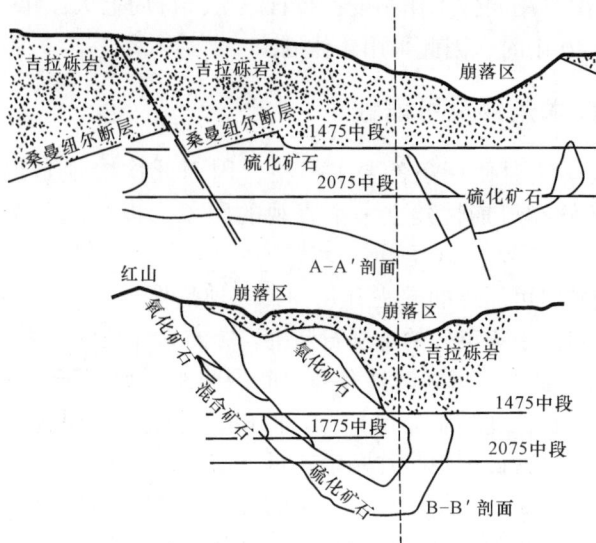

图Ⅲ-1　桑曼纽尔矿地质剖面图

　　对崩落法而言，最理想的覆岩应当是：易于很快呈大块崩落，陷落角比较陡，颜色与矿石易于区别。桑曼纽尔的覆岩-砾岩就具有这种特性。桑曼纽尔矿体顶部距地表 200 多米，1956 年投产不久地表开始塌陷，目前塌陷区的陷落角在45°左右（据口头介绍）。

　　（2）克莱马克斯矿床包括三个矿体，形状如倒置的厚的汤碗，一个套在一个上边，这是岩浆侵入时有一定时间间隔所形成的。第一次侵入体是南西向的克莱马克斯斑岩，它引起侵入体上部围岩发生断裂，富于辉钼矿、石英和钨的热液流穿过通道，沉积在此破碎带内。这就是谢里斯科（Ceresco）钼矿体。第二次侵入体是克莱马克斯斑岩的中心体，在相类似的情况下形成上部（Upper）矿体，但规模小于谢里科矿体。上部矿体含钼很少，因此未开采。第三次侵入体位置偏东，形成下部（Lower）矿体，规模最小，但它是目前所开采的矿体。最后，岩浆又侵入早先的侵入体，有大大小小的岩脉穿插其中。这些岩脉是成矿后的岩脉，它们造成了开采时的贫化，因此，其位置对于生产是很重要的。岩浆活动停止后，出现了剧烈的断裂活动，断裂发展期主要运动是沿着墨斯吉托断层、东断层和西断层。许多这个时期形成的断裂至今在坑内仍可清楚地看到，并且成为矿块崩落法的有利因素。以后的冰川活动又破坏了谢里斯科矿体的绝大部分和上部矿体的顶部。

　　克莱马克斯的巷道大部分是有支护的。石门采用 H 型钢金属支架及木背板，平巷有的地方不支护，有的地方采用木支护，穿脉巷道一般要采用木支护。采场底部结构中的巷道普遍采用混凝土衬砌，该矿还使用了可在轨道上移动的模板台车进行衬砌。电耙道除衬砌外还采用了树脂锚杆，杆体长 2m，树脂袋长 400mm，锚杆间距 1.5m。该矿年消耗混凝土 75000m³。

克莱马克斯钼矿开始正常崩落的拉底面积一般需要 15000m² 左右，即 122m×122m，按照美国地质测量局 R. U. King 的分类，属于Ⅰ、Ⅱ类之间，是比较强的岩石。矿体断裂组还是明显的，但密度不大。矿石崩落后的块度比较大，据资料介绍，大于 600mm 的块度占 30%以上，二次破碎单位炸药消耗量为 0.18kg/t。

（3）亨德森钼矿床是第三纪流纹岩斑岩岩株侵入里德山（Red Mountain）前寒武纪花岗岩而生成的，石英-辉钼矿即赋存在此岩株中。矿体形状似倒立的椭圆形茶杯。矿体平面尺寸为 910m×670m，走向北东，矿体厚度变化在 122~244m 之间（图Ⅲ-2）。

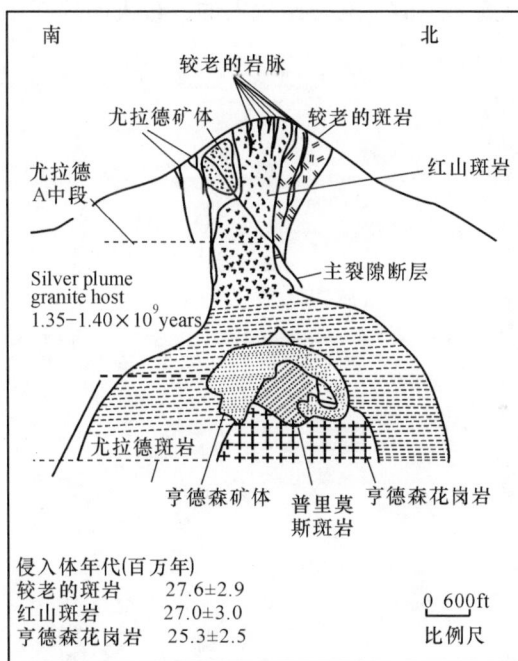

图Ⅲ-2　亨德森钼矿地质剖面图

该矿石门采用 H 型钢金属支架支护，无背板，沿脉巷道基本不支护，局部用钢带（宽 130mm，厚 3mm）及锚杆（涨壳式或割缝式）支护。生产巷道采用喷射混凝土及锚杆钢带支护，装矿点则用混凝土衬砌。

经过对亨德森 RQD 值和断裂频率曲线的研究，并与现有生产矿山尤拉德矿和克莱马克斯矿相对比，虽然其岩石的"可崩性指数"介于 8~9 之间，即介于"十分难崩落"（开始采用强制崩落的尤拉德矿）和"难崩落"（克莱马克斯 240 北矿带）之间，但埃麦克斯公司认为当克服一定困难之后是可以自然崩落的。在设计过程中，充分考虑了崩落的困难性，估计到生产期间大块率会很高，特别是放矿初期重力起着主导作用，在一个大的崩落区内矿石之间的摩擦还没有发生。但是，第一个切割水平之上毕竟有 1000m 左右的覆盖岩层的压力。这是有利因素。为了创造良好的崩落条件，采取了以下措施：

（1）进行 1.5m 宽的边界切割。

（2）在不同水平留有开凿岩硐室的通道，以便打深孔处理悬拱。

（3）采用 25m 宽的盘区式崩落，盘区之间不留矿柱。

该矿开始获得满意的崩落之前的拉底面积为 22000m$^2$，即 122m×183m。这个面积是逐步形成的，当拉到一定面积后即开始崩落，崩落不久又形成稳定的平衡拱，再加大拉底面积，又开始崩落，要经过几次反复才达到满意的崩落。矿石崩落的块度与克莱马克斯矿类似，也是比较大的，最大的块在 1m 以上。二次破碎炸药消耗量为 0.24kg/t。

# 铜资源全球配置的选择

唐 建 于润沧

（中国有色金属工程设计研究总院，北京，100038）

**摘 要**：中国矿情决定铜资源必须靠"两种资源，两个市场"调剂。面对全球资源丰富，垄断和再分配日渐明显的格局，我国应尽快建立起铜资源多元、稳定、安全、经济的供应体系。制定规划，立足国内建立资源储备机制；汲取发达国家的经验支持境外开发；按照国际通行作法，激励企业利用全球资源。

**关键词**：铜资源；全球配置；资源储备

## 1 铜资源是我国国民经济发展的基础

铜资源是重要的大宗矿产资源，广泛应用于动力、日用消费、信息通信和制造等领域，是人类文明、社会进步和经济发展的物质支撑。铜资源也是保障国家经济安全运行的重要物质基础。没有铜资源持续稳定的供应，就没有现代经济与社会的发展。

### 1.1 我国的铜资源特点

（1）铜矿储量少，人均占有量低于世界平均水平。到 2003 年年底，中国已探明铜的基础储量 3002.98 万吨，其中储量 1786.6 万吨。在智利、美国、印度尼西亚、秘鲁、波兰和墨西哥之后，居世界第 7 位。我国国土面积占世界陆地面积的 6.4%，为世界第 3 大国，铜储量不到世界总量的 5%。人口占世界的 21%，人均铜储量占有量约为世界人均铜储量的 1/5。

（2）铜矿规模小，低品位难处理矿多。我国已发现的铜矿床规模偏小，客观上增加了规模化开发的难度。我国至今发现特大型铜矿（500 万吨级）仅江西德兴和西藏玉龙两处，且排在全球特大型铜矿床 40 位以后。已发现铜矿产地 900多个，其中大型矿床仅有 24 个（占 2.7%），中型矿床 80 个（占 8.9%），小型矿床多达 796 个（占 88.4%），致使我国 329 个已开采的铜矿区累计矿铜产量只有 60 多万吨，不及智利 Escondida、Chuquicamata 等任何一个矿山的年产量（65万~100 万吨）。

---

本文原发表于《采矿技术》，2006。

　　我国查明铜资源储量平均品位达到 1% 的仅占总量的 25.4%，而平均品位仅 0.8% 者占查明资源储量的 51.3%。

　　我国可利用的高品位优质铜矿少，绝大多数斑岩铜矿床 0.5% 的平均品位低于智利和秘鲁同类矿床 1%～2% 的平均品位，而砂页岩型矿床的平均品位 (0.5%～1%) 大大低于刚果（金）、赞比亚和波兰同类型矿床的平均品位 (2%～5%)，我国铜资源平均品位达到 1% 的矿床主要集中在火山岩型、矽卡岩型和铜镍硫化物型矿床中。

　　矽卡岩型和"其他"类型占储量比重大。我国此类矿床占储量 23%，世界仅为 4%。而便于进行大规模开采和用浸出等低成本方法处理的斑岩型等矿床比重，我国为 77%，低于世界 96% 的水平。

　　(3) 资源与生产能力布局呈分离趋势。据近年矿产评价和地质大调查结果，成矿远景区主要分布在西南三江、东天山、西藏一江二河、藏东和青海可可西里等西部地区，这些地区交通运输、基础设施不丰厚，生态环境十分脆弱，远离我国铜冶炼生产能力集中 (50% 以上) 的华中及长江下游地区。因此"瓶颈"因素对铜业发展的制约作用将日益显现。

## 1.2　我国铜的储产消态势

　　分析我国铜资源的储产消态势，有助于把握铜资源供应矛盾和未来发展趋势。

　　(1) 储产失衡，资源可供性下降。我国铜储量多已被占用。基础储量占用了 74.23%，可规划利用的基础储量仅为总量的 12.02%。根据 1999 年进行储量套改的结果，到 2010 年前可增加生产能力的累计储量（储量价值-成本 <0.6 美分/磅，0.6～0.9 美分/磅）为 2085 万吨，2020 年前为 2785 万吨。更值得关注的是近年资源储量基本呈现负增长趋势（见图 1）。

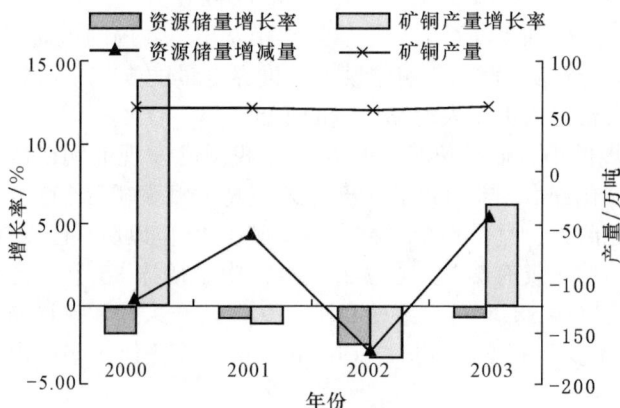

图 1　我国铜储产增减的趋势

虽然我国铜资源禀赋不佳，但近年矿铜产量仍持续增长。2005 年我国矿铜产量约 65 万吨，较 1990 年增加 1.2 倍，这进一步加剧了资源紧缺的局面。如果新增储量没有重大突破，现有矿产资源将很快呈耗竭之势。

（2）消费增长，国内矿铜供应乏力。与进入后工业化时期发达国家的矿业发展态势不同，我国正处在工业化快速发展阶段，铜矿产资源的消费连年急剧增长。20 世纪末以来，消费增长速度基本上超过国家 GDP 增长速度（见图2）。从 2002 年超过美国成为最大的铜消费国以来，铜消费持续增长，2005 年铜消费量达 360 万吨，使铜原料的对外依存度始终保持在 65%~70%（见图 3）。

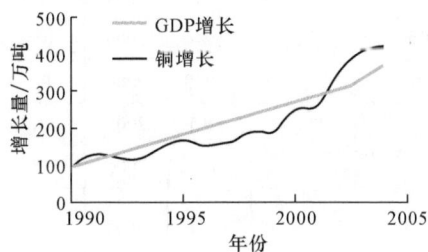

图 2　我国 GDP 增长与铜消费增长的态势　　　　图 3　我国矿铜产量与消费量的关系

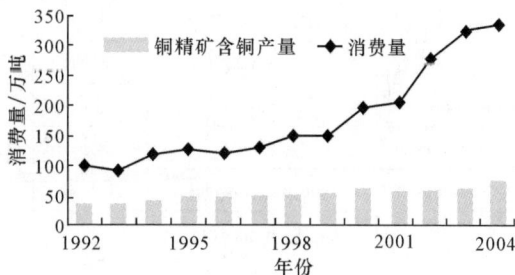

根据发达国家的历史经验并结合我国具体情况，用购买力平价（purchasing power parity，简称 PPP）法推算，今后 10~20 年，我国将分别出现人均 GDP 消费铜矿产资源的高峰。考虑到大型矿床从勘查到投产一般需要 10 年左右时间，从现在到 2020 年这段时间，受可利用储量的制约，国内可能的新增铜矿山产能与消失产能大体相当，铜资源依靠进口补充的数量将与日俱增。所以这段时间是我国金属矿产资源持续供应最关键、最困难的时期。

## 2　全球铜资源现状及发展趋势

### 2.1　全球铜资源前景较好

世界铜资源勘探潜力较大。2005 年世界铜储量和储量基础均比 10 年前增加50% 以上，分别达到 4700 万吨和 9400 万吨。1992~2002 年新增铜资源量 0.97 亿吨。铜资源量百万吨以上的铜矿 37 个，主要集中在拉丁美洲（22 个）。

铜市场需求旺盛复苏铜矿投资热潮。2005~2006 年潜在新铜矿项目 19 个，合计新增矿铜生产能力年近 140 万吨（见表 1）。

**表 1　2005~2006 年全球可能新建铜矿生产能力**

| 项目名称 | 控股公司 | 地点 | 进展阶段 | 铜储量（铜含量）/万吨 | 铜资源量/万吨 | 开工预期 | 年新增矿铜能力/万吨 |
|---|---|---|---|---|---|---|---|
| Spence | BHP B | 智利 | 预生产 | 353.4 | | 2006 | 20 |
| Escondida North | BHP B 57.5%, Rio Tinto 30%, 日本国际财团 10%, IFC 2.5% | 智利 | 预生产 | 1173.8 | 856.7 | 2006 | 15 |
| Lumwana | Equinox Minerals | 赞比亚 | 可研 | 162.2 | 628 | 2006 | 12.5 |
| Safford | Phelps Dodge | 美国 | 可研 | 181 | 612.1 | 2006 | 10.8 |
| Cristalino | CVRD 50%, BNDES 50% | 巴西 | 储量开发 | 240.4 | | 2006 | 10 |
| Glogow Glebok | KGHM Polska Miedz | 波兰 | 预生产 | | 237.5 | 2005 | 10 |
| Salobo | CVRD | 巴西 | 可研 | | 752.6 | 2006 | 10 |
| Fortuna de Cobre | Falconbridge | 智利 | 可研 | | 167.9 | 2006 | 9 |
| Sepon Copper | Oxiana | 老挝 | 储量预开发 | 80.1 | 49.5 | 2005 | 6 |
| Milpilas | Industrias Penoles | 墨西哥 | 预生产 | | 87.9 | 2005 | 5.5 |
| Phu Kham | Pan Australia 80%, Newmont 20% | 老挝 | 可研 | | 86.4 | 2006 | 5.2 |
| Koktau | Kazakhmys 50%, Kyshymsk 50% | 哈萨克斯坦 | 预生产 | 89.2 | | 2005 | 4.5 |
| Project 116 | CVRD 50%, BNDES 50% | 巴西 | 可研 | | 66.3 | 2005 | 4 |
| Peidras Verdes | Frontera Copper | 墨西哥 | 预生产 | | 68.7 | 2006 | 3.175 |
| Guelb Moghrein | Firsh Quantum 80%, Local Co 20% | 毛里坦尼亚 | 可研 | | 44.6 | 2005 | 3 |
| Triton | Triton | 澳大利亚 | 储量预开发 | 26.7 | 4.6 | 2005 | 2.4 |
| 富家坞 | 江西铜业 | 中国 | 预生产 | | 250 | 2006 | 2.23 |
| Chapi | Minera Milpo | 秘鲁 | 预生产 | | 40.2 | 2005 | 2 |
| 合计 | | | | 2361.6 | 3953 | | 137.805 |

## 2.2　产消增长加快

世界铜矿山产量总体呈增长趋势。在过去 40 年中矿铜产量每 20 年翻一番。世界铜矿开采量（金属量）1981 年为 815.79 万吨，比 1961 年年产 394 万吨翻了一番，平均年增长率为 3.71%。此后铜王国智利的产量以年均 8% 以上的速度大幅度提升，世界矿产铜产量 1995 年突破 1000 万吨，2004 年接近 1500 万吨，近

10 年铜矿山产量的年均增长速度为 4.1%。

全球精铜产量平缓增长，1999~2005 年年均增长率约 2.8%，但 2005 年同比增长 4.9%。废铜回收量因统计来源不足略有减少，其中用于精铜生产的约占 1/3。全球重要精炼铜生产国家有智利（16.8%）、中国（15.3%）、日本（8.3%）、美国（7.4%），与 40 年前格局大相径庭。

世界精铜消费量近年骤增。过去 7 年平均增长率 3.9%，近 2 年年平均增长 4.8%。10 年前铜消费相对集中在发达国家和地区，进入 21 世纪后，发展中国家铜消费的增长率远高于发达国家。中国是全球第一大铜消费国，以中国为代表的亚洲（除日本以外）国家和地区的铜消费量成为全球的主导。

## 2.3　价格和供需格局发生变化

铜价上涨突破常规。铜价超出几十年惯性，年均现价一路攀升（见图 4）。需求增量大，特别中国因素是其主导影响；其次产能增量小于预期、罢工、低库存、投机炒作、美元疲软以及长期低铜价显现的滞后效应和环保限制等都支撑铜价高位运行。

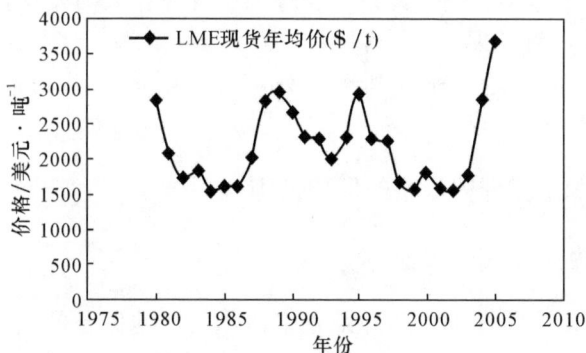

图 4　近年 LME 铜价变化

铜资源集中度提升并呈现供需重心分离的格局。世界 10 家跨国公司掌握着全球 50% 以上的铜储量，全球铜矿山近 60% 的产量掌握在 BHP、Rio Tinto 等大公司手中。并购、重组还在不断提升大公司实力，2004~2005 年，金属矿业并购规模几乎达到了近年极致，BHP B、Inco 等 5 家并购案金额超过 370 亿美元（含未决）。以发展中国家为代表的铜资源需求阵营已清晰分明，2005 年中国、印度等亚洲发展中国家的铜需求占全球消费的 40% 以上。

勘查投入向发展中国家转移。对大型矿业公司而言，勘查投资的主要地区是拉美、加拿大和非洲，一般占勘查投资的 50% 以上，有的甚至达到 90%。2003~2004 年全球勘探费用出现自 1997 年以来的首次增长。2004 年贱金属勘探投资 9.37 亿美元，比上年增长 60%。其中铜矿勘探投资 5.77 亿美元，占贱金属的

61.5%, 同比增长 70%。有近 300 家公司开展了铜矿勘探, 比上年从事贱金属勘探的公司总数还多。

## 3　我国铜资源全球配置研究

### 3.1　建立我国铜资源安全供应体系

通过对国内外矿产资源开发和利用现状与趋势的分析, 可以看到, 我国短期内难以解决铜资源缺口。一方面, 产能消失速度加快, 后备资源不足, 国内供应能力增长困难; 另一方面, 国内大宗矿产资源禀赋不佳, 开发利用成本高, 国际竞争能力低。

20 世纪 70 年代以来, 发达国家陆续完成工业化过程, 铜消费量下降或趋于稳定。同时多数发展中国家尚未进入大规模工业化快速发展的矿产资源高度耗费阶段, 全球铜资源供应整体上受买方市场驱动, 这为我国利用全球铜资源提供了机遇。

当前要破解铜资源紧缺难题, 应在科学发展观指导下, 建立资源节约型社会; 依靠科学技术进步, 高效开发和合理利用资源; 大力发展循环经济, 促进经济与生态环境协调发展; 充分利用国内外两种资源, 坚持"走出去"的方针, 在确保安全的前提下充分利用国外资源, 形成完善的铜资源安全供应体系。

### 3.2　实施铜资源全球配置战略的保障措施

#### 3.2.1　立足国内建立战略储备

(1) 现有矿山边、深部, 西部勘查空白作为产地储备的重要部分。建立矿产资源储备是针对需求量较大, 国内不能满足供应, 考虑经济运行和国防安全所选择的一种规避风险的重要方式。矿产资源储备分为产品储备和产地储备两类。我国的石油储备已经启动, 铜、铀、锰等战略矿产资源储备也即将出台, 这些可归为产品储备。目前更应关注的是铜探明储量的产地储备。在我国已查明的矿产资源中, 还有较好的铜资源前景。近几年, 随着找矿理论研究的深入和水平的提高以及找矿实践, 均证明, 在中国东中部许多矿山的深部、边部及周边地区, 还存在第二找矿空间; 在西南三江的迪庆发现普朗铜矿、东天山的土屋矿产地等表明存在找矿空间。国家及政策性银行应借鉴发达国家成熟的矿业发展策略, 通过风险基金、所得税减免等政策优惠, 多渠道吸引资金激励勘查增加储量; 加大公益性地质调查的资金投入, 开拓资源新区。

(2) 稳步推进重点项目建设, 适度保持国内安全供应水平。科学规划和稳步推进新铜矿的建设, 稳妥有序地逐步投产玉龙、德尔尼、普朗等铜矿项目, 保持我国铜资源适度自给，警惕竭泽而渔。

（3）整合行业资源，组建具有国际竞争力的大集团。企业或公司是经济全球化的直接实施主体。对全球大型铜业公司的追踪分析表明，大型国有铜公司对本国铜业的贡献举足轻重，大型跨国公司则在资源的全球配置中作用显著。根据CRU 的统计，2004 年全球 10 大矿铜生产商前 6 家中任一家的产量均大于我国矿铜产量，10 大矿业公司中无一中国公司。因此组建大型资源公司显得更为迫切。应引导和推动企业重组、联合和参换股份形成实力雄厚的大型矿业集团。用 5~10 年，发展成为几家各有侧重的大型跨国矿业集团，跻身于世界矿业公司 30 强，以增强在全球铜资源市场的角逐能力。并逐步掌控资源、市场的"话语权"。

### 3.2.2　循环节约高效利用资源

树立节约社会风尚。中国人口多，如果在全社会倡导资源节约，适度消费将会获得巨大效应。

利用再生资源，缓解资源短缺。循环经济作为一种可持续发展理念和模式，通过建立资源"产品—废物—再生资源—再生产品"的循环生产模式，达到提高利用率、节约资源的目的。铜具有独特的可循环性。发达国家经过几十年的发展，社会积累量足够大，世界主要物资总量中 62% 的铜来自可再生资源加工。目前，我国的社会积累量不够大，但再生利用的前景相当可观，到 2020 年再生铜产量力争达到铜产量的 35%。

科技创新，提高中低品位难处理矿的利用。近年浸出技术的进步，扩大了铜资源的可用性。斑岩铜矿的处理品位下降到 0.2% 左右，生物浸出、加压浸出等技术正在瞄准低品位黄铜矿的处理。中国低品位难处理的铜资源多，但浸出电积铜的市场份额不大，目前仅紫金铜金矿年生物浸出铜的规模在 2 万吨以上，中国德兴铜矿的废石浸出利用铜品位 0.2% 以下（平均品位 0.09%）的尾矿，年产阴极铜 1000~2000t。

### 3.2.3　利用全球资源配置实现互惠双赢

对于我国来说，当前的资源全球配置的博弈，正面临着此前快速发展的国家未曾遇到的格局。如何应对全球资源的高度集中，需要认真思考。

（1）寻找资源占有盲点。面对资源集中度的提高，中国企业寻找"缝隙"挤进去。从地缘政治的视角寻求资源垄断盲点，如非洲、南美的一些发展中国家，铜资源丰富，历史原因跨国公司尚未涉足（见表 2），存在资金（或基础设施）、技术制约等。我国企业可以联合进入。

表 2　2000~2002 年全球新发现的铜资源量

| 发现时间 | 矿床名称 | 国家或地区 | 矿权 | 资源量/万吨 | 全部价值/百万美元 |
|---|---|---|---|---|---|
| 2000 | Esperanza | 智利 | Antofagasta | 279.1 | 10360 |
| 2000 | Boyongan | 菲律宾 | Anglo American* 70% | 150 | 5770.6 |
| 2000 | Afton | 加拿大 | DRC Resources | 81.1 | 2147.7 |
| 2001 | Oyu Tolgoi | 蒙古 | Ivanhoe | 838.5 | 18268.7 |
| 2002 | Lufua | 多米尼加 | First Quantum | 102.5 | 1966 |

*：大型跨国公司之一。

（2）把握机遇，并购和复产矿山，快速获取资源。选择合适的时机，如市场萧条、股东更迭、突发事件等机遇快速决策进入。并购和复产项目的优势在于快速获取资源、管理和技术，也得到项目的协同效应，如原有的基础设施，资源潜力等多种增值因素。节省了勘查、建设的时间和投入。这就要求国家、行业等层面有及时全面的信息服务、有效的联合协调机制，便捷有力的决策和金融支持。典型案例赞比亚谦比西铜矿复产。当时铜价低迷，中国有色集团获得国家支持收购该矿。经过努力得以立足和扩展。2005 年矿山铜矿产量超过 100 万吨，并给当地创造机会带动发展，成为中非之间合作双赢的标志性项目。

（3）资源外交努力，民间合作跟进。近期我国资源外交成果显著，特别表现在能源、某些固体矿产领域。我国的 NGO 民间组织、各种协会以及行业领军企业和大公司应积极跟进，开展铜资源国际间战略合作，一方面与大型铜业公司结成伙伴，争取能从产品、矿业权和矿业资本等层面进入国际资源"俱乐部"，一方面加强国内企业间联合，乃至与铜进口量大的发展中国家形成价格联盟，争取长期供货合同，实施联合进口战略，保证资源安全稳定供应。

（4）初期借鉴日本参股方式，实现利益共享风险共担。日本是一个矿产资源极度匮乏的岛国，其矿产资源全球配置是推行"海外投资立国"。日本通过财政、金融、税收等多种手段，全方位鼓励矿业企业的跨国经营，把国内剩余的生产能力向外转移，并从政治、外交等不同角度支持和促进在海外建立矿产资源供应基地，主要依靠少参股多包销产品的方式完成了工业化。

日本半官方机构金属矿业事业团（MMAJ）协调保障海外勘探、开发以及矿产品储备。为企业提供资金或融资担保；1980 年代以来日本参与海外铜资源开发基本采用大公司牵头的财团制（或者长期合同融资买矿），联合持股低于40%，但产品包销份额较大；日本企业的联合意识很强，全球排名 5~6 位的小名滨铜熔炼厂为日本 3 家公司合股，以增强竞争力，避免低水平重复建设；日本的海外资源勘查以及矿产资源战略储量均可获得政府提供补贴，长期贷款优惠以及资源开发的风险担保。

由上所述不难看出，日本的实力和发展战略意图，其核心主要反映在两个方面：其一是大企业联手实行对外活动的集中、统一调控，表现为"垄断资本主义"，经济产业省对此又始终给予积极的支持；其二是大企业与财团相结合，使资本运作达到了很高的水平。前者使他们的战略部署付诸实施具备可能性，后者则使他们部署的实施具备了现实性，因此他们在解决铜资源供应方面卓有成效，适应经济全球化发展趋势。目前世界资源供应的格局已有很多变化，资源集中度更高，资源获取的难度加大，但对企业仍有机会，也不失为之稳妥和可行的选择。

我国实施铜资源全球配置经历不长，从矿业权及矿业资本市场获取的资源供应量很小，我国企业资本运作的实力还不丰厚，能够按照国际惯例运作国外企业的各类人才也不多，对资源国的税收、管理、劳动力状况、环境要求等多方面需要适应。因此"走出去"的初期，借鉴日本的资源策略可以最大限度地降低风险，加速融合。采用参股方式使得各方利益休戚相关，易于通过捷径达到共赢，也可为海外资源开发锻炼队伍积累经验。

# 4 对策

## 4.1 建立全球资源配置政策支持机制和融资渠道

（1）设立以国家政策性银行为主导的风险勘探基金，重点支持具有长期性供给约束"瓶颈"的矿产资源项目，尤其是境外项目，中央财政预算投入，政策性银行长期贷款和企业自筹等多渠道筹集基金。

（2）对投入铜等紧缺资源勘探的资金免征或返还所得税，以拓展风险勘探融资渠道，广泛吸纳社会资金。

（3）对资源危机矿山的找矿成果按获得金属量给予资助。

（4）资源税按占用数量和资源品质计征，鼓励利用贫杂资源。

## 4.2 通过各种方式培育大型集团

（1）由国资委牵头协调推动国内企业联合。通过参股、换股、联合、兼并、资产划拨等多种形式，促进国企加速重组。

（2）投资融资运作。在海外项目运作过程中，金融机构要最大限度地发挥作用促进企业联合。在项目贷款和资金筹措过程中，对股份联合体或财团式开发给予资金规模、利率和还贷期等多种优惠，从资金渠道阻塞多头对外无序竞争，加速大型集团的形成。

## 4.3 加强评估和对内协调与服务

（1）加强国外资源利用的银行评估，必要时选择有资质的工程设计公司作为合作伙伴进行项目的风险评估，提高项目评估的成功率。

（2）缩短评估过程，对国外资源项目要有快速决策、融资支持、风险规避、对内协调等相关服务的长效机制。

## 4.4　政策支持产业结构调整

（1）鼓励资源进口多元化。制定铜原料和初级金属产品阴极铜、粗铜和废杂金属料等进口税费更加优惠的政策，鼓励高耗能初级金属产品进口；并不断提高出口税，限制出口。

（2）加强铜废料回收业的技术创新支持。建设园区，创新技术解决拆解、熔炼过程的环境保护、资源回收率问题。加强高端产业指导。

## 参 考 文 献

[1] World Metal Statistics [J]. 2006 (3).

[2] 世界矿产资源年评 [J]. 2003~2004：130-141.

[3] 美国地质调查局. Mineral Commodity Summaries [R]. 1996-2006, 1.

[4] CRU-Copper Quarterly Industry and Market Outlook [R]. 2005, 4.

[5] The Outlook For Copper, Metal Economics Group-Strategie Report [R]. 2005.

[6] 有色金属工业统计资料汇编 [R]. 2004.

# 从日本的铜工业崛起看其发展之路（一）

于润沧　唐　建

（中国有色工程设计研究总院，北京，100038）

**摘　要**：近 10~20 年来日本铜工业的发展坚实稳健，而日本的铜资源完全仰仗进口。日本政府采取了积极支持资源工业发展的国策，保障铜原料供给，进而保证国家经济自主稳定地运行。政府立法设立专门机构资助矿业，国内大型铜业公司在对外寻求原料供应时携手结盟和高度地集中统一以及公司背后的财团支持是日本铜工业发展的鲜明特点。

**关键词**：铜工业；发展；政策；联盟；再生利用

# Look the Developing Road from the Rise of Japanese Cu Industry

Yu Runcang　Tang Jian

（China Non-Ferrous Engineering Design and Research Institute，Beijing，100038）

**Abstract**：In resent decades，Japanese Cu industry has got a very strong development，but Cu resource in Japan is completely relying on importation. Japanese took active measures to support resources development，guaranteed sufficient Cu material supply and thus make sure stable & independently operation for country economy. Professional organization in government was established for special purpose of aid financially in mining industry. So the bright style in developing Japanese Cu industry is：jointly developing the oversea mines between domestic copper companies；Strong financially support by their headquarters behind.

**Keywords**：Cu industry，development，policy，association，regeneration & utilization

　　日本是一个铜资源极其匮乏的高度工业化国家。日本的电子工业和汽车工业相当发达，毋庸置疑铜材是其重要支柱。日本铜消费结构中汽车、电子的比重较

本文原发表于《铜业工程》，2003。

大。近 10 年，日本的精铜年消费量稳步攀升，均超过 100 万吨，最多的 1996 年接近 150 万吨，1997 年前一直居世界第二。日本的精铜产量则从 110 万吨起，以年均 2% 的速率递增，始终位居世界第三，到 2001 年才少于中国 800t，是一个铜业大国。而日本的铜精矿产量从 1 万吨降至数百吨，铜原料几乎 100% 来自进口。日本的铜工业发展与智利、美国等铜资源大国截然不同，全靠进口铜原料保障。

日本政府为了保障国家经济安全，保证铜资源的可持续供应，采取了一系列法规政策，包括重视矿业，建立半官方矿业机构直接管理和支配勘探和矿业发展基金；实施控制和利用国外资源的长远战略，进行长期的全球性资源调查，为大型铜公司（财团）提供勘探和开发的基础；同时，重视和鼓励资源的再生利用，控制和治理污染。日本经过几十年的发展已成为铜业强国，日本实行的铜业发展战略，将给我们铜资源短缺国家一些有益的启示。

# 1　政府高度重视和资助矿业

## 1.1　成立官方组织引导矿业发展

为了保证国家金属矿业健康发展，保护国民健康和生活环境，日本政府于 1963 年制定法律，组建专门组织。日本金属矿业事业团（Metal & Mining Agency of Japan）依据上述的日本金属矿业事业团法，于 1963 年 5 月 20 日诞生。

MMAJ 是日本通产省（现经产省）领导下的半官方组织，是执行日本政府有关矿业政策的主要部门，因此是一个政府资助的法人单位。MMAJ 的主要职能是提供有色金属矿物勘探所需资金，进行地质构造调查，促进稀有等其他金属矿物资源的开采，对金属矿物进行储备并以贷款方式提供储备所需资金，协助增强金属矿业的国际竞争力和保证金属矿物廉价的供应，以贷款方式提供资金治理矿业的污染等，MMAJ 的资金来源于日本财政税收。

MMAJ 设理事长、监事及经理，下设总务部（类似外事部门）、财务、融资、储备、环境业务、资源情报、技术开发等 11 个部门，现有职员 220 人。

MMAJ 成立近 40 年来与国际协力事业团（JICA）共同对发展中国家实施有色金属地下资源勘探项目进行无偿的技术援助。在 50 多个发展中国家及日本国内进行了 140 个项目的地质学、地质化学和地球物理学方面的地质调查，包括钻探和地下勘探工程。日本政府在这些项目中累计投入约 500 亿日元。从长期战略而言，MMAJ 还在太平洋进行海底矿物资源勘探，这些活动将不断地促进日本有色金属资源的储备和稳定供应。

## 1.2　建立官方资源开发资助计划

上述无偿援助的勘探技术合作项目来源于日本政府的资源开发资助计划（Official Development Assistance（ODA）program）。有意进行该计划的国外（大部分为发展中国家）企业，可向本国政府有关部门提出申请，获批后，再向日本政府使馆发出合作意向书。日方接受合作意向，将前往项目所在地了解考察当地情况，据考察结果决定项目的采纳与否。若项目被采纳，日方将与申请国有关部门就合作事宜签订实施协议。协议记述调查期限、工作量、日方提供器材的免税入关等事项。通常勘探期限为 3 年，日方负担 3 亿~5 亿日元，还包括提供 500 万日元的器材和派往日方的人员培训。原则上一个国家同时只进行一个项目。

我国从 80 年代起已在安庆、潮州、黑龙江、广东地区、扬子地台西缘地区、腾冲河地区实施了该合作项目，日方投入勘探费用 52 亿日元，2000 年至今正在实施新疆阿勒泰地区的勘探。其中勘探投入较大的是安庆精密探矿合作项目，投入 21 亿日元，此外还与武山铜矿合作研究开发利用高铁微生物处理坑道废水的技术，前不久和葫芦岛锌厂合作共同开发废气废水处理的技术。

MMAJ 资助那些有勘探需求的发展中国家，对这些国家的经济发展起到一定推动作用，也保证了全球资源的稳定供应。MMAJ 早期合作勘探的项目有些已进展到矿山开发，如 1993 年在墨西哥勘探的 Tizapa 铜铅锌矿，以同和矿业（39%）为主投资开发，现已投产。

MMAJ 对日本国内企业的海外勘探活动给予一定比例的资助。对合资进行矿山开采（或勘探）的日本企业也采用同样政策。

日本政府长期采取的鼓励矿业政策，从根本上解决了日本国内资源枯竭与工业高速发展的尖锐矛盾，保障了国家工业稳步发展。

1970 年日本有 246 座金属矿山在开采，雇员 34000 人。到 2001 年减少到 12 座（著名仅 Toyaha 铅锌矿和 Hishikari 金矿），雇员仅 450 人。日本本国资源枯竭致使国内矿产品量锐减。MMAJ 评价日本的资源和矿冶发展时指出，日本的采矿工业由小型开采和分级矿物处理组成，但日本已经形成了大型的购料冶炼系统，为本国和海外的制造业提供原材料。日本的精铜产量中近 100% 的原料来自进口，铜精矿（含量）进口量占消费量比重达 80% 以上（图 1），占世界总进口量的 57%~37%。日本的铜、铅、锌、镍矿产品和原铝的巨大贸易量在世界市场中占据要位（图 2）。

目前日本已形成的铜年冶炼能力 147 万吨，铜年精炼能力 143 万吨（表 1）。能力产量比 1∶0.82 左右，一些著名的熔炼厂在世界排行中列居前位，其 2001 年铜产量占世界总量的 9%（图 3）。

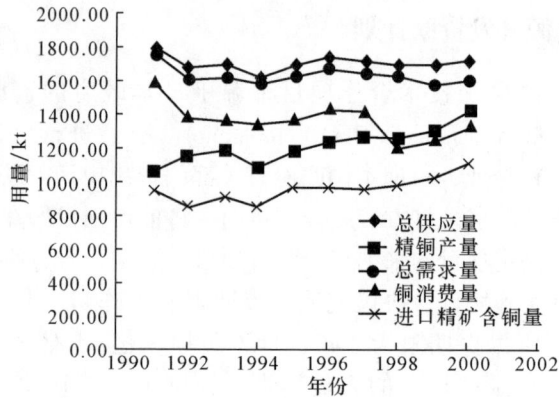

图 1　日本铜供求状况

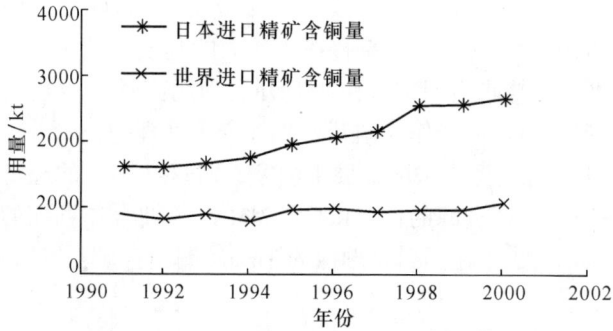

图 2　世界及日本进口铜精矿含量

### 表 1　日本铜冶炼厂生产能力　　　　　　　（金属量万吨/a）

| 冶炼厂名称 | 公司名称 | 熔炼生产能力 | 精炼生产能力 | 工艺流程 | 1998 年 ICA 排名 | |
|---|---|---|---|---|---|---|
| | | | | | 熔炼 | 精炼 |
| Sagaoseki 佐贺关 | Ntppon Mining & Metal | 47.04 | 27.00 | 闪速炉 | 4 | 21 |
| Onahama 小名滨 | Onahama Smelting | 34.80 | 25.80 | 反射炉 | 8 | 13 |
| Besshi/Toyo 别子/东予 | Sumitomo Metal Mining | 30.00 | 25.20 | 闪速炉 | 7 | 18 |
| Naoshima 直岛 | Mitsubishi Minerals | 27.00 | 22.08 | 反射炉（连续） | 7 | 25 |
| Tamano 玉野 | Hibi Kyodo Smelting | 26.28 | 21.84 | 闪速炉 | 9 | 24 |
| Kosaka 小坂 | Kosaka Smeclting | 9.60 | 7.20 | 闪速炉 | | |
| Hitachi 日立 | Nippon Mining & Metals | (3.60) | 18.24 | 闪速炉 | | |
| 合计 | | 174.72 | 147.36 | | | |

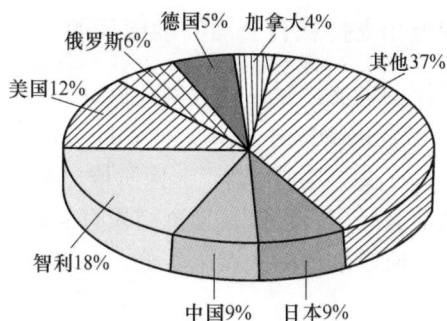

图3　2001年世界主要产铜国精铜产量比重

此外，日本的铜冶炼厂大部分建成海边，上述冶炼厂中只有小坂不沿海，因此进口的铜精矿在港口可直接通过胶带输送机进入矿仓，运输费用明显降低。

## 2　重视和长期实施全球性的资源调查保障国家铜业持续发展

日本矿产事业团主要职能之一是代表政府支持资源勘探开发，评价和掌握全球第一手铜资源状况，同时涉及铅锌、稀有金属。重点放在发展中国家。根据40年的勘探、评价成果，分析其发展战略，立足于掌握世界铜资源分布，预见有前景的铜资源，以用作本国铜资源远期储备，而不只追求眼前利益。

### 2.1　全球化的有色金属矿床初步调查活动

据资料介绍，该项活动分布4个洲36个国家。最早的勘探活动始于1970年。其中铜矿点44个，约占总勘探点的1/3，其他为Pb、Zn、Au、Ag，少量Ni、Pt族金属、稀土稀有金属。这些项目使日本确切地猎取到全球资源，特别是铜资源的第一手资料，以瞄准可资利用的目标，为日本铜工业创造最有利的发展空间。据专家分析，日本属于工业化发展成熟国家，10年来铜工业平稳增长，精铜产量年均递增2.7%，与70年代初相比，精铜产量净增50万吨，虽远低于中发展阶段的中国8%，但发展步伐稳健、坚实。资源矿山形成勘探一批，开发一批，参（控）股建设一批和形成稳定供应基地一批的梯度结构。国家经济没有因资源匮乏的威胁造成危机和萧条，说明日本的铜业发展国策和战略是卓有成效的。

日本已将在发展中国家进行资源调查作为长远战略，从MMAJ1997年财政年度的费用支出分析来看，发展中国家的合作勘探活动费用35.16亿日元，占当年总费用的41.6%，可见用心良苦。

## 2.2　重视国内资源调查和支持私有公司的勘探活动

日本国内的矿物勘探的主要目标是贱金属和黄金，勘探分三个阶段：第一阶段区域地质调查，政府出资由 MMAJ 实施，如果区域调查期间发现有希望的矿带，MMAJ 建议进行第二阶段"地质详查"，该阶段由政府与得到当地勘探许可证的矿山公司和当地政府共同出资勘探；详查结果有前景，则进行第三阶段，由矿山公司实施，承担第三阶段勘探的大型采矿公司有可能得到 MMAJ 的资金投入或 MMAJ 的融资担保。

日本共有 53 个地区作为区域地质调查的目标，1966 年财政年度的长期勘探计划选择其中 28 个为国内矿物勘探目标，其余 25 个安排在 1972 年财政年度开始的第二次长期勘探计划中。1988 年财政年度长期目标区域数进一步集中，其中最成功的区域地质调查是 1981 年发现了世界级的 Hishikari 金矿，由持勘探许可证的日本勘探公司勘探，随后 1986 年矿山开工建设。目前的 Toyoha 锌-铅-银矿亦是 1977 年地质详查时发现的。

MMAJ 除了进行国家间的技术合作外，还资助私有、民间公司的勘探，秘鲁的 Huanzala 和墨西哥的 Tizapa 矿的矿物勘探均属此类。日本金属矿业事业团将这两个项目列为日本矿物资源供应的重要项目。

# 从日本的铜工业崛起看其发展之路（二）

于润沧　唐　建

（中国有色工程设计研究总院，北京，100038）

## 3　日本大型铜业公司采用合资、联盟和融资等多种方式在国外建立稳定的原料供应基地

日本有一些大型财团，他们的活动对国家经济的影响举足轻重，从另一方面看，这些财团的活动取向也代表了政府的意图。据资料统计，90 年代以后日本在东南亚、大洋洲和南北美洲投入探矿开发，绝大部分项目为几大公司合资投入，其资本计 273660 万美元，7560 万澳元和 18700 万加元，每年获得进口的铜金属含量 84.29 万吨；1969 年以来融资买矿投入资金 19677.3 万美元，每年获得进口铜金属含量 30.03 万吨，两项合计使日本的年进口量达 110 万吨以上，保障铜业生产乃至国家经济的稳步运行。

日本几大财团如住友株式会社、三井株式会社和三菱株式会社都涉足铜业，他们采用各自的战略参与国际竞争，不断地扩大铜资源"领地"（见表 2），控制和抢占富国资源，提升公司在世界铜业中位置。

**表 2　日本一些大公司的海外活动**

| 公司名称 | 参（控）股国 | 海外参（控）股矿山和冶炼厂股份 |
|---|---|---|
| Sumitomo Metal Mining Co., Ltd. 住友金属矿山株式会社 | 美国、智利、中国、印度尼西亚、澳大利亚、加拿大、墨西哥 | Morenci 15%（住友商事 3%），La Candelarria 20%（住友商事 4%），Batu Hijau 31%（住友商事 26%），Northparks 20%（住友商事 6.7%），Mt. Polleg 47.5%（住友商事），Tizapa Mine 10%，Jinglong Copper Co., Ltd. 27.5%（其中 Sumitomo Corp. 住友商事 7.5%） |
| Nippon Mining & Metals 日本矿业金属株式会社 | 智利、韩国 | Los Pelambres 15%，Collahuasi 3.6%，Eacondida 2%，LG－Nikko Copper Inc. 36.8%，PT. Smelting 5% |

---

本文原发表于《铜业工程》，2003。

续表 2

| 公司名称 | 参（控）股国 | 海外参（控）股矿山和冶炼厂股份 |
| --- | --- | --- |
| Mitsubishi Materials Corp.<br>三菱材料株式会社 | 美国、秘鲁、智利、加拿大、印度尼西亚 | Los Pelrnbres 15%（三菱商事 5%）、Escondida 8%（三菱商事 6%）、Huck leberry 31.25%、Batu Hijau 2.5%、Heisei Minerals Corp. 60%、Antamina 10%（三菱商事）、PT. Smelting 70%（三菱商事 9.5%） |
| Mitsui Mining & Smelting Co., Ltd.（Mitsui Kinzoku）三井金属矿业株式会社 | 智利、韩国 | Collahuasi 8.4%（三井物产 6.9%）、Los Pelambres 1.25%（三井物产）、LG-Nikko Copper Inc. 4.6% |
| Furukawa Co., Ltd.<br>古河机械金属株式会社 | 澳大利亚、加拿大、印度尼西亚 | Huckleberry 6.25%、Batu Hijau 1.5%、Port Kembla Copper Pty. Ltd. 61% |
| Marubeni 丸红 | 智利、加拿大、韩国 | Los Pelambres 8.75%、Huckleberry 6.25%、LG-Nikko Copper Inc. 10% |
| Dowa Mining Co., Ltd. 同和 | 加拿大、墨西哥 | Huckleberry 6.25%、Tizapa Mine 39% |
| Nittesu Mining Co., Ltd.<br>日铁矿业 | 智利、加拿大 | El Bronce 60%、Port Kembla Copper Pty. Ltd. 10% |

## 3.1　战略迥异

擅长矿业的日矿金属将主要的资源领地设在智利。为了保障两个主要的冶炼厂日本最大的铜冶炼厂佐贺关（Saganoseki）（冶炼 47 万吨/年和精炼 45 万吨/年）和韩国合资 LG-Nikko 冶炼厂（2000 年产量 46.8 万吨）正常生产，日矿金属参与有前景矿山项目的开发建设，智利的 Los Pelambres 矿山（日矿金属参股 15%，见表 2）2000 年 1 月达产，2 月第一船铜精矿运抵日矿金属的佐贺关冶炼厂，包括日矿金属在 Collahuasi 及 Escondida 的参股，这些供应约达到日矿金属原料量的 60%。三菱材料一直以注重新材料的研究著称，在电子、水泥等行业中都享有盛誉，近期加强了铜资源方面的投入，在刚刚投产的世界大型铜矿秘鲁 Antamina 铜锌矿三菱商事参股 10%。住友金属矿山株式会社则采取广泛参股的战略，在南北美洲及印度尼西亚、澳大利亚的许多矿山均参（控）股份，从中获得到大量的铜精矿供应。

## 3.2　联盟一致

在经济全球化激烈竞争中，采取联合方式跻身铜业巨头行列和求得规模效益是日本矿业发展的特征之一。日本公司在国内打破公司或企业界限，携手联盟以称强于国际铜业。日本著名的小名滨（Onahama）冶炼厂是日本第二大冶炼厂，小名滨冶炼公司是由三菱材料（47%），同和（29.7%）及古河等公司合股经营的。日本矿业金属株式会社 NM&M 是日本较专业的有色金属公司，2000 年 1 月以后与三井金属株式会社共同建立泛太平洋铜业有限公司（Pan Pacific Copper Co., Ltd.），主营铜销售业务。2002 年 5 月底两家又宣布泛太平洋公司重组消息，主营业务重点增加铜原料供给，精铜及硫酸、副产品生产两项，同时增加硫酸及副产品销售。资产预计增至 30 亿日元，合资股份为日矿金属株式会社 66%，三井金属矿业会社 34%，销售额约 1900 亿日元。两家公司相信，冶炼企业的组合将进一步提高铜冶炼的竞争力，有助于铜原料的稳定供应和面对硫酸经营的严峻市场环境。PPC 将于 2002 年 7 月起代理铜精矿采购，2003 年 4 月起试运行铜冶炼。近期有消息披露三井金属矿业还将与住友的两家蒸馏锌企业合并以扩大规模降低锌回收处理成本。在智利的 Escondida 铜矿，三菱和日矿以联手的 JECO 公司参股 10%；印度尼西亚的 Batu Hijau 露天铜矿亦是住友（商事 74.3%，金属矿山 14.3%）、三菱材料（7.1%）、古河（4.3%）合资的 Nusa Tenggara 采矿公司在当地参股 35%。

### 3.3 强强联合

住友公司还不限于国内公司间的联盟，他们打破国界，同时制订了与世界顶级铜业公司联合的战略（见图 4），准备与 Phelps Dodge、Teck Cominco 等公司合资开发铜矿物资源，进而集中于成本竞争力强的国内东予（Toyo）冶炼厂和中国的金隆铜业有限公司做大做强，将东予冶炼厂的年能力增加到 40 万吨，金隆年能力提高到 15 万吨，以满足中国、日本等亚洲市场和美国市场巨大的铜需求。面对经济全球化和激烈的市场竞争，公司定位矿物资源、冶炼和电子材料作为公司的支柱产业，逐步实现较高收益。这是目前唯一一家与跨国大型铜业公司联手的日本公司。

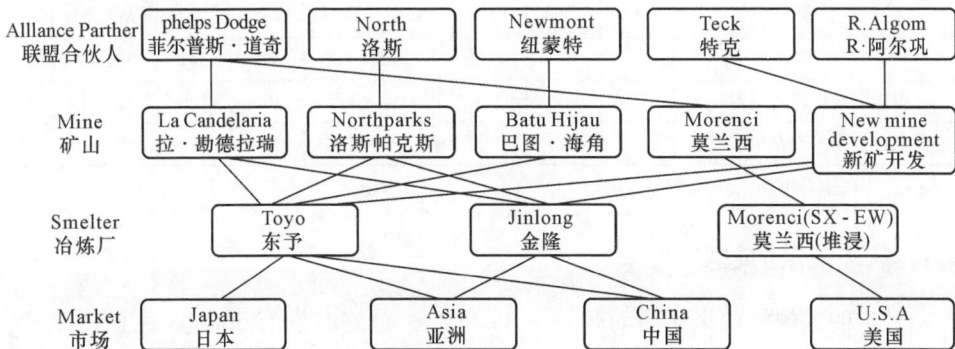

图 4　住友公司铜业全球化发展战略

### 3.4　联手原料供应

日本铜业公司保障原料供应的另一种方式是融资买矿和长期合同，据有关资料统计，日本 50%以上的融资买矿项目在菲律宾、印度尼西亚等东南亚国家。最大的 Grasberg/Ertsberg 项目年供给日本精矿含铜量 10 万吨以上，日本的铜业公司同和、古河、三菱材料、三井金属矿业、住友及相关的商事会社等均联手参与，多达 13 家公司。

联盟使日本的铜资源供应实现了高度集中和统一对外的模式，避免多头对外内部竞争带来的损伤。

金属公司背后的财团支持。日本大型铜业公司的海外经营活动基本上有财团商事支持，保证公司有流动资金运作买矿、融资或投资等资本运营业务。典型的如住友金属矿山，均与住友商事共同参股，三菱材料有三菱商事的支持，三井亦有三井物产做后盾，而日矿金属则与住友结盟。这样铜公司资源勘探开发、融资等对外经营活动才得以顺畅运行。

## 4　重视环境保护和资源的再生利用

当今环境保护和金属的再生利用是世人关注的热门话题，它关系到行业的可持续发展。日本和其他工业化发展成熟国家一样，工业发展也经历了发展–污染–治理–保护的过程。目前，日本的铜冶炼已基本上采用三菱法、闪速熔炼等国际先进工艺。在治理遗留的污染过程中也逐步认识到金属再生利用与环境和资源保护息息相关，从而使金属的再生利用业逐渐发展。近 10 年来，日本铜的再生利用量是很高的，占世界铜再生利用总量的 1/10~1/4（见表 3）。

表 3　近 10 年日本铜的再生利用　　　　　　（kt）

| 国家 | 1992 年 | 1993 年 | 1994 年 | 1995 年 | 1996 年 | 1997 年 | 1998 年 | 1999 年 | 2000 年 |
|---|---|---|---|---|---|---|---|---|---|
| 世界总计 | 4408 | 4948 | 5026 | 5337 | 5881 | 5557 | 5441 | 5289 | 5110 |
| 日本 | 710 | 1254 | 1248 | 1345 | 1301 | 775 | 702 | 615 | 557 |
| 中国 | | | | | 458 | 379 | 341 | 338 | 338 |
| 中国废杂铜净进口量 | | | | 294 | 177 | 196 | 236 | 423 | 623 |
| 中国来自日本的废杂铜实物量 | | | | 245.5 | 145.3 | 178.9 | 343.4 | 549.7 | 607.4 |

注：中国铜再生利用量可能统计不全。

### 4.1　从环境保护起步

日本的大规模的采矿活动开始于 19 世纪，鼎盛时期有 5000 余座矿山企业，现在近乎全部关闭废弃。过去一些老矿开采时，尚未使用许可证，关闭后的复田也没有法律法规。这些老矿关闭后对周围环境带来一系列污染问题，特别是水污染问题严重。

1973 年以后的 MMAJ 开始通过各种活动辅助当地政府管理和控制无证开采的污染问题，保证矿业的可持续发展。这些活动包括综合信息服务、环境影响评价咨询及工程项目的技术支持。它在百余个废弃矿山实施了环保工程，也为采矿公司的环保活动提供资金支持。一个有代表性的例子是日本北部 Matsuo 矿的环保，矿山 1972 年关闭，大量高酸性矿井水抽出地表严重污染下游水系，MMAJ1982 年接手这个项目，启动新露天矿复田工程和水处理设备，成功地保护了下游水系。

## 4.2　各大公司设立环保和再生金属回收利用厂

日矿金属在环境保护和再生金属利用上采用技术诀窍并在其开采和冶炼企业中积累大量经验，基本上扮演了领军角色。公司所属日立冶炼厂（Hitachi Works）采用了一种系统，将大型回转焚烧炉与冶炼炉结合，类似一个再生利用炉的作用，从而避免产生二次工业废料，这一回转焚烧炉燃烧完全并脱掉废油和其他液体有害物。再生炉用冶炼过程处理工业废渣并回收金、银、铜等金属。这是目前日本在冶炼同时进行工业废料处理和资源回收的唯一一种设施。

## 4.3　通过扩大国内网络强化企业

日矿金属在国内设立 4 个再生利用和环境服务性企业，除上述的日立厂外，另 3 家企业分别是 Tomakomai 化学公司（Hokkaido），Nikko Mikkaishi 再生利用公司（Toyama 辖区）和 Nikko Tsuruga 再生利用公司（Fukui 辖区）。日矿金属在国内为其建立销售办公室和位于东京、大阪、名古屋和九州的原料收集中心联系。通过这一网络，日矿金属能够共享市场信息和技术诀窍，改进经营和完善技术。Tomakomai 化学公司利用技术诀窍，在处理工业废料时，获取硫酸并回收有价金属。Nikko Tsuruga 公司的装置用于 Kansai 和 Tokai 地区的工业废料处理和金属回收。Nikko Mikkaishi 再生利用公司还决定引进在焚烧过程中能脱掉有害工业废料的富氧熔炼和还原设施，利用余热进行废杂铜的回收。这将首次试用这一设施以准备满足将来更严格的环境保护条例的要求。

三菱材料公司已认识资源的再生利用是当今工业社会迫在眉睫的问题，目前已实现利用铜熔炼余热进行废杂铜的回收，已形成有色金属回收和再生利用的网络并再生成高纯度金属锭。同时注重处理和回收熔炼过程中的有害物，资助金属的再生利用。

三井公司根据长期的资源开发和冶炼获得的经验开展环境保护咨询业务。包括土壤和地下水污染，涉及有机化合物、重金属等监测、分析和净化，这对于那些需要地质结构和地下水状况专业知识的运营企业而言是有益的。

三井由资源开发技术起家，公司长期发展历程中在海内外享有赞誉。三井承担地热等清洁能源的供应项目。此外，进入新世纪后，三井资源开发技术在资源再生利用企业中的作用日益增强，即所谓的"资源再生利用型企业"日益受到关注。

同和矿业设立环境管理和再生利用公司，下设环保实验室，其中包括土壤复原系统，生物水处理系统，工业废物焚烧处理系统，重金属污染水处理设施。

## 5　总结

### 5.1　日本铜业发展战略总括

（1）日本政府重视资源工业，把保障铜原料供应作为长期国策，全方位资助矿业，使得日本的原料工业成为国家经济自主、安全、健康、稳定发展的基石。

（2）半官方或民间组织在资源工业中扮演了先导、桥梁、服务和统帅的角色。代表政府制定和执行资源工业发展的战略。在全球资源调查和组织原料进口中作用巨大。

（3）日本许多矿业株式会社背后均有大型银行、财团支持，最有代表性的住友、三菱、三井集团内都有商事（物产）会社等。在寻求国外原料基地或供应时，一旦做出决策，资金等方面的支持反应迅速。

（4）日本各大矿业集团在做大做强本国铜业上目标一致，始终不渝。联营国内大型铜冶炼厂，联手原料供应、实施环境治理和再生资源利用等是日本经济集约化程度较高的佐证，它们是实质上的联合非貌合神离的松散体。

### 5.2　中国铜业未来发展战略

中国铜资源状况与日本有相似之处，近年后备资源所剩无几，资源压力日益沉重。中国工业尚处在中发展阶段，铜需求逐年剧增，有资料显示中国即将成为"世界加工厂"，中国应从日本的发展轨迹中有所感悟，合理优化资源配置，联合做优做强中国铜业。为此建议：

（1）国家产业政策把发展铜矿山摆在重要位置。铜矿山建设投资大，周期长，效益差，还贷慢。但矿山目前又是铜工业中最薄弱的环节，铜原料十分紧缺，长期依靠进口弥补不足，应从战略安全高度予以重视。

（2）制订相关政策，培育有实力的国际矿业公司，同时鼓励铜企业联合，采取从风险勘探开始、到收购停产矿山、参股、签订长期供货合同、融资买矿等多种方式，重拳出击，参与国际竞争，开辟长期、稳定的供货渠道。为此，应建立紧缺资源战略研究中心，完善信息系统，为决策部门提供制订中长期战略发展规划的依据。有色金属工业协会也应当发挥协调行业自律的作用。

（3）从资源费和资源补偿费中提取一定比例设立风险勘探基金，以低息贷款或补贴方式支持助力企业到海外去进行勘探，对企业和企业家投入风险勘探的资金免征所得税。同时加大国内勘探投入，从"七五"到"九五"我国铜的新增储量年均增长率是-16.65%，但从预测资源量增长的趋势看，只要加大地质勘探费用的投入，可以实现较大幅度地增加铜资源量。在勘查工作的布局上，首先应当鼓励在现有铜矿山深部和周边地区加强勘探，延长这些矿山的寿命，避免因矿山关闭给社会增添负担。

（4）参照实行冶金联合企业矿山减收铁矿石资源税规定。2002 年 2 月 19 日财政部、国家税务总局已联合发出通知，对冶金联合企业矿山铁矿石资源税适用税额进行了调整。按通知要求，自 2002 年 4 月 1 日起，对冶金联合企业矿山（含 1993 年 12 月 31 日后从联合企业矿山中独立出来的铁矿山企业）铁矿石资源税，减按税额标准的 40%征收。对于由此造成的地方财政减少的收入，中央政府将予以适当补助。铜矿山与铁矿山的状况相似，也应减免资源税和资源补偿费，支持铜矿山发展。

（5）参照实行国际上有关支持矿业的税收政策。国际上许多矿业发达国家在不同程度上都有支持矿业的政策，加拿大的支持政策是公司盈利投入矿业的免征所得税；美国和菲律宾对矿业实行减耗政策，即可将投资提前折旧，类似于税前还贷，美国明尼苏达州议会近期通过了为铁燧岩矿山削减产品税，吨矿石累计削减 21 美分；赞比亚政府将矿山出售后，按当地持干股 15%计；美国明尼苏达州建立铁燧岩开发基金（TEDF），近期减税中的 2/3 是以投资税抵免信贷的形式。还贷期内免税。这些政策对于矿业的发展是有力的支持。

（6）对进口铜原料中的黄金免征增值税或转为海外发展基金。鉴于进入WTO 后许多贸易税收政策要与国际接轨，故建议将含金铜精矿增值税收用作海外铜资源开发发展基金，以扩大我国利用国外铜资源的范围，利于铜精矿继续进口，满足国内市场需求。

（7）提高铜再生资源利用率。改革开放后，再生有色金属工业得到了迅速的发展，目前已经有 5000 多家再生有色金属企业，2000 年再生有色金属产量达到 150 万吨，占有色金属总产量的 20%以上。国家经贸委《再生资源回收利用"十五"发展规划》要求，2005 年废有色金属回收量达到 200 万吨。2002 年有色金属工业协会专门成立了再生金属分会，关注资源危机，倡导环境保护，加强行业管理，为提高再生有色金属资源的利用率提供了有力的保证。但是我国再生有色金属企业整体处于规模小、能耗高、污染严重、工艺技术落后的状态。根据WBMS 资料，中国再生铜利用量占精铜消费量的 17.5%，与发达国家相比还有较大差距。我国处理的废杂铜，进口料占很大比重，2000 年进口含铜废料 250 万吨，其中含铜量约 60 万吨。为了进一步提高铜废料的利用率，建议：1）从提高资源意识、环境意识的高度制订法律、法规，明确从回收、生产、流通、消费对促进再生有色金属资源利用的责任和利益；2）完善扶植和鼓励再生有色金属企业科技进步的优惠税收、贷款、财政补贴政策，如资源综合利用产品的所得税等；3）由有色金属工业协会再生金属分会牵头规范废杂铜的进口业务，以期在价格和质量上处于有利地位。

## 参 考 文 献

[1] World Metal Statlstics Yearbook 2002.

[2] 有色金属工业统计资料汇编.

[3] 世界有色金属 . 2002，4.

[4] 矿产资源可持续供应问题及对策研究 . 中国工程院 .

[5] Mining Engineering. 2002，4.

# 再议我国铜工业发展的若干战略问题

于润沧

（北京有色冶金设计研究总院，北京，100038）

**摘　要**：本文根据近几年有色行业发生的重大变化，进一步讨论了有关我国铜工业发展的若干战略问题，提出把到国外开采铜矿摆到重要的战略地位、加强用高科技改造现有企业和注意规模效益等观点，以及铜工业可持续发展的条件。
**关键词**：铜工业；两种资源；可持续发展

# The Further Discussion on Some Problems of the Development of China's Copper Industry

Yu Runcang

（Beijing Central Engineering and Research Institute for Non-Ferrous Metallurgical Industries，Beijing，100038）

**Abstract**：According to recently important changes in non-ferrous industries，some development strategies of our country's copper industry were further discussed in this paper. The following viewpoints were advanced：to run mines abroad should be put in a important strategic position，to enhance reform existing enterprises with high-tech，to pay attention to scale profits. The sustainable development factors of copper industry were discussed also.
**Keywords**：copper industry，two types of resources，sustainable development

1997 年，我在中国有色金属学会第三届学术会议上曾发表过《我国铜工业的潜在危机和发展战略研究》一文。鉴于我国铜工业基础十分脆弱，提出了"把在国外开采铜矿摆在重要的地位""在国内力争矿产铜的自给率不再下降""大力发展浸出-萃取-电积工艺的应用"和"增加对铜矿床的勘探投入"等建议。这些意见受到中国国际工程咨询公司的重视，并以"投资咨询建议"上报和报送有关单位。在过去的几年里，我国铜工业领域出现了一些重大的变化，诸

---

本文原发表于《铜业工程》，2001。

如中国有色金属工业总公司、中国铜铅锌集团公司和有色金属工业局相继被撤销；经国务院批准，中色建设（集团）公司在赞比亚购买了有 500 万吨铜储量的谦比西铜矿，并已开始了恢复生产和深部开拓的基本建设，实现了历史性的突破；在新疆哈密发现了具有约 1000 万吨资源量的特大型铜床；几个大型铜冶炼厂普遍进行技术改造并扩大了生产规模；由于资源枯竭和长期亏损，多座铜矿山被批准或已经关闭；江铜、铜都、云铜等铜业大户先后成功上市。这些变化给我国铜工业带来了日益明显的深远影响。在这种情况下，有必要对我国铜工业发展的若干战略问题作进一步探讨。

# 1　对两种资源的认识

开发和利用自然资源是人类文明发展的基础，国民经济发展所需工业原料的 80% 来自矿物资源，所以有"一切从矿业开始"的说法。跨越国界的矿物资源开采，实际上是经济全球化的基础和开端，信息技术的高速发展只不过是大大加速了这一进程。铜是用途最广泛的金属之一，在电气、轻工、机械制造、交通运输、电子、邮电、军工、建筑等行业都占有极重要的地位。全球铜资源十分丰富，但在地理分布上很不均衡。据 Mineral Commodity Summaries 2000 年报道，1999 年世界 6.5 亿吨铜金属储量基础中，智利约占 1/4，居第一位；美国占 1/7，居第二位；其他主要铜资源国有秘鲁、中国、波兰、赞比亚、俄罗斯、刚果（民）等。这八个国家的铜储量基础共占世界总量的 70%。此外，墨西哥、印度尼西亚、加拿大、澳大利亚、哈萨克斯坦、菲律宾的铜矿资源也较为丰富。1998 年世界铜储量和铜储量基础的人均占有量分别为 57kg 和 108kg。

我国属于铜资源大国，但是铜资源的弱点却制约着我国铜工业的可持续发展。

从资源量来看，在探明的 6300 多万吨铜金属资源量中，能列入储量基础的只有 2700 多万吨（包括已开发利用的矿产地的储量），其中还有近 1000 万吨由于品位低、矿产地建设条件差，在无扶植政策的条件下，目前尚难以开发利用。即使把这些都计算在内，我国人均占有储量和储量基础分别为 15kg 和 31kg，大大低于世界平均水平。

我国铜床规模普遍偏小。全球铜金属储量 500 万吨以上的特大型铜矿床有 54 个，其中大于 6000 万吨的 2 个，3000 万~6000 万吨的 2 个，2000 万~3000 万吨的 5 个，1000 万~2000 万吨的 15 个，500 万~1000 万吨的 30 个。我国目前大于 500 万吨的（不含"九五"期间新发现尚未列入储量基础的资源）只有 2 个，50 万~200 万吨的 22 个。规模小就难以形成规模效益，再加上绝大多数只适于用成本较高的地下开采，所以竞争能力很弱。

从矿床类型看，世界 54 个特大型铜矿床中，斑岩型 38 个，砂岩型 15 个，合计占 88%。前者规模大，品位偏低（0.3%~1.5%），埋藏浅，一般可露天开采，不少采用成本低廉的堆浸-萃取-电积工艺，常含有伴生的金、钼等金属，可综合回收；后者规模也较大，品位高（2%~3%以上），钴、金、银等伴生金属可综合利用，价值较高。我国斑岩型铜矿床少，矽卡岩型占很大比重。这种类型的矿床一般品位不很高，开采条件比较复杂，生产成本高。

在已开发的铜矿产地中，大多数属于 20 世纪五六十年代建设的矿山，经过数十年的开采，基本上已进入中晚期开采，生产能力将逐步消失。1999 年我国电铜消费为 140 万吨，铜精矿含铜产量只有 52.01 万吨，矿产铜的自给率 37.15%。鉴于我国铜资源的条件和矿业政策，要保证这一低水平的自给率不再下降，也是相当困难的。因此我们对我国铜资源形势以及与之相适应的铜工业发展必须要有一个清醒的认识和深刻的危机感，充分理解利用两种资源的重要性和迫切性。需要强调一点的是，应当把到国外开采铜矿摆到重要的地位，对国内资源要坚决贯彻执行"在保护中开发，在开发中保护"的方针。国际铜业协会亚洲区总裁彼德·查尔顿曾经说过："中国正在寻求到海外开发铜矿，这是一个非常好的方法。这样不但能够找到非常廉价的铜资源，而且通过合作，还能够学到开发和管理矿山的先进经验。另外，中国边远地区还有许多可以开发的铜矿，在海外积累了丰富的经验，国内基础设施也完善了，有条件再来开采自己的资源，这应该是一条很好的发展思路"。目前，到国外开采铜矿的祈盼已初露端倪。我们希望谦比西铜矿的开采能够成为一个良好的开端。正如彼德·查尔顿所说，到国外开采铜矿的意义不仅仅在于利用廉价的高品位资源，而且能够充分利用在国外的有利条件，更全面地吸取国外办矿的先进经验。谦比西矿能否取得好的效果，恐怕这一点是至关重要的。

## 2 用高新技术改造传统产业

向知识经济迈进，不但要依靠大力发展高新技术产业，而且离不开用高新技术改造传统产业。由于人才和资金的制约，或许这后者是更艰巨的任务。

据 1995 年全国第三次工业普查，全国共有年工业产值（按 1990 年不变价计算）百万元以上的铜企业 2537 家，其中联合企业 7 家，采选企业 747 家，冶炼企业 399 家，加工企业 1384 家。在铜矿山企业中，除德兴、金川、安庆等少数矿山于 80 年代从国外引进先进技术和设备外，其余矿山技术和装备水平都很落后。进入 90 年代，又基本上没有安排大中型矿山项目的建设。90 年代以来，大型铜熔炼厂采用闪速熔炼和诺兰达、奥斯麦特等熔池熔炼技术，先后进行了大规模的技术改造，主要指标赶上了国际水平。但众多的中小冶炼厂仍停留在鼓风炉阶段，环境污染问题相当严重，而且近五年来开工率仅 50%左右。铜加工业的差别也非常悬殊。25 家大型铜加工厂引进了上百台（套）先进的加工设备和工艺技术，主要技术经济指标有明显提高，但占 92.9%的小型企业基本上是城镇小集体企业和农村乡镇企业，工艺和装备相当落后，品种质量满足不了要求。1998年铜材进口量已达 54.7 万吨。总的看来，我国铜工业技术改造的任务是非常繁重的。

我国加入 WTO 后，在全球铜供大于求和成本逐渐降低的基本形势下，对国内铜市场特别是铜加工材市场的冲击会是很大的。加强用高新技术改造传统产业的目的，就在于提高企业的竞争能力。

加拿大、芬兰、瑞典等矿业发达的国家，都在积极致力于创建智能矿山的科技攻关，并且取得了举世瞩目的成就。例如加拿大 INCO 公司，已经能够从萨德伯里地区通过卫星同时遥控三个矿山井下采掘设备自动运转。这样一来，便大大降低了生产成本。我们可以通过引进技术和设备赶上国际先进水平，但是不论在采、选、冶、加工哪一个方面，我们都缺乏足以影响整个行业发展的重大技术创新和创造发明，还只能生活在别人的阴影之中。为使我国成为名符其实的矿业大国，这是需要认真努力解决的问题，也是我们用高新技术改造传统产业的长期奋斗目标。

## 3　可持续发展的要求

铜工业可持续发展的基础是资源。现在我国是仅次于日本的世界第二大铜精矿进口国。日本进口铜精矿主要依赖在国外投资开矿和长期供货合同，有比较稳定的货源。我国则不同，主要依靠现货自由贸易，货源分散多变，批量很小。在目前全球铜精矿供大于求的情况下，每年大约有 60 万吨的自由贸易量，由于种种因素的制约，这一数值不会有很大的增长，1999 年，我国粗铜熔炼能力为101. 26 万吨，铜精矿含铜的产量 52. 01 万吨，如按满负荷生产计算，原料的缺口为 49 万吨。目前，贵溪、云冶、金昌、金川等铜熔炼厂正在或计划通过技改扩建扩大规模，小冶炼厂的建设势头也很猛，预计 2005 年前粗铜冶炼能力将增至130 万吨以上，而铜精矿的产量不仅不会增长，还有可能降低。这样一来，缺口就更大了。

就国内资源而言，铜工业发展的希望还在西部。西藏玉龙已探明铜金属储量和资源量 650 万吨；新疆哈密东天山土屋-延东铜矿带预计资源量达 1000 万吨；三江成矿带云南境内的德钦羊拉铜矿带控制远景储量大于 100 万吨，兰坪白秧坪多金属矿带控制远景储量 50 万吨。此外，思茅大平掌、金平勐拉、临沧南角河和南汀河等多金属矿带都发现了大量的铜资源。然而这些资源要达到开发利用的程度，除玉龙铜矿床外，首先都需要大量的勘探投入，而且所有这些地区，基础设施也需要大量的投入。因此远水难解近渴。从国家战略经济安全角度着眼，当务之急，应当采取必要的优惠政策，如贴息贷款、投产后若干年可税前还贷、减免部分所得税等，扶植一些勘探程度满足设计要求，按优惠政策有还贷能力的铜矿山项目，以满足可持续发展的需要。因此当前我们还不具备把铜资源的立足点主要放在国外的经济和人才实力。

可持续发展的另一个重要问题是环保问题。新建铜工业企业必须遵循的原则：建设少废或无废矿山，实现适时复垦，采用洁净的工艺技术，加强对三废的综合治理，使矿区和厂区率先达到环境退化速率的零增长。尤其是在开发西部的矿物资源时更应当注意，不要重复东部的先开发后治理的旧习。强调环保必然要增加投入，因此更需要对铜矿物资源的开发采取较宽松的政策，既有利于当今国民经济的发展，又造福于子孙后代。

## 4　规模效益

从 20 世纪 80 年代掀起的新一轮全球性企业并购重组浪潮，对铜工业也产生了重大的影响。并购和重组已成为矿业扩张的最佳途径。例如 Cyprus Amax Minerals Co. 并入 Phelps Dodge 公司，使其铜产量在 1999 年达到 38 万吨；ASARCO（美国熔炼与精炼公司）并入 Group Mexico 公司，成为墨西哥进入美国的先声，并且使这个并后公司铜产量的世界排序跃居 1999 年的第二名。一般说来，并购重组的结果使企业规模增大，经营改善，生产成本降低，提高了其在国际市场上的竞争力。这些跨国铜业巨头还会以贬值的股市价获取资源、储量和矿山。这种趋势是值得我国铜业界关注和研究的。

1998 年铜产量世界排序前 10 名是 CODELCO（161.5 万吨）、Group Mexico（含 ASARCO，131 万吨）、BHP（87.3 万吨）、Freeport McMaRan（65 万吨）、KGHM（波兰卢宾铜矿冶联合公司，46 万吨）、日本矿业株式会社（42 万吨）、北德精炼厂（36.5 万吨）、Noranda（36 万吨）、加拿大 CCR（35 万吨）。这 10 家公司精铜产量占世界总产量的 47.5%。

1999 年我国铜企业精铜产量的国内排序是：江西铜业公司（19.8 万吨）、铜陵有色金属公司（15.58 万吨）、云南铜业集团公司（12.24 万吨）、大冶有色金属公司（6 万吨），其余都小于 5 万吨。这一年虽然我国的铜产量在世界上排名第四，但单一企业生产能力均达不到进入世界排名 10 强的行列，（贵溪冶炼厂三期扩建完成后将开始扭转这种局面），这从一个侧面反映出我国铜工业不适应国际竞争的状况。

目前一些公司提出"做大做强"的奋斗目标。大不一定强，但强必然要大。"做大做强"是增强影响力，提高竞争力所必需的。虽然国民经济的发展离不开矿业，但采矿业的声望并不高，很重要的一个原因就是规模太小。从世界范围来看，也是如此。目前世界上排行前 20 名的矿业公司的市场资本总值只有 1660 亿美元，与之相比，BP Amoco 和 Exxon Mobil 两家石油公司的市场资本之和就达到

5200 亿美元。值得注意的是，"做大做强"的目的是提高在国际市场上的竞争力，但这并不可能一蹴而就。例如中国石油天然气股份有限公司的固定资产是其竞争对手 Exxon Mobil 的 66%，一年前在纽约和香港上市，在 20 多个月时间里裁减了大量职位，成本大幅度降低，但营业额还只有竞争对手的 1/3，纯利润只有 1/7。从这个例子可以体会到"机遇与挑战并存"的分量。把产品经营转变为资本经营对"做大做强"是极为有利的，创造条件上市会加速这一转变的进程。应当看到，这里蕴含着产权变革的权力。已经上市的公司，则应努力提高资本运营的效率，逐步进入在国际上有影响力和竞争力的跨国公司的行列。

# 和谐社区关系实现多赢的境外开发实践

之前，五矿、紫金、洛钼介绍了他们走出去的经验，我把他们的经验归类为战略性的经验，非常宝贵。刚才万宝矿产陈总介绍了他们抵御社会风险的经验，我想，对于绝大多数走出去的企业，也许这是他们更值得关注研究的经验。

2011年，我们做过一个课题"境外主要金属矿产资源开发及风险研究"，其中分析了企业从事境外矿山开采投资的经验教训。纵观"走出去"企业的状况，既有成功的案例，更多的是不少教训。最主要的问题就是缺乏缜密的风险评估和预防机制，有时还存在企业间的无序竞争，削弱了国际竞争力。

随着我国工业化、城镇化的快速发展，矿产资源的消费急剧上升，一些大宗消费矿产品的对外依存度不断攀升，境外开发矿产资源成为我国"走出去"总体发展的一个重要组成部分。纵观发达国家工业化的过程，没有哪一个国家能够完全依靠自己的资源实现工业化的，"走出去"既可提高我国短缺矿产资源的保障程度，有助于我国经济的可持续发展，同时也促进了资源国的经济发展，为全球经济一体化做出了良好的贡献。

万宝矿产通过他们的亲身经历，在基础管理体系标准化建设、社区发展计划、处理好与当地政治组织的关系、主动与媒体沟通等社会风险评估和预防方面为我们提供了可贵的经验，值得走出去的企业认真研究。

"一带一路"倡议的实施，为矿业企业走出去提供了良好的机遇和战略需求，矿业企业由于其特殊的资源、环境、社区、经济、技术、政情条件，必须把风险评估与预防机制的制定摆在突出的地位。通过资源风险评估、建设条件风险评估、经济风险评估、政策风险评估、政治风险评估，稳妥地掌控更多的矿产资源，特别是优质资源，提高自身的竞争力，为我国经济的可持续发展，为创建全球命运共同体做出新的贡献。在此特别谢谢万宝矿业！

---

本文为于润沧在"丝路矿业论坛·2017"上的点评发言，论坛于2017年6月16~17日在北京西苑饭店举行。

# 铜资源的危机和对策

于润沧　唐　建　李有余

（中国有色工程设计研究总院，北京，100038）

## 一、国家经济安全与铜资源的可持续供应分析

**1. 铜资源可持续供应与工业化速度关系**。国家经济安全即国家的根本利益不受损害，主要指一国经济在整体上稳固健康运行、稳健增长、持续发展，在国际经济生活中具有一定的自主力、自卫力和竞争力，不致因某些问题的演化而使整个经济受到过大的打击或损失过多的国民经济利益，能够避免或化解可能发生的局部或全局性经济危机。矿产资源是国民经济建设和社会发展的物质基础，据中国工程院矿产资源可持续供应问题及对策报告，发达国家工业化进程中，人均矿产资源消费量与工业化的发展速度呈 S 形曲线关系。

铜资源也是保障国家经济安全的重要物质基础。铜广泛应用于各行各业，主要是满足制造业的需求。我国人均矿产资源消费量正处在中发展阶段，但铜消费量增长强劲，1991 年铜消费量为 66 万吨处在世界第 4 位，2001 年消费量达到 207 万吨，位于世界第 2 位。随着我国经济的发展，对铜的需求还会大幅度增长，据预测 2010 年我国铜的消费量可能达到 305 万吨。从某种意义上说，铜关系着我国工业化的速度和成败。

但是我国铜供应尤其是铜原料供应缺口较大。2000 年我国粗铜生产能力为 104.98 万吨，铜精矿含铜产量 54.94 万吨，铜精矿自给率为 52.3%，按消费量的自给率只有 32.3%。目前我国多数铜矿山资源已逐渐枯竭。原中央直属 36 座铜矿山金属储量大于 10 万吨的只有 21 座；行将关闭的 22 座，预计到 2005 年将消失采矿能力 500 万吨，而 1995~2000 年新增采矿能力只有 618 万吨。随着消费量的增长和冶炼生产能力的膨胀，铜的自给率会进一步下降，对国外资源的依赖性将更趋严重。

**2. 经济强国控制优势资源**。在经济全球化的浪潮中，经济强国控制铜资源竞争日益激烈，世界铜业巨头公司采取参股或并购等手段竭力控制抢占富铜国家的资源。世界 10 大铜业公司的矿铜和 SX/EW 产量占世界矿铜和 SX/EW 产量的 45.4%。

本文原发表于《有色金属工业》，2002。

有些大公司关闭了自己成本较高、品位较低的矿山作为战略储备，而到别国去开采铜矿。

许多发展中国家为了发展经济，纷纷修订矿业法和税制，积极吸引外资。智利铜资源非常丰富，2000 年保有储量 8800 万吨，智利国家铜公司（CODELCO）控制着全国 70% 多的铜资源，90 年代初，政府立法允许他们利用外国的资金、技术和经验，扩大铜矿业务领域，如年产 22.5 万吨阴极铜的 El Abra 铜矿就是由 CODELCO 和 Phelps Dodge 公司合资建设的。

总之，从保障国家经济安全角度看，控制优势资源具有十分重要的战略意义。

## 二、我国铜资源的现状及可持续供应的可能性

**1. 我国铜资源现状及特点。**按国际公认的分类标准套改测算，1999 年底我国保有的铜储量、储量基础、资源量和资源总量分别为 1662.56 万吨、2732.93 万吨、3548.31 万吨和 6281.24 万吨。全国共有 918 处铜矿产，其中已开发利用的有 509 处，占全国保有储量的 82.82%。我国铜资源的特点：（1）矿床规模小，目前已开采的 329 个铜矿区的铜精矿含铜产量为 43.64 万吨，只有智利 Chuguicamata 矿金属铜产量 65 万吨的 67%。（2）品位低，铜矿储量的平均品位为 0.87%，品位高于 1% 的铜储量只占总储量的 35.9%；我国斑岩铜矿床的平均品位为 0.5%，低于智利、秘鲁的 1%~2%；砂岩型铜矿床的平均品位 0.5%~1%，低于刚果（民）、赞比亚、波兰的 2%~5%。（3）适合采用浸出-萃取-电积工艺的斑岩型铜矿床少，降低生产成本的空间受到限制。（4）剩余储量中规模大、品位高的矿床多处于边远地区，外部建设条件很差，在目前的金融、财税政策下，多数还贷能力很差，难以开发利用。

"九五"期间中国国际工程咨询公司推荐可供利用的矿点有 11 个，由于银行贷款利率的几次下调、企业资本金比例的增加、矿床工业指标的调整、设计方案的优化等因素变化而使冬瓜山、赛什塘、紫金山、阿舍勒等项目经济效益得以改善并投入建设，其余矿点均未能上马。即使这 11 个项目都能建成投产，每年只能增加精矿含铜产量 16.61 万吨，难以弥补老矿山消失的生产能力。

**2. 新增资源的展望。**据中国地质调查局 2001 年资料显示，全国远景区已获得普查铜资源量 4160 万吨，我国铜的远景资源量具有较大增长潜力，但品位高低尚不得而知。由于资源大部分位于西部，易开发地区的资源量不足 1/4，即使在这些资源能够落实资金的条件下，从勘探、设计、施工到投入生产，最少也需要 10~15 年时间，并且还要依靠西部大开发战略的实施和该地区基础设施的整体改善，这也需要相当长的时间。另外西部地区生态环境比较脆弱，开发利用该地区资源难度会加大。

因此，我国完全立足于自力更生，主要依靠国内的矿产资源解决发展问题，恐怕难以办到。

### 三、我国铜资源可持续供应的迫切性

**1. 铜精矿进口数量及特点**。我国铜资源供需严重失衡，铜精矿进口量快速增长。2000 年铜精矿进口（实物）量 181.33 万吨，仅次于日本，居世界第二位，1995~2000 年铜精矿进口量年增长速度达 30%，居世界第一位。

我国铜精矿的进口并非来自国外铜原料基地，也不是来自长期供货合同，而是来自自由贸易，这种不稳定的供货渠道具有较大风险。目前世界上铜产品总的形势是供大于求，价格也保持在较低水平，我国加入 WTO 后，由于国内铜企业的竞争能力还不强，铜产品进口必然大幅度增加，可以满足国内需求，但是在制订铜产品的长期进口战略时，必须要掌握主动权。一方面要积极引进外资勘察和开发本国资源，另一方面对紧缺矿种也要在参与经济全球化控制优势资源的竞争中逐步确立主动权。

**2. 我国铜工业结构上的矛盾**。我国铜工业呈倒宝塔形结构，2000 年矿山铜生产能力为 52.2 万吨，冶炼能力为 105 万吨，冶炼大于矿山，在资源条件差，缺乏固定原料供应渠道的情况下，这样的结构是不稳定的。目前冶炼能力还在扩大，"十五"期间冶炼能力最少要增加 50 万~60 万吨，原料基本上都要依赖进口，必将加剧铜原料供应上的矛盾。从另一角度上说明我们在控制铜资源、解决原料供应工作是极为滞后和乏力的。

### 四、日本实现铜资源可持续供应的经验

日本铜产量（2000 年 143.74 万吨）和消费量（2000 年 135.1 万吨）均居世界第三位。日本铜资源匮乏，铜冶炼厂全部处理进口原料。为了保证长期、稳定的铜原料供应来源，日本采取了多样化的战略步骤。

**1. 铜公司积极参股开发全球有前景的铜矿项目**。最大的产铜公司—日矿金属株式会社（Nippon Mining & Metals）集中在智利特大型铜矿山投资，在 Los Pelembres 铜矿参股 15%，在 Collahuasi 铜矿参股 3.6%，在 Escondida 铜矿参股 2%，从这些矿山获取铜精矿供应本公司的佐贺关冶炼厂，其供应量已占公司全部铜精矿需求量的 60%。住友金属矿山株式会社（Sumitomo Metal Mining）和住友商事株式会社（Sumitomo Co.）采取巩固同国外著名大公司合作，从高品位矿山获取原料的方针，与 Phelps Dodge 公司合作在美国 Morenci 铜矿占有 15% 的股份，在智利 La Candelaria 铜矿持股 20%；与中国铜陵有色金属集团公司合作，组建金隆铜业有限公司，持股 27.5%；与 North Ltd. 合作在澳大利亚开采

Northparks 铜矿，占 15% 的股份；与 Newmont Mining 公司合作在印度尼西亚投资于 Batu Hijau 铜矿，持股 35%。三菱材料株式会社（Mitsubishi Materials）参股开采加拿大的 Huckleberry Mines Ltd.，美国的 Heisei Minerals Corp 铜矿。上述项目基本上是在八九十年代完成的，在此期间日本精铜产量增加了 40 万吨。

**2. 与大矿山签订长期供货合同。**世界上最大的堆浸-萃取-电积法生产矿山-智利 El Abra 铜矿，年产阴极铜 22.5 万吨，Phelps Dodge 公司和 CODELCO 公司共同持股，但其产量的 55% 按照长期合同销往日本。

**3. 日本政府非常重视掌握有色金属第一手资源信息，资助该国企业从事海外有色矿山的勘察事业。**1963 年成立的金属矿业事业团，是一个半官方机构，其主要职责是：对日本企业的勘探费（包括在海内外勘探）给予一定比例的补助；对发展中国家实施的有色金属勘探项目给予无偿技术援助；为日本企业进行有色矿山的开采提供融资担保；对金属矿物进行储备，并以贷款方式提供储备所需资金。从 70 年代初开始按照日本官方发展资助项目已先后在亚、非、拉美等50 多个发展中国家开展了 140 多个有色、稀有稀土金属项目的广泛的地质、地球物理、地球化学调查，包括钻探和坑探。其中在我国已进行和正在进行的有 6项，包括腾冲梁河地区及杨子地台西缘的地质调查工作等。

**4. 多家企业合作出资建立铜企业。**日本企业打破企业界限，共同出资建大型铜冶炼厂，发展委托冶炼的方式，如铜熔炼能力 34.8 万吨的小名滨冶炼厂就是由三菱材料、同和、古河和三井联合建设的。如对智利 Los Pelmbres 铜矿的投资，便是由日矿金属牵头，与三菱材料、丸红、三菱矿业、三井矿冶等四家公司组成财团，联合持股共 40%。智利的 Collahuasi 铜矿是 90 年代全球最大的铜项目，其资源量达 30 亿吨，由三井牵头组成财团进行投资，持股 24%。

综上所述，日本适应了经济全球化发展趋势，在解决铜原料供需长期稳定平衡方面的战略是卓有成效的，日本的一些思路和做法是值得我国借鉴的。

## 五、我国铜矿资源可持续供应的对策

**1. 把到国外开采铜矿摆到重要的战略地位。**

（1）制订相关政策，培育有实力的国际矿业公司，同时鼓励铜企业联合，采取从风险勘探开始、收购停产矿山、参股、签订长期供货合同等多种方式，参与国际竞争，开辟长期、稳定的供货渠道。为此，应建立紧缺资源战略研究中心，完善信息系统，为决策部门提供制订中长期战略发展规划的依据。

（2）国家投入一定的资本金，支持到国外开采铜矿。设立国外资产管理公司，使资产所有者不缺位，使国家的资产发挥更大的效益，成为实施战略发展规划的物质基础。

（3）从资源费和资源补偿费中提取一定比例设立风险勘探基金，以低息贷款或补贴方式资助企业到国外去进行勘探，同时对企业和企业家投入风险勘探的资金免征所得税。

（4）设立专项奖学金，培养国际化的矿业人才。这是使我们这个矿业大国进入矿业强国行列的最基本的条件之一。

**2. 加大国内勘探投入**。目前我国在利用国外资源上受体制、经济实力、人才资源限制不能大规模实施，作为铜消费大国，从长远看，保持一定的铜资源自给能力非常必要，这也是保障国家经济安全必不可少的条件。从我国资源量增长的趋势看，只要加大地质勘探费用的投入，可以发现新的有价值的铜资源。我国从"七五"开始，矿产勘查方面的投入、钻探工作量的投入逐年下降，中国工程院提出的《矿产资源可持续供应问题及对策》咨询报告建议"十五"期间政府每年对固体矿产勘查的投入为 42 亿元，是切合实际的。同时还应当鼓励现有铜矿山在深部和周边地区加强勘探，延长矿山的寿命，避免因矿山关闭给社会增添负担。

**3. 实行税前还贷政策，激活"呆矿"**。目前铜资源中有不少尚未开发利用的"呆矿"，如果对新建铜矿山实行税前还贷的政策，可以大幅度提高项目的经济效益，这样便可激活不少"呆矿"，使国家的有限资源得到充分的利用。

**4. 提高铜再生资源利用率**。中国再生铜利用量占精铜消费量的 17.5%，与发达国家相比还有较大差距。为了进一步提高再生铜的利用率，应采取以下措施：

第一，从提高资源意识、环境意识的高度制定法律、法规，明确从回收、生产、流通、消费对促进再生有色金属资源利用的责任和利益。

第二，完善扶植和鼓励再生有色金属企业科技进步的优惠税收、贷款、财政补贴政策。

第三，由有色协会再生金属分会牵头规范废杂铜的进口业务，以期在价格和质量上处于有利地位。

# 我国铜工业的潜在危机和发展战略研究

于润沧

（北京有色冶金设计研究总院，北京，100038）

**摘　要：** 我国铜工业已取得了显著的成就，但由于资源条件的影响，潜在的危机不容忽视。文中提出把在国外开矿摆在重要地位，在国内力争矿产铜的自给率不再下降，大力发展浸出–萃取–电积工艺的应用，增加对铜矿床勘探的投入等发展铜工业的战略设想，以使铜工业能适应国民经济持续、快速、健康发展的需要。
**关键词：** 铜工业；铜矿山；发展战略；两种资源

1996 年，我国 10 种有色金属的产量已达到 445 万吨，跃居世界第二位，从色钢比来看，也已接近 5%，因此在总体上数量问题已不再是主要矛盾，今后的艰巨任务是解决经济效益问题，产品品种和质量问题。有色金属工业的基础是资源和市场。由于有色金属品种繁多，这方面的情况千差万别，只有按不同类别（如优势金属、自给金属、短线金属等）分别制定具体的产业政策，才能实行有效的指导。

在有色行业中，由于资源问题和畸形的倒宝塔形结构，铜工业相对更为脆弱，已有不少专家撰文论述过铜工业的发展战略，不过总感到认识不一致，因此也参与发表一些议论。

## 1　铜工业发展的成就

在有色金属工业逐步形成完整工业体系的过程中，铜工业的发展也取得了显著的成就。

根据第三次工业普查的资料，截至 1995 年底国家对铜工业的累计投资（包括基建投资及更新改造资金）为 290 多亿元，已形成综合生产能力 89 万吨，包括建成铜矿山 99 个，铜冶炼厂 14 个，电解铜厂 67 个，铜加工厂大小 400 多家，其中铜联合企业 6 个。电铜生产能力已从 1953 年 4.05 万吨，增加到了 1996 年的 90 万吨，平均年递增 9.94%，远比世界平均增长率高得多。

在增加产量的同时，也扩大了品种，提高了质量，生产了一些填补国内空白的亟需产品。

---

本文原发表于《有色金属学会第三届年会论文集》，1998。

在此期间，一些骨干企业的技术和装备水平有了很大的提高。如江西铜业公司的德兴露天矿和贵溪冶炼厂、产铜的金川有色金属公司二矿区等都已成为具有当代国际先进水平的技术和装备的企业。中条山有色金属公司的铜矿峪铜矿是我国最大的有色地下矿山，通过引进矿块崩落法技术和科技攻关，已开始扭亏为盈。铜陵有色金属公司安庆铜矿是按照办矿新模式设计建设的，依托安庆市，矿山不办社会，一座 3500t/d 规模的矿山，职工全员不超过 950 人，为今后类似矿山的设计提供了良好的比范例。

## 2　正视潜在危机

我国虽然有 99 个铜矿山，但生产规模都比较小，年产矿石量大于 300 万吨的铜矿山，美国有 15 个，智利有 12 个，我国只有 2 个。除骨干企业外，技术和装备水平都比较落后，目前铜冶炼厂大多正在进行技术改造，但不少矿山因是五六十年代建设的，目前资源已接近枯竭，生产能力将不断消失。

从铜工业的结构来看，1995 年矿产铜的生产能力只有 42.5 万吨，是粗铜冶炼能力的 60.05%，电解铜生产能力的 31.45%，铜加工能力的 16.81%，这样一个畸形的倒宝塔形结构，使铜工业变得十分脆弱，不幸的是由于利润的驱使，新建和扩建冶炼厂的热度仍然很高，而且很多是万吨以下的小冶炼厂。据不完全的统计，现在已经开工建设的粗铜年生产能力为 28.5 万吨，已申请立项待建设的粗铜年生产能力 36.9 万吨，总和超过目前矿产铜的生产能力，这将使得倒宝塔形的结构更加不稳。

能不能大力发展矿产铜来加以调整呢？目前，我国保有的铜金属储量约为 6000 多万吨（不包括"八五"末期新探明的储量），已经开发利用的占 44.4%。剩余的 3400 多万吨数量虽然不小，但或因品位低，或因建设条件差，或因工艺技术上还存在一些问题，或兼而有之，总之按目前的技术水平和经济、金融政策，相当一部分属于"呆矿"，按企业的经济效益不可能获得贷款。列入"九五"规划的 11 个铜矿点，共计保有铜金属储量 1800 万吨，即使都加以开发利用，到 2000 年每年也只能提供铜金属含量 10 万~15 万吨。显然缺口仍然很大。

能不能像日本那样依靠国外的资源来发展我国的铜工业呢？这是有待重点研究的问题。但是如果仍按目前的做法，仅仅依靠国际市场的自由贸易量来满足我国的要求，恐怕是会落空的。最近几年，世界产铜国每年出口铜精矿含铜量 200 多万吨，其中绝大部分系按长期合同供货，国际市场上的自由贸易量只有 30 万~40 万吨/年，不会有大幅度的增长。近年来我国实际进口的铜精矿含铜量也只有 7 万~8 万吨/年，1995 年最多，达到 13.5 万吨。

总之，这样尖锐的矛盾不仅有可能导致国内市场的严重动荡，也可波及国际市场。

## 3 发展战略研究

根据世界铜资源分布情况（见表1），国内外铜的供需状况，以及铜工业应有的地位，对其发展战略提出以下设想。

表1 世界部分国家铜矿储量表 （万吨）

| 国家名称 | 储量 | 储量基础 |
|---|---|---|
| 智利 | 8500 | 12000 |
| 美国 | 5500 | 9000 |
| 原苏联 | 3700 | 5400 |
| 扎伊尔 | 2600 | 3000 |
| 澳大利亚 | 1700 | 4100 |
| 赞比亚 | 1200 | 3000 |
| 加拿大 | 1200 | 2300 |
| 菲律宾 | 1000 | 1600 |
| 波兰 | 1000 | 1500 |
| 秘鲁 | 800 | 3100 |
| 印度尼西亚 | 700 | |
| 印度 | 628 | |
| 巴布亚新几内亚 | 600 | 1400 |
| 阿富汗 | 396 | |
| 伊朗 | 298 | |
| 蒙古 | 255 | |

资料来源：摘自 Minerals Commodify Summaries 1991，1992。

### 3.1 国外开矿应摆在重要的地位

几年前已经有专家提出，我国应建立铜的长期进口战略。从以上分析看来，这一观点是完全正确的。利用国外铜资源，可以选择多种途径，但最主要的途径应当是在储量丰富、投资条件较好的国家，选择经济效益不错的矿山，通过投资或参股联合开矿，建立几个长期稳定的铜或铜精矿供应基地。有色总公司在这方面已经进行了一些有益的探索，但在国外开矿并不容易，特别是我们的经济实力还不够雄厚，在国外经营闯荡还缺乏经验的情况下尤其如此。现在迫切需要的是积极地锲而不舍地尽快迈出第一步，决不可浅尝辄止，失掉良机。这就需要尽可能缩短科学决策的过程。

从表1可知，在国外开矿，可资选择的国家范围还是很广的，其中包括环太平洋的一些国家，如美国、加拿大、智利、秘鲁、巴布亚新几内亚、澳大利亚、菲律宾等；非洲南部，如赞比亚、扎伊尔等；以及一些周边国家，如哈萨克斯坦、俄罗斯、蒙古、伊朗等。

智利是世界上铜资源最丰富的国家，1995 年产铜量已达到 249.9 万吨（其中国有企业智利铜公司 116 万吨，占 46.3%）。智利铜公司虽系国有企业，其经营方针也在发生变革。去年该公司执行董事长利亚尔苏宣布，不排除把一些企业 10% 的股份转让给私营企业，同时还积极同外国大公司洽谈合作开采新的矿山。根据智利矿业部的规划，1990~2000 年期间拟吸引外资 73.50 亿美元，占全部矿业投资的 53%。除智利铜公司外，还有众多的中小企业可以与之合作。1995 年，根据国家计委的安排，有色总公司已派出专家组赴智利进行了全面考查，了解到从政局、社会环境、经济状况、法制完善程度上考虑，智利是投资环境良好的国家之一。希望能够有所作为。

在国外开矿，如有机会选择过去关闭现在拟重新恢复生产的矿山或者要进行扩建的老矿山，则更为适宜，因为这样的项目一般都具备初期投入少、风险小、见效快的特点。过去在北美曾有过很好的机会，如美国的莫伦西铜矿，但我们失掉了。目前赞比亚还有这样的机会，应当抓紧做工作。非洲南部赞比亚扎伊尔沉积型铜矿带，最大的特点就是品位高，并且伴生着第一流的副产品——钴。如赞比亚目前的 11 个生产铜矿山，铜在地质品位为 2.0%~8.24%，钴的品位 0.14%~0.25%；扎伊尔 7 个生产矿山铜的地质品位为 3.34%~5.5%，这是保证良好的经济效益最基本的条件。赞比亚为欢迎世界各地区前往投资，共同开发其丰富的铜矿资源，1992 年成立了投资中心。1993 年议会又通过了投资法，对投资中心的职能，对投资申办程序和各种投资的优惠政策等都做了详细具体的规定。这些做法进一步改善了投资环境。

一些周边国家具有很多斑岩型、砂页岩型铜矿床，储量大，品位一般较低，但大多可露天开采。为获得较好的经济效益，要实现规模经营，初期投资大。如能圈出部分较富矿段，由小到大发展，也是可取的。

## 3.2　在国内力争矿产铜的自给率不再下降

根据 1993 年的统计资料，独联体（主要是俄罗斯与哈萨克斯坦）矿产铜与铜的消费量基本持平，美国矿产铜的自给率为 75.28%。1995 年我国矿产铜的自给率为 47.7%，不到一半，对于一个人口众多、铜资源量又位居世界前列的国家说来，这样的比例已经是相当低的水平了。如前所述，"九五"期间原有铜的生产能力还将消失 1.5 万~2.0 万吨/年，需求量的增长在 30 万吨/年以上，到 2000 年按照保有的地质储量和目前的经济、金融政策，可能新增矿产铜的生产能力，最多 10 万~15 万吨/年。可见自给率的滑坡趋势已很明显。

世界上由于铜资源分布不均，很自然地形成了铜的出口国、进口国和基本自给国，而铜的进口国大多是经济发达国家，日本最为典型。1993 年其铜的消费量为 138.41 万吨，原料基本上依靠从国外进口，长期供货合同和在国外投资开矿，只有很少是来自国际市场的自由贸易，这种局面的形成有一定的历史根源。从资源条件来看，我国也不同于日本、德国、法国等国。我们有资源，只是分布不够集中，品位偏低，按照目前的水平，购买 2 万~3 万吨铜的费用便足以建设万吨铜含量的采选企业。因此不论在经济效益上还是保持市场稳定上，自己建设铜矿，对国家还是有利的。为了保持矿产铜的自给率将来不再下降，须采取一些必要的措施。

（1）国家对新建和改扩建铜矿山项目提供低息贷款，减免部分税费，使一部分"呆矿"活跃起来，发挥作用。

（2）对于矿床规模大，可形成铜工业基地的地区（如西藏玉龙铜矿），要按照规划加速基础设施的配套建设，以促进铜工业的发展。

（3）对一些技术难题，如高砷铜矿石的处理等，抓紧安排科研攻关，以期在资源利用上有所突破。

（4）发展合理的来料加工业，把金属返回独立矿山，用经济手段引导新建小冶炼厂的热潮降温。与此同时，大冶炼厂与尚有资源的独立矿山联合组建集团公司，给矿山生产和扩建一定的扶植，也使冶炼厂获得稳定的货源。

## 3.3 大力发展浸出-萃取-电积法工艺的应用

浸出（堆浸、槽浸、搅拌浸出、原地浸出）-萃取-电积工艺从 1968 年正式成为工业化生产后，作为生产铜的廉价方法，在 80 年代世界萧条时期发展非常迅速，占有突出的地位。目前美国已有 1/3 以上的铜是用这种方法生产的。据英国《采矿杂志》报道，1994~1997 年世界上陆续投产的 10 个大铜矿（其中智利 7 个、秘鲁 1 个、阿根廷 1 个、加拿大 1 个）将增加铜产量 100 万吨，其中 84% 为浸出-萃取-电积法生产的铜，智利 1996 年新投产的埃尔·阿卜拉铜矿就是其中一例，年产阴极铜达 22.5 万吨。赞比亚的恩昌加矿已用该工艺处理新老尾矿生产阴极铜 80 万吨，三期工程投产后，处理能力将达到 30000t/d。

该工艺不仅于处理氧化矿、低品位硫化矿、尾矿、还适用于原地浸出，即利用爆破法破碎矿体后进行浸出，或利用老矿山的巷道或陷落区进行浸出作业。然而此种工艺并不是万能的，它只能用于条件适合的铜资源。如美国，斑岩型铜矿储量占铜的总储量的 55%，这是最适宜于采用此种工艺的。

我国一些铜矿山早在五六十年代就开展过从坑内酸性水中回收铜的试验和试生产工作。最近几年也有一些矿山进行了采用此种工艺的尝试。其中德兴铜矿比较典型。该矿从 1979 年以后进行了一系列低品位铜矿石的堆浸试验，取得了很好的效果。1985 年又开展了 1000t 级的堆浸试验，1987 年通过部级鉴定并获得有色总公司科技进步三等奖，现在正在进行扩大到 2000t 的基建工作。但我们发展步伐是缓慢的。

我国铜资源的条件不同于美国和智利，溶浸采矿不可能发展到那样的规模。但还是有不少矿山有可能将氧化矿、表外矿、废石堆场、尾矿、露天矿边坡贫矿、老采区的塌陷等作为二次资源开发利用。应当通过系统的调查研究，制定出发展规划，使步伐迈得更大一些。德兴铜矿通过三期建设，在开采过程中将有 20 亿吨含铜 0.3% 以下的低品位矿石与表土、废石一起堆积在废石场中，估计含铜总量可达 120 万吨。根据已经完成的试验，完全有可能从中提取 20%~30% 的铜。这对国家对企业都是具有重要经济意义的。西藏玉龙铜矿是一个具有 650 万吨铜储量的大型斑岩铜矿床，其中氧化矿 270.5 万吨，也是一个发展浸出-萃取-电积法工艺的好基地。而且也只有采用此种工艺，才有可能在目前的条件下开发这样边远的高海拔矿床。

## 3.4　增加对铜矿床的勘探投入

从已探明的铜资源来看，若扣除"呆矿"，资源的保证程度是很低的。不少现在生产的铜矿山又面临资源接近枯竭的严峻形势。这些都要求加强铜的地质勘探工作。我国并不是贫铜国家，如果增加对铜矿床地质勘探的投入，相信会获得好的结果。

首先应当注意的是在生产矿山周围和深部的勘探，解决矿山持续生产和扩大规模的问题。铜陵狮子山矿深部盲矿体，即冬瓜山矿床的发现，便是这方面的一个很好的例证。该矿床铜金属量近 100 万吨，品位 1.01%，可以为我国增加一个 30 万吨/年级的大矿山。还有一些矿山在周围或深部也找到了原来勘探时未曾发现的新矿体，如易门铜矿凤山深部的盲矿体等。总之，在一些生产矿山的周围和深部，特别是在深部，应当有很好的找矿前景。

其次是在未经很好探查的地区，寻找高品位的矿床。新疆的阿舍勒铜矿体（铜储量 108 万吨，品位 2.45%，锌储量 42 万吨，品位 2.96%）便属于这种类型。"九五"期间地矿系统启动的"固体矿产勘查跨世纪找矿工程"也具有同样的目的。据报道，"九五"头一年在云南腾冲和思茅地区就发现了老厂坪和大平掌铜多金属矿床，云南德钦拖顶铜矿床的勘探也有新的进展。它将为 21 世纪铜工业的发展奠定很好的物质基础。

# 中国恩菲应对矿业面临的挑战

　　中国恩菲工程技术有限公司是一个集非煤矿业、有色冶金工程、新能源工程、环境工程为一体的科技型企业。它在六十多年的工程设计建设实践中，始终把依靠科技创新解决矿业工程设计中的技术难题摆在努力追求的地位。

　　矿业是人类步入文明社会的奠基石，是国民经济发展乃至高新技术产业的重要物质基础。我国是世界上矿产资源种类比较齐全的少数国家之一，目前全球已经发现矿产资源200余种，我国迄今已有171种，其中有探明储量的159种。我国矿产资源产品的产量、消费量已连续多年位居全球首位，这种状况支持了我国近30多年来经济的高速发展，同时使我国成为当之无愧的矿业大国。然而由于传统的"重冶轻矿"的观念，我国大宗消费的矿产资源禀赋不很理想，也由于有一段时间矿产资源勘探的投入不足，致使大宗消费金属矿种铁、铜、铝、镍等的对外依存度不断攀升，分别达到了50%~80%，更为难堪的是，我们这个矿产品生产、消费大国，在贸易上并没有定价的话语权，使我们这个矿业大国的地位实际非常虚弱。

　　从矿业大国发展为矿业强国，是中华民族伟大复兴不可或缺的条件，是我们这一代人的历史使命。但这条道路是崎岖的，充满着诸多严峻挑战。

　　(1) 资源问题。占有资源，尤其是优质资源，是矿业企业的基础竞争力。我国确有不少优质矿产资源，但我国重点矿业企业在大宗消费矿产资源方面的储（量）产（量）比与全球大型跨国矿业企业相比，差距是鸿沟级的概念。(2) 劳动生产率问题。我国数万座金属矿山，绝大多数属于中小型，装备水平落后，安全事故频发，就是大型矿山，劳动生产率也只有矿业发达国家的1/10左右，这是很难在竞争中持续的。(3) 生态环境问题。开矿对生态环境带来最严重的破坏，尽管国家对环境保护极端重视，不少部门也做出诸多努力，而且已有无废矿山、花园式矿山以及复垦植被的示范性工程存在，但从全局来看，仍处于局部改善、整体恶化的发展态势。(4) 我国面临日益增多的深井开采。目前正在设计建设的开采深度超过1500m的项目已有十多座。众所周知，深井开采将遇到岩爆、高温的威胁，工作环境恶化。现在又增加了国际上尚无先例的超大规模深井开采充填工艺上的技术难点，特别是对于第三类型的深井开采。这些都是中国恩

　　本文为于润沧在2016年中国国际矿业大会暨与国家超级计算天津中心合作共建"中国矿业信息化协同创新中心"启动仪式上的演讲。中国国际矿业大会于9月22~25日于天津梅江会展中心举行。

菲面对我国矿业发展遇到的严峻挑战。

中国恩菲如何应对这些挑战。中国恩菲是一个具有 20 多个专业的机构，多专业、多学科的交叉，极有利于创新。中国恩菲的科技创新，无论是自主创新、集成创新、突破性创新都是结合工程项目设计，针对项目中的技术难题开展的，因此其科研成果接近百分之百可以转化为生产力，这是它的优势。中国恩菲在这方面开展了力所能及的大量工作。

提高矿山产能。20 世纪 80 年代我们通过调查统计，发现在类似开采条件下，我国矿山产能比国外小 1/3 ~ 1/2。在金川镍矿二矿区设计中，我们在吸取国外先进技术的基础上，史无先例地在水平面积 10 万平方米的矿床中采用了下向进路分层充填采矿法，同时在 4m×5m 的进路中选用了双机液压凿岩台车、6m$^3$ 铲运机和配套辅助设备，以及料浆不会离析的高浓度胶结充填工艺，使原设计 165 万吨/年的规模提高到 265 万吨/年。由于设置了这样有利的条件，现在该矿的产量已突破 400 万吨/年，将一种低效率的采矿方法改造成为高效率的方法，大大提高了单位储量的产能和劳动生产率，使企业具有了很强的竞争力。

构建生态矿业工程，实现无废开采。生态矿业工程是一门新学科生态工程的分支，要求依据法律法规在规划、立项、设计、施工建设、生产、闭坑全过程将生态环境本底调查、生态环境保护和环境治理、生态修复融为项目的有机组成元素，保证各阶段的资金投入，落实各阶段的社会责任与有效监督，争取做到不设废石场，不建尾矿库，无不合格废水排放，如 80 年代初的南京栖霞铅锌银矿，云南会泽铅锌矿二期扩产工程。

创建自动化采矿示范工程。固定安装设备无人值守远程监控技术基本成熟，有待推广。物流系统，包括竖井提升、有轨和无轨运输、胶带运输智能化。回采过程自动化，实现按需通风和设备的预防性维修，供配电系统与生产各系统的融合，建立全矿信息化管控系统。正在示范工程中逐步攻关推进。

集中力量研究大规模第三类型深井开采、大规模海下深井开采的关键技术。

全力配合矿业企业在"一带一路"倡议指引下，通过融入当地、统筹发展、合作共赢建设矿产资源保障供应基地。已编制出"海外冶金工程可行性研究报告样板"，强化海外项目风险评估。

与国家超级计算天津中心合作共建"中国矿业信息化协同创新中心"，创建矿业信息化模型（MIM），恩菲天河矿业云，希望依靠大数据的支持提供更精准的三维设计，能够对矿山实施全生命周期的远程技术诊断与远程技术服务，为"天津超算"开辟固体矿产资源的"算地"领域。

# 印度尼西亚低品位红土镍矿开发趋势

马文军

（中国恩菲工程技术有限公司，北京，100038）

**摘　要**：近年来，随着印度尼西亚镍铁项目的建设，高品位红土镍矿资源已得到充分利用，笔者在对印度尼西亚红土镍矿资源特点及其开发历程进行分析回顾的基础上，结合目前动力电池需求提出了印度尼西亚低品位红土镍矿的未来开发趋势。

**关键词**：红土镍矿；开发趋势；印度尼西亚

# Development Trend of Low Grade Nickel−Laterite Resources in Indonesia

Ma Wenjun

（China ENFI Engineering Corporation，Beijing，100038）

**Abstract**：In recent years，with the developing of Ferronickel project in Indonesia，high grade nickel−laterite has been unutilized fully，After an analysis of the characteristics of Indonesian nickel−laterite resources and a review of their development history，the author predicts the trend of low grade nickel−laterite resource development in Indonesia on the basis of EV battery demand.

**Keywords**：nickel−laterite，development trend，Indonesia

印度尼西亚成为世界红土镍矿大国，长期以来，其红土镍矿开发以火法工艺生产镍铁为主，在中国资本推动下，印度尼西亚形成了镍铁不锈钢一体化发展模式，近年来，随着电动汽车发展对电池材料需求的增长，其低品位红土镍矿也成为关注重点，未来将得到进一步发展。

---

作者简介：马文军（1974—），男，中国恩菲工程技术有限公司，高级工程师，主要从事矿业经济研究工作。

# 1　印度尼西亚红土镍矿特点

## 1.1　镍资源量大

根据美国地质调查局最新公布的数据，2019 年全球镍储量总计 8900 万吨，而印度尼西亚红土镍矿储量则达到了 2100 万吨[1]，占全球镍储量的约 24%，占全球红土镍矿储量的约 40%，已经成为名副其实的"红土镍矿资源新霸主"。

## 1.2　资源品质好

除了资源量大外，印度尼西亚红土镍矿还具有资源品质好的特点，通过对全球主要红土镍矿资源及其品位的对比可以看出（见图 1），虽然印度尼西亚项目在资源规模上处于中等水平，但其资源品位却处于中等偏上水平。从区域资源品质看，在红土镍矿资源的整体品位分布方面，印度尼西亚仅次于新喀里多尼亚，位居第二。

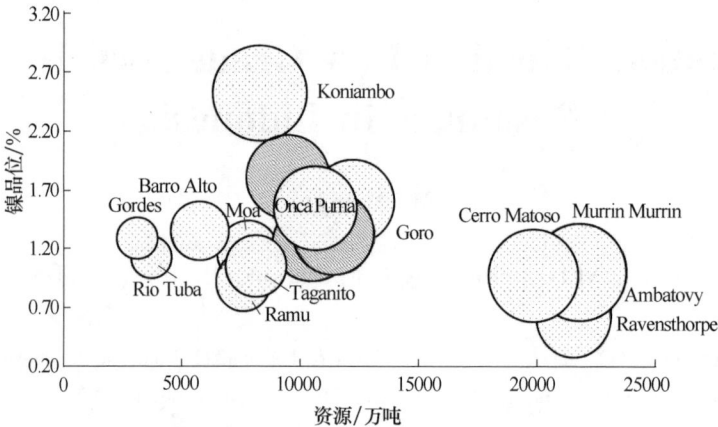

图 1　全球主要红土镍矿资源及品位对比[2]

# 2　印度尼西亚红土镍矿开发历程回顾

## 2.1　印度尼西亚红土镍矿开发以火法工艺为先导

印度尼西亚的红土镍矿开发始于 20 世纪 70 年代末，主要公司为 PT ANEKA TAMBANG Tbk（Pt Antam）和原 PT Inco 公司（现 PT Vale Indonesia Tbk）。Pt Antam 采用 RKEF 火法工艺处理红土镍矿生产镍铁，而 Pt Inco 公司则采用 RKEF 火法工艺处理红土镍矿生产镍锍。2000 年以前，两个公司镍产能基本维持在约 8 万吨/年的水平，其产能增长相对缓慢。2000 年以后，印度尼西亚成为红土镍矿主要出口国。

2014 年印度尼西亚禁矿后，中资企业成为印度尼西亚红土镍矿开发的主导力量，2015~2017 年形成了镍铁项目建设高潮，其主要采用火法工艺生产镍铁用于不锈钢原料。根据初步统计，中资企业参与的镍铁项目产能已达约为 261 万吨，预计未来总产能可能达到 470 万吨。

## 2.2 HPAL 工艺处理低品位红土镍矿获得新机遇

受电动汽车产业发展带动镍钴需求增长的预期，诸多国际及国内企业开始对湿法处理低品位红土镍矿工艺特别是 HPAL 工艺投入更多关注。2018 年，中资企业宁波力勤矿业有限公司与印度尼西亚哈利达公司合作建设的 OBI 岛湿法红土镍矿项目开始启动，成为印度尼西亚红土镍矿开发中的一个标志性事件，宁波力勤矿业有限公司也成为首家在印度尼西亚投资红土镍湿法项目的中资企业。

随后，包括青山控股集团有限公司、格林美股份有限公司、浙江华友钴业股份有限公司等企业也计划在印度尼西亚建设 HPAL 湿法工艺处理低品位红土镍矿项目，初步估计将增加镍金属量 20 万~30 万吨，钴金属量 2 万~3 万吨；此外，包括日本住友金属矿业公司、巴西淡水河谷、法国冶金公司、Pt Antam 等国际矿业公司及当地企业也在研究采用湿法工艺处理低品位红土镍矿项目的可行性。

## 3 印度尼西亚低品位红土镍矿开发的趋势

作为全球主要的镍资源国，在 RKEF 火法工艺处理红土镍矿生产镍铁得到大面积推广后，印度尼西亚低品位红土镍矿资源也迎来了新的发展机会。

### 3.1 当地项目开发优势成为吸引外资的主导动力

印度尼西亚红土镍矿资源开发，除了其具有良好的镍矿资源品质外，其在能源供应、运营成本及建设实施等方面具有诸多优势：

（1）人工成本。印度尼西亚人工成本优势明显，不仅远低于同样拥有红土镍矿资源的澳大利亚和新喀里多尼亚，与我国相比，只有我国人工成本的约 30%；

（2）能源丰富。印度尼西亚的石油、天然气、煤炭的储量和产量均排名世界前列，使其电价优势明显，约为我国电价的 50%~60%；

（3）环境容量。印度尼西亚属于群岛国家，热带雨林气候，受季风影响大，环境条件好，环境容量大；

（4）项目建设。在项目建设方面，印度尼西亚对中国标准体系总体上认可，使得中国企业在投资印度尼西亚项目过程中可以直接使用中国标准和中国设备，有效降低了投资成本。

尽管印度尼西亚开发红土镍矿资源仍存在许多风险因素，但上述优势因素的结合，使得中国企业可以结合国内经验在当地进行工程建设，加上有效的管理，形成了在当地的项目建设优势。项目建设优势与当地镍资源及能源优势结合，形成了项目生产成本方面的竞争优势，成为吸引外资的巨大动力。

### 3.2 低品位红土镍矿"资源+能源+材料"一体化开发模式成为发展方向

在发展新能源汽车成为世界各国共识的大背景下，保障镍钴资源供应成为产业界关注的重点。

中资企业依托印度尼西亚红土镍矿资源及当地综合优势，推动印度尼西亚成为世界第二大不锈钢生产国，开创了不锈钢产业发展的新业态。这个过程的红土镍矿资源开发，主要集中在高品位的残积型红土镍矿资源的开发，而大量镍品位较低的褐铁矿型红土镍矿资源尚未得到大规模的开发利用。在汽车产业电动化的大趋势下，面对广阔的动力电池市场需求及国内日趋严格的环保标准，动力电池企业追求降本增效的意愿将更为强烈，在综合考虑资源、能源、人工等优势及产业链上下游各环节协同基础上，进一步降低电池的综合成本，提高产品竞争力，成为未来发展必然趋势。作为红土镍矿 HPAL 湿法工艺技术典范的巴布亚新几内亚瑞木项目的达产达标，为企业在印度尼西亚开发低品位红土镍矿提供了投资信心。在竞争压力的驱使下，在具有资源优势的印度尼西亚，充分利用当地低品位红土镍矿和其低廉的能源，建立"资源+能源+材料"一体化模式，形成其在产业链中的最强竞争力，成为电池材料原料企业红土镍矿开发所考虑的理想模式。

## 4 结论

印度尼西亚作为红土镍矿资源优势国家，资源禀赋好，结合其能源优势，将镍矿资源开发与能源利用及电池材料生产等环节结合，实施"资源+能源+材料"一体化模式，采用 HPAL 湿法工艺技术开发低品位红土镍矿，将更有利于推动电池材料成本的下降，是一种动力电池产业提升成本竞争力的模式，将可能成为印度尼西亚低品位红土镍矿资源开发的未来趋势。

### 参 考 文 献

[1] U. S. Geological Survey. Mineral commodity summaries 2020. https：//pubs. usgs. gov/periodicals/mcs2020/mcs2020，2020-1-31.

[2] 内部数据库. 中国恩菲工程技术有限公司，2019-6-8.

# 住友矿业发展历程及其启示

马文军

（中国恩菲工程技术有限公司，北京，100038）

**摘　要**：在全球发达国家中，日本是少数矿产资源匮乏的国家之一，日本通过其矿业公司全球布局，保障了其资源需求，在日本矿业公司中住友金属矿业有限公司以其围绕矿山、冶炼及材料产业链进行布局，通过科技研发提升其竞争力，取得了不俗的成绩，作者通过对其发展历程的回顾，分析其所带来的启示，以期为我国矿业公司拓展海外资源提供参考。

**关键词**：住友矿业；发展历程；启示

# Development of Sumitomo Metal Mining Co., Ltd. and its Enlightenment

Ma Wenjun

（China ENFI Engineering Corp. , Beijing, 100038）

**Abstract**: Among world developed countries, Japan is one of the few countries lacking of mineral resources. Japan has secured its resource needs through the global presence of its mining companies. Sumitomo Metal Mining Co., LTD. , a Japanese mining company, has made remarkable achievements by centering on the mining, smelting and material industry chain and improving its competitiveness through scientific research and development. In order to provide reference for the overseas development of China's mining industry, the author summarizes the enlightenment by reviewing its development.

**Keywords**: sumitomo metal mining, development, enlightenment

在世界发达国家中，日本是一个资源相对匮乏的国家，但日本在全球资源布局方面取得不俗的成绩，日本矿业公司在这个过程中发挥了重要作用，日本住友金属矿业有限公司（以下简称住友矿业）是其代表之一，其依托资源、冶炼及材料一体化的发展模式，取得较好的经营效果。

---

作者简介：马文军（1974—），男，中国恩菲工程技术有限公司，高级工程师，主要从事矿业经济研究工作。

# 1　住友矿业概况

目前，住友矿业是日本住友财团旗下唯一的一家主要从事有色金属业务的企业，其通过长期发展，成为全球为数不多的集金属矿山开采、冶炼加工、材料制造在内的全产业链业务模式的矿业公司。其主要业务包括矿山业务、冶炼业务和材料业务。按 2018 年数据统计，其铜权益资源储量达到近 1900 万吨，产品居世界前 20 名，其 NCA 正极材料成为特斯拉的主要供应来源。

## 1.1　矿产业务

住友矿业的矿山资产主要集中在海外，其中铜矿主要集中在南美洲；金矿除国内的 Hishikari 矿外，海外金矿主要是加拿大的 Cote 项目（正在建设中）；镍矿方面，住友矿业主要在菲律宾和印度尼西亚开展红土矿开采业务。

住友矿业年度铜权益产量约 40 万吨，铜产量排名稳定在全球前二十名以内。除澳大利亚 Northparkes 铜矿外，其余 4 处铜矿山产量均位于全球前 60 名以内，其中对公司产量贡献最大的秘鲁 Cerro Verde 铜矿以及美国的 Morenci 铜矿分别位列全球第 4 和第 7 位，智利的两处铜矿：Candelaria 矿山产量位列全球第 40 位，Sierra Gorda 矿山产量位列全球 52 位。

住友矿业所投资铜矿虽然参股比例较少，但由于主要面向的是世界级的优质资产，产量大且成本低，所以仍能跻身于全球铜生产商的第一阵营。同时住友矿业参股的铜矿多选择与国际顶级矿企合作，也在一定程度上降低了自身的经营风险，可谓一举两得。

除金属铜之外，住友矿业金属钼权益产量约为 1 万吨/年，稳居全球前十，黄金权益产量位列全球第 30~40 位之间；白银产量位列全球第 70 名左右，对于本土金属资源缺乏的日本而言，住友矿业获得这样的排名，投资优质矿产的策略功不可没。

## 1.2　冶炼业务

住友矿业除了在中国、印度尼西亚、菲律宾与当地企业合作开展冶炼业务之外，高端冶炼生产基本都在日本国内进行。

住友矿业冶炼业务所使用的精矿大部分来自持股矿山，少部分来自外购，冶炼业务生产的铜、镍等金属产品部分对外销售，部分送至公司旗下的材料生产工厂，通过自主研发的核心技术生产出具有高附加值的粉体、合金、晶体等终端材料向市场出售。

在冶炼产能方面，住友矿山公司规划到 2021 财年，铜产能达到 30 万吨、镍产能达到 15 万吨、黄金产能 30t。

## 1.3　材料业务

住友矿业在通过投资海外优质资产实现了其资源保障的前提下，材料业务则是其体现核心技术竞争力的主要方面。

住友矿业的材料业务可划分为：粉体、合金、晶体三大方向，在此三大方向的基础上，又衍生出各自的细分方向与品种，实现了"同种原料，多种材料"的多元化应用。

住友矿业在 NCA 电池材料已形成 5.5 万吨/年的产能，其计划在电池材料领域形成 12 万吨/年的产能。

## 2　住友矿业发展历程

从住友矿业漫长的发展历程来看，其发展主要经历了在三个重要阶段：

第一阶段：立足国内铜矿，发展冶炼技术。

住友矿业隶属于日本六大财团之一的住友财团，其最早的矿山业务可追溯到公元 1590 年，当时通过开发日本国内的别子山（Besshi copper mine，1974 年关闭）铜矿而发展壮大。19 世纪末至 20 世纪初，住友矿业通过引进、吸收现代冶炼工艺进入新的发展阶段。

第二阶段：拓展材料业务。

1960 年，住友矿业开始生产晶体管用二氧化锗，以此作为涉足材料领域的开端，随后陆续开展了针对金属粉体、专用料浆、晶体材料、薄膜溅射靶材、电磁材料、电子材料等的研发与制备，原料品种涵盖铜、金、镍、钴、铅、锡、钽、钼、稀土等数十种金属。

第三阶段：投资海外矿产资源。

1986 年以后，住友矿业通过面向南北美洲、东南亚等地资源项目的投资并购，陆续获得了包括铜矿、金矿、红土镍矿在内的一系列海外矿山资源，以此为基础开展海外矿产资源业务。

## 3　住友矿业发展的启示

（1）具有明确的公司战略及实施保障手段。

住友矿业形成了具有明确战略并强化战略落地的机制，使公司战略要求不断落实。住友矿业提出了 2021 年发展目标："成为有色金属行业的世界领导者和日本优秀公司"。

根据公司战略定位，其在有色金属上下游采取了一系列措施进行布局和调整：

资源方面：1）通过增持 Morenci、Quebrada Blanca 铜矿股份，投资智利 Sierra Gorda 铜矿等途径，并辅以技术改良，在 2021 年实现铜权益产量达到 30 万吨；2）主要通过扩大镍冶炼项目产能，2021 年镍产能达到 15 万吨，并且按照计划开始生产副产品钪；3）黄金权益产量在 2021 年达到 30t，为实现此目的，其收购加拿大 Cote 项目正在建设中，即将投产。同时，住友矿业剥离了原有的铅锌矿业务，以优化资产结构。通过以上布局调整，住友矿业将资源重点集中在铜、镍、黄金三种金属上。在材料方面，住友矿业 2016 年开始退出低端产品业务的同时，逐步扩大电池材料产能并布局动力电池回收业务，通过材料业务板块的结构调整，聚焦于下一代新材料的研发与生产，并计划在 2021 年依靠新材料业务新增收入 50 亿日元。

（2）将科技研发提到非常高的层次。

住友矿业非常重视科技研发，具有明确的研发策略。研发策略上采取"三大基础研究+五类核心技术研发"的模式。

开展三大基础研究：1）以原理分析、结果解释为目标的基础性原理研究；2）以计算机辅助分析为手段进行工程问题的动力学、热力学、流体力学研究，以及通过"第一性原理"为分析手段进行材料设计；3）为提升工厂运行效率，优化生产流程而进行针对物联网、大数据的基础研究。

五类核心技术研发领域包括：1）针对勘探、开采、选矿等矿山工作流程研发相关矿山工艺技术；2）研发高效提取铜、镍、稀有金属的冶炼、精炼技术；3）针对不同应用领域的粉体材料，为实现粉体组分、尺寸、界面状态等方面的精细控制，而进行的粉体合成及表面改性方面的研发；4）探索已有粉体材料产品的潜在新功能，摸索新的合成粉体工艺；5）研发并改进大尺寸、高产率的钽酸锂、铌酸锂等单晶体的生产工艺，并将研发内容延伸至晶体切片领域。

（3）采取恰当的矿山投资策略。

为了应对矿业项目投资的高风险、长周期、不确定性的特点，住友矿业在矿业项目投资中采取了相对稳健的投资策略，即跟随策略，其基本上不考虑对矿山项目进行控股，而是通过挑选优质海外资产，通过与国际顶级矿业公司合作，共同进行项目开发，充分发挥国际顶级矿业公司的优势，最大限度降低投资风险，取得了不俗的投资业绩。

# 4　总结

日本住友矿业经过 400 多年的发展，实现了业务规模的持续增长，在其公司业务发展的过程中，坚持深耕矿冶领域，通过战略引领，合作发展的理念是其成功的重要原因，也是值得我国企业海外矿产资源开发值得学习的经验。对于正在不断走向海外的中国矿业企业来说，要以更开放的心态学习国际矿业公司的成功经验，以期早日在海外矿业开发过程中获得更丰硕的成果。

# 第 3 篇
## 智能与生态矿业工程

# 矿山信息模型——矿业信息化的发展方向

于润沧[1,2] 刘 诚[1,2] 朱瑞军[1,2] 李少辉[1,2] 何煦春[1,2]

（1. 中国恩菲工程技术有限公司，北京，100038；

2. 中国矿业信息化协同创新北京市工程研究中心，北京，100038）

**摘 要**：当前，我国矿业信息化发展机遇与挑战并存，本文提出了矿业信息化发展的新理念——矿山信息模型（Mine Information Modeling，MIM），阐述了 MIM 的概念与内涵及其在矿山设计阶段、建设阶段、运营阶段的重要价值；分析了 MIM 休系建设所需要的关键技术，指出随着云计算、大数据、物联网等新一代信息技术的发展，MIM 将在矿业的信息化建设中扮演越来越重要的角色。

**关键词**：矿山信息模型；矿业信息化；全生命周期；数据共享

# Mine Information Model-the Development Direction of Mining Informatization

Yu Runcang[1,2] Liu Cheng[1,2] Zhu Ruijun[1,2] Li Shaohui[1,2] He Xuchun[1,2]

（1. China ENFI Engineering Corporation, Beijing, 100038；

2. China Mining Innovation Center, Beijing, 100038）

**Abstract**：At present, based on the coexistence of opportunities and challenges for informatization development in China's mining, the new concept of the mining informatization development, mine information model (MIM), was proposed in this paper. The concept and connotation of MIM and its important value in design stage, construction stage and service stage of the mine were expounded, and the key technology needed for MIM system construction was analyzed, and it was pointed out that with the development of new generation information technologies such as cloud computing, big data and internet of things, MIM would play an increasingly important role in the construction of mining informatization.

**Keywords**：mine information model, mining informatization, whole life cycle, date sharing

---

本文原发表于《中国矿山工程》，2018。

# 1　引言

随着云计算、大数据、物联网、移动互联网、人工智能等信息技术的广泛应用，我国信息化发展将向网络化、集成化、共享化和生态化的方向发展，信息技术应用和行业信息化建设将进入一个协同创新的新时代[1~3]。

我国是个矿业大国，近年来矿业在许多方面有创新和改进，但是在信息化建设方面还远远不足，同国外先进水平相比，我国矿山信息化水平还存在着较大差距。随着国家政策强力推进两化融合，推进云计算、大数据、人工智能等信息技术在传统产业应用，我国矿业信息化的发展迎来了新的机遇。

目前在矿山咨询设计工作，尤其是施工图设计工作中，设计人员采用较多的还是二维 CAD 技术，三维设计占比不高，而结合地质模型、矿体模型、岩石力学模型进行真三维设计更是处于探索阶段。这造成了设计工作质量和效率不高，各专业间协同性差，这些无疑限制了矿山设计阶段信息化发展的速度。在矿山建设和生产阶段，近些年来许多矿山企业在数字化、信息化方面做了大量工作，建立了集中控制系统、信息管理系统等，但仍存在不少问题，如各系统建设缺乏整体性，异构数据融合度低，数据综合利用率低，未对矿山企业智能决策提供有效支持[4~7]。

在建筑行业发展起来的建筑信息模型（Building Information Modeling，BIM）近年来得到了大力发展和广泛应用，BIM 是通过一系列软件、系统和平台，将目标的多维信息集成在一起的一个数字化信息模型，因而 BIM 在设计阶段解决了传统设计可视化程度低、工作效率低和协同性差等问题，在管理阶段提高了质量、成本和进度的管理水平，促进了各建设阶段的信息共享[8~12]。

# 2　MIM 理念的提出

BIM 技术的快速发展为矿业信息化建设提供了新思路。但矿山工程又具有显著的不同于地上建筑的特征，体现在：（1）受工程地质和水文地质影响，施工的同时对周边地质环境反向影响，对施工变形控制要求高，不确定因素多；（2）隐蔽性大，突发事件多，难以直观监测；（3）作业空间有限，环境恶劣，施工难度大；（4）矿山的物理状态随着开采的进行实时变化。

矿山建设的各个阶段所使用的软件、所需要的信息都与建筑行业差别很大，因此提出了矿山信息模型（Mine Information Modeling，MIM）的概念，通过 MIM 技术体系建设，用于工程的设计、建造与管理，可以大量减少沟通损耗，降低建造风险，解决目前存在的设计施工过程中专业协同性差、数据不流通的问题，实现矿山真三维协同设计，实现"信息共享、协同工作"的核心理念，这是支撑绿色矿山、智能矿山建设的重要举措，可达到优化设计方案，提高矿山工程建设的质量管理水平、降低建设成本和安全风险，提升工程项目的效益和效率的目的。

## 3　MIM 的概念与内涵

### 3.1　MIM 的概念

MIM 是以三维数字技术为基础，集成了矿山工程项目各种相关信息的工程数据模型，可实现矿山全生命周期动态变化过程的数字化表达。通过连接矿山生命期不同阶段的数据、过程和资源，对矿山进行完整描述。MIM 可解决分布式、异构数据之间的一致性和全局共享问题，支持包括资源勘查、方案设计、基建施工、生产管理及闭坑等在内的矿山全生命期中工程信息的动态创建、管理和共享。

### 3.2　MIM 的内涵

（1）面向矿山全生命周期的多维数据库系统。矿山全生命周期包括矿产资源勘查、矿山设计、矿山基建、矿山生产及闭坑四个阶段，矿山生命期的各个阶段中，涉及的异构系统类别较多，MIM 将成为一个多维数据组成的数据库，建立一套维护性强的系统数据采集标准方法，对矿山全要素、全流程、全业务的数据进行集成与融合。

（2）协同工作与数据共享。基于 MIM 建设协同工作云平台，收录项目全生命周期的信息文档。在需要投资方、建设方、施工方、设计方、咨询方、监理方、相关政府主管部门等多方参与且建设周期较长的工程建设项目中，MIM 云平台能及时收录信息文档并由参与各方共享。MIM 云平台还提供各建设阶段的工作流程，更加方便进行项目管理工作，相比传统设计阶段工作模式，MIM 云平台对其进行了整体的优化。

（3）可视化设计与分析。MIM 是采用三维数字表达技术设计的矿山信息模型，这种模型具有信息的完整性、准确性与清晰性等特点。借助于三维建模、VR、AR 技术，实施三维浏览、碰撞检测、施工模拟等，从而使工程的设计和施工工作在可视化的指导下进行，提升了质量和效率。

（4）持续更新与改进。矿山建设及生产是一个动态变化的过程，矿山的物理状态随着开采的进行实时变化，其相关系统的信息也在随时变化，MIM 模型数据可不断进行补充、完善，并始终保持模型的一致性。

（5）开放性与安全性。MIM 通过大数据云平台技术实现数据的共享和协调管理，建立数据安全与共享机制。开放共享与安全是一个既互相矛盾又能够有机结合的共同体：一方面需要共享带来更大的便捷，另一方面还需要在共享的同时保障数据的安全。

# 4　MIM 的价值

## 4.1　在设计阶段为矿山提供真三维设计和数字化交底

（1）MIM 真三维可视化设计。工程师可以在集成了地质模型、矿体模型、岩石力学模型的统一平台上进行真三维设计。可直观地观察工程布置和空间形式并检查其准确性，通过三维模型可直接生成二维平面图，对三维模型进行修改后，相关联的二维平面也会自动修改，减少重复修改的工作量。

（2）协同工作。MIM 技术为协同设计提供底层支撑，大幅提升协同设计的技术含量。各个专业在同一平台上进行工作，数据实时共享，大大降低了沟通损耗，提高了设计工作的质量和效率。

（3）技术经济评价。MIM 可提供详细的工程量和材料量统计，可用于前期设计过程中的成本估算，并可用于在业主预算范围内不同设计方案的探索或者不同设计方案建造成本的比较。

（4）全生命周期模拟。可以在项目设计过程对矿山进行全生命周期 5D（3D+时间+经济）模拟、精确分析和优化设计方案，对整个矿山的进度、资源和质量进行统一考虑，以降低成本、提高质量。

## 4.2　在建设阶段为矿山提供施工数字化管理

（1）基于 MIM 的三维虚拟施工。通过 MIM 技术结合施工方案、施工模拟和现场视频监测，大大减少矿山建设与安全问题，减少返工和整改。

（2）智慧工地。对材料进场实现信息化监控、使用数字化条形码记录施工项目主要材料的进出场情况，并在 MIM 系统上实时显示。

（3）进度管理。通过直观真实、动态可视的施工全程模拟和关键环节的施工模拟，可以展示多种施工计划和工艺方案的实操性，合理安排进度计划并优化施工方案。

（4）快速信息查询。自动形成完整的信息数据库，为管理人员提供快速查询定位。内容可包括：可行性分析报告、设计方案、勘察报告、设计图纸、造价资料、设计变更会议记录、施工过程记录、签证和技术核定单、设备相关信息、各种施工记录、物料信息。所有信息化数据实现云存储，分级按权限共享。

## 4.3　在运营阶段为矿山提供生产数字化管理

（1）资产管理。利用 MIM 可以实现资产监控、查询、定位管理可视化。支持全过程的资产数据管理，通过 MIM 结合物联网技术可以使资产在矿山中的定位及相关参数信息一目了然。

（2）维护计划。MIM 可以利用设备运行数据制定预防性维护计划，降低设备故障发生率，保证矿山生产有序进行。对于深井高地应力的矿山，可基于巷道变形监测数据等分析巷道稳定性，及时采取加固措施。

（3）能耗分析与优化。基于 MIM 的矿山能耗分析可进行更全面的性能分析，在设计阶段就进行的能耗模拟能及早发现存在的问题，基于 MIM 形成的数据库，能够对能耗进行大数据分析与优化。

（4）灾害管理。MIM 可以对矿山常见的突水、岩爆、滑坡等灾害发生过程以及人员疏散救灾等过程进行仿真模拟，分析灾害发生原因，评估避灾措施可行性和有效性。当灾害发生后，基于 MIM 可以为救援人员提供人员定位信息、相关设备设施运行状况信息、各种相应的监测数据等，指导救灾抢险工作。

## 5  MIM 关键技术

（1）真三维设计软件平台。构建统一的模型体系是 MIM 系统的关键。目前缺乏集地质资源、岩石力学、工程设计、矿山运营等统一考虑的模型体系，这是构造统一 MIM 三维仿真软件或平台的关键。

（2）矿业大数据分析与应用技术。MIM 系统中包含矿山生命周期中大量重要的多维信息数据，这些数据信息在矿山勘探、设计、建设、运营全过程中动态变化调整，实时对其中的数据进行整合、清洗、转换，为矿山大数据提供支撑。

（3）MIM 标准化。统一的数据融合接口也是 MIM 系统成功的关键之一。目前的矿业专业软件数据接口不统一，文件格式各不相同，数据共享及集成难度较高，另外，需建立 MIM 工作流程标准，MIM 模型交付标准等。

（4）矿山信息模型可视化技术。MIM 模型是包含有多维数据的大型平台模型，最终表现形式是可视化的多维度、多用途、多功能的计算机图形模型。MIM 文件模型较为复杂，直接将其原始模型上传让工程各方都能基于这个模型进行讨论，不管是上行和下行都不方便，如果能轻量化，其运用范围更为广泛。

（5）井下物联网技术。利用局部网络或互联网等通信技术把传感器、控制器、机器、人员和物等在 MIM 模型空间中联在一起，形成人与物、物与物相联，实现信息化、远程管理控制和智能化的网络。基于 MIM 核心的物联网技术应用，不但可使矿山实现三维可视化的信息模型管理，而且为矿山的所有设施或设备赋予了感知能力和生命力，从而将设施/设备的运行维护提升到全新高度。结合人工智能技术可实现智能按需通风、智能充填系统、固定设备无人值守，有轨及无轨设备的无人驾驶、采区自动化等。

（6）虚拟现实与增强现实技术的应用。MIM 模型系统结合 VR/AR 技术可以更好地使设计方与用户方进行交流，获取用户需求。将设计形成的三维模型快速转为 VR 模型，通过身临其境的感受，查看设计成果，发现问题并改进。利用 AR 技术可以将三维模型及相关信息叠加到二维图纸上，工程材料、工程设备、方案描述、安装位置、施工要求等全部工程信息都可以随意调取查看,实现图纸承载信息的无限扩充。

## 6　结语

云计算、大数据、物联网、移动互联网、BIM 技术、人工智能等新一代信息技术的快速发展,为矿业信息化的发展带来了前所未有的机遇,矿山信息模型(MIM)技术将成为矿业信息化的未来,必将发挥越来越重要的作用。基于矿业建设及发展特点,MIM 的建设是一项复杂、艰巨的系统工程,需要整体规划,分步实施。

### 参 考 文 献

[1] 杨耀庭 . 大数据是企业信息化建设的核心 [J]. 建筑技术开发, 2017, 44(2): 35.
[2] 刁文静 . 安徽开发矿业信息化建设分析 [J]. 科技创新导报, 2017(4): 80-82.
[3] 王帅华 . 信息化智能矿山建设 [J]. 科技视界, 2015(4): 356, 404.
[4] 孙效玉, 张维国, 杨宏贤 . 数字矿山建设中的系统应用集成与数据共享方法 [J]. 金属矿山, 2012(7): 123-125.
[5] 吴立新, 殷作如, 邓智毅, 等 . 论 21 世纪的矿山——数字矿山 [J]. 煤炭学报, 2000, 25(4): 337-342.
[6] 孙豁然, 徐帅 . 论数字矿山 [J]. 金属矿山, 2007(2): 1-5.
[7] 管忠民 . 试论数字矿山特性及应用 [J]. 能源与环保, 2008(1): 20-22.
[8] 裴坤 . 建立完整 BIM 软件体系概念 [J]. 福建建筑, 2016(11): 100-104.
[9] 刘占省, 赵明, 徐瑞龙 . BIM 技术在我的研发及工程应用 [J]. 建筑技术, 2013, 44(10): 893-897.
[10] 纪博雅, 戚振强 . 国内 BIM 技术研究现状 [J]. 科技管理研究, 2015(6): 184-190.
[11] 李昂, 石振武 . BIM 技术在建筑工程项目中的应用价值 [J]. 经济师, 2014(1): 62-64.
[12] 杨庆峰, 林大岵, 路军 . BIM 技术在建筑设计中的应用及推广策略 [J]. 建筑技术, 2016, 47(8): 733-735.
[13] 钟上勇 . 矿山工程造价全生命周期的动态管理技术研究 [J]. 世界有色金属, 2018(10): 222-223.
[14] 刘维跃, 孔震, 曾敏, 等 . 基于 BIM 云平台的协同设计管理研究 [J]. 价值工程, 2017, 36(32): 68-71.
[15] 谭佩 . BIM 信息可视化技术在基坑工程中的应用 [D]. 广州: 广州大学, 2016.

# 构建智能化绿色矿业工程，引领
# 矿业大国向矿业强国奋进

实现现代化是我国21世纪发展的目标。在我们向中华民族伟大复兴奋进的过程中，无论从保障原材料可持续供应的角度，还是从节能减排的角度，矿业现代化都处于非常突出的地位。

对我国而言，实现矿业现代化的标志是什么？最根本的就是要从矿业大国发展为矿业强国，实现资源-经济-环境相协调的可持续发展。从国家层面看，我国毫无疑义是一个矿业大国。就资源而言，我国是世界上矿产资源种类比较齐全的少数国家之一，目前全球已经发现矿产资源200余种，我国迄今已有171种，其中有探明储量的159种。就生产和消费角度而言，大宗消费的金属产量和消费量已连续多年位居世界第一。然而我国远非矿业强国。我国金属矿山的发展面临诸多困境。首先是大宗消费矿产资源禀赋不佳，由于我国地质构造特点和地质演化历史，形成贫矿多、共生矿多、难处理矿多，使我们的生产成本缺乏竞争力，又不具备市场定价话语权，而且人均现有资源量只有全球平均水平的58%。目前，我国仍在领跑全球矿产资源的消费，消费量占比超过全球40%的金属矿种有铁、铜、铝、铅、锌、锑、钨、锰、锡、钼、锂、钴、钒、铬、镍等十多种。据全球矿产资源战略研究中心预测，除铁矿石、锰、锌外，消费峰值在2020~2025年间，或持续增长。即使达到峰值消费水平仍长期处于高位，因此对外依存度不断攀升；再者，"走出去"还未形成保障供应的资源基地；与那些跨国大型矿业企业相比，我国矿业企业的竞争力还十分脆弱；矿业企业带来的生态环境恶化，尚未得到根本的好转；安全事故频发让人揪心；更为突出的是我们正面临日益复杂的深井开采，还缺乏理念、科技、管理方面的应有准备。据有关资料介绍，目前，全球采深超过1000m的矿山有126座，其中中国15座，见表1。据不完全统计，未来10年内，我国将有1/3以上金属矿山开采深度达到或超过1000m，目前南非的Western deep level金矿，已开采到4800m，是现在开采最深的矿山，我国才刚刚开始。深井开采将遇到高地应力集中诱发的岩爆、高温热害、竖井提升、通风、排水、支护、充填工艺环节等一系列的技术难题，尤其是第三类型的深井矿山，这些都需要应对。

---

本文为于润沧在"2018矿业前沿与信息化智能化科技年会暨首届智能矿业国际论坛"上的演讲。论坛于2018年10月16~17日在北京举行。

**表 1　我国采深超过 1000m 的矿山**

| 排名 | 矿山名称 | 深度/m |
|:---:|:---:|:---:|
| 1 | 河南灵宝釜鑫金矿 | 1600 |
| 2 | 云南会泽铅锌矿 | 1500 |
| 3 | 云南六苴铜矿 | 1500 |
| 4 | 吉林夹皮沟金矿 | 1500 |
| 5 | 秦岭金矿 | 1400 |
| 6 | 红透山铜矿 | 1300 |
| 7 | 东峪金矿 | 1300 |
| 8 | 潼关中金 | 1200 |
| 9 | 玲珑金矿 | 1150 |
| 10 | 冬瓜山铜矿 | 1100 |
| 11 | 湘西金矿 | 1100 |
| 12 | 阿舍勒铜矿 | 1100 |
| 13 | 三山岛金矿 | 1050 |
| 14 | 金川二矿区 | 1000 |
| 15 | 山东金洲矿业集团 | 1000 |

　　大家可能都注意到了，矿业发展正是朝着克服这些困境的方向在迈进。大体可以归纳出三个重点方向。

　　（1）建设智能化矿山。

　　从 20 世纪的计算机、大型无轨设备、先进的通信技术、岩石力学研究成果等进入矿业领域，使矿山面目发生了显著变化开始，现代高新技术便一直在引领和推动着矿业的发展，如大数据、物联网、云计算、人工智能、传感技术、自动定位与导航技术、虚拟现实技术等。而工程的创新，则是这些高新技术的优化和系统集成。从工程角度看，建设智能化矿山，需要涵盖以下几个方面：1）矿山所有固定安装设备实现无人值守，远程监控，含按需通风。2）回采过程由中控室人员操纵智能设备自动完成。3）物流系统，指有轨、无轨运输系统、竖井提升系统、胶带运送系统均实现自动运转。4）全矿信息化管控系统，含设备预防性维修系统。最终实现所谓"采矿办公室化"。

　　回采过程自动化实施起来难度相对要大一些，对于不同采矿方法具体方案会有所差异，难易程度也各不相同。总体看来，除了具体方案要适应不同采矿方法的特点外，还需要对过去通用的采准系统进行创新改造，使之适应自动化采矿和按需通风的需求。再则，目前国内很多矿山的回采工作均采用外包的方式，一般机械化程度都不高，更何谈自动化。因此首先可以在新建矿山和生产矿山深部开拓水平建立示范工程，逐步推广。总之，这是彻底解决矿山安全隐患、提高效率、节约能耗、降低成本、提升企业竞争能力的关键，是矿业发展的方向。

（2）构建生态矿业工程。

生态矿业工程，是20世纪中叶创立的生态工程学科的一个分支，是所谓绿色矿山的科学内涵。生态矿业工程就是当人类开发矿产资源引起自然生态平衡遭受破坏时，要建立人为的生态平衡，也就是人类有意识地、理性地，同时依靠法律、政策法规安排能满足人类对矿产资源需求和生态、环境系统承载能力的工程部署与实践，达到可持续发展的目标。生态矿业工程的基础包括四个方面：1）进行细致的生态和环境本底调查；2）阐明矿产资源开发可能诱发的生态环境问题；3）提出从源头上控制的技术路线与措施；4）制定环境治理和生态修复的技术方案；5）落实分阶段的预算和财务保证以及责任人。

对于新建矿山，必须在矿产资源开发之前进行细致的生态环境本地调查，其内容主要包括：1）环境空气质量现状评价；2）地表水环境质量现状调查与评价；3）地下水现状监测与分析；4）生态系统类型及特征调查；5）植物区系及特点调查分析；6）野生动物资源及水生生物调查与分类评价；7）土壤环境质量现状调查；8）土壤浸湿和水土流失现状调查；9）土地利用现状调查；10）放射性调查；11）生态环境现状总体评价。在此评价的基础上，有针对性地建立生态矿业工程理论。

生态矿业工程的理论要求在矿业项目规划、立项、设计、施工建设、生产、闭坑的全过程，将生态环境保护和环境治理、生态修复融为项目的有机组成元素，保证各阶段的资金投入，落实各阶段的社会责任。使环保行动从非经济行为变为经济行为，从末端治理变为源头控制，首先研究实现无废开采的可能性，进而研究尾矿资源化的可能途径，并真正做到有效监督和严格奖惩，真正做到经济发展与生态平衡相协调。

（3）实施全球矿产资源配置。

纵观发达国家的工业化历史，没有哪一个国家是完全依靠自己国内的资源实现工业化的，因此实施全球矿产资源配置就成为自然的趋势。然而，当前全球矿产资源和矿产品市场的垄断格局已经形成，我们实施全球矿产资源配置，还必须着眼于提高企业竞争力。从研究几个大型跨国矿业公司的发展战略可知，掌握资源，尤其是优质资源，提高储（量）/产（量）比，是矿业企业的基础竞争力，而且这些企业都经营着多种矿种，以适应市场的变化。对比之下，我们的矿业企业还存在着很大的差距。

我国的全球矿产资源配置应该包括国内和国外两个部分。

（1）国内除加大勘探投入外，要立足国家经济安全，完成资源储备、矿山产能储备、战略矿产品储备和占领（以稀有、稀散、稀土金属和稀有贵金属为主体的）新兴材料关键矿产全球制高点。

（2）对外要严格贯彻互利双赢方针，优势互补，共同发展，认真进行风险评估，入乡随俗，有效地融入当地社会，立足于建立资源供应基地。我国自从1987年中钢集团公司与澳大利亚哈默斯利铁矿有限公司合资开发恰那铁矿迈出第一步之后，30年来经历了几个不同的发展阶段，已经取得了不菲的成果，积累了经验，也存在着深刻的教训。

首先值得注意的是项目机会研究阶段的风险评估，包括资源风险评估、建设条件评估、经济风险评估、政策风险评估和政治风险评估，这些评估都包含许多具体的内容。有了认真的风险评估，才能制定出抵御风险的对策。可惜我国企业并没有很认真地对待这一至关重要的问题。

矿业企业"走出去"很重要的一个方面是投资取向。国际并购是企业迅速壮大，增强竞争力，同时获得优势资源、先进技术和先进管理经验的捷径，在国际金融危机期间，对国际并购提供了良好的机遇，其难度主要在于获得东道国的理解和后期的整合。少参股多包销是矿产资源极度匮乏的日本实现工业化的经典战略。这种投资取向投入少、风险小、收益大、受市场波动影响小，与大股东利益分享、风险共担，非常有助于解决资源紧缺的燃眉之急。我国企业也有这方面的范例。从事从草根勘探开始的企业也有不少，这种做法投入少，时间长，成果有一定的不确定性。总之，投资取向取决于企业的特长、融资能力和管理水平。

"一带一路"倡议为我国实施全球矿产资源配置提供了良好的机遇，"一带一路"沿线国家矿产资源丰富，消费需求旺盛，投资交易活跃，将矿业作为先导行业，推进我国与沿线国家的合作，对促进我国矿业的健康发展具有重要意义。我们需要认真总结过往"走出去"的经验教训，着力完善基于中国矿产资源禀赋的，具有全球竞争优势的原材料工业体系，为实现矿业强国，为"中国制造2025"和建设科技强国，提供矿产资源的解决方案和有力支撑。

# 自动化采矿的安全与经济效益

## 1 国外自动化采矿（mine automation）达到的技术水平

总体而言，矿业发达国家的机械化、自动化程度较高，作业效率较高。新型矿业观更关注作业安全、工作环境和生态环境。在现代通信和高度信息化水平的基础上，1/4～2/3 的地下矿使用无轨设备，作业精准性更高；劳动生产率较高；机械化换人，自动化减人，人员暴露在危险和环境恶劣区域的机会较少，时间较短，人员作业安全性提高，作业环境改善；强调绿色发展，生产过程中减排，闭坑规划贯穿矿山全生命周期。

### 1.1 智能化采掘设备

自动化采矿的进展基本按下述轨迹循序渐进：（1）单机自动化；（2）系统自动化；（3）矿山自动化。由此可见，设备自动化是采矿自动化的基础。目前，矿业发达国家露天矿采掘设备已有智能化产品，例如钻机、矿用卡车。地下矿山同样已投产了远程遥控中深孔凿岩台车、遥控铲运机、运输卡车等主要采装运设备，实现了无人驾驶电机车，大块破碎、提升机等固定式设备的无人值守或远程遥控。

露天矿：以运输卡车无人驾驶为龙头的自动化采矿。自动控制钻机-穿孔作业、无人驾驶矿用卡车、GPS 卡车调度系统、边坡位移实时监测、设备预防性维修和矿山规划模拟仿真。

目前矿业发达国家露天采矿智能化的进展：（1）自动控制钻机。目前有厂家推出先进的电脑钻机，可进行编程，钻孔过程可实现全自动化，可联网并能够选择远距离遥控。（2）无人驾驶矿用卡车。据介绍，至少有两家厂商（Komatsu 小松和 Caterpillar 卡特彼勒）在智利和澳大利亚的矿山投用无人驾驶矿用卡车。不论是自控钻机还是无人驾驶矿用汽车都需要现代无线通信技术和信息化支持。使用无人驾驶矿用卡车是自动化露天采矿的核心，首先需要精确定位，高精度GPS 系统；其次需要环境感知，路况检测，障碍物侦测、判断和避让；第三是机器控制，接受控制中心无线指令，使卡车在无人操作的情况下实现复杂的装载、

本文根据于润沧 2016 中国国际黄金矿业技术高峰论坛上的演讲整理。论坛于 2016 年 8 月 17～30 日在中国山东招远举行。

运输到卸载循环作业。其他的如边坡维护、监测、设备预防性维修以及规划仿真是矿山自动化的辅助和分支。

地下矿山自动化采矿的进展是以铲运机出矿远程遥控为核心的采矿自动化。中深孔凿岩远程遥控，铲运机出矿远程遥控与自动运行，溜井口大块破碎远程遥控，地下运矿卡车及无人驾驶电机车运输、提升系统，锚固、撬毛等辅助作业，水泵、空压机、提升装置等固定设备的无人值守。

自动化地下采矿要求基本完成无线通信系统，由光纤主干网、WiFi和机站组成先进的移动计算机网络。这在一些试验矿山已安装使用。

中深孔台车远程遥控，激光定位或全站仪导航，具备台车远程网络接口数据传输系统，自动调整角度，布孔计划自适应，自动更换钻头，钻孔质量记录等。

铲运机出矿发展较快。远程遥控和自动化铲运机除铲斗装载为从地面遥控操作外，其他操作为自动化模式。

地下自动卡车在矿山应用。配套的地下卡车自动化和50t无线导向的电动卡车（Kiruna K-1050）项目以及电机车无人驾驶已在一些矿山应用。

自动定位和导航系统正在继续完善。有几种导航系统已在试验矿山使用。

矿石溜井破碎锤进行大块破碎、矿井提升等固定设备实现无人值守或远程遥控，锚固、撬毛、支护等辅助作业在一定范围内实现自控。国外实现地下矿自动化（远程遥控）采矿的项目见表1。

**表1 国外实现地下矿自动化（远程遥控）采矿的项目**

| 国家 | 矿山（矿种） | 公司 | 所用自动化LHD等 |
|---|---|---|---|
| 澳大利亚 | Cllifs Nickel（nickel） | BHP Billiton | 2×CAT R1300G |
| 智利 | El Teniente-Pipa Nort（copper） | Codelco | 4×TORO 0010<br>2×LH517（two TBD*） |
| 加拿大 | Frood·Stobie（Nickel） | Vale | 2×ST8B LHD（Robo Scoops）<br>3×Tamrock DataSolo 1000 LHD<br>1×Wagner 40t卡车 |
| | Williams（gold） | Barrick | 2×TORO 40 trucks |
| | Diavik（diamonds） | Rio Tinto | Scooptram Automation System |
| 澳大利亚 | Ridgeway Deeps（gold/copper） | Newcrest | 5×LH514E |
| | Northparkes（copper/gold） | Rio Tinto | 4×LH514 |
| | Mount Isa（copper） | Xstrata | 2×Tl 1 automated LHDs |
| | Rosebery（lead/zinc） | MMG | 2×CAT R2900G |
| | George Fisher（lead/zinc） | Xstrata | 6×CAT R2900G |
| | Waroonga（gold） | Gold Fields | 2×CAT R2900G |

续表1

| 国家 | 矿山（矿种） | 公司 | 所用自动化 LHD 等 |
|---|---|---|---|
| 澳大利亚 | Telfer（gold） | Newmon（Byrnecut cont） | 1×CAT R1300G |
| | Kanowna Belle（gold） | Barrick | 1×CAT R2900G |
| 印度尼西亚 | DOZ（copper/gold） | Freeport McMoRan | 4×CAT R1600G |
| 芬兰 | Pyhasalmi（copper/zinc） | Inmet | 2×TORO 0011 |
| | Kemi（Chromium） | Outokumpu | Scooptram Automation System |
| 瑞典 | Kiruna（iron ore） | LKAB | 1×LH621 Scooptram Automation System |
| | Malmberget（iron ore） | LKAB | 1×CAT R2900G Scooptram Automation System |
| | Garpenberg（iron ore） | LKAB | Scooptram Automation System |
| 哈萨克斯坦 | Nurkazgan（copper） | | 6×Tl 1 automated LIIDs |
| 南非 | Finsch Block 4（Diamonds） | De Beers | 6×TORO 500 trucks（two TBD*），8×TORO 007 |

*待发送。

国外近期有可能采用自动化采矿技术的矿山项目：美国的 Bingham 铜矿转地下开采、Resolution 铜矿、加拿大 New Afton 金铜矿、蒙古 Oyu Tolgoi 铜矿地下开采、菲律宾 Didipio 金铜矿、巴布亚新几内亚 Wafi 金铜矿、Ok Tedi 铜矿转地下开采、智利 Chuquicamata 铜矿转地下开采等。

## 1.2　自然崩落法实例

### 1.2.1　智利 El Teniente 铜矿

El Teniente 铜矿位于安第斯山脉，海平面 2500m 以上，世界上最大的自然崩落法矿山。2013 年年初探明和证实储量 1520 万吨铜金属量（15.38 亿吨矿石，铜品位 0.99%）。当年产铜 45 万吨。开采至今已掘进了 2400 多千米巷道和超过 1500km 地下斜坡道。

矿山是世界最早采用铲运机自动出矿的地下矿之一（2004 年），Pipa Norte 和 Diablo Regimiento 矿区采用自动化铲运机出矿车队。现场司机被远程遥控替代，控制是在矿山外约 10km 处的中央控制室中进行。

自动化采矿系统 AutoMine 经矿山网络连接地面指挥系统，运行年度铲运机完好率 69%，破碎锤完好率 90%。

### 1.2.2　南非 Finsch 金刚石矿

Finsch 矿于 1990 年露天坑底到达 430m 深以后转入地下开采。矿块 4 改用自然崩落法。2005 年 11 月开始采用地下自动化采矿运输系统（AutoMine），矿山设计生产能力为 17000t/d。目前年产量 380 万吨。出矿采用 TORO 007 柴油铲运机。铲运机将矿石装入 TORO 50D（载重 50t）型卡车，由卡车运至破碎站。

卡车为无人驾驶由地表控制室操作。该矿在地下 630m 为无人驾驶卡车铺设了高速高强度混凝土路面，为世界首家使用全自动卡车运输的矿山，卡车运行速度从原来手动操作时的 16km/h 提高到 30km/h。2007 年实现铲运机的自动化作业。主要设备有 6 台 TORO 50D 卡车，8 台 TORO 007 柴油铲运机。设备的维修工作均是由 Sandvik 公司承担。

AutoMine 系统依靠安装在车辆上的激光系统扫描前方巷道轮廓，进行路况侦测，保证铲运机毫秒内定位。

## 1.3　充填法实例

### 1.3.1　加拿大 Kidd 深井自动化铜锌矿山

加拿大 Kidd 铜锌矿位于安大略 Timmins。目前开采水平-2926m。2011 年开始实施自动化采矿，实现按需通风，目前成为加拿大自动化采矿的引领者。

矿山年均产量 4 万吨铜、7 万吨锌，是世界上最深的基本金属矿山，井底深达-3014m。1966 年开始开采 Kildd Creek。

经过 50 年开采，持续地改进开采技术和方法。例如，当年采用 Kiruna 的电动卡车，改进技术降低能耗。采用两套新 Sandvik AutoMine-Lite™ 系统，每套配 LH 514D 铲运机，十分安全高效，较人工机械提高产量 50%。Kidd 矿计划通过自动化延长矿山寿命，包括为大型通风风机实行按需通风（VOD）。采用深孔空场法开采，深部采用留矿开采。需要改变采矿方法来适应 AutoMine-Lite™ 系统应用。为应对深部应力活动频繁，改善装矿瓶颈，将长溜井改为多个短溜井。

出渣时间的统计分析发现，在运输水平可通过加快出渣使采矿循环时间节约 20% 左右。在地表控制室可监测无轨设备高速精确运行。

### 1.3.2　南非 Target 金矿

Target 金矿是南非近年开发的深井金矿。位于南非自由洲省，约翰内斯堡西南约 200km。1995 年开发，2001 年末首次突破 1.75 万吨/天，年产黄金 35 万盎司。厚矿体用深孔空场法开采嗣后充填，薄矿体采用分层胶结充填法开采。采用遥控铲运机出矿和集成信息远程监控。

Target 矿体位于地下 2000~2500m，为原 Loraine 矿的接续矿山，从原有地下矿 Loraine 的斜坡道进入，Loraine 矿 1999 年中关闭。Target 矿开发至投产投资 2.15 亿美元，利用原有设施减少投入。Target 矿目前归 Harmony Gold Mining Co. 所有。矿山探明储量 1810 万吨，金含量 380 万盎司。矿山年产黄金 35 万盎司，矿山寿命 15 年。

　　矿山开拓采用 Sandvik 的双臂凿岩台车，这在南非金矿山是不多见的。斜坡道安装了单轨，从 Loraine 矿竖井到 Target 采区运输下放物料，斜坡道也用胶带运输将地下主破碎站的矿石运至 Loraine 矿 1 号竖井用箕斗提升至地表，也用于提升人员。

　　Target 矿设计高度机械化开采，矿脉宽度允许时用深孔空场法开采，窄矿脉采用分层充填或深孔空场法，使用尾砂胶结嗣后充填。破碎矿石用 Sandvik 遥控铲运机运出。矿山还使用了集成信息监控系统，包括地质数据、生产作业、维修、物料管理、生产控制以及其他参数信息。网络运行控制集中在地表控制室。矿山也装备了漏泄通信无线电系统以改善地表与全部地下作业现场的通信状况。

　　矿山配有 24MW 的制冷能力，通过通风制冷保持矿井作业区温度在 27.5℃。

## 1.4　设备的预防性维修

　　设备维护趋于专业化。多由设备厂商提供预防性维修解决方案服务。

　　借助互联网实施矿山设备预防性维修。采用感知、诊断技术进行设备状态监测，现代通信技术实时传输设备性状数据，协助诊断。

　　自动化采矿中涵盖预防性维修。预防性维修（preventive maintenance）理念转变，从"坏了再修"的事后维修转向实时监测检查维护的主动维护。PM 的目的是增加设备完好率，保证安全作业，预防灾害、停机和事故，降低成本；保证提高作业质量；预防公害减少环境影响，提高企业市场竞争力。当今，互联网+的广泛应用加速了自动化采矿的进程，有露天矿运输设备厂商在提高集成化矿山运行的核心技术方面与知名大学的机器人研究部门合作，研发的大型自动化运输卡车中包括了新的模块，能监控 30 多个重要的引擎功能，多项引擎参数将发动机的健康状况记录在案，并协助诊断问题。

## 2　国内实施自动化采矿的技术路线

## 2.1　建立示范矿山

　　这是矿山"机械化换人、自动化减人"的必经之路，选择条件适合或基本具备、积极性高的矿山先行一步。

　　我国数万非能源矿山中，中小型矿山占比很高，而资源禀赋决定以地下矿山为主。手持凿岩、人工装药、人工撬毛、人工出渣、人工支护、人工出矿、人工倒运废石充填作业的矿山还为数不少。

　　地下矿重点部位人工作业多，机械化自动化作业程度低，群死群伤事故风险较大。为推动更多企业安全生产实现"零死亡"，从根本上有效防范和遏制重特大事故发生，国家安全生产监督管理总局发出通知，开展"机械化换人，自动化减人"的科技强安专项行动，推进自动化采矿的进程。

地下矿建立封闭示范采区，以铲运机遥控出矿为突破口。

露天矿通信网络条件较好，采用卡车调度系统运行的矿山（工作区）通过提高生产率的自动化采矿解决方案实现。

## 2.2　引进、消化、再创新智能化采掘设备

国外智能化露天矿山设备生产商主要有小松（Komatsu）和卡特彼勒（Caterpillar）无人驾驶运矿卡车、阿特拉斯（Atlas Copco）等遥控钻机；地下矿山设备生产商主要有：山特维克（Sandvik）遥控铲运机 AutoMine 自动控制化采矿系统，阿特拉斯（Atlas Copco）中深孔台车的远程遥控。国内已有一批采矿设备生产商研制出智能化采掘设备，可利用自动化采区的解决方案尽快建成示范采区，并从引进中消化吸收再创新中国版的自动化采矿。

## 2.3　除装药、爆破外的其他作业目前均可实现自动化运作

地下矿山开采环节的自动化。从地下矿山开采流程看，掌子面凿岩智能控制已经实现，严格按设计钻凿孔眼，生产台车也实现远程遥控；示范采区出矿铲运机的远程遥控也很成功。撬毛、锚杆加装以及喷射混凝土有电脑版的设备，在一定范围内的遥控。据悉国内有的矿山（含与境外合资或独资）引进了部分电脑版设备。按需通风系统正在一些厂商的研制开发过程中。装药和爆破作业的自动化目前实现已见到国内开发信息。对于重复性少、或流程变数多的工作，实现自动控制的难度略大。

## 2.4　建立地面、地下有线、无线通信系统和无轨设备自动定位、导航装置

地下矿山现代化通信是开采自动化的前提。建立地面、地下有线、无线通信系统和（有可能设备自带的）无轨设备自动定位、导航装置。井下通信与露天矿通信的最主要差别是无法完全利用 GPS 系统。目前井下通信的无线通信系统，由光纤主干网、WiFi 和机站组成先进的移动计算机网络，用于信息采集与高速通信。设备精确定位与智能导航系统目前成熟的应用是厂商研制或移植，装置在遥控设备上。

## 2.5　所有固定安装设备均实现无人值守远程监控，定期巡检

固定设备无人值守技术相对比较成熟。泵房无人值守已人所共知，但提升机、溜井口破碎锤、空压机等固定设备的无人值守尚有提升空间。宜通过定期巡检和预防性维修保证固定设备无人值守运行可靠，同时通过标准规范的制定推动其广泛实施。

## 2.6　建立智能化充填装置

实时监测充填作业过程，有效控制物料比、膏体料浆浓度等重要指标，保持料浆浓度持续稳定，保证生产过程的高效、平稳运行，充填体质量达到预期要求。

## 2.7　建立按需通风系统

在深井开采工作面强化通风，使贯穿风速达到 1m/s，相应调整空区的通风量，同时满足作业和节能需求。

## 2.8　建立预防性维修制度

实现设备远程监控和技术诊断，预防性维修制度化和流程化。

## 3　自动化采矿的安全效益

### 3.1　大幅度减少井下作业人员，实现"采矿办公室化"

自动化采矿可显著减少安全事故，彻底解决矿山生产的安全问题。对于有岩爆危险的深井矿山、大水矿山、有自燃危险的矿山等特殊开采条件的矿山具有更突出的意义。实现采矿办公室化，可彻底改善矿工的安全和健康状况。可使矿工远离高岩温热害、岩爆威胁等恶劣作业环境。在海下采矿、大水矿山采矿，可避免水害极大地增强安全保障。同时，不会因驾驶员疲劳或误操作而引发事故，增强安全性。

### 3.2　实现设备的预防性维修，减少生产事故

运用物联网、设备远程监测诊断等减少停机时间、生产事故、维修成本和维修人员，延长设备寿命。从设备安装的传感器中获取实时数据，并通过数据分析在设备故障前检测出潜在问题，预警并进行预防性处理。

## 4　自动化采矿的经济效益

自动化采矿的经济效益体现在系统整体效能改善和长时效益方面。减人带来作业安全性大大提升、劳动力工资支出下降，设备作业效率提高，燃料动力等成本下降。同时自动化采矿也面临着挑战，初期投资较高；运行条件要求苛刻，比如路面标准高、封闭采区，环境感知，技术稳定性等，还需要克服新岗位人员缺乏和传统岗位人员冗余问题。

### 4.1　减少大量人员工资、福利开支

依靠信息化管理，减少操作人员，可大幅度减少工资、福利开支（主要只保

留部分矿部管理人员、地质测量人员、负责移动无轨设备转换工作地点的人员、中控室人员、爆破作业人员、充填作业人员、预防性维修管理人员），降低生产成本使企业在金属市场不景气的情况下仍处于竞争优势地位。这对我国大量贫矿的开采也极为有利。

根据 Baiden G 所做的历史数据统计和未来的预计，生产技术的改变对劳动生产率的影响十分显著：19 世纪末到 20 世纪 30 年代为手工作业，此后第二级平台为风动及机械化作业，第三级平台为电动液压及机械化，第四级平台为自动化及遥控采矿（预计）。技术进步每次重大改变对生产率的影响基本呈现几何级数增长。

## 4.2　通风节能节省费用

按需通风，提高通风效率，节能并降低通风成本。通风能耗在矿山总能耗中所占比重很大，自动化采矿有利于实现按需通风，可大量降低能耗，节能效果显著。

高度自动控制精确操作的设备在提高单体设备效率的同时，延长轮胎等配件寿命，也降低保养成本；节约燃油，减少排放。配合备件提前预防性维修制度，可以有效防止出现意外设备严重损坏，确保降低运行成本。

## 4.3　深部开采节省制冷费用

深井制冷也会致使成本飙升，南非一些矿井采深超过 3000m，某矿位于几千米深地下的空调系统管道每秒钟循环用水 550L。泵送及水冷却过程将会消耗大量电能，即便改为制冰，小时制冰量近 300t，也是一大笔费用。如果自动化采矿，制冷费用会大大降低。

## 4.4　提高效率、延长作业时间带来经济效益

智能控制，按预定程序作业，减少人为误操作可提高设备效率；在环境恶劣地点作业，增加产量，如智能设备不需要等待炮烟排出的时间，对作业环境要求不十分苛刻；减少上下班交接、倒班时间，提高设备利用率，与传统作业比相当于延长作业时间。据设备商提供的应用实例计算，自动化采矿运矿系统通常可以提高生产率 10%～15%。例如，Inco 在实现远程遥控和自动化操作的 MAP 计划前，需要 16 名凿岩工和 10 名维修人员采用 5 台潜孔钻机完成的工作量，现在只需要 6 名操作人员、6 名维修人员采用 3 台 Tamrock Solo 1060 钻机就可完成。又如特尼恩特矿日产 10000t 矿石的采区不含维修人员只需要两名工作人员就可以完成。按我国目前劳动定员水平，至少可以减少人员 40%。

## 4.5　初期投入会有适当增加，但很快可以收回

智能设备和系统建设的初期投入会高于传统作业，但作业成本的降低、安全性的提升将是毋庸置疑的。同时，还将带动相关产业链的发展，会使矿工的社会地位发生根本性转变。实现本质安全，实现矿业可持续发展。

# 基于 FLUENT 的进路式采场通风优化控制

葛启发[1,2]　　于润沧[1,2]　　翟建波[2]　　梁新民[2]

（1. 北京科技大学土木与资源工程学院，北京，100083；

2. 中国恩菲工程技术有限公司，北京，100038）

**摘　要**：针对进路式采场通风困难、局扇能耗高、最优排尘风速难以确定等问题，基于气体运动和求解理论建立了进路式采场通风仿真模型，通过 FLUENT 软件进行了数值模拟。研究了采场进路安装局扇与不安装局扇时，不同的出矿巷道风速对采场进路风流的影响，结果表明：采场进路未安装局扇时，随着出矿巷道风速减小，采场进路通风状况急剧恶化；安装局扇后，采场进路的通风状况受出矿巷道风速影响较小。在满足通风安全生产要求的条件下，通过优化局扇风速，可降低通风成本。研究结果可为优化进路式采场通风参数、降低局扇能耗提供理论指导。

**关键词**：进路式采场；FLUENT；局扇；通风成本

# Ventilation Optimization and Control of Drift-type Stope Based on FLUENT

Ge Qifa[1,2]　　Yu Runcang[1,2]　　Zhai Jianbo[2]　　Liang Xinmin[2]

（1. School of Civil and Environment Engineering, University of Science & Technology Beijing, Beijing, 100083；

2. China ENFI Engineering Corporation, Beijing, 100038）

**Abstract**：Aimed at the problems of drift-type stope, such as poor ventilation, the high energy consumption of auxiliary fans and difficultly determining the optimal dust speed, the ventilation simulation model of the drift-type stope was established on the basis of the theory of gas movement and solving, and the numerical simulation was carried out by FLUENT software. It was studied about the influences of different wind speeds of extraction roadway on the wind flow in the access closing to the stope, when the access closing to the stope was installed auxiliary fans or not. The results showed that when the access closing to

本文原发表于《矿业研究与开发》，2017。

the stope was not installed auxiliary fans, the ventilation condition of the stope was deterio-rated rapidly with the decrease of wind speed in the extraction roadway. When the fans were installed, the ventilation conditions were less affected by the wind speed in the extraction roadway. Under the condition of satisfying the safe ventilation requirements, optimizing the wind speed of the auxiliary fans could reduce the ventilation cost. Therefore, the study re-sults could provide a theoretical guidance for optimizing ventilation parameters of drift-type stope and reducing the energy consumption of auxiliary fans.

**Keywords**：drift-type stope, FLUENT, auxiliary fans, ventilation cost

# 0　引言

进路式采矿法是将巷道掘进工艺应用于矿体回采。其最小开采单元为进路，因而可以很好地适应稳固性较差，形态变化复杂的矿体，具有损失率和贫化率小的优点。目前在国内部分金属矿山，比如金川镍矿、会泽铅锌矿、焦家金矿和三山岛金矿等矿山均有广泛应用，随着高效率无轨设备的应用，呈现出更大的应用前景[1~3]。

通风作为进路式采矿法工艺中的一个重要环节，在进路式采矿矿山中普遍存在通风量超过总需风量、局扇低效耗能、通风效果差、不利于井下作业等缺点。近年来，随着计算机技术的推广和多学科交叉的发展，FLUENT 软件在矿山通风方面的应用被大量学者进行了研究，李新星对巷道型采场局部通风进行模拟，验证了 FLUENT 模拟与物理实验的吻合性，以及数值模拟应用于采场通风的可行性[4]。龚剑等对掘进巷道的粉尘运移规律进行研究，得出在压入式通风情况下，粉尘在 1200s 时基本排出[5]。蒋仲安等对巷道型采场爆破粉尘质量浓度的分布及变化规律的研究，与现场实测数据基本一致，证实了 FLUENT 软件模拟结果的可靠性，对改善采场粉尘状态及通风除尘设计有着重要意义[6]。本文基于 Fluent 软件对进路式采场工作面的风流速度流场及分布规律进行了研究，为合理设计进路式采场的通风参数和布置局部通风措施，进一步实现井下按需通风提供了依据。

# 1　FLUENT 仿真模拟理论

气体流动数学模型主要用来确定井下气体的速度场和压力分布，其中紊流模型采用双方程 $k\text{-}\varepsilon$ 模型，模型内只考虑动量传输，不考虑能量交换。Fluent 软件是国内外最流行的 CFD 软件，采用基于完全非结构化网络的有限体积法，包含基于压力的分离求解器、基于压力的耦合求解器、基于密度的隐式求解器、基于密度的显式求解器，可用于模拟从不可压缩到高超音速范围内的各种复杂流场[7,8]。

FLUENT 软件默认的流场计算方法为 SIMPLE 算法，即求解压力耦合方程组的半隐式方法。软件内部提供了 3 种双方程 $k\text{-}\varepsilon$ 模型：标准 $k\text{-}\varepsilon$ 模型，RNG $k\text{-}\varepsilon$ 模型和 Realizable $k\text{-}\varepsilon$ 模型，其中标准 $k\text{-}\varepsilon$ 模型是目前使用最广泛的紊流模型[5]，

其控制方程包括连续性方程（质量守恒方程）、动量方程、能量方程、紊流脉动动能 $K$ 方程、紊流能量耗散率占方程。紊流控制方程的导出是从流体力学的基本方程出发，引入时均值及脉动值的概念，经过若干假设及简化，简化成为适于紊流黏性流动的紊流时均方程。其中连续性方程和动量守恒方程如下：

（1）连续性方程

$$\frac{\partial \rho}{\partial t} + \frac{\partial}{\partial x_i}(\rho v_i) = S_m \tag{1}$$

该方程适用于可压缩流体运动，对于不可压缩流体运动的连续方程可简化为：

$$\frac{\partial}{\partial x_i}(v_i) = div(\bar{v}) = 0 \tag{2}$$

式（1）和式（2）中，$t$ 为时间，s；$x_i$ 为直角坐标系下的 3 个坐标分量（$i=1$，2，3）；$v_i$ 为速度分量，m/s；$\rho$ 为流体密度，kg/m³；$S_m$ 为源项。

（2）动量方程

$$\frac{\partial}{\partial x_i}(\rho v_i v_j) = \frac{\partial}{\partial x_i}\left(p + \frac{2}{3}\rho k\right) + \frac{\partial}{\partial x_i}\left[(u + u_t)\left(\frac{\partial v_i}{\partial x_j} + \frac{\partial v_j}{\partial x_i}\right)\right] \tag{3}$$

其中，$u_t$ 为紊流黏性系数，单位为 Pa·s，表达式为：

$$u_t = \frac{c_u \rho k^2}{\varepsilon} \tag{4}$$

式（3）和式（4）中，$p$ 为时均压力，Pa；$k$ 为紊流动能，m²/s²；$u$ 为层流动力黏性系数，Pa·s；$\varepsilon$ 为紊流动能耗散率，m²/s³。

## 2 FLUENT 进路式采场模型及参数选择

本文采用 ANSYS 的 DesignModeler 模块构建计算几何模型。对该盘区形状进行适当简化，盘区布置与实际布置相似，巷道长度按实际尺寸设置，采场进路长×宽×高为 50m×5m×5m，回风天井的直径为 2m。geometry 建立的几何模型尺寸与实际尺寸比例为 1∶1，分层进路充填采矿法及进路采场模型见图 1。

数值计算采用非耦合隐式算法，湍流方程为标准 $k$-$\varepsilon$ 模型。由于本研究为不可压缩稳定流动问题，因此将能量方程和离散相模型关闭。采用 SIMPLEC 算法，离散格式采用一阶迎风格式，收敛标准为 $10^{-3}$。

边界条件设定为：出矿巷道进风口为模型的入口边界，类型为 Veloity-inlet，为模拟不同风速条件下采场进路的通风状况，速度值设定见表 1；出矿巷道出风口为模型的出口边界，类型为 outflow。当在采场内布置压入式风筒时，选取风筒直径为 600mm，距巷道底板高度为 3m，风筒入口边界为出风口处，类型为 mass-flow，风筒风速换算值见表 1。

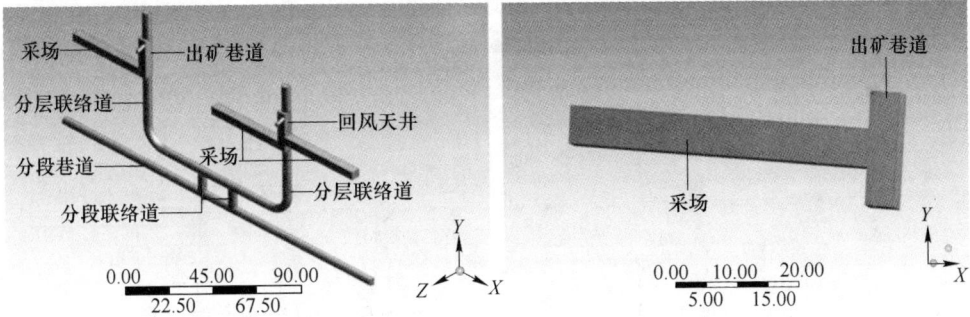

图1 分层进路充填采矿方法及采场数值计算模型

**表1 不同风速条件下风筒风速换算**

| 采场长度/m | 出矿巷道进风口风速/m·s$^{-1}$ | 风筒风速/m·s$^{-1}$ |
|---|---|---|
| | 0.72 | 22 |
| | 0.48 | 22 |
| | 0.24 | 22 |
| | 0.72 | 11 |
| | 0.48 | 11 |
| 30 | 0.24 | 11 |
| | 0.72 | 6.6 |
| | 0.48 | 6.6 |
| | 0.24 | 6.6 |

注：设定材料属性为 Air，密度为 1.225kg/m$^3$，黏性系数为 $1.7894 \times 10^{-5}$Pa·s。

## 3 模拟结果分析

### 3.1 出矿巷道贯穿风流采场自然通风模拟

在采场进路未安装局扇时，为了模拟出矿巷道不同风速的贯穿风流对采场进路内风流的影响，设计了 3 种模拟方案进行对比，其中风速分别设置为 0.72m/s（风量 18m$^3$/s）、0.48m/s（风量 12m$^3$/s）、0.24m/s（风量 6m$^3$/s），采场内风速分布情况如图 2~图 4 所示。

分析图 2~图 4 可以发现，随着出矿巷道贯穿风流风速的减小，采场进路内的风速逐渐减小，工作面的通风效果不断恶化。如贯穿风流风速为 0.72m/s 时，采场进路深度（即 X 方向）在小于 13~14m 处风速大于 0.15m/s；在小于 7~8m 处风速大于 0.25m/s。而在采场断面（即 Y 方向）上风速大于 0.15m/s 主要在采场进路两帮，离墙壁 1~1.5m 以内，采场右侧风况比左侧较好；风速大于 0.25m/s 主要在采场右侧边帮，离墙壁 0.5~1m 以内。说明采场进路深度在 7~

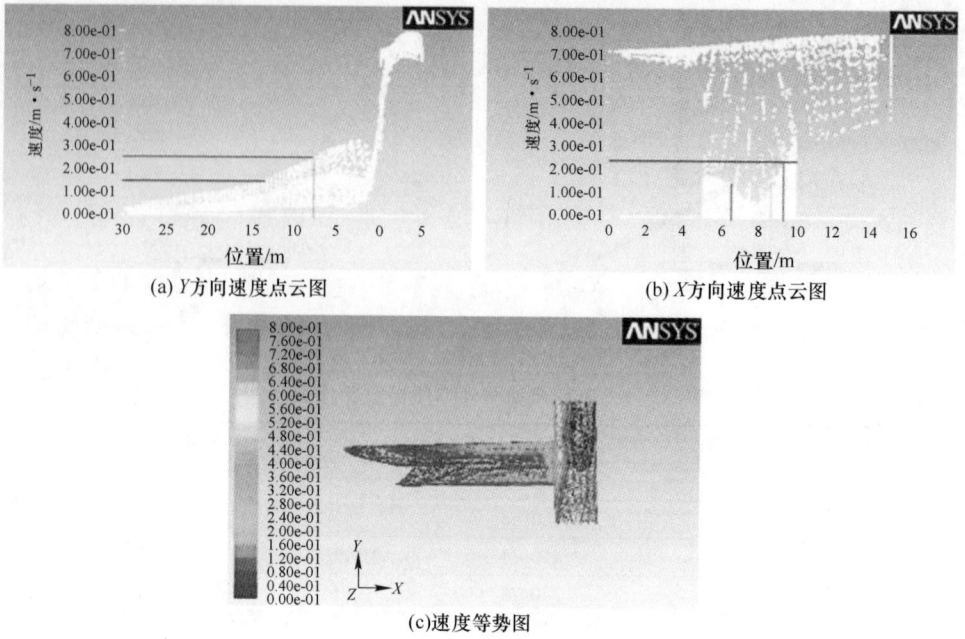

(a) Y方向速度点云图

(b) X方向速度点云图

(c) 速度等势图

图 2  采场通风速度分布 (0.72m/s)

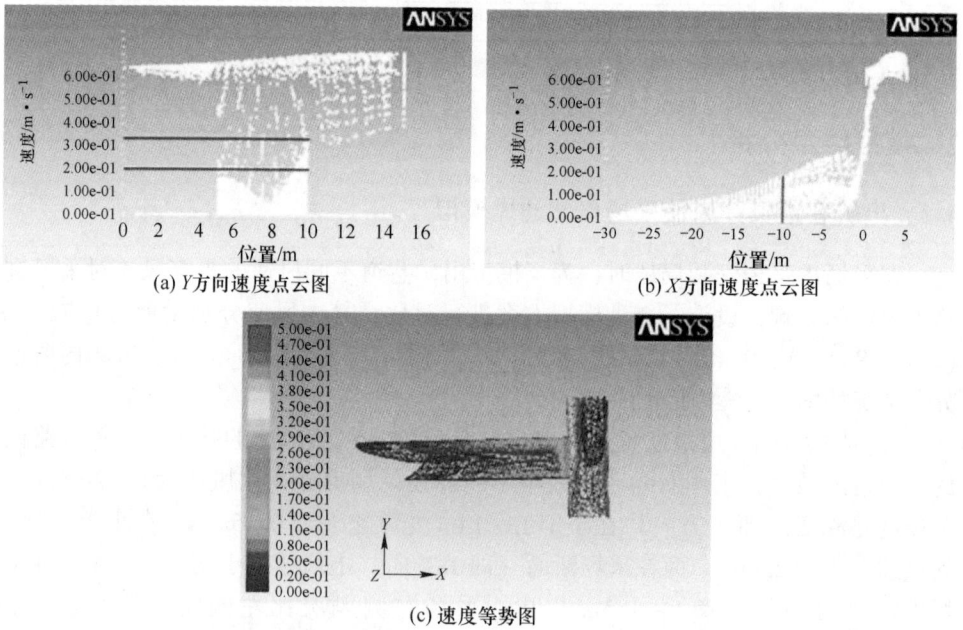

(a) Y方向速度点云图

(b) X方向速度点云图

(c) 速度等势图

图 3  采场通风速度分布 (0.48m/s)

(a) Y方向速度点云图

(b) X方向速度点云图

(c) 速度等势图

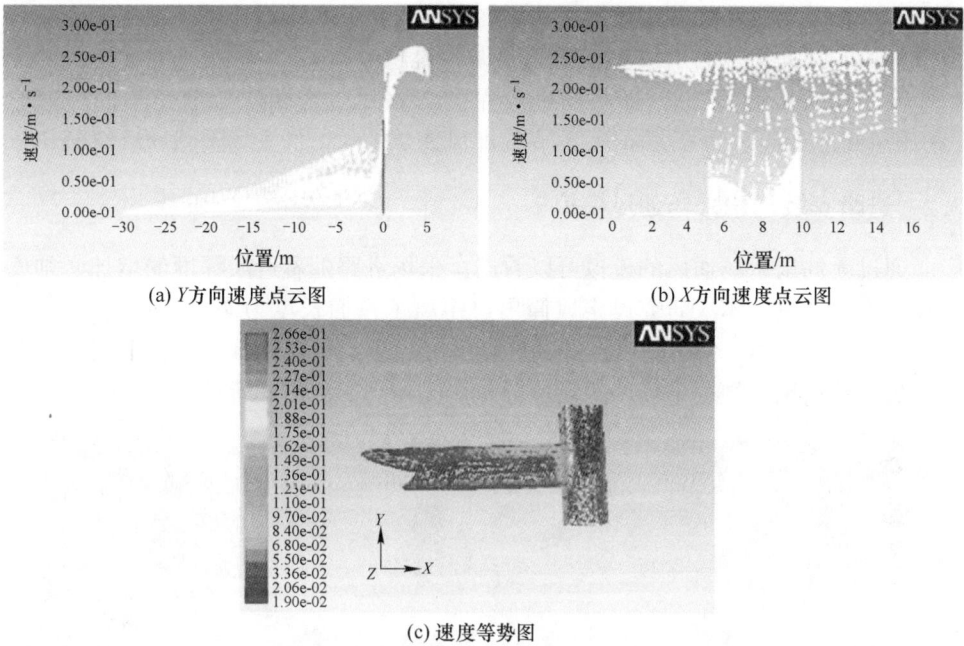

图 4    采场通风速度分布 (0.24m/s)

8m 以内符合巷道型采场最低排尘风速 0.25m/s 的要求，需要在采场进路深度大于 7~8m 时安装局扇进行通风。

当贯穿风流风速为 0.48m/s 时，采场进路深度（即 X 方向）在小于 9~10m 处风速大于 0.15m/s；风速大于 0.25m/s 的几乎没有。而在采场断面（即 Y 方向）上风速大于 0.15m/s 主要在采场进路右侧边帮，离墙壁 1~1.5m 以内；大于 0.25m/s 在采场进路内几乎没有。说明采场进路深度在 9~10m 以内虽然符合硐室型采场最低排尘风速 0.15m/s 的要求，但不符合巷道型采场最低排尘风速 0.25m/s 的要求，需要安装局扇进行通风；当贯穿风流风速为 0.24m/s 时，采场进路（即 X 方向）风速大于 0.15m/s 的也几乎没有，而在采场断面（即 Y 方向）上风速大于 0.15m/s 的几乎没有。说明采场进路风速不符合安全规程要求，需要安装局扇改善通风。出矿巷道贯穿风流风速对进路采场通风的影响见表 2。

表 2    出矿巷道贯穿风流风速对进路采场通风的影响

| 出矿巷道贯穿风流<br>风速/m·s⁻¹ | 风速大于 0.25m/s 的采场进尺<br>深度/m | 风速大于 0.15m/s 的采场进尺<br>深度/m |
|---|---|---|
| 0.72 | 7~8 | 13~14 |
| 0.48 | 0 | 9~10 |
| 0.24 | 0 | 0 |

因此，采场进路随着进尺深度的增加必须安装局扇进行通风（根据安全规程要求，压入式通风风筒出口离工作面距离不得超过 10m）。本次研究设定风筒出口距离工作面长度为 7m，即采场进尺深度 23m 处，分析穿脉巷道不同风速时（初始风筒流量假定为 6.25m³/s 不变，即风速 22m/s）的采场进路通风情况。

## 3.2　进路安装局扇采场通风模拟

通过无局扇采场通风的模拟可以看出，采场进路随着进尺深度的增加必须安装局扇进行通风，本次研究设定风筒出口距离工作面长度为 7m，即采场进尺深度 23m 处，分析穿脉巷道不同穿脉风速 $v = 0.24$m/s 和 0.48m/s 时，不同采场深度时的风筒通风模拟，采场内的风速分布情况如图 5 和图 6 所示。

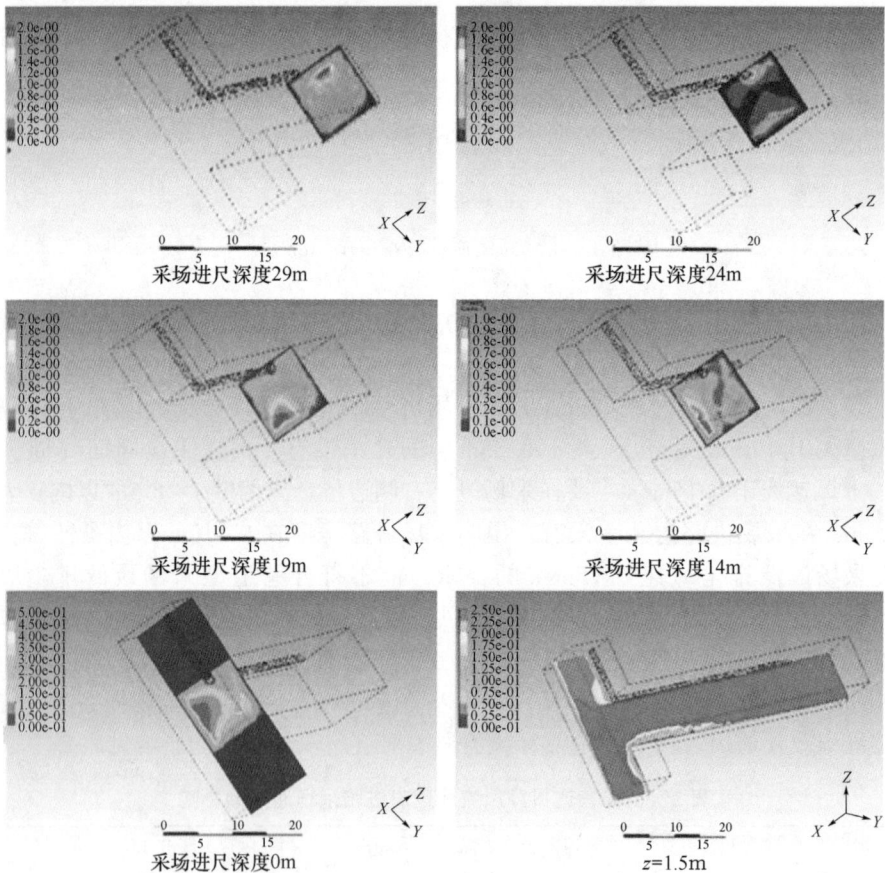

图 5　安装风筒后采场风速分布图（出矿巷道风速为 0.24m/s）

根据模拟结果可以发现，在采场进尺深度 29m 处（风筒口出风 6m 处）的风速以风筒口点最大且向周围逐渐减小，断面大部分区域风速大于 2m/s；在深度

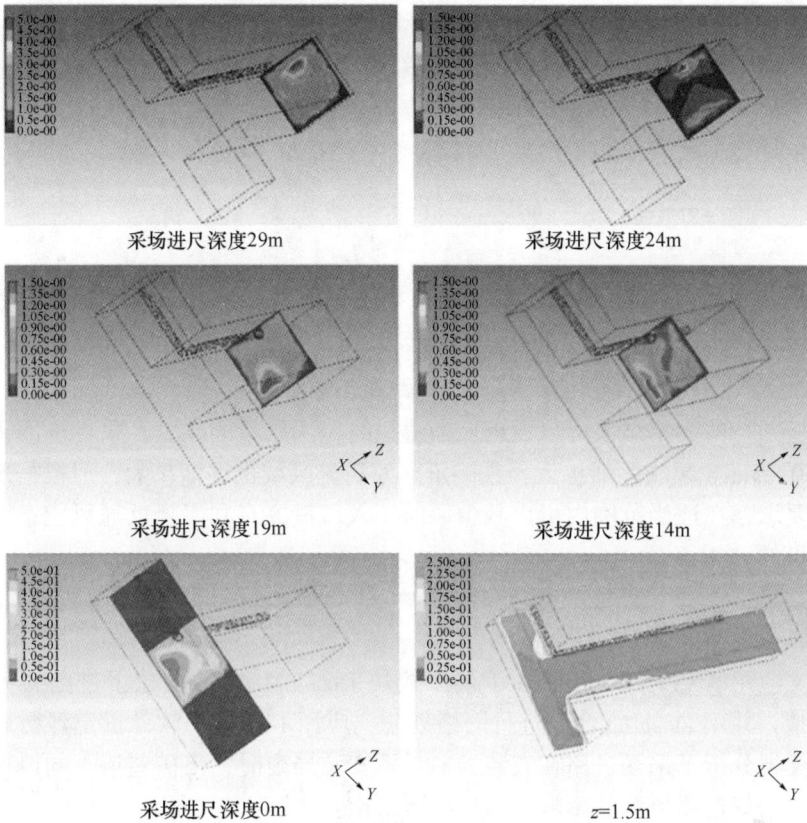

采场进尺深度29m　　　　　　　采场进尺深度24m

采场进尺深度19m　　　　　　　采场进尺深度14m

采场进尺深度0m　　　　　　　z=1.5m

图 6　安装风筒后采场风速分布图（出矿巷道风速为 0.48m/s）

为 24m 处，即风筒出风口 1m 远处，风速以风筒口点风速最大，断面中部形成风速洼地，右侧风速增大；在深度为 19m 处，采场进路风速以巷道右下风速为最大向全断面逐渐减小，最大风速约为 2m/s；随着采场进路逐渐向外推移，采场风速最大区域分布在进路断面偏下区域，然后逐渐过渡到左侧下部区域，在采场进路与穿脉巷道连接处最大风速约为 0.6m/s；采场进路在高度为 1.5m（人员呼吸高度层）水平，除两侧巷道壁附近和进路右侧小部分区域外全部达到 0.25m/s 的安全规程要求。

当不改变风筒流量，仅改变出矿巷道风速的情况下，采场进路内的风速云分布图几乎没有变化，采场进路除两侧巷道壁附近和进路右侧一小部分区域外全部达到 0.25m/s 的安全规程要求。

按照巷道型进路最小风速 0.25m/s 的安全规程要求，风筒压入流量应为 6.25m³/s，结合前述研究可知：风筒风速足够大时，采场进路风流在一定进尺深度内受出矿巷道风流的影响较小。保持出矿巷道风速为 0.24m/s，可以适当降低风筒压入流量（风量减少有利于节能），模拟结果如图 7 所示。

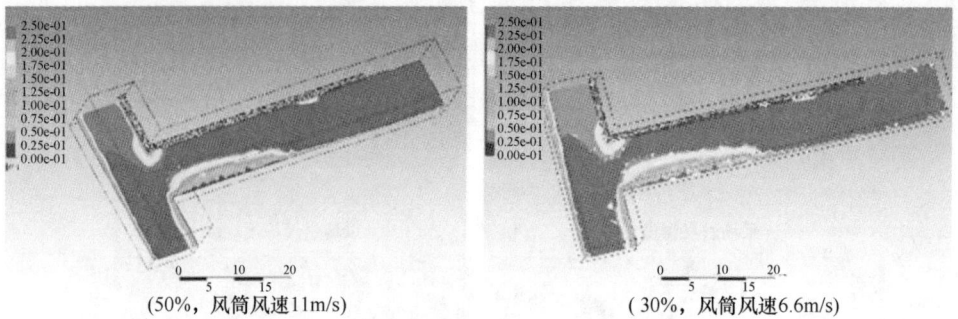

(50%，风筒风速11m/s)　　　　　　　（30%，风筒风速6.6m/s)

图 7　风筒风速对采场风速分布的影响

分析图 7 的模拟结果可以发现：随着风筒压入风量的减少，采场进路入口右侧小于 0.25m/s 区域逐渐扩大，左侧角落处涡流区域也逐渐扩大，但根据现场对通风的要求，在适当范围内可以减少风筒压入风量，有利于降低通风成本，并达到节能目的。

## 4　结论

本文应用 ANSYS workbench 下的子模块 DesignModeler 构建了进路式采场的几何模型，并用 meshing 命令进行网格划分，应用 FLUENT 软件设定参数和边界条件，模拟分析了采场进路在安装局扇与不安装局扇时，出矿巷道不同风速的贯穿风流对采场进路风流的影响，得出如下结论：

（1）不同出矿巷道风速下采场进路的通风模拟结果表明，符合国家安全规程要求下最大采场通风长度在 7~8m（大于 0.25m/s）、13~14m（大于 0.15m/s）以内。随着出矿巷道风速的减少，采场进路通风状况急剧恶化，出矿巷道的风速对采场进路的通风有着一定影响。

（2）安装局扇后，出矿巷道风速的改变对采场进路的风速分布影响不大，风筒风量的减少会影响采场进路内的风速分布。在满足通风安全生产规程的条件下，适当减少风筒风量，有利于降低通风成本，并达到节能目的。

（3）不安装局扇情况下，采场长度 30m 时的速度分布具有一定的代表性。当采场长度改变时，可以不再重复研究自然情况下不同出矿巷道风速下的采场进路的通风。但当安装局扇后，采场长度对进路的通风效果产生影响，后续工作中应进一步研究安装局扇后采场长度与采场进路内风流情况的关系。

## 参 考 文 献

［1］钟良. 进路式采矿法的应用前景［J］. 云南冶金，2014，43（2）：15-19.

［2］吉兆宁，黄光柱. 进路式采矿法在我国的应用现状［J］. 矿冶，2000，9（1）：41-46.

［3］王怀勇，于润沧，束国才. 机械化进路式下向充填采矿法的应用与发展［J］. 中国矿山

工程，2013，42（1）：4-8.

[4] 李新星，易丽军，谭香. 基于 FLUENT 的巷道型采场局部通风数值模拟 [J]. 有色金属，2010，62（6）：60-72.

[5] 龚剑，胡乃联，等. 掘进巷道压入式通风粉尘运移规律数值模拟 [J]. 有色金属，2015，67（1）：65-68.

[6] 蒋仲安，陈梅岭，等. 巷道型采场爆破粉尘质量浓度分布及变化规律的数值模拟 [J]. 中南大学学报（自然科学版），2013，44（3）：1190-1196.

[7] 李明高，等. ANSYS13.0 流场分析技术及应用实例 [M]. 北京：机械工业出版社，2012.

[8] 于勇，张俊明，等. FLUENT 入门与进阶教程 [M]. 北京：北京理工大学出版社，2008.

# 我国充填工艺创新成就与尚需深入研究的课题

于润沧

（中国恩菲工程技术有限公司，北京，100038）

**摘　要：**胶结充填技术的出现和应用大幅度降低了极厚矿体矿柱回采的贫化率、损失率，可成功控制地下开采的地压活动，有效防止矿山地表岩层移动，对"三下"采矿和优先开采深部或下盘富矿，缓减深井开采岩爆威胁等具有特别重要的意义。概述了我国矿山充填工艺在高浓度充填、全尾砂胶结充填、膏体充填等方面的主要创新成就，并从膏体充填料浆流变性能的研究以及膏体充填技术的推广应用、深井充填剩余压头的处理、充填环管试验的计算机仿真、全尾矿脱水技术和装置的优化、降低充填成本、将膏体充填技术推广到尾矿干堆等 6 个方面提出了仍面临的诸多需要深入研究的重要课题，为我国充填技术的研究发展指明了方向。

**关键词：**充填工艺；胶结充填；全尾矿脱水；膏体充填；尾矿干堆

## 0　引言

我国充填工艺技术起步虽然较晚，但发展迅速，从 20 世纪 70 年代中期开始一直处于世界先进水平之列。

20 世纪 50 年代末，曾占相当比重的干式充填基本处于被淘汰状态。1964 年从瑞典为凤凰山铜矿引进分级尾砂充填（未设砂仓）技术，为我国掀开了应用尾砂充填的序幕，之后，在凡口铅锌矿试验成功利用卧式砂仓的分级尾砂胶结充填。70 年代末，国内先后出现了焦家金矿球型底立式砂仓、南京栖霞铅锌银矿锥型底立式砂仓、铜绿山铜矿用虹吸方式的立式砂仓，这 3 种不同类型的分级尾砂胶结充填立式砂仓的工业试验均取得了良好的效果，为胶结充填技术的快速发展奠定了基础，并在凡口铅锌矿、金川镍矿等矿山与大型无轨设备相结合，使充填采矿法发展进入高效率采矿方法的行列，为 21 世纪中无废开采的发展提供了技术支撑。

胶结充填工艺的发展主要遵循 3 个方向：首先是经济因素，胶结充填带来的综合经济效益能平衡或超过其生产成本的增加；其次是料浆浓度因素，控制胶结充填质量的胶凝材料的节约，对降低充填成本具有头等重要的意义；最后是环境

---

本文原发表于《采矿技术》，2011。

因素，对矿区环境保护的日益严格要求，成为拓展胶结充填技术应用范围的重要推动力。从主流工艺看，胶结充填主要经历了以料浆浓度及其流变性分界的水力充填、高浓度充填和膏体充填 3 个阶段。

# 1 我国充填工艺创新成就

1973～1975 年，金川镍矿与设计、科研单位合作，按照工业生产所用管径在实验室利用棒磨砂进行了胶结充填料浆环管输送试验，积累了海量的试验数据，并据此回归出计算水平直管单位长度料浆水力坡度的金川经验公式：

$$i_j = i_0 \left\{ 1 + 108 m_t^{3.96} \left[ \frac{gD(\gamma_k - 1)}{v^2 \sqrt{Cx}} \right]^{1.12} \right\}$$

其计算误差远低于国际上流行的杜兰德公式。

1975 年，金川镍矿与北京有色冶金设计研究总院、长沙矿山研究院合作进行的充填试验进入棒磨砂高浓度料浆试验阶段，试验表明，高浓度并非相对的概念，而是有特定含义的物理概念，即超过"临界流态浓度"的料浆浓度即为高浓度。试验提出的"临界流态浓度"的概念为：料浆基本不会发生离析，输送时无须考虑临界流速，可以在低流速下稳定输送的料浆浓度。输送物料的矿物成分、粒级组成乃至化学成分都会影响"临界流态浓度"，这对于合理设计充填系统具有重要意义。也是在这个时期，国外同样开始重视充填料浆浓度问题。

在采用高浓度胶结充填的同时，金川还在下向进路式充填采矿法中首次使用了双机液压凿岩台车、6m³ 铲运机等大型无轨设备，使盘区生产能力从 50～60t/d 提高到 800～1000t/d，从而将传统上低效率的下向进路式充填采矿法改造成为高效率的无轨机械化采矿法。

80 年代末，凡口铅锌矿试验成功运用了全尾砂胶结充填工艺，并于 1990 年建成了我国第一个全尾砂胶结充填系统，尾砂利用率达 90%以上。全尾砂的利用在胶结充填发展史上具有特殊重要的意义，一方面，全尾砂中有较多的微细粒级，脱水难度增加，对充填体强度产生负面影响，解决这些技术难题促进了胶结充填技术的进一步发展；另一方面，全尾砂的利用加上废料资源化，为实现无废开采开辟了有效的途径。地处南京栖霞山风景区的南京银茂铅锌矿业有限公司便是依靠全尾砂充填和废料资源化实现无废石场、无尾矿库、无废水外排的无废矿山。

1994 年，湖田铝土矿利用氧化铝生产中的废料赤泥开发成功赤泥胶结充填技术，并实现了特定条件下的无水泥胶结充填。

90 年代初，借鉴英国煤矿沿空留巷巷旁支护的经验，我国研制成功高水速凝固化充填材料，并在一些矿山特别是煤矿试验、使用，在充填领域独树一帜。由于材料价格偏高、后期强度有时不够稳定，大量推广应用尚有一定困难，但在某些特定情况下，如下向充填法接顶、局部快速维护等具有独特的作用。

1994 年，金川镍矿试验成功膏体充填并建成了我国第 1 套膏体充填系统，标志着我国胶结充填技术迈上了一个新的台阶。1999 年，铜绿山铜矿建成了我国第 2 套全尾砂膏体充填系统。为了解决膏体充填时全尾砂传统脱水工艺——带式过滤机脱水占地面积大等问题，会泽铅锌矿在 2006 年引进了深锥浓缩机，建成了输送管路长达 4000m 的全尾砂膏体充填系统。该膏体充填系统相当先进，但深锥浓缩机价格昂贵，推广难度较大。冬瓜山铜矿利用传统锥形底立式砂仓，对其内部结构按照控压助流原理进行适当改造，研发成功底流放砂浓度能满足高浓度全尾砂充填和膏体充填要求的新型立式砂仓，并且做到了边给料边放砂，成本费用大为降低，为推广膏体充填作出了重要贡献。膏体充填已经成为国外广泛应用的技术，目前在国内也因其非常有利于降低胶凝材料用量、保证充填体质量和改善坑内环境而得到日益增强的关注。

## 2　我国充填工艺尚需深入研究的课题

到目前为止，我国充填工艺的发展主要还是立足于经验技术，但建立能够最高浓度自流输送并在采场无须脱水的经济效果最优、充填质量最好、生产运转最可靠的理想膏体充填系统，要求人们超越传统经验技术，加强对若干理论性、关键性问题的研究。纵观国外近几年膏体充填技术的迅速发展和每年 1 次的国际膏体充填学术会议（International Seminar on Paste and Thickened Tailings）发表的研究论文，为了保持我国在该领域的先进地位，今后仍面临诸多需要深入研究的重要课题。

（1）膏体充填料浆流变性能的研究以及膏体充填技术的推广应用。从国外充填技术发展的趋势来看，膏体充填将逐渐成为充填的主流技术。膏体充填料浆流变性能的研究，对充填系统的优化、充填作业经济效益的提高具有极重要的意义。相关行业对水泥浆和新拌混凝土的流变性能已有较多研究，其与全尾矿膏体的流变性虽有类似之处，但由于工艺要求的差异，不能等同视之。作为非牛顿流体的全尾矿膏体，特别是在添加不同比例的胶凝材料乃至部分炉渣等骨料时，其流变性能会有很大差异，而且受诸多不易估量的变量影响，到目前为止，还缺乏对这种物料的流变性能的系统研究。对全尾矿膏体流变性能的研究应当确立一套标准的研究方法，包括膏体屈服应力、塑性黏度、触变性的测定；剪切稀化对管道输送的影响；选用或研制适合的测试仪器装置；用流变参数计算管道输送阻力的公式等。以便确定某矿特定物料满足充填强度要求和最适合输送的流变参数。

（2）深井充填剩余压头的处理。我国将面临越来越多的深井开采，在深井开采中采用高浓度或膏体充填时，由于充填倍线小，会产生剩余压头问题。剩余压头将导致无法满管输送和管壁磨损加剧，使管道输送处于极不稳定的状态，甚至出现严重的"井喷"现象，使充填无法正常进行。对这些现象的机理需要深入研究，在充填系统设计中如何消除剩余压头的影响，需要从技术经济上作深入的探讨。

（3）充填环管试验的计算机仿真。在充填系统设计中，往往需要依靠环管试验获取不同条件下的管路输送参数，需要花费较长的时间，投入可观的资金和大量的人力，这对很多矿山往往是难以实现的，于是设计中不得不采用类比的方法来处理，因而也就很难获得最优的系统设计。以往，有些重点矿山在设计充填系统时在地面增加了一段环管段，供投产前试验之用，作为一种弥补。然而这也不是任何一个矿山都能实现的。北京科技大学李国政的博士论文《全尾砂膏体充填环管试验的虚拟现实计算机仿真技术研究与实现》对此作了初步的研究，但仍有值得提高之处。

（4）全尾矿脱水技术和装置的优化。高浓度和膏体充填工艺中，全尾矿脱水是一个非常关键的环节，在深锥浓缩机诞生之前，国外多用带式过滤机进行全尾矿脱水，金川的膏体充填也是采用这种脱水方式，它存在很多缺点。随着一批千万吨级以上年产能的铁矿山采用充填采矿法，矿山年充填规模也越来越大，为了适应这种发展，国外已生产出直径达40m的深锥浓缩机付诸使用，但深锥浓缩机的推广应用还有缺陷，仍有待对全尾矿的脱水技术和装置进行优化，以便获得更令人满意的技术成果。此外，过去的膏体充填系统，单系统对应的矿山生产能力为2000~3000t/d，现在面对年生产规模千万吨级的膏体充填，无论系统设置还是配套设备研制都是全新的课题。

（5）降低成本是充填技术发展的永恒主题。在胶结充填成本中，胶凝材料占很大比重，所以国内外很多同行均在寻找更廉价的胶凝材料，在调整回采工艺、降低胶凝材料消耗方面不断钻研，取得了大量高水平的成果，但这种研究应是无止境的。另外值得注意的是，自从我国开始采用胶结充填技术以来，所用的灰砂比一般都比国外高，这是否正确呢？尽管目前国内已有不少研究充填体性能的文章，但仍然缺少系统的现场监测资料，尤其是对不同条件的分层充填、不同条件的嗣后充填现场的长期系统监测资料，因而很难有根据地去调整灰砂比，以显著地降低充填成本，因此，应该加强这方面的研究。

（6）将膏体充填技术推广到尾矿干堆。从流变学角度，膏体充填和尾矿干堆技术有共同之处，现在每年举行1次的"国际膏体充填学术会议"都把这2项技术视为一项综合技术。矿山需要充填时，将尾矿膏体料浆送入井下，不需要充填时，将尾矿膏体送往尾矿库，虽然它们要求的浓度有些许差别，因为尾矿排出必须考虑排出速度、滩流坡度和距离，以及尽量减少脱水。目前尾矿干堆在国外获得了迅速发展，尤其是在干旱缺水的地区。尾矿干堆技术的发展反过来也促进膏体充填，大直径深锥浓缩机开始就是为尾矿干堆设计的，将其用于膏体充填将奠定系统充填能力提高的基础。

## 3　结语

我国充填工艺技术的发展，经历了废石干式充填、碎石混凝土胶结充填、分级尾砂水力充填和胶结充填、高浓度棒磨砂或分级尾砂胶结充填、全尾砂膏体胶结（包括替代水泥的各种固化剂）充填的发展过程。如前所述，充填工艺基本上是沿着经济因素、料浆参数因素和环境因素这 3 条主线发展的。

从经济因素看，胶结充填技术虽然能给矿山带来诸多利益，但也存在不少问题，主要是投资增加、生产环节复杂、生产成本增加，在充填料浆浓度低的情况下，井下环境污染严重。因此，只有当胶结充填带来的经济效益足以平衡这些问题造成的影响时，充填才有可能得到推广应用。所以，降低成本便成为充填技术发展的永恒主题。

料浆参数因素中，料浆浓度对于胶结充填具有头等重要的意义，高浓度不仅是提高充填体强度的有效途径，而且也是降低水泥单耗，节约充填费用的最佳措施。从低浓度的分级尾砂水力充填到高浓度充填，是胶结充填技术发展的第一次飞跃。充填料在采场内不脱水，是充填法一种更高的技术追求，标志着胶结充填技术发展的第二次飞跃；膏体充填和高水速凝充填都可以实现充填过程不脱水，膏体充填在国外已进入快速发展阶段，在国内也开始应用于生产；高水速凝充填由于成本和充填体后期强度问题尚处于试验阶段。

环境因素缘于环保要求的日益严格，矿山产出的大量废石和尾矿除综合利用外，如能最大限度地用于充填，对减少占地、减轻采矿对生态环境的影响、构建生态采矿工程显然具有重要意义。膏体充填可以采用全尾砂，与利用分级尾砂的水力充填比较，不仅有利于剩余尾砂的堆坝，而且膏体充填技术还催生了尾砂的干式、半干式储存以及和废石一起处理，这种技术正在逐步得到广泛应用。

总之，随着深井开采的增加和生态环境保护要求的日益严格，膏体充填技术将备受青睐，其研究和推广应用空间是非常广阔的，希望在广大同行们的共同努力下，使我国在该项技术领域始终保持国际先进水平，为我国从矿业大国发展为矿业强国提供这一方面的技术支撑。

# 构建生态矿业工程

于润沧　唐　建　刘育明

（中国有色工程设计研究总院，北京，100038）

**摘　要：** 矿业蓬勃发展过程中衍生的问题引发了对其发展模式的反思，构建生态矿业工程已经成为可持续发展的重要支撑。本文讨论了生态矿业工程实施的症结，提出了生态矿业工程"全过程"理念及实施涉及的基础建设和保障措施。
**关键词：** 生态矿业工程；矿业可持续发展；矿山生态环境保护

## 1　采矿业的发展与反思

采矿业虽然是一个古老的行业，它作为人类进入文明社会的奠基石，至今仍然是现代国民经济发展乃至高新技术产业的重要物质基础，95%的能源资源，80%的工业原料，70%的农业生产资料均来源于矿产资源的开发利用。我国是一个矿产资源丰富、品种比较齐全的矿业大国。截至2006年年底，已发现171种矿产，查明有资源储量的矿种159种，其中能源矿产10种，金属矿产54种，非金属矿产92种，水气矿产3种。至于矿产品的产量和消费量，截至2007年年底，钢产量已连续12年居世界首位，有色金属产量也连续6年居世界首位。主要有色金属的表观消费量，铜从2001年开始连续7年居世界第一，铝从2004年开始连续4年居世界第一，锌从1998年开始连续9年居世界第一，铅从2005年开始也连续3年居世界第一。这些数据表明，自20世纪90年代以来，我国工业化进入了高速发展阶段，大宗矿产品的生产和消费均快速增长。与此同时，由于我国许多大宗重要矿产资源如铁、铜、铝、铅、锌、硫、磷等不足或严重不足，对外依存度不断提高。

国家的工业化高速发展阶段，矿产品的消费与GDP增长的正相关性非常高，随着矿产品生产和消费量的迅猛增加，我国的经济得以持续高速发展，同时使一些经济不发达地区得以依靠矿产资源的开发利用实现脱贫致富，然而由于缺乏工业过程生态化的理念，缺乏现代生态经济的思想，同时也受局部经济利益的驱动，导致生态系统恶化和环境严重破坏。矿产资源开发带来诸多生态和环境问

---

本文为2008年南宁全国采矿技术高峰论坛暨设备展示会演讲，发表于《中国矿业》，2008。

题，包括植被和地貌景观破坏、耕地减少、地质灾害、地下水资源受损、酸性水污染等。由于矿山开采，每年占用和破坏土地数十万公顷，产生固体废料上百亿吨，有的企业甚至将未经处理的废水排入江河湖海，加之诸多老矿山环境问题历史欠账，又缺乏治理资金，造成区域性的重金属污染。尽管国家对环境保护极端重视，将其定为基本国策，从 20 世纪 80 年代开始制定了许多保护生态环境的法律法规，如 2000 年 12 月颁布的《全国生态环境保护纲要》，提出了全国生态环境保护的基本原则、目标及对策措施，2006 年国家环保总局颁布了"矿山生态环境保护与污染防治技术政策"等，不少部门也做出诸多努力，已有无废矿山、花园式矿山以及复垦植被的示范性工程存在，但从全局来看，仍处于局部改善、整体恶化的发展态势。据资料报道，截至 2005 年年底，全国矿山开采共引发地质灾害 12379 起，死亡 4251 人，地面塌陷面积约 35.22 万公顷，造成直接损失 161.6 亿元。因此构建生态矿业工程对实现可持续发展具有非常重要的现实意义。

## 2　生态矿业工程的内涵

生态工程这一新的科学概念从提出到现在也只有 40 多年的历史，其目的就是解决社会经济发展和生态环境保护相协同的问题，亦即可持续发展问题。生态矿业工程是它的一个分支，是建立在生态平衡基础上的。生态系统包括生物和环境两个方面，自然界的生态系统依靠自身的调节保持着动态的平衡，当外来干扰因素超过一定限度时，生态系统自我调节功能便会受到损害，导致生态失衡，乃至生态破坏，同时也危及人类的正常生活，甚至带来灾难。

生态矿业工程就是当人类开发矿产资源引起自然生态平衡遭受破坏时要建立人为的生态平衡，也就是人类有意识地、理性地，同时依靠法律、政策法规安排能满足人类对矿产资源需求和生态、环境系统承载能力的工程部署与实施，达到可持续发展的目标。这也是科学发展观在矿业工程中的具体体现。强调"有意识地""理性地"是要求人们树立工业过程生态化的理念，做到在矿业项目规划、立项、设计、施工建设、生产、闭坑的全过程，将生态环境保护和环境治理、生态修复融为项目的有机组成元素，保证各阶段的资金投入，落实各阶段的社会责任。强调"法律和政策法规"是要求通过制定和严格执行法律和政策法规明确各阶段的社会责任，并使环保行动从非经济行为变为经济行为，从末端治理变为源头控制，真正做到有效监督和严格奖惩，真正做到经济发展与生态平衡相协调。生态采矿工程的理论框架如图 1 所示。

矿产资源开发之前的生态环境本底调查是构建生态矿业工程的基础，这项工作必须委托有资质的单位和有资质的专家学者来完成。其内容主要包括：

（1）环境空气质量现状评价；

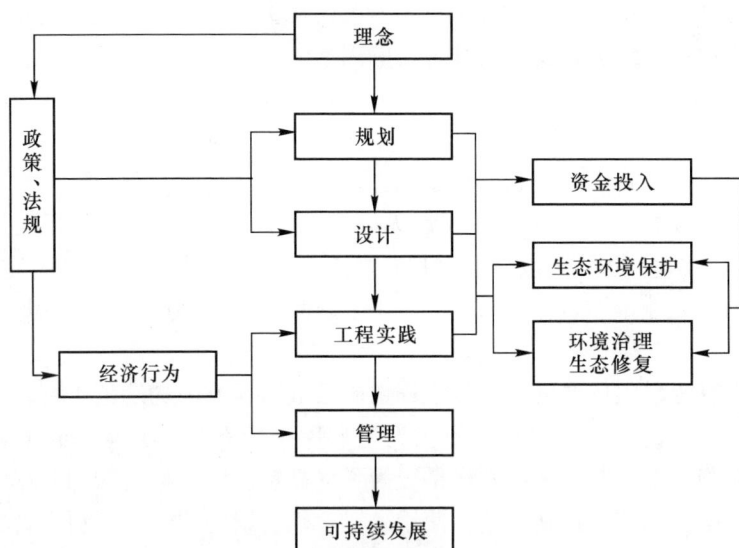

图 1　生态矿业工程的理论框架图

（2）地表水环境质量现状调查与评价；

（3）地下水现状监测与分析；

（4）生态系统类型及特征调查；

（5）植物区系及特点调查分析；

（6）野生动物资源及水生生物调查与分类评价；

（7）土壤环境质量现状调查；

（8）土壤浸湿和水土流失现状调查；

（9）土地利用现状调查；

（10）放射性调查；

（11）生态环境现状总体评价。

在此基础上，分析研究矿产资源开发可能诱发的对上述生态和环境状况的干扰与破坏，从而首先制定从源头上控制干扰和破坏的技术路线与措施，这样很可能会导致基建投资的增加，但与生态破坏、环境污染所造成的损失、危害与治理成本相比，应该说是合理的和必需的；在确实无法从源头上控制时，要落实尽早、及时进行环境治理和生态修复的技术方案并计算出不同阶段所需资金，根据具体情况分别纳入基建投资的环保基金或计入生产成本。

我国有色金属矿产资源增长的潜力，主要在生态环境脆弱的西部地区。欲使这一片净土的经济得以可持续发展，不致形成环境灾难，必须从树立生态道德价值观开始，按照构建生态矿业工程的原则，进行矿产资源的开发利用。在生态环境脆弱的地区开采矿产资源，环境投入所占的比重必然会大一些，这是对这类地区的矿产资源进行经济评价时必须考虑的因素。

## 3　生态矿业工程的发展模式

根据我国生态系统的现状，构建生态矿业工程可分为几种类型：

（1）新建矿山。首先要研究建设无废矿山的可能性，即立足于循环经济模式、强化资源综合利用（包括非金属矿物）及废料资源化，做到不建尾矿库，不设废石场，无外排不达标废水等。对于金属品位高而尾矿产率低的地下开采矿山，如铅锌矿、铁矿等有可能实现。

地处南京栖霞山风景区的南京铅锌银矿已成为这方面的示范工程。该矿从一开始就走了一条清洁生产之路，不需设尾矿库和废石场，并且一直通过科技创新，不断完善、提高其工艺技术水平。为了提高铅、锌等矿石的回收率，该矿应用了硫化矿电位调控浮选新工艺，使铅、锌、硫、银的回收率分别提高了 4.1%、4.9%、9.1% 和 6.6%，总的回收率提高了 24.7%，处理每吨矿石耗电量减少了 8kW·h，浮选过程生产操作更加稳定，大大提高了选矿经济技术指标。为了解决废水处理问题，除研究废水优先直接回用外，还解决了选矿药剂制度与回水净化回用工艺的相互匹配，实现了废水 100% 回用于选矿生产。不仅解决了污水污染环境的问题，同时也节约了用水，降低了生产成本。对于尾矿，除最大限度地提高选矿回收率以降低尾矿产率外，采用高浓度全尾矿充填采空区，并将多余的尾矿经浓缩脱水后外销，用作水泥辅料，掘进废石同样也用于充填采空区，从而实现了矿山固体废料的零排放，达到了"既采矿又保护风景区"的目的。

云南会泽铅锌矿是一个深井开采矿山，也是一个实现了无废开采的矿山。它将全部废石和尾矿都用于采空区的治理。该矿的尾矿很细，全尾矿脱水非常困难，为此从国外引进了深锥浓缩机进行脱水，并采用膏体充填技术，也做了固体废料的零排放。

（2）在进行露天开采与地下开采方案比较和地下开采采用崩落法与充填法方案比较时，都要有计算造成生态环境损失和环境治理、生态修复的成本的内容，选择真正符合资源—经济—环境相协调的方案。在此基础上探寻废料资源化的途径，尽可能做到减少废料排出，并实现废水零排放。对于排出的固体废料，应尽早、及时进行复垦治理。有采空区内排可能的矿山，应尽可能按内排设计实施，同样需尽早、及时进行复垦治理。

（3）建设花园式矿山。许多地方本来自然环境非常优美，但一经矿产资源开发，便变得满目疮痍。因此矿山建设应当增加绿化比重，消灭裸露表土，工业与民用建筑结构、色彩要与景观协调，恢复或者更加美化当地的自然景观。

（4）改善大环境弥补小环境的破坏。这是神东煤田在荒漠地带建矿的一种经验，在特定的条件下，也有其积极意义。

## 4 实施生态矿业工程的基础建设

（1）健全环境立法和加大执法力度。环境保护法律法规应具有高度可操作性，为此应制定配套细则，明确矿业环境投入的分类和内容，强化项目论证、备案及审批环节的环境保护内容的审查，保证矿业环境治理和生态保护资金的来源和投入，使环境法规具有执行力。据《科学时报》报道，2005年，全国环境信访案件达到689720件，2006年为70多万件，2007年因环境严重污染事件而被追究刑事法律责任的只有4人。可见我国重大环境事件尚难进入司法程序。因此在公益诉讼、环境污染损害赔偿等方面有必要增加法律内容或司法解释，真正做到有法律依据、有法律后果、有法律责任、有执行措施、有执法保障。由于环境事件专业性比较强，需要增加执法人员的知识储备，同时可以特聘有关专家介入发挥咨询作用。应加大对中小企业、个体企业的环境监管，强化环境保护的意识，杜绝无证开采、无证选矿、无证小冶炼作业。

（2）健全环境标准。环境标准是环境法体系的重要内容，按照构建生态矿业工程的要求，环境标准也必然需要有相应的更新，而且更需要有执行的保障。

（3）资金保证是解决环境问题的关键，建议在新建矿业工程项目基建投资中增列"环境基金"及"环境保证金"专项，分别用于开发过程和闭坑后的环境投入。开支内容包括实现从源头控制增加的投资、在建设和开采过程中用于环境治理和生态修复的费用。完整的全过程矿山设计应包括闭坑设计，因为矿山闭坑后，其危害和影响还将长期存在，所以须建立后采矿期管理程序。采矿权申请者应按照谁开采谁复垦的原则进行资源评价，采矿权持有者同样应按照谁开采谁复垦的原则制定闭坑设计，必要时设置后采矿期危险监测网，报请有关部门审批。闭坑费用由采矿权持有者负担，采矿权持有者也可以通过社会融资解决，谁出资，谁受益。政府可以通过财税制度的改革，使环保的非经济行为转变为经济行为，这可能是长远解决环保资金的重要出路。

（4）对于环境欠账的老矿山，中国地质调查局组织、中国地质环境监测院牵头经过历时5年的调研，已划出矿山地质环境重点治理区73个，面积28.61万平方千米，一般治理区92个，面积81.34万平方千米，全国需部署矿山地质环境治理工程212个，治理矿山15678个，其中近期应开展治理的7080个。这些治理工程需要政府给予资助，如有可能，也可按照谁出资谁受益的原则部分通过社会融资解决。

总之，构建生态矿业工程是对人民负责，是为子孙后代谋求福祉，是避免环境灾难成为阻止我国经济可持续发展的一种瓶颈。因此，需要我们矿业界为之呐喊、奋斗。

# 参 考 文 献

[1] Braden R. Allenby. 工业生态学政策框架与实施 [M]. 翁端, 译. 北京: 清华大学出版社, 2005.

[2] 李素芹, 苍大强, 李宏. 生态工业学 [M]. 北京: 冶金工业出版社, 2007.

[3] 陈引亮. 矿区工业生态经济 [M]. 北京: 煤炭工业出版社, 2005.

[4] 《科学时报》2008. 5. 7.

[5] 《中国矿业报》2008. 5. 10.

# 我国胶结充填工艺发展的技术创新

于润沧

（中国恩菲工程技术有限公司，北京，100038）

**摘　要**：胶结充填技术的出现和发展对于矿业的进步具有重要的推动作用，胶结充填工艺基本上是沿着经济因素、料浆浓度因素、环境因素三条轴线发展的。我国在引进某些先进技术的基础上，对高浓度充填、全尾砂充填、赤泥胶结充填、立式砂仓的改进、在下向进路胶结充填法中采用大型无轨设备等实践中，具有多项技术创新，对胶结充填技术的发展做出了重要的贡献。

**关键词**：胶结充填；技术创新；充填采矿法

# Development and Innovation of Cemented Filling Technology in China

Yu Runcang

（China ENFI Engineering Corporation，Beijing，100038）

**Abstract**：The naissance and development of cemented filling technology exert an important effect on mining advance. Cemented filling technology developed basically along three axes which are economic factor, slurry density factor and environment factor. Based on the introduction of some foreign advanced technology, China has made great innovations in the field of high density filling, total tailings fill, red mud filling, improvement of tailings silo structure and use the large-scale trackless equipments in under cut-and-fill mining method.

**Keywords**：cemented filling, technological innovation, cut-and-fill mining method

## 1　引言

胶结充填的起源可追溯到 20 世纪 30 年代，加拿大原诺兰达公司霍恩

---

本文原发表于《中国矿山工程》，2010。

(Horn) 矿用粒状炉渣和脱泥尾矿加入磁黄铁矿组成胶结充填料，加拿大柯明柯公司苏立宛（Sullivan）矿用地表砾石、掘进废石、重介质尾矿和硫化物尾矿作胶结充填料，苏联库茨巴斯煤田用低标号混凝土充填窒息内因火灾。因种种原因这些探索均未能推广应用。直到 1957 年加拿大原鹰桥公司哈迪（Hardy）矿用分级尾砂加硅酸盐水泥作胶结充填料试用成功，才使胶结充填技术达到生产实用阶段。此后几十年时间里，这一技术获得非常迅速的发展。

胶结充填技术的成功推广应用，使极厚矿体矿柱回采的贫化率、损失率大幅度降低；可有效防止岩层移动，实现水体下、建筑物下采矿和优先开采深部或下盘富矿；可有效隔离和窒息内因火灾；可成功控制地压，对深井开采缓减岩爆威胁具有特别重要的意义；与大型无轨设备结合，使充填法面貌焕然一新，进入高效率采矿的行列；全尾砂胶结充填技术的应用，更为无废开采创造了有利的条件。

## 2　胶结充填工艺的发展和应用

胶结充填工艺基本上是沿着三条轴线发展的。首先是经济因素，胶结充填带来的经济效益应能平衡或超过其生产成本的增加；其次是料浆浓度因素，对胶结充填质量和胶凝材料的节约，也就是降低充填成本具有头等重要的意义；然后是环境因素，对环境保护日益严格的要求，成为拓展胶结充填技术应用范围的重要推动力。从主流工艺看，胶结充填的发展大体经历了三个阶段：水力充填、高浓度充填和膏体充填，都是以料浆浓度分界的。

我国尾砂充填技术的应用起步于 20 世纪 60 年代中期，1964 年从瑞典为凤凰山铜矿引进分级尾砂充填（未设砂仓）技术之后不久，在凡口铅锌矿试验成功利用卧式砂仓的分级尾砂胶结充填。1973~1975 年金川镍矿与设计、科研单位合作，按照工业生产所用管径在实验室利用棒磨砂进行了长时期的胶结充填料浆环管输送试验，积累了大量的试验数据，在此基础上回归出计算水平直管单位长度料浆水力坡度的金川经验公式：

$$i_j = i_0 \left\{ 1 + 108 m_t^{3.96} \left[ \frac{gD(\gamma_k - 1)}{v^2 \sqrt{C_x}} \right]^{1.12} \right\}$$

式中　$i_0$——清水水力坡度，Pa/m；

　　　$i_j$——料浆水力坡度，Pa/m；

　　　$g$——重力加速度，m/s$^2$；

　　　$D$——管道内直径，m；

　　　$v$——平均流速，m/s；

　　　$\gamma_k$——固体密度，$10^3$kg/m$^3$；

$m_t$——体积浓度；

$C_x$——颗粒沉降阻力系数。

此公式计算误差远低于国际上流行的杜兰德公式，表1列出了对比结果。

**表1　金川经验公式与其他水力坡度计算公式结果比较**

| 公式来源 | 公式形式 | 计算与实测相对误差值/% | | | | | | | | | | | | | | |
|---|---|---|---|---|---|---|---|---|---|---|---|---|---|---|---|---|
| | | -3mm棒磨砂 | -1.2mm棒磨砂 | 风砂 | -8mm破碎砂 | 磁铁矿 | 铜精矿 | 铁矿石 | 石膏 | 石灰石 | 硼尾砂 | 磷精矿 | 赤泥 | 石灰岩+页岩 | 页岩 | 平均误差 |
| 金川 | $i_m=i_0\left\{1+108m_t^{3.96}\left[\dfrac{gD(\gamma_k-1)}{v^2\sqrt{C_x}}\right]^{1.12}\right\}$ | 8.0 | 16.8 | 8.5 | 14.4 | 11.8 | 20.5 | 12.5 | 13.5 | 13.7 | 12.0 | 17.7 | 18.7 | 82.8 | 7.9 | 16.2 |
| 杜兰德 | $i_m=i_0\left\{1+81m_t\left[\dfrac{gD(\gamma_k-1)}{v^2\sqrt{C_z}}\right]^{1.5}\right\}$ | 278.0 | 256.7 | 68.0 | 139.6 | 189.9 | 60.7 | 264.4 | 122.2 | 393.4 | 174.0 | 277.2 | 152.3 | 156.7 | 38.5 | 184.0 |
| 抚顺 | $i_m=\sqrt{\gamma_m}i_0\dfrac{0.7\sqrt{gD}(\gamma_m-\gamma_0)}{\phi\gamma_m v\gamma_0}$ | 338.4 | 186.3 | 134.8 | 72.7 | 332.3 | 129.8 | 243.8 | 145.6 | 358.8 | 139.2 | 916.1 | 363.4 | 153.4 | 28.9 | 100 7 |
| 新汶 | $i_m=i_0+\dfrac{1}{X}\left(\dfrac{0.72\sqrt{gD}}{v}-0.06\right)$ | 127.0 | 178.4 | 90.3 | 32.9 | 956.6 | 311.9 | 119.8 | 936.4 | 306.4 | 82.9 | 518.0 | 173.4 | 108.2 | 12.0 | 548.9 |
| 北京有色设计院 | $i_m=i_0\left(1+\dfrac{\rho}{v^2}\right)\gamma_m$ | 28.9 | 19.8 | 54.6 | 56.3 | 58.5 | 86.0 | 57.8 | 44.6 | 154.8 | 82.8 | 40.6 | 31.0 | 19.4 | 26.9 | 51.1 |
| 鞍山矿山研究院 | $i_m=\left\{i_0+\dfrac{\gamma_k-\gamma_0}{\gamma_0}\left(\dfrac{\gamma_g-\gamma_k}{\gamma_g-\gamma_0}\right)^n\dfrac{U_P}{100v}\right\}\gamma_m$ | 34.7 | 21.0 | 42.0 | 52.8 | 30.1 | 55.6 | 57.0 | 12.4 | 35.8 | 45.1 | 28.3 | 28.7 | 25.0 | 30.0 | 35.6 |
| 陕西水科所 | $i_m=0.0196\dfrac{V^2\gamma_m}{2gD}(\gamma_s-1)\dfrac{1}{6}$ | 40.8 | 35.9 | 13.9 | 25.0 | 30.3 | 42.5 | 35.1 | 11.5 | 32.9 | 13.0 | 18.5 | 17.4 | 27.2 | 10.8 | 26.6 |
| 苏联煤科院 | $i_j=i_0\gamma_m+\dfrac{\sqrt{gD}(\gamma_m-\gamma_0)}{K\phi v\gamma_0}$ | 87.8 | 75.7 | 35.9 | 115.8 | 37.8 | 59.4 | 131.6 | 27.2 | 89.2 | 137.9 | 79.9 | 66.7 | 27.8 | 56.9 | 75.5 |
| 纽伟特 | $i_j=i_0\left[1+66m_t\dfrac{30gD(\gamma_m-\gamma_0)}{v^2}\right]$ | 41.8 | 550.7 | 440.4 | 278.6 | 399.2 | 182.4 | 539.9 | 539.9 | 132.6 | 278.5 | 104.2 | 519.6 | 130.2 | 85.9 | 103.1 |

1975年金川的充填试验为棒磨砂高浓度料浆试验阶段。试验表明，高浓度并非相对的概念（如70%相对于65%就是高浓度），高浓度有特定的物理概念，即料浆基本不会发生离析，输送时无须考虑临界流速，可以在低流速下稳定输送。据此提出了"临界流态浓度"的概念。超过"临界流态浓度"的为高浓度。输送物料的矿物成分、粒级组成、化学成分都影响"临界流态浓度"，这对于设计充填系统具有重要意义。也是在这个时期，国外同样开始重视充填料浆浓度问题。

金川在采用高浓度胶结充填的同时，还在下向进路式充填法中尚无先例地使用了双机液压凿岩台车、6m³铲运机等大型无轨设备，从而使盘区生产能力从50~60t/d提高到800~1000t/d，把原本属于低效率的采矿方法改造成为高效率的采矿方法。

20 世纪 70 年代末，在国内先后出现了三种不同类型的用于分级尾砂胶结充填的立式砂仓的工业试验：焦家金矿球型底立式砂仓、南京栖霞铅锌银矿锥型底立式砂仓、铜绿山铜矿用虹吸方式的立式砂仓，这些试验都取得了良好的效果，为胶结充填技术的快速发展奠定了基础。但这种砂仓必须是装满仓后才可放砂，还不能连续运转。

20 世纪 80 年代末，在凡口铅锌矿开发试验成功了全尾砂胶结充填工艺，并于 1990 年建成了我国第一个全尾砂胶结充填系统，尾砂利用率达 90% 以上。全尾砂的利用在胶结充填发展史上具有特殊重要的意义，一方面，全尾砂中有较多的微细粒级，脱水难度大，对充填体强度产生负面影响，解决这些技术难题促进了胶结充填技术的进一步发展；另一方面，全尾砂的利用加上废料资源化，为实现无废开采开辟了有效的途径。

1994 年，利用氧化铝生产中的废料赤泥开发成功赤泥胶结充填技术并在湖田铝土矿应用，实现了在特定条件下的无水泥胶结充填。

1994 年，试验成功膏体充填并在金川镍矿建成了第一套膏体充填系统，标志着我国胶结充填技术迈上了一个新的台阶。1999 年又在铜绿山铜矿建成了第二套全尾砂膏体充填系统。满足膏体充填要求的全尾砂脱水工艺是一项难度很大的技术，国外开始采用膏体充填时，一般是采用带式过滤机进行全尾砂脱水，金川的膏体充填系统也是采用带式过滤机，带式过滤机占地面积大，加之这种工艺需要配套储仓，使充填站占地面积更加扩大，当使用多套充填系统时尤为突出。2006 年，在会泽铅锌矿引进了深锥浓缩机，建成了输送管路长达 4000m 的全尾砂膏体充填系统。应当说这是相当先进的膏体充填系统，只是深锥浓缩机价格昂贵，推广难度较大。全尾砂胶结充填的关键环节是全尾砂脱水，在冬瓜山铜矿利用传统锥形底立式砂仓，按照控压助流原理对其内部结构进行适当改造，研发成功底流放砂浓度能满足全尾砂高浓度和膏体充填要求的新型立式砂仓，并且可以边给料边放砂，费用也大为降低，为推广膏体充填作出了重要贡献。膏体充填不仅非常有利于降低胶凝材料用量，保证充填质量，而且由于充填到采场内基本无须脱水，成为改善坑内环境的有力保证。

目前充填采矿法已成为有色金属矿山、黄金矿山的主要采矿方法，充填系统设计的理论和概念对矿山经济效益具有举足轻重的影响。降低成本是胶结充填工艺发展的永恒主题，国内诸多实验和生产实践均证明，充填料浆的浓度对于在保证充填体同样强度的条件下降低胶凝材料用量，亦即降低充填成本具有特殊重要的意义。因此，在充填系统设计中，应在尽可能实现料浆自流输送的前提下采用最高料浆浓度，这有时会涉及充填站位置的选择。

充填采矿法由于增加了充填工艺环节，无疑会增加生产成本，根据国内外的生产实践，如果自然崩落法的生产成本为 1，则无底柱分段崩落法是 1.5，充填法则为 4~5。但是在衡量充填法成本时，应当考虑其综合经济效益：充填法与崩落法相比，出矿品位显著提高，从而增加收益；采用全尾砂充填，可以不建尾矿库或减小尾矿库的库容，减少占地，缩减尾矿远距离输送的运营费；避免可能出现的搬迁以及破坏生态环境的赔付和补偿；减少尾矿对环境造成的污染等。正是由于充填法的这些优势，在环境要求日益严格的形势下，目前不少国内低品位铁矿的开采也开始采用充填法。

由于各矿山尾矿化学物理性质的差异，为了获得充填系统设计的基础数据而不致脱离实际，往往需要进行料浆输送的环管试验。国内在有些矿山的充填系统设计中，在地表增设了环管段，一方面可以在投产前进行先期试验，为顺利投产奠定基础，另一方面也可为日后矿山改进充填系统运转提供试验条件。环管试验是一项耗资费时的工作，不是所有矿山都有条件进行，目前已经开发出利用计算机仿真取代环管试验的软件，是充填设计的一大进步。

20 世纪 90 年代初，借鉴英国煤矿沿空留巷巷旁支护的经验，研制成功高水速凝固化充填材料，并在一些矿山特别是煤矿试验、使用，在充填领域独树一帜。唯因材料的价格偏高，后期强度有时不够稳定，大量推广应用尚有一定困难，但在某些特定情况下，如充填接顶、局部快速维护等具有独特的作用。

## 3 结论

我国从 20 世纪 60 年代中期以来，许多高校、设计、科研、生产单位为胶结充填工艺的迅速发展进行了大量的技术创新，从总体上讲在国际上处于较先进的水平。本文只择其要者加以简述，反映概貌。

# 充填料浆临界流态浓度的研究

李国政　　于润沧

（中国恩菲工程技术有限公司，北京，100038）

**摘　要**：基于流体达到临界流态浓度时，流体的浓度是个临界点，应该同时符合牛顿体和非牛顿体的观点，认为此时流体既可以均质流状态认为是牛顿体，其规律符合牛顿体的流体输送参数，输送理论应符合扩散理论；也可认为是非牛顿流体，符合宾汉体的流变性能参数。按照这一观点，将流体参数和流变参数共同引入浆体颗粒的微观受力分析中，建立了临界流态浓度的数学模型。

**关键词**：临界流态浓度；均质流；牛顿体；宾汉体

## 0　引言

充填料浆就输送方式从以上水力充填方式按充填料浆管道输送状态看，大体有以下几种状态[1]：

（1）两相流体，如分级尾砂水力输送，输送流速必须大于临界流速，可自流输送；

（2）似均质流体，如高浓度料浆，输送过程中料浆不离析，可在低流速下输送，亦可自流输送；

（3）膏体，结构流体，不但不离析，进入采空场后亦不需脱水，需要泵送。在充填倍线很小的情况下，亦可自流输送。

料浆的浓度从水力充填变化到高浓度充填会有一个分界点——临界流态浓度。

临界流态浓度的定义如下：

充填料浆达到一定浓度时，在管路截面垂直方向上的浓度梯度为零，此时料浆的浓度称为临界流态浓度，临界流态浓度是料浆呈均质性或非均质性的分界浓度，大于等于这个浓度时，浆体呈均质流特性。均质流（Homogeneous Flow）系统中，固体颗粒均匀地分布在整个液体介质中。固体颗粒的存在对均质流的性质有重大的影响，通常是使黏度增大，因而这些系统常常呈现非牛顿体的流变特性，似宾汉体。尽管业界普遍认可临界流态浓度值的存在，但如何从理论上确定充填料浆的临界流态浓度却始终没有一个确定的数学模型。由于影响料浆达到高

---

本文原发表于《2010 年全国采矿技术与装备进展年评报告会议文集》，2010。

浓度状态的因素很多，而且这些因素具有很强的个异性，给建立数学模型带来很大的困难。在设计和生产实际中，一般采用试验标定的办法来确定临界流态浓度：按照临界流态浓度区域附近的各种料浆浓度配制料浆放置在量筒中，静止一段时间后，测定料浆的泌水率，料浆的泌水率达到最小时的料浆浓度即为临界流态浓度。因此，不同矿山的充填料浆的临界流态浓度值是不同的，根据作者所掌握资料中，充填料浆的临界流态浓度变化区域在 76% ~ 78%[2]。

本文尝试从已有的资料文献中，从理论上推导临界流态浓度的数学模型。

## 1 建立临界流态浓度的几个特征参数

### 1.1 料浆的质量浓度

$$M_z = \frac{G_s}{G_m} \tag{1}$$

式中 $M_z$——充填料浆的质量浓度，%；

$C_s$——充填料密实干量的质量，kg；

$G_m$——充填料浆的质量，kg。

### 1.2 充填料浆的密度

$$\gamma_j = \frac{\gamma_k}{\gamma_k - M_z(\gamma_k - \gamma_0)} \tag{2}$$

式中 $\gamma_j$——充填料浆密度，kg/m³；

$\gamma_k$——充填料密实干量的密度，kg/m³；

$\gamma_0$——水的密度，kg/m³。

### 1.3 平均粒径

确定全尾砂的粒级组成选用泰勒筛法。平均粒径的确定采用质量平均粒径法，见式（3）：

$$\bar{d}_s = \sum_{d_{si} = d_s\min}^{d_{si} = d_s\max} x_i d_{si} \tag{3}$$

式中 $\bar{d}_s$——质量平均粒径，m；

$d_{si}$——各级粒径，m；

$x_i$——各级粒径在粒级组成中的份额，%。

### 1.4 绝对黏度系数和运动黏度系数

流体黏度可以理解是产生于流体内部质点之间的摩擦力，而固体间的摩擦力是产生于两个固体间的接触面上，固体来说可以理解为外力。在流体质点内部对流体的运动产生阻滞。流体黏性对流体的流动产生的阻滞决定于流体运动的雷诺系数，当雷诺数很高，流体的动力黏度可以忽略，也就是说紊流状态非常大时流体黏度对流体流动没有任何阻碍。但是层流状态下，流体动力黏度系数会增加流体运动的阻力[3]。

$$\mu = \frac{\eta}{p_j} \tag{4}$$

式中　$\mu$——运动黏度系数，$m^2/s$；

　　　$\eta$——绝对黏度系数，$Pa \cdot s$；

　　　$p_j$——浆体的密度，$kg/m^3$。

## 2　建立临界流态浓度数学模型的理论依据

建立临界流态浓度数学模型基于以下的条件和前提：

（1）料浆达到临界流态浓度状态时，其流变特性符合宾汉体。其流态力学特征遵循扩散理论，即：两相流中的固体颗粒与流体质点一样，一起参加扩散，视水与固体质点没有什么相对运动，而是以同一速度一起向流动方向流动，而且紊流程度越大，扩散的程度越充分。

（2）达到临界流态浓度的充填料浆其泌水率为零，即最理想状态。

（3）本章提到的微观颗粒的相关参数是一个平均的概念，例如，颗粒的粒径是指料浆中所有固体物料的平均粒径。

考察达到临界流态浓度的浆体中物料颗粒的受力状态，物料颗粒在重力、浮力和黏滞力的共同作用下达到平衡（见图1）。

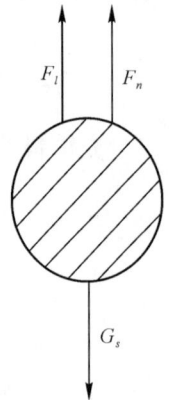

图 1　颗粒在圆管中的受力状态

得到如下方程：

$$G_s - F_l - F_n = 0 \tag{5}$$

式中　$G_s$——颗粒的重力，$N$；

　　　$F_l$——颗粒在料浆中的浮力，$N$；

　　　$F_n$——颗粒在料浆中受到的黏滞力，$N$。

黏滞力 $F_n$ 和宾汉体的切应力有关：

$$\tau - \tau_0 = \eta \frac{du}{dy} \tag{6}$$

式中　$\tau$——料浆受到的管壁切应力，$Pa$；

　　　$\tau_0$——初始切应力，$Pa$；

　　　$\eta$——绝对黏度系数，$Pa \cdot s$；

$\dfrac{\mathrm{d}u}{\mathrm{d}y}$——切变率。

宾汉塑性体在 $\tau<\tau_0$ 时，具有足够的强度抵抗任何外力；当 $\tau>\tau_0$ 时，这种结构就分解了，流体的特性相当于在 $\tau-\tau_0$ 作用下的牛顿体。当 $\tau<\tau_0$ 时，屈服结构又重新恢复。

我们可以认为初始切应力 $\tau_0$ 和保持流体的稳定结构的黏滞力是平衡的。即黏滞力 $F_n$ 来自初始切应力 $\tau_0$ 在颗粒表面的作用。

$$F_n = C_s\tau_0 A = \frac{\pi}{4}d_s^2 C_s\tau_0 \tag{7}$$

式中　$C_s$——形状系数，按表 1 选取；

　　　$A$——颗粒的水平方向投影面积，$\mathrm{m}^2$；

　　　$d_s$——颗粒的粒径，此处指平均粒径，m。

**表 1　不规则固粒形状系数（$C_s$，即修正系数）[4]**

| 固粒形状 | 形状系数 | |
|---|---|---|
| | 一般 | 平均 |
| 椭圆形颗粒 | 0.8~0.9 | 0.85 |
| 多角形颗粒 | 0.7~0.8 | 0.75 |
| 长方形颗粒 | 0.6~0.7 | 0.65 |
| 扁平形颗粒 | 0.4~0.6 | 0.50 |

将式（7）代入式（5）得到：

$$\frac{4}{3}\pi d_s^3\gamma_k - \frac{4}{3}\pi d_s^3\gamma_j - \frac{1}{4}\pi d_s^2 C_s\tau_0 = 0 \tag{8}$$

联立式（2）和式（8），化简后得：

$$M_z = \frac{16d_s}{16d_s\gamma_k - 3C_s\tau_0}\cdot\frac{\gamma_k}{\gamma_k - \gamma_0} \tag{9}$$

从式（9）可以看出，充填料浆的临界流态浓度只与固体物料的平均粒径、料浆的初始切应力、固体物料的密实密度和输送载体的密度有关，这可以解释以下几个在环管试验中遇到的现象：

（1）料浆达到临界流态浓度需要一定比例的细颗粒物料。

（2）不同固体物料制备均质流，不仅需要一定比例的细颗粒骨料，也和骨料的形状有关。

（3）初始切应力反映出来的是料浆的黏滞力，而黏度系数随温度和压力变化而变化，但压力的影响很微小，主要受温度变化的影响。这可以解释环管试验中，经长时间的运行，料浆温度升高后，料浆黏性变大，引起临界流态浓度值降低。

# 3 结论及存在的问题

本文从理论上建立临界流态浓度的数学模型，对充填料浆的制备、输送理论是个理论上的探索研究，欠缺的是，由于时间所限，缺乏数据验证。今后的工作中，收集或试验数据验证该模型，并不断修正完善，才会使这一理论具有实际意义。

## 参 考 文 献

[1] 于润沧，刘大荣，等. 全尾砂高浓度（膏体）料浆充填新技术 [R]. 北京：北京有色冶金设计研究总院，1992，12.

[2] 刘同有，蔡嗣经. 国内外膏体充填技术的应用与研究现状 [J]. 中国矿业，1998，7 (5)：1-4.

[3] E. J. 瓦斯普，等. 固体物料的浆体管道输送 [M]. 北京：中国水利水电出版社. 1980，4.

[4] 佟庆理. 两相流动理论基础 [M]. 北京：冶金工业出版社，1982.

# 机械化进路式下向充填采矿法的应用与发展

王怀勇　于润沧　束国才

（中国恩菲工程技术有限公司，北京，100038）

**摘　要**：介绍了金川二矿区机械化进路式下向充填采矿法的试验、设计以及生产过程中的改进，取得了良好的效果。实践证明，该采矿方法为实现安全高效采矿和二矿区实现每年 430 万吨的生产能力提供了保障。

**关键词**：机械化；下向充填法；进路式采矿

# Application and Development of Mechanized Underhand Drift Filling Method

Wang Huaiyong　Yu Runcang　Shu Guocai

（China ENFI Engineering Corporation，Beijing，100038）

**Abstract**：The paper introduced the experiment，design and improvement of mechanized underhand drift filling method in Jinchuan Mine No. 2 Mining area，and it obtained good effects. The production practice proved that the mining method can ensure safely and efficiently mining，and chieve the capacity of 4. 3 million tonne ore per year.

**Keywords**：mechanization，underhand filling method，drift mining

## 1　地质概况

金川矿区走向长 6. 5km，矿体宽 10~300m，深度达 1000m，地质勘探时期划分为四个矿区。金川矿床的含矿母岩为超基性岩体，呈不规则岩墙状侵入前震旦纪地层中。岩体走向北 50°西，倾向南西，倾角 70°以上，局部倾角较缓。前震旦纪古地层为中深变质岩系，有混合岩、片麻岩、大理岩、片岩及花岗岩等。

含矿超基性岩由橄榄岩、二辉橄榄岩、橄榄辉石岩、辉石岩等岩石组成，其

---

本文原发表于《中国矿山工程》，2013。

中大部分橄榄石及辉石已蚀变。岩石的分布对成矿有明显控制作用；富矿体主要赋存于基性强的岩石中，其中特富矿为块状结构，矿体较稳固；富矿几乎均赋存于含辉橄榄岩和纯橄榄岩中，呈海绵晶铁结构，节理较发育；贫矿赋存于二辉橄榄岩中，为星点状结构，节理特别发育，不稳固。矿石成因有三种：贯入型、接触交代型、晚期贯入型。矿体与围岩接触带有一层蛇纹石、透闪石、绿泥石片岩带，特别破碎，遇水泥化，稳固性特别差，具有膨胀、扩容、蠕变等特征。矿体中有多种岩脉穿插，厚度 0.5~5m 不等，以辉绿岩为常见，分布不规则；另一种岩脉为煌斑岩、花岗斑岩、倾角都较陡。

金川矿区位于阿拉善台块缘隆起带，即龙首山隆起带，北接潮水盆地，南与祁连山地槽相毗邻。龙首山两侧有深大断裂，这些大断裂控制着构造运动、岩浆活动和成矿作用。北侧深大断裂为 $F_1$ 大断层，其次有 $F_6$、$F_{15}$、$F_{17}$、$F_{23}$ 等大断层。由于吕梁运动以来的多次地质构造运动作用，在矿区留下了以断裂为主的构造行迹，大小断裂纵横交错，十分发育。矿区主要有压性、扭性和横向张扭性四组断裂，给矿区建设和生产带来了极大的困难[1]。

## 2　采矿方法设计

由于金川二矿区工程地质条件复杂、地应力较大、岩体稳定性差，导致采矿效率低。为使金川二矿区 1990 年达到日产矿石 8000t 的生产目标，1984 年开展了中国—瑞典关于中国金川二矿区采矿技术合作，其内容之一就是进行机械化盘区进路式下向充填采矿方法的试验。同年，金川为试验工作引进了 H-127 双臂电动凿岩台车、PT45A 型辅助装药车和 PT45B 辅助车、LF-4.1E 电动铲运机和 LF-4.1 柴油铲运机等设备。中国和瑞典的联合试验组于 1985 年 1 月至 1988 年 10 月开展了机械化进路式下向充填法的试验研究，取得了较好的效果[2]。

### 2.1　试验采区地质条件

试验采区处于 1 号矿体西部尖灭端的上部，富矿体平均水平厚度 80m，上盘贫矿平均厚度 36m，下盘贫矿平均厚度 19m，矿体走向 N50°W，倾向 SW，倾角 60°~75°。富矿赋存在超基性岩体中的含辉石橄榄岩中，贫矿赋存在二辉橄榄岩中，矿体的上、下盘围岩均为二辉橄榄岩。矿石的单轴抗压强度较高，但由于节理裂隙发育，整体稳定性差。矿体局部地段有后期的岩浆侵入，主要有辉绿岩，次为煌斑岩，裂隙性质多为单节理，且大多有擦痕。裂隙面光滑，其中多有充填物，主要是滑石、蛇纹石、碳酸盐类矿物。贫矿体比富矿体裂隙密度大。

### 2.2　采准工程

该试验采区位于矿山 1250m 中段的最西端，在 1 号矿体 14$^{+20m}$~16$^{+19m}$ 勘探线之间。采区沿矿体走向布置，长约百米，宽为矿体厚度。将长采区划分为两个分采区，从1300m向1250m回采，段高50m。试验采区布置如图1所示。

试验中采用脉内、脉外联合采准系统。在下盘脉外布置一条溜井，溜井经联络道与分段巷道连通。每个采区内布置2~3条矿石溜井，靠近矿体上盘布置一条进风井。

采区均有斜坡道、分段巷道、分层联络道相通。斜坡道位于矿体下盘，从1250m中段通至1300m水平，螺旋式布置。从斜坡道端部弯道处掘进分段联络道、分段巷道。每一分段道服务2~3个分层。采准巷道主要选用喷、锚、网联合支护形式。

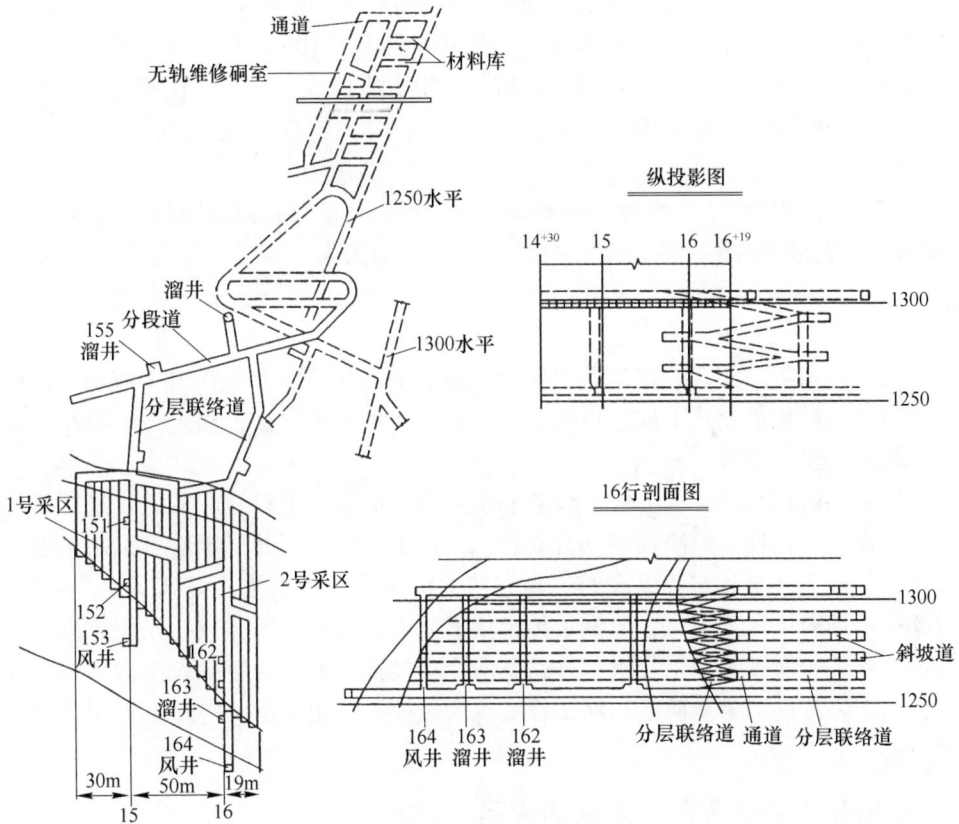

图1　试验采区总体布置图

## 2.3　回采工艺

（1）采场布置及回采顺序。水平进路垂直矿体走向布置，分层高度4m，进路宽4.5m。在两个采区内各划分几个独立的采场，采场内进路均从外侧向中间连续推进，采充交替进行。工作场区内的回采顺序先上盘后下盘，采场布置如图 1 所示。

（2）回采工艺。凿岩：采用 H-127 双臂电动液压凿岩台车，孔深 3.0m。采用两次楔形掏槽，掏槽孔一般 6 个左右，孔深 3.1m。按光面爆破技术布置炮孔。根据采场顶板、两帮不同介质，炮孔个数为 30~40 个。爆破：采用 2 号岩石炸药进行控制爆破，非电导爆管起爆。采用 PT45A 服务车装药。掏槽孔、辅助孔及底孔采用连续装药；周边孔采用间隔装药。通风：采用压入式通风，用局扇和柔性风筒将来自顶板进风井的新鲜风流压入工作面，稀释后的污风经脉外分段道上段溜井进入 1300m 回风道。出矿：采用 LF-4.1E 电动铲运机向脉内、外溜井卸矿。充填：充填前平整进路底板，铺碎矿石垫层。利用 PT45A 型服务车把充填管固定在进路顶板锚杆上，充填管管口距掌子面小于 10m。在垫层上敷设土工布及钢筋网，设吊筋、主筋和副筋。进路外构筑木质挡墙，外加立柱和斜撑，并预留观察口。从垫层至 2.0m 高处以及接顶采用不同灰砂比料浆，料浆浓度为 78%。

（3）主要技术经济指标。试验盘区综合生产能力超过 810t/d，最高接近 1450t/d；进路平均生产能力 200~210t/d；矿石损失率 2.06%，贫化率 4.71%。

## 2.4　试验小结

通过近四年的实践，该矿区机械化进路式下向充填法首次获得了成功。试验结果表明机械化进路式下向充填法是一种高效率的采矿方法，完全适合金川二矿区不稳定的矿岩条件。

试验采区在采准工程支护、设备和工艺等方面取得了较好的成效。采用管缝式或水泥药卷锚杆实行喷锚网联合支护，保证了岩体工程的稳定性；采用了凿岩台车、铲运机、服务车等组成的一套完整的机械化配套系统，提高了生产效率；进路采用局扇压入式通风，改变了传统依靠风流扩散的通风方式。采用控制爆破技术达到了光面爆破效果；水平进路下向充填接顶技术和大面积人工假顶建造技术为国内之首创，为二矿区二期工程实现大规模机械化连续下向开采提供了成功的经验。

## 3　机械化进路式下向充填法的应用

### 3.1　机械化进路式下向充填采矿法在二期及改扩建工程中的应用

机械化进路式下向充填采矿法试验取得成功后，在二矿区二期工程的中瑞联合设计和以后的设计中均采用了该采矿方法。

设计主运输中段高度为 100~150m，其中每 20m 划分 1 个开采分段，每个分段分 5 个分层。中段与分段有分斜坡道相通，分段至各分层有联络道相通。回采顺序为自上而下逐层进行。

沿矿体走向划分若干盘区开采盘区，宽100m，长为矿体厚度。由于矿体水平面积近10万平方米，为调整应力分布状态，每个盘区分矿房和矿柱两步回采。盘区内划分若干采区，在采区内以进路的方式进行采矿。标准进路长30m，宽×高为5m×4m，可垂直走向或延走向布置。采场的顶板是上一分层的充填体底板。采完一条进路充填一条进路。由采区的一侧向另一侧顺序回采。几个采区平行作业，完成凿岩、爆破、出矿、充填等作业[3]。

凿岩：采用H-128双臂电动液压凿岩台车，孔深4.0m。根据采场顶板、两帮不同介质，炮孔个数为40~45个，采用直线掏槽。爆破：采用卷状铵松蜡炸药或乳化油炸药连续装药，非电导爆管起爆。通风：采用了抽压结合的管道通风方式，采用帆布风筒，较长进路可加局扇辅助通风。出矿：采用EIHC0928柴油铲运机，斗容6m³，台班效率250~400t。充填：采用砂及硅酸盐水泥和粉煤灰搅拌后通过充填管进入采场，充填体强度为4.5~5MPa。采场充填挡墙采用炉渣空心砖砌筑，采场底板铺设金属网并与上层钢筋连接，确保下层回采安全。

各采场充填准备和充填作业可以在一个盘区内平行进行。包括备用采场，每个盘区有6个可以同时作业的采场，即可达到1000t/d的生产能力。

二期工程设计采用了控制爆破技术、新型掏槽方式、喷锚网支护、水平进路充填等技术，盘区通风采用了抽压结合的管道通风方式，并选用了较大型的无轨采掘设备，大大地提高了盘区生产效率。

## 3.2　850m中段开采工程采矿方法的设计与应用

850m中段开采设计的回采工艺仍然沿用矿山实际生产采用的机械化进路式下向充填采矿法[4]。设计盘区沿矿体走向布置，宽100m，盘区长度为开采富矿加带采贫矿（包括上盘贫矿和下盘贫矿）的水平厚度。中段内自上而下分层回采。盘区内采用连续开采方式，上下分层之间的回采进路交错布置。鉴于分层道及进路通道维护困难，进路间采用间隔回采方式。

850m中段高度150m；分段高20m；每个分段又分成5个分层。回采进路长45~50m，断面5.0m×4.0m。盘区内分4~6个采区，矿体水平厚度特大地段可分8个采区，采区内分若干个进路，各采矿工序分别在几个进路内平行作业，盘区生产能力均可以达到1000t/d。主要作业工序为：

（1）凿岩：采用H-282型液压双机凿岩台车，炮孔深度2.6m。

（2）爆破：采用2号岩石炸药落矿，导爆管起爆，人工装药。周边炮孔采用光面爆破，每个回采进尺约为2.5m。

（3）通风：新鲜风流从东西两端的进风井进入分段道，沿分层道进入盘区。盘区内新鲜风流由分层联络道进入，清洗工作面后，污风经顺路天井回至上部回风穿脉,沿回风平巷回到 14 行主回风井。

(4) 出矿:进路出矿使用 JCCY-6 型柴油铲运机,将爆破崩落的矿石由进路掌子头搬运到盘区矿石溜井。

(5) 充填:第一层厚度为 2.0m,第二层采用四合一充填料浆。充填进路的底板敷设钢筋加金属网并用联系钢筋与上部充填体联系在一起。

从二期工程到 850m 中段开采工程的设计与投产,到目前 1150m 中段基本结束,部分盘区的下向开采进路已经接近 1000m 中段开采的充填体,经过采矿方法试验以及 20 余年的生产过程中的不断改进和完善,二矿区的年生产能力达到 430 万吨,盘区生产能力 1000t/d 以上,证明了二矿区机械化进路式下向充填法是安全、高效的,能适合金川二矿区不稳定的矿岩条件,开创了下向进路充填开采中段水平面积超过 10 万平方米的先例,有效解决了高应力破碎岩体条件下厚大矿体开采的技术难题。

## 4　机械化进路式下向充填法的完善

在中瑞联合设计的二期工程以后,二矿区还开展了矿山改扩建工程和 850m 中段开采工程等设计工作。后两次设计中根据生产中发现的问题和实践经验,对机械化进路式下向充填法进行了多次改进和完善,主要表现在以下几个方面。

(1) 盘区通风与作业安全。

目前金川二矿区盘区的通风方式为:新鲜风流通过两翼进风井经分段道、分层联络道、分层道进入回采进路,污风经预留充填回风小井及预留在充填体内的假坑道进入各中段的充填回风副中段,然后由 14 行回风井排至地表。充填回风系统布置在充填体内,在采区内预留充填回风小井,充填回风小井上通到盘区内的上中段预留穿脉回风道,回风道与下盘沿脉回风道相通。充填回风小井直径 $\phi 2m$,由圆弧形钢板拼接而成,内壁预先焊接钢爬梯或生产时架设钢梯子。如此布置方式,既使盘区形成自上盘入风,下盘回风的贯穿风流,同时又形成了完整的安全通道,消除了中瑞联合设计盘区中仅有 1 条入口的安全隐患。

(2) 盘区内连续开采的回采工艺。

金川二矿区 1 号矿体的下向水平分层开采面积单一中段达 10 万平方米以上,在国际上没有先例。开采初期本着控制区域应力的目的,盘区内回采顺序为先采矿房,后采矿柱。在实际生产中发现,若先采矿房,则开采面积小,转层频繁;此后的矿柱回采、采准工程返修困难,导致矿山采矿成本较高,对盘区生产能力的提高影响较大。因而,生产实践中采用了不留矿柱的连续开采工艺。

目前,1150m 中段开采已经接近尾声,其所承担的生产能力逐渐向 850m 中段过渡,中段开采剩余矿石形成的所谓“水平矿柱”部分已经消失。为有效回收这部分矿石,防止水平应力集中出现的地质灾变,依据其赋存条件,采用了

"双穿脉、边界超前开采、隔三采一、采矿进路垂直交错布置"强化开采工艺,缩短了大危险区域的采矿作业时间,有利于地压控制[5,6]。

（3）双穿脉分层道布置。

双穿脉分层道布置方式见图2。双穿脉循环道回采设计方式增加了1条穿脉道,并与沿脉道贯通实现盘区车场可循环,减少了铲运机出矿时间,增加了铲运机的运行时间,提高了铲运机的利用率,进而提高了盘区的生产能力。双穿脉分层道布置与单穿脉分层道在铲运机运行、通风、安全等方面均具有较大的优势[7]。

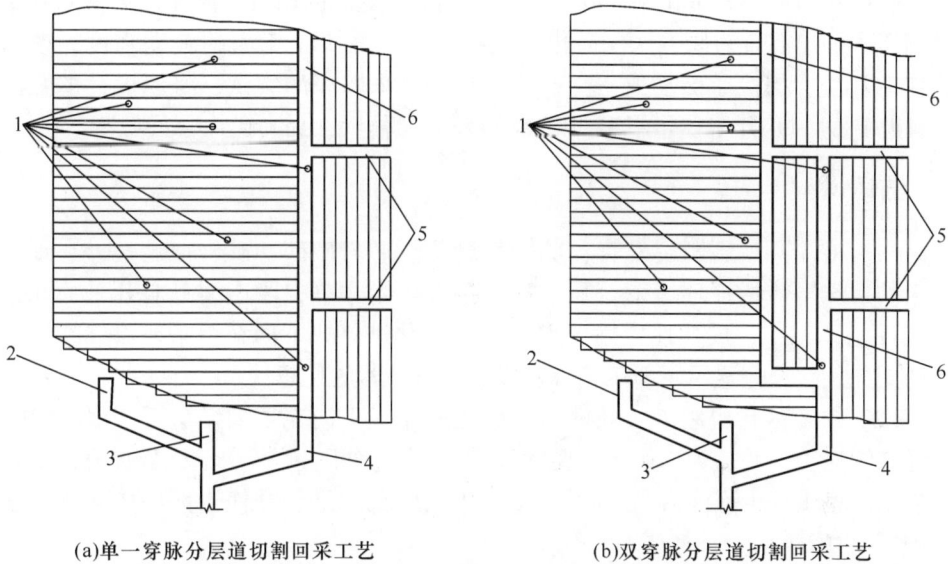

(a)单一穿脉分层道切割回采工艺　　　　(b)双穿脉分层道切割回采工艺

图2　机械化下向水平分层进路胶结充填法分层道布置形式

1—行人、回风小井；2—三分层联络道；3—二分层联络道；4— 一分层联络道；5—沿脉道；6—穿脉道

（4）上下分层回采进路交错布置。

开采初期,上下分层进路沿相同方向平行布置,上下重叠容易造成应力集中,充填体顶板容易出现裂缝,给采区的生产带来安全隐患,经常要架设大量的木棚子或钢拱架进行支护。上下层回采进路的交错布置方式消除了上下两层进路平行布置时造成的悬臂梁作用,避免了充填体顶板的应力集中,提高了盘区充填体顶板的整体稳定性。实践证明,进路采用交错布置方式后,有效提高了作业安全性和生产能力,明显降低了回采进路支护工程量[8]。

（5）采准工程的支护技术。

为了有效控制采准巷道的变形,二矿区工程技术人员在长期的生产实践中不断探索出适应二矿区的支护工艺,改进和发展了喷锚网支护技术,成功应用了锚注、锚杆、锚索等新工艺，有效控制了不良岩层段的巷道变形，延长了巷道的服务年限。

(6) 充填工艺优化。

二矿区在进路充填方面也不断发展，并形成了相应的工艺流程。充填体吊筋加固、圆弧形充填板墙、充填砂浆滤水等新工艺和新措施的应用，增加了充填体整体稳定性，提高了充填体的质量[9]。

矿山在生产实践过程中，对盘区内进路采用上下分层交错布置的形式，改善了回采进路人工假顶充填体的受力状态，提高了稳定性，提高了盘区生产能力，降低了矿石的损失和贫化率，降低了生产成本。盘区内用贯穿风流通风方式代替风筒压入抽出混合通风方法，简化了生产工艺，减少了工人的劳动强度，改善了作业环境，提高了劳动效率。矿房矿柱的回采顺序的尝试，将原设计的盘区矿柱与矿房一并开采，可以减少矿山的采准工程量，提高矿山总回收率。

## 5　结语

(1) 在金川矿区断裂发育、矿体埋藏深、矿岩破碎、矿岩稳定性差、地应力大的特殊岩体特征环境下，开采深度接近千米，单中段连续下向开采面积达10 万平方米以上，成功地应用了大面积机械化进路式下向充填采矿法，在国际上尚无先例，充分显示了新工艺、新设备、新技术的优越性。

(2) 二矿区自应用了大规模的机械化进路式下向充填采矿法近 30 年以来，已经趋于完善，并成为二矿区主要的采矿方法，使得二矿区产量稳步提升。实现了矿山二期工程生产能力由 1500t/d 向 8000t/d 的飞跃，并使当前的矿石年产量突破了 430 万吨。

(3) 高浓度细砂管道自流输送胶结充填工艺和尾砂膏体泵送充填工艺[10]、多级机站通风及空气幕[11,12]，充填滤水新工艺、机械化盘区下向分层进路胶结充填工艺、大面积连续开采的地压监测和灾害预警技术[13]等一大批采矿技术在实践中得到完善和发展，提高了作业安全性和生产效率，逐步形成了一套完全适应金川二矿区的开采技术。

(4) 金川巷道支护技术在过去几十年的实践中得到了较大发展，并形成了目前最主要的支护方式：喷锚网支护、浇注钢筋混凝土支护、锚注支护、钢拱架支护、锚索支护及其各种组合。金川二矿区针对不良岩层的围岩基本特性和巷道破坏类型，选择了合理的支护形式，保证了支护结构的稳定性。

## 参 考 文 献

[1] 刘同有，金铭良. 中国镍钴矿山现代化开采技术 [M]. 北京：冶金工业出版社，1996.
[2] 张卫焜. 机械化下向分层水平进路胶结充填采矿法试验研究报告 [J]. 采矿技术，1990，17：5-7.

[3] 刘同有. 充填采矿技术与应用 [M]. 北京：冶金工业出版社，2001.

[4] 郭慧高. 金川二矿区 1# 矿体 850m 中段平面开拓系统优化研究 [D]. 昆明：昆明理工大学，2005.

[5] 杨金维，高谦，余伟健. 金川二矿区机械化盘区双穿脉分层道采矿设计方案与应用研究 [J]. 金属矿山，2010，(11)：64-67.

[6] 杨金维，余伟健，高谦. 金川二矿机械化盘区充填采矿方法优化及应用 [J]. 矿业工程研究，2010，25 (3)：11-15.

[7] 高建科. 大规模下向胶结充填采矿法在金川镍矿的应用 [J]. 金属矿山，2005 (增1)：36-39.

[8] 王海宁，刘同有，王五松，等. 金川二矿区大断面巷道空气幕技术研究 [J]. 有色金属，2000，(1)：33-36.

[9] 王五松，王克宏. 井下多级机站通风系统改造 [J] 矿业快报，2001，(12)：20-23.

# 绿色矿山建设重在构建生态矿业工程

矿产资源开发是国民经济乃至高新技术产业发展的重要物质基础，矿产品的消费与 GDP 的增长呈现非常高的正相关性。但是矿产资源开发在支持经济高速发展的同时，也带来了生态系统恶化和环境的严重破坏。由于矿山开采，每年占用和破坏土地数十万公顷，产生固体废料上百亿吨，有的企业甚至将未经处理的废水排入江湖河海，造成区域性的重金属污染，加之诸多老矿山历史欠账，又缺乏资金治理，对矿山来讲，生态和环境问题是一个十分突出的课题。

绿色矿山是在生态文明的战略方针指引下提出来的，不能简单地把它理解为绿化矿山。绿色矿山有着十分深刻的内涵，概括地说就是构建生态矿业工程。

生态工程是 20 世纪 50 年代美国生态学家 H. T. Odum 提出来的新概念，目的在于解决社会经济发展和生态环境保护相协同的问题。生态矿业工程是它的一个分支，要求矿业项目在其规划、立项、设计、施工建设、生产、闭坑全过程，将生态环境保护和环境治理、生态修复融为项目的有机元素，明确各阶段的资金投入，落实各阶段的社会责任，以法律形式明确规定。对欠账的老矿山，可通过减免税费给予支持。

按照这一原则，矿产资源开发之前的生态环境本底调查是构建生态矿业工程的基础，仔细分析研究矿产资源开发可能诱发的对上述生态和环境状况的干扰与破坏。首先制定从源头上控制干扰和破坏的技术路线与措施，立足于循环经济模式、强化资源综合利用（对金属矿山包括非金属矿物）及废料资源化，做到不建尾矿库，不设废石场，无外排不达标废水的无废开采。对于金属品位高而尾矿产率低、尾矿又不含重金属的地下开采矿山，如铁矿、钼矿、铅锌矿等有可能实现。黄金矿山也提出开采部分围岩用作建材，使尾矿大部分可回填采空区的设想。总之，要依靠积极的技术创新和经济评价推动从源头上实现绿色矿山。在确实无法从源头上控制时，要落实尽早、及时进行环境治理和生态修复的技术方案，资金根据具体情况分别纳入基建投资的环保基金或计入生产成本。

构建生态矿业工程是对人民负责，是为子孙后代谋求福祉，是避免环境灾难成为阻止我国经济可持续发展的历史责任。因此，需要我们矿业界为之奋力呐喊、奋斗。

---

本文为中关村绿色矿山联盟王亮对于润沧的访谈，发表在 2018 年 7 月 17 日微信公众号 zgclsks 上。

# 按需通风技术在某矿山工程设计中的应用

葛启发[1,2]　于润沧[1,2]　朱维根[2]　陈庆刚[2]　梁新民[2]

（1. 北京科技大学，北京，100083；

2. 中国恩菲工程技术有限公司，北京，100038）

**摘　要**：按需通风（VOD）技术从井下风量"供需平衡"出发，在矿山通风系统设计和控制中，采用最小的通风成本，最大限度地改善井下工作环境。本文以某铜矿山为工程背景，从通风计划、通风设备、人员定位、风流监测和按需通风控制管理系统等方面对整个矿山的按需通风系统进行介绍，并运用三维通风仿真软件 Ventsim Visual™对全矿区域通风方案进行模拟比较，分析其节能效果。与传统通风方案相比，按需通风技术对于改善井下作业环境、降低风机能耗和通风及预热成本效果显著，具有很好的推广性。

**关键词**：按需通风；通风成本；三维通风仿真模拟；矿井预热

# Application of VOD Ventilation New Technology in a Mine Project

Ge Qifa[1,2]　Yu Runcang[1,2]　Zhu Weigen[2]　Chen Qinggang[2]　Liang Xinmin[2]

（1. University of science and Technology Beijing，Beijing，100083；

2. China ENFI Engineering Corporation，Beijing，100038）

**Abstract**：Based on the principle of demand-supply balance of underground air volume, VOD (Ventilation-on-Demand) technology is used in the design and control of mine ventilation system which can minimize the ventilation costs and improve the underground working environment maximumly. A copper mine is used as an engineering study case in this paper, and the Ventilation-on-Demand system of the whole mine is introduced, including the ventilation planning, ventilation equipment, personnel positioning and identification system, air flow measurement, control system and VOD control management system, and then the energy saving effect of different ventilation schemes are respectively simulated by using three-dimensional ventilation simulation software Ventsim Visual™. The simulation

本文原发表于《中国有色冶金》，2017。

results show that VOD technology compared with the traditional ventilation system could improve the underground operating environment, reduce the fan and air preheating energy consumption remarkably, so the technology has a well promotion prospect.

**Keywords**：VOD (Ventilation-on-Demand), ventilation costs, three-dimensional ventilation simulation, shaft air preheating

# 1　概述

目前国内外矿山经过多年的开采，浅部资源逐步消耗殆尽，随着矿山开采强度的加大和开采深度的增加，井下工作环境恶化、通风系统管理复杂、风量分配不合理等问题愈加严重，通风能耗成本急剧增加。通常情况下，通风能耗会占到整个矿井能耗的 30%~50%，甚至更高。如何保证深井矿山安全高效生产、通风节能已成为矿山企业面临的一个重要课题[1,7~9]。

20 世纪末期，按需通风（Ventilation on Demand，VOD）概念逐步引入矿山通风系统设计和控制中，其目的是用最小的通风成本、最大限度地保护井下工作环境和工人身心健康。早在 1995 年，加拿大部分矿井通风研究认为，通风系统优化（MVO）是减少能源消耗、提高矿井空气质量、改善作业环境的有效途径，而 VOD 是实现通风系统优化目标的关键一步。1998 年以来，VOD 技术已在挪威、瑞士等欧洲的国家高速公路和火车隧道通风中得到广泛应用；2002 年，INCO 公司的加拿大 Creghton 矿引入按需通风技术，实现了矿山 13 台主扇、200 台辅扇的智能控制；其间瑞典波利登矿产公司（Boliden Mineral AB）在 Laiswall 铅锌矿安装了一套 PowerVent 计算机辅助全矿通风控制系统，在地面通过专用软件直接控制与监视全部风机的运行状况，实践表明按需通风在保障井下作业安全的情况下，比传统通风方式降低电耗 1/3[3~6]。2000 年之后，我国在矿山智能通风的研究取得了一定成果，但只是开展了局部通风或通风网络监控的优化工作，尚未实现通风系统的自动监测-自动运算-自动控制，即未实现全矿通风系统的按需通风设计与应用[8~10]。

# 2　工程概况

某铜矿为特大型筒状斑岩铜矿床，矿山地势总体较高，海拔 3600~4500m。4200m 以下为高山森林区，4200m 以上为高山草甸区，属寒温带气候，年平均气温 4℃，最热月平均气温 10℃，最冷月平均气温-8℃，年降雨量 619.9mm，5~9 月为雨季。矿床埋藏标高为 3200~4000m，垂深 17.0~750m，长约 1600m，远景铜金属储量 430 万吨。一期工程开采 3720m 标高以上 KT1 主矿体，中部厚大、品位高，向四周厚度逐渐变薄、铜品位逐渐变低。该矿采用平硐开拓胶带运输，中段采用有轨运输，自然崩落法开采，设计年开采规模为 1250 万吨。基建开拓

3720m 中段负责 3720m 以上矿体，采用自然崩落法单中段回采。3720m 中段设有 4 个主要水平，从下至上分别为 3660m 有轨运输水平、3700m 回风水平、3720m 出矿水平、3736m 拉底水平[2]。

根据该矿通风系统的特点，为满足按需通风要求，设计采用多级机站通风方式，总需风量为 650m³/s。新鲜风流经 3850m 进风平硐、3600m 进风平硐、3660m 有轨运输平硐和 3720m 无轨平硐进入井下，由辅扇和通风构筑物负责分配风流，污风经 3700m 回风平硐、南回风井和 3540m 胶带运输平硐排出地表。

该铜矿的通风系统示意图如图 1 所示。

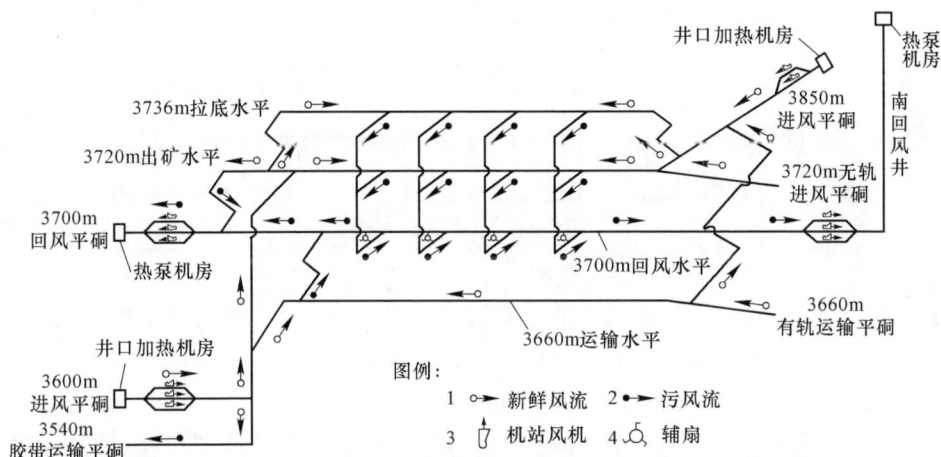

图 1　通风系统示意图

# 3　按需通风设计

## 3.1　按需通风调控技术

按需通风系统能够最大限度地保证向井下连续输送必要数量的新鲜空气，稀释并排除有毒有害气体和矿尘，为井下员工创造安全舒适的工作环境。井下的传感器监测数据和人员设备定位信息经井下通信系统传到地表 VOD 控制处理系统，通过比较现场实际风流和模拟风流之间的误差，依据通风计划，远程调整和控制对应的风机和通风构筑物的状态，从而满足井下安全作业需求。按需通风系统工作流程如图 2 所示。

该铜矿实现全矿区按需通风主要是通过变频设备驱动主扇和辅扇，调整通风构筑物的开关状态以及通风面积实现的。根据制订的通风计划，在满足井下所需风量和工作环境安全标准的前提下，通过调整优化主扇、辅扇和通风构筑物的参数，达到最佳的矿井通风特性曲线（阻力曲线）和通风系统能量消耗的最小化。

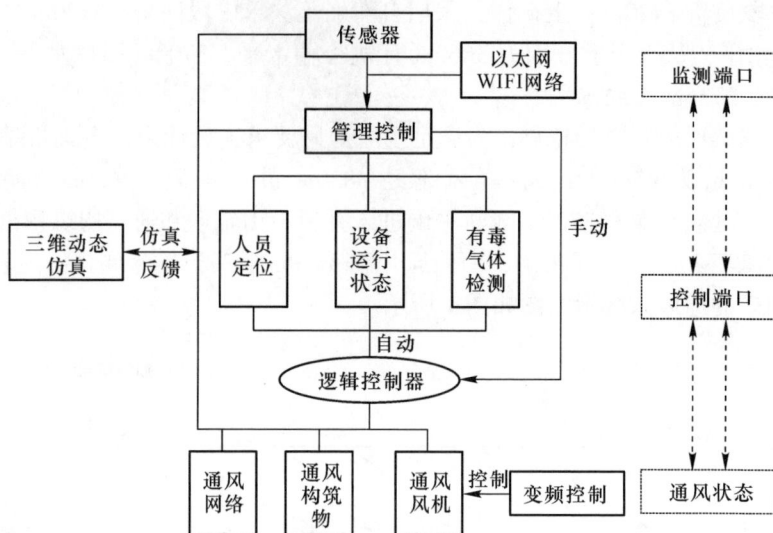

图 2　按需通风系统工作流程图

智能局扇控制系统也是按需通风的重要组成部分之一，该系统将智能控制箱集成于局扇风机本体上，通过控制通风构筑物的开关状态、通风面积以及局扇的运转参数，在设备或人员进入工作面时自动启动或关闭局扇。

井下环境参数主要为风速、风量、风压、温度、粉尘浓度和有毒有害气体浓度等，是影响井下风流分配的另一个关键因素。传感器将监测数据送至监控分站，监控分站将接收的电信号以 CAN 总线的形式传输至交换机，信号进入交换机后通过光缆送至井上按需通风控制管理系统。

该控制系统分为自动和人工两种模式，对从网络系统接收的信息进行处理，并依据通风计划发出指令，远程调节和控制各个风机、通风构筑物，使其满足工作面所需的风量，保证井下作业安全，降低通风能耗。

## 3.2　基于生产计划的按需通风方案

根据矿山回采工艺和生产计划安排，为了更好地表达该矿正常工作日矿井的需风状态，依照正常工作制度，矿山生产能力与人员、设备和作业点按时间节点匹配，具体见表1。

**表 1　正常工作日矿井作业需风点计划表**

| 作业工序名称 | 需风点数量/个 | 晚班 | | | | | | | | 早班 | | | | | | | | 中班 | | | | | | | |
|---|---|---|---|---|---|---|---|---|---|---|---|---|---|---|---|---|---|---|---|---|---|---|---|---|---|
| | | 16:00 | 17:00 | 18:00 | 19:00 | 20:00 | 21:00 | 22:00 | 23:00 | 0:00 | 1:00 | 2:00 | 3:00 | 4:00 | 5:00 | 6:00 | 7:00 | 8:00 | 9:00 | 10:00 | 11:00 | 12:00 | 13:00 | 14:00 | 15:00 |
| 铲运机出矿 | 16 | 6 | 16 | 16 | 16 | 16 | 16 | 16 | 6 | 6 | 12 | 12 | 12 | 12 | 12 | 12 | 6 | 6 | 16 | 16 | 16 | 16 | 16 | 16 | 6 |
| 二次破碎作业 | 2 | 0 | 2 | 2 | 0 | 0 | 0 | 0 | 0 | 0 | 2 | 2 | 0 | 0 | 0 | 0 | 0 | 0 | 2 | 2 | 0 | 0 | 0 | 0 | 0 |

续表1

| 作业工序名称 | 需风点数量/个 | 晚班 | | | | | | | | 早班 | | | | | | | | 中班 | | | | | | | |
|---|---|---|---|---|---|---|---|---|---|---|---|---|---|---|---|---|---|---|---|---|---|---|---|---|---|
| | | 16:00 | 17:00 | 18:00 | 19:00 | 20:00 | 21:00 | 22:00 | 23:00 | 0:00 | 1:00 | 2:00 | 3:00 | 4:00 | 5:00 | 6:00 | 7:00 | 8:00 | 9:00 | 10:00 | 11:00 | 12:00 | 13:00 | 14:00 | 15:00 |
| 3720m凿岩 | 2 | 0 | 2 | 2 | 2 | 2 | 2 | 2 | 0 | 0 | 1 | 1 | 1 | 1 | 1 | 1 | 0 | 0 | 2 | 2 | 2 | 2 | 2 | 2 | 0 |
| 3720m出渣 | 1 | 0 | 1 | 1 | 1 | 1 | 1 | 1 | 0 | 0 | 1 | 1 | 1 | 1 | 1 | 1 | 0 | 0 | 1 | 1 | 1 | 1 | 1 | 1 | 0 |
| 3720m支护 | 1 | 1 | 0 | 0 | 0 | 0 | 0 | 0 | 0 | 1 | 0 | 0 | 0 | 0 | 0 | 0 | 0 | 1 | 0 | 0 | 0 | 0 | 0 | 0 | 0 |
| 3720m装药 | 2 | 0 | 0 | 0 | 0 | 0 | 0 | 0 | 0 | 0 | 0 | 0 | 0 | 0 | 0 | 0 | 0 | 0 | 0 | 0 | 0 | 0 | 0 | 0 | 0 |
| 3720m爆破 | 2 | 0 | 0 | 0 | 0 | 0 | 0 | 0 | 1 | 0 | 0 | 0 | 0 | 0 | 0 | 0 | 0 | 0 | 0 | 0 | 0 | 0 | 0 | 0 | 2 |
| 3736m拉底凿岩 | 3 | 0 | 2 | 2 | 2 | 2 | 2 | 1 | 1 | 0 | 1 | 1 | 1 | 1 | 1 | 1 | 1 | 0 | 3 | 3 | 3 | 3 | 3 | 3 | 0 |
| 3736m掘进 | 2 | 0 | 1 | 1 | 1 | 1 | 1 | 1 | 1 | 0 | 1 | 1 | 1 | 1 | 1 | 1 | 1 | 0 | 2 | 2 | 2 | 2 | 2 | 2 | 0 |
| 3736m出渣 | 1 | 0 | 1 | 1 | 1 | 1 | 1 | 1 | 0 | 0 | 1 | 1 | 1 | 1 | 1 | 1 | 0 | 0 | 1 | 1 | 1 | 1 | 1 | 1 | 0 |
| 3736m支护 | 1 | 1 | 0 | 0 | 0 | 0 | 0 | 0 | 0 | 1 | 0 | 0 | 0 | 0 | 0 | 0 | 0 | 1 | 0 | 0 | 0 | 0 | 0 | 0 | 0 |
| 3736m装药 | 2 | 0 | 0 | 0 | 0 | 0 | 0 | 0 | 0 | 0 | 0 | 0 | 0 | 0 | 0 | 0 | 0 | 0 | 0 | 0 | 0 | 0 | 0 | 0 | 2 |
| 3736m拉底爆破 | 2 | 0 | 0 | 0 | 0 | 0 | 0 | 0 | 0 | 0 | 0 | 0 | 0 | 0 | 0 | 0 | 1 | 0 | 0 | 0 | 0 | 0 | 0 | 0 | 0 |
| 3736m掘进爆破 | 2 | 0 | 0 | 0 | 0 | 0 | 0 | 0 | 0 | 0 | 0 | 0 | 0 | 0 | 0 | 0 | 0 | 0 | 0 | 0 | 0 | 0 | 0 | 0 | 2 |
| 3660m运输 | 6 | 1 | 6 | 6 | 6 | 6 | 6 | 6 | 1 | 1 | 4 | 4 | 4 | 4 | 4 | 4 | 1 | 1 | 6 | 6 | 6 | 6 | 6 | 6 | 1 |
| 3660m装矿 | 4 | 1 | 4 | 4 | 4 | 4 | 4 | 1 | 1 | 1 | 2 | 2 | 2 | 2 | 2 | 1 | 1 | 1 | 4 | 4 | 4 | 4 | 4 | 4 | 1 |
| 3660m矿石卸载站 | 2 | 2 | 2 | 2 | 2 | 1 | 1 | 1 | 1 | 2 | 2 | 2 | 2 | 1 | 1 | 1 | 1 | 2 | 2 | 2 | 2 | 2 | 2 | 2 | 0 |
| 3600m破碎硐室 | 1 | 1 | 1 | 1 | 1 | 1 | 1 | 1 | 1 | 1 | 1 | 1 | 1 | 1 | 1 | 1 | 1 | 1 | 1 | 1 | 1 | 1 | 1 | 1 | 1 |
| 爆破器材库 | 1 | 1 | 1 | 1 | 1 | 1 | 1 | 1 | 1 | 1 | 1 | 1 | 1 | 1 | 1 | 1 | 1 | 1 | 1 | 1 | 1 | 1 | 1 | 1 | 1 |
| 无轨维修硐室 | 1 | 1 | 1 | 1 | 1 | 1 | 1 | 1 | 1 | 1 | 1 | 1 | 1 | 1 | 1 | 1 | 1 | 1 | 1 | 1 | 1 | 1 | 1 | 1 | 1 |
| 牵引变电所 | 2 | 2 | 2 | 2 | 2 | 2 | 2 | 2 | 2 | 2 | 2 | 2 | 2 | 2 | 2 | 2 | 2 | 2 | 2 | 2 | 2 | 2 | 2 | 2 | 2 |
| 采区变电所 | 4 | 4 | 4 | 4 | 4 | 4 | 4 | 4 | 4 | 4 | 4 | 4 | 4 | 4 | 4 | 4 | 4 | 4 | 4 | 4 | 4 | 4 | 4 | 4 | 4 |
| 3540m胶带运输 | 1 | 1 | 1 | 1 | 1 | 1 | 1 | 1 | 1 | 1 | 1 | 1 | 1 | 1 | 1 | 1 | 1 | 1 | 1 | 1 | 1 | 1 | 1 | 1 | 1 |
| 合计 | 61 | 22 | 47 | 47 | 45 | 44 | 44 | 43 | 24 | 22 | 37 | 37 | 35 | 35 | 35 | 34 | 24 | 22 | 49 | 49 | 47 | 47 | 47 | 47 | 26 |

通过对每天工作时序的设备、人员工作状态进行分析，满足矿山安全规程的要求，以安全、高效通风为原则，对作业点需风量进行风量核算。通过针对矿山全天作业工序实际运行状况仿真进行需风量统计，该矿通风可划分为全负荷、正常负荷、一般负荷和轻负荷4种工况条件。

（1）全负荷工况：3736m中段3个拉底凿岩工作面，3720m中段16个出矿作业面，3660m中段6列车运行，总需风量650m³/s，时间2h，占比8%；

（2）正常负荷工况：3736m中段2个拉底凿岩工作面，3720m中段16个出矿作业面，3660m中段6列车运行，总需风量560m³/s，时间12h，占比50%；

（3）一般负荷工况：3736m中段1个拉底凿岩工作面，3720m中段12个出矿作业面，3660m中段4列车运行，总需风量450m³/s，时间6h，占比25%；

（4）轻负荷工况：3736m中段1个拉底凿岩工作面，3720m中段6个出矿作业面，3660m中段1列车运行或停车检修，总需风量300m³/s，时间4h，占比17%。

## 3.3　按需供热方案

由于矿区所在区域环保要求高，且无煤、燃油等能源条件，可供使用的能源仅有电能。矿区处于高寒地区，供暖期长达 179d，寒冷漫长。根据安全规程的要求，需要将进风温度加热至 2℃ 以上，通过进风量计算，井口预热热负荷高达 11900kW，若依靠电能加热能耗及运行成本过高，故计划采用空气源热泵机组回收回风平硐的回风余热预热进风平硐进风的方案[2]。根据该矿的实际情况，3600m 进风平硐与 3700m 回风平硐结合形成一套独立的热泵预热系统；3850m 进风平硐与南回风井结合形成一套独立的热泵预热系统，其余 3720m 和 3660m 平硐进风采用电加热。按需通风与供热风量分配见表 2。

表 2　按需通风与供热风量分配

| 分组 | 项目 | 分配风量/$m^3 \cdot s^{-1}$ | | | |
| --- | --- | --- | --- | --- | --- |
| | | 工况 1 | 工况 2 | 工况 3 | 工况 4 |
| 热泵一 | 3600 进风平硐 | 260 | 204 | 161 | 101 |
| | 3540m 胶带运输平硐 | 22 | 16 | 14 | 10 |
| | 3700 回风平硐 | 263 | 231 | 170 | 113 |
| 热泵二 | 3850m 进风平硐 | 262 | 227 | 195 | 121 |
| | 南回风井 | 362 | 309 | 254 | 160 |
| 电加热一 | 3720m 无轨平硐 | 55 | 55 | 30 | 21 |
| 电加热二 | 3660m 有轨平硐 | 70 | 70 | 52 | 40 |

# 4　按需通风系统仿真与节能效果分析

## 4.1　三维通风系统仿真

Ventsim Visual™ 软件提供了一个用于分析风流模拟、热模拟、污染物模拟和通风经济性的集成工具箱，可以在同一时间内动态模拟多参数通风网络，与外部监测数据连接，实时显示和自动校核。

根据按需通风系统设计要求，为保障作业用风点合理分风、节能降耗，实现采场作业面"按需通风"，采用多级机站通风系统，共设三级机站，其中 I 级机站位于 3600m 进风平硐和 3850m 进风平硐内，II 级机站位于 3700m 回风水平采场回风天井联络道，III 级机站位于 3700m 回风平硐和南回风井 3700m 石门内，采用压抽结合的混合式通风方式。各风机站内风机均要求变频，各机站在不同工况条件下的运行负荷见表 3。

表3　主要风机各种工况运行负荷

| 级别 | 风机站 | 风机型号 | 台数 | 运行负荷/% | | | |
|------|--------|----------|------|------|------|------|------|
| | | | | 工况1 | 工况2 | 工况3 | 工况4 |
| Ⅰ级 | 3850m进风平硐 | K40-8-No26 | 2台并联 | 100 | 85 | 75 | 45 |
| Ⅰ级 | 3600m进风平硐 | K45-6-No20 | 3台并联 | 100 | 75 | 60 | 35 |
| Ⅱ级 | 3700回风水平 | K40-6-No15 | 根据采场设置 | 90 | 70~80 | 50~60 | 35~40 |
| Ⅲ级 | 3700m回风平硐 | K45-6-No20 | 3台并联 | 100 | 90 | 65 | 45 |
| Ⅲ级 | 南回风井 | K40-8-No26 | 3台并联 | 96 | 85 | 70 | 45 |

在 VentsimVisual™软件中，将风机参数、通风构筑物、监测点与矿山实际进行设置，对各种工况条件进行三维仿真模拟分析，该矿山三维通风仿真模型如图3所示。

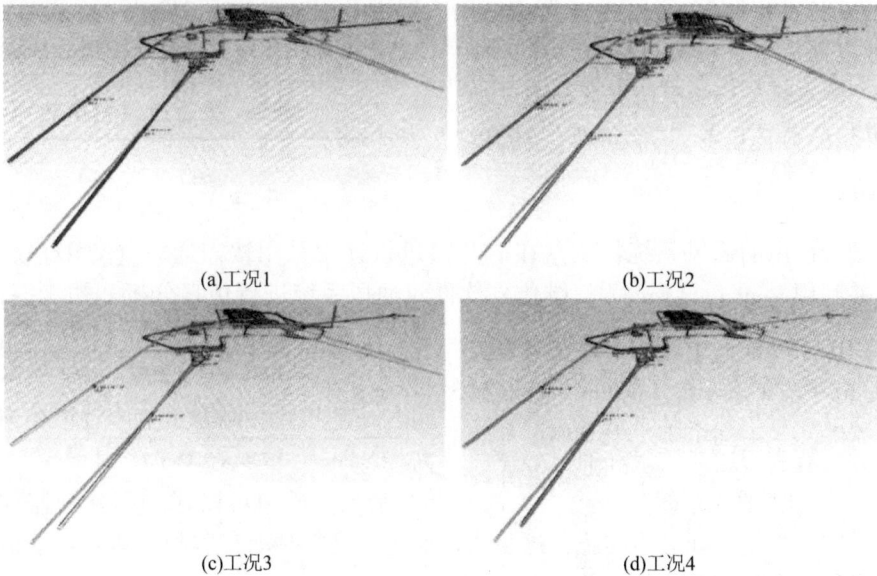

(a)工况1　　　　　　　　　　　　(b)工况2

(c)工况3　　　　　　　　　　　　(d)工况4

图3　该矿山三维仿真软件 Ventsim Visual™通风模型

## 4.2　按需通风系统节能效果分析

通过采用按需通风控制系统，对风机变频调速，风机的轴功率降低，电动机输出功率降低，实现了节能目标。根据软件仿真结果，风机功耗成本取0.5元/kWh，各工况点年功耗成本见表4。

**表 4　通风及预热年电耗成本统计表**

| 项目 | 经济指标 | 工况 1 | 工况 2 | 工况 3 | 工况 4 | 合计 |
|---|---|---|---|---|---|---|
| 矿井通风 | 工况点年功耗成本/万元 | 1076 | 627 | 305 | 81 | |
| | 时间比例/% | 8 | 50 | 25 | 17 | |
| | 矿山年功耗成本/万元 | 86 | 313 | 76 | 14 | 489 |
| 预热 | 矿山年功耗成本/万元 | 35 | 175 | 71 | 37 | 318 |

　　根据全矿区域内的各中段工作量实时控制风机转速，在满足风量要求的情况下，风机的年功耗成本随着风量减少逐渐降低。如果该铜矿全年采取 $650\mathrm{m^3/s}$ 的固定风量，则矿山的年功耗成本为 1076 万元，而采用按需通风，年功耗成本为 489 万元，每年节省 587 万元，仅为固定风量通风方式的 45%。同时按需通风对于改善作业环境、提高通风效率均有很好的作用。

　　对于高寒地区的矿山，采用按需通风系统后，不但能够降低矿井通风能耗，而且由于进风总量减少，也减少了通风预热的能耗。初步估算，矿山采用传统预热方式的电耗为 437 万元/年，而采用按需预热方式的电耗为 318 万元/年，节约运营费用 119 万元/年，与传统预热方式相比，每年节电约 27%。

　　因此，采用按需通风技术，每年可为矿山节省运营费用 706 万元，经济效益相当可观。

## 5　结论

　　结合矿山的通风系统特点，在矿井通风设计中采用按需通风（VOD）新技术，并利用 Ventsim Visual™ 三维仿真软件对通风系统进行仿真分析和初步探讨，得出以下结论：

　　（1）合理利用按需通风系统，能够为矿山节省大量的通风能耗，带来巨大经济效益，每年至少减少电耗 50% 以上。可与按需供热相结合，节能效果相当可观，并且有利于通风质量和通风效率的提高。

　　（2）按需通风系统是一个庞大而复杂的系统，矿山可以建立完善的监控和信息系统，根据实际分步实施，逐步实现通风系统实时动态监测，达到自动适应矿山通风系统动态变化的目的。

　　（3）该 VOD 关键技术和系统可以广泛应用于新建矿山和旧矿山的通风系统升级改造与优化，具有很好的推广性。

**参 考 文 献**

[1] 于润沧. 采矿工程师手册 [M]. 北京：冶金工业出版社，2009.

[2] 中国恩菲工程技术有限公司. 普朗铜矿一期采选工程初步设计报告 [R]. 北京：中国恩菲工程技术有限公司，2014.

［3］ Allen C, Keen B. Ventilation on demand （VOD） project-Vale Inco Ltd. Coleman Mine. In: proceedings of the 12th U. S. /North American Mine Ventilation Symposium, Nevada, June 2008, 45-49.

［4］ Bartsch E, Laine M, Anderson M. The application and implementation of optimized mine ventilation on demand （OMVOD） at the Xstrata Nickel Rim South Mine, In: proceedings of the 13th U. S. /North American Mine Ventilation Symposium, Ontario, June 2010: 41-44.

［5］ O'Connor D. Ventilation on demand （VOD） auxiliary fan project Vale lnco limited, Creighton mine. In: proceedings of the 12th U. S. /North American Mine Ventilation Symposium, Nevada, 2008: 41-44.

［6］ Hardcastle S G, Kocsis C, O'Connor D. Justifying ventilation-on-demand in a Canadian mine and the need for process based simulations. In: Proceedings of the 11th U. S. /North American Mine Ventilation Symposium, Taylor and Francis Group Plc. , 2006: 15-27.

［7］ 刘杰，谢贤平. 多风机多级机站通风节能原理初探［J］. 金属矿山, 2010 （5）: 71-74

［8］ 伍海亮，王鹏，潘军义，王连生. 金属矿山井下 VOD 智能通风技术研究［J］. 金属矿山, 2014 （6）: 123-127.

［9］ 王天涛. 变频技术及其在矿井主扇中的应用［J］. 煤, 2010, 19 （3）: 43-45.

［10］ 贾安民. 井下多级机站通风监控与节能技术研究［J］. 金属矿山, 2012 （6）: 113-119.

# 充填料浆环管试验计算机仿真应用的研究

李国政[1]　于润沧[2]

(1. 北京科技大学金属矿山高效开采与安全教育部重点试验室，北京，100083；2. 中国有色工程设计研究总院，北京，100038)

**摘　要**：充填料浆环管试验是采用充填工艺的矿山设计必须进行的一项工作，旨在获得充填工艺流程的流体、流变参数，作为设计的依据。但充填料浆环管试验要耗费较长的时间、大量的资金，以及人力、物力。因此并非所有矿山都具有进行环管试验的条件，于是只能采用类比法确定参数。通过对环管试验进行计算机仿真，可以替代环管试验获得所需充填料浆的流体力学、流变学参数，对设计充填系统具有重要的现实意义。文中通过建立尾砂料浆充填环管试验计算机仿真模型，仿真得出的充填料浆管道阻力参数和实测值基本相符。

**关键词**：环管试验；尾砂料浆；计算机仿真

# Study of Implementing Computer Simulation of Filling Slurry Round-Pipe-Test

Li Guozheng[1]　Yu Runcang[2]

(1. State Key Laboratory of High-Efficient Mining and Safety of Metal Mines Authorized by Ministry of Education, University of Science and Technology Beijing, Beijing, 100083; 2. China Non-ferrous Engineering and Research Institute, Beijing, 100038)

**Abstract**: In order to obtain the rheological and fluent parameters of filling techniques as designing basis references, the filling slurry round-pipe-test is a necessary work. The test consumes a lot of time, money, manpower and material resources. So that not every mine has the possibility to carry out the test and the method by rule of thumb is used compulsorily. The fluent and rheological parameters of filling slurry can be obtained from the computer simulation of filling slurry round-pipe-test. It is an important practical meaning if the simu-

本文原发表于《黄金》，2008。

lation can substitute filling slurry round-pipe-test. This paper provides implement about how to establish the computer simulation model of filling slurry round-pipe-test, and the fluent parameters obtained by simulation are suitable for actual design of filling system.

**Keywords**: round-pipe-test, tailing paste, computer simulation

## 0 引言

充填环管试验是矿山充填工艺设计的重要依据和必不可少的环节。

充填环管试验的计算机仿真系统研究最重要的是建立仿真模型，笔者在《充填料浆环管试验计算机仿真模型的探讨》一文中给出了建立仿真的数学模型[1]。本文将在此基础上，对充填料浆环管试验计算机仿真做进一步的应用开发研究。

## 1 仿真模型构建

按照现场充填料浆环管输送试验过程，仿真模型的构建应包括仿真的初始条件、仿真过程及结果输出3个部分。如图1所示。

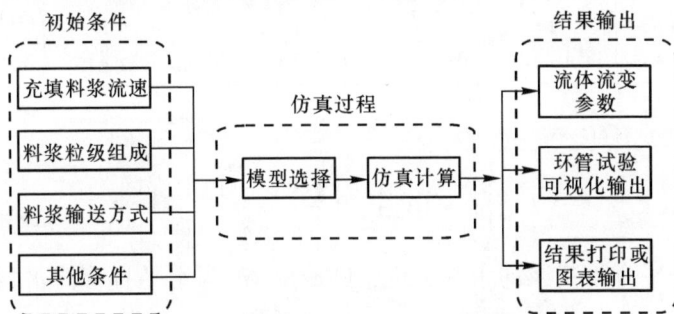

图1 充填料浆环管输送仿真流程简图

### 1.1 初始条件

给定的初始条件不同，会影响到下一步选择建模的经验公式不同。初始条件包含3个部分。

（1）管道管径。不同管径将会确定砂浆的流速，满管输送时，流量已知，料浆流速按式（1）计算：

$$v = \frac{4Q}{\pi D^2} \tag{1}$$

式中，$v$ 为料浆流速，m/s；$Q$ 为料浆流量，m³/h；$D$ 为管径，m。

（2）料浆输送方式。本文所涉及的料浆输送方式有3种：全尾砂膏体充填，高浓度全尾砂（分级尾砂）充填和水力充填。

（3）充填材料粒级组成。

$$\bar{d} = \sum_{d_i = d_{\min}}^{d_i = d_{\max}} x_i d_i \tag{2}$$

式中，$\bar{d}$ 为充填材料平均粒径，m；$d_i$ 为各级粒径 m；$x_i$ 为各级粒径在粒级组成中的份额，%。

## 1.2　数学模型的选择

现实环管试验要测取的最重要也是主要的流体参数就是料浆管道阻力系数，下面按照不同的流态建立相应的仿真数学模型。

（1）水力充填。水力充填管阻损失的数学模型拟选用的数学模型是金川公式。金川公式应用范围广、误差小，其平均误差最小为 16.2%，已被《采矿设计手册》推荐作为料浆管道输送计算参考，见表 1。

表 1　金川公式不同物料水力坡度计算与实测误差值　　　　　　（%）

| −3mm 棒磨砂 | −1.2mm 棒磨砂 | 风砂 | −8mm 破碎砂 | 磁铁矿 | 铜精矿 | 铁矿石 | 石膏 | 石灰石 | 硼砂 | 磷精矿 | 赤泥 | 石灰岩 +页岩 | 页岩 | 平均误差 |
|---|---|---|---|---|---|---|---|---|---|---|---|---|---|---|
| 8.0 | 16.8 | 6.5 | 14.4 | 11.8 | 20.5 | 12.5 | 13.5 | 13.7 | 12.0 | 17.7 | 15.7 | 32.8 | 7.9 | 16.2 |

金川公式具体形式见式（3）：

$$i_j = i_0 \left\{ 1 + 108\varphi^{3.96} \left[ \frac{gD(\rho - 1)}{v^2 \sqrt{C_x}} \right]^{1.12} \right\} \tag{3}$$

式中，$i_j$ 为水平直管料浆的水力坡度，kPa/m；$i_0$ 为水平直管清水的水力坡度，kPa/m；$\varphi$ 为料浆的体积浓度，%；$g$ 为重力加速度，m/s²；$D$ 为管径，m；$v$ 为流速，m/s；$C_x$ 为颗粒沉降阻力系数；$\rho$ 为固体物料密度，t/m³。

式（3）中清水的水力坡度需通过另一经验公式——于长兴公式计算，但经验公式中重复引用经验公式的结果会使仿真误差变大。通过金川矿区试验，云南某矿环管试验的数据发现清水的水力坡度与其在管内的流速呈函数关系，如图 2 所示。

对清水水力坡度与其管内流速的关系做二次曲线回归可以得到式（4）：

$$i_0 = 0.0215v^2 - 0.0218v + 0.0171 \tag{4}$$

（2）高浓度料浆（全尾砂或分级尾砂）充填。高浓度料浆（全尾砂或分级尾砂）输送过程中的阻力计算所采用的经验公式很多，按照刘同有等编著的《充填采矿技术与应用》中，对国内外 9 个科研单位给出的经验公式的平均误差的比较，拟采用的数学模型是金川公式，其平均误差最小为 16.2%，其他单位的经验公式的误差从 26.6% 到 548.9% 不等[1]。

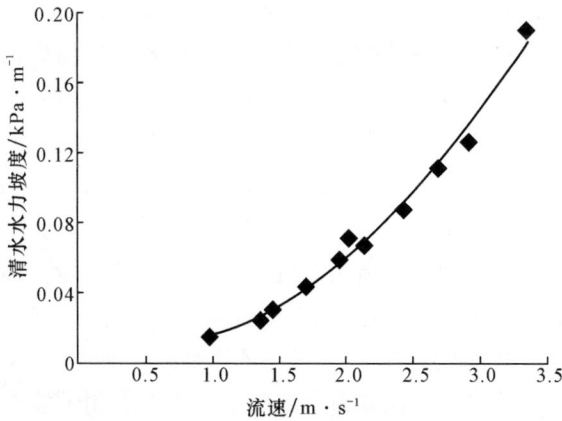

图 2　清水的水力坡度与流速的关系

$$i_{\mathrm{j}} = i_0 \left\{ 1 + 106.9 \varphi^{4.42} \left[ \frac{gD(\rho - 1)}{v^2 \sqrt{C_{\mathrm{x}}}} \right]^{1.78} \right\} \tag{5}$$

（3）全尾砂膏体充填。全尾砂膏体是由选矿尾砂脱水浓缩，形成形似牙膏的浆体，也可以由尾砂与天然细砂混拌而成，膏体流动遵守流体力学的普遍规律。此外，对于膏体来说，由于浓度和黏度的影响，浆体中的固体颗粒紧紧地粘在一起，不能自由沉降离析，在没有外力作用时，这种浆体保持固定的形状和体积，它的静止状态只有当作用其上的外力大于屈服应力时才会被破坏，这种浆体的流动具有似宾汉塑性流体的流变特征，作用在浆体上的外力与切变率有如下关系。

$$\tau_{\mathrm{s}} = \tau_{\mathrm{sq}} - \eta_{\mathrm{s}} \frac{\mathrm{d}v}{\mathrm{d}r} \tag{6}$$

式中，$\tau_{\mathrm{s}}$ 为剪切应力，Pa；$\tau_{\mathrm{sq}}$ 为屈服应力，Pa；$\eta_{\mathrm{s}}$ 为塑性黏度，Pa・s；$\frac{\mathrm{d}v}{\mathrm{d}r}$ 为切变率。

由于膏体料浆流动过程中，料浆中的固体颗粒基本没有沉降，料浆只要克服管道的阻力就可以流动，因此，膏体状态料浆的剪切应力和屈服应力很容易在实际的试验中测得，单作为环管试验的计算机仿真就不能再考虑用试验的手段获得以上的参数，因此，全尾砂膏体料浆输送过程中的阻力仍采用经验公式（5），按照刘可任在《充填理论基础》中提到的，金川公式也适用于结构流的水力坡度计算[2]。

膏体充填料浆在业界还没有明确的定义，但普遍认为膏体充填料是非牛顿流体，其流变模型近似于宾汉体，其流动状态为结构柱塞流，其流变参数的获得只能靠实测或经验公式计算，不存在临界流速。膏体充填料有 3 大特性，即稳定性、可塑性和流动性。稳定性是指它具有抵抗分层和抵抗离析的能力，体现在实践中是膏体在密闭的管道内停留数小时也不会发生沉淀、分层和离析，在压力作用下仍能顺利地进行输送；可塑性是指膏体充填料在克服屈服应力后产生非可逆变形的能力，通俗地讲是指膏体在管道输送过程中其断面上的颗粒结构有抵抗错位的能力，即抵抗变形的能力，在实践中体现为膏体在通过弯管（道）后有保持其原有结构的能力；流动性是指它能流动，产生的实质是膏体的物料构成中有 15% 以上小于 $20\mu m$ 的细粒级含量，这部分细粒级有很强的饱水能力，使水量能够填满膏体微细颗粒之间的空隙，从而保证有足够的胶结用水形成膏体的流动性。在实践中，流动性体现为在其重力或其他压力的作用下能在管道中或采空区中顺利流动。这 3 大特性也是膏体充填料可泵性能的具体体现[3]。

充填料浆达到膏体状态的浓度和充填骨料的物理化学性质有关，因此仿真模型在确定膏体充填料浆浓度时遇到了很大的障碍，本文的仿真数学模型参考了部分矿山的资料，给出了一个膏体充填料浆浓度的具体值，是为了完成后续仿真计算的需要，若针对具体的矿山，仿真模型是可以修正的，而且非常方便。

## 1.3　结果输出

仿真的结果输出的形式有流体、流变参数的计算结果、相关的图表以及可视化输出。计算结果和生成的图表可以存储成文件，便于查询和输出打印。

## 2　仿真的软件支持环境

### 2.1　仿真的算法流程

仿真软件可以在通用的 Windows 平台上，环管试验的编程语言采用 Delphi7，其仿真主要的功能实现采用 Delphi7 的功能模块，可减少大量的编程时间，提高效率。以计算环管试验管路阻力参数（即水力坡度）为例，仿真程序的算法流程如图 3 所示。

### 2.2　仿真计算属性控制面板

系统力求为用户提供一个统一而易于操作的界面控制面板（见图 4），图 4 提供了一个控制仿真计算显示内容、显示模式以及图形显示效果的操作入口。

图 4 显示的是充填料浆水力坡度仿真计算的属性面板，给定已知参数，就可以立即计算出料浆的水力坡度。

开始

初始参数

浓度>84%，或<50%  N

Y

初始数据设定步长

50%≤浓度≤76%  N

Y

数学模型1($i_j$, $v$)    数学模型2($i_j$, $v$)

结果输出

参数=参数+步长    描点

是否步长上限  N

Y

结束

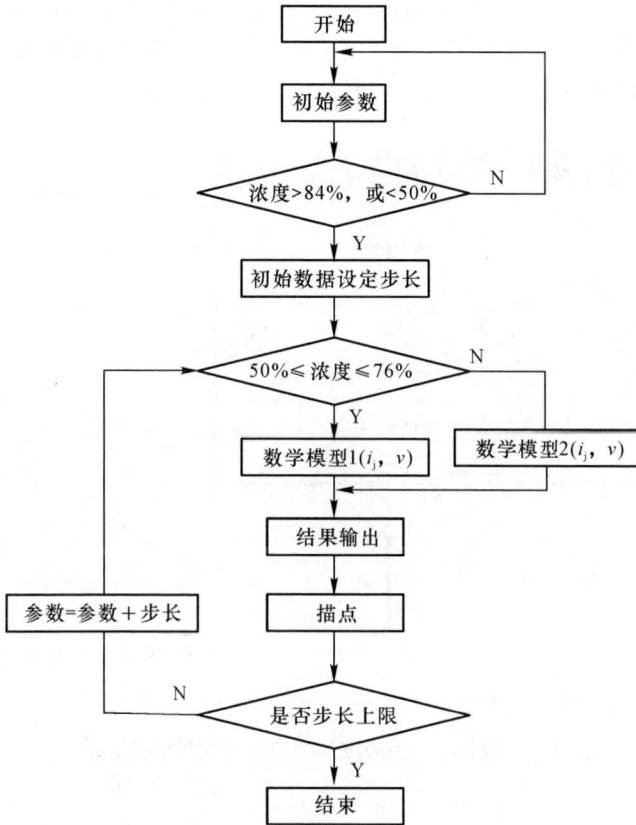

图 3　仿真算法流程图

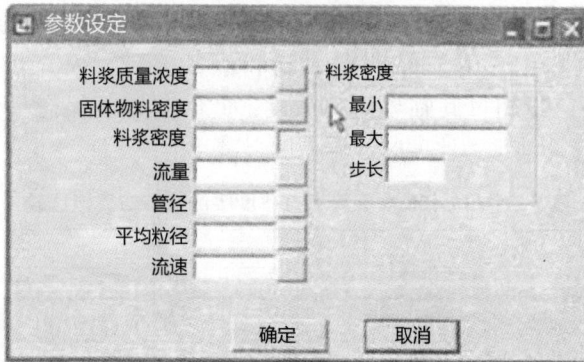

参数设定

料浆质量浓度 _____　料浆密度

固体物料密度 _____　最小 _____

料浆密度 _____　最大 _____

流量 _____　步长 _____

管径 _____

平均粒径 _____

流速 _____

确定　　取消

图 4　充填料浆环管试验水力坡度仿真属性面板

## 2.3　仿真结果输出

属性参数面板中，各个参数都设定了取值按钮，通过设定属性面板参数的步长和范围，可以得到料浆水力坡度与其相关影响因素的关系图，如图 5 所示。

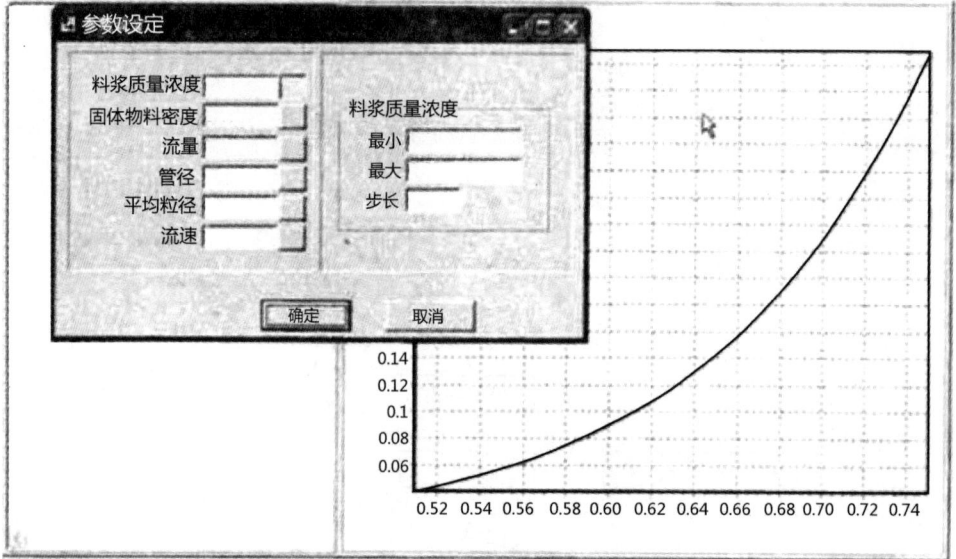

图 5　充填料浆水力坡度与料浆浓度关系的仿真曲线

## 3　案例验证

金川矿区-3mm 棒磨砂充填料浆管道水力输送试验的实测值与环管试验仿真结果的比较见表 2，从表 2 可以看出，仿真结果的误差只有 4.12%～40.12%。但可以明显地看出，料浆浓度超过一定值，仿真值的误差急剧增加，由于仿真模型采用的公式（3），其适用条件是高浓度和水砂充填，而充填料浆浓度达到76.29%时，应该已经超过其临界流态浓度，此时料浆的流态呈似均质流状态。采用公式（4）计算其水力坡度时，误差明显减小。

表 2　金川 $\phi$100 水平管水力坡度实测值与仿真值比较

| 工况 | | 水力坡度 | | 误差 /% | 平均误差 /% | 工况 | | 水力坡度 | | 误差 /% | 平均误差 /% |
|---|---|---|---|---|---|---|---|---|---|---|---|
| 浓度 /% | 流速 /m·s⁻¹ | 实测值 /kPa·m⁻¹ | 仿真值 /kPa·m⁻¹ | | | 浓度 /% | 流速 /m·s⁻¹ | 实测值 /kPa·m⁻¹ | 仿真值 /kPa·m⁻¹ | | |
| 61.77 | 3.72 | 1.95 | 2.01 | 2.56 | 5.66 | 71.9 | 3.17 | 2.45 | 2.7 | 10.20 | 13.43 |
| | 3.61 | 1.86 | 1.9 | 2.15 | | | 3.12 | 2.4 | 2.6 | 8.33 | |

续表2

| 工况 | | 水力坡度 | | 误差 | 平均误差 | 工况 | | 水力坡度 | | 误差 | 平均误差 |
|---|---|---|---|---|---|---|---|---|---|---|---|
| 浓度/% | 流速/m·s⁻¹ | 实测值/kPa·m⁻¹ | 仿真值/kPa·m⁻¹ | /% | /% | 浓度/% | 流速/m·s⁻¹ | 实测值/kPa·m⁻¹ | 仿真值/kPa·m⁻¹ | /% | /% |
| 61.77 | 3.15 | 1.77 | 1.8 | 1.69 | 5.66 | 71.9 | 2.97 | 2.15 | 2.5 | 16.28 | 13.43 |
| | 2.72 | 1.25 | 1.3 | 4.0 | | | 2.9 | 2.09 | 2.4 | 14.83 | |
| | 2.58 | 1.14 | 1.2 | 5.26 | | | 2.81 | 1.99 | 2.3 | 15.58 | |
| | 2.26 | 1.0 | 0.9 | −10 | | | 2.54 | 1.71 | 2.0 | 16.96 | |
| | 2.12 | 0.93 | 0.82 | −13.98 | | | 2.43 | 1.61 | 1.8 | 11.80 | |
| 65.73 | 3.72 | 2.27 | 2.3 | 1.32 | 4.12 | 76.29 | 2.76 | 2.32 | 3.4 | 46.55 | 40.16 (公式3) |
| | 3.61 | 1.97 | 2.0 | 1.52 | | | 2.72 | 2.21 | 3.3 | 49.32 | |
| | 3.15 | 1.63 | 1.7 | 4.29 | | | 2.62 | 2.12 | 3.2 | 50.94 | |
| | 2.72 | 1.38 | 1.4 | 1.45 | | | 2.55 | 2.05 | 3.0 | 46.34 | |
| | 2.41 | 1.08 | 1.22 | 11.11 | | | 2.41 | 1.95 | 2.8 | 43.59 | |
| | 2.05 | 0.99 | 1.0 | 1.01 | | | 2.23 | 1.87 | 2.5 | 33.69 | |
| | 1.98 | 0.98 | 0.9 | −8.16 | | | 1.7 | 1.68 | 1.5 | −10.71 | |
| 68.87 | 3.72 | 2.58 | 2.6 | 0.78 | 5.89 | 76.29 | 2.76 | 2.32 | 2.7 | 16.38 | 17.93 (公式4) |
| | 3.5 | 2.26 | 2.4 | 6.19 | | | 2.72 | 2.21 | 2.6 | 17.65 | |
| | 3.18 | 1.98 | 2.1 | 6.06 | | | 2.62 | 2.12 | 2.59 | 22.17 | |
| | 2.97 | 1.78 | 1.9 | 6.74 | | | 2.55 | 2.05 | 2.53 | 23.41 | |
| | 2.81 | 1.51 | 1.7 | 12.58 | | | 2.41 | 1.95 | 2.4 | 23.08 | |
| | 2.51 | 1.44 | 1.5 | 4.17 | | | 2.23 | 1.87 | 2.23 | 19.25 | |
| | 2.36 | 1.25 | 1.3 | 4.00 | | | 1.7 | 1.68 | 1.62 | 3.57 | |

## 4　结论及存在问题

充填料浆环管试验的计算机仿真技术，可以作为采用充填采矿法矿山设计的一种参考和辅助，经过不断修正的仿真模型还可以替代现实的环管试验，对充填料浆管路阻力参数仿真的误差为 4.12% ~ 17.93%，完全符合矿山的充填系统设计和生产管理要求。

但本软件也存在尚需改进的地方，具体表现在：

（1）添加胶结材料和其他材料的充填料浆缺少可靠的仿真数学模型，特别是添加其他材料如水淬渣等，其数学模型的约束条件只能通过料浆的密度和粒级组成来控制，仿真结果与实测值偏差较大，达到89.7%，尚需进一步修正仿真模型。

（2）目前的实际数据验证还仅限于水平直管。

（3）弯管的局部阻力仿真数学模型通用性还无法保证其精度，从现在掌握的数据来看，弯管的阻力都是按沿展直管加乘阻力系数来计算，而此弯管阻力系数值差别很大。

此仿真软件操作简单，可根据实际案例不断修正仿真数学模型，在此基础上，还可结合可视化技术对环管试验进行可视化仿真，具有广泛的应用前景和现实意义。笔者现在正在进行此方面的研究，有关内容将在另一篇文章做详细说明。

## 参 考 文 献

[1] 李国政，于润沧. 充填环管试验计算机仿真模型的探讨 [J]. 黄金，2006，27（3）：21-23.

[2] 刘同有，周成浦，金铭良，等. 充填采矿技术与应用 [M]. 北京：冶金工业出版社，2001.

[3] 王正辉. 膏体充填料的工程检测与判别 [J]. 有色矿山，2000，29（5）：11-14.

# 充填环管试验计算机仿真模型的探讨

李国政[1]　于润沧[2]

（1. 北京科技大学，北京，100083；2. 中国有色工程设计研究总院，北京，100038）

**摘　要**：充填环管试验是采用充填工艺（干式充填除外）的矿山设计前进行的一项必要工作，旨在获得充填工艺流程的流体流变参数，作为设计的依据。但充填环管试验要耗费较长的时间、大量的资金以及人力物力。通过对充填环管试验进行计算机仿真，可以获得充填料浆的流体流变参数，替代或部分替代充填环管试验，具有重要的现实意义。文中针对尾砂料浆充填环管试验计算机仿真模型的建立，提出了一个总的框架，给出了建立仿真模型的思路、数学模型。

**关键词**：充填环管试验；计算机仿真；数学模型

# Discussion of Establishing Computer Simulation of Filling Paste Round-Pipe-Test

Li Guozheng[1]　Yu Runcang[2]

（1. University of Science and Technology Beijing, Beijing, 100083;
2. China Non-ferrous Engineering and Research Institute, Beijing, 100038）

**Abstract**：In order to obtain the rheological and fluent parameter of filling techniques as designing basis, the filling paste round-pipe-test is a necessary work. But the filling paste round-pipe-test consumes a lot of time, money, manpower and material resources. The parameter of fluent and rheological of filling paste is obtained from the computer simulation of filling paste round-pipe-test. It is important practical meaning if the simulation that can substitute filling paste round-pipe-test wholly or partially. This paper provides a basic frame about how to establish the computer simulation model of filling paste round-pipe-test. Furthermore, it provides an idea and mathematical models.

**Keywords**：filling paste round-pipe-test, computer simulation, mathematical model

---

本文原发表于《黄金》，2006。

## 0 引言

水力充填方式按充填料浆管道输送状态看，大体有以下几种状态：

（1）两相流体，如分级尾砂水力输送，输送流速必须大于临界流速，可自流输送。

（2）似均质流体，如高浓度料浆，输送过程中料浆不离析，可在低流速下输送，亦可自流输送。

（3）膏体，结构流体，不但不离析，进入采空场后亦不需脱水，需要泵送。

不论哪一种输送状态，在充填系统设计中都需要获得有关输送参数。目前最可靠的方法是利用实物进行管道输送试验，测取必要的参数。尤其是膏体充填，不同矿山的尾砂形成膏体状态的临界浓度是不同的；全尾砂达到膏体输送状态时的可泵性指标，如塌落度、黏稠度、渗水率等指标与全尾砂组分及粒级组成有关，而不同矿山的尾矿组分和粒级组成是千差万别的，因此，必须要做前期的环管输送试验，测定膏体状态的充填料浆的流体和流变参数作为设计的依据。而这需要花费较长的时间和投入较多的资金，对很多矿山设计往往是办不到的，于是不得不采用类比法来处理。

利用计算机仿真技术取代实物管道输送试验将能够很方便地解决这一问题，因而具有很重要的现实意义。

## 1 仿真模型构建

按照现实中的环管输送试验，仿真模型的构建应包括：仿真的初始条件、仿真过程及结果输出 3 个部分。如图 1 所示。

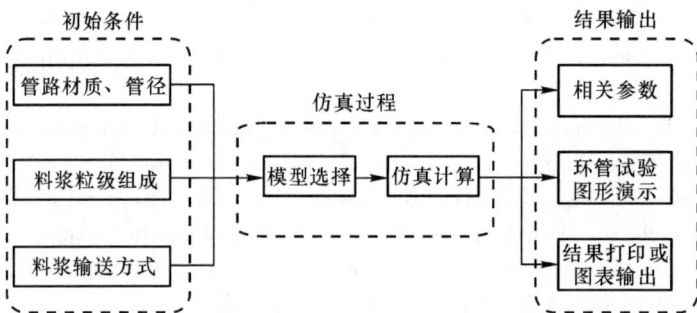

图 1 充填料浆环管输送仿真流程示意图

## 1.1 初始条件

给定的初始条件不同，会影响到下一步选择建模的经验公式不同。初始条件包含下面 3 部分。

（1）管道管径。不同管径将会确定料浆的流速，满管输送时，流量已知，料浆流速按式（1）计算：

$$v = \frac{4Q}{\pi D^2} \tag{1}$$

式中，$v$ 为料浆流速，m/s；$Q$ 为料浆流量，m³/h；$D$ 为管径，m。

（2）料浆输送方式。本文所涉及的料浆输送方式有 3 种：全尾砂膏体充填、高浓度全尾砂（分级尾砂）充填、水砂充填。

（3）充填材料粒级组成。

$$\bar{d}_s = \sum_{dsmin}^{dsmax} x_i d_{si} \tag{2}$$

式中，$\bar{d}_s$ 为充填材料平均粒径；$d_{si}$ 为各级粒径；$x_i$ 为各级粒径在粒级组成中的份额。

## 1.2　数学模型的选择

（1）水力充填。环管试验要获得的一项主要参数就是料浆在输送过程中的阻力，水力充填拟选用的数学模型是金川公式。

$$i_j = i_0 \left[ 1 + 108 c_v^{3.95} \left( \frac{\sqrt{gD}(\rho - 1)}{v^2 \sqrt{C_x}} \right)^{1.12} \right] \tag{3}$$

式中　$i_j$——水平直管料浆的水力坡度，kPa/m；

$i_0$——水平直管清水的水力坡度，kPa/m；

$c_v$——料浆的体积浓度，%；

$g$——重力加速度，m/s²；

$D$——管径，m；

$v$——料浆流速，m/s；

$C_x$——颗粒沉降阻力系数；

$\rho$——固体物料密度，t/m³。

水力充填的管路输送还有另一个重要的指标就是临界流速，临界流速是区别两种不同流动状态的流速极限，是影响管道水力输送的重要参数，砂浆的流速低于临界流速将导致管底形成固体颗粒沉积，摩擦阻力也随之相应增大，最终形成堵管。临界流速的经验公式采用式（4）：

$$v_c = \sqrt{gD} \left( \frac{\rho_p - \rho_w}{K\varphi\rho_p\rho_w\lambda} \right)^{\frac{1}{3}} \tag{4}$$

式中　$v_c$——临界流速，m/s；

$g$——重力加速度，m/s²；

$D$——管径，m；

$\rho_{\mathrm{p}}$——砂浆密度，$\mathrm{t/m^3}$；

$\rho_{\mathrm{w}}$——水的密度，$\mathrm{t/m^3}$；

$K$——系数，一般取 1.5~3.0，平均 2.0；

$\varphi$——固体颗粒沉降阻力系数；

$\lambda$——清水阻力系数。

（2）高浓度料浆（全尾砂或分级尾砂）充填。高浓度料浆（全尾砂或分级尾砂）输送过程中的阻力计算所采用的经验公式很多，按照刘同有等编著的《充填采矿技术与应用》中，对国内外 9 个科研单位给出的经验公式的平均误差的比较，拟采用的数学模型是金川公式，该公式应用范围广、误差小，其平均误差最小为 16.2%，已被《采矿设计手册》推荐作为料浆管道输送计算参考，见表 1。其他单位的经验公式的误差在 26.6%~548.9%不等。

$$i_{\mathrm{j}} = i_0 \left[ 1 + 106.9 c_v^{4.42} \left( \frac{\sqrt{gD}\,(\rho - 1)}{v} \right)^{1.78} \right] \tag{5}$$

式中字母含义同式（3）。

**表 1　金川公式不同物料水力坡度计算与实测误差值**　　　　（%）

| -3mm 棒磨砂 | -1.2mm 棒磨砂 | 风砂 | -8mm 破碎砂 | 磁铁矿 | 铜精矿 | 铁矿石 | 石膏 | 石灰石 | 硼砂 | 磷精矿 | 赤泥 | 石灰岩+页岩 | 页岩 | 平均误差 |
|---|---|---|---|---|---|---|---|---|---|---|---|---|---|---|
| 8.0 | 16.8 | 6.5 | 14.4 | 11.8 | 20.5 | 12.5 | 13.5 | 13.7 | 12.0 | 17.7 | 15.7 | 32.8 | 7.9 | 16.2 |

（3）全尾砂膏体充填。全尾砂膏体是由选矿尾砂脱水浓缩，形成形似牙膏的浆体，也可以由尾砂与天然细砂混拌而成，膏体流动遵守流体力学的普遍原则，此外，对于膏体来说，由于浓度和黏度的影响，浆体中的固体颗粒紧紧地黏在一起，不能自由沉降离析，在没有外力作用时，这种浆体保持固定的形状和体积，它的静止状态只有当作用其上的外力大于屈服应力时才会被破坏，这种浆体的流动具有宾汉塑性流体的流变特征，作用在浆体上的外力与切变率有如下关系：

$$\tau_{\mathrm{s}} = \tau_{\mathrm{sq}} - \eta_{\mathrm{s}} \frac{\mathrm{d}v}{\mathrm{d}r} \tag{6}$$

式中　$\tau_{\mathrm{s}}$——剪切应力，Pa；

$\tau_{\mathrm{sq}}$——屈服应力，Pa；

$\eta_{\mathrm{s}}$——塑性黏度，Pa·s；

$\dfrac{\mathrm{d}v}{\mathrm{d}r}$——切变率。

将膏体充填料近似的视为宾汉黏塑性体时，适用于管流的流变方程，可用布

金汉方程进行描述:

$$\tau_{\mathrm{n}} = \frac{4}{3}\tau_{\mathrm{nq}} + \eta_{\mathrm{n}}\frac{8v}{D} \tag{7}$$

式中　$\tau_{\mathrm{n}}$——剪切应力, Pa;

　　　$\tau_{\mathrm{nq}}$——屈服应力, Pa;

　　　$\eta_{\mathrm{n}}$——塑性黏度, Pa·s;

　　　$v$——料浆流速, m/s;

　　　$D$——管径, m。

　　层流状态下, 水平直管的阻力损失用式 (8) 计算:

$$i_{\mathrm{cj}} = \frac{16}{3D}\tau_{\mathrm{cq}} + \eta_{\mathrm{cn}}\frac{32v_{\mathrm{p}}}{D^2} \tag{8}$$

式中　$i_{\mathrm{cj}}$——层流状态下, 水平直管阻力损失, kPa/m;

　　　$D$——管径, m;

　　　$\tau_{\mathrm{cq}}$——屈服应力, Pa;

　　　$\eta_{\mathrm{cn}}$——塑性黏度, Pa·s;

　　　$v_{\mathrm{p}}$——水平直管料浆流速, m/s。

　　由于膏体料浆流动过程中, 料浆中的固体颗粒基本没有沉降, 料浆只要克服管道的阻力就可以流动。因此, 膏体状态料浆的剪切应力和屈服应力很容易在实际的试验中测得, 但作为环管试验的计算机仿真就不能再考虑用试验的手段获得以上的参数, 因此, 全尾砂膏体料浆的 $i_{\mathrm{j}}$ 仍采用经验公式 (5), 按照刘可任在《充填理论基础》中提到的, 金川公式也适用于结构流的 $i_{\mathrm{j}}$ 计算。

　　上述几个经验公式有各自的适用条件, 同时也存在度量单位不统一的缺点, 例如, 砂浆的浓度, 有的经验公式采用的质量浓度, 有的经验公式采用的体积浓度或砂水质量比, 在输入计算机时需要换算成统一的度量指标和单位。

## 2　仿真的软件支持环境

　　操作系统为 Windows 操作系统; 集成开发语言采用 Delphi; 图形输出采用 OpenGL 软件。

## 3　存在的问题及应用前景

　　由于建模采用的都是经验公式, 仿真的结果会与现实值有一定的误差, 因此需要案例来不断修正数学模型。

　　充填料浆环管试验的计算机仿真技术, 可以作为采用充填采矿法的矿山设计的一种参考和辅助, 经过不断修正的仿真模型还可以替代现实的环管试验。以云南驰宏锌锗股份有限公司的充填环管实验为例, 从制定方案、筹备、实验、数据汇总与分析、得出有关数据等一系列的环节，花费时间超过 1 年，投入的实验资金超过百万元，还有大量的人力耗费。而采用计算机仿真，瞬间就可以得到所需的参数，大大地缩短矿山基建期，节省大量的人、财、物力，因而具有广泛的应用前景和现实意义。

## 参 考 文 献

［1］佟庆理. 两相流理论基础［M］. 北京：冶金工业出版社，1982.

［2］刘同有，周成浦，金铭良，等. 充填采矿技术与应用［M］. 北京：冶金工业出版社，2001.

［3］刘可任. 充填理论基础［M］. 北京：冶金工业出版社，1982.

［4］蔡嗣经. 矿山充填力学基础［M］. 北京：冶金工业出版社，1994.

# 《金属矿膏体充填理论与技术》序言

《金属矿膏体充填理论与技术》一书，是吴爱祥教授率领的团队根据多年从事膏体充填技术的教学、科研工作的成果和经验，并参阅了国内大量文献撰写而成，是一部重要的专著。

胶结充填工艺技术在我国应用已有30多年的历史，经历了水力充填、高浓度充填、膏体充填三个发展阶段。胶结充填工艺技术的应用较好地解决了采空区塌陷、地表因采矿引起的大面积沉降、山体滑坡等灾害的威胁，为保证生产安全、保护生态环境发挥了重要的作用。随着日益严格的环保要求，充填采矿法的应用获得了急速的推广，过去传统上都习惯采用崩落采矿法的铁矿山，也不得不研究改用充填采矿法。然而，充填采矿法目前仍面临着一些技术和管理上的难题。首先，充填成本高，胶结充填法的充填成本一般占采矿总成本的20%～40%。昂贵的充填成本不仅给矿山造成很大的经济压力，也严重制约充填采矿法的发展。其次，充填料浆的浓度和灰砂比不易控制，浓度的降低，导致胶凝材料流失，充填料的分层，严重影响充填体的强度。

膏体充填工艺技术有利于解决或缓解上述难题。膏体充填料浆属于似宾汉体，其物理特性是输送过程中不会产生离析，有利于保持料浆浓度的稳定；在保证同样充填体强度的条件下，可以比水力充填，甚至也比高浓度充填减少胶凝材料用量，从而有利于控制成本；在正常情况下，采场基本无须脱水，既简化采场的防堵构筑物，又有利于改善矿井的环境。所以，这是一种有效利用全尾砂的技术，是一种适应环保要求日益严格的技术，是一种有前途的值得大力推广的技术。还应当指出的是，利用膏体充填装置，可以实现满足充填使用后多余全尾砂的干堆。这是一种既节约用水又节约用地的先进技术。

该书对尾砂浓密脱水、料浆制备、膏体输送、井下充填的理论、装置、工艺技术进行了全面系统的论述，既有作者的研究成果和工程应用实例，也充分反映了国内外相关理论和工艺技术研究的新进展，对广大从事矿业工程设计、科研、生产、教学的同行具有较大的实用价值。是为序。

中国恩菲工程技术有限公司教授级高工
北京科技大学兼职教授、博士生导师　于润沧
中国工程院院士

---

本文是为《金属矿膏体充填理论与技术》一书所写序言，科学出版社，2015。

# 《充填采矿技术与应用》序言

　　这部专著以全面反映金川有色金属公司与其他诸多单位合作，对发展胶结充填采矿技术所做出的突出贡献为基础，系统总结、分析、论述了充填采矿领域的理论和实践。

　　自 20 世纪 70 年代中期以来的 20 多年中，我一直参与金川有色金属公司胶结充填采矿的设计和科研工作。作为一个见证人，我以为这些突出的贡献可以概括为：金川有色金属公司是我国采用胶结充填工艺技术的先驱者之一，而且所用的充填料是管输难度较大的戈壁集料棒磨砂；第一次提出"临界流态浓度"的新概念，并明确提出高浓度的物理概念，即大于临界流态浓度的充填料浆称为高浓度料浆；推导出金川有色金属公司自己的水力充填水力坡度计算的经验公式，由于以大量的半工业试验测试数据为依据，其计算精度超过国际上著名的杜兰德公式；实现了深井低倍线高浓度胶结充填料浆管道自流输送，对剩余压头在管道输送中的影响、作用机理以及克服措施进行了有益的探讨；在国内第一次成功地应用了全尾砂膏体充填技术，从研制设备到大规模的环管试验到投入工业生产，同时开展了对膏体流变特性的系统研究；破例地采用了大面积（矿体水平面积 10 万平方米左右）机械化下向胶结充填采矿法，而且首次在进路回采中使用了 $6m^3$ 铲运机、全液压双机凿岩台车等大型无轨设备，使盘区生产能力达到 800～1000t/d，使充填采矿法跃入高效率采矿方法的行列；创立了六角形断面下向胶结充填法方案，丰富了充填采矿法的内容。本书编者们希望涉及充填法的各个方面，以使本书内容更加丰富和更具指导性，以推动充填采矿技术的进一步发展和应用，提高矿山的现代化科技水平。在全面系统论述充填采矿技术的时候，应当重视应用胶结充填法技术管理经验的总结，因为技术管理是胶结充填采矿法应用成功的基础，本书对此也有所涉猎。

　　金川有色金属公司应用胶结充填法肩负着"采富保贫"的任务，为此国内外许多单位在金川完成了大量的充填体作用机理和开采顺序的研究工作，形成了不同的学术观点。研究充填体作用机理和开采顺序，不仅要注意局部矿段的应力变化，而且更应注意区域稳定性的研究。研究充填体作用机理和开采顺序的目的不仅是"解释世界"，阐明这种现象和那种现象产生的地质背景和各种原因，更

---

本文是为《充填采矿技术与应用》一书所写序言，冶金工业出版社，2001。

重要的是要"改造世界",即努力去探索如何去保证区域稳定,成功地实现"采富保贫",充分发挥利用胶结充填技术进行"三下"开采保护地表的优势。这一点对金川有色金属公司有特殊重要的意义。

全尾砂膏体充填技术的成熟,为创建无废或少废矿山开辟了途径,大大地改善了地表和地下的环境状况。在这方面还有大量的工作有待完成,全尾砂的脱水技术和装置有待改进,使之更加简易、可靠;膏体充填泵的制造也有待国产化,以降低充填站建设的基建投资,从而拓宽膏体充填的应用范围。

由于各矿充填材料特性往往差异很大,要设计出最优的充填系统,一般都必须进行充填试验。为使管道输送试验更加可靠、易行、节省费用,应当开发充填料浆管道输送的计算机仿真系统。

充填技术是充填采矿法的核心。保证充填质量,降低充填成本,是充填技术发展的永恒动力。几十年来从低浓度分级尾砂充填到高浓度分级尾砂充填到全尾砂膏体充填,都是在这一永恒动力的驱动下前进的,朝着这个方面还有很大的发展空间,这个永恒的动力将永远激励我们不断地创新、创新。

中国工程院院士　于润沧

2001 年 4 月于北京

# 有色矿山的无废开采实践

彭怀生　于润沧

（北京有色冶金设计研究总院，北京，100038）

**摘　要**：本文介绍了我国有色矿山实现无废开采的途径以及某一大型矿山的无废开采设计。在此基础上提出在矿山设计及项目评价时应该研究无废开采的问题。

**关键词**：无废开采；矿山环保；矿山设计

# Wasteless Mining Practice at Non−ferrous Metal Mines

PENG Huaisheng　YU Runcang

（Beijing Central Engineering and Research Institute for Nonferrous Metallurgical Industries，Beijing，100038）

**Abstract**：Wasteless mining measures have been used at some Chinese non − ferrous mines. A typical wasteless mine is presented in this paper. Then a wasteless mining design for a large underground copper mine is discussed. As a conclusion，it is suggested that the wasteless mining should be taken into consideration at the stage of mine planning.

**Keywords**：wasteless mining，environment protection，mine planning

## 1　引言

有色金属采选冶行业是国民经济中废料产出最多的行业之一。堆存这些废料占用很多土地，其中不少是耕地，而我国的人均耕地面积只有世界平均水平的28%。如果地表水与废石相互作用形成酸性水，便成为更加严重的环境问题。为了解决日益严重的环境问题，也为了延长非再生资源的使用年限，加速无废开采工艺的研究与推广，尽快使之走向适用阶段，使矿业走上可持续发展之路，是人

---

本文原发表于《有色金属》，1998。

类当前乃至今后相当长一段时间内的一项重要任务。今后的采矿已不再是通过自然资源的简单开发创造财富，而是必须严格按照环境保护要求创造财富。

然而，并不是任何一个矿山都可以实现无废采矿，它取决于许多因素，诸如废料的化学物理性质及力学性质、矿山所处的地理环境、资金及技术条件、采矿方法的可变性、废料产出的数量等。由于有色矿山一般都坐落在偏僻地区，有时市场问题、资金问题会成为主要的制约因素。但无论如何，应当建立一个新的概念，即从项目一进入设计阶段，就统筹研究无废开采问题。在选择开采方法时，不仅要考虑经济因素，而且还要考虑社会的因素，尽可能减少废料的产出，并且通过综合利用尽可能多地变废为宝，缓减对环境的有害影响，同时提高矿山的经济效益，这是对无废采矿的基本要求。

## 2 无废采矿现状及实现无废采矿的途径

在有色矿山，出于环保的要求和提高企业经济效益的需要，无废采矿已越来越受到人们的重视。目前，有一些条件比较好的小型矿山，已经实现了无废采矿。还有一些矿山虽然还没有完全做到无废采矿，但也朝这个方向做了许多工作，在尽量减少废料方面取得了可喜的成就。目前，有色矿山实现无废采矿主要有以下一些途径。

### 2.1 加强资源综合利用，减少尾矿量

有色金属矿床许多是多金属矿床，共生和伴生着许多种有用矿物。一些老企业过去的选矿工艺综合利用较差，致使不少有用矿物进入尾矿中，可回收利用；新企业则应加强综合利用，采用少尾工艺流程。这样，必将使尾矿量减少，既有利于环境保护，又提高了企业的经济效益。

铜官山铜矿原来建有三个尾矿库，合计储存尾矿量2320万吨，其中响水冲尾矿库860万吨，已大部分加以回收利用。从1975年至1990年再选出硫精矿63.9万吨，铁精矿87.43万吨，救活了一个资源枯竭的矿山。

西林铅锌矿尾矿中含硫9.8%，物相分析表明，磁性硫含量为4.26%。用半逆式磁选机在磁场强度1500奥斯特的条件下进行一次磁选可获得含硫32.64%的硫精矿，回收率为56.2%，推广前景良好。

德兴铜矿是最大的有色露天矿，其生产能力已达9万吨/天，每年的剥离总量约为4000万吨。目前剥离总量中约有1/4为低品位（含铜0.1%~0.3%）围岩，而随着开采深度的增加，这一比例将逐步增加至剥离量的1/2。为此，该矿已设计建成年处理量为1200万吨的堆浸系统，使用露天坑的酸性废水，使浸出率达到20%，每年可回收电解铜约1800t。

## 2.2　废石和尾矿用作建筑材料

许多有色金属矿山的尾砂及废石除进行必要的综合回收研究、推广及用于坑内充填外，另一个较为广泛的用途是用作建筑材料。表 1 列出将尾砂及废石用于建筑材料的几座典型矿山。

表 1　尾砂及废石用作建筑材料的几座典型矿山

| 矿山名称 | 尾矿及废石用途 |
|---|---|
| 琅琊山铜矿 | 尾砂用作水泥原料、制砖、制造微晶玻璃 |
| 黄沙坪铅锌矿 | 水泥原料 |
| 小寺沟铜矿 | 已作试验，可用于制造微晶玻璃花岗岩、茶色玻璃，部分废石用作建材 |
| 三山岛金矿 | 制作尾砂砖、釉面瓷砖 |
| 牟定铜矿 | 少量用于制作围棋子，废石用于铺路 |

有色矿山的许多尾砂都含有石英，因而比较适宜于作玻璃原料，而且其粒度均较细，故与某些添加剂一起便可制作瓷砖及建筑用砖等建筑材料。其工艺简单，投资较低，在有条件的地方，不失为一种极具推广前景的尾砂综合利用途径。

目前，有许多有色矿山将掘进或剥离出的废石除用于充填空区或回填沟坑外，还用作建筑材料或筑路材料，废石的有效利用有待进一步研究、开发。

## 2.3　废石和尾矿用作充填材料

许多有色矿山对尾矿和废石的综合利用与治理作了很多工作，以减少废石场占用土地面积，最为普遍的是用于回窿充填。尾砂充填采矿法在有色矿山及贵金属矿山已应用得十分普遍，本文不再列举。有些矿山在废石回窿充填方面做得较好，表 2 列出几座废石回窿充填的矿山。

表 2　将废石回窿充填的几座矿山

| 矿山名称 | 废石产量/万吨·年$^{-1}$ | 处理方法 |
|---|---|---|
| 黄沙坪铅锌矿 | 66.2 | 全部回窿充填采空区 |
| 凡口铅锌矿 | 22 | 大部分回窿充填，少量用作建材 |
| 牟定铜矿 | | 全部用于铺路或充填采空区 |
| 东乡铜矿 | 16 | 充填地表陷落区 |
| 铜官山铜矿 | 11 | 排入原露天坑，以备复垦 |
| 小寺沟铜矿 | 58 | 填沟造地、生产建材 |

## 2.4　全尾砂充填新工艺

尾砂作为矿山的废料被大量用于充填，成为矿山的主要充填原料。传统的充填工艺只有分级粗尾砂才被采用，常常造成充填料不足、细砂筑坝困难、充填料浆浓度低、充填质量受影响、充填体在采场脱水造成坑内污染等问题，没有从根本上解决环境污染灾害。

全尾砂充填新工艺的出现，不仅为解决充填本身存在的一些问题提供了有效的途径，而且为实现无废开采开辟了广阔的前景。以全尾砂或全尾砂为主制成的各类膏体充填料或高浓度充填料用于矿山充填，既可减少或取消建设尾矿库、降低水泥消耗及充填成本，又可大大改善坑内外的环境，彻底解决了尾矿这一废料的处理问题。

金川公司二矿区试验成功了全尾砂膏体充填新工艺，使其尾矿可全部用于井下充填，并大大减少了对成本较高的戈壁砂料的需求量。

凡口铅锌矿在用传统的分级尾砂作充填料时期，充填消耗的尾砂量占产出总量的70%，而全尾砂高浓度胶结充填料浆自流输送新工艺获得成功后，尾砂产出总量的90%可用于井下充填，辅以尾砂用作生产水泥的原料，基本上消除了尾砂的地表堆放。

## 2.5　无废开采的典型小型矿山——南京铅锌银矿

南京铅锌银矿位于江苏省南京市栖霞镇。著名的南京栖霞山风景区栖霞寺、千佛岩距矿区仅1km，素有"六朝名胜""四大丛林之一"之称，佛教学院在栖霞寺设有栖霞寺分院。矿区北距长江1.5km。

主矿体为一向南西侧伏的盲矿体，侧伏角42°。矿体倾角60°~80°，浅部较缓，深部近直立。矿体长850m，埋深-28~-700m。厚度变化较大，由数米至50m，平均厚度23.1m。

矿体上盘为各种类型的砂岩，下盘为致密状灰岩。

该矿是以铅锌为主的多金属矿床，储量计算中只综合考虑了铅、锌、硫三个组分。但矿石中还含有其他有用元素，主要是锰。各种主要元素的平均品位分别为：铅：2.36%，锌：3.65%，硫：25.64%，锰：5.58%。

南京铅锌银矿从1959年开始建矿，发展至1978年形成年处理矿石5万吨的能力。1982年进行了改造，形成了10万吨/年的生产能力，但并未完全实现无废开采。采用的采矿方法为崩落法、浅孔留矿法与分段空场嗣后充填法。

1989年矿山进行第二次改扩建，使年生产能力达到20万吨。设计院与矿山有关人员一道，确立了适合该矿的设计原则，其中最重要的一条是使矿山实现无废开采。现在，矿山已达到这一目标。

矿山采用盲竖井开拓，主井为两段接力提升，+53～+14m用箕斗提升，+14～-625m用罐笼提升。所用采矿方法为：点柱分层充填法（占80%）和分段空场嗣后充填法（占20%）。

矿山日产废石约100t，全部用于井下充填，而且将原有废石场的废石也回窿到井下，矿山已取消了废石场。

矿山平均日产尾矿约500t，其中大于20μm的部分全部用于井下充填，小于20μm的部分掺入硫精矿中销售，已成为无尾矿库的矿山。如果浮选尾矿中的锰品位超过8%，则通过磁选工艺流程回收碳酸锰，达到综合回收的目的。

生活锅炉年产煤灰渣200t左右，全部用于制砖。

井下涌水量为725m³/d，全部泵到回水池。其中充填搅拌站用水720m³/d，空压机冷却补充用水量14m³/d，尾矿输送用水96m³/d，坑内涌水已全部用于生产，采矿外排水量为20m³/d，全部是坑内生产用水，经化粪池处理后，排至附近的九乡河。选矿废水排放量为4409m³/d，建有专门的污水处理站，使其水质达到国家二级排放标准。

现在，矿区及风景区的面貌焕然一新。由于矿山技术改造成功，环保问题解决得好，矿山年年盈利，是南京市的先进企业之一。

## 3　大型矿山的无废采矿设计

冬瓜山铜矿是一个正在建设、将在21世纪初投产的大型地下开采矿山，其设计生产规模为10000t/d。

冬瓜山矿床为沉积–改造、叠加层控矽卡岩型多金属矿床。主矿体位于青山背斜轴部，其形态与背斜轴部相吻合，沿倾斜和走向呈似层状展布，倾角10°～35°，走向长1810m，水平投影宽300～800m，中间最厚，超过100m，两翼变薄。矿体向北侧伏，侧伏角10°～15°。主矿体赋存标高-680～-980m，最上部距地表约800m。该矿床矿石和围岩都比较稳固。

矿石为硫化矿，主要自然类型有含铜磁铁矿，占29.5%；含铜磁铁矿滑石蛇纹石，占24.1%；含铜黄铁矿，占20.9%；含铜矽卡岩，占13.2%。含铜磁铁矿滑石蛇纹石类型的矿石赋存在矿床底部，属于难选矿石。矿石储量近100Mt，平均品位分别为铜：1.01%、硫：16.84%、铁：29.64%、金：0.29g/t、银：5.25g/t。

冬瓜山矿床是正在生产的狮子山铜矿的深部矿床，最上部为东西狮子山矿床，中部为大团山矿床，下部为冬瓜山矿床。东西狮子山已基本采完，尚留有近200万立方米的采空区未进行处理。

冬瓜山矿床设计采用竖井及辅助斜坡道开拓，主运输中段在-875m水平，为有轨运输，采用20t电机车双机牵引10m³底侧卸矿车。生产水平采用无轨设备，包括 8yd³ 电动铲运机等。

冬瓜山选用的采矿方法为空场法嗣后充填。在厚矿体部分用 H165mm 大孔崩矿，薄矿体部分用中深孔落矿。将矿体划分为 100m×112m 的盘区，盘区内布置 20 个（13~15）m×50m 的采场。首先回采矿房，充填后再采矿柱，然后充填。

冬瓜山掘进巷道时，每天产出废石约 1300t，生产前 8 年尾矿产率为 56% ，后 21 年为 69% ，即尾矿量为 5600~6900t/d。

在这样大的矿山按无废采矿的标准来进行设计，尚属首次，为了实现无废采矿，在冬瓜山的设计中采取了如下的基本设计原则与做法：

（1）尽量回收矿石中的伴生有用组分，减少尾矿产率，在选矿过程中，除回收铜、硫，产出铜精矿、硫精矿外，还要回收铁和滑石。铁精矿中含硫较高，不能成为合格产品，因而需要通过进一步的试验，降低其中硫的含量，使其成为合格产品。滑石回收后，进一步深加工，产出超细粉。

（2）采用全尾砂、块石胶结充填工艺，做到废石不出窿。

（3）在矿山进行建设的时候，按 1500t/d 能力选采两个采场，矿石送往老选厂处理，尾矿送狮子山矿的现有尾矿库，这样，待新选厂投产时，尾矿便可用于充填。由于提前进行小规模开采，不仅可以开展必要的深井开采研究工作，而且也提高了矿山项目的经济效益。

（4）万一由于某些原因出现尾砂用不完，还可送往狮子山的老采空区，而不需要新建尾矿库。

# 4　结语

无论是环保，还是企业经济效益的要求，无废开采必将受到采矿界的日益重视。除文中所涉及的对废石、尾矿开展综合利用的研究外，要想办法创造一些条件使之适应社会、经济的需要。展望未来，尚有以下工作应引起矿业界的重视：

（1）实现无废采矿最根本的是要研究，选用不产出或少产出废料的工艺技术。我国的铀矿山近几年大力推广了原地浸出采矿，收到了良好的效果，有色矿山目前还未应用该项技术，应在有条件的矿山研究推广浸出采矿。

（2）不能继续简单地将采矿理解为"打洞采石"，而应将采选结合起来。比如，研究矿山充填用料的要求与选矿厂磨矿粒度及回收率之间的合理界限，使尾砂产出率及粒度要求与采矿充填及尾砂的其他综合利用的要求相结合。

（3）对矿井排出的坑内水造成的环境影响要引起足够的重视，这方面的工作目前做得还不够，特别是涌水量较大的矿山，更应注意该项工作。

（4）对矿山过去遗留的废石、尾矿进行查定，建立矿山废渣数据库。对目前难以回收利用的含有用矿物的废渣，要妥善管理，以便以后进行再选。

（5）当然，并不是所有的矿山都能实现无废采矿，但尽量做到少废采矿是可行的。

（6）从项目的设计开始就要着重研究无废采矿问题，在进行项目经济评价的时候，同时要考虑社会的和生态的因素。

## 参 考 文 献

[1] 中国有色金属工业总公司采矿情报网．有色金属矿山废渣（尾矿及废石）综合利用调研报告［R］. 1992.

[2] 章庆和，等．矿产综合利用，1996（4）.

[3] 金永铎．矿产综合利用，1996（2）.

[4] 彭怀生，等．矿业研究与开发，1997（4）.

# 料浆浓度对细砂胶结充填的影响

于润沧

（北京有色冶金设计研究总院，北京，100038）

**摘　要**：文章结合在金川有色金属公司的研究成果，阐明料浆浓度对胶结充填的重要性。

高于临界流态浓度的胶结充填料浆属于宾汉塑性体或触变体。其管输水力坡度值，只在一定流速范围内随流速加大而增长，超过此限值后，便呈下降趋势。高浓度料浆还遵守有界面的群体沉降规律，因而不产生离析，也不受两相流临界流速的约束。采用相同数量的胶凝材料时，其单轴极限抗压强度比正常浓度时最少提高12%~50%，体积干缩率减小40%~50%。

高浓度胶结充填料浆不仅输送可靠、充填质量好，而且还具有节能、节水、节材等优点，应在生产中大力推广。

# Effects of Fill Pulp Concentration on Fine Sand Cemented Fill

Yu Runcang

（Beijing Central Engineering and Research Institute for Non-ferrous Metallurgical Industries, Beijing, 100038）

**Abstract**: Marked by high concentration and full tailings, the cemented fill technique has developed into a new stage since the late seventies. In this paper, the important significance of fill pulp concentration to the cemented fill is briefly presented in connexion with the research results of Jinchuan experiments from an engineering standpoint.

The cemented fill pulps, the concentrations of which are above the critical fluid concentration, fall under the categories of Bingham plastic fluids or so-called thixotropic fluids. The hydraulic gradient value of this kind of pulp during pipe transport increases with increasing flow velocity only within a definite range of flow velocity. When a certain limit is exceeded, the hydraulic gradient value tends to decrease. Moreover, the high concentration

本文原发表于《有色金属》，1984。

fill pulps obey the settling laws of the clusters which have interfaces, so the segregation phenomena do not take place and the high concentration fill pulps do not confined by the critical velocity of the two-phase flows. When the same amounts of cemented materials are used, the ultimate uniaxial compressive strength is at least 12% ~ 50% higher than that with normal concentrations, and the volume shrinkage upon drying is 40% ~ 50% lower than that with normal concentrations.

Because of above-mentioned characteristics of the high concentration cememted fill pulps, it is safe to say that with this kind of pulp the transport is reliable, the quality of filling is excellent and economic results are improved through the saving in energy, water and materials, so this kind of pulps should be energetically spread widely in production.

20 世纪 60 年代是胶结充填技术蓬勃发展的时期，国外围绕充填材料特性和以两相流理论为基础的输送机理，进行了大量的试验研究工作，促使胶结充填技术在生产中获得日益广泛的应用，解决了地下开采中的许多技术难题。但那时对于料浆浓度这样一个极端重要的问题，却很少研究。生产中实际使用的尾砂胶结充填料浆浓度一般为 62% ~ 68%。

到了 70 年代后期，料浆浓度才逐渐引起人们的重视。一些国家的学者和工程技术人员开始探索高浓度的优越性，以及提高料浆浓度的途径。英国斯崔特（M. Streat）和威尔森（K. C. Wilson）按滑动床物理模型研究了固液两相流体的高浓度输送，细粒级的输送体积浓度超过 50%，粗粒级接近 40%[1~3]。瑞典波立登公司为适应下向分层充填的需要，于 1974 年、1975 年在加彭贝尔格（Garpen-berg）矿和克里斯汀贝尔格（Kristineberg）矿分别建立了高浓度胶结充填系统，分级尾砂利用圆筒式真空过滤机脱水，使料浆浓度达到 75%[4]。美国乔埃公司 1976 年在南非一金矿建立了全尾砂高浓度胶结充填试验系统，采用获得专利的离心脱水设备，可正常产出浓度为 75% ~ 80% 的沉砂[5,6]。西德研制了全尾砂脱水的管式过滤机，沉砂与水泥、重介质选矿的废石混合成高浓度料浆（混凝土），然后用泵输送[7]。苏联于 1977 年在阿契沙依（Агисай）多金属联合企业建成了采用全尾砂的触变性胶结混合料充填系统，该系统用平板浓缩机将全尾砂的浓度提高到 82%，再经双轴搅拌机和搅拌均化器（Взвихриватель）制成触变型料浆[8,9]。

我国对高浓度胶结充填料浆的研究，起步是比较早的。金川有色金属公司、北京有色冶金设计研究总院、长沙矿山研究院从 1975 年开始，便利用 -3mm 戈壁集料棒磨砂进行高浓度胶结料浆制备及输送工艺的半工业性及工业性试验，根据科研成果为金川二矿区设计建立了高浓度胶结充填系统，投产后性能良好。与此同时，也从理论上对高浓度胶结充填料浆的流态特性、输送机理等进行了一定的探讨[10,11]。

以高浓度和全尾砂为标志,从 70 年代后期开始,胶结充填技术发展到了一个新的阶段。

本文将从工程角度,结合作者参加金川试验研究的体会,简要阐明料浆浓度对胶结充填的重要意义。

## 1 浓度对胶结充填料浆流态特性的影响

对充填料浆流态特性的了解是充填系统设计的基础。人们通常以雷诺数作为表征流态特性的参数,或者从管流阻力特性、沉降规律及临界流速等方面进行具体的描述。

金川的试验表明,随着浓度的增高,胶结充填料浆的流态特性逐渐发生变化。当料浆浓度达到某一限值时,料浆便从非均质的固液两相流体转变为似均质的结构流体,从而发生质的变化,该转折点称为“临界流态浓度”。这一从量变到质变的过程,在图 1 所示的水力坡度与流速关系曲线上可以很清楚地看出。当浓度低于临界值时,水力坡度值随流速的加大而增长;接近临界流态浓度时,它们之间大体呈线性关系;超过临界浓度以后,曲线成为下凹形,表明水力坡度增长到一定数值时,便开始随流速的继续加大而呈下降趋势。西北水利科学研究所用高含砂浑水所做的试验还表明,当流速很高时,高含砂浑水的阻力损失比清水还小,如图 2 所示[12]。

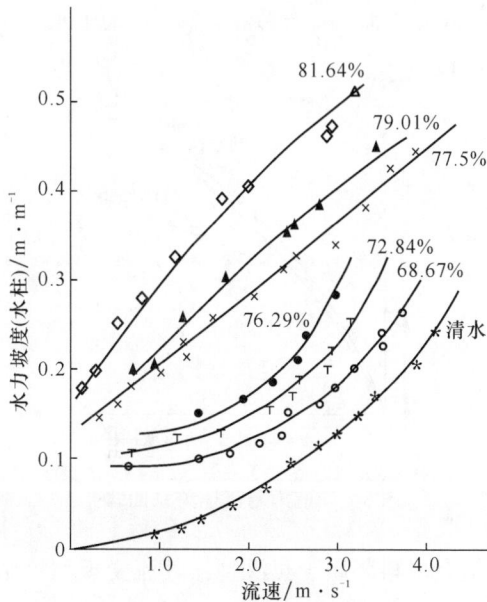

图 1  水平直管水力坡度与流速关系曲线

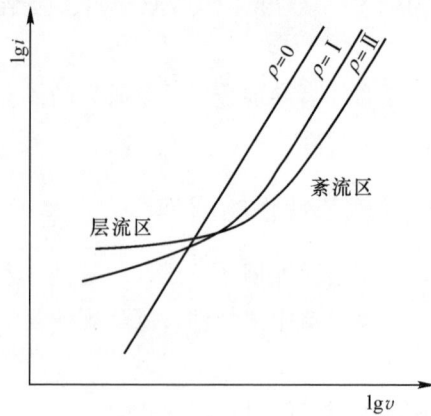

图 2　高浓度料浆 $i$–$v$ 关系示意图

　　因此，应当认为，高浓度并不是一个相对的数量概念，如同 65% 对 60% 来讲是高浓度那样，其正确的含义是指大于临界值的浓度。不同的物料具有不同的临界流态浓度，主要取决于固体颗粒的粒径、密度、形状、级配等，而对极细粒级的含量尤为敏感，因为极细粒级的物料对料浆的黏度产生显著影响。

　　高浓度同正常浓度胶结充填料浆的上述差异，是它们的流变特性所决定的。充填料浆虽然一般都属于非牛顿流体，但高浓度胶结充填料浆的物理模型或者是与时间无关的宾汉塑性体，或者是与时间有关的触变体（如苏联阿契沙依的高浓度料浆），其流变曲线如图 3 所示。二者的选择基本上取决于设计者的倾向性，但前者在工程应用上简单一些。

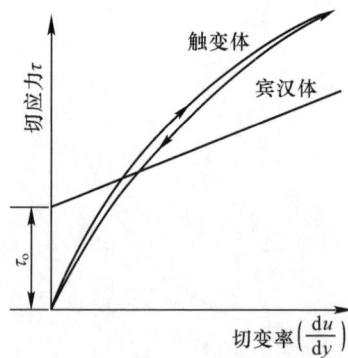

图 3　切应力与流速关系曲线

　　金川的高浓度胶结充填料浆属于宾汉型，其流变模型可用下式表示：

$$\tau - \tau_0 = \eta \cdot \frac{du}{dy}$$

即形变只有在切应力 $\tau$ 达到某一限度后才开始。这种限度称为初始切应力或屈服切应力 $\tau_0$。宾汉塑性流体在静止状态具有足够刚度的三维结构，可以抵抗小于 $\tau_0$ 的任何力。一旦切应力超过 $\tau_0$，这种结构便开始解体，此时流体的性状就如同在切应力（$\tau-\tau_0$）作用下的牛顿流体一样。当切应力再减小到小于屈服切应力时，三维结构又重新恢复。因而其静水沉降规律的重要特征是固体颗粒受惯性力影响很小，较小的颗粒被裹挟在较大的颗粒之间，作为固相和液相间有界面的群体而沉降，界面清晰，粗细颗粒始终不存在离析现象，所以在沿管道断面的垂直轴线上也没有明显的浓度梯度。

上述规律自然也影响到临界流速的概念。众所周知，在水力输送中临界流速是一个非常重要的参数，它描述某个系统以稳定流动状态占优势运行时的最低流速，表征安全运行的下限。高浓度胶结充填料浆不产生离析，通常是以较低的流速呈"柱塞状"运动，因而临界流速的概念对其便失掉意义。在金川的试验中，高浓度胶结充填料浆可以在管道中以 $0.2\sim0.3\mathrm{m/s}$ 的流速正常满管输送。这对于正常浓度的料浆是不可思议的。

正是由于高浓度料浆的上述流态特性，使它具有输送可靠，不易堵管的良好性能，即使在管路中满管停滞数十分钟后，只要再施加大于 $\tau_0$ 的压头，料浆照样正常自由流动。这对于工业上应用具有很重要的意义。

## 2　料浆浓度对胶结充填质量的影响

胶结充填的质量主要表现为三个方面：（1）料浆初凝后表面是否出现一层稀泥；（2）充填体抗压强度和抗剪切强度的高低；（3）料浆凝固后干缩率的大小。影响胶结充填质量的因素很多，如固体物料的性质（颗粒形状、大小、密度、级配）、胶凝材料的含量、料浆浓度、料浆搅拌均匀程度等，但是只有料浆浓度同时对上述三个方面都具有决定性的影响。

许多矿山的生产实践均表明，正常浓度的胶结充填料浆浇注入采场后，由于离析，在距浇注点稍远一些的地方便富集一层极细粒级的物料，其渗水速度很低，经久不会凝固，给下一循环的回采工作带来很大的不便。高浓度料浆则全然不同，因为它在输送和沉降过程中不产生离析，所以充填体表层平整坚硬，充填后十余小时便可进入采场作业。

料浆浓度对充填体的抗压强度和抗剪切强度也具有显著的影响。表1与图4为金川试验中试样单向极限抗压强度与料浆浓度的关系。

表 1　充填体单向抗压强度（kg/cm²）与料浆浓度（%）的关系

| 料浆浓度/% | 物料 | | | | | |
| --- | --- | --- | --- | --- | --- | --- |
| | 风砂 | | −1.2mm 戈壁棒磨砂 | | −3mm 戈壁棒磨砂 | |
| | 平均粒径/mm | | | | | |
| | 0.213 | 0.391 | 0.615 | | | |
| | 龄期/d | | | | | |
| | 7 | 28 | 7 | 28 | 7 | 28 |
| 65 | 3.90 | 9.72 | 7.86 | 12.85 | 5.66 | 9.38 |
| 70 | 3.82 | 10.83 | 7.88 | 16.43 | 7.49 | 15.3 |
| 75 | 4.95 | 12.59 | 8.58 | 22.44 | 11.19 | 18.54 |
| 78 | 6.43 | 15.91 | 11.11 | 24.27 | 12.54 | 27.28 |
| 80 | — | — | 12.63 | 25.84 | 14.04 | 29.12 |

注：1. 胶凝材料采用 500#硅酸盐水泥；2. 灰砂比均为 1：8。

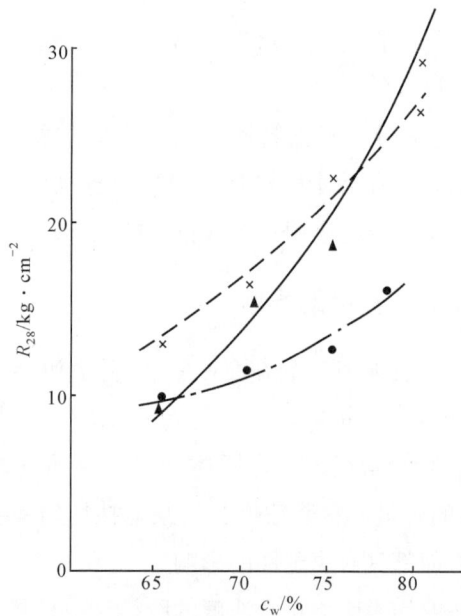

图 4　单向抗压强度与浓度关系曲线

　　表 1 中三种物料的临界流态浓度相应为 75%、76%、77%，高浓度料浆的单向抗压强度比正常浓度时最少可提高 12%～50%。

　　图 5 是根据金川试验中试样三轴抗压强度资料绘制的莫尔强度图。两图所示的试样灰砂比均为 1：6，养护龄期 35 天。图 5（a）料浆浓度 $c_w = 78\%$，垂直剪力面的应力 $\sigma_n \leqslant 30\text{kg/cm}^2$，黏结力 $c = 7\text{kg/cm}^2$，内摩擦角 $\varphi = 30°$；图5（b）$c_w =$

80%，$\sigma_n \leqslant 30\mathrm{kg/cm^2}$，$c = 8\mathrm{kg/cm^2}$，$\varphi = 31°$。其抗剪强度相应为 $24.32\mathrm{kg/cm^2}$ 和 $26.03\mathrm{kg/cm^2}$。三轴抗压强度也反映了随浓度增长而增长的规律。

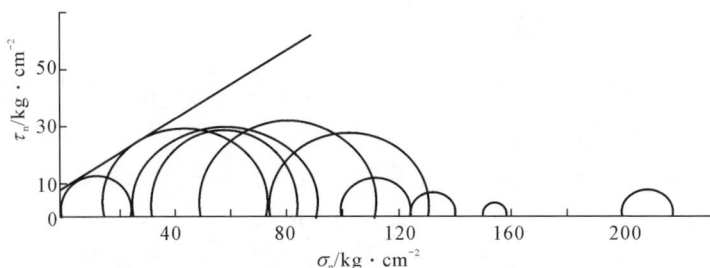

(a)浓度78%灰砂比1:6

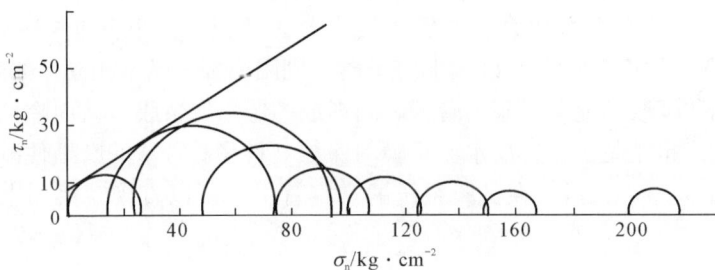

(b)浓度80%灰砂比1:6

图 5　莫尔强度图

（a）内摩擦角 $\varphi = 30°$；（b）内摩擦角 $\varphi = 31°$

　　采用胶结充填的着眼点，一方面是提高充填体本身的自立性，另一方面是利用充填体支护围岩，保护地表。仅就提高自立性而言，充填体的强度并不十分重要，即使是灰砂比 1∶30 的尾砂胶结充填体，在 V. C. R 法大量放矿后垂直暴露面积达 2 千多平方米的情况下，其自立性仍然十分完好。如果是利用充填体的支撑作用，强度便具有重要的意义。此时，高浓度料浆就可以有效地发挥其作用。

　　从另一个角度讲，如充填体的强度一定，采用高浓度胶结充填料浆也是节约水泥的一条有效途径。

　　在金川的试验中还研究了料浆浓度对充填体干缩率的影响，表 2 为部分试验数据。

表 2　几种不同浓度料浆干缩率对比

| 料浆浓度/% | 灰砂比 | 体积干缩率/% |
|---|---|---|
| 70 | 1∶8 | 21.51 |
| 75 | 1∶8 | 12.46 |
| 80 | 1∶8 | 6.96 |

从表 2 可知，高浓度料浆的干缩率要小得多。这对于减小充填体和顶板间的间隙，降低井下排水量都是非常有利的。

## 3　料浆浓度对管道磨损状况的影响

按照传统的概念，很容易产生浓度越高料浆对管壁磨损越严重的看法。然而事实却相反，高浓度胶结充填料浆对管壁磨损很小。在金川的试验中，虽然输送的物料量只有数千立方米，还不可能直接测得管壁磨损值，但通过间接的方法也能够证明高浓度胶结充填料浆对管壁磨损小的事实。

在金川进行普通钢管和高压聚乙烯软管摩擦阻力对比试验时发现，输送清水时，管壁光滑的塑料管的阻力损失要比普通钢管小 30% ~ 40%；输送重量浓度为 62% 的 -3mm 戈壁滩集料棒磨砂料浆（灰砂比 1：8）时，小 30% ~ 33%；但输送高浓度料浆（浓度 78%，灰砂比 1：8）时，则阻力损失基本相同，如图 6 所示。这是由于高浓度胶结充填料浆与管壁之间形成一层水泥浆膜，从而降低了管壁粗糙度的影响。也正是由于这层水泥浆膜的保护，料浆对管壁的磨损便减轻了。当水泥含量超过 10% 以后，在试验系统的观察管上，可以直接观察到水泥浆膜的存在。

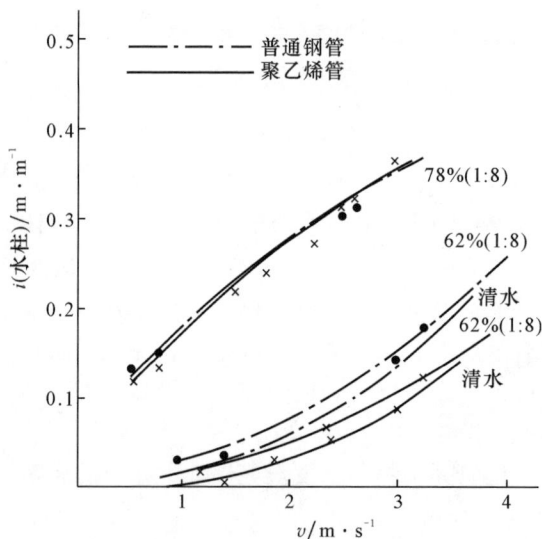

图 6　普通钢管和聚乙烯管不同浓度浆体 $i$-$v$ 曲线

## 4　结语

（1）超过临界流态浓度后，胶结充填料浆的 $i$-$v$ 曲线呈下凹曲线，即水力坡度随流速的增长而增长到一定数值时，便出现下降趋势。

（2）高浓度胶结充填料浆可以用宾汉体或触变体物理模型来描述。宾汉体在静止状态具有足够刚度的三维结构，遵守有界面群体沉降规律，在管道横断面上无明显浓度梯度，粗细颗粒始终不产生离析现象。

（3）在许多因素中，唯有料浆浓度同时对表征充填质量的三个方面都具有决定性的影响。与正常浓度时对比，高浓度胶结料浆充填体表面坚硬无泥，抗压强度最少提高 12%~50%，体积干缩率显著降低。

（4）用间接方法证明，高浓度胶结充填料浆与管壁间形成一层水泥浆膜，可以减轻对管壁的磨损。

（5）由于高浓度胶结充填料浆的良好性能，应当在工业生产中大力推广使用，以获得较好的节能、节水、节材的经济效果，并保证良好的充填质量。根据目前我国的装备水平，建议尽可能采用重力自流输送系统。

## 参 考 文 献

[1] K C Wilson, M Streat. R A Batin. Slip-model Correlation of Dense Two-phase Flow. Proceedings Hydrotransport 2, 1972.

[2] M Streat, Y Televantos, A J Caleton. Pilot-plant Studies of Hydraulic Conveying of Coarse Materials of High Concentration in Pipelines. Proceedings Hydrotransport, 4, 1976.

[3] A J Carleton, et al. Hydraulic Transport of Large Particles Using Conventional and High Concentration Conveying. Proceedings Hydrotransport 5, 1978.

[4] M, Sallert. 波立登金属公司尾砂胶结分层充填采矿法 [J]. 有色矿山，1981，4.

[5] William R. Wayment. 尾砂充填——一种新的方法 [J]. 有色矿山，1981.4.

[6] Stanley J. Patchet. 深部金矿的充填支护系统——实验性的装置和经济分析 [J]. 有色矿山，1982.3.

[7] Preussag Pumpversatz, 1981.

[8] Новая технология эакладочных работ На основе тексотропных смесей, 1982. ЦНИИ цветмет экономики и информаций.

[9] Горный журнал 1981, No. 1, стр, 26-28.

[10] 细砂胶结管道充填室内半工业性试验总结，金川有色金属公司，1979，7.

[11] 于润沧. 关于胶结充填工艺设计中的若干问题 [R]. 中国金属学会充填采矿法学术交流会，1982，7.

[12] 蒋素绮，孙东智，等. 高含砂水流泥砂沉降规律和阻力特性，1980，3.

# 智能矿山与矿业信息化技术创新探讨

朱瑞军[1,2]　　于润沧[1,2]　　杨卓明[1,2]　　李立涛[1,2]

（1. 中国恩菲工程技术有限公司，北京，100038；
2. 中国矿业信息化协同创新中心北京市工程中心，北京，100038）

**摘　要**：采矿是一个以矿石价值信息为核心驱动力的工程活动，矿石信息的不确定性，决定了采矿工程为不确定复合系统工程。通过信息深度挖掘与设计的持续优化，可动态地降低生产系统本质上的不确定性，从而提升资产利用效率，降低生产成本，降低边界品位，提高资源利用率，文章以期从这个角度探讨智能矿山建设的内涵。"云平台-大数据-矿业信息模型（MIM）"揭示了新一代智能矿山建设过程中信息流转的基本范式，基于此，信息处理、有机集成以及动态优化可以植根于矿山全生命周期的各个系统，促进矿业信息化技术产生持续创新。
**关键词**：不确定性；动态优化；资产效率；云平台-大数据-MIM

# Discussion on Intelligent Mine and Mining Information Technology Innovation

Zhu Ruijun[1,2]　　Yu Runcang[1,2]　　Yang Zhuoming[1,2]　　Li Litao[1,2]

（1. China ENFI Engineering Corporation, Beijing, 100038;
2. China Mining Innovation Center, Beijing, 100038）

**Abstract**：Mining is an engineering activity with ore value information as the core driving force, The uncertainty of ore information determines that mining engineering is an uncertain composite system. Through deep mining of information and continuous optimization of design, we can dynamically reduce the uncertainty of production system, and then improve the efficiency of asset utilization, reduce the production cost, reduce the cut-off grade and improve the utilization rate of resources, so as to explore the connotation of intelligent mine construction from this perspective. "Cloud platform-Big data-MIM" reveals the basic paradigm of information flow in the construction process of a new generation of intelligent

作者信息：朱瑞军（1971—），男，中国恩菲工程技术有限公司，正高级工程师，主要从事矿山设计与科研工作。

mines. Based on this, information processing, organic integration and dynamic optimization can be rooted in various systems of the whole life cycle of mines, and promote the continuous innovation of mining information technology.

**Keywords**: uncertainty, dynamic optimization, asset efficiency, cloud platform – big data–MIM

# 1 引言

高精传感、精准定位、自动控制以及网络技术在采矿工程中的应用推广，一定程度推动了自动化及远程采矿技术的发展[1~3]。而随着大数据、云平台及物联网等新一代信息技术的出现，进一步促进了围岩与地质条件、机械装备、人员物流等涉及矿山生产多源异构信息的动态交互融合，这将成为智能矿山工程建设的关键所在，并为矿业的创新性发展带来新的历史机遇[4]。信息技术的发展持续推动着智能矿山相关研究，并演化出了智能矿山建设范式。基于设备车辆无人值守的智能矿山、基于信息集成的数字矿山（DT）、基于全生产要素管理的智慧矿山等范式，从不同角度创新发展了矿业信息化技术[5~8]。但是，随着信息技术快速迭代，智能矿山建设的基本范式会不断变化，这必将给矿山企业智能化转型升级带来一定的困扰。

概况性地讲，智能矿山建设是信息化技术深度植入采矿活动的过程，表现为矿山设计、生产、管理各个环节信息的自动流转与各个系统的自我优化及协同运作，旨在提升资产运转效率与资源利用率，实现矿山效益最大化。从而，增强矿山企业的竞争力，推动企业可持续发展。本文将从采矿工程特征揭示智能矿山的内涵，针对采矿工程的核心关键问题进行深入探讨，并结合新一代信息技术构建未来智能矿山建设以及矿业信息化技术创新的发展方向。

# 2 采矿工程的关键

绝大多数生产活动依托人工生产系统，生产力主要表现为对生产资料加工，使其转化为具有特定功能产品的能力。而采矿活动为自然人工系统工程，其生产力主要表现为对矿体赋存特征、地质条件、品位、矿物种类以及岩石特性等信息的获取、优化处理，并制定实施合理的系统工程方案的能力。与其他生产活动相比，采矿工程本质上是一项以"矿体信息"驱动，不断打破原岩自然赋存状态的系统工程活动。原始信息的不可确定性与原岩的不可恢复性，给采矿工程带来了不确定性与不可逆性。生产过程的持续性，决定采矿工程活动具有动态变化性。同时，矿山生产过程是一个涉及不同的工艺复杂系统，其具有很强的整体性、相关性、目的性、动态性和环境适应性。

## 2.1 降低信息的不确定性

采矿是基于自然状态建立人工系统的工程活动，自然系统具有唯一性，具体表现为不同矿体的赋存条件的唯一性，而对于同一矿体的空间属性也存在差异，且差异性会随着空间范围的扩大发生不可预测的突变。这种唯一性不仅导致新建矿山没有完全的工程经验可以借鉴，且受限于现有的探测手段，必须依靠不完全、不确定的信息来指导矿山建设与生产，这给矿山生产活动带来一定的风险。因此，如何降低信息的不确定性及其影响作用，是采矿工程的关键之一。

如图1和图2所示，采矿工程就是基于地质勘探获取的不完全、不确定的信息，进行矿山建设以及生产施工设计，并指导生产实践。随着岩体赋存状态的破坏，其相关信息将向确定性演变，基于确定信息可对仍处于原岩赋存状态岩体的不确定信息进行校验与推演，进而指导下一步设计与生产活动的进行。分析可知，可分别从"信息获取"与"信息演化"着手来降低信息的不确定性。

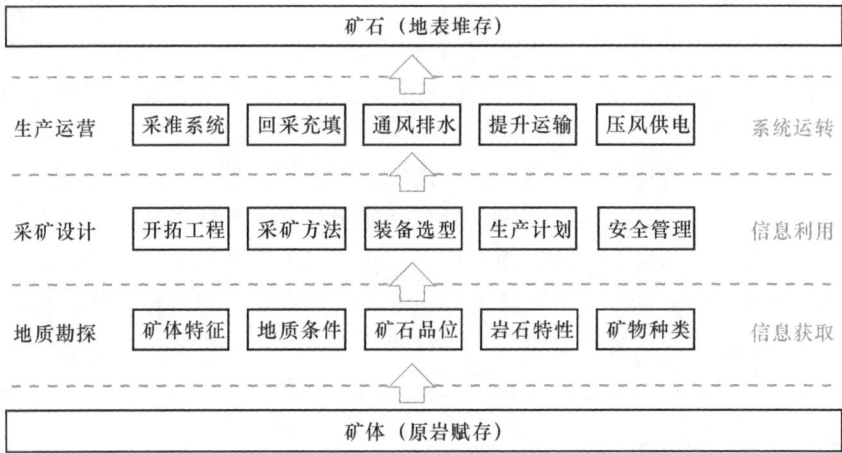

图1 地下采矿基本流程

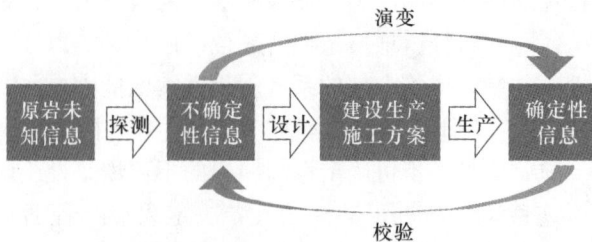

图2 采矿工程信息演化过程

（1）提升勘探技术水平。

通过提升勘探整体技术水平、加强地质勘探强度可有效地降低"信息获取"的不确定性。相关科研工作者在这提升勘探整体技术水平方面正做着持续性探索，广域电磁法、遥感技术以及三维地震波技术在资源勘探、地质勘探以及水文地质普查等方面发挥着重要的作用。继表面应力测量技术之后，套心解除地应力测量技术、水力压裂地应力测试等技术的应用在不断促进着相关信息获取的精确性与准确性。先进物探技术的广泛应用与深入发展推动了"透明地球"计划的提出与实施，有效地改善了"信息获取"的不完整性与不确定性。

对于矿山重大投资与重点工程，可在现有技术条件下加强地质勘探来降低信息获取的不确定性，控制其带来的工程与投资风险。如在井巷选址过程中，可以将井位定在工勘资料较为全面且合适的地方，若已选井位工勘资料缺乏需要在施工之前加强勘探，降低因信息的缺乏而带来的风险。

（2）加速信息演化程度。

虽然地质勘探技术手段在持续地发展，但预期在今后的一段时间内，指导采矿生产活动的设计起点仍将是不确定信息。无论是在基建还是在生产初期必须依靠"几孔之见"进行工程设计与基建投资。采矿工程首先应需缩短基建周期，减小前期投资，快速进入到生产探矿阶段，利用确定性信息减小投资风险[9]。其次，在生产过程中，须有效地利用科学手段加速信息演化程度，提升信息的可靠有效性。

## 2.2 全生命周期动态优化

矿体赋存信息的不确定性与唯一性，给项目施工带来了风险。但从矿业项目的特点来看，矿山项目的开发过程信息会从不确定逐渐向确定性演变，在其演变过程中，无论是信息种类还是信息数量均在不断增加与完善，这就需要基于动态信息对设计施工方案以及生产运营状态进行优化与管控。

## 2.3 提高资产的运转效率

提高生产效率与资源利用率是采矿活动的根本目标，但在一定程度上这个目标是通过资产运转效率的提升来实现的。资产的运转效率不仅直接影响着生产效率，而且资产运转效率的提升会有效地降低生产成本，促进边界品位的下降，实现资源利用率的提升，因此采矿工程研究的关键问题之一是如何提高资产的运转效率。

采矿是一个庞大而复杂的系统工程，其中涉及采准支护、回采充填、提升运输、通风排水以及压风供电等相关系统。要实现资产运转效率与资源利用率的最大化，需保障整体和子系统的协调高效运转。

首先，要保障组成系统各个装备的可靠高效运行，设备设施是系统的物理有效组成部分，其运转状况及效率直接决定了其所在系统的运转情况与整个系统的效率问题。其次，保障各个系统间的协调运转。采准系统、回采充填、提升运输、通风排水以及压风供电各个子系统间均存在着相互依赖与相互制约的关系，只有各个系统有机配合，整体系统才能高效运转，进而实现提高资产运转效率与资源利用率的目的。最后，平衡多目标协同作业，需要同时考虑生产安全与生态及外界扰动等因素，采矿活动的安全高效生产与生态环境的绿色和谐共生，在一定角度上影响生产的"高效"进行，若轻视这两个问题，整个系统有可能无法持续发展。

## 3　智能矿山核心内涵

数字矿山技术与自动化采矿技术的发展，为智能化矿山的发展提供了必要条件。智能矿山是在数字化与自动化的基础上，进一步对相关信息进行处理、优化、融合进而生成决策。针对采矿工程的关键，智能矿山的核心应主要包含以下三方面的内容。

### 3.1　信息智能获取

通过激光扫描、定位导航、气体传感等，对矿山空间信息、环境信息、装备运行进行精准描述是数字化矿山的关键。而在信息获取方面，智能矿山的核心关键是在直接获取信息的基础上对信息进行处理，从而获取无法直接有效监测的价值信息。例如，通过信息演化的手段，利用已知确定矿体信息对未知的矿体赋存状态、围岩情况以及应力分布等不确定性信息进行预测与校正[10]；通过装备运行的历史数据及动态监测数据对装备的未来运行状态进行预测，并且逐步积累数据进而对装备的运行不断更新与优化；在充填过程中，对搅拌桶液位与底部料浆浓度及流量、进料过程等信息的监控与处理，预测下一时段充填料浆浓度、流变特性等；通过对巷道壁面物理特性的准确描述，给出巷道摩擦阻力系数等[11]。

### 3.2　信息智能处理

信息智能处理是在信息动态测量与预测的基础上，通过仿真模拟、数据处理对信息进行有机识别与处理，进而生成工艺参数、分析装备状态、评估环境条件等。例如根据围岩与矿体预测信息结合采矿方法动态设计形成合理的采场参数；通过对运行参数的预测对装备未来的工作运行状态进行预判；根据充填料浆制备阶段历史信息与当前信息等参数的实时处理，给出充填料浆未来优化配比；通过巷道壁面的物理形态对冒顶、片帮等事故的预判。

## 3.3　系统智能运转

首先是面向任务智能，对于一个具体任务，在生产过程中首先需要处理各个子系统在空间与时间两个维度上的复杂关系。采矿系统工程，包含有采准开拓、回采充填、提升运输、通风排水以及压风供电不同的子系统，其是由各个子系统组成的有机整体，在空间布局上需要科学结合，在时间维度上需要动态配合运转。例如，在通风系统中，需要根据工作面的分布状况，及时形成合理的通风系统；而在生产运转过程中，需要根据生产情况、人员分布、装备状态、环境参数对及时调整通风系统的工作状态；在充填系统中，以任务为导向，精准调控制备阶段及管道输送阶段充填料浆的稳定性与合理性，进而使充填系统既高效智能运转又能结合任务需求实现充填成本最低化。

其次是面向系统智能，需要根据各个子系统运行的预期状态，给山系统各个有机组成部分空间与时间上的控制方案，拟完成预期目标。例如，在提升运输系统中，需要根据生产状况，对铲运车的调配、振动放矿机的开停、轨道运输设备的调度、以及破碎与提升运输等设备的控制给出科学的规划方案，以实现矿石流的顺利转运；而在通风系统中，需要根据不同地点的风量需求，基于智能按需通风系统，规划不同空间位置风机以及风流调控设备的工作状态。基于智能充填控制系统，根据任务需求，实时智能调控充填料浆配比，对不同给料装备运转速度给出规划方案，实现充填料浆输出的合理与稳定；基于设备智能诊断系统，给出装备的维修方案等等。

最后是面向装备智能，需要根据各个系统的拟运转方案，智能控制组成系统的各个设备。在这一过程中，主要是各个设备根据通过无人值守或者在恰当的人机交互模式下完成其要求的功能。这个过程的关键是人为干预的频率，装备是否智能高效运转，体现的是无人化程度高低的问题。

智能矿山的目标是在完备信息获取的基础上，实现环境可视、过程可视、风险可视，在此基础上实现设计的动态优化与系统的最佳运转，达到资产运转效率的不断提升。

## 4　智能矿山建设与信息化技术创新

智能矿山建设不仅需要进行基本硬件系统的搭建，同时需要依赖信息化技术的创新发展。矿山开采活动的进步是在持续进行的，矿山的智能化是一个循序渐进的过程，而不是个一蹴而就的结果。近年来，数字矿山技术和自动化采矿技术有了明显的进步，这必将加速推进矿山的智能化进程，这需要对智能矿山建设模式、基本范式以及矿业信息化技术创新发展方向进行一定的研究，指导智能矿山建设的有序开展。

## 4.1　矿山智能化建设模式

首先，智能矿山建设需要因矿制宜。对于不同的矿山需要有不同的定位。新建矿山，在有条件、有需要的基础上，从一开始的规划与系统设计就要考虑未来智能矿山建设的需要，比如自动化采区采准系统的布置，按需通风风流的布置等，这在最初阶段则可以兼顾及保障智能矿山建设的实施。对于已建成的矿山进行升级改造，情况则较为复杂，需要综合考虑，改造工程对生产的影响、相关投入的大小以及改造需求的迫切程度等等因素，有可能只局限于局部子系统的智能化升级，来实现部分资产的高效运转。

其次，智能矿山建设需要统筹规划。智能矿山的基础是数字化与自动化，但是智能矿山建设不能以"串联"的形式建造，即先进行数字化、自动化改造，然后实施智能化升级，这样的路径具有一定的局限性与盲目性。智能矿山建设需统筹规划，在顶层设计的指导下，实现矿山数字化、自动化以及智能化的融合发展。

最后，智能矿山建设需要协同合作。对于采矿生产活动，矿产资源的获取最终都是通过工程来实现的，而采矿科学与技术的进步均需要工程才能转化为生产力。因此，通过工程创新来推动智能矿山建设的进行，是保障智能矿山建设有效开展的关键环节。工程创新是在一定边界条件下的集成和优化，而矿山工程这一复杂系统工程更是如此。智能矿山建设必须从理念决策、规划设计、到建造实施、运营维护过程中，每个环节、每个要素和集成方式上进行创新。

## 4.2　矿业信息化技术创新

智能矿山内涵对信息探测、处理提出了新的要求，与此同时，智能矿山建设需要企业深入协同、共享与合作，以实现信息、知识、技术的有效快速流转，这均需要矿业信息化技术的有力支撑。鉴于此，本文提出"大数据-MIM-云平台"的矿山信息化技术创新发展基本模式。

### 4.2.1　大数据

大数据这一概念出自于公共服务业，主要是对人的弱逻辑性行为进行预判，在一般的工业生产系统为纯人工系统，数据采集系统搭建是基于一定的工艺需要，相关数据均是具有较强逻辑性与目标指向性的。但矿山生产过程为自然人工系统，其中，人工系统建设一定程度上依靠自然系统，而自然系统相关信息具有一定的不确定性、信息之间的关系是弱逻辑性。因此，需要利用大数据对相关信息进行分析预测。需通过大量数据连续积累不断训练数据模型，基于信息产生"智力"。进而对未知的不确定信息进行快速有效地预测。

基于大数据，在大的范围上，通过持续的地质数据积累与研究，可以对成矿机理、地质运动进行分析与反演，在此基础上可以对矿体形态、地质构造、地应力分布等相关信息进行有效地预测，而在局部范围内，可以基于数据的连续性，对相关数据进行精准预测。

### 4.2.2 MIM

MIM 指的是矿业信息模型，这一概念引自 BIM，是对矿山信息的数字化完备描述，是全生命周期信息动态优化处理的基础，其具备以下特征[12]。

首先，MIM 具有可视交互性。本质上 MIM 是一个多维度的标准化数据库，但在数据库构建过程中，相关空间特征性信息需要进行可视化输入，且在相关辅助决策需要可视化输出。

其次，MIM 具有动态演化性。受限于矿山信息的不确定性，不仅矿体信息具有动态变化的特征。同样，全生命周期内，系统设计、建造以及运转均具有动态演变的特性。因此，MIM 中的数据需要不断更新、积累与完善。

最后，MIM 具有开放共享性。MIM 是矿山矿体信息、系统信息、装备运转以及监测监控等信息的完备动态描述。因此，MIM 应可以动态接收标准化的多源异构信息，这要求其需要有广泛的开放性。同时，MIM 中的信息需向不同的仿真模拟与决策辅助智能系统进行标准化信息输出，这就要求其能够实现一定范围的数据共享。

### 4.2.3 云平台

通过大数据与 MIM 不仅降低了相关信息的不确定性，同时为信息的标准化结构化存储以及智能处理奠定了基础。随着新一代的信息技术的发展，云平台可以有效地承载存储、算力、软件等资源，为智能矿山的实现提供平台支持。

智能矿山内涵意味着信息的智能预测与处理，因此知识与技术需软件化，并形成可视化建模、智能仿真模拟、智能设计、智能管控等系列软件。而系统的智能运转意味着软件间可以进行数据的无缝对接，这就对软件平台化提出了明确要求。

软件系统间不仅需要耦合解算，而且平台需要同时为大量的矿山用户提供不同规模的快速解算，此时，单因素或单系统的计算将向多因素多系统的解算转变。因此，必须利用以远程通信、超级计算和分布式计算技术为基础的云计算提升系统的复杂状态评估和分析能力。

## 5 结论

在矿业信息化技术创新的基础上，实现采矿过程信息不确定性的降低、全生命周期动态的优化及资产运转效率的提高是实现矿山智能化的关键。在统筹规划与顶层设计的指导下，基于"云平台-大数据-MIM"的矿山信息化发展模式，可以有效地推动全行业的协同合作与创新发展，为矿山的智能化升级与建设提供坚实的保障。

## 参 考 文 献

[1] 周济，李培根，周艳红，等. 走向新一代智能制造 [J]. Engineering，2018，4（1）：28-47.

[2] J 帕基拉萨市，P 萨尔卡，贺春莲. 智能矿山技术规划及其实施 [C] //2012 中国高效采矿技术与装备论坛. 深圳，2012.

[3] 于润沧. 采矿业发展知识经济的思考 [J]. 中国工程科学，2001（1）：40-43.

[4] 王安，杨真，张农，等. 矿山工业 4.0 与"互联网+矿业"：内涵、架构与关键问题 [J]. 中国矿业大学学报（社会科学版），2017，19（2）：54-60.

[5] 张元生，战凯，马朝阳，等. 智能矿山技术架构与建设思路 [J]. 有色金属（矿山部分），2020，72（3）：1-6.

[6] 吴立新，朱旺喜，张瑞新. 数字矿山与我国矿山未来发展 [J]. 科技导报，2004（7）：29-31.

[7] 吴立新，殷作如，钟亚平. 再论数字矿山：特征、框架与关键技术 [J]. 煤炭学报，2003（1）：1-7.

[8] 吴立新，汪云甲，丁恩杰，等. 三论数字矿山——借力物联网保障矿山安全与智能采矿 [J]. 煤炭学报，2012，37（3）：357-365.

[9] 于润沧. 现代矿山工程设计理念诠释——献给中国有色工程设计研究总院建院 65 周年 [J]. 中国矿山工程，2018，47（4）：1-3.

[10] 冯夏庭，刁心宏，王泳嘉. 21 世纪的采矿——智能采矿 [C] //第六届全国采矿学术会议. 威海，1999.

[11] Watson C, Marshall J. Estimating underground mine ventilation friction factors from low density 3D data acquired by a moving LiDAR [J]. International Journal of Mining Science and Technology, 2018, 28（4）：657-662.

[12] 于润沧，刘诚，朱瑞军，等. 矿山信息模型——矿业信息化的发展方向 [J]. 中国矿山工程，2018，47（5）：1-3.

# 金属矿山按需通风关键理论与系统构建

朱瑞军[1,2]　于润沧[1,2]　杨卓明[1,2]

（1. 中国恩菲工程技术有限公司，北京，100038；
2. 中国矿业信息化系统创新中心北京市工程中心，北京，100038）

**摘　要**：金属矿山按需通风系统建设涉及理论研究、系统设计以及工程建设等不同方面的问题。本文基于矿井通风理论，分别以风量需求为约束条件，以最小能耗为目标函数，建立了通风网络按需调控数学模型，形成了按需通风关键理论。进而，在深入分析通风能耗的基础上，提出了回风侧增能调控的矿山按需通风设计的指导思想，并构思了按需通风系统设计与建设框架，为工程实践提供一定的指导与借鉴。

**关键词**：按需通风；智能解算；回风侧变频调控；系统架构

# Key Theory and System Construction of Metal Mine's Ventilation on Demand（VOD）System

Zhu Ruijun[1,2]　Yu Runcang[1,2]　Yang Zhuoming[1,2]

（1. China ENFI Engineering Corporation, Beijing, 100038;
2. China Mining Innovation Center, Beijing, 100038）

**Abstract**: The construction of ventilation on demand system in metal mines involves theoretical research, system design and engineering construction. Based on the theory of mine ventilation, taking the demand of air volume as the constraint condition and the minimum energy consumption as the objective function, this paper establishes a mathematical model of ventilation network regulation, and forms the key theory of VOD system. Then, on the basis of depth analysis of ventilation energy consumption, the guiding principle of mine design is put forward, and the framework of on demand ventilation system design and construction is conceived, which provides certain guidance and reference for engineering practice.

**Keywords**: ventilation on demand, mathematical model, regulate air speed rely on frequency conversion fans on the return airway, system architecture

作者信息：朱瑞军（1971—），男，中国恩菲工程技术有限公司，正高级工程师，主要从事矿山工程设计与科研工作。

## 1　引言

矿山地下开采工作场所属于半密闭空间，生产过程中，通风担任排尘、排湿、除热、增氧以及稀释有毒有害气体的任务，是矿井安全生产的重要保障。目前，介于深部开采降温除湿的迫切需求，通风将继岩层控制成为制约矿井正常生产的关键环节。如何精准有效地按需供风，保障各工作地点具有充足的贯穿风流，对金属矿山的安全于可持续发展具有重要的意义[1,2]。

1997 年加拿大 Barrick Gold's Bousquet Mine 在应对开采深部延伸而导致的通风困难这一问题，探索性地在局部进行了按需通风系统工程建设[3]，旨在通过风流的动态调控实现精准按需供风。之后，S. Hardcastle、C. KOCSIS 与 D. O'Connor 就相关技术开展了系统地研究[4]。2004~2009 期间，基于工程应用，在 Xstrata Nickel's Nickel Rim South Mine 建设过程中，智能按需通风技术不断成熟并形成了完善的技术体系[5]，其在风流的有效供给、通风降温以及通风节能三个方面发挥了有效作用。

在我国，深井开采与矿山绿色发展对用风安全与通风节能提出了新的要求，与此同时，传感技术、物联网以及智能控制等高新技术的出现，使得智能按需通风系统的建设成为了可能。因此，开展相关研究具有重要的实际意义与工程价值，本文将分别从智能解算理论、风流调控策略以及系统组织架构三个方面探究按需通风系统建设。

## 2　按需通风解算理论

通过采矿活动的动态监测，确定各个用风点的需风量，在此基础上求解风流的调节控制方案，进而指导控制风机与风流调控设施，从而实现风流的按需供给，这是按需智能通风的主要任务。在此过程中，核心问题之一是如何根据风量需求求解矿井通风网络调节控制方案。

实际运行的金属矿山通风网络为一般型网络，其中既有自然分风分支，也有受控型分支，因此，基于通风网络解算回路法可对这一问题进行求解。假设矿井通风网络有 $n$ 条分支，$m$ 个节点，$b$（$b=n-m+1$）个独立回路。根据矿井通风相关理论，风流流动遵循节点风量平衡定律与回路风压平衡定律，即有[6]：

$$\begin{cases} q_j = \sum_{i=1}^{b} C_{ij} \cdot q_{ys} \\ \sum_{j=1}^{n} C_{ij} h_j = \sum_{j=1}^{n} C_{ij}(h_{fj} + h_{Nj}) \end{cases}$$

式中，$q_j$ 为分支风量；$C_{ij}$ 为独立回路矩阵；$q_{ys}$ 为余树弦风量；$h_j$ 为巷道通风阻力；$h_{fj}$ 为风机动力；$h_{Nj}$ 为自然风压。按需通风解算是在已知部分按需供风分支风量 $q_j^c$ 的基础上，求解风流调控设施风阻 $r_{dj}$ 与风机工况，因此，可以建立约束条件如下：

$$\begin{cases} q_j = \sum_{i=1}^{b} C_{ij} \cdot q_{ys} \\ \sum_{j=1}^{n} C_{ij} h_j + h_{dj} = \sum_{j=1}^{n} C_{ij}(h_{fj} + h_{Nj}) \\ q_j^c = const \\ h_{dj} = r_{dj} q_{dj}^2 \\ h_{dj} \geqslant 0 \\ h_{fj} \leqslant h_{fj}^e, \ q_{fj} \leqslant q_{fj}^e \end{cases}$$

其中，风流调控设施只能进行增阻调节，且风机需在额定工况范围内工作。若方程组具有唯一解，认为整个网络可控且调控方案唯一；若方程组解不唯一，说明此网络可控且调控方案不唯一，此时需要设立目标函数使得"调节后所有通风动力设施总功率最小"：

$$\min W = \sum_{j=1}^{m} q_{fj} \times h_{fj}$$

在求得各个风流调控设施风阻以及风机的工况的基础上，即可通过智能管控系统对相关装备进行控制，实现风流的按需调控。

## 3　按需通风系统设计

目前，国内外对于按需通风的研究主要集中于相关软件开发与系统构架上，而对于系统设计并没有深入地研究。巷道、风机以及调控设施作为矿井通风系统的有机组成部分，分别发挥着风流输运、增能以及调控的作用，若采准系统结构、风机动力分配以及调控设施分布不合理[7]，不仅会导致有效风量与有效风压的下降，并引起不必要的能耗，而且其在先天上决定了按需通风的可能性。

（1）减少调控设施数量。矿井通风系统的总能耗为各个分支能耗之和，以风量为未知量，求解总能耗最小时风量的分布状况，得到如下结论，总风量一定时，自然分风状态下网络的总能耗最小[8]。这意味着，风流调控即意味着需要额外的风压打破这一平衡状态，所以在可能的情况下，在设计中尽量降低整个通风系统中的调控设施数量以及相关设施的调控幅度，减少不必要的能耗。

（2）多级机站增能调控。我国金属矿山在总结本国通风技术的基础上，借鉴瑞典基鲁纳（Kiruna）铁矿的经验，提出了多级机站通风的方法[9]。相对于以风窗等调控设施为主的增阻调控，合理地利用多级机站进行增能调控，可以更加有效地利用机械风压，提高能量的有效利用率。

（3）回风侧调控。按需通风客观上决定了通风系统动态调控的必要性，而通风节能需要风流调节幅度要尽量小，这就要求调控必须可行、高效。进风侧无论是增能调控，还是分风调控，不仅需要增加相应的通风构筑物以避免风流短路，而且其对用风点的风流的影响作用可能是间接的，这在管理上与调控效率上均有一定的弊端。而在用风地点的回风侧进行风流调控，可以对需风点的风量产生直接的影响作用，且无需增加其他通风购物，可以说这是最高效的调控方式。

按需通风系统设计，一方面应依托于多级机站的通风方式，增加系统风压的有效利用率，且在系统设计过程中，应取消进风侧的机站以减小不必要的风流调控引起的额外能耗。另一方面，应采用最高效的调控策略，将分风机站应安设在用风点的回风侧，实现回风侧风流的变频调控。

## 4　按需通风系统构架

按需通风系统涉及有监测监控、定位识别、网络传输以及智能解算等有机组成部分，并形成了需求判断、智能解算、自动控制等不同的功能，本文结合国内外研究现状与工程实际需求，构思了如图 1 所示的按需通风系统框架。

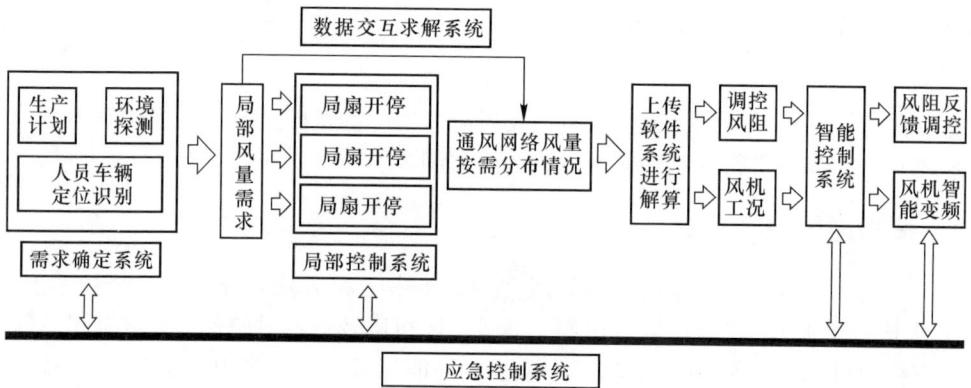

图 1　按需通风系统架构

（1）需求判断。综合环境参数探测、人员测量定位识别以及生产计划确定出，当前区域是否需要通风，若需要通风同时要根据具体情况确定合理的风速以及需风量。环境探测装备是通过对工作环境的温度、湿度、一氧化碳以及氮氧化物浓度的探测，给出当前环境的合理风速，进而结合空间的断面给出其需风量；人员车辆定位识别系统是在某一个区域定制开发区域定位系统，系统可以识别并记录人员与车辆；从风机动作到风流的供应具有一定的滞后性，所以在实际工程中，需要综合生产计划提前规划按需通风方案。

（2）智能解算。在通风系统精准建模的基础上，根据风量需求对调控设施风阻与风机工况进行求解。在智能解算系统中，精准建模是基础。一方面应该建立巷道摩擦阻力数据库，指导按需通风系统设计，另一方面在矿山生产运营过程中应利用先进的测量手段，对巷道的空间结构、连接关系以及风阻特定进行快速精准描述。

（3）智能控制。根据需求判断与智能解算结果，对相关的硬件系统进行自动控制。1）在局部范围内，应根据需求判断对局扇直接控制，若需风量为零局扇直接关停，否则应通过变频控制使得其风量达到要求。2）利用反馈调控机制对调控设施的风阻进行调整，使其达到目标要求。3）基于风机的智能管控模块调整各级机站运转状态，使其运行工况满足实际需要。

（4）应急管控。在系统突发失效时，各级风机以及调控设施应该可以进行自主运行处于安全的运行状态，当人员设备流动的时候，应急状态需给出警示信息。

## 5 结论

作为智能矿山的一部分，按需通风系统旨在利用最小的能耗，保障各用风点充足新鲜风流的供应。在系统建设过程中，设计是关键，其核心是如何在不同的采矿方法下实现回风侧变频调控，这直接决定了按需通风是否能够实现。在实现回风侧变频调控的前提下，结合智能监测与智能解算控制系统，金属矿山通风系统能够实现状态自主感知、方案智能解算以及硬件自动控制，从而可保障系统安全可靠高效地运行。

## 参 考 文 献

[1] 于润沧. 现代矿山工程设计理念诠释——献给中国有色工程设计研究总院建院 65 周年 [J]. 中国矿山工程, 2018, 47 (4): 1-3.

[2] 于润沧. 关于我国矿业现代化的战略思考 [J]. 科技导报, 2012, 30 (7): 3.

[3] Hardcastle S G, Gangal M K, Schreer M, et al. Ventilation-on-Demand- Quantity or Quality- A Pilot Trial at Barrick Gold's Bousquet Mine: U. S. Mine Ventilation Symposium [C], 1999.

[4] Hardcastle S, Kocsis C, O'Conner D. Justifying ventilation-on-demand in a Canadian mine and the need for process based simulations: 11th U. S. /North American Mine Ventilation Symposium 2006 [C], 2006.

[5] Bartsch E, Laine M, Andersen M. The application and implementation of Optimized Mine Ventilation on Demand (OMVOD) at the Xstrata Nickel Rim South Mine, Sudbury, Ontario: 13th United States/North American Mine Ventilation Symposium, 2010 - Hardcastle & McKinnon (Eds.) [C], 2010.

[6] 王英敏. 矿井通风与安全 [M]. 北京: 冶金工业出版社, 1978.

[7] 王海龙. 矿山矿井通风技术分析 [J]. 能源与节能, 2017 (10): 47-48.

[8] 徐竹云. 矿井通风系统优化原理与设计计算方法 [M]. 北京: 冶金工业出版社, 1996.

[9] 胡杏保, 侯大德, 王湘桂, 等. 1996—2006 年金属矿山通风系统建设及其进步 [J]. 金属矿山, 2007 (7): 1-6.

# 我国锰矿资源绿色开发新模式探讨

张爱民　吴世剑　刘育明　孙宁磊　施士虎

（中国恩菲工程技术有限公司，北京，100038）

**摘　要**：国内大部分锰矿为顶（底）板稳固性差、矿体薄、（缓）倾斜、品位低等矿床赋存特征，所选用的采矿方法一般为削壁充填法、房柱法、浅孔留矿法，其开采工艺决定的生产工况为机械化程度低、贫化或损失率大、顶板安全性差等特点，同时下游锰加工厂产生的大量电解锰渣堆存于尾矿库既占用大量土地资源，又存在环保安全风险。如何考虑锰资源整体开发、统筹上下游行业的可持续发展，实现锰资源的综合开发利用，是当前全面建设生态文明新时代背景下的重要难题。本文结合前期进行的科研工作，分析锰矿资源的赋存特征，围绕采、选、冶等工艺环节，以打造无废矿山为目标，提出锰矿资源绿色开发的新模式。

**关键词**：锰矿资源；无废矿山；绿色开发；资源综合利用；电解锰渣

# Discussion on the New Mode of Green Development of Manganese Resources in China

Zhang Aimin　Wu Shijian　Liu Yuming　Sun Ninglei　Shi Shihu

（China ENFI Engineering Corporation，Beijing，100038）

**Abstract**：Most of the manganese mines in China are characterized by poor stability of roof (floor), thin (gently) inclined ore body or low grade ore deposit. The selected mining methods are generally wall cutting and filling method, room-and-pillar method and shallow hole shrinkage method. The conditions determined by the mining technology are characterized by low mechanization, high dilution or loss rate, poor roof safety, etc. At the same time, the large amount of manganese slag produced by the downstream manganese processing plant, will takes up a lot of land resources and also has environmental protection and safety risks. How to consider the overall development of manganese resources, coordinate the sustainable development of upstream and downstream industries, and realize the

作者简介：张爱民（1984—），男，湖北武穴人，中国恩菲工程技术有限公司，高级工程师，主要从事矿山设计咨询、深井开采、锰渣资源化等工作。

comprehensive development and utilization of manganese resources is an important problem under the background of building a new era of ecological civilization. Based on the previous research work, this paper will analyzes the characteristics of manganese resources, and puts forward the new model of green development of manganese ore resources, focusing on mining, milling, smelting, with the goal of building waste free mines.

**Keywords**: manganese resources, waste free mines, green development, comprehensive utilization of resources, electrolytic manganese slag

我国作为锰资源消耗大国，当前锰矿山约计 500 座，资源储量达到 6 亿吨，主要集中在贵州、湖南、广西、重庆等地区，广西，湖南和贵州成为我国锰资源的"锰三角"。我国锰矿床规模多为中、小型，贫矿多，富矿少，矿物组分复杂，含杂比例高，选别加工难度大等特点。

同时，作为下游的锰加工行业——电解金属锰，其年产量 150 万~160 万吨。据统计，每生产 1t 电解金属锰将产生 5~6t 的废渣，可推算，全国每年新增锰渣量约 1000 万吨，全国锰渣积存量已超过 1.2 亿吨。生产后的锰渣一直未能得到妥善处置，锰渣坝占地面积大、对周边环境影响大[1]。

锰资源如何整体开发，统筹上下游行业的可持续发展，实现锰资源的综合开发利用，是当前全面建设生态文明新时代背景下的重要难题。

# 1　锰矿资源赋存特征

以下以贵州省松桃县某锰矿为例来阐述锰矿的赋存特点。

区域内锰矿为原生碳酸锰矿石，按矿石结构构造可分为块状、条带状及花斑状菱锰矿三种类型。该锰矿层赋存于新元古界南华系下统大塘坡组第一段（$Nh_1d^1$）底部的炭质页岩中，矿体（层）呈层状、似层状顺层产出。矿体总体走向北西，倾向北东，倾角 20°~40°。矿体沿走向长约 2km，倾向延伸约 1km，厚度平均 2.74m。矿体整体分布中间稍厚大，两缘较薄。

矿区工程地质条件属中等-复杂类型。矿层底板为细粒砂岩及含砾砂岩，物理力学强度好，属坚硬-半坚硬岩组；矿层直接顶板为炭质页岩，物理力学强度较低，属半坚硬-软弱岩组，以层状构造为主，层间结构面发育，岩石稳定性主要取决于层间软弱面、构造破碎带的发育程度，在节理、裂隙较发育处，其岩石稳定性也较差。

# 2　国内外锰矿开采工艺现状

在开采工艺方面，收集整理了国内、外相关锰矿山开采的实际情况[2~7]，见表 1。

**表 1 国内外相关锰矿山开采案例**

| 序号 | 矿山 | 开采条件 | 采矿方法 | 主要指标 |
|---|---|---|---|---|
| 1 | 桃江锰矿 | 平均倾角 40°；矿石硬度 6~8，顶板黏土页岩，底板黑色页岩 | 削壁充填法 | 采场生产能力 60t/d，损失率 11%，贫化率 6.34%~9.18% |
| 2 | 团溪锰矿 | 倾角 12°~18°，厚度 0.7~2m，平均 1.13m，矿石中等稳固，顶板黏土页岩极易冒落，底板燧石岩 $f=10~12$ | 双进路壁式崩落法和定向抛掷围岩充填采矿法 | 损失率 10%，贫化率 6.75% |
| 3 | 铜锣井锰矿 | 倾角 35°~50°占 18.14%，小于 35°占 80%，平均倾角 30°，矿厚 2m，顶板易冒落 | 长壁式崩落法 | 采场生产能力 121t/d，损失率 9.3%，贫化率 5.1% |
| 3 | 铜锣井锰矿 | | 房柱法 | 采场生产能力 76t/d，损失率 36%，贫化率 3% |
| 4 | 湘潭锰矿 | 平均倾角 47°，厚度 1.8~2.5m，底板稳定性差，顶板黑色页岩，极不稳定 | 曾用过壁式崩落法、分层崩落法、长壁式分条水砂充填法 | 采场生产能力 50t/d，损失率 3%~8%，贫化率 9% |
| 5 | 广西大新锰矿 | 缓倾斜中厚矿体，平均倾角 8°，平均厚度 9m，围岩中等稳固，完整性好 | 进路房柱法（2m³ 铲运机，中深孔凿岩） | 损失率 20%，贫化率 10% |
| 6 | 广西大新锰矿 | 南翼急倾斜中厚矿体，平均倾角 8°，平均厚度 9m，围岩中等稳固，完整性好 | 垂直扇形中深孔分段空场法 | |
| 7 | 广西下雷锰矿 | 3 层矿，分别厚度为 1.72m、2.36m、1.68m；直接顶板为硅质岩，直接底板为泥质灰岩、夹泥质岩，矿体倾角 60°~80°，围岩较稳固 | 浅孔留矿法 | 损失率 17%，贫化率 21%，矿块生产能力 70t/d |
| 7 | 广西下雷锰矿 | | 垂直扇形中深孔落矿留矿法 | 损失率 18%，贫化率 21%，矿块生产能力 200t/d |

| 序号 | 矿山 | 开采条件 | 采矿方法 | 主要指标 |
|---|---|---|---|---|
| 8 | 贵州遵义长沟锰矿 | 呈层状、层位稳定，走向近东西，倾向南，沿走向长4.1km，平均倾角31°，平均厚度1.98m，顶底板为黏土岩、泥岩、粉砂质泥岩等软质岩石，吸水性强，易风化、片帮、冒落，稳固性差 | 房柱法，俯伪斜走向长壁分段采矿法 | — |
| 9 | 云南斗南锰矿白姑矿区 | 缓倾斜薄矿体，顶底板由泥岩、粉砂岩和含锰灰岩组成，遇水软化，强度低，矿层厚度为0.3~2.98m，平均1.23m。倾角14°~39°，平均25° | 杆柱房柱法、普通房柱法、破底（顶）房柱法 | — |
| 10 | 云南斗南锰矿嘎斜南翼矿区 | 急倾斜层状矿床，矿体厚度0.5~2.0m，顶板为粉砂质泥岩、鲕状泥岩，底板为泥岩，岩性较差，遇水软化 | 浅孔留矿法和下向分段空场法 | — |
| 11 | 云南鹤庆锰矿 | 缓倾斜中厚矿体，平均厚度4m，顶板灰岩遇水易冒落，底板钙质灰岩和粉砂质泥岩，易风化 | 房柱法和分层崩落法 | 回采率98.65%~92.38%，废石混入率2.21% |
| 12 | 马子冲锰矿 | 急倾斜极薄矿脉，倾角55°~65°，平均厚度0.72m，顶板为粉砂岩、泥质粉砂岩、泥岩，稳固性相对较差；底板含锰灰岩、砂质灰岩、角砾状灰岩、疙瘩状灰岩，相对较差 | 削壁充填法 | 损失率8.37%，贫化率6.45%，矿块生产能力40t/d |
| 13 | 贵州杨立掌锰矿 | 倾角35°~53°，矿体厚度0.71~9.04m，顶板为炭质页岩，稳定性差，底板为黑色薄层锰质碳质页岩，不稳固 | 浅孔留矿房柱法和爆力运矿房柱法 | 损失率30%，废石混入率8%，矿块生产能力40t/d |
| 14 | 前苏联恰图拉锰矿 | 碳酸盐锰矿和氧化锰矿，矿层厚度3.25m，倾角1°~2°，顶板黏土砂岩，底板层状砂岩，矿岩不稳定，层位稳定，矿体规整 | 机械化长壁式崩落法和进路回采崩落法 | — |
| 15 | 前苏联尼科波尔锰矿 | 矿体厚度2~8.5m，两层矿，矿岩不稳固，矿石$f=4$，上下盘均为砂岩或页岩 | 长壁式崩落法和进路回采崩落法 | — |

根据表 1 的国内、外锰矿山开采实践分析，一般常采用空场采矿法、崩落采矿法、留矿采矿法、充填采矿法等进行开采，其中崩落法主要为长壁式崩落法，充填采矿法主要为削壁充填法。

由于我国锰矿床资源以沉积型矿床为主，具有多层薄到极薄、多为缓倾斜、贫矿多富矿少、顶底板围岩条件差等特点，很难采用机械化开采，采场作业效率均较低，且贫化率、损失率较高，如贵州杨立掌锰矿采用浅孔留矿房柱法开采，矿石损失率达 30%，且单个矿块生产能力较低；贵州李家湾锰矿采用伪倾斜柔性掩护支架长壁采矿法，矿石贫化率达 17%，损失率 20%，单个采场生产能力 200t/d。

## 3　锰资源绿色开发新理念

### 3.1　绿色开发新理念

要破解大量电解锰渣地表堆存带来的环境问题，同时改变锰矿开采贫损率高、安全性差、机械化程度低的现状，实现整个锰资源的绿色开发，其解决思路如下：

（1）在资源开采阶段，需要寻找一种低废高效的开采工艺进行锰资源回采，降低贫化率，提高锰的出矿品位，为后续环节少尾、少渣提供保障。

（2）在选矿阶段，采用技术可行经济合理的预抛废工艺，对入选矿石进行预先抛废，提前将原矿中废石分离，降低尾矿产率，提高冶炼的来料品位。

（3）在锰加工环节，优化锰的提取回收工艺，降低锰渣内硫酸盐含量，从而降低电解锰渣的无害化处置难度。

整体考虑采、选、冶等工艺环节，提出锰矿山绿色开发的新思路，如图 1 所示。选用低废高效机械化充填法开采技术、锰矿预抛废清洁选矿工艺，优化电解锰生产工艺，采用电解锰渣的无害化、资源化综合利用，通过尾砂、锰渣等固废的三次循环，实现锰矿资源的"无废、少废"绿色开发新模式。

### 3.2　电解锰渣在矿山充填中的应用

电解锰生产工艺包括粉碎、酸解、压滤、电解、钝化、剥离、干燥等过程，其压滤阶段产生含水率 20% ~ 25% 的电解锰渣，电解锰渣内含有 $SiO_2$、$SO_3$、$NH_4$、Pb、Cr、Ca、Mg 等多种元素或化合物，金属离子主要以硫酸盐的形式存在，虽然含锰废渣未列入《国家危险废物名录》，但其渣中含铅、镉、锌等对土壤、作物及水环境的影响已突出显现，这对电解锰企业的健康发展构成严重威胁。

电解锰渣主要成分见表 2。

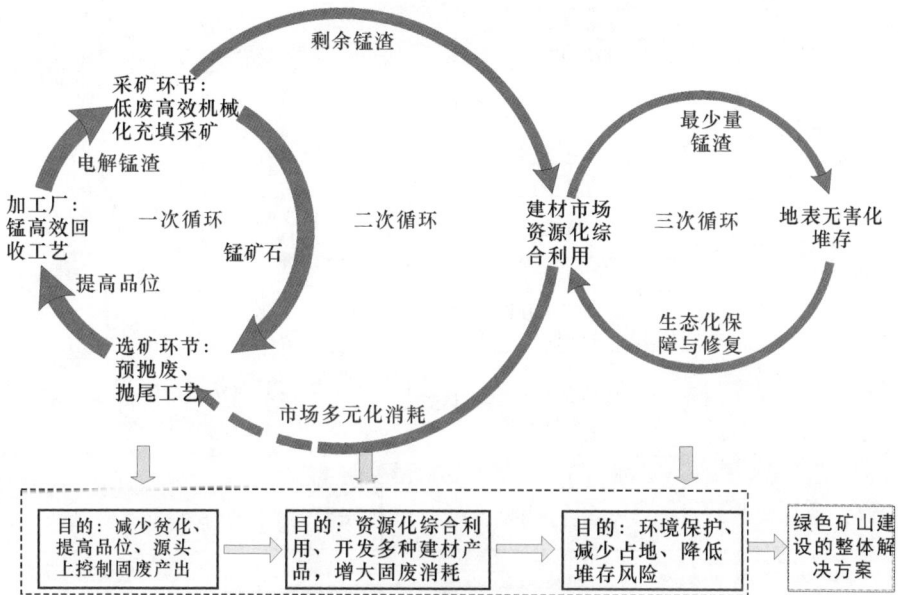

图1 锰矿山绿色开发新思路

**表2 电解锰渣的主要成分** （%）

| Loss | SiO$_2$ | Fe$_2$O$_3$ | Al$_2$O$_3$ | TiO$_2$ | CaO | MgO | MnO | F | SO$_3$ | 其他 | 合计 |
|------|---------|-------------|-------------|---------|-----|-----|-----|---|--------|------|------|
| 16.19 | 39.71 | 5.40 | 8.55 | 0.43 | 9.02 | 1.27 | 3.05 | 0.34 | 12.13 | 3.91 | 100.00 |

注：Loss为溶液，其他部分包括Cd、Ni、Pb等物质。

故若能实现锰渣固体废料的井下安全充填，一方面可以解决锰渣堆存问题，另一方面又可以解决锰矿井下安全高效开采的问题。

笔者与其团队于2016～2018年期间，选取松桃县某锰加工厂的电解锰渣为对象，开展了锰渣的固化及充填试验研究，先后完成了锰渣的基本性质分析、锰渣除氨试验、固化效果试验（含毒性浸出实验）、试块强度试验、沉降实验、充填料浆流变试验等工作，提出了锰渣固化及井下安全充填的可行性解决方案，即"锰渣-预处理-烘干-破碎-料浆制备-管道膏体充填"的工艺技术方案，如图2所示，实现了锰渣无害化处置和矿山充填应用。

通过试验锰渣充填浓度可达到60%，锰渣消耗量占产生量的40%，根据推荐工艺和设备配置，估算锰渣充填的成本约每吨渣85元。

## 3.3 电解锰渣资源化利用技术

国内外针对电解锰渣的资源化利用较多集中于：

（1）锰渣制砖或砌块。

```
┌─────────────────┐
│ 电解锰渣与生石灰粉 │
│     打散混合      │
└────────┬────────┘
         │
┌────────▼────────┐
│ 混合料进行二次破碎 │
│      再混合       │
└────────┬────────┘
         │
┌────────▼────────┐      ┌──────────┐
│ 进入烘干机进行烘干 │◄─────│ 氨气回收并 │
└────────┬────────┘      │ 工业利用  │
         │               └──────────┘
┌────────▼────────┐
│ 进入复合式破碎机进 │◄──────┐
│     行破碎        │       │
└────────┬────────┘       │ 筛上部分
         │                 │
┌────────▼────────┐       │
│ 进入振动筛进行筛分 │───────┘
└────────┬────────┘
         │
┌────────▼────────┐      ┌────────────┐
│ 进入立式锰渣仓储存 │      │ 胶凝材料或水泥 │
└────────┬────────┘      └──────┬─────┘
         │                      │
┌────────▼────────┐      ┌──────▼─────┐
│ 进入两级双螺旋搅拌 │◄─────│  立式水泥仓  │
│   机进行搅拌      │      └────────────┘
└────────┬────────┘
         │
┌────────▼────────┐
│  制备成膏体充填料  │
└────────┬────────┘
         │
┌────────▼────────┐
│ 通过钻孔输送至井下 │
│   进行采场充填    │
└─────────────────┘
```

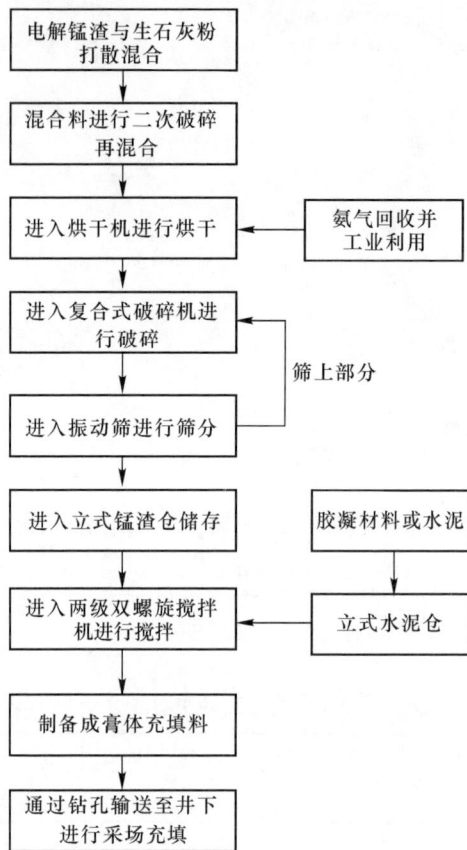

图 2　电解锰渣固化及充填工艺

锰渣通过除氨、稳定化处置，成坯制砖或烧制成砌块，用于建材方面，目前已有部分企业建成砖厂进行运营。

南开大学胡春燕、于宏兵以锰渣、普通平板废玻璃和高岭土为主要原料，通过较低温度快速烧成工艺，来制备陶瓷砖，电解锰渣的掺入量达到 40%[8]。

贵州建材院叶文号、王勇等人研究了以电解锰渣、石灰、粉煤灰、水泥、硅粉为主要材料，通过不同配合比的试验，采用蒸压养护，生产加气混凝土砌块，电解锰渣的掺入量达 50%[9]。

当前砖或砌块用于建材，虽然售价便宜，潜在消耗量大，但由于锰渣中存在硫酸锰等物质，遇水溶解，尤其是一些免蒸砖，未经过高温烧结、影响砖体后期强度；砌块通过高温烧制，存在运营成本高、锰渣掺入量不大的缺陷。

（2）锰渣制作胶凝材料或水泥添加剂。

通过煅烧-粉磨-混合等工艺制作胶凝材料，替代水泥，可作为充填的胶凝材料。重庆大学王智、高翠翠等人利用电解锰渣和生石灰激发火山灰质材料粉煤灰的火山灰活性，制备电解锰渣复合胶凝材料[10]。研究了电解锰渣和水泥对复合胶凝材料性能的影响，并在此基础上得出了最佳配合比为 50∶30∶10∶10，28d 抗折、抗压强度分别为 2.50MPa、10.05MPa。马旭等人也研究了煅烧温度、煅烧电解锰渣掺量对煅烧电解锰渣−碱复合激发粉煤灰胶凝材料性能的影响[11]，确定了最佳工艺参数。在水灰比为 0.4、煅烧温度 350℃，掺入量为 30%时，复合胶凝材料 28d 强度可达到 PC425 水泥的 76%。

电解锰废渣中所含 $SO_3$ 量及结晶水接近天然二水石膏的，对电解锰废渣进行适当脱水、改性处理，可以替代天然二水石膏生产水泥。西安建筑科技大学的冯云等人针对利用电解锰渣部分取代石膏作缓凝剂进行了试验研究[12,13]，认为锰渣部分替代石膏作水泥缓凝剂在理论和试验方面均是可行的，锰渣与石膏掺量总和在 6%~7%（锰渣最高掺量为 5%）范围内比较适宜。桂双燕等人[14]通过试验研究得出电解锰渣掺入 6%的三级生石灰，经改性处理后，已经无浸出毒性，并将成果应用于锰渣 15 万吨/年的申亚锰业，可以达到水泥中天然二水石膏的作业。

另外，赵世珍等人采用电解锰渣、镁渣作为原料制备硫铝酸盐水泥熟料[15]，当两种掺入量达 21%、烧结温度 1260℃、保温 30min 下，28 天抗压强度 31.2MPa，抗折强度 5.1MPa。

（3）用作路基路面材料。

在道路路面结构中，基层起着承重、扩散荷载应力和改善路基水稳定状况等作用。路基性能的好坏对路面结构的整体强度和使用寿命有着直接影响，因此要求路基在强度、水稳性等方面满足一定的条件。锰渣按照一定的配方掺入水泥后表现出优良的抗压力，较强的抗冲刷和抗腐蚀性，其经济性与普通水泥相比更明显。

现锰渣已用于铁路道渣，代替土石料筑造公路路基、底基层、基层及路面筑造[16]。

（4）用锰渣研制锰肥。

锰渣中含有一定量的锰、硼、锌、硅、磷等元素，而这些元素恰好是农作物生长发育所需成分，因此可根据不同植物对养分的需求，对锰渣进行预处理，调节其组分，与其他肥料混合形成复混肥料，可供植物吸收。目前国内外已经有诸多研究表明，锰复合肥对多种植物及其瓜果具有增产效果[17]。

在国内，已有一些科研单位做过电解锰渣及其制品用于化肥的肥效特性试验，结果证明了电锰渣可使水稻等多种农作物增产。

综上所述，将锰渣预处理后用作砖、砌块、水泥混合材料及混凝土掺合料是目前锰渣在国内外最广泛的用途，且对此领域的研究工作已趋于成熟；将锰渣用作锰复合肥方面也取得一些相应的研究进展。

# 4 结论

针对国内大部分锰矿为顶板或底板稳固性差、矿体薄、（缓）倾斜、品位低等矿床赋存特征，传统采矿方法为削壁充填法、房柱法、浅孔留矿法，其机械化程度低、贫化或损失率大、顶板安全性差，同时下游锰加工厂产生的大量电解锰渣又堆存于尾矿库既占用大量土地资源，又存在环保安全风险。故从整个行业角度出发，建议对锰渣进行无害化处置后，将锰渣作为充填料进行井下充填，矿山采用充填法开采，一方面有利于改善锰矿资源的贫损指标，提高井下作业安全，另一方面有利于减少锰渣地表堆成的环保风险（可消耗 40% 锰渣），同时配合采用锰矿预抛废清洁选矿工艺、优化电解锰生产工艺、锰渣资源化利用等多方面措施，真正意义上实现锰资源的"无废、少废"绿色开发，助推锰业的良性循环发展。

## 参 考 文 献

[1] 郭金峰，等 . 20 年地下锰矿床开采技术的进展与展望 [J]. 中国锰业，2002，20（3）：32-37.

[2] 郭金峰，等 . 斗南锰业矿山采矿技术发展的回顾与展望 [J]. 金属矿山，2009，1：45-50.

[3] 梁家珲，经民富，等 . 广西大新锰矿缓倾斜中厚矿体采矿方法探讨 [J]. 中国锰业，2015，33（1）：38-41.

[4] 张利平，张传信 . 鹤庆锰矿采矿方法优化实践 [J]. 现代矿业，2015，6：25-26.

[5] 杨建国 . 杨立掌锰矿采矿方法的探讨 [J]. 中国锰业，2003，21（1）：45-46.

[6] 张军，刘子清 . 李家湾锰矿倾斜锰矿层俯伪斜柔性掩护支架长壁采矿工艺 [J]. 金属矿山，2018，5：40-43.

[7] 詹海青，邱宏伟 . 遵义长沟锰矿俯伪斜走向长壁分段密集采矿法研究 [J]. 中国锰业，2014，33（1）：12-16.

[8] 胡春燕，于宏兵，等 . 电解锰渣制备陶瓷砖 [J]. 硅酸盐通报，2010，29（1）：112-115.

[9] 叶文号，王勇，张乃从，等 . 利用电解锰渣生产加气混凝土的研究 [J]. 新型墙材，2011：39-43.

[10] 王智，高翠翠，王庆珍，等 . 电解锰渣复合胶凝材料的研制 [J]. 非金属矿，2013，36（2）：51-54.

[11] 马旭，曾韵敏，等 . 煅烧电解锰渣-碱复合激发制备粉煤灰胶凝材料 [J]. 技术工程，2014：160.

[12] 冯云，陈延信，等 . 电解锰渣用于水泥缓凝剂的生产研究 [J]. 现代化工，2006，26（2）：57-61.

[13] 冯云，刘飞，等 . 电解锰渣部分代石膏作缓凝剂的可行性研究 [J]. 水泥，2006，2：22-25.

[14] 桂双燕，吴小妮，等．电解金属锰渣作水泥缓凝剂的可行性［J］．研究与探讨，2010：33-34.

[15] 赵世珍，韩凤兰，等．电解锰渣-镁渣制备复合矿渣硫铝酸盐水泥熟料的研究［J］．硅酸盐通报，2017，36（5）：1766-1774.

[16] 覃峰．锰渣水泥稳定基层路用性能的试验研究［J］．混凝土，2009，232（2）：84-86.

[17] 邓建奇．利用废锰渣制造锰肥的工艺［J］．磷肥与复肥，1997，3：14-15.

# 无人驾驶电机车运输技术开发及应用

白光辉　谷龙飞　郭　帅　李　硕

（中国恩菲工程技术有限公司，北京，100038）

**摘　要**：从实现矿山有轨运输现场无人化生产实际需求出发，研发有轨运输无人驾驶电机车运输技术。本文系统阐述了该技术的研发目标、主要组成部分和功能等。文章从集中管控系统、无人驾驶电机车、巷道通信系统和巷道辅助系统等方面对技术内容进行详细介绍，并对无人驾驶技术应用后的应用现状和经济效益进行评价。最后，结合了国内智能矿山建设需求和我国金属矿山行业现状，对无人驾驶技术发展趋势进行了分析。
**关键词**：无人驾驶运输技术；无人驾驶电机车；巷道通信系统

# Development and Application of Transportation Technology of Unmanned Locomotive

Bai Guanghui　Gu Longfei　Guo Shuai　Li Shuo

（China ENFI Engineering Corporation, Beijing, 100038）

**Abstract**：In order to realize the demand of unmanned production in the rail transportation field of mine, the transportation technology of unmanned rail electrical locomotive is researched and developed. This paper systematically describes the research and development objectives, main components and functions of the technology. This paper introduces the technical content in detail from the aspects of centralized control system, driverless electric locomotive, tunnel communication system and tunnel auxiliary system, and evaluates the application status and economic benefits of unmanned driving technology after application. Finally, the development trend of driverless technology is analyzed based on the demand of domestic intelligent mine construction and the current situation of China's metal mine industry.
**Keywords**：unmanned driving technology, unmanned electrical locomotive, tunnel communication system

作者简介：白光辉（1963—），男，中国恩菲工程技术有限公司，教授级高级工程师，主要从事电气自动化工作。

# 1 引言

早在 20 世纪 80 年代，国际上少数采矿业发达的矿山[1]，例如瑞典的基律纳铁矿就采用有轨无人驾驶电机车运输。但限于该技术的性价比等诸多原因，国内无人驾驶电机车运输技术的应用起步较晚。2010 年中国工程院于润沧院士针对马钢集团白象山铁矿大水矿山的特点，为实现处于地下最底层运输巷道工作人员的本质安全，结合当时国内有色技术行业技术发展水平，再次提出研发有轨无人驾驶电机车运输技术。

随着我国有色金属矿山浅部资源的不断耗竭，地下深部开采逐渐成为主流，高温、高湿、高岩爆威胁加剧。超过 1000m 的矿山工作面温度超过 30℃，最高达 43℃，加上极度的潮湿环境会产生"桑拿房效应"，高灰尘、岩爆等诸多因素严重影响作业人员的身体健康和工作效率，现场人员的作业安全风险也会大大增加。在这种背景下，无人驾驶电机车运输技术的研发就更具有突出的实用意义。2011 年中国恩菲与铜陵有色集团在冬瓜山铜矿开展无人驾驶系统研发工作，并于 2012 年在国内率先实现无人驾驶电机车运输。目前国内许多矿山都在逐步采用有轨运输无人驾驶技术。

# 2 无人驾驶电机车运输技术概述

无人驾驶电机车技术的实现过程涵盖了自动化、电力、通信、机械等多专业内容，主要技术包含移动无线通信技术、电机车自动运行技术、首尾双电机车牵引的双机联动和负载平衡技术、地表远程装矿技术、电机车自动运行和自动卸载技术、道岔智能切换等控制技术，以及线路识别、电机车防碰撞、自动防溜车、无人机械驻车等安全保障技术。通过以上技术构建出涵盖全运输系统的全数字化集群控制系统和管控平台。

无人驾驶电机车技术在应用中分为集中控制层、网络通信层和接入执行层三层结构。在地表或地下设置集控中心作为系统的集中控制层，负责对全系统的指挥和监控，布置有中控柜、服务器、核心交换机和人机接口等设备。网络通信层在巷道内建设有线、无线通信系统，无线信号覆盖整个无人驾驶中段。接入执行层包括电机车编组、放矿机、牵引变电所等重要设备。各设备通过无线网络接入系统，执行系统指令和上传数据信息，详见图 1。

# 3 无人驾驶电机车运输技术的研发

## 3.1 无人驾驶电机车运输集中管控系统

有轨运输无人驾驶电机车运输系统中设有集中远程控制和运输线路管控系统（简称 ATS 系统）。通过 ATS 系统完成矿石运输任务的集控管控、整个运输系统

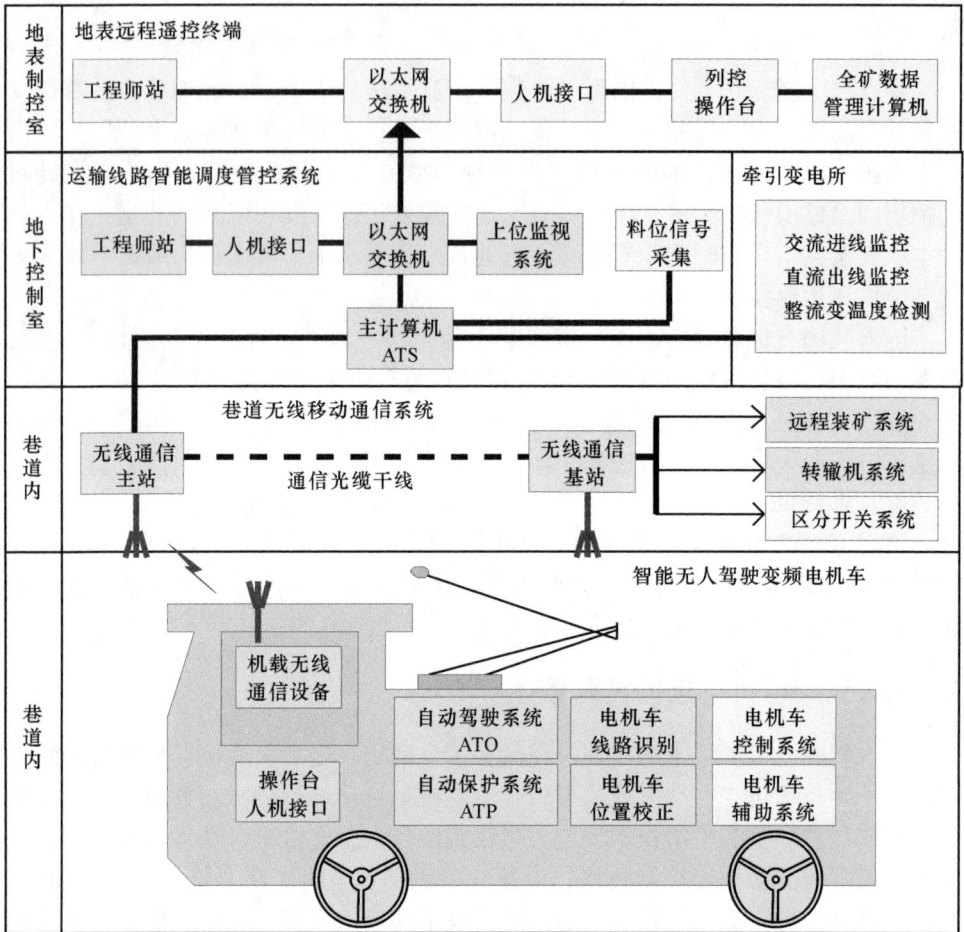

图 1　无人驾驶电机车运输系统框图

和设备的集中管控任务。ATS 系统是无人驾驶电机车运输的控制中心。

### 3.1.1　矿石运输任务集中管控

无人驾驶电机车运输系统通常有两种常用的矿石运输任务集控管控方式。

第一种：以全矿生产指挥调度中心下达的矿石运输任务为指导的矿石运输集中管控方式。

第二种：无人驾驶电机车运输系统根据系统采集到各个矿石溜井的料位作为矿石运输的集控管控方式。在这种集控管控方式下，矿石运输任务集中管控系统自动计算每个溜井的矿石量，以及每个溜井近期运输矿石情况，提供相应的矿石运输方案。这个运输方案由集控室操作人员直接从集控室管控上位机读取任务，然后将运输任务指派给不同的电机车执行。接收到指派任务的无人驾驶电机车按照软件编制的任务自动运行。

该管控系统在保证每班运输矿石总量的同时，实时显示和提醒集控操作人员，保证每个溜井的料位控制在正常范围内。同时，提供每个溜井最长未装矿时间给操作人员，避免溜井长期闲置而造成矿石黏结堵塞溜井情况发生。

每个矿山根据各自生产情况的不同，可以采取任意一种或交替的矿石运输集中管控方式运行。

### 3.1.2 无人驾驶运输系统远程遥控管控系统

通过 ATS 系统可以监视所有电机车的运行状态，电机车按照设定程序自动运行。操作工在集中控制室内通过视频辅助系统，完成电机车装矿任务。ATS 系统对电机车全行程位置进行跟踪、显示、诊断和保护，对每列编组区段占用情况实时显示、实施道岔和信号机的远程人工和自动控制等。最后，ATS 系统实现生产数据的自动统计和设备运输数据的自动统计。

具体包括以下功能：

（1）ATS 系统指挥调度电机车编组及其他中段设备工作。

（2）通过显示器可以全面掌握整个运输线路区段占用情况以及每列机车的位置信息，精度精确到米。

（3）ATS 系统均可以实现对编组和装矿站的远程遥控操作。同时具备安全操作保护，只有在电机车该溜井生产范围内时，操作人员才能远程遥控此装矿站的设备。

（4）可以对各个编组运行速度进行主动调整，减少编组因为避让而出现的启停次数，实现运输平稳运行。

（5）在 ATS 系统可以显示装载站控制设备的全部信息，同时通过视屏画面可以清楚看到装矿站现场画面，方便操作员操作。操作员仅负责电机车移动对位和装矿工作，其他保护均由控制系统完成。

（6）ATS 系统根据工艺需求设置操作台和操作面板，各操作面板可由操作人员选择操作对象编组。

（7）生产、运行信息全部自动生成报表。

### 3.1.3 无人驾驶运输线路集中闭塞管控系统

矿山轨道运输中的信号集中闭塞系统简称"信集闭"系统。"信集闭"系统由电动转辙机、轨道信号采集单元、交通指示信号灯、控制箱等几部分组成。集控室控制系统根据编组运行线路请求，向转辙机发出线路选择指令，并根据编组占用运输线路情况和转辙机动作位置结果信息反馈，向交通指示信号灯发出允许、减速、禁止行驶等指令，从而统一指挥运输线路所有编组安全和高效运行。

（1）运输线路信号采集单元。

在无人驾驶运输技术研发过程中，根据无人驾驶运输的控制要求和硬件配置，采用集控室实时获得的无人驾驶电机车实际位置信息，取代了传统"信集闭"系统在轨道上安装轨道电路或其他硬件设备获取的线路信号信息。

由于取代了传统的轨道电路设备或其他轨道硬件设备，大幅度减少了现场的维护工作量。同时为了确保电机车占用运输线路信号的准确性，在运输线路上安装有无源免维护的信标设备，对电机车的运输位置进行校正和确认，从而确保运输线路信号采集准确。

（2）电动转辙机。

通过电动转辙机改变道岔方向来管控运输线路。电动转辙机具备就地人工机械操作功能，用于转辙机就地维护和紧急线路操作需求。

电动转辙机装置提供道岔位置检测功能，通过道岔位置信号反馈确认运输线路情况。当道岔位置信号与运输线路指令信号不一致时，控制系统及时发出报警并停止对应电机车编组运行，避免发生严重事故。

（3）交通指示信号灯。

在有人驾驶电机车运输工况下，电机车司机根据沿运输线路安装的交通指示信号灯给出允许、减速、禁止等行驶信号驾驶电机车执行运输任务。

在无人驾驶电机车运输工况下，由于取消了电机车司机，所以对运输线路沿线的交通指示信号灯不再有实际需求。而交通指示信号灯的信号转化为电机车编组集中管控指令，通过巷道通信系统直接发送给电机车执行，从而完成整个运输线路电机车编组车行驶集中管控。

在有人驾驶工况下，无人驾驶电机车仍然接收集控室的"信集闭"集控管控，同时在无人驾驶电机车设有大尺寸触摸屏，在触摸屏上实时显示本电机车行驶前方"信集闭"的集中管控信号，方便电机车司机掌控电机车运行。

（4）分布式远程控制单元。

在无人驾驶电机车运输控制系统中，采用工业现场总线分布结构构成集中远程控制和运输线路管控就地控制系统。采用信号远程集控采集和受控设备就近控制的原则，控制系统主要根据转辙机的安装位置设置现场远程控制箱，一台远程控制箱控制一到四台转辙机，并完成转辙机信号采集工作。

在集控室每台现场远程控制单元均设有通信状态、故障报警功能，维护人员可以快速完成故障查找。

## 3.1.4　其他

无人驾驶电机车运输系统是一个范围大、涉及设备众多的复杂系统，该系统实现无人驾驶的同时，也取消了全部现场操作工，实现自动控制、远程遥控、视频辅助相结合的控制方式。无人驾驶电机车运输集中管控系统在完成上述功能的同时，还兼顾以下一些主要功能。

无人驾驶运输系统具备故障诊断功能，可通过无人驾驶电机车运输集中管控系统对有线和无线通信系统故障进行诊断，分析查找具体故障点；可对无人驾驶电机车的运行状况和设备故障进行诊断；也可对各现场设备的控制箱进行故障诊断。

无人驾驶电机车也同时具备点检功能，无人驾驶电机车不是无人检查电机车，但是采用传统司机对电机车运行前点检方式，无论在人力和有效生产时间都是不恰当的。为此，可以采用在集控室远程遥控方式，并通过电机车返回数据完成对电机车运行前点检工作。

## 3.2　无人驾驶电机车控制系统

无人驾驶电机车控制系统是有轨运输无人驾驶电机车运输技术的关键控制系统，该系统主要由电机车自动运行系统（简称 ATO 系统）和电机车自动保护系统（简称 ATP 系统）和辅助控制系统组成。

### 3.2.1　无人驾驶电机车自动运行系统——ATO 系统

为了满足电机车运输实际使用需求，无人驾驶电机车共设有四种驾驶模式，自动驾驶模式、远程遥控驾驶模式、人工驾驶模式、就地检修驾驶模式。无人驾驶电机车通过 ATO 控制系统实现不同驾驶模式下电机车自动运行控制。

ATO 系统包括以下功能：

（1）电机车按照根据指定线路自动实现加速、减速、匀速、停止等自动驾驶。

（2）实现电机车高精度位置检测功能。

（3）具备根据不同工况需求自动选择电刹或气刹实现紧急停止功能。

（4）具备电机车运行线路识别功能。

（5）具备双电机车牵引控制功能。

（6）具备溜车自动检测和电刹驻车功能。

（7）具备无人机械驻车功能。

（8）具备集电弓自动升降功能。

无人驾驶电机车控制系统在完成控制功能的同时，还要能够适应地下恶劣的使用环境，并充分考虑使用单位维护技术水平和维护成本。为此，电机车控制设备采用多重减震措施和 IP65 的高防护等级密闭箱，以适应恶劣的使用环境。同时，大量采用总线技术，提高信息化程度同时，减少控制电缆的使用，减少硬接线故障点。控制系统尽量采用模块化设计，可以有效缩短维护时间，通过电机车机载触摸屏为维护人员提供各种报警信息、故障文字提示，以及维护图纸和帮助文档等。

### 3.2.2　无人驾驶电机车自动保护系统——ATP 系统

电机车 ATP 保护系统可以对电机车运行情况自动诊断和自动保护。

ATP 系统包括以下功能：

（1）具备巷道通信失联保护功能。

（2）具备编组防碰撞保护功能。

（3）具备重要设备通信失败保护功能。

（4）具备电机车位置自动校正保护功能。

（5）具备信标丢失检测保护功能。

（6）具备电机车位置突变保护功能。

（7）具备停车失效投入气刹保护功能。

（8）具备电刹失效投入气刹保护功能。

（9）具备错向行驶保护功能。

（10）具备电机车堵转保护功能。

所有的保护功能宜通过电机车本体和集控系统实现冗余保护，确保重要保护功能的可靠性。由此形成的冗余性安全理论，即基于安全生产实际进行分析、管控而制定双重甚至多重措施预防事故发生的一种安全理念。

### 3.2.3　无人驾驶电机车辅助控制系统

无人驾驶电机车除了 ATO 和 ATP 两个重要系统外，还设有一个辅助系统，完成电机车其他控制和辅助工作。

电机车辅助系统包括以下功能：

（1）电机车可靠的蓄电池充电系统，为电机车控制系统提供可靠的控制电源。

（2）集电弓和供电系统，为电机车提供动力电源。

（3）空压机辅助系统，为电机车提供气刹动力。

（4）无线通信系统，实现电机车与集控室数据交换功能。

## 3.3　巷道通信系统

### 3.3.1　巷道通信系统构成

巷道通信技术是无人驾驶电机车运输技术中的重要环节，巷道通信系统由有线通信系统和移动无线通信系统两部分组成。

巷道有线通信系统由安装在巷道内整个运输线路的通信基站和光缆组成。巷道无线通信系统由基站内无线通信设备构成，该无线通信系统与电机车机载移动无线通信设备共同构建起无人驾驶无线通信系统，如图2所示。

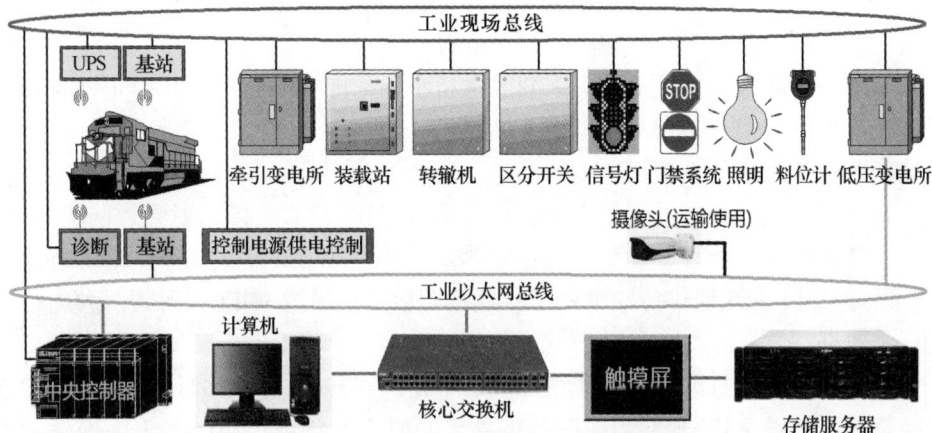

图2　巷道通信系统骨干网结构示意图

### 3.3.2　巷道通信系统特点

无人驾驶电机车运输技术采用的巷道通信系统与地表民用的无线通信系统类似，均采用基站发射无线信号覆盖通信范围的方式。但地下无线通信环境与地表存在很大的不同，致使实现地下巷道内无线通信覆盖存在更大的难度。

无线信号传输空间的限制：限于地下巷道的有效空间，对无线信号传输范围影响很大，致使无线信号覆盖范围在100~200m之间不等。

无人驾驶运输巷道"活塞"效应：无人驾驶电机车运输每列编组长度一般在50~140m之间，由于由金属矿车组成的编组占据巷道的大部分空间，致使无线信号传输途径受到阻挡，导致电机车编组区域的无线信号传输距离更短，有些只有30m左右。

巷道弯道和岔道对无线通信的影响：在有轨运输巷道存在大量的弯巷道和岔道。由于无线电波的直线传输特性，致使弯道无线通信距离较短，同时还存在巷道壁反射波的干扰。由于岔道的影响会导致无线电波被大量分流。

以上巷道无线通信的特点对于不同矿山来讲都各不相同。因此，需要经过大量实际无线通信工勘，逐步摸索巷道通信的规律，从而构建连续的无线通信系统。

### 3.3.3　巷道通信系统需求

巷道通信系统需要传输集控室与无人驾驶电机车之间的控制数据，同时传输无人驾驶电机车机载视频信号到集控室。根据无人驾驶电机车运输对无人通信连续性要求，将无线通信中断分为三个等级，对不同等级采取不同的保护策略。连续通信中断超过 3s，视为失联，失联时电机车必须立即自动停止。

### 3.3.4　巷道通信系统

巷道通信系统是集控室与无人驾驶电机车通信的唯一途径，其稳定性直接关系到无人驾驶电机车是否受控问题。为防止电机车脱离控制，必须构建可靠的、连续的巷道无线通信系统。

巷道通信系统可以采用的无线通信技术有 WIFI、3G、4G、射频、漏泄通信、Zigbee 等。通过大量的实验室与现场实验最终采用 WIFI 和射频两种无线通信方式。通过 WIFI 无线通信传输电机车机载视频数据，通过 WIFI 和射频两种途径传输控制数据。

为了提高控制数据传输的连续性和效率，编写并执行冗余数据链的数据筛选智能算法，使得 WIFI 和射频控制数据处于同时工作状态，从而大幅度提高了无线通信的连续性和可靠性。

另外，由于 WIFI 属于 2.4G 通信频段，而射频属于百兆级通信频段，很少有干扰源会同时对两个跨度很大的通信频段进行干扰，对抵抗巷道干扰起到了很好的保护作用。此架构在多个实际应用中得到验证，通信质量完全满足无人驾驶电机车控制需求。

### 3.3.5　5G 无线技术在巷道通信中的应用

随着 5G 无线通信技术的发展，国内出现了在无人驾驶运输技术应用中采用 5G 通信技术的案例。5G 无线通信技术具备高带宽低时延的优点，但 5G 无线通信技术在地下巷道应用时，同样会遇到与 WIFI 几乎相同的使用问题。因此，本文建议为了提高无人驾驶电机车运输无线通信系统的可靠性，应借鉴我国高铁目前采用四套无线通信系统构建运输线路的指挥调度系统的经验，构建两套独立的无人驾驶运输无线通信系统。

WIFI 是一种性价比很高的成熟无线通信技术，采用 WIFI 技术的相应通信产品种类繁多，为无人驾驶运输技术提供了更多的产品选择余地。另外，WIFI 在目前无人驾驶运输巷道通信系统中，也不存在无线通信瓶颈的问题。因此，本文建议 WIFI 作为无人驾驶运输巷道通信的一种成熟的无线方式可以优先选择。

5G 无线通信技术以其自身通信性能，有着 WIFI 无法比拟的优势，但目前价格较高。在资金允许的条件下，可以为无人驾驶运输构建第二套无线通信系统。随着科学技术的发展，在无人驾驶运输中会催生出更多依赖于无线通信技术的新技术和新应用。例如：无人驾驶运输系统远程技术支持和远程故障诊断等，5G 无线通信技术势必为这些新技术的应用打下良好的通信基础。

## 3.4　巷道辅助系统

### 3.4.1　装载站系统

装载站系统是完成矿车装矿的环节，目前国内普遍采用远程遥控电机车对准给矿机位置和远程遥控给矿机装矿方式。是否可以实现自动装矿，与装载站的工艺设备配置和矿石特性存在着很大的关系。本文建议只有在装载站环节具备自动装矿条件时，再采用自动控制方式。在不具备工艺条件情况下，为了实现自动装矿而安装大量辅助检测设备会提升维护工作量，效率也比较难以保证。

无论采用远程遥控装矿或自动装矿方式，控制系统必须可靠。控制系统任何短时失控都会引发装矿作业失控，特别是出现大块矿石的情况。短时失控就可以导致矿车装矿过多，造成矿车装矿过高而刮坏滑触线事故，或者矿石撒落到轨道旁，给运输安全造成隐患。严重的失控就非常容易引发埋没矿车的情况。此类事故对生产的连续性和安全性影响很大。为此，装载站控制系统需要对通信失联、接触器粘连等安全隐患进行全面的保护。

### 3.4.2　卸载站系统

卸载站是无人驾驶电机车运输技术中重要的一个环节。目前在我国矿山企业中普遍采用机械结构实现自动卸载的方式，如底卸式和底侧卸式。这种卸矿方式只需控制好电机车编组通过卸载站的速度即可完成卸矿工作。

对于一些少数卸载站，如侧卸、翻笼卸矿方式等，设置一套相应的自动卸矿控制系统，来自动控制车皮对位、翻笼定位、自动摘勾等功能。国外有些卸载站本身提供动力。

### 3.4.3　牵引供电网络管控系统

牵引供电网络是电机车的动力来源，将其纳入无人驾驶控制系统集中管控，可以有效提高运输系统供电的稳定性和故障处理的响应速度。

无人驾驶电机车运输控制系统通过安装在架线沿线的总线式分布控制箱[2]，可以完成牵引供电网络供电数据的采集和分区开关的远程遥控。通过牵引供电网络供电质量管控软件计算，可以有效减少电机车集中启动而造成供电电压过低的情况发生，杜绝过负载跳闸的严重事故。

通过牵引供电网络分布式系统，可以快速查找牵引供电网络接地故障点，从而保障牵引供电网络供电的可靠性，减少维护人员的使用。

### 3.4.4　视频辅助系统

在无人驾驶电机车运输系统中，在以下场所安装有视频辅助系统，共同完成矿山运输工作。

在装载站安装摄像头，完成远程遥控电机车和给矿机装矿工作；卸载站和道岔场所安装摄像头，实现对上述关键场所工况的观测；在电机车上安装摄像头实现对电机车运行前方和运输线路的观测。

## 4　无人驾驶电机车运输技术的应用

### 4.1　技术应用现状

无人驾驶电机车运输技术在国内受到广泛关注，许多有技术实力的单位开展了该技术的研究与应用工作。但限于该技术有自身的特殊性和受到研发环境条件的限制，目前国内仅少数单位的无人驾驶电机车运输技术投入实际生产并可稳定运行生产。下面简单介绍其中一些具有代表性的单位。

#### 4.1.1　中国恩菲无人技术电机车运输技术

中国恩菲于 2010 年与铜陵冬瓜山铜矿合作，共同开展无人驾驶电机车运输技术研发工作。2012 年在国内首先实现无人驾驶电机车运输系统，并于 2013 年 3 月 22 日召开了研究成果新闻发布会，中国有色金属报、科技日报、中国冶金报、中国黄金报等媒体对发布成果进行了报道。该技术入选国家安监总局《2013 年和 2014 年安全生产重大事故防治关键技术科技项目》。

中国恩菲的研发团队在于院士指导下，结合有色金属行业轨道运输的实际需求和今后的发展趋势，确定了以变频调速电机车前后双机牵引、巷道有线和无线双通信系统、地下设置集中控制中心地表为远程操作终端、集中管控多编组运行的"信集闭"运输线路管控、远程遥控装矿等组成的一个有机整体无人驾驶电机车运输作为研发起点。

经过 10 年的技术研发和推广应用，中国恩菲的无人驾驶电机车运输技术已经在冬瓜山铜矿、红牛铜矿、谦比希主西矿体等项目中投入使用。

#### 4.1.2　北京速力无人技术电机车运输技术

北京速力科技有限公司于 2011 年开始，以首钢杏山铁矿为研发基地开展了无人技术电机车运输技术的研发。

北京速力结合杏山轨道运输实际需求，以无人驾驶暂波调速单机牵引电机车和 WIFI 巷道无线通信系统为突破点，实现了杏山铁矿无人驾驶电机车运输，于 2014 年入选国家安监总局《2014 年安全生产重大事故防治关键技术科技项目》。

北京速力公司先后在杏山、普朗、三山岛等多个项目实施了无人驾驶电机车运输技术。

### 4.1.3　国内其他研发单位情况

无人驾驶电机车运输技术自 2010 年国内尝试研发起，国内许多单位先后开展无人驾驶电机车运输技术研发工作。

鞍山通奇、北京矿冶研究总院、中冶北方工程技术有限公司、合肥高科技术有限公司、山东大学、丹东东方测控、金川龙首矿、山东焦家金矿等都开展了相关研究，有些单位取得了不错的效果。

### 4.1.4　国外矿业杂志对中国无人驾驶技术的有关报道

随着我国的迅速发展，《国际矿业》杂志也关注到我国矿业的发展，2020 年出版的杂志就当前全球地下矿牵引机车无人驾驶技术的发展状况，以中国恩菲和北京速力公司的无人驾驶技术作为中国的代表进行了报道[3]。

文章详细介绍了当前全球地下矿牵引机车的发展状况，针对国际竞争力飞速提升的中国矿业，文章进行了重点报道，其中，中国恩菲作为行业领军企业，得到了高度重视。针对中国在该项技术的研发应用情况，文章重点以国内该技术的首创者——中国恩菲为例，介绍了现有业绩和技术影响，并对中国恩菲给予"引领技术发展方向"的高度评价。文章指出中国恩菲是中国在该技术领域最为权威的工程技术单位，通过不断升级的领先技术引领着行业的发展。并对中国恩菲该项技术在千米深井的应用案例——冬瓜山铜矿无人驾驶系统进行了分析介绍，同时展示了中国首个海外有轨运输无人驾驶应用项目——赞比亚谦比希铜矿，中国最高海拔有轨运输无人驾驶项目——红牛铜矿等卓越工程。

## 4.2　国内无人驾驶技术典型应用和效果

红牛铜矿海拔 4700m，该矿是我国目前应用无人驾驶技术最高海拔的矿山。无人驾驶电机车运输技术在红牛铜矿的应用，充分验证了在高寒低气压的气候条件下无人驾驶技术和相关设备的可靠性。同时，红牛铜矿运输线路分为井下和露天两部分，对无线通信系统在两种不同环境下的转换和适应性提出了更高的要求。

冬瓜山铜矿于 2012 年在 -875m 中段就实现了无人驾驶电机车运输，但限于该矿深部开采工程进度的限制，于 2019 年 4 月在 -1000m 中段实现了无人驾驶电机车运输生产。冬瓜山铜矿是国内目前采用无人驾驶电机车运输技术最深的矿山。该矿 6~10 月的"桑拿天"环境又是对无人驾驶电机车运输技术和设备的一个考验。通过采用无人驾驶技术，大幅度改善了一线工人的劳动环境，提高了生产效率，完成繁重的矿石运输生产任务。

普朗铜矿是我国第一座自然崩落法采矿采用无人驾驶技术的矿山，采用 65t 国内最大吨位的电机车电机牵引，由于采用无人驾驶电机车运输技术，很好地完成了每日 3 万余吨的运输任务。

不论是高海拔或是深井矿山，从减少劳动定员和改善作业环境的角度出发，无人驾驶电机车系统都有着现实意义[4]。

## 4.3　采用无人驾驶技术主要优势

采用无人驾驶运输技术可以取消全部运输环节操作人员，实现一线人员本质安全，随之改善了工人的劳动环境。另外，采用无人驾驶技术后，可以大幅度缩短工作人员交接班时间，增加有效的运输时间。

采用无人驾驶电机车运输技术后，可以大幅度提高运输环节的技术水平和自动化管理水平。可以自动统计每列编组运矿次数、运行时间、各节车皮载重、运行里程等生产数据，提高生产管理水平；通过控制系统可以自动记录电机车电流曲线、通信系统状态信息、各种报警信息，为维修人员提供准确的信息。提高运输环节的信息化和自动化水平。

## 5　结束语

虽然国内无人驾驶电机车技术的发展已历经十余年，技术正在逐步走向成熟，但本文认为无人驾驶电机车运输技术在我国仍处于一个初期推广应用阶段，国内尚无国家或行业层级的技术标准或规范，各从事无人驾驶电机车技术的单位仅依据自己制定的企业技术标准执行。因此，国内亟须出台具备权威性的技术标准或规范，确保无人驾驶电机车技术在安全的前提下不断发展和完善。

有轨矿石运输是地下矿石运输生产中最重要的环节，但也只是地下矿石运输的一个组成部分。因此，在实现有轨无人驾驶电机车运输的基础上，应从矿石进入高溜井开始，一直到矿石被运输到地表作为一个完整的矿石运输系统全盘考虑，最终实现矿石运输全流程信息化、遥控化、自动化和智能化。

无人驾驶电机车运输技术是我国智能化矿山建设中发展较快的一项新技术，一项新技术从诞生到走向成熟都需要一个逐步完善的过程。无人驾驶电机车运输技术以自身特有的安全性、稳定性、连续性和经济性等诸多优点广泛受到采矿领域的青睐。本文建议应遵循科学技术的发展规律，在确保安全的前提下，推广采用无人驾驶电机车运输技术。

### 参 考 文 献

[1] 何太龙，白光辉，徐雄. 冬瓜山-875m 中段运输矿车精细化维护初探 [J]. 有色设备，2014 (2)，6-9.
[2] 谷龙飞. 融合控制技术在地下矿山低压配电系统中的应用 [J]. 中国矿山工程，2018 (5)，76-78，86.
[3] 白光辉. 中色非洲矿业有限公司. 谦比希东南矿体中信息化融合系统集成方案.
[4] Paul Moore. Maximum Traction. International Mining. June 2020，26-27.

# 第 4 篇
## 深部矿产资源开发利用

# 深部高应力区采矿研究综述

杨志国[1]　　于润沧[2]　　郭　然[2]

（1. 北京科技大学，北京，100083；2. 中国有色工程
设计研究总院，北京，100038）

**摘　要**：进入深部的高应力区采矿是未来几十年内我国矿业发展的必然趋势。阐述了南非、加拿大、澳大利亚、波兰、印度和智利等国的深部高应力区采矿的研究现状，介绍了对高应力区诱发的岩爆等地质灾害的破坏机理、预防预测、支护控制等的最近的研究成果，并提出了未来我国矿山的主要发展方向，为我国硬岩矿山探索和研究深部高应力区的采矿技术与灾害预测、控制理论和确保矿山的安全生产打下了基础。

**关键词**：岩爆；主应力；应力降；微震；数值模型

# Review on Research of Mining in High-Stress Deep Zone

Yang Zhiguo[1]　　Yu Runcang[2]　　Guo Ran[2]

（1. University of Science and Technology Beijing，Beijing，100083；
2. China Non-ferrous Engineering and Research Institute，Beijing，100038）

**Abstract**：It will be an inevitable trend for China's mining industry in the future several ten years to enter the stage of mining in high-stress deep zone. The paper describes the present status of its research in South Africa, Canada, Australia, Poland, India, Chile, etc. and the newest research achievements in the destruction mechanism of the geological disasters induced in the high stress zone such as rockburst, its prevention and prediction and related support and control theory. Its main development orientation of China's future mines is pointed out, laying a foundation for China's hard rock mines to explore and investigate the mining technology, disaster prediction and control theory so as to ensure the safety production in mines.

**Keywords**：rockburst, main stress, stress drop, microseismic, numerical model

本文原发表于《金属矿山》，2007。

目前，我国有许多地下矿山已经进入深部高应力开采阶段，一些矿山的开采深度已接近或超过 1000m。红透山铜矿的开拓深度已达 1337m、开采深度达 1137m，最大主应力值随深度呈线性增大，目前采矿最深中段-767m 水平的最大主应力值已达 50MPa。冬瓜山铜矿的开拓深度达 1074m，最大主应力方向与矿体的走向一致，近似水平，开采最低水平的最大主应力达 38MPa。凡口铅锌矿的开拓深度达 906m，最大水平应力与垂直应力的比值为 1.2~1.7，实测的最大主应力为 31.2MPa。云南驰宏公司的深部矿山、弓长岭地下铁矿开拓深度和夹皮沟金矿二道沟坑口矿体延深都超过了 1000m。湘西金矿开拓垂深超过 850m。此外，还有寿王坟铜矿、金川镍矿、乳山金矿等许多矿山都将进行深部高应力区开采。国外进入深部高应力开采的金属矿山较多，如南非 Anglogold 有限公司的西部深水平金矿，采矿深度达 3700m，在未来的几年内将达到 5000m，地应力测定结果表明，3500~5000m 深的地应力水平为 95~135MPa。印度卡纳塔克邦的科拉尔金矿区，已有 Nundydroog，Champion Reef（钱皮恩里夫）和 Mysore（迈索尔）3 座金矿采深超过 2400m，其中钱皮恩里夫金矿共开拓 112 个阶段，深度为 2200~3400m。位于 Kola 半岛中心的俄罗斯 Khibiny 磷灰岩矿区，目前有 Kirovsky，Yukspor，Rasvumchorr 3 个地下矿和 Saami，Tsentralny 2 个露天矿，矿区的地应力测试表明，单轴抗压强度 $\sigma_c$ 为 100~200MPa，杨氏弹性模量 $E$ 为 30~90GPa，为高应力区，最大的水平应力是垂直应力的 5~10 倍之多，目前的采矿深度为 600~700m。美国爱达荷州北部克达伦矿区的幸运星期五矿，目前开采的 5930 水平距地表 1808m；Galena 银矿最深的为 5500 水平，距地表约 2000m；Sunshine 矿开采的 5600 水平距地表 2100m。澳大利亚的某矿山在-480m 时，主应力为 70MPa，为上覆岩层自重应力的 5 倍之多。这些矿山进一步开采时，地压的控制已成了亟待解决的问题。对于刚刚进入深部开采的我国矿山而言，各种深部地质灾害的出现，在某种程度上会影响矿山的安全开采。为了实现矿山的安全、高产、高效开采，探索和研究地下矿山深部高应力区的采矿技术与灾害预测、控制理论是十分必要的。

# 1　国外高应力区采矿的研究现状

国外对地下矿山深部高应力区采矿的研究比我国早。世界上硬岩矿山第一次岩爆发生在印度的科拉尔（Kolar）金矿[1]；加拿大的第一个岩爆研究机构成立于 1939 年；南非早在 1908 年就成立了专门委员会研究深井岩爆问题。美国、加拿大、澳大利亚、南非和波兰等国的政府、工业部门、研究机构和大学密切配合，针对深部开采的相关技术问题开展研究，取得了很多有益的成果。

## 1.1　南非

由于在金矿开采过程中岩爆发生频繁，南非对深部采矿的研究工作比其他国家的投入大，取得的成果也较多。南非 ISS 国际公司的 Mendecki A. J. 等在微震的监测方面开展了大量的研究工作[2~4]。在借鉴自然地震研究成果的基础上，他们定义了一些矿山微震监测的基本参数（如震级、能量、应力降 $\Delta\sigma$、微震应变 $\varepsilon_s$ 等），对矿山的微震监测系统的布置（传感器种类的选取、布设密度、信号传输手段和方法）和日常微震事件的参数处理等进行了广泛深入的研究，奠定了量化处理微震事件的理论和现实基础。他们针对南非深部的金矿所记录的事件，研究了这些参数之间的相互关系（如能量指数与累积视在体积的关系、施密特数与累积视在体积的关系等），分析了由于采矿而引起的周围岩体的应力变化，对岩体失稳的趋势和失稳活动进行了预测。在 1992 年 4 月至 1995 年 8 月之间，对 Tau Tona 金矿距地表 1400m 的 WH6 井筒矿柱进行了监测研究，伴随着能量指数的增加，岩体处于硬化阶段，当能量指数达到峰值以后，岩体不断软化，并且加速变形。记录数据的分析，得出了许多大的微震事件都发生在能量指数达到峰值以后的结论。南非的 Ortlepp W. D. 长期从事岩爆的研究工作，收集了许多南非及其他国家矿山的岩体破坏和发生岩爆的现场资料[5,6]，在分析、认识震源机理的基础上，总结出岩爆的 5 种类型，并分析了不同岩爆类型的破坏形式。针对岩体的动态失稳破坏，对采场及巷道的合理支护进行了实验室和现场试验研究，取得了较好的成果。1999 年 11 月 11 日南非 Moab Khotsong 金矿深 2800m 的主运输巷道掘进过程中，在正常的爆破之后，形成了一个长 16m，形状、尺寸与巷道差不多的空穴，巷道内距掘进面大约 50m 的范围内都堆积着岩石碎片，Ortlepp W. D. 对此进行了调查、分析，认为与欧洲、日本、加拿大深部煤矿中发生的突出型岩爆相类似。在 1994~1996 年之间，南非的采矿工业开始了一项研究计划，进行了 14 次调查与分析，分析微震事件与产生的破坏之间的关系、震源和破坏的机理，以便在开采过程中采取必要的支护措施，减少岩爆造成的损失。南非政府、大学与工业部门密切配合，从 1998 年 7 月开始启动了一个 "Deep Mine" 的研究计划，包括安全技术研究、地质构造研究、采场布置与采矿方法、降温与通风、采场支护、岩爆控制、超深竖井掘进、钢绳提升技术和无绳提升技术等，耗资约合 1380 万美元，研究时间为 4 年，旨在解决 3000~5000m 深度的金矿安全、经济开采所需解决的一些关键问题，已在南非金矿深井开采技术上取得了系列创新性成果。

## 1.2　加拿大

加拿大安大略省的萨德伯里地区的铜镍矿和基尔兰德湖区金矿的岩爆最早发生在 20 世纪 30 年代，在矿山开采的过程中多次发生了岩爆，相应的研究工作也陆续展开[7~9]。劳伦森大学地质力学研究中心的 Kasier P. K. 和 Maloney S. 1990~1995 年分析了弯曲型岩爆、应变型岩爆及塌落型岩爆的破坏机理，认为这些事件的发生都是与快速的微震事件产生的地震波的传播所导致的顶底板岩体的运动相联系的，以低频的地震波的质点峰值速度作为巷道动态承载设计的基础，在分析加拿大、南非及智利典型岩爆矿山的数据的基础上，给出了有岩爆倾向的地下矿山巷道动态承载的设计标准，并确定了相应的参数。安大略省 Kidd 铜锌矿目前的采深已达 2100m，正在规划未来几年内继续延深 1000m，2000 年 1 月至 2001 年 1 月之间发生了 86 个矩震级从 -1.0~0 之间的微震事件，这些事件主要集中在地下 1450m、1630m、1720m、1830m。加拿大工程地震公司（Engineering Seismology Group Canada Inc）的 Trifu C. I. 采用地震矩张量法，并结合现场的调查，对这些事件进行了分析，结果有 56% 属于张性破坏，33% 是完全剪切破坏。加拿大联邦和省政府及采矿工业部门合作开展了为期 10 年的 2 个深井研究计划。在微震与岩爆统计预测方面的计算机模型研究，以及针对岩爆潜在区域的支护体系和岩爆危险评估等进行了卓有成效的探讨。加拿大魁北克省 Abitibi 矿区的 McWatters Sigma 金矿，目前采矿深度为 1980m，1994 年安装了一套 CANMET 微震监测系统，记录了 1994 年至 2000 年发生的震级从 -1.5~3.5 之间的 3598 个事件，加拿大麦吉尔大学的 Mitchelson C. 和加拿大采矿和矿物科学实验室的 Cotb M. 等利用 EXAMINE[3D]，对该矿深 1545m 的第 38 水平 3812A 采场进行了反分析，在此基础上建立了一个微震活动的预测模型，成功地应用在 3812EB 采场的生产中。

## 1.3　澳大利亚

西澳大利亚在深部高应力开采方面也进行了大量工作[10,11]，Misch I. 和 Lang A. 用了 10 年时间，研究了发生在地下矿山的一些由微震所诱发的岩爆和岩体塌落事件。这些矿山的水平应力远远大于上覆岩层的自重应力，他们对各个事件发生地点的地质条件、采矿工艺做了介绍，并对事件进行了现场调查，记录了破坏情况，阐释了发生的原因，对由于爆破和地质结构断层引发的应变型、弯曲破坏型、矿柱型岩爆，采取了相应的处理措施，为后来其他矿山采用系统的方法以确保安全生产积累了经验。西澳大利亚大学的 Duplancic P. 和 Bradyb H. G. 利用 NorthParkes 矿安装的微震监测系统，对岩体的三维活动及崩落过程的力学控制研究所获得的数据，采用两种不同的方式对 Endeavour 26（E26）矿体进行反分析。首先，他们利用 MAP[3D]建立数值模型，对崩落破碎矿体的周围应力状态进行了描述，并对控制崩落岩体的失效机理做了预测；其次利用微震分析所获得的数据证实了预测的结果，从而得出在该矿山沿着不连续体的断层控制着失效机理。Turner M. 和 Player J. 主要研究了位于 Murchison 省的隶属于 New Hampton Goldfields 有限公司的大钟（Big Bell）金矿自 1999 年 1 月至 2000 年 6 月之间的微震事件，分析了这些事件的发生与生产水平爆破的关系，产生岩爆的复杂地质构造，并利用了数值模拟，描述了由于采矿引起的应力升高区域，对产生岩爆危险的地点进行了预测，并采取了相应的措施，及时地调整了巷道的布置，安装了微震监测系统，改善了支护方式，加强了管理，确保了该矿的安全生产。Player J. 又进一步研究了大钟金矿的沿走向的分段崩落法与岩爆之间的关系，具体分析了岩石属性、开采顺序、分段开采形成的几何形状等引起的应力变化情况，提出了减缓推进的速度，改变采矿布局，实施底板加强控制来避免危险的发生，最终也证实了用分段崩落法回采在高应力区是可行的。

## 1.4 波兰

波兰在高应力区开采方面也有很多的研究，尤其是在煤矿领域[12]。Wiejacz P. 和 Ługowski A. 对比研究了南部卡托维兹的 Wujeck 煤矿 7 号工作面、13 号工作面、Arkona 断层的微震事件，分析了双力偶模型的震源机理。Tajduɛ'ɛ 等利用三维的数值模型 FFM 分析应力的变化，预测可能发生的岩爆危险，并在地下煤矿，采用长壁开采的 506、507 2 个煤层中应用了。J'ozef Dubiński 应用剖面法和断层摄影技术对煤矿产生的危险进行了研究。CUPRUM 有限责任公司的 Butra J. 和 Orzepowski S. 用钻孔变形量来估测岩体高能量事件的发生，1996 ~ 1999 年和 2000 年分别在 Rundna 矿 G-12 盘区、G-23/2 盘区的顶板应用，总结出相应的规律。Boguslaw Domański 对比分析了 2 个煤矿 Wujek 和 Ziemowit，2 个铜矿 Polkowice 和 Rudna 微震事件的参数，得出这些震源参数分布近似直线，煤矿中引发的事件所造成岩体的破碎的尺寸要小一些，而铜矿的事件更易受地质结构的影响。

## 1.5 印度

印度的科拉尔金矿区也是世界上岩爆灾害最多的硬岩矿山之一，目前最深的矿山已开采到 3400m，已经多次发生了岩爆事件，震级一般小于里氏 3.0 级，一些大的岩爆造成的震动，引起了矿区附近地面建筑物的破坏。1978 年就开始了相应的研究，主要针对采矿活动和产生微震事件的关系。1997 年 Srinivasan C. 等调查分析了深部水平的微震事件，致力于开发一种预测模型的工作。Srinivasan C.，Willy Y. I. 和 Benady S. 利用微震监测系统记录的 1997 ~ 1999 年 2 年多的 609 个事件的数据，分析了高频信号 P 波和低频高振幅 S 波的质点峰值速度的衰减关系，以确定科拉尔金矿区地下矿山顶板运动的规律。

## 1.6 智利

智利的埃尔特尼恩特（EI Teniente）斑岩铜矿是世界上最大的铜矿床之一，也是南美受岩爆危害最严重的矿山。自 1989 年开采深部的第 6 采区以来，直至

1992 年，由于诱发了多次微震事件，其中有 4 次比较大的岩爆，该采区被迫停止生产。Raynal Dunlop 和 Sergio Gaete 针对发生的事件进行了分析研究，认为是开采策略的不当导致了这些事件的发生。因此通过实际的试验生产，将采场的几何参数与岩体反应相联系，制定了一个新的生产计划，主要包括：（1）采用自动遥控的开采设备；（2）降低初期的开采率，随着生产再逐渐增加；（3）采出率受前两个星期微震活动频率的限制；（4）开采的时空分布尽可能保持一致，以减小岩体破裂的尺寸；（5）生产区限制在已经拉底的水平。这些措施的采取，有效控制了岩爆危险的产生，确保了安全生产。Rojas E. 和 Cavieres 等利用岩爆所产生的数据，对发生的 4 次岩爆进行了反分析，探讨了崩落开采中岩体稳定性的控制，确定了采场间隔，以确保不受大的微震事件的影响。1994 年 1 月恢复了生产，基于试验研究的成果，至 2000 年很少有岩爆损失的发生。Raynal Dunlop 和 Sergio Gaete 从 1996 年到 2000 年对埃尔特尼恩特（EI Teniente）铜矿东北方向深部的 Esmeralda 区进行了研究，自 1996 年开采以来，该区已发生了近 5000 个微震事件，这些事件的矩震级从 $-1.5 \sim 2.7$，释放的能量为 $0.1 \sim 10^8$J，微震矩的为 $10^7 \sim 10^{13}$J，分析了在采矿的各个阶段，岩体的微震活动，采用超前拉底崩落法，成功地改善了工作面的条件，有效地控制了岩体的稳定。

## 2　国内矿山的发展方向

国外对于地下矿山高应力区采矿的研究，主要侧重于对现场发生事件的调查、分析，对由于采矿诱发的岩爆等灾害进行了大量有针对性的研究工作。对于国内矿山来说应该侧重于以下几方面的研究。

（1）对于高应力诱发的岩爆等地质灾害机理、监测技术、支护与控制理论的研究。

（2）对于高应力区矿体的回采顺序、采矿方法及采场参数的优化、巷道的布置、矿柱的稳定性等的分析与研究。

（3）对于深部高应力条件下，高温热害的控制理论的研究。

## 3　结论

对刚刚进入深部开采的我国矿山而言，由于进入深部开采环境，将面临高应力、高温度、高井深的问题，目前所采用的采矿方法是否适用以后的深部开采，如何有效地利用高应力的条件，如何避免岩爆等地质灾害所造成的破坏等，都是即将面临的难题。特别是随着这些矿山后期的大规模开采，如果不采取与高应力环境相适应的采矿技术与工艺，势必发生较大的地压灾害，也会严重地阻碍矿山的规模化生产。应积极地探索和研究深部高应力区的采矿技术与灾害预测、控制理论。

# 参 考 文 献

［1］ Wilson Blake, Davie G F Hedley. The Rockburst Phenomenon. Rockbursts Case Studies from North American Hard-Rock Mines ［G］. ［s. l.］: Society for Mining, Metallurgy, and Exploration, 2003: 1-2.

［2］ Mendecki A J. Data-driven understanding of seismic rock mass response to mining. Rockbursts and Seismicity in Mines-RaSiM5 ［G］. ［s. l.］: South African Institute of Mining and Metallurgy, 2001: 1-9.

［3］ Mendecki A J. Principles of monitoring seismic rockmass to mining. Rockbursts and Seismicity in Mines ［G］. Gibowicz and Lasocki eds. Rotterdam: Balkema, 1997: 69-80.

［4］ Lynch R A, Mendecki A J. High-resolution seismic monitoring in mines. Rockbursts and Seismicity in Mines - RaSiM5 ［G］. ［s. l.］: South African Institute of Mining and Metallurgy, 2001: 19-24.

［5］ Ortlepp W D. Thoughts on the rockburst source mechanism based on observations of the mine-induced shear rupture. Rockbursts and Seismicity in Mines-RaSiM5 ［G］. ［s. l.］: South African Institute of Mining and Metallurgy, 2001: 43-51.

［6］ Ortlepp W D. The mechanism of a rock outbust in a quartzite tunnel in a deep gold mine. Rockbursts and Seismicity in Mines-RaSiM5 ［G］. ［s. l.］: South African Institute of Mining and Metallurgy, 2001: 53-57.

［7］ Kasier P K, Maloney S M. Ground motion parameters for design of support in burst-prone ground. Rockbursts and Seismicity in Mines ［G］. Gibowicz and Lasocki eds. Rotterdam: Balkema, 1997: 337-342.

［8］ Trifu C I. Assessing the rockmass condition by the analysis of failure mechanisms. Rockbursts and Seismicity in Mines-RaSiM5 ［G］. ［s. l.］: South African Institute of Mining and Metallurgy, 2001: 75-80.

［9］ Mitchelson C, Cote M, et al. Seismic monitoring and modeling decision-making at McWatters Sigma Mine. Rockbursts and Seismicity in Mines-RaSiM5 ［G］. ［s. l.］: South African Institute of Mining and Metallurgy, 2001: 427-428.

［10］ Misich I, Lang A. Examples of rockburst damage in Westem Australia. Rockbursts and Seismicity in Mines-RaSiM5 ［G］. ［s. l.］: South African Institute of Mining and Metallurgy, 2001: 59-68.

［11］ Duplancic P, Brady B H G. Understanding cave behaviour through back analysis of stress structure and microseismicity. Rockbursts and Seismicity in Mines-RaSiM5 ［G］. ［s. l.］: South African Institute of Mining and Metallurgy, 2001: 313-318.

［12］ Butra J, Orzepowski S. New method of high energy seismic event precursory symptoms detection. Rockbursts and Seismicity in Mines-RaSiM5 ［G］. ［s. l.］: South African Institute of Mining and Metallurgy, 2001: 535-541.

# 基于微震监测技术的矿山高应力区采动研究

杨志国[1]　于润沧[2]　郭　然[3]　汪令辉[4]

（1. 北京科技大学土木与环境工程学院，北京，100083；
2. 中国恩菲工程技术有限公司，北京，100038；3. 中国
有色矿业集团有限公司，北京，100055；4. 铜陵有色金属
集团股份有限公司冬瓜山铜矿，铜陵，244031）

**摘　要**：冬瓜山铜矿是目前国内开采最深的金属矿山之一，岩石具有典型的岩爆倾向性，最大应力为 38MPa，为了控制岩爆的发生及制定高应力区采矿的战略，2005年矿山引进了南非 ISS 国际公司的微震监测系统，实现了对采矿引起的岩体应力、应变状态的实时监测。简单介绍冬瓜山矿微震监测系统的布置；基于一段时间内监测到的有效事件，对井下首采区地震事件的时间与空间分布进行研究；利用可视化工具 JDI 对事件的相对集中区域进行圈定，并与井下生产活动相结合，分析原因：还提出了对井下工程岩体危险识别的手段，并用实际发生的事件验证；综合研究成果，制定以微震监测技术为基础的高应力区采动分析的工作程序，为目前矿山的安全生产提供依据。
**关键词**：采矿工程；岩爆；高应力区；微震监测；时空分布

# Research of Mining Based on Microseismic Monitoring Technology in High-stress Area

Yang Zhiguo[1]　　Yu Runcang[2]　　Guo Ran[3]　　Wang Linghui[4]

（1. School of Civil and Environment Engineering, University of Science and Technology Beijing, Beijing, 100083; 2. China ENFI Engineering Corporation, Beijing, 100038; 3. China Nonferrous Metal Mining （Group） Co., Ltd. , Beijing, 100055; 4. Dongguashan Copper Mine, Tongling Nonferrous Metals Group Co., Ltd. , Tongling, 244031）

**Abstract**：Dongguashan Copper Mine is one of the deepest metal mines with rockburst

本文原发表于《岩石力学与工程学报》，2009。

proneness in China at present, and the highest stress is 38MPa. In order to control rockburst and establishing mining strategy in high stress area, the Dongguashan Copper Mine has installed an ISSI miroseismic monitoring system in 2005. The system may timely monitor change of the state of stress or strain in rockmass induced by mining. The layout of the seismic monitoring system in Dongguashan Copper Mine is descried. Then the time and spatial distribution of seismic events in a period of time is analyzed. By using visual tools of JDI the relative convergence area of seismic events in initial mining district is delineated combining with the causes according to practical mining underground. Also some methods of identifying dangerous of rock mass project in underground are proposed, which is verified by the actual events. According to research results, the working procedure to analysis rock mass induced by mining based on microseismic monitoring technology in high-stress area is developed, which can provide a basis for safety of mine production.

**Keywords**: mining engineering, rockburst, high-stress area, microseismic monitoring, time and spatial distribution

# 1 引言

随着经济发展对矿山资源的需求，在未来的几年内必有一部分有色矿山进入深部高应力区域开采，国外深井矿山的数目比较多[1~7]，如南非、加拿大、澳大利亚、美国和印度等国家，特别是南非，其开采最深，绝大多数矿山的开采深度在 2000~3000m，一些金矿的深度超过了 3000m，Anglogold 有限公司在威特沃特斯兰德盆地最深的 Savuka 矿深度达 3800m 和瓦尔河地区的 Mohab Khotsong 矿深度 3700m；地应力测定结果表明，在 3500~5000m，地应力水平为 95~135MPa；Kloof 金矿开采深度为 2000~3000m，最深的主井距地表 3306m；到 2007 年，南非有 6 座矿山开采深度超过了 3000m，20 座矿山深度在 2000~3000m。加拿大的 CVRD Inco 的 Creighton 矿，Xstrata 的 Kidd'D' 矿和 Agnico Eagle 的 Laronde 矿采深均超过了 2000m。澳大利亚目前采矿深度超千米的矿山有 7 座，最深的是 Mount Isa 地区 Xstrata 的 Enterprise Mine，深度为 1650m，澳大利亚某矿山在 -480m 时主应力达 70MPa，为上覆岩层自重应力的 5 倍之多。印度卡纳塔克邦的科拉尔金矿区，已有 Nundydroog、Champion Reef 和 Mysore 这 3 座金矿，采深超过 2400m。南非政府、大学与工业部门密切配合，从 1998 年起，进行了 Deep Mine 和 Future Mine 的项目，旨在解决 3000~5000m 深度金矿安全、经济开采所需解决的一些关键问题，已在南非金矿深井开采技术上取得了系列创新性成果，为现存深井和未来超深井的设计和开采提供了技术解决方案和实际指导。2002 年，加拿大采矿工业在萨德伯里的安大略省建立了深井研究协会（DRMC），由 6 个采矿公司和部门资助，包括地热、应力、采矿方法等方面的研究。印度科拉尔金矿区主要致力于采动过程中大的岩爆事件的预测研究，探讨矿山顶板运动的规律。国内矿山如辽宁省抚顺的红透山铜矿[8~11]，目前采矿中段最深为−767m，开采深度1197m，最大主应力值可达50MPa左右；云南省会泽铅锌矿，开采深度为1009m；广东省韶关的凡口铅锌矿开挖深度906m，开采深度900m，实测最大主应力为31.2MPa。可以预计未来几年内，我国将有一大部分有色金属矿山开采深度将达到或超过1000m，这些矿山的进一步开采，将面临高应力的问题。

冬瓜山铜矿主矿体赋存于−690~−1007m，最大主应力方向与矿体的走向一致，为NE~SW方向，近似水平，−910m应力值为30~38MPa[12,13]。矿床具有埋藏深、应力高的特点。现场和实验室的研究结果表明，岩石具有典型的岩爆倾向性，矿山在基建期间已经多次发生了弱岩爆事件。2005年8月冬瓜山矿安装了南非ISS国际公司生产的微震监测系统，并开展深井岩爆与地压监测及控制技术研究。从目前井下生产活动来看，并没有发生较大规模的破坏性岩爆，但是随着生产活动区域的扩大，当前回采矿柱已出现了明显的地压活动现象，随着采出矿量的增加，发生较大规模破坏性岩爆的趋势加大，因此研究首采区域应力场的变化规律，对指导生产尤为重要。本文是"十五科技攻关"课题研究成果及研究工作的最新进展，主要利用建立的微震监测系统，对地震事件的时间分布、空间分布规律，相对集中区域的圈定与对比研究，危险源识别的手段等进行研究，并建立了高应力区以微震监测技术为中心的采动分析工作程序，为冬瓜山矿及国内其他刚刚或即将进入深部高应力区开采矿山的安全生产提供依据。

## 2　微震监测系统的布置、组成及调试

根据冬瓜山矿的具体条件，确定建立微震监测系统的原则是由小到大，逐步完善。首先将监测范围限制在首采区，根据系统运行和使用情况再决定系统覆盖范围的扩大和具体方案。通过优化设计网络，首采区微震监测系统共设16个传感器、4个微震仪（QS）、1个转发器（QS-Rep）、1个井下控制室、1个地面主控制室及光缆等，具体如图1所示。监测系统由硬件和软件两部分组成。硬件部分包括：地震传感器、微震仪（QS）、转发器（QS Rep）、计算机、通信铜绞线及光缆等。软件部分包括时间运行系统（RTS）、地震事件波形分析处理系统（JMTS）、地震事件活动性可视化分析系统（JDI）。地面监测控制中心位于冬瓜山铜矿网络信息中心，井下通信控制中心位于−875m水平冬瓜山副井附近的井下生产指挥中心。每个微震仪连接4个位于垂直向上钻孔内的地震传感器。各传感器地震信号通过微震仪（QS）采集后传输到井下通信控制中心，然后由井下控制中心传输到地表控制中心，进行处理和分析，同时地表控制中心监测和控制着系统运行状况。监测系统安装完毕，通过定点爆破测试，系统的定位误差小于10m，满足事先确定的系统定位精度要求。

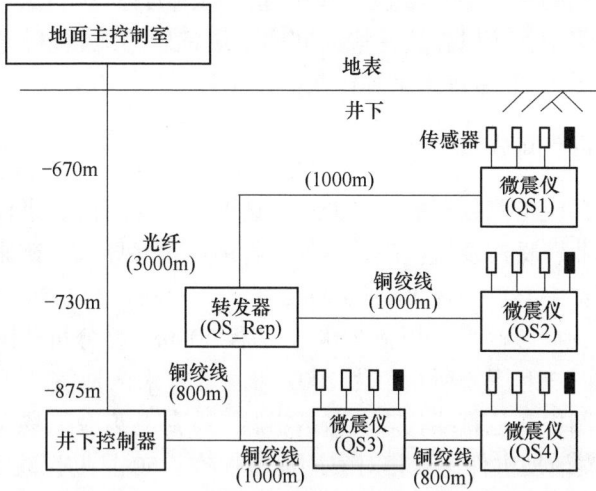

图1　冬瓜山铜矿微震监测网络的构成

## 3　采动过程地震事件分布规律研究

### 3.1　地震事件的时间分布

对2005年9月~2006年12月记录的事件统计分析结果显示，每天24h内发生的事件多小于$M_L=0$震级，如图2所示，每天24h内事件柱状图中黑色所表示的，占很大的一部分，几乎占整个事件比例的95%以上，只有小部分的事件在$M_L=0$级以上。从图2中可以看出，每天大多数事件主要发生在3个时间段，分别分布在6：00~7：00、14：00~16：00、22：00~23：00，因为冬瓜山铜矿首采区爆破作业时间主要集中在这3个时间段，所以在这3个期间内发生的大多为爆破事件，而且伴随着一系列的噪声波，波形比较有规律，这与冬瓜山铜矿每天

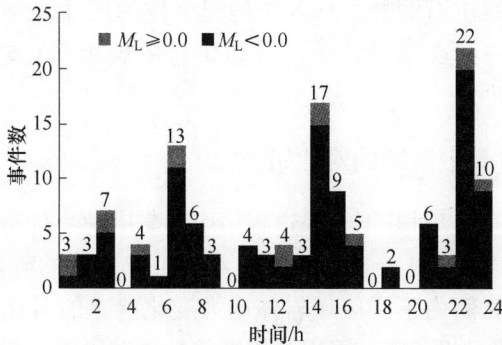

图2　24h不同震级事件的分布

具体的采矿活动相吻合，生产爆破作业引起了周围岩体的活动，在爆破后的 2h 内地震活动比较集中，所以在这一段时间内系统记录的地震事件数目也比较多，那么可以得出在爆破 2h 后进入采场作业比较安全。

## 3.2　地震事件的空间分布

基于对监测系统拾取数据的准确处理，选取一段时间内的事件，通过参数设置删除了爆破作业、噪声及机械震动事件，将地震事件导入到矿床模型中，设置多边形位置坐标：中心点坐标 $Y = 84518m$，$X = 22568m$，$Z = -760m$；走向北偏东 37°；倾角 35°；顶底板高度：顶板 250m；底板 300m，将分析范围确定在冬瓜山铜矿首采区，如图 3 和图 4 所示，为 2007 年 4 月首采区地震活动区域的水平分布及垂直分布，图中灰色直线代表首采区沿脉、穿脉巷道及采场布置。从图 3 可以看出，4 月地震活动事件主要相对集中区分布在：50 号勘探线 14 号、54 号勘探线 6 号、12 号、16 号采场及 56 号勘探线 8 号、10 号采场附近区域。

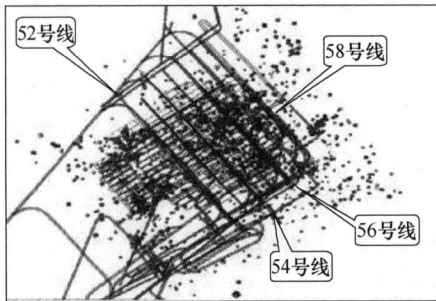

图 3　地震活动分布水平投影图　　　　图 4　地震活动事件的垂直分布

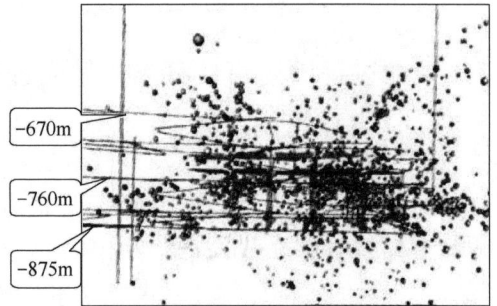

从图 4 可以看出，地震活动事件主要相对集中在 50 号勘探线 $-760 \sim -790m$，54 号勘探线 $-730 \sim -820m$，$-850 \sim -875m$，56 号勘探线 $-790 \sim -820m$，56 号勘探线矿石溜井。从各个地震事件的尺寸大小来说，几乎是一致的，说明没有太大的微震事件发生。其他事件的震级都比较小，$M_L < 0$，是局部岩体的小范围活动。

## 3.3　地震活动相对集中区域的对比研究

利用多边形工具可以对井下开采过程中引起集中的事件进行圈定，划分不同的特征区域，可以实现：（1）地震事件相对集中点位置的确定；（2）众多事件的聚类；（3）一段时间内不同区域岩体应力变化状态的对比分析。通过上述方法，与井下的开采情况相对应，可以分析事件的诱发原因，对事件进行分类；活跃地区是否存在断层、岩墙等地质构造的揭示，并与实际的现场调查相结合；不同开采区域内岩体的应力状态及过程变化规律。图5和图6分别为2007年8月冬瓜山矿首采区地震事件的空间分布及相对集中区域的圈定。

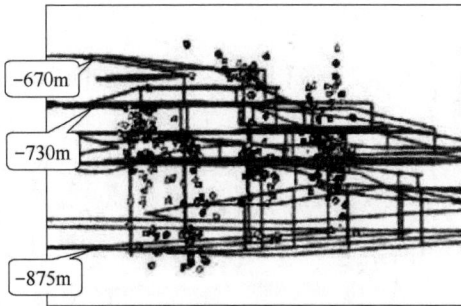

图5　地震事件的空间分布

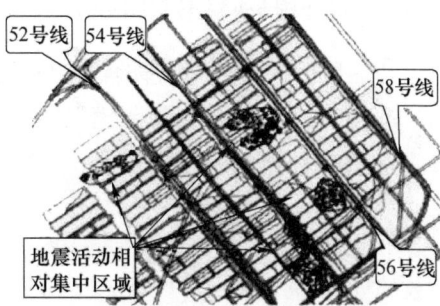

图6　地震事件相对集中区域的圈定

从图5和图6可以看出，8月岩体活动事件主要分布：（1）52~54号勘探线之间1~4号采场顶板岩体以及54号线穿脉的2~4号采场段，深度为-760~-790m；（2）54~56号勘探线之4~6号采场底板岩体，深度为-760~-820m；（3）54~56号勘探线之间12~16号采场，上部集中深度为-690~-730m，下部集中在-760~-820m；（4）50~52号勘探线之间14~15号采场顶板岩体，深度为-730~-760m。从表1可以看出，与4月地震活动相比较，活动相对集中区发生了明显变化。

表1　冬瓜山矿区2007年8月开采及掘进情况

| 掘进活动区域 | | 采场爆破区域 | | |
| --- | --- | --- | --- | --- |
| -730m | -760m | 52号勘探线 | 54号勘探线 | 56号勘探线 |
| 47号勘探线探矿巷道，48号勘探线2号、4号采场，50号勘探线10号采场联络道、硐室 | 48号勘探线穿脉、溜井，50号勘探线12号采场，50号勘探线6号采场，52号勘探线18号采场切槽，54号勘探线18号采场切槽，52号勘探线2号采场出矿4号进路，52号勘探线4号采场出矿5号进路，50号勘探线14号采场联络道、硐室 | 16号，14号采场 | 2号，6号，14号，16号采场 | 2号采场 |

48~52号勘探线之间的局部区域由于巷道、硐室等掘进活动而出现范围和强度较小的地震活动集中区。由于52号勘探线之间的6号、8号、10号采场和54号勘探线8号采场回采结束并正在充填，以及54号勘探线6号采场也基本采完，致使这些区域的地震活动强度明显降低，地震活动集中区呈逐渐分离趋势，地震活动更加集中，分布空间更小，由于52号勘探线2号采场出矿4号进路，52号勘探线4号采场出矿5号进路掘进，诱发了周围岩体活动。

## 4　井下采动过程发生危险可能性的判别

### 4.1　采动过程危险识别手段

井下岩体工程危险可能性的识别一般采用[14~17]：（1）地震参数时间曲线；（2）等值线；（3）建立预测模型等进行分析。其中时间曲线主要包括视在体积 $V_A$ 与事件活动率，施密特数 $Sc_{sd}$ 与视在体积，能量指数 $EI$ 与视在体积等，对发生危险的时间进行判断；等值线主要包括位移 $u$，能量指数 $EI$，视在应力 $\sigma_A$ 等，对井下危险源的位置进行识别。建立风险模型主要预测发生的可能性。主要地震参数的计算公式为：

$$\sigma_A = \mu E/M \quad 或 \quad \sigma_A = E/(\bar{u}A) \tag{1}$$

$$V_A = \frac{M}{2\sigma_A} = \frac{M^2}{2\mu E} \tag{2}$$

$$EI = \frac{E}{\bar{E}(M)} \tag{3}$$

$$Sc_{sd}(\Delta V, \ \Delta t) = \frac{v_s}{d_s} = \frac{4\mu^2 \Delta V \Delta t(\bar{t}) \sum\limits_{t_1}^{t_2} E}{\rho(\bar{X})^2 \left(\sum\limits_{t_1}^{t_2} M_{ij}\right)^2} \tag{4}$$

式中，$\mu$ 为剪切刚度；$E$ 为地震释放能量；$M$ 为地震矩；$A$ 为震源面积；$\bar{u}$ 为平均位错；$\bar{t}$ 为事件间的平均间隔时间；$\bar{E}(M)$ 为定值地震矩 $M$ 平均值；$\rho$ 为岩体密度。

对圈定区域进行地震活动性分析时，累积视在体积随时间变化曲线的斜率常被认为是表示岩体活动时的应变速率，当曲线斜率突然变大，则说明圈定区域内岩体产生了较大变形。事件活动率反映了由于生产活动影响，使圈定区域内地质构造面或留设的矿柱、井下工程等岩体内能量不断积累，在高应力作用下诱发岩体活动发生的频率逐渐增加。能量指数是某一地震事件释放的能量 $E$ 与该地区具有相同地震矩地震事件平均释放能量 $\bar{E}(M)$ 的比值，常被用来代表岩体内应力大小。施密特数 $Sc_{sd}$ 是运动学黏度与扩散率之比，危险发生时常常地震扩散率增大、地震黏度下降和地震施密特数减小。

### 4.2　地震参数时间曲线危险识别分析研究

对分析区域的地震事件进行圈定，利用可视化工具 JDI 划分网格单元并计算，从而获得地震参数曲线。图 7 和图 8 为 2006 年 10 月末一次蛇纹岩顶板破坏性岩爆事件的识别，可以看出在发生地震事件前后，累积视在体积曲线表现为急剧增大，相比来说，能量指数的对数值从最高点表现为大幅下降，施密特数也相应减少，综合几个地震参数的变化趋势，可以得出，分析区域内岩体的稳定性变差，图9中穿脉巷道蛇纹岩顶板的破坏，得以证明。

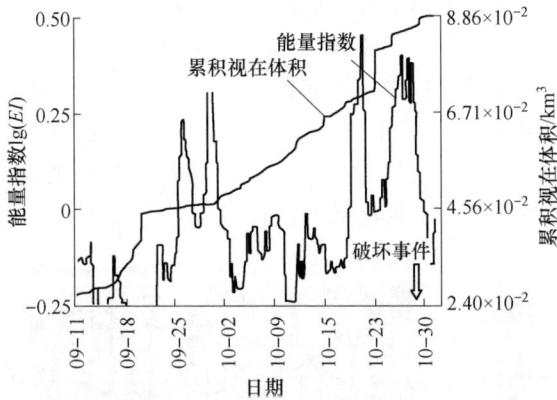

图 7　累积视在体积、能量指数与时间关系曲线

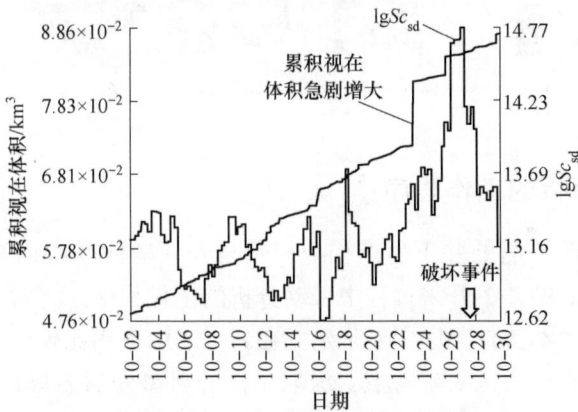

图 8　累积视在体积、施密特数与时间关系曲线

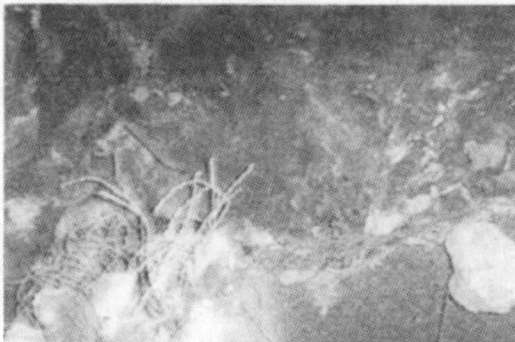

图 9　-775m 水平穿脉巷道蛇纹岩顶板破坏

## 4.3　地震参数等值线危险识别分析研究

图 10 为 54 号勘探线隔离矿柱 2006 年 8 月应力分布情况（图中剖面由右至左依次表示为 1~19 号采场），可以看出应力集中区主要分布在 54 号勘探线 2 号采场顶板岩层，12~14 号采场矿柱和底板岩层，以及 -875m 水平的布局区域。最大应力点位于 54 号勘探线 2 号采场顶板岩层及 14 号采场 -790m 水平矿柱，应力对数 $\lg\sigma_A$ 最大值约为 3.81，应力值约等于 6500Pa。对最大应力点位置的识别，将能对井下工程岩体的地震事件活动性进行掌控。

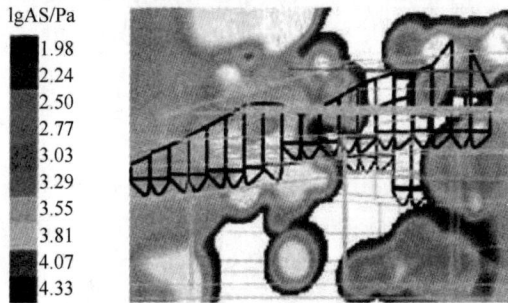

图 10　54 号勘探线隔离矿柱应力分布

## 5　采动过程分析的工作程序

针对冬瓜山矿目前的井下生产作业，及自安装监测系统以来开展的研究情况，制定一套有效的井下开采过程中采动分析的工作程序，将对矿山的生产具有重要的指导作用。本工作程序主要是建立在岩爆矿山应用比较广泛的微震监测技术基础上，针对高应力区采矿特点，汲取了国外典型硬岩岩爆矿山的应用经验，并结合了深井岩爆与地压监测及控制研究的初步应用成果，具体内容如图 11 所示，大体步骤如下：

（1）地震事件的震源分析。主要分析发生地震事件的原因，破坏形式，参数及波形特征，建立地震事件的数据库，制定控制策略。

（2）地震事件的反分析。利用历史事件数据库，分析破坏性岩爆事件发生前后地震参数的变化趋势，作为危险性的判据。

（3）危险识别。对井下地震事件集中区域进行圈定，并计算，获得地震事件的频率分布、参数曲线及等值线等，进而揭示危险发生的时间、地点，以便调整采矿策略。

（4）风险预测。选取一段时间内的有效事件，建立风险预测模型，计算可能发生的风险震级及大事件的可能性，拟定应急性控制策略。

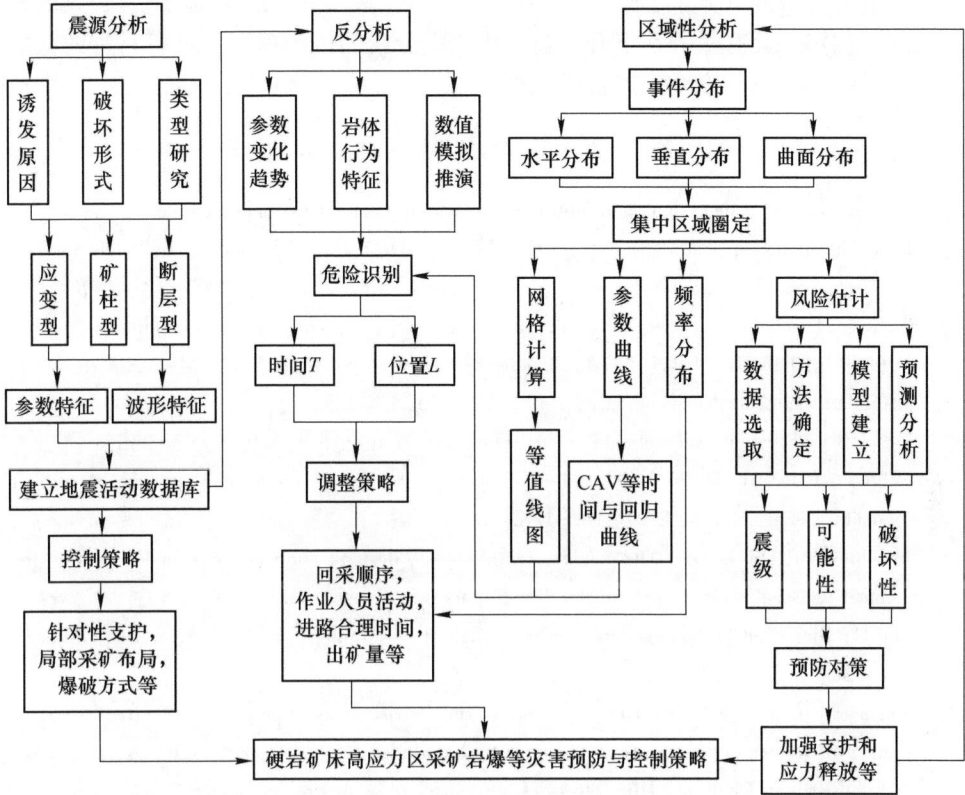

图 11　采动过程分析的工作程序

## 6　结论

基于建立的微震监测系统，本文对冬瓜山矿井下生产活动引起的岩体活动规律进行了研究，探索了高应力区采动过程中地震事件的分布，相对集中区域的圈定，危险识别手段及采动分析的工作程序，其主要结论如下：

（1）地震事件时间分布表明，生产爆破作业引起了周围岩体的活动，在爆破后2h内地震活动比较集中，那么可以认为爆破2h后进入采场作业及出矿比较安全。

（2）地震事件的空间分布和相对集中区域圈定分析可以得出，地压活动相对集中区与井下采场生产和掘进活动工程位置相对应，且集中区域之间相对独立，表示目前采用的采矿方式引起的地压活动较弱，岩层活动之间的相互影响小，危险点主要集中在作业区顶底板围岩。

（3）提出了采动过程中井下岩体工程危险发生可能性的识别手段，主要利用地震参数时间变化曲线、等值线及预测模型等，并通过对矿山实际发生破坏事件的识别得到了有效验证。

　　(4) 依据冬瓜山矿目前的生产情况，及自安装监测系统以来开展研究的进展情况，制定一套有效的井下开采过程中采动分析的工作程序，进行日常的微震风险管理，对矿山的安全生产提供依据。

## 参 考 文 献

[1] Durrheim R J. The deep mine and future mine research programmes-knowledge and technology for deep gold mining in South Africa [C] // YVES P, JOHN H, DICK S ed. Challenges in Deep and High Stress Mining. [S. l. ]: Australian Center for Geomechanics, 2007: 131-140.

[2] Sweby G, Kambalda N. Operations-mining in high-stress, seismically active conditions [C] // YVES P, JOHN H, DICK S ed. Challenges in Deep and High Stress Mining. [S. l. ]: Australian Center for Geomechanics, 2007: 171-180.

[3] Simser B P. Strategic and tactical approaches for mining at depth at Xstrata's Craig Mine [C] // YVES P, JOHN H, DICK S ed. Challenges in Deep and High Stress Mining [S. l. ]: Australian Center for Geomechanics, 2007: 181-188.

[4] Brenchley P R, Spies J D. The combination of layout, design, support and a quality control programmer to assist in the long-term stability of tunnels in a deep level Gold Mine [C] // Yves P, John H, Dick S ed. Challenges in Deep and High Stress Mining. [S. l. ]: Australian Center for Geomechanics, 2007: 211-216.

[5] Hudyma M R, Potvin Y, Heal D. The mine seismicity risk analysis program (MS-RAP) -transforming microseismic data into rock engineering knowledge [C] //YVES P, JOHN H, DICK S ed. Challenges in Deep and High Stress Mining. [S. l. ]: Australian Center for Geomechanics, 2007: 427-434.

[6] 杨志国, 于润沧, 郭然, 等. 微震监测技术在深井矿山中的应用 [J]. 岩石力学与工程学报, 2008, 27 (5): 1066 -1073. (Yang Zhiguo, Yu Runcang, Guo Ran, et al. Application of microseismic monitoring to deep mines [J]. Chinese Journal of Rock Mechanics and Engineering, 2008, 27 (5): 1066-1073. (in Chinese))

[7] 郭然, 于润沧. 新建有岩爆倾向硬岩矿床采矿技术研究工作程序 [J]. 中国工程科学, 2002, 4 (7): 51-55. (Guo Ran, Yu Runcang. Working procedure of developing a new deep hard-rock burst-prone deposit [J]. Engineering Science, 2002, 4 (7): 51-55. (in Chinese))

[8] 古德生, 李夕兵. 有色金属深井采矿研究现状与科学前沿 [J]. 矿业研究与开发, 2003, 23 (Supp. 1): 1-5. (Gu Desheng, Li Xibing. Science problems and research state of deep mining in metal and Nonferrous Mines [J]. Mining Research and Development, 2003, 23 (Supp. 1): 1-5. (in Chinese))

[9] 郭然, 潘长良, 于润沧. 有岩爆倾向硬岩矿床采矿理论与技术 [M]. 北京: 冶金工业出版社, 2003: 86-87. (Guo Ran, Pan Changliang, Yu Runcang. Mining theory and technology with rock-burst of hard rock deposit [M]. Beijing: China Metallurgical Industry Press, 2003: 86-87. (in Chinese))

[10] 李庶林, 尹贤刚, 郑文达, 等. 凡口铅锌矿多通道微震监测系统及其应用研究 [J]. 岩石力学与工程学报, 2005, 24 (12): 2048-2053. (Li Shulin, Yin Xiangang, Zheng Wenda, et al. Research of multichannel microseismic monitoring system and its application to Fankou lead-zinc mine [J]. Chinese Journal of Rock Mechanics and Engineering, 2005, 24 (12): 2048-2053. (in Chinese))

[11] 姜福兴, Xun L. 微震监测技术在矿井岩层破裂监测中的应用 [J]. 岩土工程学报, 2002, 24 (2): 147-149. (Jiang Fuxing, Xun L. Application of microseismic monitoring technology of strata fracturing in underground coal mine [J]. Chinese Journal of Geotechnical Engineering, 2002, 24 (2): 147-149. (in Chinese))

[12] 中国恩菲工程技术有限公司. 铜都铜业股份有限公司冬瓜山铜矿初步设计 [R]. 北京: 中国恩菲工程技术有限公司, 2001. (China Enfi Engineering Corporation. Preliminary design of Dongguashan Copper Mine of Tongdu copper limited corporation [R]. Beijing: China Enfi Engineering Corporation, 2001. (in Chinese))

[13] 唐礼忠, 潘长良, 谢学斌, 等. 冬瓜山铜矿深井开采岩爆危险区分析与预测 [J]. 中南工业大学学报 (自然科学版), 2002, 33 (4): 335-338. (Tang Lizhong, Pan Changliang, Xie Xuebin, et al. Analysis and predication of rockburst dangerous areas in Dongguashan Copper Mine under deep well mining [J]. Journal of Central South University of Technology (Natural Science), 2002, 33 (4): 335-338. (in Chinese))

[14] Mendecki A J. Principles of monitoring seismic rockmass to mining [C] // Rockbursts and Seismicity in Mines. Rotterdam: Balkema, 1997: 69-80.

[15] Ortlepp W D. Thoughts on the rockburst source mechanism based on observations of the mine-induced shear rupture [C] //VAN ASWEGEN G, DURRHEIM R J, ORTLEPP W D ed. Rockbursts and Seismicity in Mines-RaSiM5. Johannesburg: South African Institute of Mining and Metallurgy, 2001: 43-51.

[16] Malovichko D. A study of Low-Frequency Seismic Events Sources in the Mines of the Verkhnekamskoye Potash Deposit [C] // YVES P, MARTIN H ed. Rockbursts and seismicity in Mines-RaSiM6. [S. l. ]: Australian Center for Geomechanics, 2005: 373-377.

[17] Mendecki A J. Data-driven understanding of seismic rock mass response to mining [C] // VAN ASWEGEN G, DURRHEIM R J, ORTLEPP W D ed. Rockbursts and seismicity in Mines-RaSiM5. Johannesburg: South African Instiute of Mining and Metallurgy, 2001: 1-9.

# 微震监测技术在深井矿山中的应用

杨志国[1]　于润沧[2]　郭　然[3]　杨承祥[4]　汪令辉[4]

（1. 北京科技大学土木与环境工程学院，北京，100083；
2. 中国有色工程设计研究总院，北京，100038；3. 中国有色
矿业集团有限公司，北京，100055；4. 铜陵有色金属集团
股份有限公司冬瓜山铜矿，铜陵，244031）

**摘　要**：冬瓜山铜矿是目前国内地下开采最深的金属矿山之一，岩石具有典型的岩爆倾向性。为了掌握岩爆发生规律，评估其危险性，保证生产安全，2005 年 8 月矿山安装了南非 ISS 公司的微震监测系统。通过对现场定点爆破的测试，校验了系统的定位参数，实现了对采矿活动过程中围岩应力状态的实时监测。简单介绍了冬瓜山微震监测系统的组成及网络布置，基于对两年多微震事件数据的处理，研究了波形的分析方法，对比了手动处理与系统自动处理的定位精度；依据波形与生产活动的对应关系，对检测到事件的波形进行了分类研究，确保了事件的及时识别和分类保存。基于量化的地震参数，特别是利用等值线、回归曲线和时间变化曲线与采矿活动的对应关系，重点分析研究了 2006 年 8～10 月 3 个月内发生在 54 号勘探线隔离矿柱的微震事件参数，对隔离矿柱内出矿巷道破坏机制进行了研究。研究结果表明，发生破坏前岩体刚度先逐步增大然后又下降，应力水平先下降后又转而增大，微震事件活动率增加，累积视在体积急剧增大等，这为井下矿山巷道和矿柱破坏机制以及破坏的预报预测研究提供了一种新方法。

**关键词**：采矿工程；微震监测；深井开采；岩爆；波形分析；盘区隔离矿柱；视在体积

## Application of Microseismic Monitoring to Deep Mines

Yang Zhiguo[1]　Yu Runcang[2]　Guo Ran[3]　Yang Chengxiang[4]　Wang Linghui[4]

（1. School of Civil and Environment Engineering, University of Science and Technology Beijing, Beijing, 100083; 2. China Non-ferrous Engineering and Research Institute, Beijing, 100038; 3. China Non-ferrous Metal Mining (Group) Co., Ltd., Beijing, 100055; 4. Dongguashan Copper Mine, Tongling Non-ferrous Metals Group Co., Ltd., Tongling, 244031）

**Abstract**：Dongguashan Copper Mine is one of the deepest metal mines in China presently,

本文原发表于《岩石力学与工程学报》，2008。

where the rocks are typically burst-prone. In order to better understand the regularities of rockburst occurrence, an ISS microseismic monitoring system manufactured in South Africa was installed in Dongguashan Copper Mine in August, 2005. The positioning accuracy of the system has been adjusted according to the blasting test, by which the real-time monitoring stress state of rock mass corresponding to mining is realized. The composition and layout of the monitoring system in Dongguashan Copper Mine are briefly described. Based on analyzing the seismic events in the last two years, the process of different shapes of microseismic event waveforms has been studied. Comparative location results from automatic processing and artificial processing have also been made. In terms of the corresponding relations between recorded waveforms and practical mining, the event waveforms were assorted, which will ensure events timely being identified and stored according to their characteristics. Based on quantized microseismic parameters, especially using the corresponding relations between contour line, regression curve, time history and mining practices, the microseismic events occurring during the three months from August 2006 are primarily analyzed; and the failure mechanism of the rib pillar at exploration line 54 is also studied. The results indicate that rock mass stiffness gradually increases first and then declines; rock mass stresses decline from normal level and then raise sharply; the seismic activity and cumulative apparent volume increase rapidly before the large scale failures of rock mass. This provides a new approach for the study of failure mechanism of mining structure and the damage prediction.

**Keywords**: mining engineering, microseismic monitoring, deep mining, rockburst, waveform analysis, rib pillar, apparent volume

# 1 引言

微震监测技术在国外如南非[1~6]、加拿大[7~11]、澳大利亚[12~14]、智利[15]等国的深井矿山得到了广泛应用，并取得了较好的研究成果，已成为地压监测及矿山安全管理的重要手段，在国内则应用较少。1984 年门头沟煤矿曾采用波兰 SYLOK微震监测系统[16]；1990 年兴隆庄煤矿曾采用澳大利亚产地震监测系统[17]进行监测；2004 年凡口铅锌矿引进加拿大 ESG 微震监测系统[18]。随着我国矿山开采深度的日益增加，在高应力作用下诱发的岩爆灾害将严重制约矿山生产，微震监测技术必将在我国矿山安全生产中得到越来越多的应用研究。

冬瓜山铜矿主矿体位于青山背斜深部的轴部及两翼，属层控矽卡岩型铜矿床。主矿体长 1810m，宽平均 500m，总体走向 NE35°~40°，主要由含铜矽卡岩、含铜黄铁矿、含铜磁黄铁矿、含铜蛇纹岩、含铜磁铁矿等构成，矿体埋藏深，赋存于-690~-1007m，-910m 原岩应力测试点最大主应力值达 38.1MPa，属高应力区。研究结果表明，多种岩石具有岩爆倾向性，矿山基建期间已经发生过多次弱岩爆事件[19~22]。随着采矿生产活动的不断展开，部分采场出矿巷道先后发生了不同程度的岩爆破坏事件，影响了正常生产。2005 年 8 月 28 日，冬瓜山铜矿安装了南非 ISS 国际公司生产的微震监测系统，对井下生产过程进行实时监测。本文主要是利用建立的微震监测系统，探求深井矿山微震事件波形的系统分析方法，对事件进行聚类研究，利用量化的地震学参数，如位移、能量、活动率、累积视在体积等，与采场回采过程相对应，对矿山的失效事件进行分析，研究地震参数在破坏前后的变化趋势，掌握高应力区、有岩爆倾向矿体回采中岩体的应力状态变化规律，从而对危险区域进行识别与控制，确保后期大规模安全采矿，也为其他矿山应用微震监测技术提供借鉴。

## 2　微震监测系统的布置、组成及调试

根据冬瓜山铜矿的具体地质条件，微震监测系统的建立从首采区开始，遵循由小到大和逐步扩展的原则。初始监测系统监测的范围限制在首采区（52~58号勘探线），根据系统运行和使用情况再决定系统覆盖范围的扩大和具体方案。通过网络优化设计，冬瓜山铜矿首采区微震监测系统共设16个传感器、4个微震仪、1个转发器、1个井下控制室、1个地面主控制室及光缆等，如图1所示。软件部分包括时间运行系统（RTS）、地震波形分析处理系统（JMTS）和地震事件活动性可视化分析系统（JDI）。微地震事件波形分析处理系统是由在Windows或Linux操作系统上的软件包来支持的。微震触发传感器产生振动，振动的波形（P波和S波）将被系统自动记录；系统利用地震波形分析处理软件（JMTS）通过回归分析自动确定每个P波或S波上的起振位置；经过系统软件的自动计算，将得到震源位置（坐标）和震级等参数。微地震事件的可视化分析系统（JDI）采用了3D界面，能够实现事件的过滤及观察；系统分析软件还具有在实体及任意曲面上做各种参数等值线以及绘制各种参数随时间变化曲线的功能。地面监测控制中心位于冬瓜山铜矿网络信息中心，井下通信控制中心位于−875m水平冬瓜山副井附近的井下生产指挥中心。在−670m水平53号勘探线和−730m水平57号勘探线穿脉内各安装了一个微震仪QS1和QS2。为了确保信号传输过程中的衰减不导致信号的失真，微震仪到井下控制中心的距离不宜超1200m。为此，在−730m水平，47号勘探线措施井附近安装一个转发器QS Repeater；在−875m水平

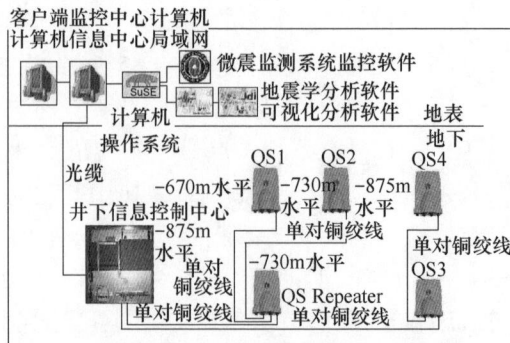

图1　冬瓜山铜矿微震监测网络的构成

的上下盘沿脉内各安装了一个微震仪 QS3 和 QS4；每个微震仪连接四个位于巷道顶板垂直上向钻孔内的地震传感器，传感器有固有频率为 30Hz、频带宽为 15～2000Hz 和固有频率为 4.5Hz、频带宽为 3～2000Hz 两种，各传感器拾取的地震信号通过 QS 采集后传输到井下通信控制中心，再通过电缆和光缆传输到地表控制中心。信号的处理和分析以及系统运行状况的监测均在地表控制中心完成。

　　监测系统安装完毕，通过在井下首采区进行的定点爆破，调试并确定监测系统计算的基础参数。实验室岩石声波测试确定的 P 波和 S 波在岩体中的平均传播速度分别为 5500m/s 和 3300m/s。在 -760m 水平 56 号勘探线 4 号采场巷道内（坐标：$y=84528.4m$，$x=22556.2m$，$z=-753.2m$）进行了 2.25kg 药量的爆破，监测系统根据上述基础参数确定爆破点（坐标：$y=84535.0m$，$x=22552.0m$，$z=-752.0m$），与实际的坐标相比较，系统的定位误差小于 10m，满足事先确定的系统定位精度要求。

# 3　地震波形分析与识别

## 3.1　波形分析方法

　　利用 JMTS 软件，对波形进行处理。具体的步骤为：（1）观察事件波形的各个窗口，删除奇异波形；（2）在振幅首先向上或向下起振的地方，正确确定 P 波位置；（3）利用振幅平方根曲线和能量曲线，在振幅和能量突然增大的时刻，正确确定 S 波位置；（4）利用 P 波和 S 波的到达时间与距离关系直线，与测定的 P 波和 S 波的平均传播速度（分别为 5500m/s 和 3300m/s）对比，整体进行调整，去掉偏离直线较大的传感器波形；（5）利用权重值 $W$，进行微调，使误差达到最小，权重值达到最大。

　　图 2 为监测系统记录 2006 年 10 月 11 日 9 点 38 分 48 秒一个事件，共有 12 个传感器被触发，并进行自动处理（坐标：$y=85218.0m$，$x=22627.0m$，$z=-462.0m$），误差为 10m。采用上述方法，首先确定首波 P 波位置，然后对 S 波的位置进行确定，在振幅和能量曲线上表现明显突然增大的地方，确定 S 波到达的时刻，同时注意各个窗口中横轴 P 波与 S 波的时间差。从图 3（P 波和 S 波到达时间与距离关系直线）可以看出，2 号、4 号、7 号、8 号和 10 号传感器明显误差值很大，据此对 P 波及 S 波的到达时间进行小范围的调整，使权重值达到最大。经过处理，发现 4 号、7 号和 10 号传感器的误差值仍很大，不符合距离依次增大的关系，将其删除，使其不参与事件的定位。计算后处理的结果为：坐标点 $y=84558m$，$x=22604m$，$z=-700m$；误差为 6m，震级 $M_s=-1.0$。这一实例证明了采用系统方法处理复杂波形的必要性。

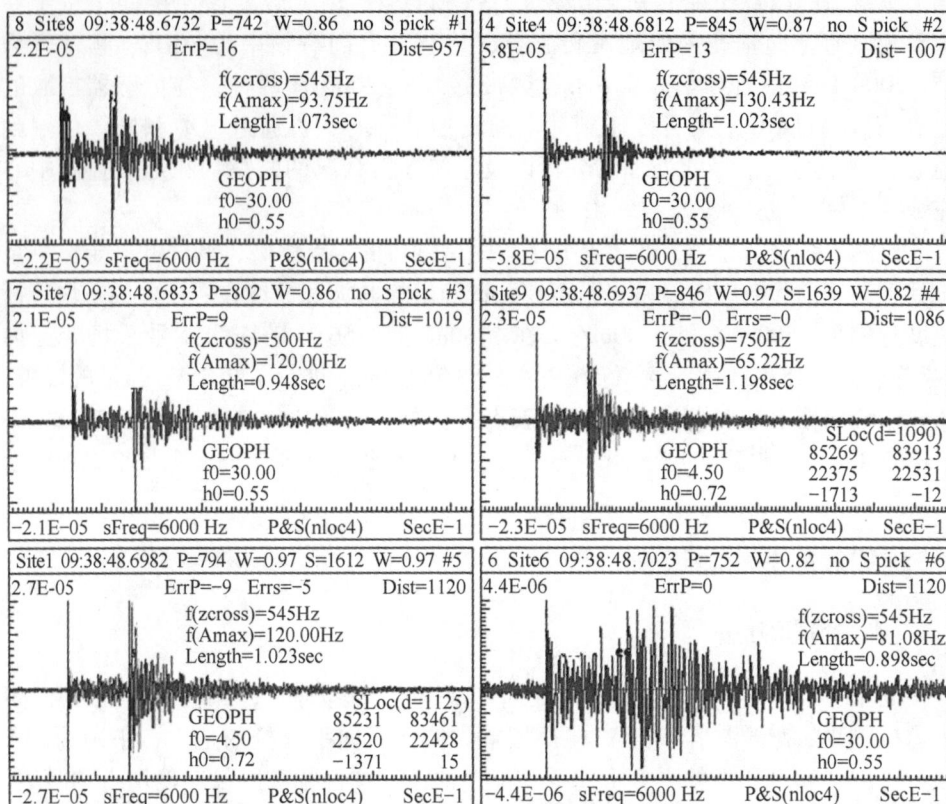

图 2　2006 年 10 月 11 日系统自动处理事件的波形

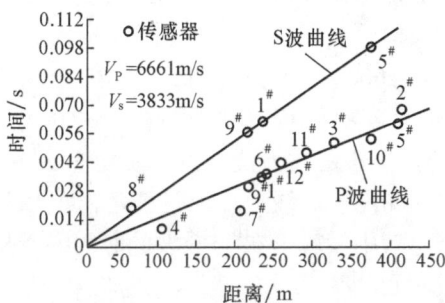

图 3　到达时间与传感器至震源之间距离关系曲线

## 3.2　事件的聚类研究

　　冬瓜山铜矿的微震监测系统自安装运行以来，每天记录的事件大约有 300 个，其中首采区内岩体活动的事件几十个，记录的最小事件的震级为-2.0。通过观察和研究，本文将深井开采中微震监测系统检测到的事件分为：掘进和生产爆破、岩体活动、机械震动和噪声事件共 3 类。

（1）掘进和生产爆破。

冬瓜山铜矿采用阶段空场嗣后充填采矿法，采场爆破波形的特点是：在一个窗口内有一个或多个叠加在一起的波形，波形比较整齐，在窗口上沿着时间轴分布的时间较长，明显的要比掘进爆破所形成的单个峰值波的时间长。图 4 是监测系统拾取采场爆破的三维波形（采场采用束状孔爆破，装药总量 4725kg，采用 2~16 段雷管，共 15 段；单段最大药量 405kg）。距离采场最近的传感器测定波形的振幅数量级一般为 $10^{-3}$~$10^{-2}$，震级 $M_s = 0$~$2$，震源尺寸 $L$ 都为几十米，明显地大于掘进爆破或者单孔爆破的震源尺寸，拐角频率 $f_0$ 数量级一般为 $10^1$~$10^2$。掘进爆破波形的特点是：在一个窗口内有多个波形，波形的形状相同且衰减快。冬瓜山铜矿的掘进爆破采用微差起爆，时间间隔为 0.5s。传感器监测到的掘进爆破的波形两个峰值间隔时间恰好约为 0.5s，如图 5 所示。距离爆破点最近的传感器测定波形的振幅数量级一般为 $10^{-3}$，震级 $M_s < 0$，能量 $E \geq 1 \times 10^2$J 及以上，震源的尺寸 $L \leq 10m$，拐角频率 $f_0$ 数量级为 $10^2$~$10^3$。

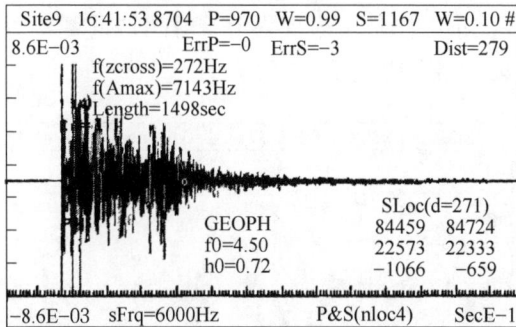

图 4　采场爆破三维波形

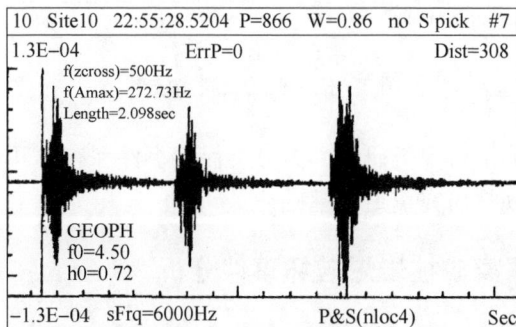

图 5　掘进爆破波形

（2）岩体活动事件。

典型地压活动事件波形如图6所示。到目前为止，首采区记录的大多数事件震级 $M_s \leqslant 0$，记录的最大事件发生在2006年5月1日采场爆破后几分钟内，震级为 $M_s = 1.9$，地面有明显震感。

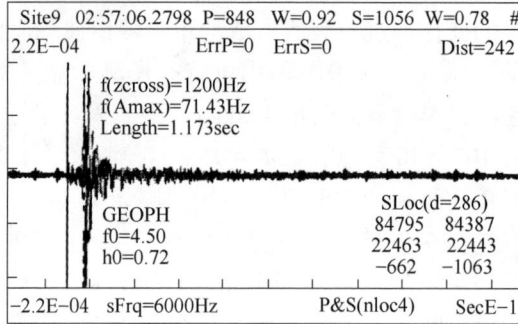

图6　岩体活动波形

（3）机械震动和噪声。

机械震动和噪声波形在图形上表现为沿着时间轴重复震动，成条带状，振幅没有明显的上下波动，如图7所示。

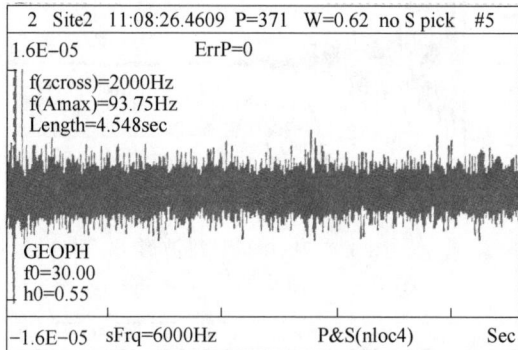

图7　机械振动及噪声波形

对众多事件波形进行聚类研究，为分类保存事件和有效开展回采过程中岩体的应力状态及变化规律研究奠定了基础。

## 4　54号勘探线隔离矿柱岩爆破坏事件分析

2006年9月和10月，冬瓜山铜矿首采区54号勘探线隔离矿柱的地压活动明显增多，54号勘探线含铜蛇纹岩内的穿脉巷道出现了局部破裂。在10月24日，

54 号勘探线 6 号采场进行了 2000kg 炸药量的采场爆破，爆破位置：$y=84415$m，$x=22499$m，$z=-735$m；爆破后 $-775$m 水平 54 号勘探线右侧巷道壁几乎都出现了垮塌松动，多处出现了裂纹、片落，具体如图 8 所示。从图 8 中可以看出，巷道壁的岩体产生了横向和纵向的剪切面，从现场调查来看，靠近 6 号采场有约 100m 长度巷道局部发生破裂，垮塌厚度局部可达到 0.5m 以上，从巷道壁破裂的岩体，局部区域块度较大，最大长度约 0.8m，宽度约 0.6m，有的地区巷道顶帮预先的锚网支护被破坏。

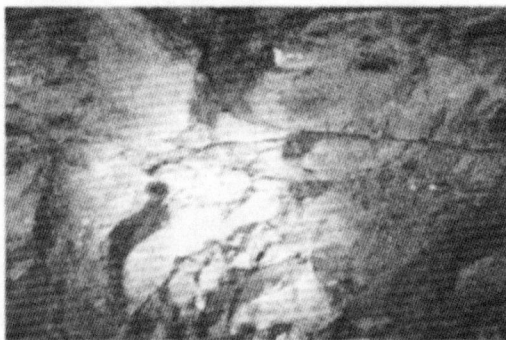

图 8　$-775$m 水平 54 号勘探线穿脉巷道侧壁产生破裂

针对现场的破坏情况，在考虑 52 号勘探线和 54 号勘探线附近采场工程地质条件的基础上，对采场附近给定范围内发生的地震事件波形进行了处理和分类保存，利用三维可视化软件 JDI 对隔离矿柱的破坏进行了分析。分析区域的多边形范围：中心点坐标为 $y=84316$m，$x=22575$m，$z=-760$m；走向 143°，倾向 90°；长 500m、高 200m、宽 20m。划分网格数目为 50×20 个。监测系统拾取的事件在矿柱中的空间分布如图 9 所示：球体代表事件，大小代表地震距 $M$ 的对数值，颜色代表时间，划分的时间近似为每 30d 一段，具体为：8 月 1~31 日、8 月 1 日~9 月 30 日、8 月 1 日~10 月 31 日，分别为 30d、60d 和 90d，各个时间段岩体活动事件的数目：128、192 以及 327，其中最大事件震级 $M_s=0.3$，最小事件震级 $M_s=-2.0$。

从位移等值线上可以看出（见图 10）：前 30d 主要的位移量约为 0.26mm，最大位移主要分布在 2 号采场 $-730$m 水平和 10 号采场 $-760$m 水平，6 号采场上部有小的位移，主要是由于 $-730$m 水平拉槽爆破引起的。与采场的开采情况对应，90d 的位移增大，岩体活动加剧，从等值线图 11 明显可以看出，$-760$m 水平 4~7 号采场位移增加，位移值约为 0.45mm，这主要是由于 6 号采场的采矿造成的。2 号采场主要作业活动集中在靠近 55 号勘探线右侧，对矿柱的应力影响小，位移值没有太大变化。

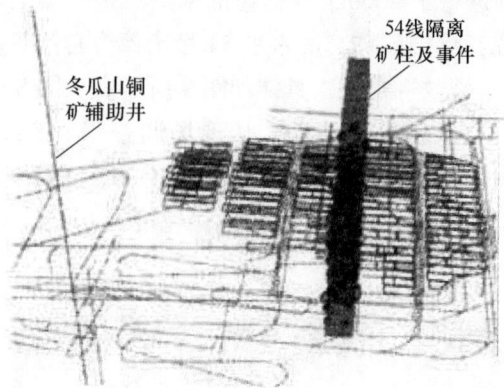

图 9　54 号勘探线隔离矿柱中事件的分布情况

图 10　隔离矿柱 30d 的位移变化

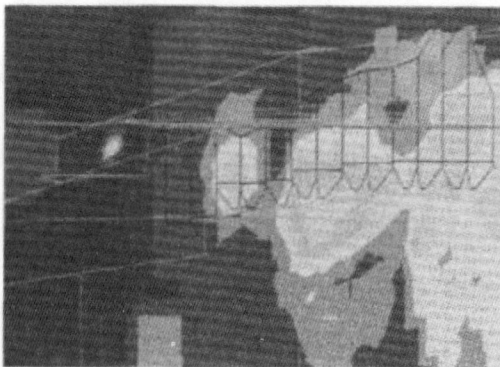

图 11　隔离矿柱 90d 的位移变化

利用所记录的微震事件，做出不同阶段的能量和地震矩对数回归线（见图12）。

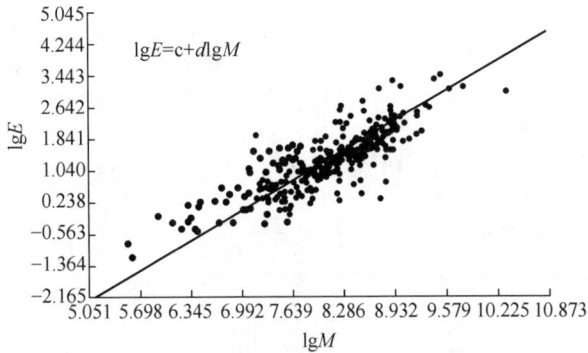

图 12 能量对数与地震矩对数关系曲线

$$IgE = c + dlgM \qquad (1)$$

式中，$c$、$d$ 均为参数。

根据回归线的截距和斜率可以分别得到反映应力水平和岩体视在刚度的 $c$、$d$ 值。$t=30d$，$c=-8.00$，$d=1.14$；$t=60d$，$c=-9.57$，$d=1.34$，由此可知岩体视在刚度增大，应力水平下降。9 月采场活动较少，这恰好与回归线截距 $c$ 值的减小相吻合，表明矿柱内的应力值降低。$t=90d$，$c=-8.32$，$d=1.20$，表明应力水平重新上升，矿柱储存的能量在增大；$d$ 值的减少表明岩体刚度下降。对比 8、9 两个月的统计数据，矿柱的刚度逐步增大后下降，应力水平下降后转而增大，预示矿柱的稳定性变差，发生破坏的可能性在增加。

累积视在体积、活动率与时间关系曲线如图 13 所示，可以看出：10 月事件的发生频率明显增多，活动率最大为 28 次/天，8、9 月的最大活动率为 22 次/d，发生这种现象的原因主要是 10 月采场采矿量增大。从 2006 年 8 月 1 日~10 月 31 日首采区采矿活动情况表 1 可以看出：8~10 月生产的采场有 52 号勘探线 10 号采场，54 号勘探线 2 号、6 号和 10 号采场，采矿活动主要集中在 54 号勘探线附近，10 号采场的采矿活动主要是 -790m 水平的拉底和靠近 55 号勘探线右侧的切槽，这些对矿柱应力的影响很小。影响矿柱应力变化的主要是 2 号和 6 号采场的采矿。54 号勘探线 2 号采场在 3 月末已经完成了 -790m 水平的中深孔拉底，4 月 -770m 水平开始大孔拉槽，4 月 27 日，开始大孔扩槽，8 月 4 日采场破顶和拉槽结束，这些活动都靠近 54 号勘探线。在 8 月 9 日~10 月 19 日期间，采矿活动主要是靠近 54 号勘探线的侧向崩矿，10 月 19 日的侧向爆破（药量 2800kg）在 -743m 水平，靠近隔离矿柱，引起了较多的事件。

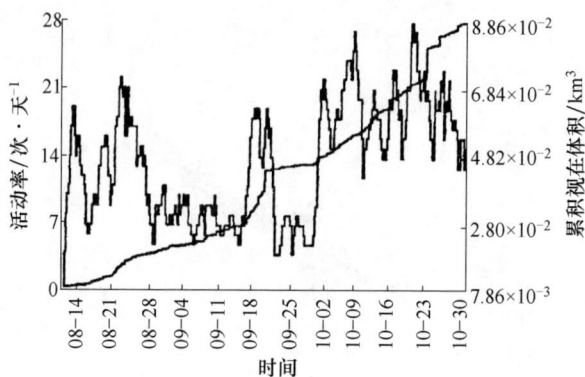

图 13　累积视在体积、活动率与时间关系曲线（2006 年）

**表 1　2006 年 8 月 1 日~10 月 31 日冬瓜山铜矿首采区采矿活动一览表**

| 时间 | 高程 /m | 生产爆破的具体位置 | | | 药量 /kg | 开采过程描述 |
|---|---|---|---|---|---|---|
| | | y/m | x/m | z/m | | |
| 2006-08-01 | −714 | 84464 | 22445 | −732 | | 54 号勘探线 2 号采场扩槽 |
| 2006-08-04 | −714 | 84464 | 22445 | −720 | | 54 号勘探线 2 号采场破顶，拉槽结束 |
| 2006-08-05 | −790 | 84412 | 22586 | −781 | 2400 | 54 号勘探线 10 号采场中深孔爆破拉底 |
| 2006-08-07 | −730 | 84320 | 22539 | −744 | | 52 号勘探线 10 号采场侧崩 |
| 2006-08-09 | −714 | 84452 | 22435 | −753 | 3200 | 54 号勘探线 2 号采场侧崩 |
| 2006-08-10 | −790 | 84412 | 22589 | −781 | 1500 | 54 号勘探线 10 号采场中深孔爆破拉底 |
| 2006-08-11 | −825 | 84450 | 22526 | −806 | 800 | 54 号勘探线 2 号采场中孔拉槽爆破 |
| 2006-08-11 | −825 | 84450 | 22526 | −806 | 800 | 54 号勘探线 6 号采场中孔拉槽爆破 |
| 2006-08-15 | −825 | 84495 | 22469 | −813 | 1600 | 54 号勘探线 2 号采场中孔拉槽爆破 |
| 2006-08-15 | −825 | 84450 | 22526 | −806 | 1600 | 54 号勘探线 6 号采场中孔拉槽爆破 |
| 2006-08-16 | −730 | 84425 | 22508 | −732 | 1600 | 54 号勘探线 6 号采场槽破顶 |
| 2006-08-21 | −730 | 84325 | 22542 | −744 | | 52 号勘探线 10 号采场侧崩 |

续表1

| 时间 | 高程/m | 生产爆破的具体位置 | | | 药量/kg | 开采过程描述 |
|---|---|---|---|---|---|---|
| | | y/m | x/m | z/m | | |
| 2006-08-22 | -825 | 84491 | 22466 | -812 | 1600 | 54号勘探线2号采场中孔拉底 |
| 2006-08-22 | -825 | 84447 | 22523 | -807 | 1600 | 54号勘探线6号采场拉底 |
| 2006-08-24 | -760 | 84396 | 22581 | -771 | 1100 | 54号勘探线10号采场拉槽 |
| 2006-08-27 | -825 | 84483 | 22460 | -813 | 1600 | 54号勘探线2号采场拉底 |
| 2006-08-27 | -825 | 84442 | 22519 | -807 | 1600 | 54号勘探线6号采场拉底 |
| 2006-08-31 | -825 | 84497 | 22470 | -813 | 1600 | 54号勘探线2号采场拉底 |
| 2006-08-31 | -825 | 84455 | 22529 | -807 | 1600 | 54号勘探线6号采场拉底 |
| 2006-09-01 | -670 | 84372 | 22399 | -704 | 6700 | 52号勘探线2号采场束状孔爆破 |
| 2006-09-05 | -825 | 84503 | 22474 | -813 | 1400 | 51号勘探线2号采场拉底 |
| 2006-09-05 | -825 | 84460 | 22533 | -807 | 1400 | 54号勘探线6号采场拉底 |
| 2006-09-07 | -730 | 84280 | 22509 | -742 | 4500 | 52号勘探线10号采场侧崩 |
| 2006-09-12 | -760 | 84396 | 22581 | -766 | 1200 | 54号勘探线10号采场拉槽 |
| 2006-09-13 | -825 | 84508 | 22479 | -813 | 1400 | 54号勘探线2号采场拉底 |
| 2006-09-13 | -825 | 84466 | 22537 | -807 | 1400 | 54号勘探线6号采场拉底 |
| 2006-09-16 | -790 | 84419 | 22592 | -781 | 1400 | 54号勘探线10号采场拉槽 |
| 2006-09-21 | -790 | 84423 | 22595 | -781 | 1400 | 54号勘探线10号采场拉槽 |
| 2006-09-25 | -760 | 84486 | 22458 | -804 | 2200 | 54号勘探线2号采场拉底 |
| 2006-09-27 | -730 | 84415 | 22499 | -765 | 2800 | 54号勘探线6号采场侧崩 |
| 2006-10-05 | -760 | 84486 | 22454 | -798 | 1100 | 54号勘探线2号采场拉槽 |
| 2006-10-06 | -730 | 84415 | 22499 | -750 | 2700 | 54号勘探线6号采场侧崩 |
| 2006-10-09 | -760 | 84486 | 22454 | -793 | 1200 | 54号勘探线2号采场拉槽 |
| 2006-10-12 | -760 | 84399 | 22576 | -763 | 4000 | 54号勘探线10号采场槽破顶 |
| 2006-10-16 | -760 | 84486 | 22458 | -796 | 1800 | 54号勘探线2号采场拉槽 |
| 2006-10-19 | -714 | 84463 | 22444 | -743 | 2800 | 54号勘探线2号采场侧崩 |
| 2006-10-22 | -760 | 84486 | 22454 | -788 | 1200 | 54号勘探线2号采场侧崩 |
| 2006-10-24 | -730 | 84415 | 22499 | -735 | 2000 | 54号勘探线6号采场侧崩 |
| 2006-10-26 | -760 | 84486 | 22454 | -783 | 1000 | 54号勘探线2号采场拉槽 |
| 2006-10-27 | -790 | 84352 | 22633 | -787 | 600 | 54号勘探线14号采场拉底 |
| 2006-10-30 | -760 | 84486 | 22458 | -787 | 2700 | 54号勘探线2号采场拉槽 |

　　54号勘探线6号采场，5月4日在-770m水平实施拉槽第一炮；8月16日实施-730m水平的破顶；8月27日~9月13日进行-825m水平的拉底；9月27日~10

月 24 日进行了靠近 54 号勘探线切割槽左侧矿体三次采场爆破。视在体积累积曲线在 9 月 20 日及 10 月 23 日出现了较大的增加。9 月由于出矿量少，没有对矿柱稳定性造成较大影响。10 月 23 日，曲线斜率变化较大，显示岩体产生了较大的变形，预示局部区域产生失稳事件的可能性增大。10 月 24 日，采场爆破扰动诱发了含铜蛇纹岩内穿脉巷道的破坏事件。这次事件使得矿柱内的能量得以释放，矿柱应力下降，直观表现是 10 月末地震事件活动率又开始下降。后期采场出矿量的增加及爆破扰动累积损伤是造成这次岩爆发生的主要原因。

　　从以上分析可以看出：微震监测系统拾取一段时间内岩体活动事件，根据对位移等值线的分析、地震事件活动率和累积视在体积随时间变化规律的分析等手段，可以对地震事件进行定量研究。对地震事件进行量化研究，可以揭示岩体内应力水平的变化和岩体稳定性的变化趋势，并实现对岩体发生破坏可能性的预测。

## 5　结论

　　冬瓜山铜矿建立的微震监测系统，是我国矿山目前最先进的数字化微震监测系统，能够实时反映岩体随采场回采的应力变化情况。根据监测系统运行两年来对拾取事件波形的分析与处理经验，作者总结出了一套系统处理各种事件波形的方法。实践证明：采用作者推荐的波形处理方法，不仅可以加快手工处理数据的速度，而且明显减小了事件定位的误差。对事件波形进行分类研究，有利于微震事件数据及时、准确的保存。利用三维可视化软件 JDI 对有效事件（剔除采矿和掘进爆破、机械振动等事件）进行分析研究，为定量研究岩体应力状态和稳定性奠定了基础。

　　本文以 54 号勘探线隔离矿柱中巷道岩爆破坏事件为实例，采用微震事件定量理论研究与采场回采过程工程研究相结合的方法，分析了回采过程中矿柱应力、位移、刚度和稳定性变化规律。研究表明：生产爆破频率高、一次爆破炸药量大，会导致岩体微震活动频率增大和强度加大；较大规模岩体破坏发生前会出现诸如：岩体刚度先逐步增大然后又下降；应力水平先下降后又转而增大；微震事件发生频率增大；累积视在体积急剧增大等现象。上述研究成果为今后研究井下工程岩体的破坏机理奠定了理论和实践基础，对岩爆等地压灾害危险源的预测提供了方法，随着对冬瓜山铜矿有效地震事件的进一步研究，将对开展深井矿山开采过程中岩爆灾害预防和控制策略的研究与构建提供依据，为实现有岩爆危险深井矿山的安全采矿提供有效途径。

**参 考 文 献**

[1] Mendecki A J. Data-driven understanding of seismic rock mass response to mining [C] //Van Aswegen G, Durrheim R J, Ortlepp W D ed. Rockbursts and Seismicity in Mines—RaSiM5. Johannesburg: South African Institute of Mining and Metallurgy, 2001: 1-9.

[ 2 ] Ebrahim-trollope R, Jooste Y. Seismic hazard quantifycation [ C ] //Potvin Y, Hudyma M ed. Controlling Seismic Risk—RaSiM6. Nedlands: Australian Center for Geomechanics, 2005: 157-158.

[ 3 ] Basson F R P, Ras D J R M. A method to examine the time-space relationship between seismic events [ C ] //Potvin Y, Hudyma M ed. Controlling Seismic Risk—RaSiM6. Nedlands: Australian Center for Geomechanics, 2005: 347-351.

[ 4 ] Wienand G A, Ferreira R I L. Planning and practice of remnant pillar mining—a case study [ C ] //Potvin Y ed. Deeping Mining 07—the Fourth International Seminar on Deep and High Stress Mining. Nedlands: Australian Center for Geomechanics, 2007: 141-155.

[ 5 ] Durrheim R J, Cichowicz A. Guidelines, standards and best practice for seismic hazard assessment and rockburst risk management in South African mines [ C ] //Potvin Y ed. Deeping Mining 07—The Fourth International Seminar on Deep and High Stress Mining. Nedlands: Australian Center for Geomechanics, 2007: 249-259.

[ 6 ] Durrheim R J. The deep mine and future mine research programmes—knowledge and technology for deep gold mining in South Africa [ C ] //Potvin Y, Hadjigeorgiou J, Stacey D ed. Challenges in Deep and High Stress Mining. Nedlands: Australian Center for Geomechanics, 2007: 130-140.

[ 7 ] Potvin Y, Hudyma M R. Seismic monitoring in highly mechanized hardrock mines in Canada and Australia [ C ] //Van Aswegen G, Durrheim R J, Ortlepp W D ed. Rockbursts and Seismicity in Mines—RaSiM5. Johannesburg: South African Institute of Mining and Metallurgy, 2001: 267-280.

[ 8 ] Blake W, Hedley D G F. Rockbursts: case studies from North American hardrock mines [ M ]. [ s. l. ]: Littleton, Colorado: Society for Mining, Metallurgy and Exploration Inc. , 2003: 19-28.

[ 9 ] Alexander J, Trifu C I. Monitoring Mines Seismicity in Canada [ C ] //Potvin Y, Hudyma M ed. Controlling Seismic Risk—RaSiM6. Nedlands: Australian Center for Geomechanics, 2005: 353-358.

[ 10 ] Mercier-Langevin F, Hudyma M R. The development and implementation of a comprehensive seismic risk management plan at Agnico-Eagle's LaRonde Mine [ C ] //Potvin Y ed. Deeping Mining 07—The Fourth International Seminar on Deep and High Stress Mining. Nedlands: Australian Center for Geomechanics, 2007: 221-240.

[ 11 ] Hudyma M R, Heal D. Proactive Versus Reactive Seismic Monitoring in Mines-Results of a Seismic Monitoring Survey [ C ] //Potvin Y ed. Deeping Mining 07—The Fourth International Seminar on Deep and High Stress Mining. Nedlands: Australian Center for Genmechanics, 2007: 207-219.

[ 12 ] Mikula P A. The Practice of Seismic Management in Mines—How to Love your Seismic Monitoring System [ C ] //Potvin Y, Hudyma M ed. Controlling Seismic Risk—RaSiM6. Nedlands: Australian Center for Geomechanics, 2005: 21-31.

[ 13 ] Hudyma M R, Potvin Y. A Seismic Hazard Scale for Mining and its Application to Western Aus-

tralia Mines ［C］//Potvin Y, Hadjigeorgou J, Hudyma M ed. Challenges in Deep and High Stress Mining. Nedlands：Australian Center for Geomechanics, 2007：415-425.

［14］ Basson F R P, Van Der Merwe S. Seismicity Management at Hill 50 Gold Mine, Western Australia ［C］// Potvin Y ed. Deeping Mining 07—The Fourth International Seminar on Deep and High Stress Mining. Nedlands：Australian Center for Geomechanics, 2007：233-241.

［15］ Dunlop R, Belmonte A. The April 22nd, 2003, rockburst in the 6 subsectors, EI Teniente Mine—a case history ［C］// Potvin Y, Hudyma M ed. Controlling Seismic Risk—RaSiM6. Nedlands：Australian Center for Geomechanics, 2005：291-295.

［16］ 鲁振华, 张连成. 门头沟矿微震的近场监测效能评估 ［J］. 地震, 1989（5）：32-39. (Lu Zhenhua, Zhang Liancheng. Evaluation of near-field monitoring efficiency of tremors in Mentougou Mine ［J］. Earthquake, 1989（5）：32-39.（in Chinese）)

［17］ 张兴民, 于克君, 席京德, 等. 微地震技术在煤矿"两带"监测领域的研究与应用 ［J］. 煤炭学报, 2000, 25（6）：566-569.（Zhang Xingmin, Yu Kejun, Xi Jingde, et al. Research and application of microseismic technology to fractured mine and caving zones monitoring ［J］. Journal of China Coal Society, 2000, 25（6）：566-569.（in Chinese）)

［18］ 李庶林, 尹贤刚, 郑文达, 等. 凡口铅锌矿多通道微震监测系统及其应用研究 ［J］. 岩石力学与工程学报, 2005, 24（12）：2048-2053.（Li Shulin, Yin Xiangang, Zheng Wenda, et al. Research on multichannel microseismic monitoring system and its application to Fankou lead-zinc mine ［J］. Chinese Journal of Rock Mechanics and Engineering, 2005, 24（12）：2048-2053.（in Chinese）)

［19］ 唐礼忠, 潘长良, 谢学斌, 等. 冬瓜山铜矿深井开采岩爆危险区分析与预测 ［J］. 中南工业大学学报, 2002, 33（4）：335-338.（Tang Lizhong, Pan Changliang, Xie Xuebin, et al. Analysis and predication of rockburst dangerous areas in Dongguashan Copper Mine under deep well mining ［J］. Journal of Central South University of Technology, 2002, 33（4）：335-338.（in Chinese）)

［20］ 郭然, 于润沧. 新建有岩爆倾向硬岩矿床采矿技术研究工作程序 ［J］. 中国工程科学, 2002, 4（7）：51-55.（Guo Ran, Yu Runcang. Working procedure of developing a new deep hard-rock burst-prone deposit ［J］. Engineering Science, 2002, 4（7）：51-55.（in Chinese）)

［21］ 杨志国, 于润沧, 郭然. 深部高应力区采矿研究综述 ［J］. 金属矿山, 2007（3）：6-9. (Yang Zhiguo, Yu Runcang, Guo Ran. Review on research of mining in high-stress deep zone ［J］. Metal Mine, 2007（3）：6-9.（in Chinese）)

［22］ 杨志国, 于润沧, 郭然. 深井矿山岩爆控制体系构建 ［J］. 中国矿业, 2008, 17（2）：66-68.（Yang Zhiguo, Yu Runcang, Guo Ran. Establishment of rockburst control system in deep level mining ［J］. China Mining Magazine, 2008, 17（2）：66-68.（in Chinese）)

# 新建有岩爆倾向硬岩矿床采矿技术
# 研究工作程序

郭　然　于润沧

（北京有色冶金设计研究总院，北京，100038）

**摘　要**：目前矿山的岩爆研究工作大都是围绕着如何预报和防治岩爆展开的，针对如何开展新建或尚未发生过岩爆矿山的岩爆研究工作不多。文章重点探讨了新建有岩爆倾向硬岩矿床开采技术研究工作程序，为建立有岩爆倾向深赋硬岩矿床采矿理论体系奠定了基础。

**关键词**：岩爆；采矿技术；工作程序

# Working Procedure of Developing a New Deep Hard-rock Burst-prone Deposit

Guo Ran　Yu Runcang

（Beijing Central Engineering and Research Institute for Non-ferrous Metallurgical Industries（ENFI），Beijing，100038）

**Abstract**：Most of the research work on rockburst in the world is now concentrated on the prediction , control and prevention of rockburst . Few work has been done on how to proceed the rockburst research in developing a new mine with rockburst tendency. In this paper，the aurhors create a general working procedure to develop a new hard-rock burst-prone mine. The general procedure is divided into 6 steps：initial determination of burst tendeney；study of the proneness to rockburst of typical rock samples；in-situ rock stress measurement；possibility of strain burst in the mine；principles in the selection of mining techniques；setting up seismic monitoring system. The above study results lays a theoretical foundation for applied research of deep hard-rock burst-prone mining.

**Keywords**：rockburst, mining technique, working procedure

　　世界上大多数受岩爆危害矿山的岩爆防治工作，都是在生产过程中发生岩爆

本文原发表于《中国工程科学》，2002。

并日趋强烈后才开展研究工作的, 研究工作的重点是如何预报和防治岩爆。近年来, 我国为数不少的地下金属矿山相继转入深部开采, 有些新探明的深赋硬岩矿床的开发也已提到了议事日程。以前从未发生过岩爆, 或在生产和基建过程中发生过应变型岩爆矿床的岩爆研究工作如何开展, 到目前为止还没有一套完整的程序可循。最近, 作者在较深入研究岩爆基础理论和有岩爆倾向矿床开采技术的基础上, 总结出一套比较完整的新建有岩爆倾向硬岩矿床开采技术研究工作程序, 为建立有岩爆倾向深赋硬岩矿床采矿理论体系奠定了基础。

# 1　岩爆发生可能性的初步判别

初步判断矿床是否有岩爆倾向性, 是有岩爆倾向硬岩矿床开采技术研究工作的第一步。岩爆发生可能性的初步判别, 主要依据矿床地质勘探报告所提供的信息。如矿岩主要岩层为火成岩或变质岩, 在地质勘探时观察到有饼状岩心、矿体埋藏深度超过 800m、坑探或基建掘进期间出现岩爆前兆或发生弱岩爆 (应变型岩爆), 那么就应开展岩石岩爆倾向性研究工作。

## 1.1　矿床埋藏深度与岩爆

岩爆发生的必要条件是自重应力、构造应力和采矿次生应力的叠加超过脆性岩石强度。地应力最大主应力分量与完整岩石单轴抗压强度的比值在评价地应力高低时具有实际意义。矿体赋存深度是影响地应力大小最重要的因素之一。地应力随深度增加, 因此岩爆发生可能性也增大。研究世界上硬岩矿山岩爆历史发现[1], 当硬岩矿山开采深度大于 800~1000m 时, 岩爆发生频率迅速增加。我国硬岩矿山采矿实践表明, 开采深度小于 600~700m 时几乎还没有发生岩爆 (或者说没发生破坏性岩爆), 而红透山铜矿在开采深度超过 800m 时发生岩爆的频率明显增加。根据以上分析, 作者建议: 当新建硬岩矿床赋存深度超过 800m 或生产矿山延深超过 800m 时, 有必要进一步开展岩爆倾向性研究工作。

## 1.2　岩性与岩爆

岩爆大多发生在火成岩和变质岩类岩石中, 沉积类岩石较少发生岩爆。含有硅质 (特别是石英含量高) 的岩石具有强度高且脆性大的特点, 容易发生岩爆。当矿体本身及其直接顶底板均为坚硬脆性岩石 (岩石单轴抗压强度一般超过 150MPa), 特别在强度相差比较大的两种脆性岩石接触部位, 岩爆发生的可能性就大大增加。岩石强度虽然较低 (一般只有 40~60MPa), 但是脆性大的岩石 (如煤层) 更容易发生岩爆, 因为应力集中容易超过岩体强度。

## 1.3　饼状岩心与岩爆

地质勘探钻孔岩心是人们了解岩体力学特征最初的信息来源。在高应力区钻孔中岩石发生的脆性破裂实质上是微型岩爆。岩心"饼化"现象是岩石脆性和矿区处于高应力状态的明显标志，是钻孔中发生脆性破裂的结果。所谓岩心"饼化"现象是指，在地质勘探钻孔中出现大量厚薄均匀、外貌颇似麻饼的岩心。饼状岩心有以下特征：（1）破裂面顶凹底凸，形若盘盏，面上清晰可见严格平行延伸的微细擦纹和与擦纹相正交的拉裂坎，底面周围尚有短小的裂纹平行分布，侧面多呈截锥状；（2）破裂面新鲜粗糙，不见原生构造形迹。裂面没有外应力作用痕迹，无风化、蚀变和淋滤现象；（3）饼状岩心都呈椭圆形，长轴平行擦纹而垂直拉裂坎，在紧密嵌合连续的数块饼状岩心上，长轴沿垂直向重叠且平行。岩心厚度与岩心直径呈正比。矿床勘探期间发现大量岩心饼化现象，特别是在矿体或直接顶底板围岩中的岩心发现岩心饼化现象，预示着岩石脆性系数大，原岩应力高，极易发生岩石在高应力条件下的脆性破坏——岩爆。

### 1.4 探矿和基建期间的弱岩爆

新建矿山或生产矿山延深工程首先施工的主要井巷工程，其周边应力分布未受到大规模开采影响。如果在这期间发生诸如岩炮（深部岩体破裂，岩石未抛出，但伴随有响声、岩体震动和粉尘从巷道壁散落）和小块岩石弹射（应变型岩爆）现象，那么生产期间岩爆的危险性就很大，因为矿体大规模开采后，开拓和采准巷道工程周边岩体应力集中的可能性和程度均比基建时更高。在这种情况下必须抓紧开展详细的岩爆倾向性研究工作。

## 2 有代表性岩样岩爆倾向性研究

岩石岩爆倾向性是指在应力条件具备时，岩石发生脆性破坏的可能性。选取有代表性岩石样品，进行岩石岩爆倾向性指标测定是系统研究工作的第一步。有代表性岩样取自矿体，矿体直接顶底盘围岩，规划设计的大硐室和主要开拓、采准巷道所在岩层。矿样一般从地质勘探钻孔岩心库直接提取，有条件时也可从基建开拓揭露岩体内取样（常与原岩应力测量结合）。

### 2.1 岩爆倾向性判别指标的选取[1]

判别岩石岩爆倾向性的指标很多，有弹性能量指数 $W_{ET}$、岩爆有效能量释放率 $\eta$、下降模量指数 $E/M$、冲击能量指数 $W_{CF}$、岩石破坏时间指数 $D_t$ 和岩石脆性系数 $K$ 等。其中应用较多的有弹性能量指数 $W_{ET}$、冲击能量指数 $W_{CF}$ 和岩石脆性系数 $K$。

研究发现，真正对岩爆倾向性起主导作用的应该是岩石试块在峰值载荷前储存的弹性应变能（岩石破坏后的能量来源）与峰值载荷后直到完全破坏这一过程所要消耗的能量之比。冲击能量指数 $W_{CF}$ 的计算，未对峰值载荷前储存的弹性应变能与塑性应变能加以区分，而是把它们之和作为计算的依据；而弹性能量指数 $W_{ET}$ 又恰好是峰值载荷前储存的弹性应变能与塑性应变能的近似比例。因此，

把 $W_{ET}$ 和 $W_{CF}$ 合并成一个指标是顺理成章的。作者建议采用有效冲击能量指标 $W$ 作为岩石猛烈破坏可能性的能量判别指标。$W$ 可以按下列公式计算：

$$W = W_{CF} \cdot \frac{W_{ET}}{1 + W_{ET}} \tag{1}$$

作者推荐用以下三项指标研究岩石的岩爆倾向性：有效冲击能量指数 $W$、岩石最大储存弹性应变能指标 $E_s$（$E_s = \sigma_c^2 / (2E)$）和岩石试块破坏的直观表现。作者推荐上述三项指标基于这样的认识：（1）实验室岩石试样单轴抗压强度试验，实质上是岩石在特殊加载条件下的岩爆试验；（2）有效冲击能量指数 $W$，从能量角度描述了岩石发生岩爆的必要条件；（3）岩石最大储存弹性应变能指标 $E_s$ 是对岩爆一旦发生后其强度的判别标准；（4）认为高强度岩石容易发生岩爆的观点是错误的，因为这与常规岩石破坏准则相矛盾。高强度岩石与低强度岩石在相同应力条件作用下更不易发生岩爆，但是，当应力超过高强度岩体强度时发生岩爆的破坏性更大；（5）岩石试样破坏猛烈程度的直观表现是岩爆多因素的综合体现；（6）上述三项指标均比较容易通过实验室试验获得。

## 2.2    岩爆倾向性判别指标

### 2.2.1    有效弹性变形能量指数 $W$ 的判别标准

根据有关文献介绍的弹性能量指数 $W_{ET}$ 和冲击能量指数 $W_{CF}$ 的判别标准，按照公式（1）计算，得出的用有效弹性变形能量指数 $W$ 判别岩石岩爆倾向性的标准是：

$$\left. \begin{array}{ll} W < 1.8 & \text{无岩爆倾向} \\ W = 1.8 \sim 2.8 & \text{有中等岩爆倾向} \\ W > 2.8 & \text{有强烈岩爆倾向} \end{array} \right\} \tag{2}$$

### 2.2.2    最大储存弹性应变能指标 $E_s$ 的判别标准

进行岩石试样单轴抗压强度试验，记录 $\sigma$-$\varepsilon$ 全过程曲线的同时，记下试样横向应变，这样可以求出弹性模量 $E$、泊松比 $\mu$ 和单轴抗压强度 $\sigma_c$ 等基本岩石力学参数。由基本岩石力学参数可以计算岩石破坏前最大储存弹性应变能 $E_s = \sigma_c^2 / (2E)$。作者通过对加拿大萨德伯里地区岩石和冬瓜山典型岩石力学性能测试结果的分析[2,3]，推荐下列岩爆强烈程度指标：

$$\left. \begin{array}{ll} E_s < 0.5 \text{MJ/m}^3 & \text{岩爆微弱或无岩爆} \\ E_s = 0.5 \sim 0.75 \text{MJ/m}^3 & \text{岩爆微弱至中等} \\ E_s > 0.75 \text{MJ/m}^3 & \text{岩爆强度大} \end{array} \right\} \tag{3}$$

### 2.2.3    岩样破坏的剧烈程度

超过峰值强度后试样的宏观破坏现象，特别是试块破坏的剧烈程度是直观判断岩石岩爆倾向性的重要依据。可以认为，试块破坏平静缓慢的岩石没有岩爆倾向；破坏剧烈甚至突然破坏（无法测得完整 $\sigma\text{-}\varepsilon$ 曲线）岩石的岩爆倾向性强烈；岩性相同的同一组试块，有的试块破坏平稳，而另一些岩块破坏剧烈，这种岩石岩爆倾向性较弱或一般。

必须指出，有效弹性能量指数 $W$ 是上述三项指标中最主要的指标，其他为辅助指标。$W$ 是判断岩石是否会发生岩爆的指标；$E_s$ 是对岩爆发生猛烈程度的判别指标；试块在实验室强度实验时破坏的猛烈程度是一个综合指标，虽然难以准确定量，但能给人一个非常直观的印象。

## 3 原岩应力测量

岩石岩爆倾向性判别反映的是，应力满足岩体破坏条件时岩爆是否发生。岩石具有岩爆倾向性是矿山岩爆是否发生的内因，而岩石承受的载荷大小则是岩爆发生的外因。即使根据典型岩石试样判断岩石具有岩爆倾向性，但是，如果原岩应力很低，岩体破坏的应力条件得不到满足，那么岩爆也不会发生。因此，岩爆研究不仅包括岩石本身岩爆倾向性的研究，还应该对岩石将要承受的载荷进行分析。原岩应力是控制岩体承受载荷两个方面因素之一（另一个方面因素是采用的工艺技术，包括采矿方法和回采顺序等）。要确定原岩应力的量值和方位，就得开展原岩应力量测工作。为了提高应力量测的准确度，一般应在矿体和围岩中进行现场原岩应力量测。这项工作一般应在矿山基建探矿期间进行。一旦有井巷工程揭露矿体或矿体附近围岩就应立即开展工作。

孔壁应变法是以往最常用的现场岩体应力量测方法，近几年采用声发射 Kaiser 效应测定岩体应力的技术得到了比较广泛的应用。

## 4 矿山岩爆危险性判别

岩石岩爆倾向性和原岩应力测定后，就可以应用岩爆危险判据判断岩爆发生的可能性。对于新建矿山岩爆初期研究而言，首先应判别应变型岩爆的危险性。将原岩应力最大主应力分量 $\sigma_1$ 乘以应力集中系数 2（一般井巷开挖后应力集中系数均大于 2），计算出井巷周边最大主应力 $\sigma_{1周}$。根据 $\sigma_{1周}$ 与岩石强度 $\sigma_c$ 的比值，按文献 [4] 的岩爆应力判据可以预测应变型岩爆发生的可能性。岩爆的应力判据是：

$$\left.\begin{array}{ll} \sigma_{1周}/\sigma_c < 0.2 & \text{几乎不发生岩爆} \\ 0.2 \leqslant \sigma_{1周}/\sigma_c < 0.388 & \text{可能发生岩爆} \\ 0.388 \leqslant \sigma_{1周}/\sigma_c < 0.55 & \text{非常可能发生岩爆} \\ \sigma_{1周}/\sigma_c \geqslant 0.55 & \text{几乎肯定发生岩爆} \end{array}\right\} \tag{4}$$

## 5　有岩爆倾向矿床的采矿技术

岩爆的防治可以从三个方面考虑：（1）改变岩爆的内因条件，也就是改变采掘工作面周围岩体的力学性质，使其降低或丧失岩石固有的岩爆倾向性。岩层预处理爆破[5,6]（也有称应力解除爆破）是在目前世界硬岩岩爆矿山应用较为有效的技术措施；（2）改变岩爆发生的外因条件，减小应力集中。这类技术措施主要有优化巷道形状和方位、优化巷道或采场的推进顺序、矿山井巷的总体合理布局和开采解放层；（3）由于有些岩爆无法避免，唯一的方法就是采取减灾措施。减灾措施有采取适当的支护、对采场进行充填、调整工作制度使岩爆发生高危期间无人作业和进行岩爆预报及时疏散处于危险工作面的人员等。

有岩爆倾向矿床的赋存条件千差万别，可采用的采矿工艺也就不可能是唯一的。有岩爆危险矿山采矿工艺选择应遵守以下原则：

（1）空场法、充填法和崩落法这三大类采矿方法中，空场法一般不宜用于有岩爆危险矿床采矿。充填法和崩落法有利于控制矿体开采后周围岩体内的应力集中和岩体内积聚应变能的均匀释放，因此适于有岩爆危险矿床采矿。

（2）有条件时应尽可能实现连续开采，无条件实现盘区连续开采时应确保采矿工作面总体推进连续，避免全面开花到处设采场。采矿作业线推进应规整一致，不应有临时小锐角出现，也不要逐步形成孤岛矿柱。

（3）矿区内有较大规模断层或岩墙时，采矿工作面应背离这些构造推进，避免垂直朝着构造或沿构造走向推进。

（4）多层平行矿脉开采时，先采岩爆倾向性弱或无岩爆倾向矿脉，解除其他岩爆倾向性强矿脉的应力，防止岩爆的发生；岩爆倾向性强烈的单一矿脉回采时，可先回采矿块的顶柱并用高强度充填料充填，解除矿房的应力后再大量回采矿石。下向分层充填法比上向分层充填法更有利于控制岩爆。

（5）采场长轴方向应尽量平行于原岩最大主应力方向，或与其成小角度相交。

（6）应尽量采用人员和设备不进入采场的采矿工艺；人员和设备非进入采空区不可时，采场工作面要根据情况采取爆破预处理措施。预处理爆破最好采用高压气体能量大而冲击能量低的炸药（如铵油炸药）。

（7）采准工程应尽量布置在岩爆倾向性较弱的岩层内。

（8）建立矿山微震监测网，实时监测采区岩体对采矿活动的反映，及时预报可能发生的破坏性岩爆位置和强度。

（9）对矿山生产人员进行岩爆基本知识的教育，鼓励他们在施工过程中注意观察岩爆前兆现象，如岩粉量突然增加、岩粉粒度变粗和巷道壁出现玻璃镜面等。

（10）根据选择的具体采矿工艺，制定合理的工作制度，调整作业循环，使岩爆发生概率最大的一段时间内，无人和设备位于井下最危险部位。

## 6　有岩爆倾向深埋硬岩矿床采矿技术研究工作程序

综上所述，新建有岩爆倾向硬岩矿床采矿研究工作一般可按下列步骤开展：首先根据矿床地质勘探报告提供的有关信息和资料，对岩爆发生可能性进行初步判别；第二步，从地质岩心库中取代表性岩样，进行常规岩石力学性能试验和岩爆倾向性指标测定；第三步，条件具备时尽早开展矿区原岩应力量测和节理裂隙统计工作，确定原岩应力的空间分布（主应力大小和方位）和优势节理产状；第四步，根据岩爆危险的应力判据判断矿床开采时应变型岩爆发生的可能性；第五步，遵循有岩爆倾向矿床开采原则，对基于一般非岩爆开采条件确定的采矿工艺进行调整，确定矿床开采初期采矿工艺；第六步，建立微震监测网对岩体进行实时监测；最后，结合监测结果和生产实践，利用反分析技术不断修改岩爆危险判据，调整回采顺序，实现有岩爆倾向矿床的安全高效采矿。新建矿山岩爆研究工作程序如图1所示。

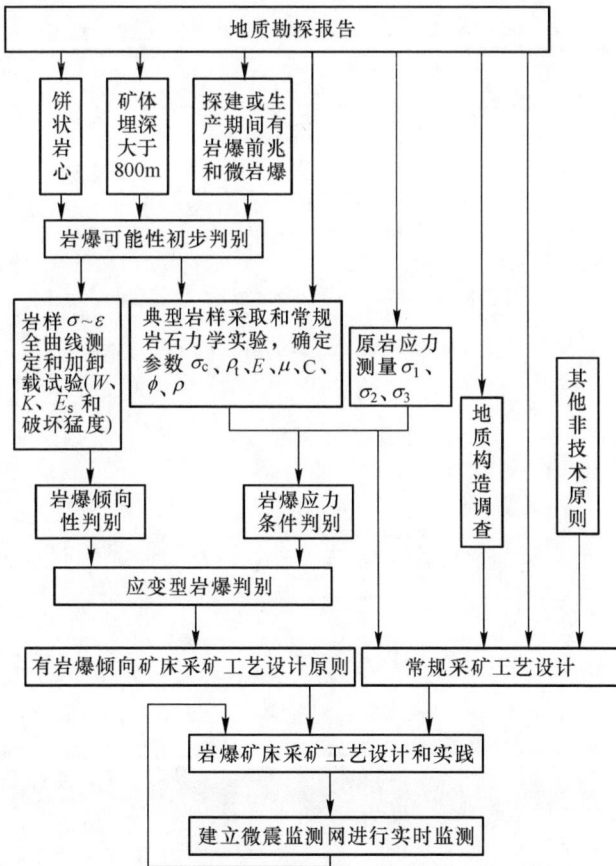

图1　新建有岩爆倾向硬岩矿床采矿技术研究工作程序

# 参 考 文 献

[1] 郭然. 有岩爆倾向深埋硬岩矿床采矿理论及其应用研究 [D]. 长沙：中南工业大学, 2000.

[2] Singh S P. Classification of mine workings according to their rockburst proneness [J]. Mining Science and Technology, 1989 (8): 253-262.

[3] 郭然, 于润沧. 冬瓜山铜矿岩爆倾向性分析 [J]. 有色金属 (季刊), 1998, 50 (4): 16-20.

[4] 谢学斌. 硬岩矿床岩爆预测与控制的理论和技术及其应用研究 [D]. 长沙：中南工业大学, 1999.

[5] Rorke A J, Brummer R K. The use of explosives in rockburst control techniques [C] //Rockbursts and seismicity in mines. Balkwma: Faihurst (ed.), Rotterdam, 1990: 377-384.

[6] Lightfoot N. Rockburst control in the South African deep level gold mining industry [C] //Rock Mechanics. Balkema: Aubertin Hassani and Mitri (eds), Rotterdam, 1996: 295-303.

# 有岩爆危险巷道的支护设计

郭 然 于润沧

（北京有色冶金设计研究总院，北京，100038）

**摘 要**：岩爆与通常意义上的岩体破坏不同，因此有岩爆危险巷道支护的设计方法也就同常规巷道支护设计有所差别。作者从岩爆的定义、岩爆的强度和岩爆的破坏机理入手，较详细介绍了岩爆破坏巷道的特点以及对支护系统的要求，通过实例介绍了以能量平衡理论为基础进行有岩爆危害巷道支护设计的方法。

**关键词**：岩爆；巷道支护；设计

# Design of Support Work in Drift Having Rockburst Danger

Guo Ran Yu Runcang

（Beijing Central Engineering & Research Institute for
Non-ferrous Metallurgical Industries, Beijing, 100038）

**Abstract**：Rockburst is different from common rock damage. Therefore, the design of support work for drift having rockburst danger differs from that for common drift. Starting from rockburst's definition, intensity and damaging mechanism, the properties of drift having rockburst danger and the requirement of its support work are described in details, and the procedure of its support design based on the theory of energy balance is introduced on some examples from practice.

**Keywords**：rockburst, support of drift, design

有岩爆危险巷道的支护是岩爆研究的主要内容之一。由于岩爆造成巷道破坏的机理与通常意义上的巷道破坏不尽相同，因此巷道的支护设计方法也不同。岩爆破坏巷道最突出的特点是巷道围岩突然发生破坏。这种破坏不仅要求支护系统必须提供一定的静抗力，同时还要求支护系统能吸收岩块突然破坏释放的动能。

---

本文原发表于《中国矿业》，2002。

# 1　岩爆破坏巷道的机理

## 1.1　岩爆定义

到目前为止，人们对岩爆的定义并未取得完全一致的认识。作者经过近几年的研究，综合大多数学者的观点，将岩爆的定义概括如下：

岩爆是岩体破坏的一种形式。它是处于高应力或极限平衡状态的岩体或地质结构体，在开挖活动的扰动下，其内部储存的应变能瞬间释放，造成开挖空间周围部分岩石从母岩体中急剧、猛烈地突出或弹射出来的一种动态力学现象。岩爆的发生常伴随着岩体震动。

## 1.2　岩爆破坏巷道的机理

矿山巷道发生岩爆时，巷道周边岩石破坏有以下几种表现形式：

（1）巷道临空面岩石突然破坏产生裂隙，导致岩石体积向空区内突然膨胀，有时甚至导致巷道完全闭合而被堵死；

（2）巷道周边岩石呈板状或片状突然弯曲折断；

（3）节理裂隙切割的岩块被震落或弹射出，这时岩爆的震源与岩体破坏地点不在一处；

（4）接近失稳状态的巷道顶板岩块因震动而突然掉落（重力作功为主）。

分析上述岩石破坏表现形式，岩爆破坏巷道的机理可归纳为以下两种：

（1）岩体破裂导致岩体体积膨胀破坏机理（岩爆震源与巷道破坏地点重合）。

巷道周边岩体承受的应力超过岩体强度时，岩体内会产生裂隙导致岩体膨胀。这是地下巷道和土木工程隧道中最常见的岩爆（应变型岩爆）。岩体膨胀破坏机理的危险性与岩体承受的应力、岩体强度、巷道形状和尺寸以及岩体刚度等有关，破坏程度最小的可以是很小岩块的剥落，最严重的可导致整个巷道的完全闭合。这种破坏机理以地下开挖空间周围岩体破裂发生体积膨胀为主，有时伴随小块岩石弹射，破坏的能源是破坏处岩体本身储存的应变能，这时震源与破坏地点重合。

（2）地震能传播导致岩块弹射破坏机理（岩爆震源与巷道破坏地点分离）。

远处岩爆震源的应力波传播到巷道开挖表面，导致原来地质构造分割出来的离散岩块的猛烈弹射。岩块弹射的速度和可能造成破坏的严重程度与岩爆的强度和震源距巷道自由面的距离有关。节理发育的巷道周边岩块很容易发生弹射。根据南非和加拿大的经验，这种岩块弹射破坏机理产生的岩块弹射速度可达 3m/s。当岩块弹射破坏机理和岩体膨胀破坏机理联合起作用时，岩块的弹射速度甚至可高达 10m/s 以上。这种破坏的能源来自远离破坏处的岩爆震源，破坏形式以岩体高速位移为特征。

这种破坏机理又有两种情况，一种是地震能产生的瞬间动应力远大于岩体的重力，它在岩体破坏中起主要作用；另一种是岩体本身重力大于岩爆地震能产生的瞬间动应力，动应力在岩体破坏中只起一个诱发的作用。

上述两种岩爆破坏巷道机理用力学模型表示就是：（1）巷道所在之处原岩应力高，巷道开挖后周边应力集中超过了岩体强度，导致岩体突然破坏（如果岩石具有岩爆倾向性的话）；（2）巷道周围的原岩应力本来并不太高，但是震源传来的瞬间动应力增量很大，静态应力和动应力的叠加超过岩体强度，导致岩块突然丧失稳定性而猛烈弹射出（岩爆震中与岩爆地点分开）；（3）巷道开挖后周边岩体分为三个带：破裂带、塑性变形带和未受扰动带。破碎带内新产生的裂隙和原有岩体内的构造切割出来的岩石楔块已经脱离母体，在周围岩块的夹持下处于临界稳定状态，远处传来的瞬间动应力解除了它的束缚力，导致这部分岩块冒落。

## 1.3 岩爆强烈程度的表示方法

像地震一样，人们常用岩爆的震级衡量岩爆的破坏性。综合印度、波兰、美国、加拿大和南非等国矿山岩爆研究成果，岩爆震级 $M_L = 1$ 是造成井下破坏的最低岩爆强度；$M_L > 2$ 的岩爆会造成中等以上破坏；$M_L \geqslant 3$ 的岩爆有可能造成严重破坏。

岩爆的震级无法直接用于巷道支护设计。南非的 Roberts 和 Wagner 等通过研究，证明岩块突出或弹射速度也是反映岩爆强度的重要指标，而且这个指标用于支护设计更方便。对大量矿山岩爆实际和监测数据分析发现，岩爆处岩体振动的峰值质点速度 1m/s 是导致支护巷道破坏的最低速度，导致巷道严重破坏的速度均超过 2.5m/s，Jager 建议可能遭受中等强度岩爆危害巷道的支护可按岩体振动的峰值质点速度为 3m/s 考虑。

## 2 有岩爆危险巷道支护方法

### 2.1 岩爆对支护的特殊要求

岩爆发生时岩块瞬间从静止状态加速到几米每秒甚至十几米每秒的速度，产生的动应力很大，一般会达到或超过支护构件的屈服强度，如果支护系统没有让压和屈服性质，就不可避免发生破坏；要想保持支护系统和巷道的稳定，就要求支护系统在岩爆发生瞬间先屈服变形，同时仍然保持一定的抗力，在允许最大变形前耗尽岩爆释放的动能。

岩爆与常规岩体破坏的最大区别在于，破坏岩体瞬间变形大，且具有很高的动能（位移速度高），岩爆既然是岩体破坏的一种形式，所以常规支护系统的功能都是必需的。岩爆对支护系统的特殊要求是：支护构件具有让压或屈服特性，而且吸收动能的能力强。有岩爆危险巷道的支护系统除应具有常规支护系统的特点外，还应该具有以下特点：

（1）具有较高的承载能力，也就是支护体系的屈服强度较大（远超过静态平衡所需强度）；

（2）支护系统对巷道开挖面的表面覆盖率高，因为岩爆发生的具体地点难以确定；

（3）支护系统破坏前允许的岩体位移较大，因而吸收岩石释放的动能大（载荷–位移曲线与位移坐标轴围成的面积大）。

## 2.2　目前常用支护系统

目前巷道支护构件有两种，一是深入岩体内部的支护构件，二是覆盖于巷道表面的支护岩体内部支护主要对岩体起加固和补强作用，不仅支护构件本身具有支护作用，同时它还提高了岩体的强度；表面支护主要起承托作用，当然也在一定程度上提高岩体的强度。内部支护主要是锚杆（索），根据锚固特点可将锚杆分为机械式锚杆、砂浆锚杆（索）和摩擦式锚杆三种。胀壳式锚杆是典型的机械式锚固锚杆；全长注水泥浆（或树脂）的螺纹钢筋锚杆和以各种钢绳作筋的全长注水泥浆锚索是砂浆锚杆（索）的典型代表；管缝式和膨胀式锚杆是摩擦式锚杆的代表。岩体表面支护主要有喷射素混凝土、喷射钢纤维混凝土、挂金属网和钢缆等。

常用支护构件的载荷–位移参数见表 1。

**表 1　典型支护构件载荷–位移参数**

| 支护构件 | 峰值载荷/kN | 位移极限/mm | 能量吸收/kJ |
| --- | --- | --- | --- |
| 16mm、2m 长机械锚杆 | 70~120 | 20~50 | 2~4 |
| 16mm 砂浆光滑锚杆 | 70~130 | 50~100 | 4~10 |
| 19mm 树脂锚杆 | 100~170 | 10~30 | 1~4 |
| 16mm 锚索 | 160~240 | 20~40 | 2~6 |
| 39mm 管缝式锚杆 | 50~100 | 80~200 | 5~15 |
| 让压胀管式锚杆 | 80~90 | 100~150 | 8~12 |
| 优质让压胀管式锚杆 | 180~190 | 100~150 | 18~25 |
| 16mm 锥形锚杆 | 90~150 | 100~200 | 10~25 |
| 6 号线焊接金属网 | 20~30 | 100~200 | 1.5~2.5/m² |
| 4 号线焊接金属网 | 30~45 | 150~200 | 2.5~4/m² |
| 8 号线焊接金属网 | 30~35 | 350~450 | 3~4/m² |
| 喷射混凝土+焊接金属网 | 2×金属网 | <金属网 | （3~5）×金属网 |

## 2.3　常用支护对岩爆的适用性

根据对有岩爆危险巷道的支护要求，具有刚塑性变形特点的支护系统最适合岩爆巷道的支护。典型刚塑性支护系统的载荷-位移变形曲线如图 1 所示。

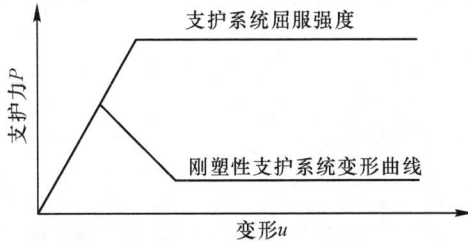

图 1　刚塑性支护载荷-位移变形曲线

从图 1 中可以看出，刚塑性支护系统具有较高的屈服强度，屈服后允许的变形较大，也就是吸收岩块动能的能力大，因此这类支护最适于有岩爆危险巷道的支护。强度虽然很高但是允许变形很小的刚性支护（破坏前变形很小，破坏后即失去承载能力）破坏前吸收的动能很小，因此不适于强度较大的岩爆支护。

弱岩爆（一般指应变型岩爆）释放出的动能少，可以采用砂浆锚杆和管缝式锚杆支护；中等强度以上岩爆可以采用砂浆锚索（特别是废旧提升钢绳，可以利用除油不彻底导致钢绳在砂浆内滑动且仍有一定抗力这一让压特性）、优质胀管式锚杆和南非发明的锥形砂浆锚杆支护。

为了保持支护系统在遭受岩爆冲击后的完整性，有岩爆危险的巷道除了锚杆支护外，还应采用强化喷射混凝土进行表面支护。强化的方法有挂金属网（一般用焊接网），或者是喷射钢纤维混凝土。喷射混凝土厚度不宜小于 100mm。可能遭受强烈岩爆破坏的巷道，除上述支护外还应辅以钢缆，钢缆的作用主要是防止岩爆产生的岩块掉落。

## 3　有岩爆危险巷道支护设计方法

传统结构工程设计的合理程序是：（1）确定施加载荷超过一定极限时支护构件发生破坏的形式；（2）建立对施加载荷与决定破坏方式起重要作用的载荷和变形的关系式，也就是通常所说的破坏准则；（3）通过适当的材料试验确定所用材料的强度；（4）选取安全系数，确保破坏在可接受概率条件下不致发生。

有岩爆危险巷道的支护设计无法严格按上述步骤进行，可以采用下列设计程序：（1）确定岩爆破坏机理，根据破坏机理确定对产生破坏严重程度具有重要意义的参数以及对支护系统的功能要求；（2）预测目标巷道可能发生岩爆的强烈程度；（3）比较现行支护构件或系统的特性和功能，找出最能满足前述支护功能要求的支护类型；（4）考虑适当安全系数，计算并选取支护元件的结构参数。

本文前面已经讨论了岩爆的破坏机理、岩爆强度的表示方法和目前常用巷道支护系统的特性。按照上面介绍的设计程序就可以进行有岩爆危险巷道的支护设计了。下面作者将举例说明如何应用上述程序进行有岩爆危害巷道的支护设计。

## 4    冬瓜山采准巷道支护设计实例

### 4.1    巷道发生岩爆的类型和强度预测

冬瓜山的采准巷道分别位于大理岩、矽卡岩、石英闪长岩和粉砂岩中。矿山基建期间，多次在矽卡岩、石英闪长岩和粉砂岩中的巷道内发生应变型岩爆。研究表明，在冬瓜山生产期间可能会发生强度更高的其他类型岩爆。

由于冬瓜山是一个正在基建的矿山，缺乏岩爆分析的统计资料，因此这里根据上述岩爆强度预测结果，假定采场可能发生 $M_L = 2.5$ 级岩爆，也就是按中等强度岩爆设防，以此作为设计依据。根据采准巷道布置，出矿铲运机经常通行的进路距采场最近距离 $R = 15\text{m}$，根据公式 $2.20\log(RV) = 0.5M_L + \log2.6$ 计算巷道边墙岩体位移速度 $V = 3\text{m/s}$。

### 4.2    巷道支护设计

用数字模拟计算冬瓜山出矿巷道开挖后巷道周边岩体屈服厚度约 0.7 ~ 0.8m，保守地假设屈服岩体范围等于岩体产生裂隙的范围，取岩体破裂厚度为 0.75m（中等强度岩爆岩体破裂厚度），岩石密度 $\rho = 2.7 \times 10^3 \text{kg/m}^3$。岩爆发生后巷道表面岩体释放的动能 $E_e = 0.5mv^2 = 0.5 \times (2.7 \times 0.75 \times 1) \times 3^2 = 9.11\text{kJ/m}^2$；当岩块位于巷道顶板时，岩块位移后势能释放 $E_p = mg\Delta h = (2.7 \times 0.75 \times 1) \times 9.81 \times 0.75 = 1.49\text{kJ/m}^2$，岩爆发生后岩块释放能量总和 $E = E_e + E_p = 10.60\text{kJ/m}^2$。

从表 1 知道，16mm 砂浆光滑锚杆的峰值载荷平均为 100kN，锚杆破坏前位移极限平均是 75mm，能量吸收为 7kJ；挂钢筋网喷射混凝土支护在位移等于 75mm 时，抗力约是 $50\text{kN/m}^2$，能量吸收约等于 $4\text{kJ/m}^2$。根据能量平衡理论，如果取锚杆网度为 1 根/$\text{m}^2$，那么喷锚网联合支护系统能够吸收的能量约 $11\text{kJ/m}^2$，支护系统在岩爆发生时产生的平均抗力 $150\text{kN/m}^2$，可以满足巷道顶板岩爆的支护要求。如果岩爆发生在巷道边墙，采用同样的支护形式则安全系数加大。上述支护设计没有考虑喷锚网联合支护对岩体自身强度的提高，如果考虑这一因素将会提高整个支护系统的安全系数。

如果按弱岩爆强度设防，岩块位移速度 $V = 1\text{m/s}$，岩体破裂厚度为 50mm，则对支护系统吸收能量的要求是 $2.2\text{kJ/m}^2$（巷道顶板），根据表 1 所列常规支护系统的特性参数，任何锚杆支护都可满足要求，但是为了满足岩爆对岩体表面覆盖率的要求，需喷射素混凝土。

特别需要指出的是，如果按照无岩爆危害条件考虑，根据 Hoek 和 Brown 介绍的 NGI 隧道质量指标 $Q$ 与不支护地下开挖体最大当量尺寸 $D_e$ 关系，巷道不需系统的支护。

## 5  结论

由于岩爆对巷道的破坏机理与通常意义上的巷道失稳不同，因此支护设计的方法也就有所不同。非岩爆巷道支护设计主要从静态力学平衡角度考虑，也就是考虑力的平衡。有岩爆危险巷道的支护主要从能量平衡角度考虑，也就是支护系统在保持能够持续提供抗力的前提下，吸收（或消耗）岩爆可能释放出来的动能。岩爆的特殊要求是支护系统必须具有让压或屈服特性，而且允许巷道变形较大（吸收更多的能量）。刚塑性支护是理想的岩爆支护构件。

# 深井矿山微震事件波形研究

杨志国[1]　于润沧[2]　郭　然[3]

（1. 北京科技大学，北京，100083；
2. 中国有色工程设计研究总院，北京，100038；
3. 中国有色矿业集团有限公司，北京，100055）

**摘　要**：本文介绍了冬瓜山铜矿引进的南非 ISSI 公司微震监测系统的软硬件组成；对记录地震事件波形的处理方法开展了深入研究，并对比了手动处理与系统自动处理的区别，提高了事件定位的精度，为震源参数的精确计算奠定了基础；基于波形与生产活动的对应关系，对波形所做的分类研究可确保能够快速识别各类事件；通过对测试爆破和矿山发生的地压活动事件的分析，验证了波形分析方法的可行性；为圈定岩体稳定性危险区并判断其发展趋势，及保证生产安全提供了依据。

**关键词**：深井开采；岩爆；微震监测；地震波形分析

# Research of Seismic Events Waveform in Deep Copper Mine

Yang Zhiguo[1]　Yu Runcang[2]　Guo Ran[3]

1. School of Civil and Environment Engineering, University of Science and Technology Beijing, Beijing, 100083; 2. China Non-ferrous Engineering and Research Institute, Beijing, 100038; 3. China Non-ferrous Metal Mining (Group) Co., Ltd., Beijing, 100055)

**Abstract**: In order to better understand the regularities of rockburst occurrence, Donggua shan Copper Mine has installed an ISSI seismic monitoring system. Which can make a rea-time monitoring of rock mass respond to mining. This paper briefly described the layout of the monitoring system in Dongguashan Copper Mine, then analyzed how to process various kinds of event waveforms. By contrasting the different locations resulting from the automatic

本文原发表于《中国工程科学》，2008。

processing and the artificial processing, it is confirmed that the accuracy of an event location has been improved greatly by the artificial processing, which will make the calculation of seismic source parameters even more accurate. Based on the corresponding relations between waveforms recorded and mining practice, the event waveforms are assorted, which can identify events quickly. According to the analysis results of a detecting blast and an identified seismic event, the waveform analysis method put forward in this paper is validated. It will establish a sound basis for subsequent analysis of the stress or strain status, delineation of hazardons areas of rock mass and adoption of reasonable measures.

**Keywords**: deep mining; rockburst; seismic monitoring; waveform analysis

# 1 引言

根据微震监测系统多个传感器拾取某一地震事件 P 波和 S 波到达的时刻，可以计算并确定该事件发生的位置；通过对多个地震波形的分析，可以求解该事件的震源参数；借助可视化软件，可以对某个区域的应力、应变状态的时空变化规律进行定量分析，实现对研究区域内不稳定岩体的预测，掌握岩爆活动规律和评估矿区潜在岩爆的危险性。

冬瓜山铜矿矿体赋存于 −690 ~ 1007m，最大主应力值范围为 30 ~ 38MPa，是目前国内开采最深的金属矿山之一，多组岩石具有岩爆倾向，矿山在基建期间已发生多次弱岩爆事件[1]。为了掌握岩爆发生规律，评估其危险性，2005 年 8 月冬瓜山矿安装了南非 ISSI 公司生产的微震监测系统，对首采区（50# ~ 58# 勘探线）采矿活动进行实时监测。到目前每天记录的各类事件约 300 个，其中首采区内岩体活动的事件几十个。对微震波形的分析与聚类研究，直接影响着对岩体应力、应变状态的时空变化规律定量分析的准确性和可靠性[2~4]。笔者结合国家"十五"科技攻关课题"复杂难采深部铜矿床安全高效开采关键技术研究"子课题"冬瓜山深井岩爆与地压监测及控制技术研究"的研究成果，比较系统的阐释了微震波形的分析方法，并对各种事件进行了聚类研究，从而为探索岩爆等地质灾害活动规律与控制理论，改善深部高应力区采矿技术，保证矿山安全生产奠定了基础。

## 2 冬瓜山铜矿微震监测系统的构成

冬瓜山铜矿首采区微震监测系统共设 16 个传感器、4 个微震仪、1 个转发器、1 个井下控制室、1 个地面主控制室及光缆等，详见图 1。软件部分包括时间运行系统（RTS）、地震波形分析处理系统（JMTS）和地震事件活动性可视化分析系统（JDI）。

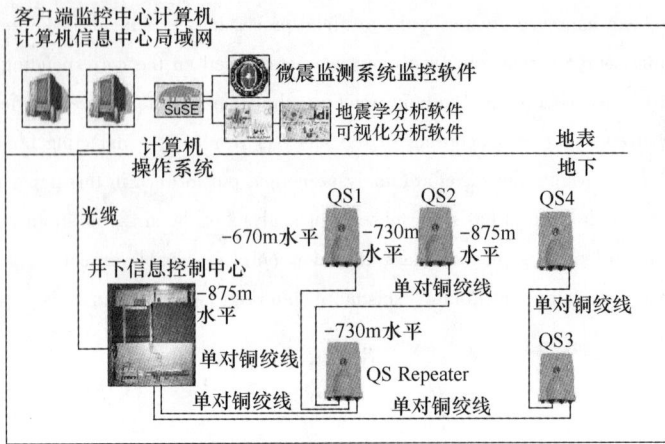

图 1　冬瓜山铜矿微震监测网络的构成

## 3　地震波形分析与聚类研究

### 3.1　地震波形分析

　　微震事件发生后，传感器接收到地震波，微震仪将地震波的模拟信号转换为数字信号，并通过传输线路传输到地表主控计算机，利用系统的 JMTS 软件对各种事件的波形进行自动处理。对于震源机理简单的波形，自动处理的误差比较小；而对于震源机理复杂的事件而言，系统自动拾取地震波的到达时刻可能产生较大误差，有时事件的自动定位甚至超出了矿区范围，经过人工分析和处理后，事件的定位误差明显变小。图 2 是 2006 年 12 月 17 日系统检测到一次掘进爆破的波形，自动定位结果是：$y = 86572m$，$x = 21639m$，$z = 2575m$，误差为 59m（1.4%）。系统自动计算的震级为 4.5。从波形窗口看到，9 号传感器拾取的 S 波首波是第三个冲击波，而其他传感器拾取的 P 波都是第一个爆破冲击波。实际上为了定位，每个传感器都应取第一个冲击波。手工重新对 S 波进行处理后，定位结果：$y = 84476m$，$x = 22545m$，$z = -730m$，误差为 6m（2.5%），震级 $M_L = -1.1$。对照矿山实际，手工处理后的定位相当准确，而系统自动处理对事件的定位却得到了明显奇异的结果。矿山微震事件的震源机理一般比较复杂，为了精确定位就必须在系统自动波形处理的基础上，对各个事件的波形重新进行手工分析和处理，总结出了如下波形分析处理方法。

3.1.1　整体观察事件波形窗口，删除异类波形，正确确定 P 波到达时刻

　　一个事件产生的地震波可能被多个传感器接收，各个窗口的波形大体的形状

应该一致。如果大多传感器接收的都是单一的波形（尤其是第一个距离震源最近的传感器），个别传感器记录的波形异常可能是受噪声的影响。在事件定位时可剔除异常波形，避免其对整个事件定位的影响。井下作业环境复杂，事件的产生常伴随其他活动的噪声（见图3），这时确定P波的起始位置就要格外仔细。图3的前一段为噪声，其振幅值几乎没有太大变化。首先，确定第一个波形上P波的起始位置，也就是振幅明显增大的地方；随后依次（按照距震源距离由小到大）确定窗口中其他波形的P波起始位置。确定的原则是保证每个P波起始位置波形的相似性；在确定每个波形的P波到达时刻时，可以借助系统工具将窗口的时间轴拉长或将表示振幅的纵轴放大，以便调节P波到达位置。在振幅突然增大区域附近进行微调，使W值尽可能的大，而误差值尽可能小，以便准确确定P波的位置。

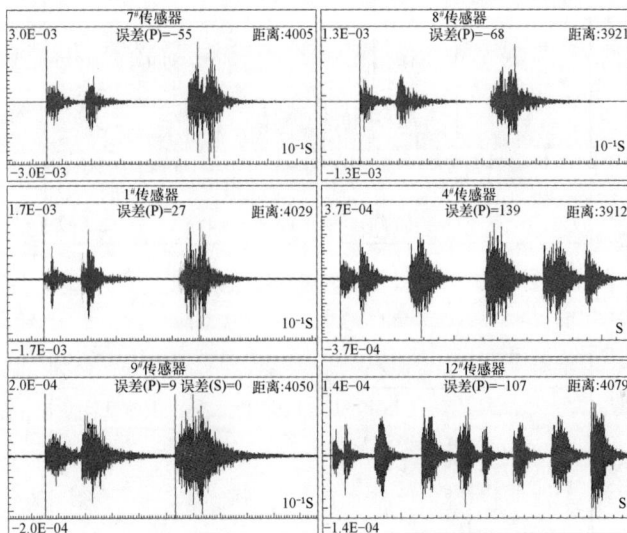

图2　系统自动处理的波形图

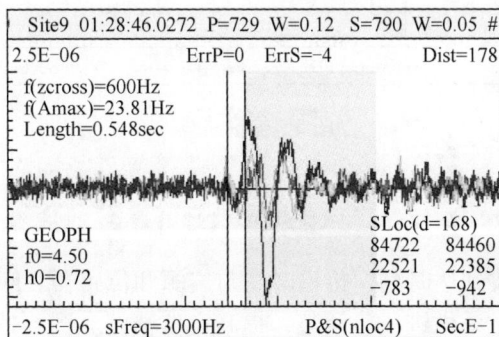

图3　伴有噪声的事件的三维波形

### 3.1.2　加上 S 波，对事件进行更加精确的波形处理与计算

确定了 P 波位置后，利用振幅平方根曲线窗口（见图 4）和能量曲线窗口（见图 5），将振幅和能量曲线突然增大的位置定为 S 波出现的时刻。小范围调节 S 波的位置，一是使按 P-S 波确定的震源距离尽可能与单独用 P 波确定的距离一致；二是观察权重 W，尽可能使其取得最大值，使误差值尽可能小。

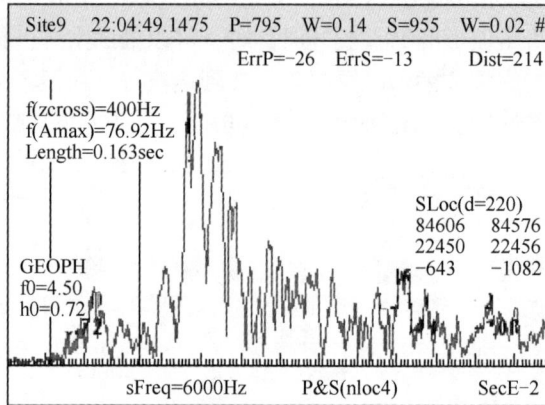

图 4　振幅平方根曲线

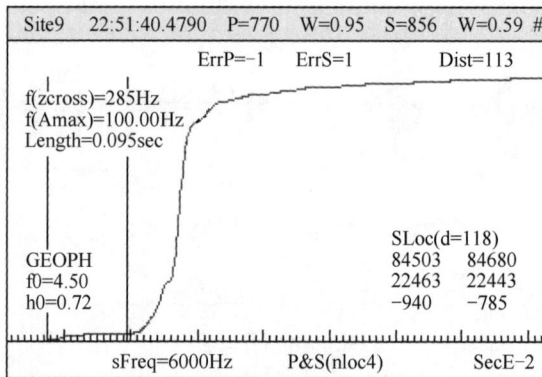

图 5　能量曲线

### 3.1.3　利用 P 波和 S 波计算、调整定位及计算参数的准确性

根据 P 波和 S 波到达时刻、传输时间与震源和传感器之间距离的关系，可以对 P 波和 S 波到达时刻做进一步调整，提高定位精度。图 6 是冬瓜山矿某一地震事件多个传感器记录的 P 波和 S 波到达时刻与距离的直线关系曲线。从图中可以

清楚看出各个传感器对于事件波形处理的误差。如果代表某个波形的点偏离了直线，就调整相应传感器拾取到的波形，使 P 波、S 波计算的误差尽可能的接近零。图 6 右下角给出了根据当前定位结果计算的 P 波、S 波的传播速度。根据声发射试验和系统标定，冬瓜山矿岩 P 波和 S 波的平均波速分别为 $v_p = 5500\text{m/s}$，$v_s = 3300\text{m/s}$。如果发现图中计算值与标定值偏差太大，则需要调解至可接受的范围内，同时确保计算的传感器与震源间距离依次增大（见图 7）。如果无法将所有点都调整到直线上，则去掉偏离直线很远的传感器，使其不参与事件的定位，但参与震源参数的计算。

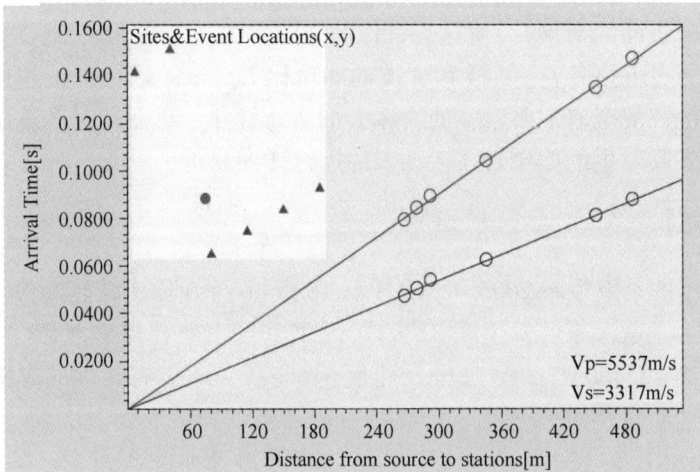

图 6　到达时间与传感器至震源之间距离关系曲线

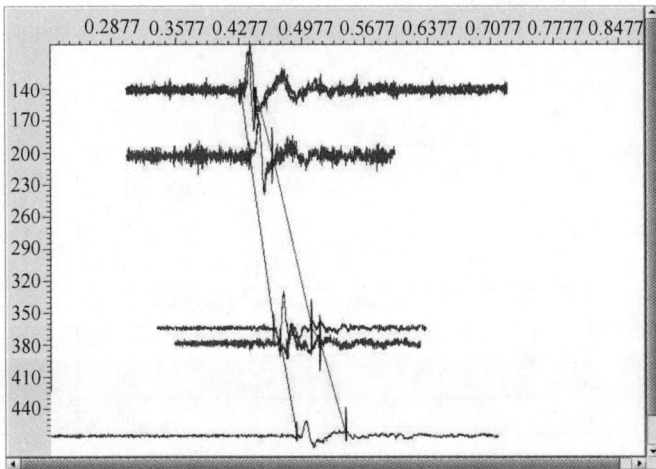

图 7　距离与 P 波和 S 波传输时间关系曲线

## 3.2　波形的聚类研究

冬瓜山铜矿微震监测系统已运行两年多时间，存储了大量数据。通过观察和研究，笔者将深井矿山的微地震事件分为：掘进和生产爆破、机械振动和噪声、岩体活动事件共 3 类。掘进爆破波形的特点是在一个窗口内有多个波形，波形的形状相同且衰减快。机械震动和噪声波形在图形上表现为沿着时间轴的重复震动，振幅没有明显的上下波动，沿着时间轴形成条带状。

为了实现对矿区局部不稳定岩体的预测、掌握岩爆活动规律、评估矿区潜在岩爆的危险性，最值得关注的是第 3 类，即岩体活动（采矿活动产生的新破裂或岩体沿地质构造面的滑动）。对这类事件的震源参数（震级 $M_L$、地震矩 $M$、释放出的能量 $E$、拐角频率 $f_c$、P 波和 S 波的能量比 $E_{s/p}$ 等）进行分析和比较，就可以分离出对生产安全有重要意义的岩体变形活动事件。下面针对冬瓜山铜矿井下生产过程中实际发生的 2 个岩体活动事件进行详细分析。

### 3.2.1　实例 1

图 8 表示的是发生在 2006 年 5 月 1 日 16 点 46 分 6 秒 9# 传感器检测到的一个地震事件波形。这次事件发生在 52# 勘探线 2# 采场束状孔爆破之后（爆破位置：$y = 84372\mathrm{m}$，$x = 22400\mathrm{m}$，$z = -712\mathrm{m}$，药量 6100kg），地表有明显的震感。经过分析处理确定这次事件的位置为：$y = 84373\mathrm{m}$，$x = 22408\mathrm{m}$，$z = -684\mathrm{m}$，震级 $M_1 = 1.9$，拐角频率 $f_c$ 为 16.5Hz。震源内岩体最大的滑动速度达到 $5.6 \times 10^{-2}\mathrm{m/s}$。根据震源参数判断，这样一次大的事件几乎肯定会导致较大的破坏。但现场调查的结果却表明，在爆破采场附近的岩体并没有发生明显破坏。事件发生的时间和定位结果表明：本次事件是由于采场爆破引起的，位置恰好在采场内，所以未发现岩体的大规模破坏（冬瓜山铜矿采用大孔采矿嗣后充填，生产期间人员无法进入采场查看）。

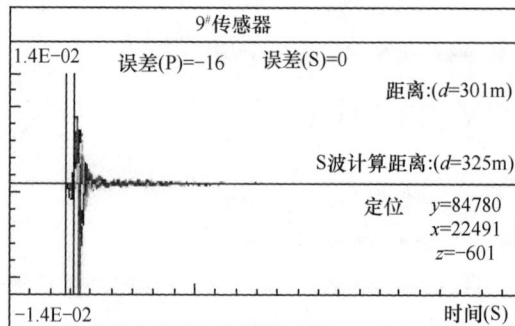

图 8　岩体活动的三维波形图

## 3.2.2 实例 2

图 9 为 54#勘探线隔离矿柱在 9 月和 10 月份的地震事件活动情况。选定的中心点坐标为：$y=84320m$，$x=22575m$，$z=-760m$，走向：143°，倾向：90°，走向长 550m，倾向长 300m，顶底板高均为 40m。从图中曲线明显可以看出，在 10 月末，地震事件的数目明显增多，而从实际矿山的开采来看，在 10 月份 54#勘探线隔离矿柱地压活动频繁，在 10 月 24 日 54#勘探线 6#采场爆破之后，-775m 水平隔离矿柱底部多处发生了破裂、片落和垮塌，局部的喷锚支护被破坏。

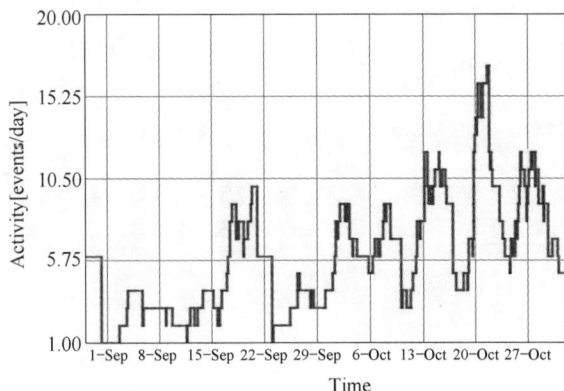

图 9　每天的活动与时间关系

## 4　结论

通过对冬瓜山微震系统检测到事件波形的分析研究，制订出了快速、准确处理深井矿山微震波形的方法和步骤。这不仅明显提高了事件定位精度，而且加快了手工处理数据的速度，实现对当天井下事件的统计分析。这为今后深入研究岩爆的发生机理、快速确定岩体潜在危险区域、掌握岩体稳定性变化趋势、制定合理的回采顺序和采矿强度、实现有岩爆危险的深井矿山的安全生产奠定了坚实的基础。

### 参 考 文 献

[1] 唐礼忠，潘长良，谢学斌，等. 冬瓜山铜矿深井开采岩爆危险区分析与预测 [J]. 中南工业大学学报，2002，33（4）：335-338.

[2] Mendecki A. J. Principles of monitoring seismic rockmass to mining [A]. Gibowicz and Lasocki eds. Rockbursts and Seismicity in Mines [C] //Rotterdam：Balkema，1997：69-80.

[3] Malovichko D. A. Study of "Low-Frequency" Seismic Events Sources in the Mines of the Verkhnekamskoye Potash Deposit [A]. Yves Potvin and Martin Hudyma eds. Rockbursts and

Seismicity in Mines - RaSiM6 [C] //Nedlands: Australian Center for Geomechanics, 2005: 373-377.

[4] Merdecki A. J. Data-driven understanding of seismic rock mass response to mining [A]. van Aswegen G, Durrheim R J, Ortlepp W D eds. Rockbursts and Seismicity in Mines - RaSiM5 [C] //Johannesburg: South African Institute of Mining and Metallurgy, 2001: 1-9.

# 深井矿山岩爆控制体系构建

杨志国[1]　于润沧[2]　郭　然[3]

（1. 北京科技大学，北京，100083；2. 中国有色工程设计研究总院，北京，100038；3. 中国有色矿业集团有限公司，北京，100055）

**摘　要**：随着矿山开采深度的增加，原岩应力水平大大提高，导致岩爆等灾害发生频率提高，矿山生产的安全性下降。以微震监测技术为中心构建深井采矿岩爆控制体系，可以提高有岩爆危险和/或危害矿山采矿的安全性。以微震监测系统为中心的岩爆控制体系主要包括：微震监测网络的建立、微震事件波形的处理、微震事件震源参数的量化、回采过程中微震震源参数变化的规律分析、危险区域的识别、危险震级的有效预测、采矿策略的调整和最佳策略的确定。

**关键词**：深井采矿；岩爆控制；微震监测；危险震级

# Establishment of Rockburst Control System in Deep Level Mining

Yang Zhiguo[1]　Yu Runcang[2]　Guo Ran[3]

（1. University of Science and Technology Beijing, Beijing, 100083;
2. China Non-ferrous Engineering and Research Institute, Beijing, 100038;
3. China Non-ferrous Metal Mining (Group) Co., Ltd., Beijing, 100055）

**Abstract**: With the increase of mining depth, pre-mining rock stresses increase dramatically, which leads to the rise of the frequency of rock burst occurrence and the drop of mine safety. Base on the micro-seismic monitoring technology, the setting-up of the rockburst control system in deep level mining can improve the safety of mines with rockburst proneness or rockburst hazard. The control system discussed in this paper includes: establishing a micro-seismic monitoring network, processing the micro-seismic event waveforms, digitizing the micro-seismic event source parameters, analyzing the change rules and models of the source parameters during mining, identifying hazard areas and the hazardous magnitude, adjusting and adopting an appropriate mining strategy accordingly.

**Keywords**: deep mining, rockburst control, seismic monitoring, hazardous magnitude

本文原发表于《中国矿业》，2008。

深井开采过程中，由于高原岩应力及其他多种因素的作用，岩爆等矿山灾害发生的频率逐步提高，导致矿山生产的安全性下降。目前，国内对于岩爆的理论研究主要侧重于在实验室内进行岩石力学参数的测定，并据此确定岩石的岩爆倾向性；还有一些是针对国内外发生岩爆的矿山或者土木工程中典型岩石测定的力学参数，采用神经网络、模糊数学等方法对开采过程中发生岩爆的可能性进行判定；还有些利用声发射监测技术进行研究。辽宁的红透山铜矿和安徽的冬瓜山铜矿生产实践表明：刚进入高应力开采环境后，矿山就已经发生了不同程度的应力破坏事件。因此，制定系统的地下矿山深部开采岩爆控制策略，指导矿山采取适当的措施，实现高应力环境下安全生产具有重要意义。

# 1 硬岩矿山高应力区开采岩爆控制体系的构建

许多岩爆矿山生产实践表明，矿山岩爆一般经历三个阶段：（1）平静期。一般是指矿山建设和生产初期，伴随着掘进和生产爆破发生一些小型的岩爆（主要是应变型岩爆）。（2）过渡期。矿山投产后，随着开采累计矿量的不断增加，矿区岩体应力集中程度不断提高，岩体发生微小破坏的频率和范围逐渐增加，微震事件的次数明显增加，震级明显增大，具有破坏性的采矿地震时有发生。（3）活跃期。矿山生产一定时间后，由于累计采矿量的增加，岩体微小破坏逐渐聚集成核，导致破坏性较大的岩爆事件（大多为断层滑移型和矿柱型岩爆）经常产生。

理论研究和生产实践证明，震级很小的微震事件和具有破坏性的岩爆的发展过程具有相似性，也就是震级较大的事件发生前，一般都要经历平静期、过渡期和活跃期 3 个阶段。这不仅从理论上为岩爆的预测预报奠定了基础，而且为我们依据微震监测参数变化规律，适时采取预防措施赢得了时间。预防和控制措施主要包括调整回采顺序和工作面推进速度，局部采取解压爆破等。

本文构建的岩爆控制体系，以目前岩爆矿山应用比较广泛的微震监测技术为基础，吸取了国外典型硬岩岩爆矿山的应用经验，并结合了安徽冬瓜山铜矿引进南非 ISS 国际公司微震监测系统进行深井岩爆与地压监测及控制技术研究的初步成果。岩爆控制体系的构成如图 1 所示。

# 2 硬岩矿山高应力区采矿岩爆控制体系建设步骤

## 2.1 监测网络的优化布置

根据矿山设计和建设的开拓采准系统、采场分布状况、首采区域和初步确定的采区回采顺序、确定的监测系统灵敏度和精度，利用网络优化技术，在开采区域内合理布置监测岩体活动的传感器，建设井下监测站和地面控制中心，采用铜绞线或光缆建立传感器、井下监测站和地表控制中心之间的联系。

```
                              ┌────────────────┐
                              │ 高应力采矿的特点分析 │
                              └────────────────┘
        ┌──────────────────────────┼──────────────────────────┐
┌────────────────┐      ┌────────────────┐      ┌────────────────┐
│ 采场地压显著，微震 │      │ 巷道变形量大，两帮岩体 │      │ 井筒破裂、变形，ₓ │
│ 事件发生的频率高 │      │ 破裂涌出，顶部塌落 │      │ 甚至完全的失效 │
└────────────────┘      └────────────────┘      └────────────────┘
                              ┌────────────────┐
                              │   微震监测技术   │
                              └────────────────┘
   ┌──────────────┬──────────────┬──────────────┐
┌──────────────┐ ┌──────────────┐ ┌──────────┐ ┌────────────┐
│ 监测网络的优化布置 │ │ 事件波形的分析处理 │ │ 事件的分类 │ │ 事件参数的量化 │
└──────────────┘ └──────────────┘ └──────────┘ └────────────┘
```

| 开采和经济条件 | 传感器的布设 | 通信网络的布置 | P波位置的确定 | S波位置的确定 | P、S波整体调整 | 掘进和生产爆破 | 机械振动和噪声 | 岩体活动事件 | 基本参数 | 组合参数 |

```
                         ┌──────────────────┐
                         │ 采动过程微震事件分析 │
                         └──────────────────┘
```

| 日分析 | 月分析 | 年分析 | 时间序列 | 空间分析 | 统计分析 |

```
        ┌────────────────┐              ┌────────────────┐
        │   震源参数分析   │              │   区域性的分析   │
        └────────────────┘              └────────────────┘
```

| 诱发原因 | 参数对比 | 类型研究 |   |   |

```
                                   ┌─────────────┐        ┌──────────────┐
                                   │   参数变化   │        │  历史数据反分析  │
                                   └─────────────┘        └──────────────┘
```

| 应变型 | 矿柱型 | 断层型 | EI, CAV, $\sigma_A$, $K_{AS}$, ERR等 | 参数特征 | 风险估计 |

```
                              ┌──────────┐
                              │ 危险识别 │              数据选取  方法确定  模型建立  预测分析
                              └──────────┘
```

| 控制策略 | 针对性支护局部采矿布局爆破方式等 | 时间T | 位置L | 回采顺序出矿量等 | 震级m | 可能性P | 破坏性D |

```
                         ┌──────────┐    ┌──────────────┐
                         │ 调整策略 │    │ 加强支护应力释放等 │        ┌──────────┐
                         └──────────┘    └──────────────┘        │ 预防对策 │
                                                                 └──────────┘
                    ┌────────────────────────────┐
                    │   高应力区采矿的控制措施   │
                    └────────────────────────────┘
```

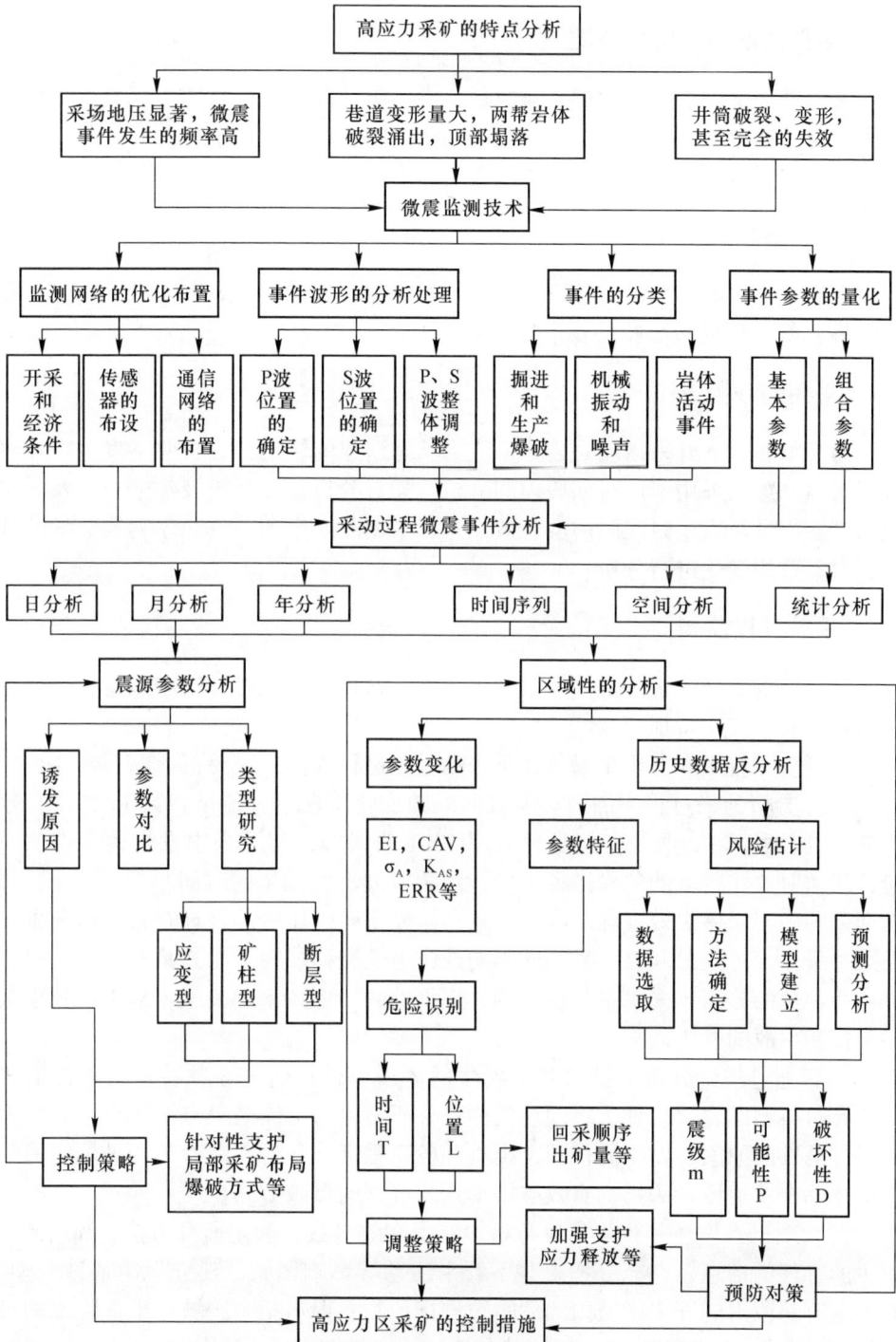

图 1  深井矿山岩爆控制体系

## 2.2　事件波形的分析与分类

及时处理微震事件的波形，对数量众多的事件波形进行有效的识别、分析和分类，通过波形处理和微震震源机理的初步判断，对各事件进行准确定位，及时反应当前井下岩体的活动状态。

## 2.3　事件参数的量化

依据量化地震学理论，计算事件的震源参数，如能量指数 $EI$，应力降 $\Delta\sigma$ 和地震势 $P$ 等，研究参数特征及事件的发生机理。

## 2.4　采用的分析方法

为了掌握井下开采活动对岩体的应力状态造成的影响，分析井下发生破坏事件的诱因，可以采用不同时间段内的分析，如日分析、月分析及年分析，及时掌握当日、当月及当年时间段内的有效信息，采用时间序列、空间序列及数学统计等，对参数的变化进行分析。

## 2.5　采动过程控制

最后，根据微震事件震源参数计算结果，对采矿区域进行集中圈定，研究各个参数的时空变化特征。

根据监测技术和分析结果对井下采动过程进行控制，主要包括以下内容：

（1）分析开采过程中的微震参数曲线的变化特征，如能量指数 $EI$ 曲线，累积的视在体积 CAV 曲线，能量释放率 ERR 曲线等，与开采中发生的事件相对应，从而对关注区域的危险进行识别，预测较大事件发生的时间 T 及位置 L，探求回采顺序与岩体失效破坏之间的关系，研究采矿工作线的合理布置；研究采场回采过程中，对围岩和临近采场的影响及应力的转移规律，尤其是在有矿柱时对矿柱稳定性的分析；采矿量与诱发的岩爆事件的产生频率的关联，从生产管理策略上控制事故的发生。

（2）通过理论分析，针对井下发生的微震事件，研究参数特征及事件的机理，针对典型的岩爆事件，将现场的调查分析结果与监测结果有机结合，研究大的事件诱发的原因、发生的机理、类型和破坏程度，分析震源参数和破坏之间的关系，确定巷道或者采场的有效支护形式及合理的爆破方式。

（3）对已经发生事件进行反分析，获得有效参数，确定研究方法，利用已经发生的事件的信息，在充分考虑井下开采活动等影响因素，建立风险估计模型，对未来时间段内的开采区域内的危险源进行预测，揭示某个区域产生危险源的可能性 P、震级 m、破坏性 D，采取诸如：减少危险性较大区域的作业人员、调整井下采矿盘区出矿比例和局部采用应力释放等预防对策。

## 3 结论

利用现代数字化微震监测技术和系统，可以实现对矿山开采过程中矿区岩体稳定状态的实时监测。针对矿山在高应力区开采出现的问题，利用微震监测系统拾取矿山井下微震事件，研究量化的微震参数与采矿活动的关系。探讨微震参数变化与采矿布置、回采顺序、支护控制等的关系，可以有针对性地采取最佳的采矿策略。分析不同时间段内不同采区范围的微震参数的变化趋势，可以实现回采过程中的风险区域预测。运用数理统计方法分析震源参数，可以预测危险震级及发生的可能性大小，以便及时采取预防措施。以微震监测技术为基础的岩爆控制体系的建立，对于有岩爆危险和/或危害的高应力深井开采的矿山而言，具有重要的指导意义。

### 参 考 文 献

[1] 杨志国, 于润沧, 郭然. 深部高应力区采矿研究综述 [J]. 金属矿山, 2007 (3), 6-9.

[2] 郭然, 潘长良, 于润沧. 有岩爆倾向硬岩矿床采矿理论与技术 [M]. 北京: 冶金工业出版社, 2003: 122-133.

[3] Alexander J, Trifu C I. Monitoring Mines Seismicity in Canada. [A]. Yves Potvinand Martin Hudyma eds. Controlling Seismic Risk-RaSiM6 [C]. Nedlands : Australian Center for Geomechanics, 2005: 353-358.

[4] Mendecki A J, Aswegen G. Seismic monitoring in mines: selected terms and definitions [A]. Rockbursts and Seismicity in Mines-RaSiM5 [C]. Johannesburg: South African Institute of Mining and Metallurgy, 2001: 563-570.

[5] R Ebrahim-Trollope, Y Jooste. Seismic Hazard Quantification [A]. Yves Potvinand Martin Hudyma eds. Controlling Seismic Risk-RaSiM6 [C] //Nedlands : Australian Center for Geomechanics, 2005: 157-158.

[6] BOSMAN J D, VISSER V V. A process of managing the seismic risk at Hartebeestfontein GM. Rockbursts and Seismicity in Mines-RaSiM5 [C] //Johannesburg: South African Institute of Mining and Metallurgy, 2001: 515-520.

[7] Mikula P A. The Practice of Seismic Management in Mines-How to Love your Seismic Monitoring System [A]. Yves Potvinand Martin Hudyma eds. Controlling Seismic Risk-RaSiM6 [C]. Nedlands : Australian Center for Geomechanics, 2005: 21-31.

[8] Basson F R P, Ras. D J R M. A Method to Examine the Time-Space Relationship between Seismic Events [A]. Yves Potvinand Martin Hudyma eds. Controlling Seismic Risk-RaSiM6 [C]. Nedlands : Australian Center for Geomechanics, 2005: 347-351.

# 冬瓜山铜矿岩爆倾向性分析

郭　然　于润沧

（北京有色冶金设计研究总院，北京，100038）

**摘　要**：冬瓜山铜矿床是我国首例埋藏深度超过千米的金属矿床，目前正在进行有岩爆倾向深埋矿床的开采技术研究。分析了冬瓜山 7 种典型岩石的弹性能量指标 $W_{ET}$、脆性系数 $R$、冲击能量指标 $W_{CF}$ 和试块储存的最大应变能 $E_S$ 等 4 项指标，认为这 7 种岩石中有 2 种具有中等岩爆倾向，2 种具有微弱岩爆倾向，还有 3 种不具有岩爆倾向。

**关键词**：岩爆；深埋矿床开采；岩爆倾向性

# Analysis on Rockburst Proneness of Dongguashan Copper Deposit

Guo Ran　　Yu Runcang

（Beijing Central Engineering and Research Institute for Non-ferrous Metallurgical Industries, Beijing, 100038）

**Abstract**: Dongguashan Copper Deposit is the first metalliferous deposit lying below surface over 1km in China. Research mining technology of deep deposit prone to rockburst is curried out. Four factors elastic energy index $W_{ET}$, brittleness index $R$, shock energy index $W_{CF}$ and strain energy stored in specimen $E_S$ of seven typical types of rock at Dongguashan Deposit are studied. It is considered that two types of the above rock are of medium prone to rockburst, two have weak proneness and other three have no proneness to burst.

**Keywords**: rockburst, deep mining, proneness to rock burst

## 1　引言

铜陵有色金属（集团）公司所属的冬瓜山铜矿床是我国首例埋藏深度超千

---

本文原发表于《有色金属》，1998。

米的金属矿床。深埋矿床将来开采时有可能遇到岩温高、地压大和发生岩爆等问题，应提前进行有关研究，为大规模开发该矿床做好技术上的准备。近几年，随着大规模开发冬瓜山矿床日期的不断逼近，有岩爆倾向深埋矿床的开采技术研究工作正在逐渐展开。

岩爆的发生是由于岩体沿地质不连续面的突然滑动或完整岩体产生裂纹并产生裂纹的不稳定扩展。岩爆的显著特点是岩体破坏突然发生，并伴随有大量地震能量释放，到目前为止，人们还没有找到公认的及时准确进行岩爆预报的方法。然而，在矿床开采前对其岩石进行岩爆倾向性研究还是可能的。岩爆倾向性指标很多，本文仅用通过试验室试验比较容易确定的弹性能量指数 $W_{ET}$（或称岩爆倾向指数）、脆性系数 $R$、冲击能量指标 $W_{CF}$ 和试块储存的最大应变能 $E_S$ 等四个参数对冬瓜山七种典型的岩石进行岩爆倾向性分析和研究。

岩石具有岩爆倾向性并非总是意味着岩爆会发生。有倾向性只说明它一旦发生，其破坏将是猛烈的。但岩爆发生与否还与岩体内地质不连续性的分布及其性质以及应力场及其变化有密切关系。岩石不具有岩爆倾向性，研究岩爆的预报和防治就没有意义。因此，岩爆倾向性研究是有关岩爆系列研究工作的第一步。

## 2 冬瓜山矿床赋存特点

冬瓜山矿床地表为丘陵地带，地面最大海拔标高 182m，最低 15m。矿区共探明矿体 126 个，其中 I 号矿体是主矿体。占铜总储量的 98.8%。赋存标高为 -670~-1000m。I 号矿体位于青山背斜轴部，赋存于黄龙-船山组层位中。矿体严格受层位控制，呈不完整鞍状似层状产出，产状与围岩基本一致，与背斜形态相吻合。矿体走向 35°，走向长 1810m；矿体向两翼，即向北西和南东倾斜，最大倾角 30°~35°，矿体水平投影宽度 204~882m；矿体最大厚度 107m，一般为 30~50m。

矿体主要为含铜矽卡岩，含铜黄铁矿、含铜磁黄铁矿和含铜蛇纹石。

矿体顶盘围岩由侵入岩体、矽卡岩和大理岩组成。石英闪长岩是矿区内主要侵入岩，以岩墙、岩枝状产于主矿体的东部和南部；大理岩是矿体主要顶盘，分布在矿体西部和北部，部分变质强烈为矽卡岩。

矿体底盘围岩主要是粉砂岩，除矿体东南部局部地区的底盘围岩由侵入体代替外，其余地区均为粉砂岩。

## 3 冬瓜山典型岩石常规岩石力学试验

根据矿岩分布特点，选择了栖霞组大理岩、黄龙组大理岩、粉砂岩、石英闪长岩、矽卡岩、石榴子石矽卡岩和含铜磁黄铁矿等七种代表性岩石，进行了容重的测定、弹性波波速测定、单轴抗压试验（包括变形试验）、普通三轴抗压试验和劈裂试验（巴西试验）。试验过程在此不做详细介绍。这里仅给出各力学参数试验结果（见表 1）。

表 1　冬瓜山典型岩石力学参数

| 岩性 | 栖霞组大理岩 | 黄龙组大理岩 | 粉砂岩 | 石英闪长岩 | 矽卡岩 | 石榴子石矽卡岩 | 含铜磁黄铁矿 |
|---|---|---|---|---|---|---|---|
| $Ed/E$ | 1.870 | 1.55 | 1.85 | 1.41 | 2.04 | 2.11 | 1.93 |
| $E/\text{GPa}$ | 22.31 | 12.80 | 40.40 | 45.11 | 49.90 | 50.88 | 51.48 |
| $\mu$ | 0.2570 | 0.3290 | 0.2087 | 0.2644 | 0.3124 | 0.2499 | 0.2532 |
| $\sigma_c/\text{MPa}$ | 74.04 | 50.38 | 187.17 | 306.58 | 190.30 | 170.28 | 304.0 |
| $\sigma_t/\text{MPa}$ | 8.96 | 3.40 | 19.17 | 13.90 | 17.13 | 12.07 | 9.12 |
| $\sigma_c/\sigma_t$ | 8.26 | 14.82 | 9.76 | 22.06 | 11.11 | 14.11 | 33.33 |
| $C/\text{MPa}$ | 12.00 | 11.23 | 30.53 | 33.01 | 21.43 | 20.71 | 44.33 |
| $\phi/(°)$ | 45.28 | 39.51 | 51.01 | 57.01 | 56.21 | 58.91 | 53.02 |

　　研究岩爆倾向性，仅进行常规力学参数测定还远不够，更重要的是找出影响岩爆倾向性的主要因素，并通过分析求出反映岩爆倾向性的指标，从而判断岩石是否有岩爆倾向性。

## 4　有岩爆倾向岩石的特点

　　岩爆与一般意义上的岩体失稳（硐室冒顶和矿柱垮落等）不同，它的特点是来势突然、破坏猛烈且同时伴随大量地震能量释放，而一般的冒顶和矿柱垮落后只有重力做功，没有岩爆常伴随的弹射或振动现象。岩爆发生是由于岩体极限平衡状态被打破，非岩爆型岩体失稳也是其力学极限平衡状态遭破坏。二者的区别就在于，前者造成的岩体破坏，不仅由于构造应力和采矿次生应力联合作用打破了岩体的力学平衡，而且在极限平衡被破坏之前，岩体内储存的应变能大量积聚，这部分积聚的应变能又远远大于岩体极限平衡破坏后岩体继续破坏所需能量，因此一旦平衡状态被打破，储存的大量应变能将以无法控制的方式释放出来，而后者在极限平衡前积聚的能量较少，失稳后这小部分能量缓慢释放出来，没有什么过剩的能量。

　　人们在分析岩爆倾向性时，首先关心的是岩体破坏前（特别是弹性屈服前）储存应变能的大小，其次是岩体破坏前储存的弹性应变能与破坏过程中消耗的能量之比，再次就是岩体破坏时的猛烈程度，直接确定描述岩体上述特性的参数难以实现，通常是在实验室内用电液伺服控制刚性压力机测定岩石试块的应力-应变全过程曲线，据此得出有关参数间接判断岩体的岩爆倾向性。应用较广泛且比较容易测定的有以下几个参数：弹性能量指数（岩爆倾向性指数）$W_{\text{ET}}$、脆性系

数 $R$、冲击能量指标 $W_{CF}$ 和岩石试块储存的最大应变能 $E_S$。$W_{ET}$、$R$ 和 $W_{CF}$ 的定义和计算方法以及判别标准在其他文章中有详细叙述[1]。试块储存的最大应变能 $E_S$ 的计算公式是：

$$E_s = \frac{\sigma_c^2}{2E} \qquad (1)$$

式中　$\sigma_c$——岩石试块单轴抗压强度，MPa；

　　　$E$——岩石弹性模量，MPa；

　　　$E_s$——试块储存的最大应变能，$MJ/m^3$。

值得说明的是，有的研究者用岩石应力-应变全过程曲线峰值后下降曲线的斜率，即下降刚度模量 $|M|$（因 $M$ 本身为负值，这里取绝对值）来研究岩爆倾向性，并将岩石的弹性模量与下降模量之比 $E/|M|$ 作为划分岩石有无岩爆倾向的判据：$E/|M|$<1 时岩石有岩爆倾向；$E/|M|$>1 时岩石无岩爆倾向[2]。虽然从理论上讲，用 $E/|M|$ 这一指标比用本文采用的冲击能量指标 $W_{CF}$ 更科学，但试验发现，对于有些岩石（如粉砂岩、石英闪长岩、矽卡岩和含铜磁黄铁矿）很难确定其下降模量 $M$，给研究造成困难。其实，如果假设岩石在破坏前后均呈现线弹性，则 $W_{CF}$ 与 $E/|M|$ 恰好互为倒数。因此用 $W_{CF}$ 进行岩爆倾向性研究与用 $E/|M|$ 指标具有近似等效作用。另外，法国的 F. Homand 等人建议用低围压（$\sigma_3 = 0 \sim$ 2MPa）的三轴试验代替单轴试验测定 $M$[3]。然而，即使这样有时也难以求出有代表性的下降刚度模量 $M$。

岩石的脆性指标也不只是 $R$ 一个，比如 HUCK 和 DIS 将岩石脆性系数定义为[3]：

$$\sin\phi = \frac{\sigma_c - \sigma_t}{\sigma_c + \sigma_t} \qquad (2)$$

式中　$\sigma_c$——岩石单轴抗压强度，MPa；

　　　$\sigma_t$——岩石单轴抗拉强度，MPa。

用库仑-莫尔破坏准则，这里的"$\phi$"就是岩石破坏时的内摩擦角。用本文采用的脆性系数 $R$（$\sigma_c/\sigma_t$），对于不同岩石它的变化范围和幅度均大，更便于对岩石脆性作出评价。

## 5　冬瓜山典型岩石岩爆倾向性指标

采用日本丸东制作所生产的 SG-1065S 型电液伺服控制三轴刚性压力机，对冬瓜山的栖霞组大理岩、黄龙组大理岩、粉砂岩、石英闪长岩、矽卡岩、石榴子石矽卡岩和含铜磁黄铁矿等七种典型矿岩进行了应力-应变全过程曲线和加卸载试验。经分析计算得出如下岩爆倾向性指标（见表2）。

表 2　冬瓜山典型岩石岩爆倾向性指标

| 岩性 | 栖霞组大理岩 | 黄龙组大理岩 | 粉砂岩 | 石英闪长岩 | 矽卡岩 | 石榴子石矽卡岩 | 含铜磁黄铁矿 |
|---|---|---|---|---|---|---|---|
| $W_{ET}$ | $\dfrac{3.11}{5}$ | $\dfrac{3.11}{5}$ | $\dfrac{7.27}{2}$ | $\dfrac{10.57}{1}$ | $\dfrac{3.97}{4}$ | $\dfrac{5.76}{3}$ | — |
| $W_{CF}$ | $\dfrac{2.13}{6}$ | $\dfrac{1.84}{7}$ | $\dfrac{8.91}{3}$ | $\dfrac{17}{1}$ | $\dfrac{5.6}{4}$ | $\dfrac{3.19}{5}$ | $\dfrac{10.24}{2}$ |
| $E_s(MJ/m^3)$ | $\dfrac{0.124}{6}$ | $\dfrac{0.102}{7}$ | $\dfrac{0.535}{3}$ | $\dfrac{0.893}{2}$ | $\dfrac{0.353}{4}$ | $\dfrac{0.289}{5}$ | $\dfrac{0.953}{1}$ |
| $R$ | $\dfrac{8.26}{7}$ | $\dfrac{14.82}{3}$ | $\dfrac{9.76}{6}$ | $\dfrac{22.06}{2}$ | $\dfrac{11.11}{5}$ | $\dfrac{14.11}{4}$ | $\dfrac{33.33}{1}$ |

注：指标栏横线上数字为指标值，下面数字为该指标确定的岩爆倾向性排序。

## 6　讨论

根据有关文献[1,2]介绍的判别标准：$W_{ET} \geq 5$ 时有强烈岩爆倾向，$W_{ET} = 2 \sim 5$ 时有中等岩爆倾向；$W_{ET} < 2$ 则无岩爆倾向；$R > 18$ 强烈岩爆倾向，$R = 10 \sim 18$ 中等岩爆倾向，$R < 10$ 则无岩爆倾向；$W_{CF} > 3$ 强烈岩爆倾向，$W_{CF} = 2 \sim 3$ 中等岩爆倾向，$W_{CF} < 2$ 无岩爆倾向；$E_s > 0.75MJ/m^3$ 有强岩爆倾向，$E_s = 0.5 \sim 0.75MJ/m^3$ 中等岩爆倾向，$E_s < 0.5MJ/m^3$ 无岩爆倾向。通过对大量文献的分析，作者认为在这四项指标中 $W_{ET}$ 对岩爆倾向性判断所起的作用最大，其他三项指标为辅助指标。且都与 $W_{ET}$ 有一定的对应关系，既然 $W_{ET}$ 是主要指标，那么确定 $W_{ET}$ 的标准就是至关重要的。前述 $W_{ET}$ 标准是波兰人根据煤矿煤爆的研究制定的；法国人[3]通过对四座煤矿 $W_{ET}$ 的测定和矿山现场观察发现 $W_{ET} > 10$ 时有岩爆现象，而 $W_{ET}$ 的数值达到 7.3 和 7.6 时还没有岩爆现象出现；加拿大人通过对萨德伯里地区多种岩石岩爆倾向性研究，推荐的 $W_{ET}$ 指标是：$W_{ET} > 15$ 有强岩爆倾向，$W_{ET} = 10 \sim 15$ 中等岩爆倾向，$W_{ET} < 10$ 低岩爆倾向，容易理解，由于煤爆频率一般高于岩爆（这里指高强度的非煤矿岩岩爆）；因此可以认为波兰的标准偏低，而加拿大推荐的标准可能更适合于我们对金属矿山的岩石进行岩爆倾向性判别。

根据表 2 所示测试数据和结果以及以上讨论介绍的判别标准：石英闪长岩和含铜磁黄铁矿按所有测定的指标判断（含铜磁黄铁矿未测 $W_{ET}$）均有中等岩爆倾向；栖霞组大理岩按 $W_{ET}$ 和 $W_{CF}$ 两项指标判断有轻微岩爆倾向，而根据其他两项指标判断则无岩爆倾向；黄龙组大理岩按 $W_{ET}$ 和 $R$ 两指标判断有轻微岩爆倾向，而按另两指标则无倾向；粉砂岩的 $W_{ET}$ 和 $W_{CF}$ 表明有轻微至中等岩爆倾向，而其他两指标则无岩爆倾向；矽卡岩 $W_{CF}$ 表明有较强岩爆倾向，按 $W_{ET}$ 和 $R$ 判断有轻微倾向，按 $E_s$ 判断无岩爆倾向；石榴子石矽卡岩按 $W_{ET}$ 和 $W_{CF}$ 判断有较强岩爆倾向，按 $R$ 判断有轻微倾向，而按 $E_s$ 判断则无岩爆倾向。

通过上述讨论，作者认为，在进行新矿山建设前，根据初步分析已有岩石力学参数（由常规岩石力学试验确定）怀疑有可能遇到岩爆危害时，应专门进行该矿山典型岩石的岩爆倾向性研究，也就是进行有关试验确定本文提出的四项指标。主要根据 $W_{ET}$ 指标判断岩爆的倾向性，然后再用其他三个指标进行校核，从而判断其岩爆倾向性。一旦判定有岩爆倾向性，在采矿方法选择、采场结构参数及回采顺序确定时要按照有利于控制岩爆的理论进行设计，达到防止岩爆发生或降低不可避免岩爆的强度的目的。

## 7 结论

综上所述，对所研究的冬瓜山七种岩石而言，石英闪长岩和含铜磁黄铁矿有中等岩爆倾向；粉砂岩和石榴子石矽卡岩有轻微岩爆倾向；栖霞组大理岩、黄龙组大理岩和矽卡岩基本无岩爆倾向。

冬瓜山矿床顶盘围岩局部为侵入体（石英闪长岩），岩体强度高且构造应力大（$\sigma_1 > 30MPa$），开采时应引起高度重视。矿体本身强度很高（岩石试块 $\sigma_c >$ 300MPa），脆性系数大，具有储存较大应变能的特点，一旦发生失稳破坏，其破坏将是剧烈的。因此在设计时应采取必要的措施以保证采场作业人员的安全。

### 参 考 文 献

［1］郭然. 深埋矿床开采中的岩爆问题［J］. 有色矿山，1998（1）.

［2］Singh S P. Mining Science and Technology［J］. 1989（8）：253.

［3］Homand F, et al. Dynamic Phenomena in Mines and Characteristics of Rocks［J］. Rockbursts and Seismicity in Mines 90, 139.

# 基于 Anylogic 的深井矿山斜坡道运输系统仿真

李少辉[1,2]　秦　智[1,2]　张爱民[1]

（1. 中国恩菲工程技术有限公司，北京，100038；
2. 中国矿业信息化协同创新北京市工程研究中心，北京，100038）

**摘　要**：概述了 Anylogic 仿真软件的特点，针对深井矿山斜坡道系统运输能力验证及优化问题，提出基于 Anylogic 软件的斜坡道运输系统仿真方法和流程，并对应用案例进行了介绍。

**关键词**：Anylogic；深井矿山；斜坡道运输；系统仿真

# Simulation of Deep Mine Ramp Transportation System Based on Anylogic

Li Shaohui[1,2]　　Qin Zhi[1,2]　　Zhang Aimin[1]

（1. China ENFI Engineering Corporation，Beijing，100038；
2. China Mining Innovation Center，Beijing，100038）

**Abstract**：This article demonstrates the characteristics of Anylogic. Focus on verifying and optimizing a deep mine ramp transportation system, a method and procedure to build simulation system using Anylogic is presented. Furthermore, we provide a case study of a real mining system to demonstrate the simulation progress and outcome analysis.

**Keywords**：Anylogic, deep mine, ramp transportation, simulation

地下矿山是一个复杂、多层次的连续生产系统，矿石和废石从地下采场至地面的运输是其中一个重要环节，深井矿山斜坡道运输系统线路长，道路狭窄车辆避让困难，运输效率受多种因素影响和制约，并且这些影响和制约具有随机性，系统瓶颈的识别十分困难，也很难采取恰当的、有针对性的措施去改善，对于这样复杂系统的运输能力验证及优化，传统的方法已很难解决问题。系统仿真在地

---

作者简介：李少辉（1987—），男，中国恩菲工程技术有限公司，高级工程师，主要从事矿山工程设计和研发工作。

下矿山运输系统的应用，将为矿山运输系统的分析、研究和设计提供重要的辅助决策工具和手段，不仅可以在创建运输系统前进行虚拟仿真，还可以在已有运输系统的基础上进行仿真优化。其主要优点有：

（1）建立现实中难以构建的复杂系统，做系统分析收集和积累信息。

（2）可反复对系统进行运行，解决复杂的随机问题。

（3）可以把复杂系统降阶成若干子系统以便于分析。

（4）通过系统仿真，能启发新思想与新策略，暴露原系统中的隐藏问题，以便及时解决。

（5）系统仿真可以节约大量实验费用和时间。

（6）构建理论上设计的系统，提前验证设计系统，作为预测将来的一种手段[1,2]。

因此引入多方法仿真软件 anylogic，分析斜坡道通过能力，对多种运输方案进行对比，识别系统瓶颈，解决斜坡道运输系统设计方案验证和优化问题。

# 1　深井矿山斜坡道运输系统概述

## 1.1　系统特点

斜坡道运输系统是运送矿石、人员、材料、设备以及连接各生产中段的运输系统。斜坡道运输系统包括铲运机（电动/柴油）、卡车（电动/柴油）、盘区溜井、中心溜井、破碎站、运输线路等，可简化为列车、装矿点、线路、卸矿点。其示意图如图 1 所示。

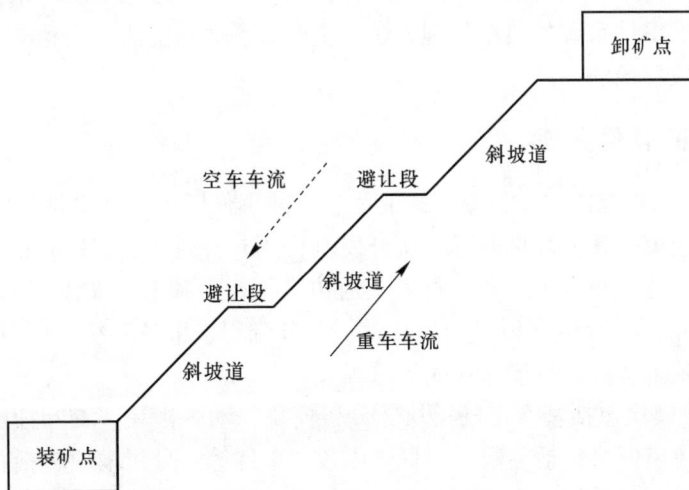

图 1　斜坡道运输系统示意图

斜坡道仿真系统的属性包括运输设备的数量、运行速度、装载量、运输设备的避让等待时间、重车运输时间、空车运输时间；装矿点的数量、位置、容量装矿过程中故障及处理时间；线路的长度、线路的忙闲状态；卸矿点的卸矿时间、容量、列车同时到达卸矿点的排队时间等。

系统的活动是通过运输设备的运行，将矿石从装矿点运到卸矿点卸矿。在系统活动中有各实体正常运行和故障中断并进行维修两类事件。正常工作需要计算运行时间、装载时间、卸载时间、运输量等，故障中断首先判断是否产生故障并进行故障维修[3]。

## 1.2　离散事件系统仿真方法

斜坡道运输系统属于典型的离散事件，由于离散事件系统具有离散性和随机性，现有的数学工具没有办法对它进行准确的分析，因此进行计算机模拟是目前工程使用中最为有用的方法之一。它对辅助系统设计、决策支持等都具有非常重要的作用。

离散事件系统仿真是对状态变量只在一组离散时间点上发生变化的系统进行建模。仿真模型用数值方法进行分析，而不是用解析的方法进行分析。在使用数学化的仿真模型中，模型是"运行"的，不是被求解出来的，即系统的仿真过程产生于对实际模型一系列的假设，然后收集实际数据以估计和分析实际系统的性能。实际系统的仿真模型相当庞大，操作和存储的数据量很大，因此必须借助计算机实现仿真模型的运行，当使用仿真软件包甚至用手工进行仿真时，建模者采用一种策略或者定向来开发一个模型。因离散事件模型的特点，实体活动、进程都是以事件为基础构成的，所以从事件、活动和进程这三个层次来组织事件构成了处理离散事件系统的典型处理方法，主要有事件调度法、进程交互法、活动扫描法和三段扫描法。

## 2　Anylogic 软件分析

Anylogic 软件能同时支持基于智能体、离散事件、系统动力学、Petri 网等多种方法混合建模仿真，并可通过二次开发制作用户控件库。Anylogic 应用领域包括物流、供应链、制造生产业、行人交通仿真、行人疏散、城市规划建筑设计、Petri 网、城市发展及生态环境、经济学、业务流程、服务系统、应急管理、GIS 信息、公共政策、港口机场、疾病扩散等。

Anylogic 模块包括基本建模模块、分析模块、动画模块、交互模块、数据模块等。基本建模模块包括参数、变量、函数、事件等。分析模块包括各种统计数据和图表（条形图、饼状图、时间图、直方图和甘特图等）。动画模块有二维动画和三维动画，包括各种基本几何图形、外部图片和三维模型、CAD 图、GIS 地

图、视图区域等。交互模块包括按钮、编辑框、单多选、滑块等。数据模块包括
Excel、文本、数据库等。Anylogic 支持仿真、优化、蒙特卡罗、敏感性分析等多
种实验类型，仿真结果可以导出为独立运行程序，脱离软件环境在互联网上运行
或集成到其他程序中。Anylogic 拥有丰富的建模组件，其中交通库、标准库作为
本次模拟的基础，既可以真实地反映实验相关的环境状况，又可以方便快捷地将
运载车辆调度和相关的运输、装卸、资源分配等离散事件模型结合起来[4]。

## 3　深井矿山斜坡道运输系统仿真流程

　　基于 Anylogic 软件对地下矿山运输系统进行仿真模拟的一般流程如图 2
所示。

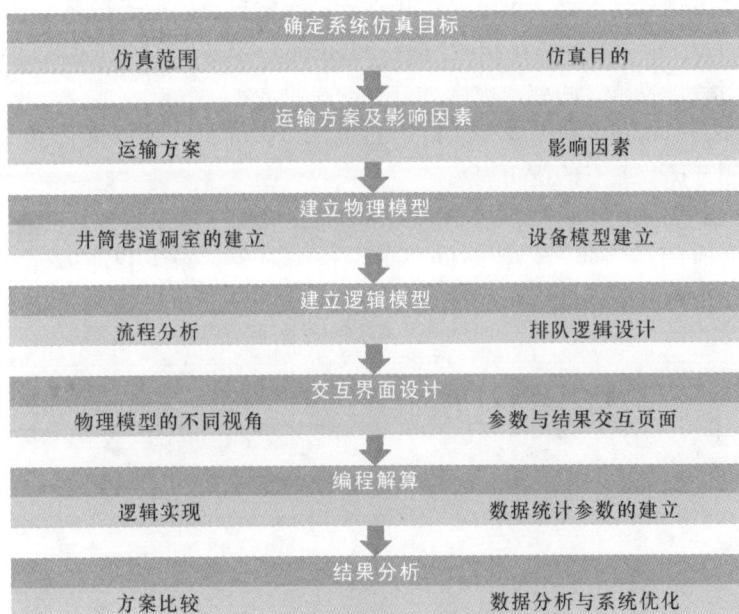

图 2　系统仿真流程图

　　（1）确定系统仿真目标。首先需要进行仿真需求分析，确定系统仿真的范
围和仿真目的，即要通过仿真解决哪些问题，并据此进行逻辑模型设计和数据分
析功能设计。
　　（2）运输方案及影响因素。依据设计的运输方案，整理出影响运输效率的
因素，斜坡道运输系统仿真中，需确定设备型号、运行速度、载重量、满载系
数、维修保养计划，运输线路的布置，装载点、卸载点的位置，装载卸载时间，
车辆避让方案等。
　　（3）建立物理模型。对于有轨运输，用 Anylogic 软件中的轨道库建立物理模

型；对于无轨运输，采用 Anylogic 软件中的道路交通库建立物理模型。首先需要导入运输系统的设计图作为参考，并调整好尺寸比例。使用道路交通库中的"停止线"、轨道库中的"轨道上的位置"表示装矿点、卸矿点、让车等待点等位置。

（4）建立逻辑模型（见图 3）。根据运输方案，使用 Anylogic 中的逻辑组件建立运输系统的逻辑模型，定义运输线路及运输流程。斜坡道运输仿真中常用组件包括：

1）Car Source：用于初始化车辆流，它生成车辆并将它们放置于运输线路上，可定义车辆类型、初始位置、初始速度等参数。

2）Car Move To：用于控制车辆移动，车辆只有在处于 Car Move To 组件中时才可以移动，如从某一道路运行至另一条道路中的停止线、路口或停车场，可指定线路或让车辆自动寻路，可定义车辆在不同运输道路中的运行速度。

3）Delay：延迟智能体给定时间量，可按照一定条件定义延迟时间，可用于车辆让车等待、装载、卸载、检修等过程的逻辑表示。

4）Select Output：根据概率或指定的条件，引导进入的智能体到某一出口，可用于车辆选择装载点的逻辑表示。

5）Time Measure Start、Time Measure End：构成一对对象测量智能体花费在它们之间的时间，例如"停留时间"等，这个对象记录下智能体经过的时间，可用于统计车辆单个循环所用的时间等。

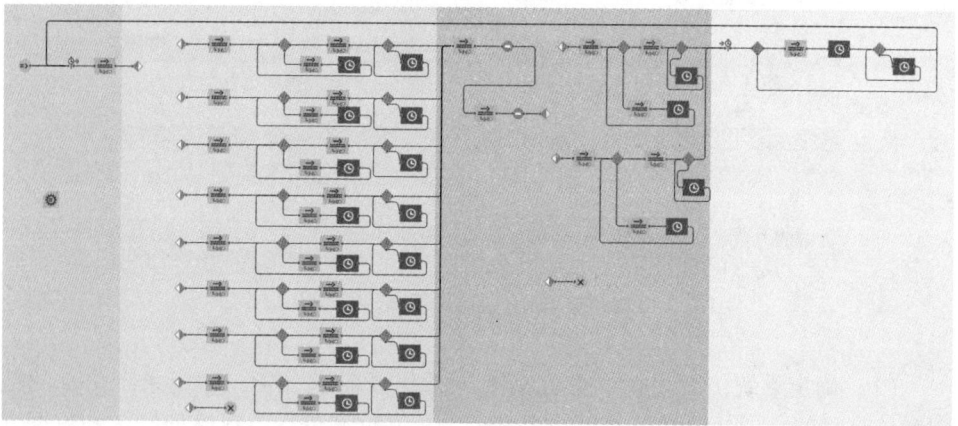

图 3　仿真系统逻辑模型示意图

（5）交互界面设计。用于需要通过交互界面定义仿真模型的参数、观察仿真模型运行过程、仿真结果数据和相关图表等，如图 4 所示。

（6）编程解算。基于逻辑模型，通过编写 Java 代码，完成逻辑功能实现。

（7）结果分析。通过输入不同的参数，获取不同运输方案的仿真结果，验证运输系统生产能力，找出系统瓶颈并进行优化（见图 5）。

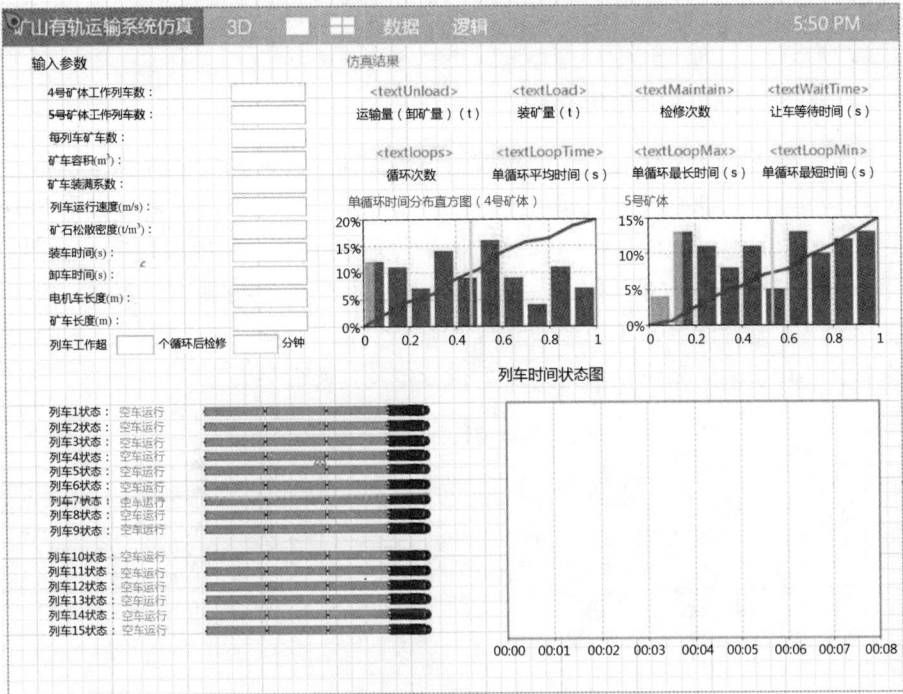

图 4　交互界面设计示意图

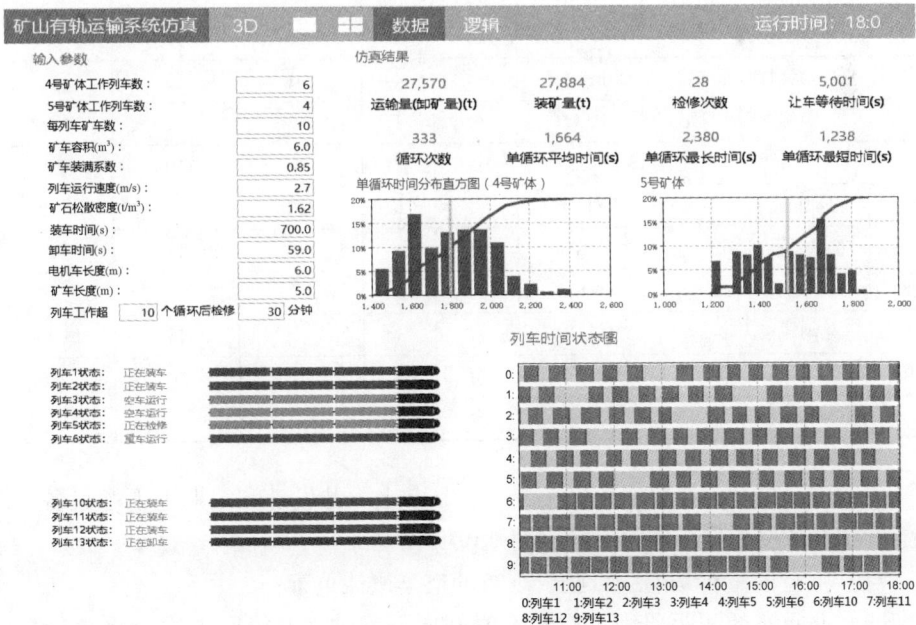

图 5　结果分析示意图

# 4　应用案例

## 4.1　某深井矿山斜坡道系统概述

　　某深井矿山设计通地表的辅助斜坡道，负责部分坑内人员、材料和设备等运输使用，并兼作深部开采进风通道之一，该斜坡道由地表掘进至地表以下 1480m 水平，生产期间逐渐向深部矿体延深。正常段坡度 15%，弯道段坡度 8%，净断面尺寸为 4.5m×3.8m（宽×高），总长度约 12km。斜坡道每隔 300~400m 设 1 个缓坡段，用于无轨设备错车，错车道断面尺寸为 6.1m×4.2m（宽×高）。斜坡道与各个中段连通，供无轨设备行走。运行设备及其参数见表 1。

**表 1　斜坡道运行设备及参数**

| 序号 | 设备名称 | 设备型号 | 单位 | 台数 | 每台用电功率/kW | 下行速度/km·h⁻¹ | 上行速度/km·h⁻¹ |
|---|---|---|---|---|---|---|---|
| 正常工况下：斜坡道运行设备 | | | | | | | |
| 1 | 服务车（通用底盘） | JY-5 | 台 | 14 | | 20 | 15 |
| 2 | 井下生产指挥车 | | 台 | 4 | | 25 | 20 |
| | 合计 | | 台 | 18 | | | |
| 事故维修工况下：定期使用斜坡道 | | | | | | | |
| 1 | 浅孔凿岩台车（单臂） | Boomer 281 | 台 | 10 | 63 | 12 | 8 |
| 2 | 浅孔凿岩台车（双臂） | Boomer 282 | 台 | 4 | 125 | 12 | 8 |
| 3 | 锚杆台车 | DS311 | 台 | 4 | 70 | 12 | 8 |
| 4 | 锚索台车 | DS421 | 台 | 1 | 75 | 12 | 8 |
| 5 | 撬毛台车 | Scamec2000M | 台 | 2 | | 10 | 8 |
| 6 | 电动铲运机（出矿） | EST1030 | 台 | 6 | 132 | 15 | 12 |
| 7 | 柴油铲运机（出矿） | ST1030 | 台 | 4 | | 15 | 12 |
| 8 | 铲运机（掘进） | WJ-3 | 台 | 6 | | 15 | 12 |
| 9 | 移动式液压碎石车 | TM12/BX30 | 台 | 4 | | 10 | 8 |
| 10 | 坑内卡车 | AJK-20 | 台 | 5 | | 20 | 16 |
| | 合计 | | 台 | 46 | | | |

　　斜坡道运行设备按照发生概率分为：日常上下井设备和定期上下井设备。定期上下井设备按为重车考虑。运行规则说明：

　　（1）上行的重车是连续行驶，下行的空车避让重车；

　　（2）与重车的间距要满足空车有时间向下行驶，并能在不影响重车行驶的情况和重车会车。

存在两种情况：

（1）$t_1 \leqslant t_2$，轻车前进至错车道 2，运行时间 $t_1$，等待重车通过；

（2）$t_1 > t_2$，轻车退至错车道 1，运行时间 $t_3$，等待重车通过。

会车模型如图 6 所示。

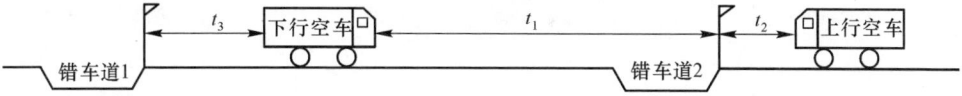

图 6　斜坡道运输系统会车模型

## 4.2　斜坡道运输仿真模型

将斜坡道三维设计图（DWG 格式）导入软件，基于交通库设置巷道、缓坡段、错车道等，依据前述斜坡道运输系统的运输流程和会车模型设计逻辑模型，如图 7 所示。在逻辑设计中，需要通过编写 Java 代码，控制各类车辆运行规则，自动让车等待并进相关数据统计。

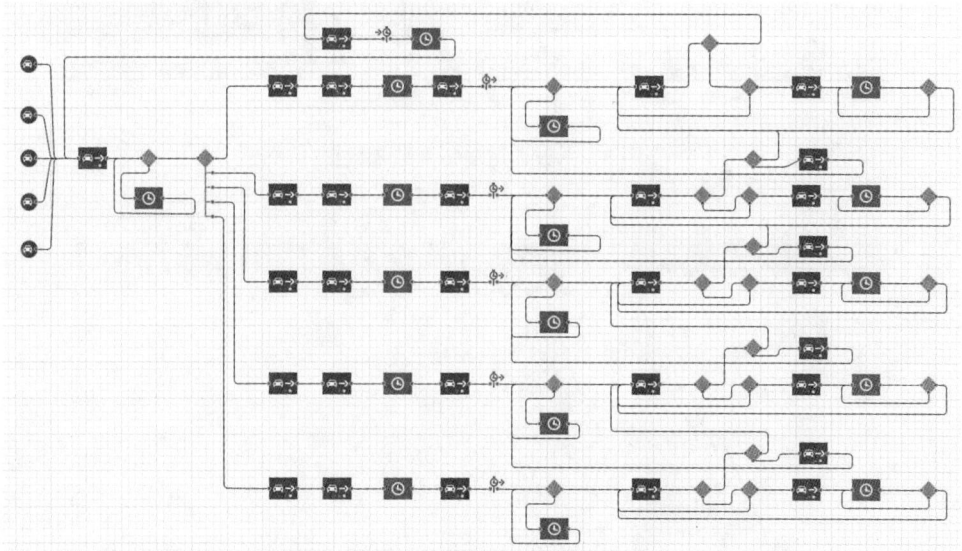

图 7　斜坡道运输系统逻辑模型

## 4.3　仿真结果可视化分析

对仿真模型进行解算并将结果导出为独立 Java 程序，可在任意计算机终端进行查看。可设置实验开始、暂停，设置仿真速度、停止时间、画面帧率等。可通过设置不同参数，对多种运输方案和工况进行仿真，验证斜坡道运输能力，斜坡道最忙碌工况下的仿真结果如图 8 和图 9 所示，可验证出斜坡道通过能力能够达到设计要求。

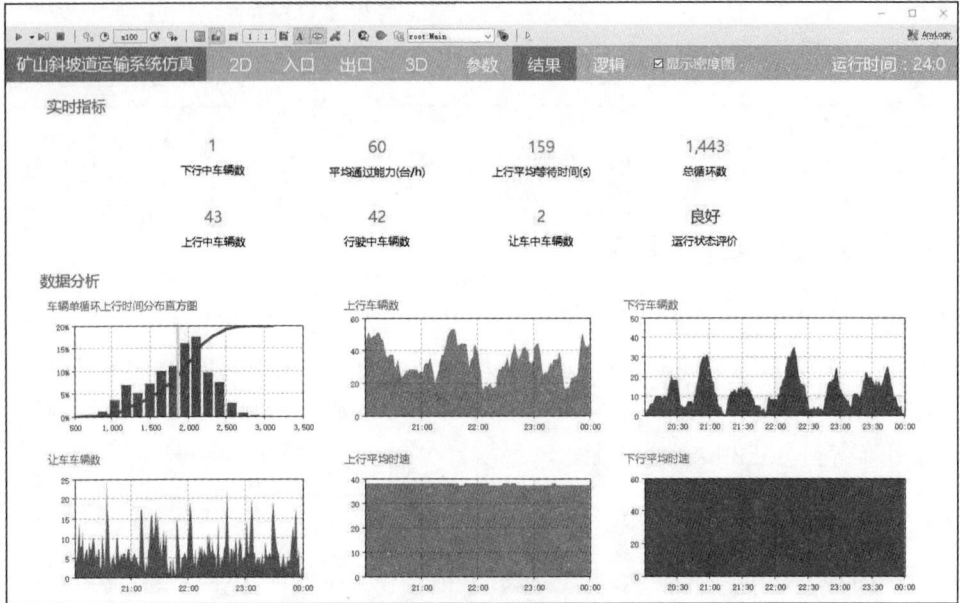

图 8　斜坡道运输仿真结果数据

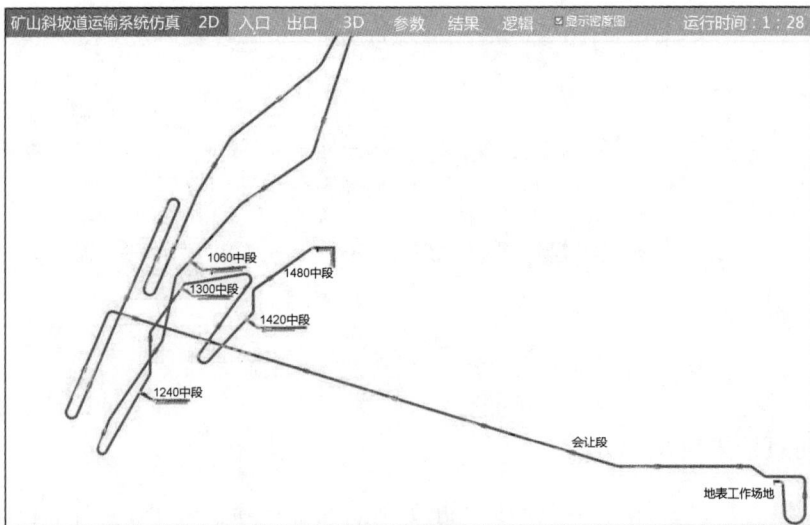

图 9　斜坡道车辆密度状况图

## 5 小结

将现代物流系统理论应用于井下矿山生产运输系统中，提出适合矿山井下运输系统的建模流程和仿真方法，并基于 Anylogic 仿真软件对矿山斜坡道运输系统进行建模求解，能够直观地反映运输系统的运行状况，是解决斜坡道系统运输能力验证和优化的有效手段。还可以将此方法应用于中段运输仿真、人员疏散仿真等多种场景中。

### 参 考 文 献

[1] 尚鹏程，陈一村，罗光亮，等 . 基于 Anylogic 的地下物流系统终端货运仿真分析 [J]. 微型机与应用，2019，38（8）：78-84.

[2] 周伟，肖英杰，吴善刚，等 . 基于 Anylogic 的耙吸装驳作业船舶交通组织仿真 [J]. 中国航海，2019，42（2）：42-46.

[3] 吴立活 . 李楼铁矿斜坡道车辆避让系统设计与实施 [J]. 矿山机械，2018，46（11）：19-22.

[4] 薛梦婕 . 基于 Anylogic 和多主体的船舶交通流仿真研究 [D]. 厦门：集美大学，2019.

# 超大规模深井矿山大型盘区矿柱稳定性特征分析

马俊生　　张少杰

（中国恩菲工程技术有限公司，北京，100038）

**摘　要**：某铁矿为超大规模深井矿山，根据矿体整体开采顺序和大规模开采的需求，在盘区之间布置了大型盘区矿柱。盘区矿柱的稳定性是关系到整个矿山能否持续稳步发展的关键技术问题。采用有限差分数值模拟软件 FLAC，对比分析了盘区矿柱不同宽度时的应力、位移和塑性区分布特征。

**关键词**：超大规模；深井矿山；垂直矿柱；稳定性分析

# Study on Stability Characteristics of Large Panel Pillar at Super Large-scale Deep Mine

Ma Junsheng　　Zhang Shaojie

（China ENFI Engineering Corporation，Beijing，100038）

**Abstract**：A iron mine is a super large-scale deep mine. According to the needs of whole mining sequence and large-scale mining, large panel pillars will be reserved between the panels. The stability of panel pillar is the key technology related to the persistent and steady development of the whole iron mine. By using finite difference code (FLAC), the distribution characteristics of stress, displacement and plastic zone in panel pillar with different widths were compared and analyzed.

**Keywords**：super large-scale, deep mine, panel pillar, stability analysis

## 1　引言

　　某铁矿为超大规模超深井矿山，设计将矿体划分为盘区，以盘区为回采单元组织生产[1]。根据矿体整体开采顺序和大规模开采的需求，盘区之间布置了大型

---

　　作者简介：张少杰（1984—），男，中国恩菲工程有限公司，高级工程师，主要从事矿山工程咨询与设计研究工作。

盘区矿柱。盘区矿柱尺寸设计过大，盘区跨度小，则回收率低，矿石损失量大；盘区矿柱尺寸设计过小，则采场的稳定性降低，发生大规模地压活动的概率加大[2~7]。因此，有必要进行超大规模深井矿山盘区矿柱稳定性特征研究，这对整个矿山安全、合理、高效地开采具有十分重要的意义，同时可为类似深井高应力矿山开采提供借鉴参考[8~12]。

目前国内外专家学者在矿柱稳定性方面取得了较多研究成果。杨志强等人[13]分析研究了金川二矿区 16 行垂直保安矿柱的受力状态以及对整个采场稳定性的作用。王乃斌等人[14]对盘区矿柱不同的回采厚度进行了数值模拟分析，研究了盘区矿柱及其周围采空区围岩内应力和应变的演化规律。吴昌雄[15]采用理论分析和数值模拟等手段，研究确定了孤立盘区矿柱的合理宽度。管佳林[16]基于卸压开采思想，模拟分析了盘区隔离矿柱不同开采顺序下采场围岩的力学响应特性，为盘区隔离矿柱安全高效开采提供了技术支撑。陈顺满等人[17]以黑良山磷矿为研究背景，分析深部回采矿柱承载机理、失稳形式和主要影响因素，计算了深部开采中矿柱的合理宽度，为深部开采中矿柱合理宽度设计提供了依据。上述研究成果大都基于中小型矿柱，在超大规模深井矿山大型盘区矿柱方面的研究较少，因此，本文针对超大规模深井矿山大型盘区矿柱，采用有限差分数值模拟方法，对盘区矿柱不同宽度时的应力、位移和塑性区分布特征进行了分析研究。

## 2　工程概况

某铁矿属隐伏盲矿床，矿体埋藏深度 404~1934m，东西长 1500m，南北平均宽度 960m，最大垂直深度 1580m，矿体平均厚度 246.84m，倾角约 70°。矿体主要呈厚层状产出，总体形态似一个巨大的"金元宝"，区内地质构造简单，岩石较完整。

根据矿体的开采技术条件，设计主要采用大直径深孔空场嗣后充填法开采。依据原矿山生产规划，设计为两中段同时上向开采，首采中段为 -1200m 中段和 -960m 中段，中段高度为 60m。盘区宽 200m，长为矿体厚度。垂直矿柱内布置盘区穿脉巷道和溜井，垂直矿柱在上面各中段开采基本完毕后再进行回采。

## 3　数值模拟

### 3.1　计算模型

根据超大规模深井矿山的工程地质条件和开采设计资料，建立 FLAC 有限差分数值模型。模型共 194,560 个平面单元，模型 $X$ 轴与矿柱走向垂直，长度为 3040m，模型 $Y$ 轴方向高度为 1600m（标高从 -1600m 至 0m）。计算时考虑垂直矿柱宽度分别为40m、60m和80m共3种情况，计算过程为：（1）计算模型在给定边界应力与位移条件下的初始状态。（2）模拟开采－1200m中段和－960m中段矿体。计算模型示意图如图1所示。

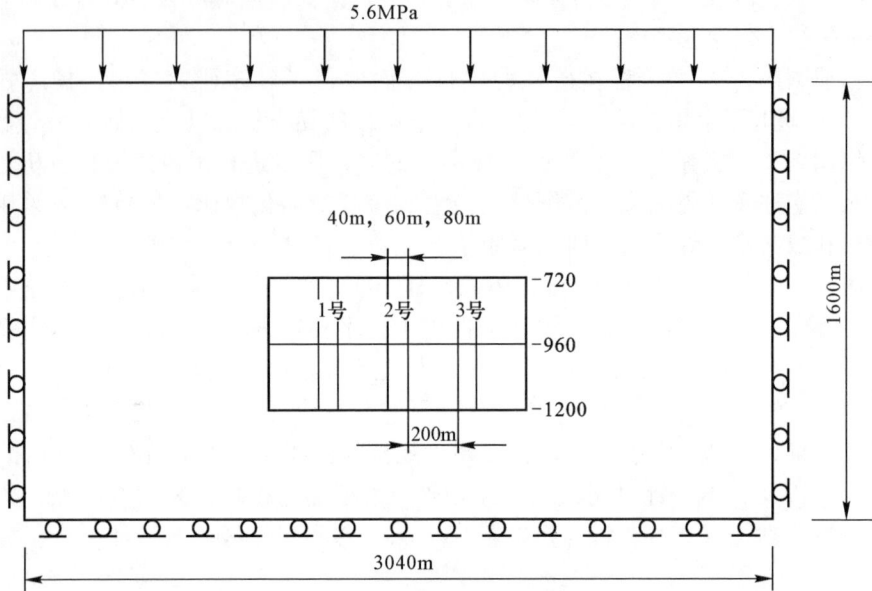

图1　计算模型示意图

## 3.2　地应力特征及边界条件

根据矿山水压致裂地应力测量研究的数据显示：矿区应力场以水平应力为主导，最大水平主应力与铅直主应力的比值均在1.61左右，最大主应力方向为近NEE向，平均方向为67.83°。矿区测点的最大水平主应力和最小水平主应力随深度变化的综合线性回归方程为：

$$\sigma_{h,\,max} = 0.4619 + 0.0389h, \quad R = 0.9632 \tag{1}$$

$$\sigma_{h,\,min} = 0.5245 + 0.0283h, \quad R = 0.9554 \tag{2}$$

式中，$\sigma_{h,\,max}$为最大水平主应力，MPa，为压应力，与矿体走向近似垂直；$\sigma_{h,\,min}$为最小水平主应力，MPa，为压应力，与矿体走向近似平行；$h$为垂直深度，m；$R$为回归系数。

研究区内的垂直应力随深度线性变化，根据矿体埋藏深度和平均岩体容重计算，模型上部施加垂直方向应力$\sigma_z = 5.6$MPa。考虑构造应力的影响，模型的水平应力分别根据式（1）和式（2）施加。模型侧面限制水平方向移动，模型底部限制垂直方向移动。

## 3.3 力学参数

根据现场地质调查和相关研究提供的岩石力学试验结果，考虑到岩体的尺度效应，模拟计算采用的岩体力学参数见表1。

表1 岩体物理力学参数

| 岩性 | 密度 $\rho/\text{kg} \cdot \text{m}^{-3}$ | 弹性模量 $E/\text{GPa}$ | 泊松比 $\mu$ | 黏聚力 $C/\text{MPa}$ | 摩擦角 $\varphi/$ （°） |
|------|------|------|------|------|------|
| 围岩 | 2900 | 25 | 0.19 | 2.5 | 41.6 |
| 矿体 | 3300 | 32 | 0.16 | 2.3 | 45.3 |
| 充填体 | 2700 | 0.87 | 0.32 | 0.76 | 36.6 |

根据材料力学特征，分别采用不同的力学模型：（1）充填体采用理想弹塑性本构模型。（2）围岩和矿体均采用复合摩尔库仑屈服准则，即

$$f_s = \sigma_1 - \sigma_3 \frac{1 + \sin\varphi}{1 - \sin\varphi} - 2c \sqrt{\frac{1 + \sin\varphi}{1 - \sin\varphi}} \tag{3}$$

式中，$\sigma_1$、$\sigma_3$ 分别为最大和最小主应力；$c$，$\varphi$ 分别为黏聚力和摩擦角。当 $f_s > 0$ 时，材料将发生剪切破坏。在通常应力状态下，岩体的抗拉强度很低，因此可根据抗拉强度准则（$\sigma_3 \geqslant \sigma_T$）判断岩体是否产生拉破坏。

## 4 计算结果分析

图2~图4为垂直矿柱宽度分别为40m，60m和80m时−1200m中段和−960m中段开采后的最大主应力场。从图中可以看出，−1200m中段垂直矿柱的应力集中程度大于−960m中段垂直矿柱的应力集中程度。中部垂直矿柱中的应力高于两侧垂直矿柱中的应力（即2号垂直矿柱中的应力高于1号垂直矿柱和3号垂直矿柱中的应力）。垂直矿柱中的应力呈X状分布。

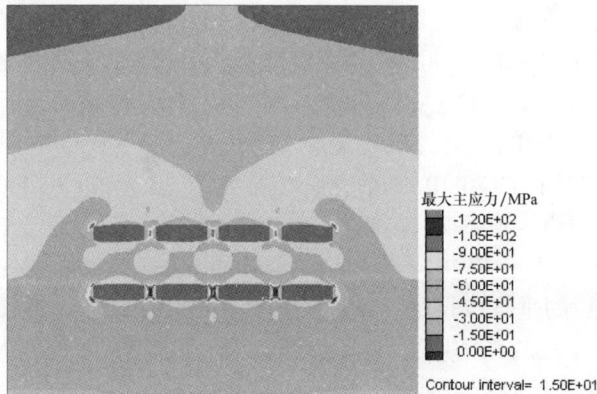

图2 垂直矿柱宽度为40m时的最大主应力场

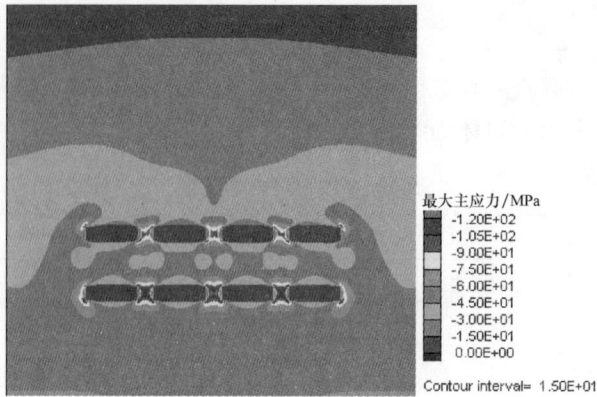

图 3　垂直矿柱宽度为 60m 时的最大主应力场

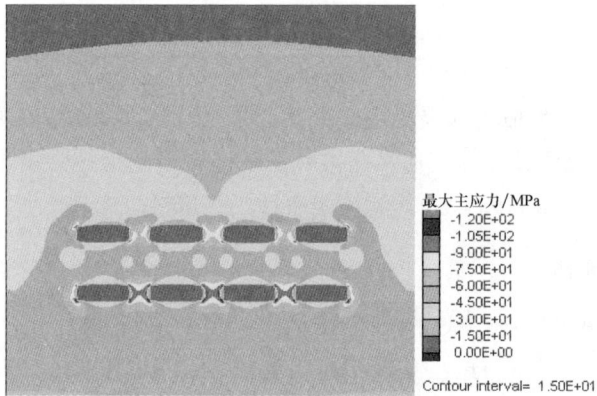

图 4　垂直矿柱宽度为 80m 时的最大主应力场

图 5~图 7 为垂直矿柱宽度分别为 40m、60m 和 80m 时 -1200m 中段和 -960m 中段开采后的垂直应力场。从图中可以看出，-1200m 中段垂直矿柱的应力集中程度大于 -960m 中段垂直矿柱的应力集中程度。中部垂直矿柱中的应力高于两侧垂直矿柱中的应力。垂直矿柱宽度为 40m 时，-1200m 中段 2 号垂直矿柱的垂直应力最大值约为 120MPa；垂直矿柱宽度为 60m 时，-1200m 中段 2 号垂直矿柱的垂直应力最大值约为 120MPa；垂直矿柱宽度为 80m 时，-1200m 中段 2 号垂直矿柱的垂直应力最大值约为 105MPa。

图 8~图 10 为垂直矿柱宽度分别为 40m、60m 和 80m 时 -1200m 中段和 -960m 中段开采后的垂直位移场。从图中可以看出，-1200m 中段的采场顶板下沉量小于 -960m 中段的采场顶板下沉量。随着垂直矿柱尺寸的增大，采场顶板的下沉量逐渐减小。

图 11~图 13 为垂直矿柱宽度分别为 40m、60m 和 80m 时 -1200m 中段和 -960m

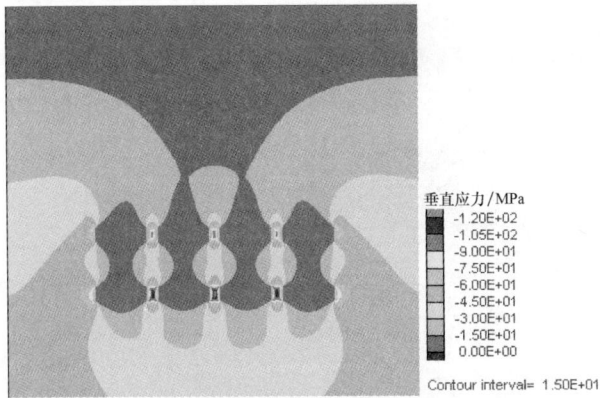

图 5　垂直矿柱宽度为 40m 时的垂直应力场

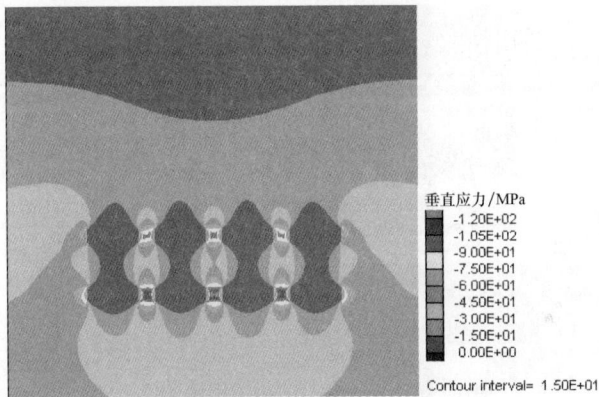

图 6　垂直矿柱宽度为 60m 时的垂直应力场

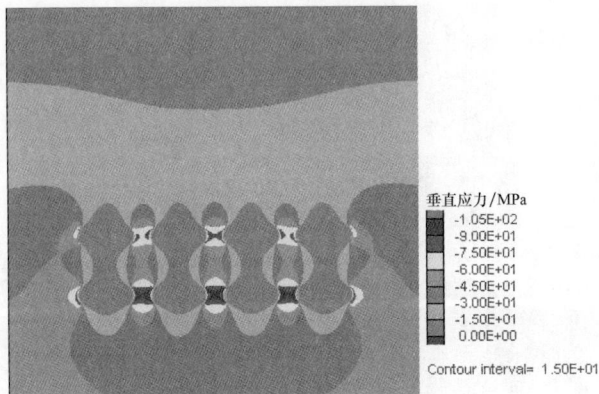

图 7　垂直矿柱宽度为 80m 时的垂直应力场

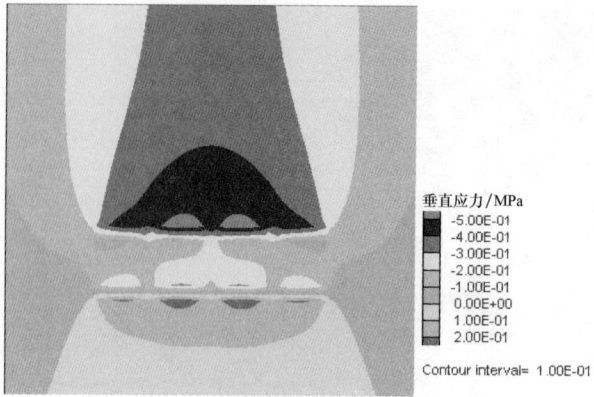

图 8　垂直矿柱宽度为 40m 时的垂直位移场

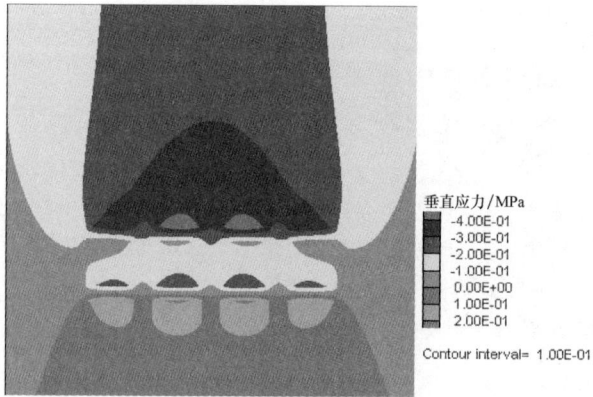

图 9　垂直矿柱宽度为 60m 时的垂直位移场

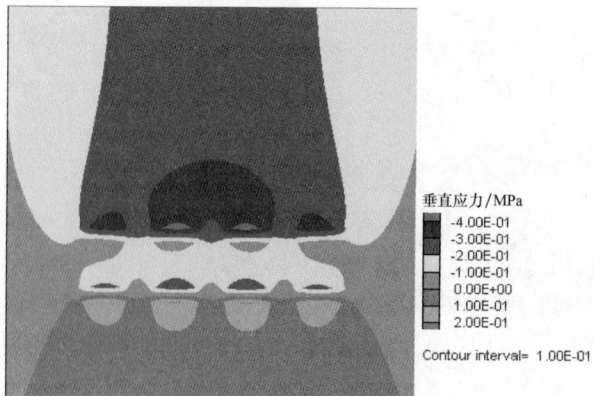

图 10　垂直矿柱宽度为 80m 时的垂直位移场

中段开采后的塑性区分布。从图中可以看出，−1200m 中段垂直矿柱进入屈服状态的范围大于−960m 中段。垂直矿柱宽度为 40m 时，−1200m 中段垂直矿柱全部进入塑性屈服状态，−960m 中段垂直矿柱为弹性屈服状态。垂直矿柱宽度为 60m 时，−1200m 中段和−960m 中段垂直矿柱中部（约占矿柱宽度 1/3 的范围）并未进入屈服状态，能起到一定的支承作用。垂直矿柱宽度为 80m 时，−1200m 中段和−960m 中段垂直矿柱中部（约占矿柱宽度 1/2 的范围）未进入屈服状态，能起到较好的支承作用。

图 11　垂直矿柱宽度为 40m 时的塑性区分布

图 12　垂直矿柱宽度为 60m 时的塑性区分布

图 13　垂直矿柱宽度为 80m 时的塑性区分布

## 5　结论

采用数值模拟方法对超大规模深井矿山垂直矿柱不同宽度时的应力、位移和塑性区分布特征进行了对比分析，为盘区间垂直矿柱宽度的确定提供了设计参考，主要得到以下结论：

（1）−1200m 中段垂直矿柱的应力集中程度大于−960m 中段垂直矿柱的应力集中程度。中部垂直矿柱中的应力高于两侧垂直矿柱中的应力。垂直矿柱中的应力呈 X 状分布。

（2）−1200m 中段的采场顶板下沉量小于−960m 中段的采场顶板下沉量。随着矿柱尺寸的增大，采场顶板的下沉量逐渐减小。

（3）垂直矿柱宽度为 40m 时，垂直矿柱全部进入屈服状态。垂直矿柱宽度为 60m 时，垂直矿柱中部（约占矿柱宽度 1/3 的范围）并未进入屈服状态，能起到一定的支承作用。垂直矿柱宽度为 80m 时，垂直矿柱中部（约占矿柱宽度 1/2 的范围）未进入屈服状态，能起到较好的支承作用。

（4）对于垂直矿柱，在后期的开采过程中，还应采取应力监测、变形监测和微震等现场地压监测手段，对垂直矿柱的稳定性进行综合分析，必要时，采取相应的技术措施，防止采场和巷道产生较大的变形和破坏。

## 参 考 文 献

[1] 中国黄金网. "双超" 矿山安全至上 [J]. 黄金, 2013 (12): 31.

[2] 马崇武, 慕青松. 金川二矿区垂直矿柱的屈服破坏过程 [J]. 岩土工程学报, 2013, 35 (zk2): 459-463.

[3] 张涛, 张帅, 张百胜. 矿柱安全留设尺寸的宽度折减法与应用 [J]. 岩土力学, 2014 (7): 2041-2046.

[4] 胡慧明. 房柱法地压处理及人工矿柱结构参数研究 [D]. 赣州: 江西理工大学, 2011.

[5] Esterhuizen G S. Evaluation of the strength of slender pillars [J]. Transactions – society for Mining Metallurgy and Exploration Incorporated, 2006, 320: 69-76.

[6] Wesseloo J, Joughin W C. South Deep gold mine regional pillar modelling Part II –non-linear modelling of the pillar behaviour [J]. Challenges in Deep and High Stress Mining, 2007: 589-597.

[7] Martin C D, Maybee W G. The strength of hard-rock pillars [J]. International Journal of Rock Mechanics and Mining Sciences, 2000, 37 (8): 1239-1246.

[8] 伦德尔 P J, 帕卡尼斯 R C. 确定硬岩矿山矿柱强度的新方法 [J]. 世界采矿快报, 1998 (4): 24-28.

[9] Kaiser P K, Kim B, Bewick R P, et al. Rock mass strength at depth and implications for pillar design [J]. Mining Technology, 2011, 120 (3): 170-179.

[10] Esterhuizen G S, Dolinar D R, Ellenberger J R, et al. Pillar and roof span design guidelines for underground stone mines [R]. National Institute for Occupational Safety and Health, 2011.

[11] Maybee W G. Pillar design in hard brittle rocks [D]. Laurentian University, 1999.

[12] 赵奎, 胡京涛, 王晓军. 矿柱稳定性联合监测与预测研究 [J]. 江西理工大学学报, 2010, 31 (3): 5-8.

[13] 杨志强, 李立涛, 高谦. 金川二矿区 16 行垂直矿柱安全高效回采实践 [J]. 有色金属工程, 2016, 6 (1): 58-62.

[14] 王乃斌, 赵继银, 张传信, 等. 盘区矿柱回采方案的优化研究 [J]. 金属矿山, 2015 (2): 49-52.

[15] 吴昌雄. 大红山 I_2 矿体孤立盘区间柱稳定性研究 [D]. 昆明: 昆明理工大学, 2014.

[16] 管佳林, 罗周全, 冯富康, 等. 盘区隔离矿柱回采顺序数值优化 [J]. 矿业研究与开发, 2012, 32 (3): 18-21.

[17] 陈顺满, 吴爱祥, 王贻明, 等. 深部回采矿柱稳定性影响因素分析及其应用 [J]. 中南大学学报 (自然科学版), 2018, 49 (8): 2050-2057.

# 露天坑充填与坑底深部矿体回采的相互影响

谢盛青　　张少杰　　刘育明　　杜贵文

（中国恩菲工程技术有限公司，北京，100038）

**摘　要：**为解决某铜矿尾砂堆存问题，拟将全尾砂制备成膏体充填料浆充填露天坑，在此之前需要对露天坑充填和坑底深部矿体开采的协同作业进行安全可行性研究。本文采用 FLAC3D 三维有限差分数值模拟方法，对露天坑充填和深部开采的相互影响进行了模拟研究，通过分别对比露天坑充填和深部开采前后的应力值和位移值，发现露天坑充填治理与地下深部开采的相互影响基本上可以忽略不计，表明全尾砂胶结充填露天坑的方案在理论上是可行的。本研究结果为露天坑充填方案的制定提供支撑依据，露天坑充填在实际运用中收到很好的效果。

**关键词：**露天坑充填；数值模拟；露天转地下；胶结充填

# Interaction between Open Pit Filling and Deep Ore Body Mining

Xie Shengqing　　Zhang Shaojie　　Liu Yuming　　Du Guiwen

（China ENFI Engineering Corporation，Beijing，100038）

**Abstract：**In order to solve the problem of tailings stacking in a copper mine, it is planned to prepare full tailings into paste filling slurry to fill the open pit. Before that, it is necessary to conduct a safety feasibility study on the cooperative operation of open pit filling and deep ore body mining. In this paper, the FLAC3D three-dimensional finite difference numerical simulation method is used to simulate the interaction between open pit filling and deep mining. By comparing the stress and displacement values before and after open pit filling and deep mining, the open pit filling control and deep underground are found. The mutual influence of mining is basically negligible, and the research results show that the scheme of full tailings cementing to fill the open pit is theoretically feasible. The results of this study pro-

作者简介：谢盛青（1985—），男，江西赣州人，高级工程师，硕士，从事采矿工程咨询与设计及充填技术研究工作。

vide a supporting basis for the formulation of open pit filling schemes. Open pit filling has achieved good results in practical use.

**Keywords**: tailings filling into open pit, numerical simulation, transition from open pit to underground mining, cemented filling

# 0　引言

随着环保要求的进一步提高, 尾砂外排成了制约矿山生产的关键问题, 国内部分矿山已经因地制宜开展了利用废弃露天坑/塌陷区排放尾矿的尝试, 如吉林吉恩镍业股份有限公司大岭矿采用浓密工艺将尾矿浓缩后排入露天坑尾矿库[1], 不仅解决了接续尾矿库选址难的问题, 同时也因为改建尾矿库未占用新的土地; 五矿集团邯邢矿业有限公司西石门铁矿将尾砂制备成胶结充填料浆充填至塌陷区[2], 在解决了地表尾矿堆存问题同时, 还治理了塌陷区, 社会和经济效益显著。上述方式打开尾砂地表堆存的思路, 也为露天转地下开采矿山废弃露天坑的治理提供了新的发展方向。对于露天转地下开采矿山, 露天坑与地下采场之间存在复杂的水力通道, 大气降水通过水力通道直接侵入地下生产系统[3], 不仅增加井下排水费用, 而且也恶化井下岩石力学条件, 对矿山安全生产影响较大。采用胶结尾砂充填露天坑, 不仅能够有效解决尾矿堆存问题, 同时也直接封堵了水力通道。然而露天坑充填需要对与坑底深部矿体回采的相互影响进行分析, 目前国内在该领域的研究有了一定的进展, 卢宏建等人以石人沟铁矿露天坑充填为工程背景, 采用理论分析与数值模拟联合手段进行论证, 最终提出了利用尾砂胶结充填治理露天坑的方案[4]; 张艳博等人针对程家沟铁矿的废弃露天坑, 采用 ANSYS 三维有限元数值模拟方法, 对排尾后的地下采场稳定性进行模拟研究, 确定了合理的采场参数[5]。本文采用 FLAC3D 软件建立露天坑和坑底矿体三维模型, 展开多工况数值模拟, 研究某铜铁矿露天坑充填和坑底深部开采的协同作业的安全问题。研究结果对解决该矿的地表尾矿堆存问题及废弃露天坑治理问题具有十分重要的意义, 也为类似矿山提供借鉴。

# 1　工程概况

某铜铁矿为典型的露天转地下开采矿山, 生产已经由露天全部转入井下。目前该矿露天坑已经闭坑, 坑底-425m、-485m 和-725m 等中段正在开采, 采选生产能力 4500t/d, 选厂产生尾砂除用于井下充填, 还有约 40% 尾砂需要外排。

该铜铁矿为水文地质条件复杂的矿山, 露天采坑和井下有了大量的水力通道, 露天坑汇水顺着水力通道灌入井下, 影响井下开采安全, 历史上曾发生露天坑塌陷, 约 1 万立方米的水在 3h 左右进入井下[6]; 同时露天采矿西侧的铜山村, 上百户民房沿边坡西侧上部由北至南长近 600m 展布, 国家一级文物古铜矿遗址位于采坑东边坡上部, 露天坑的高陡边坡存在安全隐患, 影响到露天坑附近的民居和古铜矿遗址的安全，露天坑治理迫在眉睫；同时尾矿库临近枯竭，新建尾矿库及尾矿库扩容政策上不允许。通过多方面探讨，最终确定将露天坑采用全尾砂胶结充填治理，一方面封堵水力通道、降低或消除高陡边坡滑坡风险，同时也解决尾矿堆存问题[7]。

## 2　数值模拟及计算分析

### 2.1　三维建模

根据矿山的工程地质条件、开采历史和露天采坑充填方案，建立 FLAC3D 三维数值模型，模型共 518500 个单元，模型 $X$ 轴方向长 1000m，$Y$ 轴方向长 1700m，模型高 1020m 左右，如图 1 所示。根据矿区地应力测试结果，选定 $X$ 轴方向水平应力侧压系数为 1.3，$Y$ 轴方向水平应力侧压系数为 1.05。模型侧面限制水平方向移动，模型底面限制水平方向和竖直方向移动。

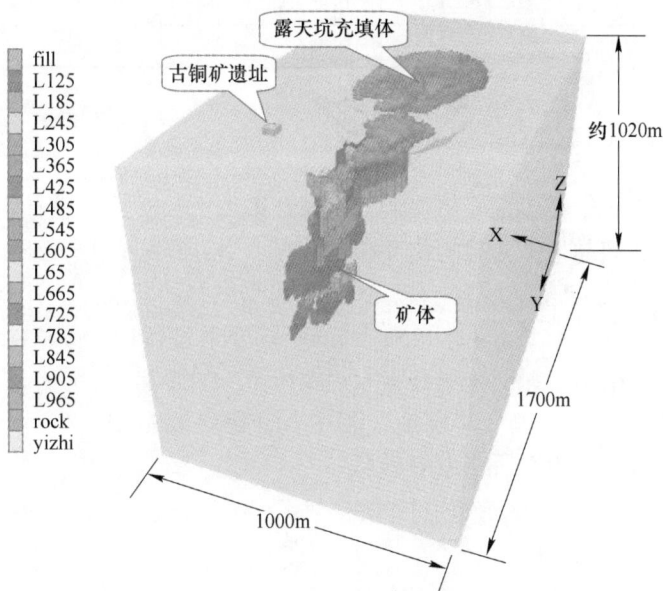

图 1　数值计算模型图

### 2.2　岩石力学参数取值

该铜铁矿边坡各岩组均属于Ⅲ类或Ⅳ类岩体，岩体质量普遍较差，其中新鲜花岗闪长斑岩岩组、大理岩岩组和磁铁矿矿石岩组的岩体质量好于其他岩组，属一般性岩体质量，而中风化花岗闪长斑岩岩组、矽卡岩岩组和斜长石岩岩组则属于差岩体质量岩组。

通过对该矿的 7 组岩性的岩石力学参数进行测试, 结合该矿的岩块物理力学参数、岩体节理状况等进行折算, 得到某铜铁矿岩体物理力学参数, 如表 1 所示。

**表 1　岩体物理力学参数表**

| 岩性 | 密度 /t·m⁻³ | 弹性模量 /GPa | 泊松比 μ | 黏结力 C/MPa | 内摩擦角 φ /(°) | 抗压强度 /MPa | 抗拉强度 /MPa |
|---|---|---|---|---|---|---|---|
| 强风化花岗闪长斑岩 | 2.06 | 0.15 | 0.3 | 0.02 | 20 | | |
| 中风化花岗闪长斑岩 | 2.6 | 10.5 | 0.14 | 0.343 | 34 | 12.95 | 0.328 |
| 新鲜花岗闪长斑岩 | 2.7 | 26.5 | 0.26 | 0.6 | 36 | 47.76 | 3.5 |
| 磁铁矿矿石 | 3.9 | 20 | 0.17 | 0.588 | 36 | 21.12 | 3 |
| 大理岩 | 2.7 | 24 | 0.2 | 0.4 | 34 | 9.93 | 1.8 |
| 矽卡岩 | 2.6 | 7.44 | 0.27 | 0.294 | 28 | 3.69 | 2.8 |
| 斜长石岩 | 2.6 | 7.2 | 0.25 | 0.196 | 28 | 3.98 | 2 |
| 充填体 | 2 | 6 | 0.24 | 0.03 | 26 | | 0.1 |

## 2.3　模拟步骤及工况设计

采矿工程的力学特点是岩体力学行为与开采历史和开采过程有关。为了准确模拟露天采坑充填与地下开采的相互影响情况, 本计算分以下步骤进行:

(1) 计算在给定边界力学与位移条件下模型的初始状态。

(2) 在-425m、-485m 和-725m 中段矿体开采过程中, 分析比较露天采坑充填分步实施工况下对深部采场和露天边坡所产生的影响。

(3) 在露天采坑充填分步实施过程中, 分析比较-425m、-485m 和-725m 中段开采对露天采坑治理所产生的影响。

## 2.4　结果分析

### 2.4.1　露天采坑治理对地下开采和露天边坡的影响

本节主要分析在-425m、-485m 和-725m 中段矿体开采过程中, 露天采坑充填分步实施工况下对深部采场和露天边坡所产生的影响。

图 2 为露天采坑充填前后的最大主应力场图。从-425m 中段和-485m 中段间的底柱中选取一个单元进行分析, 将其应力输出进行对比: 露天采坑充填前该单元的最大主应力为 11.45MPa; 露天采坑充填至-78m 时, 该单元的最大主应力为 11.46MPa; 露天采坑充填至-63m 时, 该单元的最大主应力为 11.47MPa; 露天采坑充填至-45m 时, 该单元的最大主应力为 11.48MPa; 露天采坑充填结束后,

该单元的最大主应力仅增加了 0.02MPa，变化较小，说明露天采坑充填对地下深部开采无影响。

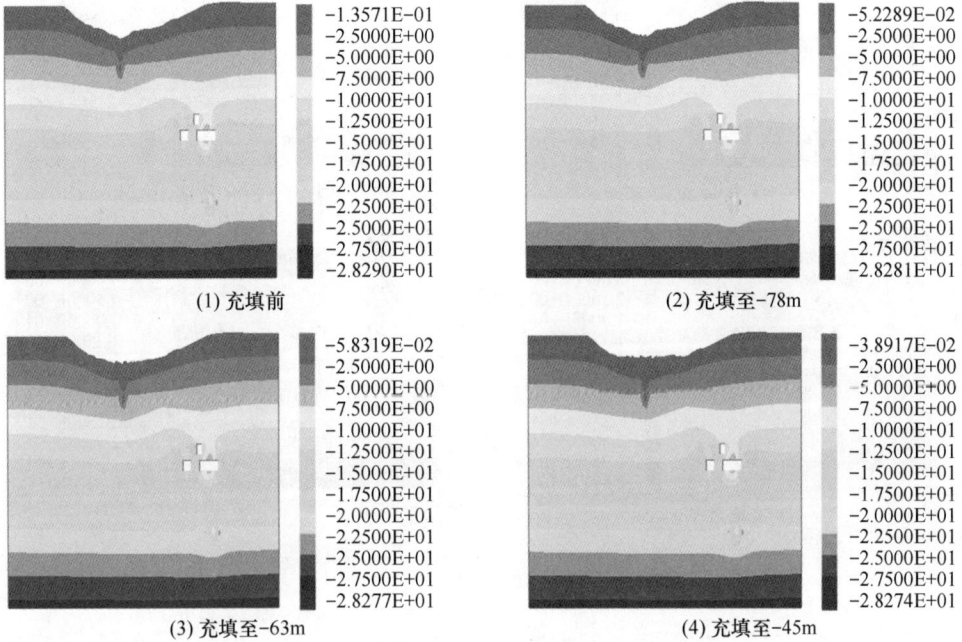

| -1.3571E-01 |
| -2.5000E+00 |
| -5.0000E+00 |
| -7.5000E+00 |
| -1.0000E+01 |
| -1.2500E+01 |
| -1.5000E+01 |
| -1.7500E+01 |
| -2.0000E+01 |
| -2.2500E+01 |
| -2.5000E+01 |
| -2.7500E+01 |
| -2.8290E+01 |

(1) 充填前

| -5.2289E-02 |
| -2.5000E+00 |
| -5.0000E+00 |
| -7.5000E+00 |
| -1.0000E+01 |
| -1.2500E+01 |
| -1.5000E+01 |
| -1.7500E+01 |
| -2.0000E+01 |
| -2.2500E+01 |
| -2.5000E+01 |
| -2.7500E+01 |
| -2.8281E+01 |

(2) 充填至-78m

| -5.8319E-02 |
| -2.5000E+00 |
| -5.0000E+00 |
| -7.5000E+00 |
| -1.0000E+01 |
| -1.2500E+01 |
| -1.5000E+01 |
| -1.7500E+01 |
| -2.0000E+01 |
| -2.2500E+01 |
| -2.5000E+01 |
| -2.7500E+01 |
| -2.8277E+01 |

(3) 充填至-63m

| -3.8917E-02 |
| -2.5000E+00 |
| -5.0000E+00 |
| -7.5000E+00 |
| -1.0000E+01 |
| -1.2500E+01 |
| -1.5000E+01 |
| -1.7500E+01 |
| -2.0000E+01 |
| -2.2500E+01 |
| -2.5000E+01 |
| -2.7500E+01 |
| -2.8274E+01 |

(4) 充填至-45m

图 2　露天采坑充填前后的最大主应力场图

图 3 为露天采坑充填前后的垂直应力场图。从-425m 中段和-485m 中段间的底柱中选取一个单元进行分析，将其应力输出进行对比：露天采坑充填前该单元的垂直应力为 11.41MPa；露天采坑充填至-78m 时，该单元的垂直应力为 11.43MPa；露天采坑充填至-63m 时，该单元的垂直应力为 11.43MPa；露天采坑充填至-45m 时，该单元的垂直应力为 11.44MPa；露天采坑充填结束后，该单元的最大主应力仅增加了 0.03MPa，变化较小，说明露天采坑充填对地下深部采场无影响。

图 4 为露天采坑充填前后的垂直位移场图。从图中可以看出，露天采坑充填前，-425m 中段采场顶板的垂直位移为 16.82mm；露天采坑充填至-78m 时，-425m 中段采场顶板的垂直位移为 16.86mm；露天采坑充填至-63m 时，-425m 中段采场顶板的垂直位移为 16.88mm；露天采坑充填至-45m 时，-425m 中段采场顶板的垂直位移为 16.91mm；可见，露天采坑充填结束后，-425m 中段采场顶板的垂直位移仅增加了 0.09mm，变化较小，说明露天采坑充填对地下深部开采无影响。

露天采坑充填治理降低了高陡边坡的高度，有助于提高边坡的稳定性。

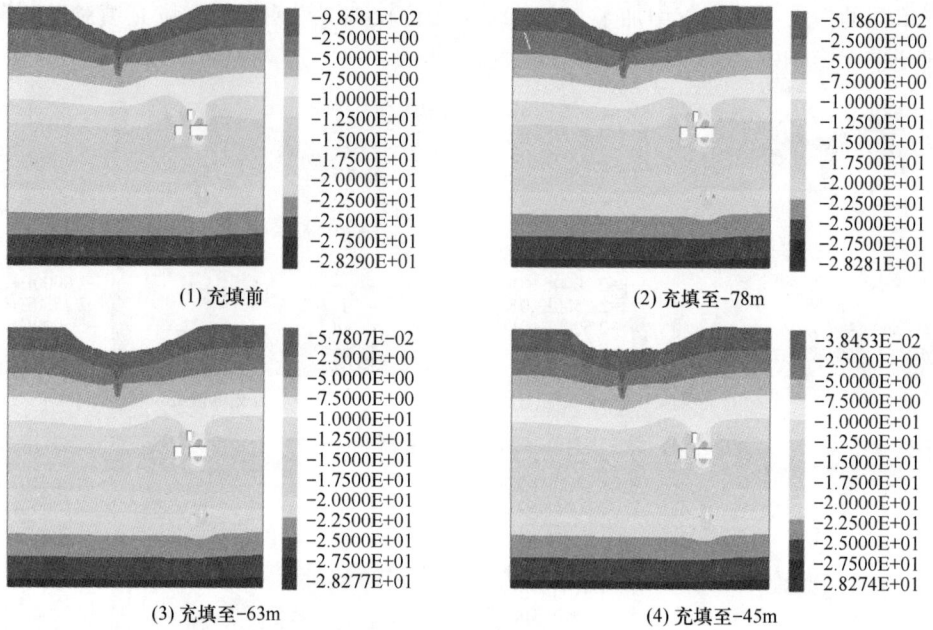

| | −9.8581E−02 |
| | −2.5000E+00 |
| | −5.0000E+00 |
| | −7.5000E+00 |
| | −1.0000E+01 |
| | −1.2500E+01 |
| | −1.5000E+01 |
| | −1.7500E+01 |
| | −2.0000E+01 |
| | −2.2500E+01 |
| | −2.5000E+01 |
| | −2.7500E+01 |
| | −2.8290E+01 |

(1) 充填前

| | −5.1860E−02 |
| | −2.5000E+00 |
| | −5.0000E+00 |
| | −7.5000E+00 |
| | −1.0000E+01 |
| | −1.2500E+01 |
| | −1.5000E+01 |
| | −1.7500E+01 |
| | −2.0000E+01 |
| | −2.2500E+01 |
| | −2.5000E+01 |
| | −2.7500E+01 |
| | −2.8281E+01 |

(2) 充填至−78m

| | −5.7807E−02 |
| | −2.5000E+00 |
| | −5.0000E+00 |
| | −7.5000E+00 |
| | −1.0000E+01 |
| | −1.2500E+01 |
| | −1.5000E+01 |
| | −1.7500E+01 |
| | −2.0000E+01 |
| | −2.2500E+01 |
| | −2.5000E+01 |
| | −2.7500E+01 |
| | −2.8277E+01 |

(3) 充填至−63m

| | −3.8453E−02 |
| | −2.5000E+00 |
| | −5.0000E+00 |
| | −7.5000E+00 |
| | −1.0000E+01 |
| | −1.2500E+01 |
| | −1.5000E+01 |
| | −1.7500E+01 |
| | −2.0000E+01 |
| | −2.2500E+01 |
| | −2.5000E+01 |
| | −2.7500E+01 |
| | −2.8274E+01 |

(4) 充填至−45m

图 3　露天采坑充填前后的垂直应力场图

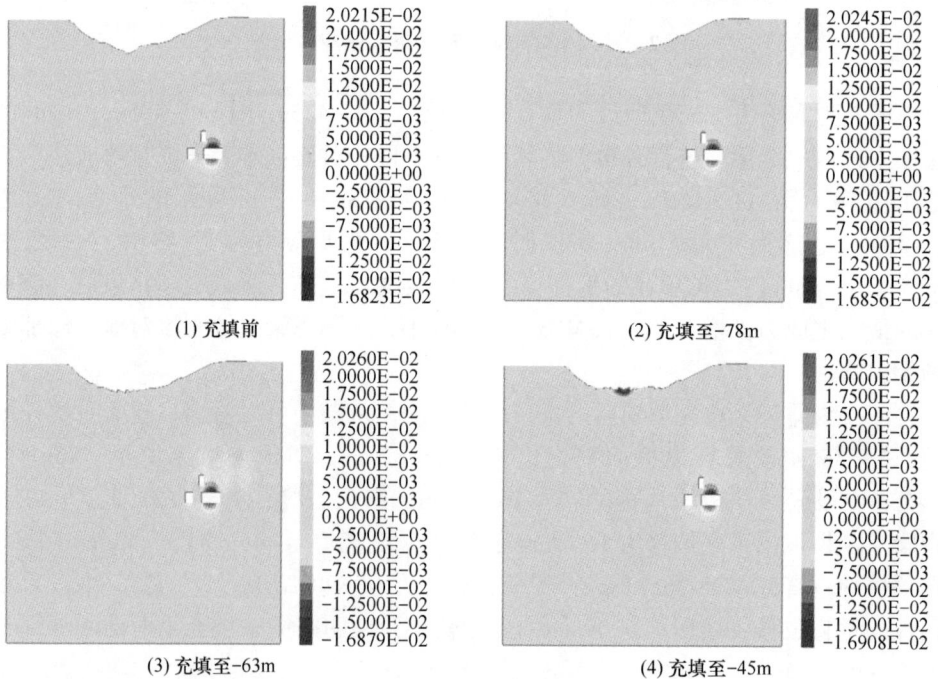

| | 2.0215E−02 |
| | 2.0000E−02 |
| | 1.7500E−02 |
| | 1.5000E−02 |
| | 1.2500E−02 |
| | 1.0000E−02 |
| | 7.5000E−03 |
| | 5.0000E−03 |
| | 2.5000E−03 |
| | 0.0000E+00 |
| | −2.5000E−03 |
| | −5.0000E−03 |
| | −7.5000E−03 |
| | −1.0000E−02 |
| | −1.2500E−02 |
| | −1.5000E−02 |
| | −1.6823E−02 |

(1) 充填前

| | 2.0245E−02 |
| | 2.0000E−02 |
| | 1.7500E−02 |
| | 1.5000E−02 |
| | 1.2500E−02 |
| | 1.0000E−02 |
| | 7.5000E−03 |
| | 5.0000E−03 |
| | 2.5000E−03 |
| | 0.0000E+00 |
| | −2.5000E−03 |
| | −5.0000E−03 |
| | −7.5000E−03 |
| | −1.0000E−02 |
| | −1.2500E−02 |
| | −1.5000E−02 |
| | −1.6856E−02 |

(2) 充填至−78m

| | 2.0260E−02 |
| | 2.0000E−02 |
| | 1.7500E−02 |
| | 1.5000E−02 |
| | 1.2500E−02 |
| | 1.0000E−02 |
| | 7.5000E−03 |
| | 5.0000E−03 |
| | 2.5000E−03 |
| | 0.0000E+00 |
| | −2.5000E−03 |
| | −5.0000E−03 |
| | −7.5000E−03 |
| | −1.0000E−02 |
| | −1.2500E−02 |
| | −1.5000E−02 |
| | −1.6879E−02 |

(3) 充填至−63m

| | 2.0261E−02 |
| | 2.0000E−02 |
| | 1.7500E−02 |
| | 1.5000E−02 |
| | 1.2500E−02 |
| | 1.0000E−02 |
| | 7.5000E−03 |
| | 5.0000E−03 |
| | 2.5000E−03 |
| | 0.0000E+00 |
| | −2.5000E−03 |
| | −5.0000E−03 |
| | −7.5000E−03 |
| | −1.0000E−02 |
| | −1.2500E−02 |
| | −1.5000E−02 |
| | −1.6908E−02 |

(4) 充填至−45m

图 4　露天采坑充填前后的垂直位移场图

## 2.4.2　地下深部开采对露天采坑治理的影响

本节主要分析在露天采坑充填分步实施过程中，−425m、−485m 和−725m 中段开采、爆破作业对露天采坑治理所产生的影响。

图 5 为地下深部开采前后的最大主应力场图。从图 5 中可以看出，地下深部开采前后，露天采坑底部和帮部的最大主应力分布基本一致，深部采场的最大主应力集中位置处于矿体上盘和间柱中。从露天采坑底部选取一单元，将其应力输出进行对比：地下深部开采前该单元的最大主应力为 1.15MPa，地下深部开采后该单元的最大主应力为 1.17MPa，最大主应力基本不变，表明地下深部开采对露天采坑治理基本无影响。从古铜矿遗址附近选取一单元，将其应力输出进行对比：地下深部开采前该单元的最大主应力为 1.38MPa，地下深部开采后该单元的最大主应力为 1.38MPa，最大主应力保持不变，表明地下深部开采对古铜矿遗址无影响。

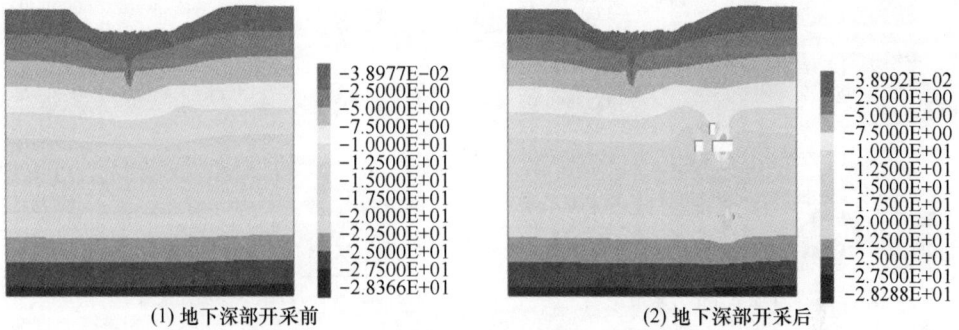

(1) 地下深部开采前　　　　　　　　(2) 地下深部开采后

图 5　地下深部开采前后的最大主应力场图

图 6 为地下深部开采前后的垂直应力场图。从图中可以看出，地下深部开采前后，露天采坑底部和帮部的垂直应力分布基本一致，深部采场的垂直应力集

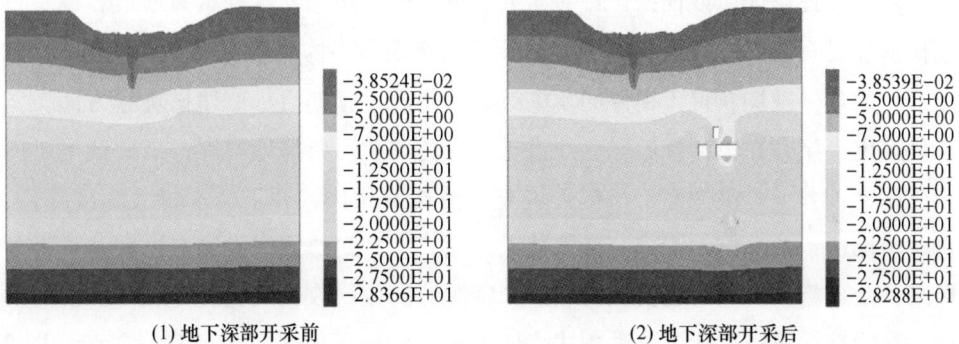

(1) 地下深部开采前　　　　　　　　(2) 地下深部开采后

图 6　地下深部开采前后的垂直应力场图

中位置处于矿体上盘和间柱中。从露天采坑底部选取一单元，将其应力输出进行对比：地下开采前该单元的垂直应力为 1.11MPa，地下开采后该单元的垂直应力为 1.12MPa，垂直应力基本不变，表明地下深部开采对露天采坑治理基本无影响。从古铜矿遗址底部选取一单元，将其应力输出进行对比：地下深部开采前该单元的垂直主应力为 1.37MPa，地下深部开采后该单元的垂直应力为 1.37MPa，垂直应力保持不变，表明地下深部开采对古铜矿遗址无影响。

图 7 为地下深部开采前后的垂直位移场图。从图中可以看出，地下深部开采后，采场顶板的下沉量为 16.82mm，地下深部开采的影响范围为浅蓝区域（该区域内的变形量为 2.5~5mm），该区域顶端距露天坑底部的距离约为 280m，距古遗址的距离约为 260m，说明地下深部开采对露天坑治理和古铜矿遗址无影响。

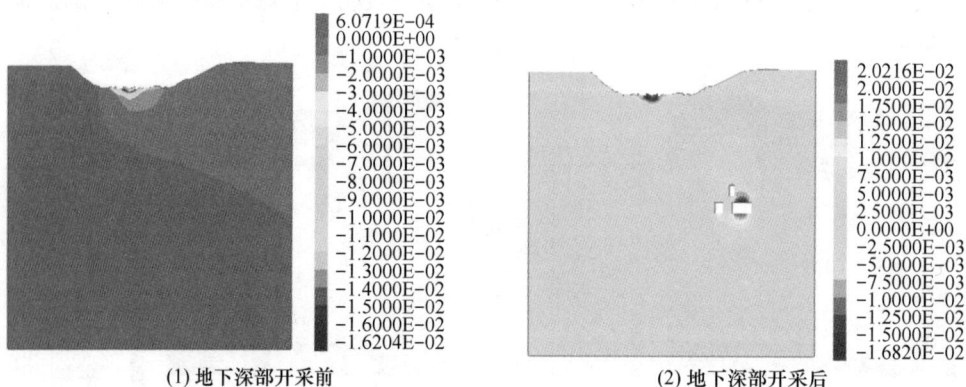

| (1) 地下深部开采前 | (2) 地下深部开采后 |

图 7　地下深部开采前后的垂直位移场图

## 3　露天坑充填治理效果

基于上述论证，该铜铁矿针对露天坑危及井下防洪安全的水力通道和危及古铜矿遗址安全的高陡边坡制定了全尾砂胶结充填治理露天坑方案[8,9]，并于 2018 年开始治理，现场获得了很好的实施效果，达到了预期目标。尾矿堆存方面，露天坑采用全尾砂充填治理后，已经没有富余的尾矿需要择地堆存，该矿的尾矿库现已闭库；井下防洪方面，与露天坑充填治理前相比，井下涌水量大幅度降低，进一步保证了井下排水安全。经济效果方面，本方案协同露天坑充填和井下高效回采，治理露天坑同时也实现坑底矿产资源的高效回收，既能支撑经济社会的发展，又能造福子孙后代，这种方式将成为露天转地下开采矿山的建设趋势。图 8 为露天坑充填三维示意图，图 9 为露天坑充填的实际效果图。

图 8 露天坑充填三维示意图

图 9 现场充填实际效果图

## 4 小结

采用 FLAC³ᴰ 软件对露天坑充填和地下深部开采的协同作业安全可行性进行了研究，研究结果如下：

（1）通过对露天坑充填分步实施工况下最大主应力场、垂直应力场和位移场的对比研究得出，露天采坑充填对地下深部开采和露天边坡无影响。

（2）通过对地下深部开采前后的最大主应力场、垂直应力场和位移场的对比研究得出，地下深部开采对露天采坑治理和古铜矿遗址无影响。

数值模拟结果表明，采用全尾砂胶结充填露天坑是可行的，目前该矿已经将全尾砂露天坑充填成功运用，现场治理情况表明充填效果达到了预期目的。

### 参 考 文 献

[1] 陈国山，王玉文，等. 大岭矿露天采坑改建尾矿库的工程实践 [J]. 采矿工程，2009，4（30）：25-26.

[2] 侯运炳，唐杰，等. 尾矿固结排放技术研究 [J]. 金属矿山，2011，420（6）：59-62.

[3] 张广篇. 浅谈露天转地下开采防洪问题 [J]. 有色矿冶，2010，26（4）：8-10.

[4] 卢宏建，梁鹏，等. 金属矿山露天坑尾砂胶结充填治理 [J]. 金属矿山，2017，490（4）：36-40.

[5] 张艳博，李占金，等. 程家沟铁矿露天坑排尾后地下采场参数的研究 [J]. 金属矿山，2008，383（5）：15-19.

[6] 李红利. 铜绿山矿露天南坑防治水分析 [J]. 现代矿业，2016，255（5）：203-204.

[7] 廉杰，郑兴东，武飞，等. 露天坑的治理与综合利用技术研究 [J]. 金属矿山，2013，444（6）：134-137.

[8] 谢盛青，杜贵文，等. 废弃露天坑充填治理技术研究 [J]. 中国矿山工程，2018，47（1）：1-4.

[9] 于润沧. 金属矿山胶结充填理论与工程实践 [M]，北京：冶金工业出版社，2020：162-163.

# 第三类型深井矿山建设模式

朱维根

（中国恩菲工程技术有限公司，北京，100038）

**摘　要**：本文根据第三类型深井矿山的特点，提出第三类型深井矿山的建设模式和设计原则，并介绍了探建结合的建设模式在第三类型深井矿山的成功应用。

**关键词**：第三类型深井矿山；探建结合

# The Construction Model of the Third Type Deep Mine

Zhu Weigen

（China ENFI Engineering Corporation，Beijing，100038）

**Abstract**：Based on the characteristics of the third type deep mine, the paper put forward the construction model and design principles of the third type deep mine. At the same time, introduced the successful application case of the combined exploration and construction model in the third type deep mine.

**Keywords**：third type deep mine, combination of exploration and construction

深井矿山在世界上没有一个统一的定义，不同国家对深井矿山的界定略有不同。国家应急管理部把开采深度 800~1200m 的矿山定为深井矿山，开采深度大于 1200m 的矿山定为超深井矿山，多数专家将开采深度超过 1000m 的矿山称为深井矿山。2012 年底于润沧院士在恩菲内部第二届现代矿山工程设计理念论坛上明确提出：我们即将面临深部隐伏矿床开采的技术挑战，根据矿床赋存条件的不同，可将深井矿山分为逐步延深、露天转地下以及矿床深部（1km 以上）隐伏三类。第一类型深井矿山：矿体埋藏深度不大，但延深比较大，矿体从浅部一直

作者简介：朱维根（1966—），男，中国恩菲工程技术有限公司，正高级工程师，主要从事矿山工程设计与科研工作。

延伸到1000多米甚至更深。这类矿山一般从浅部开始开采，逐渐往深部发展到深井开采，国内这种类型的深井矿山比较多，如会泽铅锌矿、红透山铜矿、金川二矿等。第二类型深井矿山：矿体埋藏比较浅，有的甚至出露地表，但矿体延深比较大，矿体从浅部一直延伸到1000多米甚至更深。这类矿山一般先露天开采，然后露天转坑内进入深井开采，智利的丘基卡玛达铜矿是这类深井矿山的典型代表，其露天开采深度达到1000m，现已转入地下深井开采。第三类型深井矿山：矿体埋藏较深，矿体埋藏深度接近或超过1000m，首采深度接近或超过1000m。

# 1　第三类型深井矿山特点

第一类型深井矿山和第二类型深井矿山都是从浅部开采逐步发展到深部开采，深部矿体的产状、矿石品位、资源量、矿石性质、矿岩物理力学特性、地应力场分布、矿岩温度、地下涌水等地质信息基本是清楚可靠的，依据清楚可靠的地质信息进行深部矿床开采设计和建设，风险小，项目预期效果一般都可以实现。而第三类型深井矿山则完全不同。

第三类型深井矿山，矿床埋藏较深，地质钻孔深度超过1000m，有的钻孔甚至超过2000m，从地表钻探费用较高，且钻孔越深偏斜越严重，地质信息准确度差、可靠性低。目前，矿产资源一般都是有偿使用，地质详查阶段结束后，谁开采谁勘探。由于矿体埋藏深，通过地表钻探手段将地质详查报告升级到地质勘探报告周期长、费用高，且地质信息的准确度不高。有些项目在地质详查阶段结束后，就进行开采设计和建设，矿床勘探程度根本满足不了设计要求，有的探明加控制资源不足40%，甚至不足30%，通常将推断资源量的60%作为设计依据，从而给项目建设带来极大的风险。资源风险只是其一，由于矿床勘探程度低，矿体产状、品位分布、矿岩物理力学特性、地应力场分布、矿岩温度、地下涌水等信息的准确度和可靠程性差，而这些基础资料对采矿工艺、采场结构参数、回采顺序、采矿损失贫化、采场生产能力、通风系统、降温方法、防排水设施、采场及井巷支护等影响较大，这些因素不仅影响项目建设投资，而且对采矿成本起着决定性作用，这些因素的不确定性增大项目建设风险。由于钻孔样品有限，选矿试验的代表性不足，选矿工艺、设备、选矿回收率、选矿成本等存在不确定性，增大了项目建设风险。由于矿床勘探程度低，地质信息的准确性和可靠性差，设计依据不充分，据此作出的设计和评价可靠性差、投资风险极大。

# 2　第三类型深井矿山建设模式和设计原则

鉴于第三类型深井矿山的上述特点，采用传统的矿山设计和建设模式，项目建设风险极大。对于第三类型深井矿山，应在深入研究、评估勘查资料，仔细进行现场踏勘，并在详细分析、评价各种不确定性对项目影响的基础上，编制总体规划，采取探建结合的方式进行勘探和建设。通过探建结合工程提高矿床勘探程度，获取选矿试验必要样品，开展高地应力、高岩温及工程地质、水文地质等相关研究，在此基础上，再作正式设计，指导将来的全面建设和生产。

设计过程中，要始终贯彻下列原则：（1）应树立全局观念，对矿山进行总体开采方案设计。在总体开采方案指导下进行探建工程布置。由于受勘探程度限制，采矿方法和生产规模不可能深入研究。鉴于矿体赋存的大致位置、矿区地形地貌以及矿山外部建设条件已基本清楚，矿山开拓系统必须深入研究。探矿工程与矿山建设工程的结合程度主要体现在开拓工程上，开拓系统是矿山探建结合的关键。（2）探建结合第一阶段实质是地质探矿，应坚持以探矿为主，探矿工程尽量能为矿山建设所用的原则进行设计。（3）第一阶段先不进行与探建结合无关的矿山建设。由于矿床勘探程度不高，矿体的产状、规模等可能会发生较大变化，进行与探建结合无关的矿山建设，一方面造成资金积压，另一方面可能会因地质条件的变化造成工程浪费，甚至报废。

探矿井布置。探矿井是探建结合中最关键的工程，在矿山勘探、基建和生产时期，它担负着不同的历史重任。在探矿期间，承担探矿人员、材料、设备、废石的提升任务，属探矿咽喉工程；基建期间，它是基建人员、材料、设备、废石的主要出入通道；生产期间又是生产系统的重要组成部分。因此，井筒位置的选择和井筒断面的确定非常关键。必须在总体规划的基础上进行，在满足探矿要求下，使风险最小、工程量最少、施工条件最好、工期最短。应优先考虑选择辅助性井筒作探矿井，如进风井、回风井、充填井、辅助井等。对于矿床规模较小的矿山也可用副井作探矿井。由于矿体尚未探清，生产规模等尚未最终确定，最好不用主井作探矿井。

沿脉巷道的布置应根据开拓系统和拟选用的采矿方法综合考虑，除了作探矿巷道外，尽量让其能为生产所用。探矿穿脉的布置要与采场结构参数和采场底部结构综合考虑，尽量使探矿穿脉成为采准系统的一部分。生产期间不能利用的探矿巷道最好用坑内钻探代替。

# 3　某深井铜矿山建设模式介绍

地质队自 1976~1984 年在某铜矿共施工钻孔 106 个，于 1985 年 6 月编制了某铜矿床详细普查地质报告，1987~1988 年又施工了 5 个钻孔。初步查明了某铜矿床 1 号矿体（占总资源量的 98.8%）的形态、产状、规模、矿物组成、矿石的自然类型和工业类型、矿区水文地质条件、矿岩的部分物理力学性质等，探获 D 级资源/储量 9212 万吨，铜金属量 90600t，硫 14738941t，铜地质品位 0.98%，硫地质品位 16%。由于矿体埋藏深、大部分钻孔深度超过千米，且受地质工作阶段限制，矿体的具体形态、品位分布、矿石及顶底盘围岩的物理力学性质、岩石温度、地下水温等有待勘探后进一步确定。

　　该矿详查阶段探获的全部是 D 级资源/储量，不能作为矿山建设的设计依据。1988 年业主委托北京有色冶金设计研究总院进行该矿探建结合工程设计，加速该矿的勘探工作，也为将来该矿开发可能遇到的诸多技术难题提供试验条件。考虑到该矿开采技术条件复杂、矿石储量级别低（全部为 D 级）、含铜蛇纹石（约占总资源/储量的 30%）是否有开采价值、深井开采许多技术问题尚缺乏经验等因素，设计推荐分期建设。一期生产规模 2000t/d，一期小规模生产，以摸索经验解决技术难题为主，二期生产规模 6000t/d，采用主副井开拓。1992 年年底，探矿井施工到底，然后在 -730m 标高施工了 1200m 脉内探矿平巷。为加速该矿的勘探工作，采用坑探与钻探相结合的勘探手段，1991 年地质队对 34~58 号勘探线范围加密钻探，地质勘探工作于 1993 年 8 月全部完成，1994 年 4 月提交了《某铜矿床南段勘探地质报告》，探获南矿段 B+C+D 级资源/储量 4979 万吨；铜金属量 50.89 万吨，硫 493.5 万吨。该矿床北矿段仍为详查阶段，但南矿段的勘探结果表明，详查报告提交的储量、产状、规模及品位均较稳定，1997 年召开的专家论证会认为，北矿段的资源/储量也可作为矿床开发设计的依据。因此，该矿可作为开发设计依据的 B+C+D 级资源/储量 9545 万吨，铜金属量 97.32 万吨，硫 1491.17 万吨，铜平均地质品位 1.02%，硫平均地质品位 15.68%。该矿走过的历程，充分说明探建结合是加速矿产资源勘探和矿山建设、充分发挥探矿资金和建设资金使用效率的有效途径。探建结合的建设模式，为加速该矿的探矿和建设奠定了基础，具体体现在：

　　（1）为该矿的开发建设提供了可靠的资源，共探获可作为矿床开发设计依据的 B+C+D 级资源/储量 9545 万吨，铜金属量 97.32 万吨，硫 1491.17 万吨。通过选矿试验，提高了含铜蛇纹石（约占总资源/储量的 30%）的选矿回收率（由 50% 提高到 78%），使占总资源量 30% 的难选矿石（含铜蛇纹石）有了回收的价值。

　　（2）为科研攻关创造了条件。为解决深井开采可能遇到的技术难题，原国家计委批准在该矿开展《千米深井 300 万吨级矿山强化开采综合技术研究》。利用探矿井、探矿巷道建成两个试验采场。通过试验研究，寻求该矿床的合理开采顺序、地压及岩层管理方法、矿井通风降温技术、高温高硫矿石自燃氧化规律及防治技术等。

　　（3）加速矿山建设。由于受井巷掘进工作面和井筒提升能力等限制，矿山建设周期一般比较长，深井矿山建设周期更长。该矿埋藏深，主井、副井、进风井、回风井深度都接近或超过千米，每个中段都有数千米水平巷道，有轨运输中段巷道更是长达 8000m，传统建设方式没有 7~8 年是不可能建成的。由于施工了探建结合井巷工程，探矿井安装了一套箕斗-罐笼一体化提升设备（2300t/d 的提升能力），有足够的工作面和提升能力满足大规模基建的要求，因此，该矿 4 年建成投产。若没有探建结合期间井巷工程的投入，千米深井大型矿山 4 年建成投产是根本不可能的。

（4）提高企业经济效益。探建结合期间施工的井巷工程，不仅为大规模基建创造了条件、缩短了基建时间，同时也为基建期间提前出矿提供了可能。正式基建两年后开始出矿，规模为 1500t/d，边基建边小规模生产，使已投入的工程早日创造经济效益。

该矿探建结合建设模式为第三类型深井矿山的勘探和建设创出了一条新路，开创了我国深埋矿床探建结合的先河。对我国其他第三类型深井矿山勘探和建设具有极大的参考价值。

# 深井超大规模矿床高效开采工艺技术探讨

## 杨志国

（中国恩菲工程技术有限公司，北京，100038）

**摘　要**：随着矿山开采深度的增加，以及超大规模矿床的建设，由于矿体厚大、埋藏深、地应力高等因素，导致地压等灾害发生频率提高，矿山的安全性下降，进而影响矿山的生产能力。本文对深井超大规模矿床的开采工艺技术进行了探讨，提出该工艺主要应包括三方面内容：依据矿床的开采技术条件采用的大盘区布置的充填采矿法，采用高效的智能化采矿设备，以及建立实时的微震监测系统，实现对回采过程中矿岩体的应力场变化规律的掌握。

**关键词**：深井；开采工艺；充填采矿法；微震监测

# Discussion on Efficient Mining Technology of Super Large Scale Deposit in Deep Mine

## Yang Zhiguo

（China ENFI Engineering Corporation，Beijing，100038）

**Abstract**：With the increase of mining depth and the mining of super large deposit, due to factors such as thick and deep buried ore body, high ground stress, the frequency of disasters happened such as ground pressure has increased. The safety of the mine has declined, which has affected the production capacity. The efficient mining technology was discussed in this paper. It is proposed that the process should mainly include three aspects: the large panel filled stope mining method was adopted according to the mining technology conditions of the deposit, the use of intelligent mining equipment, and establishment a real-time seismic monitoring system in order to realize change rules of the stress field of the ore body during mining.

**Keywords**：deep mine, deposit mining technology, filled stope mining method, seismic monitoring

作者简介：杨志国（1978—），男，中国恩菲工程技术有限公司，教授，主要从事地下采矿设计与技术研究工作。

随着浅部矿产资源的开采殆尽，我国矿井开采深度将逐步增加，正向 1000m 甚至 1500m 以上的深井发展，如冬瓜山铜矿、金川二矿区、会泽铅锌矿、凡口铅锌矿、红透山铜矿、铜绿山铜铁矿等，其开采深度已接近或超过 1000m，有的矿山甚至超过 1300m，未来这些采深超千米的矿山将成为金属矿产资源的供给主力。另外，最近国内在建和拟建的一些深井矿山，其开采深度将达到 1200 ~ 1500m，生产规模为万吨/天以上，如辽宁思山岭铁矿，矿体埋深 404 ~ 1934m，赋矿标高 -134 ~ -1713m，矿石自然类型主要为磁铁矿石和赤铁矿石，为沉积变质型铁矿床，其他如山东瑞海金矿、三山岛金矿西岭矿区等，这些超大规模深井矿山开采过程中存在高地压、高地温、高渗水压、高提升高度等复杂技术条件，并带来了采矿工艺、通风降温、提升运输、岩爆预防等一系列技术难题[1~3]。而国外许多金属矿山其开采深度已远超过 1500m[4]，如赞比亚的 mindola 铜矿，采深 1500m；加拿大的 CVRD Inco 的 Creighto 矿，Xstrata 的 Kidd 'D' 矿和 Agnico Eagle 的 Laronde 矿采深均超过了 2000m；俄罗斯的克里沃罗格铁矿区，采深达到 2000~2500m；南非 Anglogold 金矿，开采深度达到 3700m，West Driefovten 金矿，矿体赋存于地下 600m，最深延伸至 6000m 等；因此可以看出国外在深井开采技术方面领先于国内。针对深井超大规模矿床具有的埋藏深、矿体厚大、地应力高等因素，因此需要根据其开采技术条件，制定适宜的开采工艺技术，解决矿床的回采顺序、采场结构参数、盘区布置形式等问题，并在矿床回采过程中采用必要的应力监测技术，以保证矿山的高效生产。

## 1　深井超大规模矿床高效开采工艺技术

从国内外已有大型矿山的开采来看，高效开采工艺可以从三个方面考虑，具体实施流程如图 1 所示。首先是大盘区布置的充填采矿法，主要依据矿床的开采技术条件，确定开采范围，开拓方式，开采水平，以及充填采矿法，并基于岩石力学工作，确定采场的结构参数及回采顺序；其次是采用智能化的采矿设备；最后是建立实时的微震监测系统，实现对回采过程中矿岩体的应力场变化规律的掌握，进一步识别高应力的集中区域及破坏位置，从而采取必要的应对措施，指导生产。

## 2　大盘区布置的充填采矿法

深井矿床，矿床埋藏深，矿体厚大，地应力高，因此回采顺序和采场结构参数是开采的核心问题，这直接制约着矿山的生产规模。矿床回采时回采单元尺寸以及回采顺序有两种典型方式：（1）以冬瓜山铜矿、安庆铜矿为代表的布置方

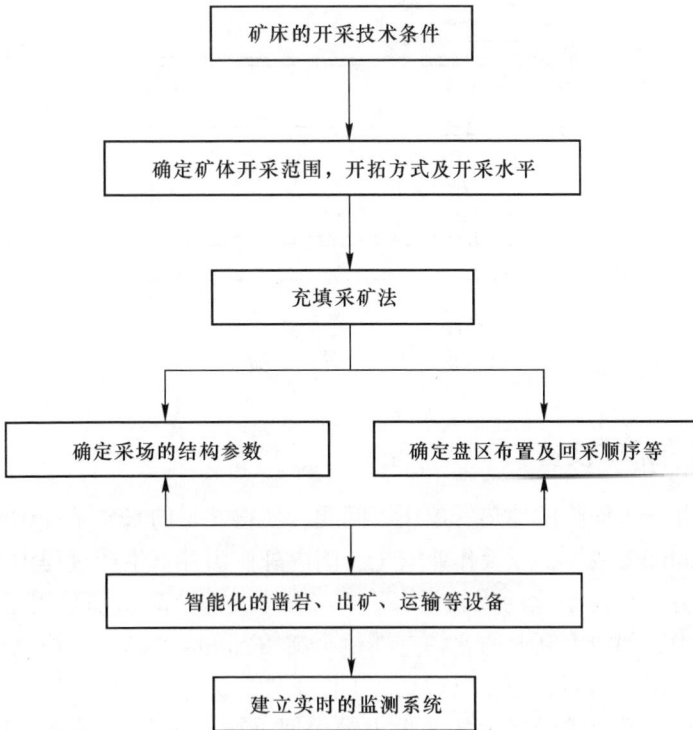

图1　深井超大规模矿床高效的开采工艺技术

式，以盘区形式布置采场，盘区内采场数目一般为 10～15 个，采场平面布置采用扁长型结构，采场长度一般为 100m，宽度 15～20m，两步骤回采，一步骤矿房回采采用胶结充填，二步骤回采矿柱采用非胶结充填，图2为安庆铜矿采矿方法图。（2）以澳大利亚芒特艾萨矿为代表的采用棋盘式布置，采场平面长宽尺寸相近的直立方柱型结构方式，采场长宽分别为（20～40）m×（20～40）m，采场均采用胶结充填，最后一个回采采场采用废石和水泥浆充填。这两种不同的布置型式都是根据各自矿山的开采技术条件和生产技术水平确定的。

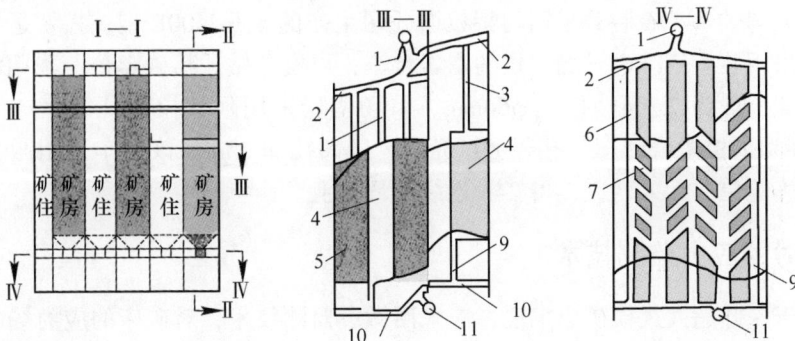

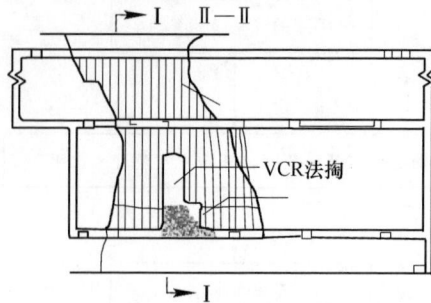

图 2　安庆铜矿大直径深孔空场嗣后充填法

## 3　智能化的采矿设备

　　由于深井开采面临的地热、地压等问题，使得井下的采矿条件越来越差，为了保证生产和降低成本，以及作业安全，国内外矿山井下生产过程中逐渐采用遥控的无轨设备，及自动化的无轨设备[5,6]。国外大部分矿山都采用了无轨设备，一些先进矿山，如澳大利亚的北帕克斯铜金矿（Norths Parkes）等，在智能采矿领域，走在了世界前列。为了应对复杂工作条件，深井采矿生产应配备智能化的无轨凿岩、出矿及运输设备。如冬瓜山铜矿回采凿岩采用 Simba261 型潜孔凿岩台车，孔径 $\phi$165mm；崩落下的矿石用 LH514E 型电动铲运机运输至采场溜井，坑内运输采用 MT2000 型卡车。

　　安庆铜矿，凿岩采用 Simba261 型潜孔钻机，孔径 $\phi$165mm；出矿用 ST-5C 柴油铲运机。120m 采场高度分两段凿岩，铲运机集中出矿，嗣后一次性充填，二步骤回采时，一步骤采场充填体暴露高度 120m。

　　澳大利亚芒特艾萨矿，在凿岩硐室内采用阿特拉斯公司的潜孔钻机钻凿向下的深孔，炮孔直径 $\phi$140mm，出矿采用 R2900C 型 15t 铲运机和 LH621 型 21t 铲运机，运输设备采用 AD45B 型 28t 运输卡车。

　　瑞典基律纳铁矿，装运已实现智能化和自动化作业，凿岩台车和铲运机都已实现无人驾驶。矿石装载采用阿特拉斯公司生产的 Toro2500E 型遥控铲运机。巷道掘进采用装有三维电子测定仪的凿岩台车，可实现钻孔精确定位，采用深孔掏槽，孔深一般为 7.5m，孔径 $\phi$64mm。采场凿岩采用阿特拉斯公司生产的 SimbaW469 型遥控凿岩台车，孔径 $\phi$115mm，最大孔深 55m，该台车采用激光系统进行准确定位，无人驾驶，可 24h 连续循环作业。

## 4　实时的应力监测技术

　　对于深井超大规模矿山来说，应采用微震监测技术，对矿床的应力场的变化进行实时监测，这是至关重要的。该技术在国外如南非、加拿大、澳大利亚等国家的深井矿山得到了广泛应用，已成为地压监测及矿山安全管理的重要手段[7]。国内，1984 年门头沟煤矿曾采用波兰 SYLOK 微震监测系统，1990 年兴隆庄煤矿采用澳大利亚产地震监测系统进行监测，2004 年凡口铅锌矿引进了加拿大的 ESG 微震监测系统，2005 年冬瓜山铜矿、2007 年会泽铅锌矿、2010 年辽宁红透山铜矿先后引进了南非 ISS 国际公司的微震监测系统，进行地压监测与控制，到目前为止已有多套微震监测系统在国内矿山投入使用。图 3 为澳大利亚某矿山在开采中利用微震监测系统获取的震级为 2.3 的破坏性岩爆实例，图中球体表示事件，三角形表示监测点；对监测到的数据分析表明：在此次破坏事件发生前 5 天内该区域发生的地震事件频率显著增大，破坏发生时达到了最大值。

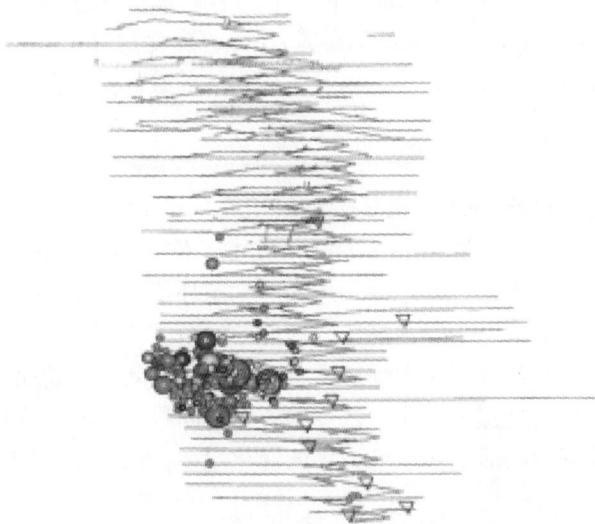

图 3　发生岩爆前 5 天内系统监测到的地震破坏事件

采用微震监测技术对矿岩体的稳定性进行监测，首先是根据实际情况完成监测系统的建立，然后在生产过程中开展微震监测系统的应用工作，其主要内容包括：现场情况调查，事件分类及数据库的建立，基于监测数据获得矿岩体应力场的变化规律，判别可能发生的岩爆等破坏，并采取针对性的控制措施。微震监测技术的应用，可以按以下步骤实施。

（1）监测系统的建立。根据矿山设计和建设的开拓、采准系统工程、首采区域、采场分布状况、确定的监测系统灵敏度和精度，利用网络优化技术，在开采区域内合理布置监测岩体活动的传感器，根据需要建设井下监测站和地面监测控制中心。

（2）事件的分析与分类。及时处理系统微震系统获取到的事件，对数量众多的事件进行有效的识别、分析和分类，通过处理和微震震源机理的初步判断，对各事件进行准确定位，及时反映当前井下岩体的活动状态。

（3）矿山生产期间地震数据的分析工作。

1）利用三维可视化技术，对地震活动的集中区域进行圈定，主要包括断层、岩墙等地质构造活化区域，大的破坏事件发生区域，残留矿柱、底柱及其他等重点区域。

2）地震事件时间、空间分布规律与采矿活动关系。地震事件时间分布规律主要包括采场爆破后、地质构造和采矿工作区地震事件的时间分布等。地震事件空间分布规律主要包括地震事件平面、剖面及地质构造面分布情况等。

3）地震参数变化曲线分析。主要包括地震事件大小 ML 及发生频率分析，视在体积 $V_A$、位移 $D$ 与时间 $T$ 曲线等为主的岩体变形规律分析，以及能量指数 $EI$ 与时间 $T$ 曲线等为主的采区矿岩体应力场的演变规律分析。通过上述工作，以便实时掌握井下应力场的状态，以及对矿岩体的破坏进行预测，以指导生产。

# 5　结论

深井超大规模矿床高效开采工艺，采用充填采矿方法，主要针对矿山埋藏深，地压大，高温，有岩爆倾向等的开采技术条件，生产规模一般在万吨/天以上，能够充分回收资源，且有效保护地表和生态环境。基于工程地质调查和岩石力学研究工作，确定适合于深井高应力环境的回采方法和回采顺序，确定合适的采场结构参数，并配备智能化的采矿设备，提高生产效率，降低生产成本。为了应对大规模矿床开采过程中高应力诱发的岩爆等问题，应建立实时的微震监测系统，从而掌握井下生产活动区域应力场的变化规律，保证生产安全。

## 参 考 文 献

［1］杨志国，王鹏飞. 深井大规模矿床开采岩爆控制策略研究［J］. 中国矿业，2015，24（增1）：311-312.

［2］郭然，潘长良，于润沧. 有岩爆倾向硬岩矿床采矿理论与技术［M］. 北京：冶金工业出版社，2003：122-133.

［3］石长岩. 红透山铜矿深部地压及岩爆问题探讨［J］. 有色矿冶，2000，16（1）：4-6.

［4］杨志国，等. 基于微震监测技术的深部采场采动规律研究［J］. 中国矿业，2010，19（2）：107-108.

［5］姚永超. 地下矿山大规模高效智能采矿技术装备应用与发展［J］. 矿业装备，2018，（3）：17-20.

［6］周淑媛. 地下矿山采矿设备的新发展［J］. 矿山机械，1996，（6）：6-8.

［7］杨志国，于润沧，等. 微震监测技术在深井矿山的应用［J］. 岩石力学与工程学报，2008，27（5）：1066-1073.

# 第 5 篇

## 参与的中国工程院
## 咨询项目简介

# 参与的中国工程院等咨询课题

## 一、中国可持续发展矿产资源战略研究

**背景简介：**该研究是由中国工程院在 2003~2005 年组织开展的重大咨询项目之一，研究项目设课题和分课题两个层次，9 个课题分为地质资源、煤、黑色金属、有色金属、建材、化工、铀、环境和矿业经济。研究内容涉及矿产资源勘探开发及其相关提炼加工的发展战略，从种类繁多的矿产品中选择重点，研究了煤、铁、铜、铝、磷、钾盐和铀 8 个矿种。众多领域和学科的 30 多位院士和 270 余位专家参加研究工作，并邀请有关领导及资深著名专家组成顾问组，指导研究工作。

**综合报告：**对项目各课题综合报告的汇集。重点研究了支撑国民经济发展具有代表性的煤、铁、铜、铝、水泥灰岩、磷、钾盐和铀八种矿产资源的安全和可持续供应战略问题。对我国未来（2010~2020 年）矿产资源及加工制品的消费量做出展望。即未来 10~15 年我国矿产资源需求正处于高速增长期，必须坚持科学发展观，转变经济增长方式，大力发展循环经济，建立节约型社会，走新型工业化道路，克服资源和环境制约，争取用矿产资源翻一番或略多支撑 GDP 翻两番的宏伟目标。国内矿产资源保障程度低，供需缺口日益增大，加强国内资源勘查是一项长期重要任务。未来 10~15 年，我国利用国外资源的机遇和挑战并存，要以平等互利共同发展为宗旨，实施全球矿产资源战略，解决国内资源短缺问题，满足国民经济发展的需求。三项对策是：大力加强国内资源勘查开发，努力增加资源储量；投资开发与贸易并重，多渠道利用国外矿产资源；发展循环经济，合理开发、综合利用，走资源节约、环境友好的新型工业化道路。六项措施是：确立矿业在国民经济中的基础产业地位；建立健全矿产资源法律法规体系；构筑国家地质调查力量，建立和完善目前需要的矿产资源勘查机制；加强矿业管理，完善政策体系；支持矿业"走出去"，建立开发利用国外矿产资源的激励机制；论证实施一批科技为先导的重大资源工程和国家计划。

**课题四　有色金属矿产资源可持续发展战略研究：**我国有色金属工业自新中国成立后建立并发展，到 21 世纪初已形成完整的工业体系，满足国民经济、社会发展、国防建设和高新技术发展的有色金属及其新材料基本可以自给。铜、铝、铅、锌等有色金属产量已连续多年位居世界第一。在已探明有储量的 52 种

有色金属矿产资源中，稀土、镁、钨、锡、钼等矿床规模较大，储量丰富，矿石品位较佳，在世界上占据要位。但用量大的铜、铝、铅、锌等资源则比较紧缺，超大型矿床少，矿石质量不佳，采选冶困难，有赖进口。随着国民经济的发展和现代工业化进程加快，未来 15 年内，在建筑、交通运输、电力电器、机械制造、包装等领域需要大量铜铝等有色金属。10 种有色金属消费量预计分别较 2000 年增加 3~4 倍。其铜、铝、铅、锌的保证度在 30%~75%。有色金属矿产资源可持续发展的总体思路是：坚持科学发展观统领有色金属工业，坚持以人为本，走高效、节约、环保、可持续和与自然和谐发展的道路；坚持开源和节流并重，以节约为首；坚持国内国外两种资源并举，立足国内；坚持市场调节与政策引导相结合，充分发挥市场机制配置资源的基础作用；坚持调动和保护各方面对资源开发、节约利用和保护的积极性；坚持依法办事，加强宏观调控。主要措施是：加强国内有色金属矿产资源的地质勘查和海洋资源的调查研究；积极开拓国外有色金属资源；大力保护矿产资源，优化产业结构；采用先进技术，高效利用资源；搞好资源综合利用；加大二次有色金属资源的利用；加强我国有色金属储备；加强生态环境保护。

主要政策建议：坚持依法治理有色金属工业的方针；确立矿业作为第一产业的基础地位，加大对有色金属矿业的投入；建立开发利用国外矿产资源的保障机制；建立保障我国矿产资源可持续供应和利用的政策体系；健全和完善有色金属科研体系，加强科技研发工作。

## 二、非能源矿业领域工程科技中长期发展战略研究

**背景简介：**该研究课题为中国工程院在 2009~2012 年组织的"中国工程科技中长期发展战略研究报告"子课题之一的部分内容。课题对 2030 年我国工程科技发展战略目标进行系统谋划。课题分析了世界工程科技发展大趋势、分析我国面向 2030 年经济社会发展的需求、分析我国工程科技未来发展能力，提出了提高我国综合国力的重大工程，同时提出具有引领意义的重大科技专项和重大关键共性技术。

基于中国工程科技发展受自然科学基础理论引领、工程科技自身发展趋势引领和中国工业化、信息化的进程需求三方面因素影响，研究由中国工程院发展战略研究课题组和国家自然科学基金项目专题组两部分组成，前者研究提出面向 2030 年我国工程科技发展战略、建议实施的重大工程和重大工程科技专项，后者则以工程、专项引出的科学问题和基础理论问题研究为主。中国工程院 9 个学部 200 多位院士和 300 多名专家参与研究，基金项目 50 个。参与子课题研究的包括矿产资源勘查，非煤矿产资源开发利用的院士、专家及年轻学者共几十位。

全球的矿产资源消费长期呈现增长态势。21 世纪以来，中国进入工业化、

城镇化高速发展阶段，矿产资源消费飞速增长。我国大宗消费的矿产储量不足，铁、铜、铝、镍、钾等已成为紧缺资源，一半甚至以上需要依靠进口。矿产资源的供应将成为我国乃至其他欠发达国家发展的瓶颈。

近年来，我国矿产的勘查及开发工程技术已经取得重要进展。从地球的视野研究成矿作用获得新发现，勘查技术及装备提升支持矿山边深部探矿已见成效；矿山规模不断加大，露天矿得益于陡帮开采，半连续运输工艺等低成本高效率开采技术；大孔采矿、充填工艺、矿山信息化等技术助推地下矿安全、高效大规模开采。但是，随着浅部矿产资源的耗竭，以及大量深凹露天矿将转为地下开采，将面临深井开采的岩爆威胁、岩体蠕变性破坏、高岩温考验和提升、排水、通风、充填等方面的技术难题，开采引发的生态环境问题也日益受到关注，致使矿产勘查和开采面临更严峻的挑战。

未来 10~20 年矿产资源工程科技发展的战略定位是：加强国内矿产资源尤其是紧缺资源的勘查，建立资源储备基地，依靠开发深部矿床、贫矿床、难采选矿床和海洋采矿以及提高现有矿山产能的技术创新，配合再生金属、循环经济行业的发展和产品替代，保障国家经济安全；实施深部金属矿探测科技创新工程和资源—经济—环境相协调的矿产资源开发创新工程，实现矿业的可持续发展；同时制订全球矿产资源战略，坚持以互利双赢的方针拓展境外矿产资源的开发利用，建立境外矿产资源供应保障体系，满足国民经济发展需求。相应的矿产资源工程科技发展方针则是：以矿产资源勘查为前导，以资源—经济—环境相协调为核心，以安全生产为基础，向矿山生产高效化、智能化、数字化、无废化，以及提高矿产资源综合利用水平方向发展，同时重视优势资源的保护和矿产品的深加工利用，打造矿山设备大型化品牌产品，为实现矿业强国奠定技术基础。总体思路与目标：通过矿产资源勘查的科技创新，增加可采资源量，并为三个层次的矿山有突破性进展提供相应的技术支撑，以提高矿山现代化水平，实现资源节约、环境友好型生产，稳定并争取分矿种、分阶段提高大宗消费矿产资源目前的自给率 10% 以上，保障国家经济安全，促进矿业可持续发展。实施重大工程：深部金属矿探测科技示范工程，"资源—经济—环境相协调的矿产资源开发"创新工程。围绕资源—经济—环境协调发展，布局资源的高效、充分利用、提高资源利用的安全性和经济效益、推行生态环境的源头保护、大力发展再生金属生产和循环经济园区建设四方面重大工程科技专项。

为实现上述目标，配套政策支持和体制保障建议：制订全球矿产资源战略规划；组建非能源矿产资源统筹协调机构；抓紧制订矿业法；进一步完善生态环境保护的法律法规建设，把节约高效作为转变经济增长方式的重要工作内容；破除条块分割的管理机制，解决科研成果转化率不高的弊端；培养引进高素质人才。

### 三、资源节约技术与措施

**背景简介**：本研究是中国工程院咨询项目《建设资源节约与环境友好型社会若干重大战略问题研究》的课题之二。课题二在 2005~2007 年进行研究。包括 4 个子课题，20 个专题，组织了 7 个科研、教学单位，35 位科学家，其中中国工程院院士 7 位参与。

矿产资源节约部分：我国是矿产资源大国，但矿产资源的特点是大矿少、富矿少，共生伴生矿床多，大宗支柱性矿产储量总量和人均量都严重不足。45 种主要矿产资源人均量低于世界人均量的 50%，其中能保证 2010 年供给的只有 24 种，能保证 2020 年供应的只有 6 种。2003 年大宗矿产资源对外依存已在 40% 以上。

矿产资源利用率和综合利用率都很低。据对 1845 个重要矿山调查统计，综合利用率达到 70% 的矿山仅占 2%，综合利用率达 50% 的矿山不到 15%，75% 的综合型矿产企业综合利用率不到 2.5%。

（1）方向与目标。

在保护前提下，实施矿产资源的高效开发、综合利用、循环利用和节约利用的节约战略。

1）根据国内矿山产能增加和消失的趋势，分析获取境外矿产资源的可能性，通过宏观调控，2020 年有可能用矿产资源翻一番或略多的最低消费水平保证 GDP 翻两番。

2）不断推动资源合理利用和循环利用的科学技术进步，力争到 2010 年我国消耗每吨能源、铁矿石、有色金属、非金属矿等 15 种重要矿产资源产出的 GDP 比 2003 年提高 25% 左右；每万元 GDP 能耗下降 18% 以上。矿产资源总回收率和共伴生矿综合利用率分别提高 5%。再生铜、铝、铅占产量的比重分别达到 35%、25%、30%。

（2）技术措施与工程。

1）重大技术。①提高矿产资源综合勘查、评价的技术；②提高矿产资源开采率的技术；③矿冶固体废料资源化；④大型高效节能矿用设备系列化研制技术；⑤矿山环境和生态修复的技术。

2）关键工程。低品位和共生难处理矿高效开发利用工程。

3）重点项目。①深部矿产资源开采与安全利用；②煤炭洁净化利用。

（3）政策与建议。

1）为遏制矿产资源无序开发、采富弃贫、粗放采选、破坏生态环境的行为，严格实行采矿权获取的准入制。严禁一矿多开、乱采滥挖和存在严重安全隐患的非法开采；鼓励小矿联合经营，科学规划，引入先进的管理和资源节约的安全开采方式；

2）采用资源级差税费，按资源的规模、品质和价值拉大级差征税，投入紧缺资源商业性勘探的资金减免所得税；

3）限制高耗能高污染初级矿产品出口，尽快停止相关矿产品的加工贸易；实行再生资源的进口优惠政策，加强统筹服务和管理；鼓励资源节约和难处理矿的应用；

4）重视组织非金属矿产合理利用的科技攻关，重点解决其产品系列化深加工的关键技术和装备，以提高非金属矿的综合利用水平。

## 四、建设大型矿业集团，实施矿产资源全球战略

**背景简介：**本研究是 2003~2005 年中国工程院接受"五矿"委托，进行的咨询研究项目。当时中国工程院在综合分析资源供需形势和对策基础上，针对许多企业"走出去"面临的机遇和挑战，于 2003 年 12 月组成项目组开展了研究。项目组涵盖矿产资源勘查、金属矿产资源开发利用、环境保护、矿业经济等有关领域有 10 位院士和 20 余位专家参加，向国务院提出咨询报告。并为"五矿"实施企业转型和发展提出建议报告。同时在给国务院的《中国可持续发展矿产资源战略研究综合报告》中增加了"加大国外矿业权和矿业资本市场进入步伐"方面的内容，明确提出了培育大型跨国矿业集团的建议。本简介为《建设大型集团，实施矿产资源全球战略》咨询报告简介。

（1）实施矿产资源全球战略的必要性和紧迫性。

我国矿产资源消费急剧增加。金属矿产资源与水资源和能源一样，都是实现工业化，保障国民经济安全、高速、稳定、持续发展，全面建设小康社会的重要物质基础。目前我国与进入后工业化时期发达国家的矿业发展态势不同。20 世纪末以来，我国步入工业化快速发展阶段，支柱型大宗矿产资源消费增速超过 GDP 的增速。

国内短期难以解决需求资源缺口。勘探滞后，后备储量不足；勘探建设周期长，2020 年前大量增加产能困难；产能增长与消失大体平衡；大宗金属矿产资源数量不多品质不高和开采困难的特点，致使矿产品比较成本明显高于国外。今后 10~15 年是我国矿产资源持续供应最关键最困难的时期。

利用国外矿产资源弥补缺口是必然选择。全球矿产资源丰富。世界上没有哪个国家能够完全依靠本国资源完成工业化。实施矿产资源全球战略对我国实现 2020 年的宏伟目标具有特别重要的意义。

（2）建设大型矿业集团实施方案。

培育大型跨国矿业集团公司，为解决矿产资源缺口提供保障。

国际矿业公司的特点：拥有大量高质量、多元化资产组合，拥有工程建设、

生产管理能力和科技创新实力，生产成本在世界平均水平以下；财务实力坚实，资产负债率低，再融资能力强，具备卓有成效的管理团队；具有良好的未来发展平台，能及时调整其投资组合；具有规模效应和协同效益。

培育国际矿业公司的意义：培育大型跨国矿业集团公司是"走出去"取得显著成效的重要基础。

培育国际矿业公司的目标：争取在 5~10 年内发展成为几家各有侧重的大型跨国矿业集团公司，进入世界矿业 30 强的行列。

培育大型矿业集团尽快实现矿产品、矿业权、矿业资本市场三个层面的有机结合。加快进入矿业资本市场企业层面应设立预案防止和化解风险；国家层面：外交努力，国内：协调联合。

培育大型矿业集团的政策建议：1）把实施全球矿产资源战略作为一项重要国策；2）强化资源外交；3）将 2%~3%的外汇储备转为资源储备，在国外获取紧缺资源；4）给有实力的企业一定授权，鼓励企业创造条件尽快走向矿业资本市场；5）设立开发基金，制定优惠政策；6）制定促进国外矿产资源开发的法律法规。

## 五、紧缺的有色金属矿产资源可持续供应评价体系研究

**背景简介：** 本项目为中国工程院 2007 年立项咨询课题，2009 年提交成果。项目组由矿产资源勘查、有色金属矿产资源开发利用、有色金属再生资源利用以及行业管理等十余位专家学者组成。其中包括 3 位中国工程院院士、行业协会主管 3 位，领域专家 6 位及在读博士。

紧缺有色金属矿产资源品种较多，反映其供需因子体系的理论框架虽有所区别，但大同小异，鉴于人力、时间、数据获取难度很大等因素，本研究拟以最紧缺的铜为代表，建立其矿产资源可持续供应评价体系。此评价体系对其他金属也有最基本的参考价值。

（1）建立紧缺有色金属矿产资源可持续供应评价体系的必要性。20 世纪 90 年代以来，我国工业化和城镇化进入了高速发展阶段，大宗矿产品的生产和消费均快速增长。我国已成为世界有色金属生产和消费第一大国。我国的金属消费对世界有色金属市场的显著影响。

资源的可供应性影响到整个国民经济的可持续发展能力。因此，建立我国紧缺有色金属矿产资源可持续供应评价体系，可以对将来某个时期的消费增长预期目标进行判别，适时预警。用作政府决策，企业运作的工具支持系统。

（2）系统功能。评价系统从资源禀赋、产业结构、社会经济需求、科技水平、市场状况和环境承载力等方面分析评价资源的可供性，找出供应链条中的薄弱环节，给出预测、预警，为制定抵御风险的政策措施提供依据。系统具有分析预测、评价及预警功能。

1）分析预测：需求量，影响供应的产量、贸易量以及供应的间接影响元素，并利用群组模糊层次分析法和主成分分析法确定各元素的权重。

2）评价：供求的平衡状况以及削弱平衡状况的薄弱环节因子。

3）预警：

①按照预期的增速，判定对需求的供应保证度；

②当预期保证度可能降低时，进行分级预警；

③找出警源，即按程度的若干薄弱环节。

体系研究选取了重要的影响因子进行了专题分析研究，附件报告 10 份。

## 六、重点行业循环经济支撑技术——有色金属工业部分

**背景简介：**本研究为国家发展改革委员会资源节约和环境保护司 2005~2006 年组织的重点行业循环经济支撑技术项目，该报告 2007 年由中国标准出版社出版。报告编委近 50 人。有色金属部分涉及资源开发和加工利用领域，有近 20 位专家参与编撰。

有色金属工业发展循环经济，首先要科学合理地开发利用矿产资源，提高矿产资源的综合利用率，在生产中要提高能源和水资源的利用效率，达到减量化利用资源的要求。二要按照资源循环利用的原则，狠抓废杂有色金属资源的循环利用，不断提高回收有色金属资源的利用比例。充分利用回收有色金属资源既可替代矿石、解决部分资源供给，又可大量减少能源消耗，减少对生态环境的影响。三是要把生产排放物的再生利用作为减少污染物排放的主要措施，不断提高企业清洁生产水平。因此，加快向循环型经济发展模式转变对实现有色金属工业可持续发展具有十分重要的意义。

按照生产物排放再利用技术、提高资源利用率的生产技术以及提高矿产资源利用率的技术三个分类，推荐了（1）氧气底吹熔炼—鼓风炉还原炼铅新工艺及成套装置；（2）有色矿山固体废物资源化技术；（3）湿法炼锌高酸浸出低污染黄钾铁矾法及其大型设备；（4）冶炼业非稳态低浓度 $SO_2$ 废气治理技术及设备（氨吸收法）；（5）氧化锌渣脱除烟气中 $SO_2$；（6）开采大型低品位矿床的自然崩落法。（7）低铝硅比一水硬铝石矿的利用——选矿拜耳法；（8）选冶联合强化钴铜贫杂多金属矿综合回收技术及产业化；（9）高效节能选矿新设备（万吨级高压辊磨机、大型浮选机及新型浮选柱）；（10）有色冶金炉窑烟气余热利用。